U1009931

教育部金融学核心课程规划教材

证券投资学（第三版）

Investments

胡昌生　熊和平　蔡基栋　编著

WUHAN UNIVERSITY PRESS
武汉大学出版社

图书在版编目(CIP)数据

证券投资学/胡昌生,熊和平,蔡基栋编著．—3版．—武汉：武汉大学出版社,2018.7(2021.10重印)

教育部金融学核心课程规划教材

ISBN 978-7-307-12117-1

Ⅰ.证…　Ⅱ.①胡…　②熊…　③蔡…　Ⅲ.证券投资—高等学校—教材　Ⅳ.F830.91

中国版本图书馆CIP数据核字(2017)第013071号

责任编辑:唐　伟　　责任校对:李孟潇　　版式设计:马　佳

出版发行：**武汉大学出版社**　(430072　武昌　珞珈山)

(电子邮箱：cbs22@ whu.edu.cn　网址：www.wdp. com.cn)

印刷：武汉邮科印务有限公司

开本:787×1092　1/16　印张:36.5　字数:843千字　插页:1

版次:2001年10月第1版　2009年8月第2版

2018年7月第3版　2021年10月第3版第2次印刷

ISBN 978-7-307-12117-1　定价:60.00元

版权所有，不得翻印；凡购我社的图书，如有质量问题，请与当地图书销售部门联系调换。

总　序

一个学科的发展，物质条件保障固不可少，但更重要的是软件设施。软件设施体现在三个方面：一是科学合理的学科专业结构，二是能洞悉学科前沿的优秀的师资队伍，三是作为知识载体和传播媒介的优秀教材。一本好的教材，能反映该学科领域的学术水平和科研成就，能引导学生沿着正确的学术方向步入所向往的科学殿堂，作为一名教师，除了要做好教学工作，另一个重要的职能就是总结自己钻研专业的心得和教学中积累的经验，以不断了解学科发展动向，提高自己的科研和教学能力。

正是从上述思路出发，武汉大学出版社准备组织一批教师在两三年内编写出一套《21世纪经济学管理学系列教材》，同时出版一批高质量的学术专著，并已和武汉大学商学院达成共识，签订了第一批出版合作协议，这是一件振奋人心的大事。

我相信，这一计划一定会圆满地实现。第一，合院以前的武汉大学经济学院和管理学院已分别出版了不少优秀教材和专著，其中一些已由教育部通过专家评估确定为全国高校通用教材，并多次获得国家级和省部级奖励，在国内外学术界产生了重大影响，为编写教材和专著的工作提供了丰富的经验。第二，近些年来，一批优秀中青年教师已脱颖而出，他们不断提高教学质量，勤奋刻苦地从事科研工作，已在全国重要出版社，包括武汉大学出版社，出版了一大批质量较高的专著。第三，这套教材必将受到读者的欢迎。时下，不少国外教材陆续被翻译出版，在传播新知识方面发挥了一定的作用，但在联系中国实际、建立清晰体系、贴近我们习惯的思维逻辑、发扬传统的文风等方面，中国学者有自己的优势。

《21世纪经济学管理学系列教材》将分期分批问世，武汉大学商学院教师将积极地参与这一具有重大意义的学术事业，精益求精地不断提高写作质量。系列丛书的出版，说明武汉大学出版社的同志们具有远大的目光，认识到，系列教材和专著的问世带来的不只是不小的经济效益，更重要的是巨大的社会效益。作为武汉大学出版社的一位多年的合作者，对这种精神，我感到十分钦佩。

谭崇台

2001年秋于珞珈山

第三版前言

《证券投资学》第三版的修订工作依然沿用第二版的思路，采用"理念、过程和视角"的逻辑关系贯穿全书的内容。所谓"理念"，意指投资者进行理性投资所应具备的一般理论和观念。之所以首先强调理念，是因为证券市场是一个"逐利场"，其间既存在利益的诱惑，又充满巨大的不确定性或风险，投资者在投资决策过程中必须进行风险和收益的权衡，在不确定的环境中选择适当的投资策略，才能获得与风险相匹配的投资收益。所谓"过程"，意指投资者在不确定条件下进行投资活动的前后程序，包括投资目标的确定、收集相关信息进行投资分析、构建投资组合、修正投资组合和投资绩效评价等内容。所谓"视角"，意指从投资者的角度，而不是从融资者、中介和监管者的角度，来做投资和决策分析。这样就便于我们抛开许多复杂问题的细节，抓住影响投资者决策的主线。

本书的第三版在第一版和第二版的基础上做了增删调整，主要有以下几个方面：一是内容的增删调整。删减了原书中的部分过时内容，如对第二版中的财务报表分析(第九章)进行了压缩，归并至基本分析(第九章)的一节。增补了学科最新发展的前沿内容，如适应性市场假说理论(Adaptive Markets Hypothesis，AMH)、行为金融学中的情绪理论。二是书中的数据更新。第三版中最新的市场数据更新至2015年。三是配合本书的理论部分，在大部分章节相应增补了扩展阅读，从而增加了读者阅读的趣味性。最后是对原书中的错漏进行了修订，调整了部分习题。总之，第三版的修订系统地反映了整个学科的发展趋势，更好地体现了理论体系的完整性和前沿性、阅读的友好性和趣味性。

全书经修订后共分十九章，我们将其划分为以下几个部分：第一部分既是投资问题的总括，又是全书的入门，包括了第一章和第二章。这一部分主要讨论了各种金融资产的属性特征和发展情况、投资的过程、投资收益和风险的衡量及两者间的关系，为全书提供了一个"理念、过程和视角"的分析框架。第二部分讨论的是投资环境问题，包括第三章和第四章。该部分帮助投资者了解证券市场的历史沿革和制度安排、一级市场和二级市场的制度选择以及市场的定价机制等。第三部分是资本市场理论部分，包括第五、六、七、八章。该部分的投资选择理论描述了在一个有效的市场中，具有均质信念的理性投资者追求效用最大化的过程，资本资产定价模型(Capital Asset Pricing Model，CAPM)给出了在严格假设下的收益和风险之间的对应关系，说明了风险资产的收益是如何由单一的基本面因素决定，套利定价理论(Arbitrage Pricing Theory，APT)揭示了经典投资理论中非常有名的"一价定律"，这部分的内容一并构成了经典资产定价理论的思想基础，即投资者理性、追求效用最大化、个体非理性而群体理性以及无风险无成本套利。新增的第八章，总结和归纳了有效市场假说的主要内容，列举了金融市场中的各种金融异象，最后介绍了新近提出的适应性市场假说理论，该理论为理性与有限理性金融理论构建了具有内在一致性的分析框架。第四部分包括第九、十章，属于证券投资分析部分。它包括了基本分析和技术分析两大方法。第三版将这一部分加以重新整合，更新了大量案例和扩展阅读，使这一部分的内容更具直观性和趣味性。第五部分是证券估值部分，包括第十一章至第十四章。这一部分包括权益证券的估值、固定收益证券的估值以及公司管理决策对股东财富的影响等。第六部分包括第十五章和第十六章，讨论了期货和期权这两类有代表性的衍生金融资产在投资组合中的作用，这两类衍生资产为投资者进行风险管理提供了有用的工具。第七部分包括第十七章和第十八章。第十七章我们考察了投资管理策略的应用和资产进一步的国际分散化问题。第十八章则对市场上有代表性的机构投资者——证券投资基金的性质及其投资绩效评价进行了介绍。以上讨论的“理念、过程和视角”是奠定在“经济人”理性选择和有效市场假说基础之上的，描述了有效市场中理性投资者应该怎样进行投资选择的问题。然而，随着金融市场中越来越多的异象的出现，线性分析范式已经不能作出令人满意的解释，取而代之的是行为分析范式。本书的最后一部分用一章的内容介绍了 20 世纪 80 年代兴起的行为金融理论，这部分内容可划归投资理论发展的第四个阶段。其中，套利限制和心理学是行为金融理论的两大基石。这一部分描述了在现实市场中投资者实际上是怎样作出投资选择的。此次修改，在第二版的基础上又增添了行为金融近十年发展起来的最新研究成果——投资者情绪理论。该理论为我们理解各类金融市场异象提供了一个全新的视角，反映了金融资产定价理论的新的发展趋势。

本书由胡昌生起草修订工作的大纲并担任主编，熊和平、蔡基栋等参与大纲的讨论并担任副主编。参与各章修订工作的人员如下：胡昌生，对全书的修订工作进行指导和审查；杨建龙，第一章、第三章；高玉森，第二章、第四章；夏凡捷，第五章、第六章、第七章、第八章；陶铸，第九章、第十章、第十四章、第十五章；程志富，第十一章、第十二章、第十三章；彭桢，第十六章、第十七章、第十八章、第十九章；杨建龙、高玉森、夏凡捷、陶铸、程志富、彭桢，参加了全书的习题修订。最后，由胡昌生对全书进行了统稿并审订。本书第三版的修订历时四年，受到了武汉大学 2013 年研究生精品课程建设项目和武汉大学 2015 年本科教材规划建设项目的资助，在此一并致谢。

胡昌生

2017 年 6 月于武昌珞珈山

第二版前言

《证券投资学》第一版自2002年面世以来，受到读者的普遍欢迎和认可，我们甚感欣慰。读者的支持是给我们的鞭策和动力。此次修订历时4年，是汇集了很多人智慧及劳动的结果。修订本对第一版的结构进行了较大的调整，采用“理念、过程和视角”的逻辑关系贯穿起来。所谓“理念”，意指投资者进行理性投资所应具备的一般理论和观念。之所以首先强调理念，是因为证券市场是一个“逐利场”，其间既存在利益的诱惑，又充满巨大的不确定性或风险，投资者在投资决策过程中必须进行风险和收益的权衡，在不确定的环境中选择适当的投资策略，才能获得与风险相匹配的投资收益。所谓“过程”，意指投资者在不确定条件下进行投资活动的前后程序，包括投资目标的确定、收集相关信息进行投资分析、构建投资组合、修正投资组合和投资绩效评价等内容。所谓“视角”，意指从投资者的角度，而不是从融资者、中介和监管者的角度，来作投资和决策分析。这样就便于我们抛开许多复杂问题的细节，抓住影响投资者决策的主线。

全书经修订共分十九章，它们分属以下几个部分：第一部分包括第一章和第二章。这一部分既是投资问题的总括，又是全书的入门。这一部分主要讨论了各种金融资产风险和收益的属性、投资的过程、投资收益和风险的衡量及两者间的关系，为全书提供了一个“理念、过程和视角”的分析框架。第二部分讨论的是投资环境问题，包括第三章和第四章。该部分帮助投资者了解证券市场的制度安排、证券的发行和交易业务流程以及市场的定价机制等。第三部分是资本市场理论部分，包括第五、六、七章。该部分的投资选择理论描述了在一个有效的市场中，具有均质信念的理性投资者追求效用最大化的过程。其中介绍了经典投资理论中非常有名的“一价定律”，它构成套利定价理论的思想基础。第四部分包括第八、九、十章，属于证券投资分析部分。它包括了基本分析和技术分析两大方法。其中基本分析的结果是证券估值的基础。第五部分，第十一章至第十四章，是证券估值部分。这一部分包括权益证券的估值、固定收入证券的估值以及公司管理决策对股东财富的影响等。第六部分包括第十五章和第十六章，讨论了期货和期权这两类代表性的衍生金融资产在投资组合中的作用。第七部分包括第十七章和第十八章。第十七章我们考察了投资管理策略的应用和资产进一步的国际分散化问题。第十八章则对市场上有代表性的机构投资者——证券投资基金的性质及其投资绩效评价进行了介绍。以上讨论的“理念、过程和视角”是奠定在“经济人”理性选择和有效市场假说基础之上的，描述了有效市场中理性投资者应该怎样进行投资选择的问题。然而，随着金融市场中越来越多的异象的出现，线性分析范式已经不能作出令人满意的解释，取而代之的是行为分析范式。本书的最后一部分用一章的内容介绍了20世纪80年代兴起的行为金融理论，这部分内容可划归投资理论发展的第四个阶段。其中，套利限制和心理学是行为金融的两大基石。这一部分描述了在现实市场中投资者实际上是怎样作出投资选择的。

本书由胡昌生起草写作大纲并担任主编，熊和平、蔡基栋等参与大纲的讨论并担任副主编。参与各章修订工作的人员如下：胡昌生，第一章、第二章、第八章、第十章、第十一章、第十二章、第十四章、第十五章、第十六章和第十七章；蔡基栋，第三章、第四章；熊和平，第六章、第七章、第十三章；李常青，第九章；王东，第十八章；朱迪星，第三章第五节；张翼，第十七章第五节；王东、陈吉煜、陈云帆、朱迪星、彭春成、侯雨佳参加了全书的习题修订。此外，要感谢张晟佳、汪祖曾、朱鹏、李孔毅、熊德超、王永峰、陈杨、龚茂强、徐明萌、王巧灵等对本书修订所做的贡献。最后，由胡昌生对全书进行了统稿并审订。

胡昌生

2009 年 3 月于武昌珞珈山

第一版前言

证券投资学是一门以众多学科为基础，专门研究人们从事证券投资活动及其规律的应用性的经济学科。伴随着投资实践活动的演进，证券投资理论在西方经历了四个世纪的发展，按照人们公认的划分，证券投资理论经历了三个发展阶段。第一个阶段是证券投资理论的萌芽阶段(17世纪初至19世纪末)，由于这一阶段的股票和债券交易规模较小，不足以达到影响一个国家或地区经济运行的程度，政府和公众对于证券交易活动未给予足够的重视，证券交易活动缺乏有效的、规范化的约束，从事证券投资活动的人们仅仅凭借经验和直觉来决定买卖的对象和时机。虽然有人从投资实践中总结出各种投资的格言，如“不要把全部鸡蛋装在一只篮子里”、“何时买卖比买卖何种证券更重要”、“人弃我取、人取我予”、“有损失时应该忍痛了结”、“牛市能赚钱，熊市亦能赚钱，惟有畏首畏尾的贪婪者永远不能赚钱”等。这些格言，即使在今天，仍然有一定的指导意义，但它们毕竟是人们总结出来的经验法则，没有上升到系统的投资理论。

第二个阶段是证券投资理论的形成阶段(19世纪末至20世纪上半叶)。在这一阶段西方的证券市场经历了一场膨胀、崩溃、再恢复和再繁荣的过程，证券市场的跌宕对一国经济产生了严重的影响，西方国家的政府开始意识到，证券投资业的无约束的自由化具有极大的破坏性，必须严格规范证券投资的市场秩序，各国政府制定了一系列的法律。如，美国1933年颁布的《证券法》和1934年颁布的《证券交易法》，至此西方国家的证券市场逐步走向了规范化和法制化的轨道。这一时期，证券投资理论开始从传统的经济学中独立出来，形成自己新的研究对象和研究体系。布拉脱、牧笛、菲布纳以及赫斯特等人对影响股价变动的因素的分析，哈奇的趋势投资计划理论和查尔斯·道理论奠定了“基本分析法”和“技术分析法”的基础。此间创立的道·琼斯30种工业股平均指数成为至今仍有十分重要影响的反映经济运行状况的“晴雨表”。然而，这一时期的证券投资理论存在严重的缺陷，主要表现在：第一，对证券投资活动的研究仅仅是从某一侧面展开的，研究的对象主要集中于股票和债券，系统性不强。第二，一些理论仍然停留在经验的归纳上，例如对证券的类型、本质、证券市场的组织以及证券交易的一般方法等停留在表面的罗列和介绍上，对证券的选择、风险的分散等亦仅是从经验的角度进行十分粗略的阐述和解释，缺乏坚实的理论和实证支撑。

第三个阶段是西方投资理论发展的成熟阶段。经过长期的经验和知识的积累以及众多专家学者们的潜心研究，从20世纪50年代开始，西方投资界发生了一场深刻的科学革命，这场投资理论上的科学革命首先是由美国的哈里·马可维茨创立了投资组合选择理论，这一理论对于证券市场的一系列谜团具有相当的解释能力，有重要的科学价值和实用价值，从而引起投资理论界和金融产业界的极大兴趣。此后，西方的许多金融经济学家对此进行了长期不懈的努力，这些努力不仅完善和发展了投资组合选择理论，而且还创立了一大批新的理论，最具代表性的有夏普的单因素模型、夏普-林特纳-默森的资本资产定价模型、罗斯的套利定价理论、法玛的高效市场理论、米勒-默地格利安尼的股利分析模型、布莱克-斯科尔斯-默顿的期权定价模型等。此外，还有从其他经济理论引申和借用过来的理论，如市场预期理论、流动性溢价理论、市场分割理论等。这些理论极大地丰富了投资理论的内涵，促进了投资学向科学化方向的发展，使之成为一门真正的科学。近几十年来西方学者还一直致力于对这些理论模型的修正，并进行了大量的实证研究，从而使投资理论更加精细化和更加贴近现实。有许多理论模型已被编成计算机程序，成为指导投资者从事投资活动的实用"武器"。

我国目前的证券市场与西方成熟的证券市场相比存在很大的差距，因而在投资环境上，两个市场也存在很大的不同。我国证券市场的形成和发展的历史不长，只有短短的10年多一点的时间，有着这样或那样的问题和种种的不规范，如上市公司隐瞒重大事项，甚至披露和公告虚假信息坑害广大中小投资者，大股东掏空上市公司资产，机构大户操纵股价，内部人通过内幕交易谋取不法利润，市场投机猖獗，政策市和消息市等等。我国证券市场的不规范现象在很大程度上与80多年前发生在西方国家市场的情况类似，但又不完全相同。我国的证券市场是发展中的、新兴的证券市场，有许多问题是发展过程中必然要发生的事情，对于这类问题只能在发展过程中逐步去规范。尤其应当指出的是我国的证券市场产生于特殊的历史国度，脱胎于计划经济体制，带有鲜明的中国特色。由于我国走的是一条增量式渐进改革的道路，因而这反映在证券市场中就是在国家股股权的基础上增量发行社会公众股，前者被设计成不可以流通的，后者被设计成可以流通的，本质上，我国的证券市场属增量市场。我国上市公司的股权结构被人为地割裂为非流通股股权和流通股股权，非流通股股东处于控股地位，而流通股股东则沦为"沉默的多数"。股权结构的分裂以及控股股东和流通股股东利益的不一致是导致我国证券市场不规范的制度根源，这一点是与所有的成熟市场不同的，也是我国证券市场最大的国情。要搞好中国的证券市场，不了解中国的国情，盲目照搬西方的成功经验注定是要付出代价的。

同样，作为投资者，不了解中国的国情就不可能成为市场上的赢家。随着我国证券市场的发展，个人理财和专家理财的需求迅速增加，证券投资的理论和方法引起了越来越多的人的广泛关注和兴趣。出于教学和市场需求的双重考虑，我们组织了武汉大学金融系在证券投资领域从事多年教学且颇有造诣的教师编写了这本《证券投资学》教科书，我们的愿望是该书既能结合中国国情，又能系统反映现代投资理论的最新研究成果。但愿我们的设想能够得到读者的认可。本书作为我校金融专业教材被列为武汉大学出版社21世纪经济学管理学系列教材。本书由胡昌生起草写作大纲并担任主编，熊和平、蔡基栋参加了大纲的讨论并担任副主编。各章写作分工为：胡昌生，前言、第一章、第二章、第十二章、第十三章、第十七章、第十八章、第十九章；熊和平，第十章、第十一章、第十四章；蔡基栋，第三章、第四章、第九章；万恬、吴圣涛，第五章；彭燕燕，第六章；丰赋，第七章；郭继华，第八章；蔡芳芳，第十五章、第十六章；蔡芳芳、彭燕燕、张喜玉、郭莎莎等参加了部分章节的练习题和题解工作；最后，由胡昌生对全书进行了订正并统稿。

鉴于本书作者的有限学识，书中错漏之处在所难免，恳望业内同仁不吝赐教。

作　者

2001 年 11 月 10 日于武昌珞珈山

目　　录

第一章　导　　论

投资是一种以资本保值和增值为目的的经济行为。随着金融市场的发展，各种金融资产的数量与日俱增，这就为人们的投资理财活动提供了可能。本章以投资的定义为出发点，揭示了人们从事投资活动的原因。随着对投资定义的引申，我们发现投资者面临的投资类别是丰富多样的，由于本书研究的是证券投资方面的问题，所以，金融资产就成为我们关注的目标。证券投资简单地说就是人们购买金融资产以达到预期投资目标的过程。金融资产具有许多实物资产所没有的投资特性，为投资者提供了各种可供选择的投资机会，了解和熟悉各种投资机会，是投资者做出正确投资决策的前提。本章介绍了证券投资的几个基本内容，具体包括：投资的定义、投资的分类、各种投资机会和投资的过程，这些内容是以后各章的基础。对证券投资概貌的描述将有助于读者更好地把握全书的结构。

第一节　投资及其特征

一、投资的定义

人们之所以要从事投资活动，是因为投资可以改变一段时期内个人可得收入用于消费的数量和模式。投资者牺牲今天的消费是期望未来能够得到更多的物品和服务消费，这里强调了投资的时间要素和不确定性。就时间而言，任何投资活动都存在一段时间间隔，在现在投入，在将来收获。然而，现在的投资价值是确定的，而将来预期获得的投资价值是不确定的，有遭受损失的可能，而且投资的时间越长，投资价值的不确定性就越大。例如，某投资者今天购买 1000 元的债券，希望 1 年后能够得到 1100 元用于消费，该投资者购买债券减少了现期消费 1000 元，而下期预期消费增加到了 1100 元，投资活动改变了该投资者现在和将来的消费权益，当然该投资者要承担投资的风险，如果他投资的是国债，就要承担通货膨胀风险，如果是公司债，则还要承担违约风险。

投资者可以是个人或机构，他们进行投资的目的是获得收益，有收益就必然存在风险，这就要求投资者针对不同资产的收益和风险的性质做出投资选择。广义地讲，资产就是交换中具有价值的任何财产，包括金融资产和实物资产。投资可以理解为：个人投资者或机构投资者通过持有金融资产或实物资产，获得该资产产生的与所承担的风险成比例的收益的过程。购买小汽车这种实物资产也可以看作一种投资。现在花费 8 万元购买的一辆汽车将提供超过 5 年的服务，导致在 2~5 年中用于交通服务的费用低于现在不买汽车的情况。如果这辆小汽车的价值 1 年以后预期为 6.5 万元，那么可以将 8 万元购买的这一部分视为一项“投资”，结果，现在投资6.5万元使消费者(投资者)在未来时期以一个更高的比率消费。因此，这一购买具有一项投资的所有特征。当然，人们在进行投资时，要对各种不同的投资机会加以比较和选择，各种投资选择可以是金融资产，如债券、普通股票等，也可以是实物资产，如小汽车、住房、机器设备等。

二、投资的一般特征

根据以上分析，我们可以把投资活动的一般特征归纳为以下几点：

第一，投资是一种有目的的经济行为，是现在支出一定价值的经济活动。从静态的角度来说，投资是现在垫付一定量的资金；从动态的角度来说，投资则是为了获得未来的报酬而采取的经济行为。

第二，投资具有时间性。即投入的价值或牺牲的消费是现在的，而获得的价值或消费是将来的，也就是说，从现在支出到将来获得报酬，在时间上总要经过一定的间隔，这表明投资是一个行为过程，这个过程越长，获得未来报酬的不确定性就越大。

第三，投资的目的在于得到报酬(即收益)。投资活动是以牺牲现在价值为手段，以赚取未来价值为目标的。未来价值超过现在价值，投资者方能得到正的收益。投资的收益可以是各种形式的收入，如利息、股息等，也可以是价格变动的资本利得，还可以是各种财富的保值或权利的获得。

第四，投资具有风险性和不确定性。现在投入的价值是确定的，而未来预期获得的收益由于受政治、经济、社会、科技、心理等诸多因素的影响，很难事先确定，这种收益的不确定性，特别是遭受损失的可能性，即为投资的风险。可以说，风险在投资过程中是不可避免的，对于投资者而言，必须尽可能地将风险置于控制之下，这就需要在证券投资中采取一系列措施，使风险降到最低程度。需要特别强调的是，对于投资者而言，风险性使其持有的资产在未来遭受损失的可能性是客观存在的，例如投资者通常会认为普通股票的风险高于公司债券的风险，公司债券的风险高于国债的风险。相对风险性而言，不确定性则是指投资者现在对将来的盈亏在主观上没有把握。

三、投资与投机

从投资活动的一般特征中，我们可以引申出另外一个相关的概念——投机(speculation)。在证券市场中，总有部分投资者频繁地“追涨杀跌”、“炒底”和“逃顶”，这些人积极地从事证券的买卖交易，热衷于从短线炒买炒卖中赚取价差收益，这就是典型的投机行为，具有这一行为特征的投资者也被称为投机者(speculator)。由于证券未来价格的变化具有很大的不确定性，投机者事先也很难确知能否赚取价差收益，这就使得投机者的证券买卖行为具有相当大的风险，且不可避免地具有“赌一把”的特征，因此，投机行为又常常被称为“高风险的投资”。从持有证券的时间长短看，标准投资者的持券期限较长，他们愿意进行实物投资或长期持有证券，不会过多理会证券价格的短期波动；而投机者则热衷于进行证券的频繁快速买卖，持券期限较短。从获利形式看，投资者更看重利息和股息形式的长期收益；而投机者则只是着眼于证券的短期价格涨跌，希望通过证券买卖的差价来谋取短期收益。不同的投资动机决定了不同的决策标准，由于投资者更加注重长期收益，他们会侧重于对证券本身的内在价值进行分析评估，以此作为投资决策的依据，他们更加依赖基本分析；而投机者则不大关心证券的内在价值，他们关注的只是证券市场上证券价格的波动，他们更加依赖技术分析。

投机活动是证券市场上常见的现象，适度的投机可以活跃市场，增加市场的流动性，但市场中的投机活动不能过度，过度投机会给实体经济带来负面影响。在过度投机的情况下，证券价格会脱离现实的经济条件，脱离上市公司的业绩，不断暴涨，形成虚假的市场繁荣和需求，造成泡沫经济。而当价格过高时，一旦出现利空消息，过度投机又会即刻引起证券价格暴跌，股市崩盘，进而导致经济运行的不稳定。我们应当看到，证券市场是由投资者和投机者构成的，投资和投机都是证券市场上不可缺少的行为，因为如果一个证券市场缺乏长期稳定的投资者，这个市场就会动荡不安；反之，如果没有投机者的积极参与，证券市场又将会是一潭死水、毫无生机。

第二节　投资的类别

按照资产的属性和投资方式等不同，我们可以把投资划分为几种不同的类别，常见的分类有以下五种：

一、金融资产投资与实物资产投资

实物资产(real assets)投资是指直接拥有实物资本，实物资本包括土地、建筑物、知识、机器设备以及人力资本等。当然，实物资本一旦被人们投资拥有，就必须能够提供预期的服务流或现金流，从而影响人们的未来消费机会。购买实物资产的行为可能是投资，也可能是现时消费。例如，某人想拥有一套公寓，他可能纯粹出于投资的角度来评价其对该建筑物的持有，依照住房产生的风险和收益的性质来分析和决定其价值的大小；同样的情形若从另外的角度来考虑，他拥有了住房，既可以提供投资收益又可以提供现时消费服务，他的房屋购置决策就可能是基于对房屋的未来转售价值和居住服务功能的考虑而做出的。实物资产的生产能力越强，其产生的现金流越大或收入越高，其价值也就越高。又如，人力资本就属于一种最典型的实物资产，对学费、书籍以及时间的投资，使得受教育者获得各种技能，从而影响他们的未来收入产生能力以及他们的人力资本价值。实物资产决定了一个社会成员提供产品与服务的能力，从而决定了一项社会物质财富的数量。

金融资产(Financial Assets)投资是对实物资本的间接持有，金融资产脱离了实际的生产过程。例如，普通股票或债券的市场价值来源于发行这些证券的公司的所有实际资产创造的收入。股票拥有者不必自己去购买机床、经理才能和其他生产要素，他们通过购买公司的普通股票以间接地投资于这些机器设备，最终，这些设备的生产能力将决定证券的价值和这些金融投资者的财富是否增加以及增加多少。由于金融资产对实物资产所创造的利润或收入有要求权，金融资产能够为持有它们的个人或机构投资者带来财富。证券发行者利用实物资产创造收入后，依据投资者持有的证券资产所有权比例将收入分配给投资者。当金融资产持有者基于证券面值和息票利率来确定获得的收入流时，此时的要求权是固定的，我们称这类金融资产为债务类工具，如国债、公司债等。股票持有者对公司支付债务类工具持有者以后的剩余收入享有要求权，具有这种收入特征的金融资产我们称为权益类证券，如普通股等。有些证券的属性介于上述两种类型之间，如优先股，它是赋予投资者接受固定支付权利的一种权益要求权，然而，这种支付是有先决条件的，即只有在完成了对债务类工具的支付后才能产生这种支付。另一种混合证券是可转换债券，它允许投资者在特定情况下把债务转换为权益。我们又把具有固定现金流偿付的债务和优先股统称为固定收益证券。

二、可分割投资与不可分割投资

某些金融资产为资本资产所有权和融资提供了可分割性。金融资产的出现使得许多分散的中小投资者有机会拥有一项数额巨大的不可分割的实物资产，如一家大型的钢铁联合企业，通过向大量的个人融资，使得他们中的每一个人仅占钢铁企业资产价值的一小部分。由于直接的实物投资的不可分割性，单个个人投资制造汽车几乎是不可能的，但我们可以通过购买"东风汽车"、"上海汽车"发行的股票或债券参与这两家汽车公司的利润分配。同样的讨论对于大型政府项目的融资也是成立的，我们单个个人付不起建设省际高速公路所需资本设备的费用，但我们能通过购买政府债券为设备融资，参与分享公路建设的利益。正是金融资产的可分割性，便利了人们的投资，促进了经济社会中资本的形成与增长。由于金融资产是由大量的投资者分散持有，这就大大降低了实物资产投资的风险，金融资产的可分割性是人们进行分散投资的基础，分散投资的结果也分散了风险。但是，在金融投资中，可分割性是不完全的，如对最低交易数额的限制等。

三、可转让投资与不可转让投资

在金融市场上，同意在未来进行现金流支付的金融资产的发行者向金融资产的购买者即投资者发行金融证券，这就构成了资产的初次交易，所有新发证券的交易市场被称为一级市场(primary market)。一段时期后，金融资产可以通过上市(listing)，在投资者之间转让，从事这种活动的市场就称为二级市场(secondary market)。

金融市场提供了三个主要的经济功能：首先，通过买卖双方的相互讨价还价，市场决定了资产的交易价格，这称为价格发现过程(price discovery process)。其次，降低了交易成本(transaction costs)。与交易有关的成本有两种：搜寻成本(search costs)和信息成本(information costs)。搜寻成本包括显性成本(explicit costs)和隐性成本(implicit costs)，前者是指为了传达买卖一项金融资产的意愿而实际花费的资金；后者是指为选定交易对手所花费的时间价值。信息成本是为评估一项金融资产的投资价值而必须付出的成本。有组织的金融市场的存在既可以降低搜寻成本也可以降低信息成本，大量的交易者和信息都汇聚到市场之中。最后，金融市场为投资者提供了金融资产的交易机制，即可转让性或流动性(liquidity)，即把一项资产转换为现金的能力。

具有流动性的资产通常要满足三个条件：第一，有明显的、大规模的交易而不引起市场价格的上下波动；第二，营业时间内存在连续的买价和卖价；第三，存在"微小"的买卖价差。如果证券的价格随着增量出现的卖单和买单而发生变动，那么，就说明该证券缺乏可转让性或是无流动性，极端情况下，如果交易被禁止或没有市场存在，某一资产投资可能就是不可转让的。出价(bid price)和要价(ask price)的连续存在是高度流动性市场的特征。流动性条件的第一条和第三条保证了资产能够被买进和卖出而不必担心与其相关的交易成本。一般来说，由于金融资产有着十分活跃的二级市场，与实物资产相比其转让的成本低得多，而实物资产很难找到一个连续的二级市场，变现受到了限制。长期国债因到期期限较长，其流动性低于短期国债，投资者在持有长期国债时，就要承担额外的流动性风险，从而在短期国债的收益率的基础上，要求一定的流动性溢价予以补偿。可见，不同的资产具有不同的流动性或可转让性。

四、长期投资与短期投资

投资的类别还可以按照资产提供的现金流期限的长短划分为长期投资(long-term investment)与短期投资(short-term investment)。就金融资产而言，某些债券到期还本的期限较长，可以达数十年之久，普通股票则根本没有到期的时间；而有的债券，如短期国债、商业票据等偿还款项的时间很短，均在1年期以下。投资期限长短的划分一般以1年为界，现金流的要求权在1年以上的投资称为长期投资，1年以内的称为短期投资。

除了上述短期国债、商业票据外，大额可转让存单、银行承兑汇票等在现金流的偿付上都具有短期性，所有这些到期还本期限在1年期以下的债务工具被称为货币市场工具；相应地，期限在1年以上的债券、优先股票和普通股票则属于资本市场工具，它们在还本付息上具有长期性。从投资的角度来看，长期投资与短期投资是一组相对的概念。可转让性或流动性在很大程度上决定了投资者是短期还是长期持有证券。20年期的债券可以通过简单的售出行为将其缩短到合意的期限，普通股票虽然没有到期日，但也可以通过出售来调整投资的期限，事实上只要能转让，投资者就能将长期投资转化为短期投资。因此，二级市场为投资者兑现金融资产提供了非常有效的弹性机制，这种弹性无疑会引来人们更大的投资意愿，从而带动经济的增长。

五、直接投资与间接投资

投资还可以按照金融资产持有方式的不同，划分为直接投资(direct investment)与间接投资(indirect investment)。直接投资是指投资者自己直接到市场上购买并持有证券。间接投资是指投资者购买基金管理公司发行的基金单位，把资金交给这些职业投资机构，由它们代为理财。在中国，投资者持有股权资产时更倾向于以直接投资的方式持有。由表1-1可以看出，占账户总额99.77%的自然人投资者和0.13%的一般法人投资者直接持有了市场总市值84.95%的股份，因此绝大多数的投资者对公司资产的要求权是通过直接持有股权实现的。在中国，规范的专业机构投资者以证券投资基金为代表，还包括社保基金、信托公司、保险公司和证券公司等，它们代表自然人投资者和一般法人投资者的利益间接持有14.65%的股份，其中证券投资基金占比为3.76%。

表 1-1　　　　2014 年末中国各类投资者持股情况表

投资者	持股市值(亿元)	占比(%)	持股账户数(万户)	占比(%)
自然人投资者	51861	23.51	3006.01	99.77
其中：10 万元以下	5901	2.68	2325.73	77.20
10 万~30 万元	7104	3.22	415.07	13.78
30 万~100 万元	10037	4.55	192.63	6.39
100 万~300 万元	8667	3.93	53.27	1.77
300 万~1000 万元	7706	3.49	15.36	0.51
1000 万元以上	12446	5.64	3.94	0.13
一般法人	135525	61.44	3.89	0.13
沪港通	865	0.39	0.0001	0.00
专业机构	32323	14.65	2.89	0.10
其中：投资基金	8288	3.76	0.12	0.00

资料来源：上海证券交易所 2015 年统计年鉴。

第三节　各种投资机会

根据第二节对投资类别的介绍，我们知道各种可得投资机会可按资产的属性划分为金融资产投资机会和实物资产投资机会。由于本书涉及的主要内容是金融资产投资，因此在本节中我们将重点介绍金融资产的投资机会，主要包括货币市场工具、固定收益证券、权益证券和衍生证券等。

一、货币市场工具

货币市场工具(money market instruments)是指期限小于或等于 1 年的债务工具，它们具有很高的流动性，属于固定收益证券的一部分。这些证券的交易在许多情况下是大宗交易，个人投资者难以参与这些证券的买卖，而是通过货币市场基金来间接参与这些证券的投资。表 1-2 是 2012 年美国主要货币市场工具的交易情况，主要包括短期国债、定期可转让存单、商业票据、货币市场共同基金和回购协议这五种货币市场工具。下面我们对这五种货币市场工具予以简单介绍。

表 1-2　　　　美国主要货币市场工具交易情况(2012 年 9 月)　　　　单位：10 亿美元

名　称	金　额	名　称	金　额
短期国债	1478	商业票据	1445
小额定期存单	7202	货币市场共同基金	2645
大额定期存单	1603	回购协议	1141

资料来源：Z. Bodie, A. Kane, A. J. Marcus. *Investments* (10th Edition). McGraw-Hill Companies, Inc., 2014.

（一）短期国债

短期国债（T-bills）是一国政府的财政部以贴现（at a discount）方式发行的，期限在1年以下的短期债券。投资者按低于面值（par or face value）的价格购买，在到期日（maturity），债券持有人以面值获得政府的偿付，短期国债没有利息支付，面值与买入价之差就是投资者获得的收益。美国的短期国债市场十分发达，财政部每周都发行期限为90天或120天的国债，每月则发行期限为1年的国债，以拍卖（auction）的方式销售。投资者可以直接到拍卖现场购买国债，也可以在二级市场上的国债交易商处购买。短期国债有极强的流动性，很低的交易成本，风险也很小。与其他的货币市场工具相比，短期国债交易的最低面额为10000美元，而其他工具多为100000美元。此外，投资者在短期国债上的收入还免征州所得税。

（二）大额可转让存单

存单是由银行或储蓄机构发行的一种定期存款凭证。定期存款的存款者不能因需用资金而随时任意提取存款，银行只在定期存款到期时才付给储户利息和本金。在美国，面额超过100000美元的存单属大额存单（Certificate of Deposit，CD），通常可以转让，即在到期前，如果存单的持有者需要现金，则可以将存单转售给其他投资者。短期大额存单的市场流动性很强，但到期日在6个月或以上的大额存单的流动性却很差。联邦存款保险公司把大额存单视为一种银行存款，所以，当银行倒闭时，存单持有人享有最高为100000美元的保额。

【扩展阅读】

中国的大额存单产品

2015年6月2日，中国人民银行决定推出大额存单产品，并制定了暂行办法。大额存单产品的发行主体为银行业存款类金融机构，投资人包括个人、非金融企业、机关团体等非金融机构投资人及保险公司、社保基金等。中国的大额存单产品采用标准期限的产品形式、电子化的发行方式。个人投资者认购大额存单起点金额不低于30万元，机构投资者认购大额存单起点金额不低于1000万元。大额存单期限包括1个月、3个月、6个月、9个月、1年、18个月、2年、3年和5年共9个品种，发行利率将以市场化方式确定。6月11日，中国工商银行、中国建设银行、中国农业银行、中国银行、交通银行相继推出各自的首期大额存单；6月15日，中信银行、浦发银行、招商银行、兴业银行四家股份制商业银行也宣布发行首批大额存单。

资料来源：参见中国人民银行《大额存单管理暂行办法》，及中国新闻网《中国五大银行同日首发大额存单个人起购额为30万》。

（三）商业票据

商业票据（commercial paper）是由一些大公司发行的短期无担保本票，属短期信用债券。在美国，商业票据的期限通常少于270天，最常见的期限范围是30天到50天，商业票据的面额通常为100000美元。由于商业票据是由信誉卓著的大公司发行的，短期内公司的经营状况是可以较为准确地把握和预见的，商业票据是安全性很高的资产。1970年宾州中央运输公司(Penn Central)的违约事件是40多年来唯一的商业票据违约大案。由于该事件的影响，目前绝大多数的商业票据都要经过穆迪(Moody's Investor Services)和标准普尔(Standard & Poor's Corporation)等信用评级机构的信用评级。

(四)货币市场基金

货币市场基金(Money Market Fund，MMF)是指投资于货币市场上短期(通常是一年以内，平均期限120天)有价证券的一种投资基金。该基金资产主要投资于短期货币工具，如国库券、商业票据、银行定期存单、银行承兑汇票、政府短期债券、企业债券等。货币基金只有红利转投资一种分红方式，货币市场基金价格每份单位始终保持在1元，超过1元后的收益会按时自动转化为基金份额，拥有多少基金份额即拥有多少资产。这与其他开放式基金相比是截然不同的，开放式基金的特点是份额固定不变、单位净值累加，投资者只能依靠基金每年的分红来实现收益。

(五)回购协议

回购协议(repurchase agreement)，简称回购(repo)，是一种证券的出售协议，卖方承诺在规定的某一将来时日以规定的价格从买方手中购回这些证券。银行、券商和基金等金融机构把回购协议作为重要的短期借贷手段，所交易的证券在其中充当抵押品，充当抵押品的证券主要是各种期限的国债。协议中规定的回购价和出售价之间的价差对借款者而言是短期融资的成本，对投资者而言则是投资的收益。回购协议根据期限的长短划分为两类，如果协议的资金借贷期限为1天，则称隔夜回购(overnight repo)；如果协议的期限超过1天，则称定期回购(term repo)。由于借款有国债作抵押，因此回购被认为是很安全的，不存在大的信用风险。

二、固定收益证券

固定收益证券(fixed-income securities)与货币市场工具的区别在于前者的期限更长，表1-3介绍了截至2015年底中国主要的固定收益证券的发行情况。本节我们将主要介绍以下几种固定收益证券：中长期国家债券、金融债券、公司债券和资产证券化产品等。优先股票虽然在现金流的性质上类似于固定收益证券，但它又是权益证券，因此我们把它放在权益证券中进行介绍。

表1-3　**2015年中国固定收益证券的发行情况**　单位：亿元

债券品种	发行额	比上年同期增减
国债	21058	3311
地方政府债券	38351	34351

续表

债券品种	发行额	比上年同期增减
中央银行票据	0	0
金融债券	102095	65543
其中：国家开发银行及政策性金融债	26051	2851
同业存单	53024	44827
公司信用类债券	67205	15709
其中：非金融企业债务融资工具	54326	12514
企业债券	5031	-3229
公司债	7708	6680
国际机构债券	115	95
合计	228824	119009

资料来源：中国人民银行《2015 年第四季度中国货币政策执行报告》。

(一)政府债券

政府债券又称国债，指政府财政部门或其他代理机构为筹集资金，以政府名义发行的债券，目的通常是为了满足弥补国家财政赤字、进行大型工程项目建设、偿还旧债本息等方面的资金需要。国家债券按照偿还期限的长短可分为短期国家债券、中期国家债券和长期国家债券，其中短期国债属于货币市场工具。按照发行主体的不同可分为中央政府债券和地方政府债券。中央政府债券发行者是中央政府，由国家承担偿还本息的责任，偿还期限有 3 种，分别为 3 年、5 年、10 年。它所筹集的资金一是用于国家重点项目建设，二是用于弥补预算赤字。地方政府债券指有财政收入的地方政府、地方公共机构发行的债券。地方政府债券一般用于地方性公共设施的建设，并以当地政府的税收能力作为还本付息的担保。

政府债券是政府发行的债券，由政府承担还本付息的责任，是国家信用的体现。在各类债券中，政府债券的信用等级是最高的，通常被称为金边债券。因此，投资者购买政府债券是一种较安全的投资选择。此外，政府债券还有流通性强、发行量大、信用好、竞争力强、收益稳定、可以享受免税待遇等特点。

(二)金融债券

金融债券是由银行和非银行金融机构发行的债券。在英、美等欧美国家，金融机构发行的债券归类于公司债券；在中国及日本等国家，金融机构发行的债券称为金融债券。银行等金融机构在一国经济中占有较特殊的地位，政府对它们的运营又有严格的监管，因此，金融债券的资信通常高于其他非金融机构债券，违约风险相对较小，具有较高的安全性。所以，金融债券的利率通常低于一般企业债券，但高于风险更小的国债和银行储蓄存款。中国的金融债券业务至今已得到长足发展，种类也日益增多，目前主要有以下几类：国家开发银行金融债、政策性金融债、商业银行普通债、商业银行次级债、商业银行资本混合债、证券公司债券等。

(三)公司债券

公司债券是由公司发行的，用以向公众筹集资金的一种债务类证券。公司债与国债的发行结构类似，也是每半年支付一次利息，到期时发债公司向债券持有者支付债券的面值。它们的区别是风险程度不同，购买公司债必须考虑违约风险的大小和提供给债券持有人的投资收益率的高低。公司债券反映的是债权债务关系，不拥有对公司的经营管理权，但是相比于股东可以优先享有索取利息、补偿和分配剩余资产的权利。

依据债务契约保护条款的性质和还本付息的不同特点，公司债可以划分为多种不同的类型：其一，根据是否存在担保品，可将公司债券划分为信用公司债和担保公司债，前者的发行全凭举债公司的信用，没有特定的担保品；而后者是用实物资产担保发行的公司债券，一旦债券到期不能偿还，担保品的赎回权就会被剥夺，作为担保品的实物资产的所有权就转移到债券持有者的手中。其二，根据债券附带的权利，可分为可赎回债券和可转换债券。可赎回债券附带了期权，给予发债公司以赎回价格从债券持有者手中购回债券的选择权；可转换债券给予债券持有者以一定的价格将债券转换为一定数量的公司股票的选择权。

需要特别强调的是，2005年颁布的《中华人民共和国公司法》和《中华人民共和国证券法》明确规定，非公司制企业不得发行公司债券。因此，国内的公司债券由股份有限公司或有限责任公司发行，并由证监会审批。对于其他由中央政府部门所属机构、国有独资企业或国有控股企业发行的债券称为企业债券，它对发债主体的限制比公司债券狭窄得多，企业债券的发行需经国家发改委报国务院审批。为防范国有企业发债引致相关违约风险和社会问题，相关法律法规要求发债企业的债券余额不得超过净资产的40%，且需要银行予以担保。

【扩展阅读】

中国固定收益证券市场的发展概况

自1981年财政部恢复国库券发行至今，中国传统的固定收益证券市场取得了长足发展，市场体系和基础设施不断完善，市场规模位居世界前列。从中国债券市场的结构看，债券市场以政府信用和银行信用为主，公司债券市场不发达。各类政府债券、金融债券占市场规模近70%，非金融企业债券存量中又以中央和地方国有企业为主。形成这一格局的深层次原因，是中国债券市场目前以银行间市场为主体，商业银行是市场组织核心，是承销和投资主体，对债券发行承销、投资管理的制度基本与银行信贷的管理体制类似。这客观上造成国有部门、准公共部门占据了大部分金融资源，而其他公司和企业融资难、融资贵的问题难以真正缓解，因此中国债券市场未来的发展方向是大力发展公司债券市场。

中国固定收益证券市场还形成了银行间债券市场和交易所债券市场两个层次不同、差别明显的市场。前者属于场外市场，后者则属于场内市场。从时间上看，交易所市场先于银行间市场出现，其伴随着上海证券交易所的成立而起步，并在深圳证券交易所成立后发展开始加快。银行间债券市场成立于1997年，最初是在监管者为防止信贷资金流入股市的政策考虑下所建立的一个专供商业银行进行债券交易的场所。虽然交易所市场出现时间要早于银行间市场，但交易机制和投资者等方面的差异，造成了两个市场在发展历程中出现了明显差别。

发展至今，银行间市场不只是银行之间的市场，而是一个包括各类银行、信用社、保险机构、证券公司和基金等金融机构以及众多非金融企业法人的机构间市场。银行间市场在托管量、交易规模、流动性和市场创新等方面占据绝对地位。在托管量上，银行间市场的托管量自其成立后一直高于交易所市场，1998年以来始终保持在90%以上。根据Wind统计，2013年4月，在共计246986.7亿元的债券托管规模中，银行间市场占到94.4%，交易所市场占比仅为2.2%。自2008年以来，交易所市场托管量占比就一直保持在1%到2%的水平。在交易规模上，2012年银行间市场现券和回购交易规模占到全部交易规模的85.2%，其中占到现券交易规模的99.2%。在流动性上，从2005年4月份开始，银行间市场换手率开始超过交易所市场并持续高于后者。在市场创新上，银行间市场近年来实现了快速发展，吸引了越来越多的发行人和投资者参与，固定收益市场创新活跃的特性得以很好地展现出来，短期融资券、中期票据、超短期融资券、非公开定向工具、集合票据、信用风险缓释工具、资产支持票据等交易产品也先后被推出。交易所市场受制于市场规模和参与群体等固有问题，创新产品较为有限，即便有产品推出，发展速度也不快，并未得到市场的广泛认同。

美国、日本到韩国、巴西等国的场外市场交易额占比高达90%以上，中国银行间市场居于支配地位的情况是对不同发展程度经济体债券市场发展历程的进一步验证。这是符合债券产品属性的基本体现，因为债券是基于不同的融资目的，采取不同的产品结构设计，以固定收益产品形态存在的具有个性化的、适合大宗交易的金融产品，突出地具备三方面特征：固定收益性、个性化、专业性，更适合进行非标准化的场外交易。

资料来源：申世军，张骏超．银行间市场与多层次债券市场建设[J]．中国金融，2013(13)：68-71.

(四)资产证券化产品

资产证券化(asset securitization)是当今国际投资领域的重要发展趋势之一，是指将缺乏即期流动性，但具有可预期的、稳定的未来现金收入流的资产进行组合和信用增级，并依托基础资产的未来现金流在金融市场上发行可流通有价证券的结构性融资活动。作为一种创新型金融工具，资产证券化的出现为广大企业开创了更为多元的融资方式，其不断发展的产品也成为固定收益证券市场中重要的交易品种。

传统的证券化资产包括银行的债权资产，如住房抵押贷款、商业地产抵押贷款、信用卡贷款、汽车贷款等，以及企业的债权资产，如应收账款、设备租赁等。这些传统的证券化产品一般统称为资产支持证券(Asset-backed Securities，ABS)。在美国，资产证券化经历了多年的发展，市场不断对各类资产进行证券化尝试，目前已形成了三种主要的资产证券化产品：抵押支持证券(Mortgage-Backed Securities，MBS)、狭义的资产支持证券和债务担保证券(Collateralized Debt Obligation，CDO)。抵押支持证券是基于房地产抵押贷款的证券化产品，又可细分为 RMBS 和 CMBS。以个人消费者购买住房所申请的抵押贷款为基础的证券化产品被称为 RMBS(residential MBS)，这是美国 MBS 市场的主要产品；CMBS(Commercial MBS)则是以商用房地产抵押贷款为基础资产的证券化产品。狭义的资产支持证券主要是以某一类同质资产，如汽车贷款、信用卡贷款、住宅权益贷款、学生贷款、设备租赁等为基础资产的证券化产品，也有期限在一年以下的资产支持商业票据(Asset-backed Commercial Papers，ABCP)。债务担保证券对应的基础资产则是一系列的债务工具，如高息债券、新兴市场企业债或国家债券、银行贷款，甚至传统的 MBS 等证券化产品。CDO 又可根据债务工具的不同分为担保债务凭证(Collateralized Bond Obligation，CBO)和担保贷款凭证(Collateralized Loan Obligation，CLO)。CBO 以一组债券为基础，主要由债券或股票基金管理人发行，借此筹集资金，以购买更多的债券或股票进行管理。CLO 以一组贷款为基础，通常是商业银行采用的融资工具，以收益票据(beneficiary notes)形式，向投资者出售其持有的商业和工业贷款为银行融资。

美国是助推世界经济发展的核心力量之一，拥有世界上规模最大的资产证券化市场。资产证券化起源于美国，在过去的 40 多年里这一市场已经发展成为美国固定收益市场中的重要组成部分。在 1970 年资产证券化市场发展的初期，住宅抵押贷款是唯一可证券化的资产种类。从 20 世纪 80 年代中期开始，很多种未来具有可预期现金流的资产都开始作为基础资产发行资产支持证券。次贷危机之前，美国资产证券化产品市场总量从 1980 年的 1180 亿美元上升到 2007 年的 11.1 万亿美元，翻了 100 倍，占整个固定收益市场的份额由 4%提升到 35%。在 2001—2007 年，美国证券化融资工具的发行量已经远远超过了国债、市政债和公司债，它的存量规模甚至在最后两年超过了国债和市政债的总和。

美国资产证券化的高度发展改变了商业银行传统的经营模式，由“放贷—持有”模式转变为“放贷—转移”模式，从而产生了道德风险。由于能够把贷款转移出去，商业银行降低了贷款审查标准，引起了次级住房抵押贷款的过度发放，最终导致了次贷危机。全球各主要经济体联手采取补救和预防措施，纠正资产证券化发起、信用风险评估和投资者教育三个环节的机制缺失，巴塞尔委员会在 2009 年 1 月发布《新资本协议框架完善建议》，提出应全面提高对证券化产品风险的认识。

次贷危机爆发之后，资产证券化产品在固定收益类产品中的份额开始掉头直下，2011 年年底下降到了 28%左右。但是美国资产证券化市场却未因此遭受重创，而是通过迅速的市场调整使得资产证券化向着更良性化的方向发展。2007 年和 2011 年美国固定收益证券市场中交易品种份额变化如图 1-1 所示。2012 年美国发行资产证券化产品规模 2.07 万亿美元，同比增长 24.38%(见图 1-2)。

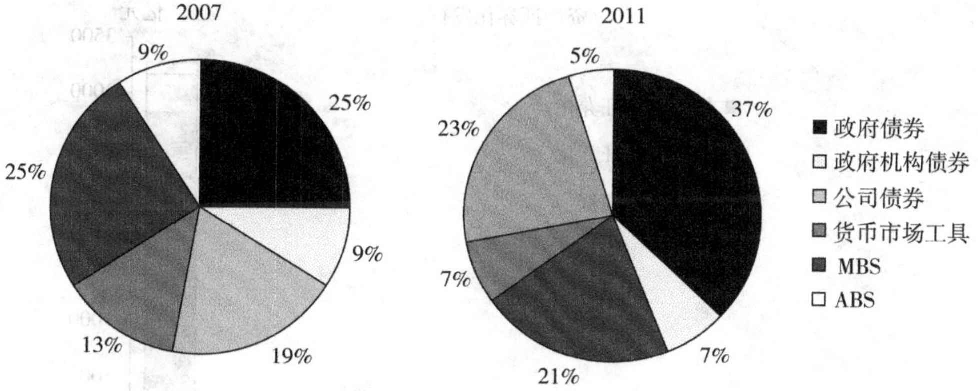

图 1-1　2007 年和 2011 年美国固定收益证券市场中交易品种的份额变化

资料来源：http：//www. sifma. org/，国泰君安证券研究。

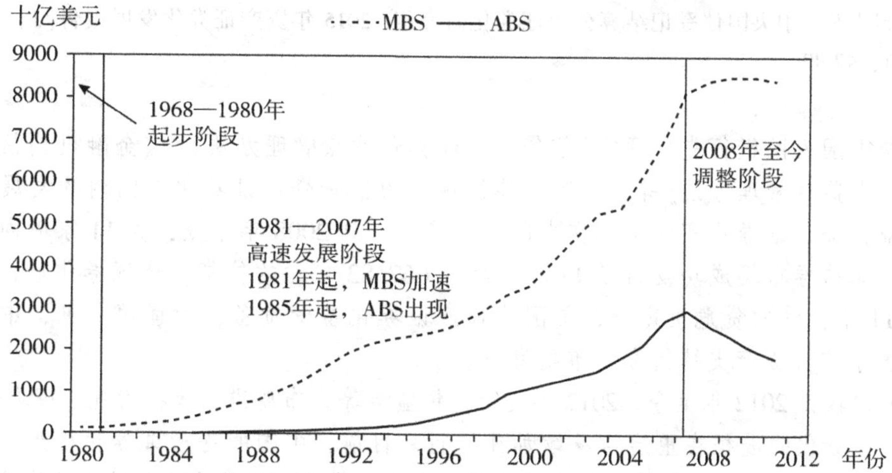

图 1-2　1979—2012 年美国资产证券化产品规模

【扩展阅读】

资产证券化在中国

从国外金融市场发展历史和国内资产证券化实践看，资产证券化是金融市场发展到一定阶段的必然产物，有利于促进货币市场、信贷市场、债券市场、股票市场等市场的协调发展，有利于提高金融市场配置资源的效率，这对于中国建设多层次资本市场的任务具有重要意义。中国资产证券化的实践应用正处于起步阶段，经历了两个阶段，如图 1-3 所示。

第一阶段自 2005 年试点运行到 2008 年由于受金融危机的影响而停滞。2005 年，

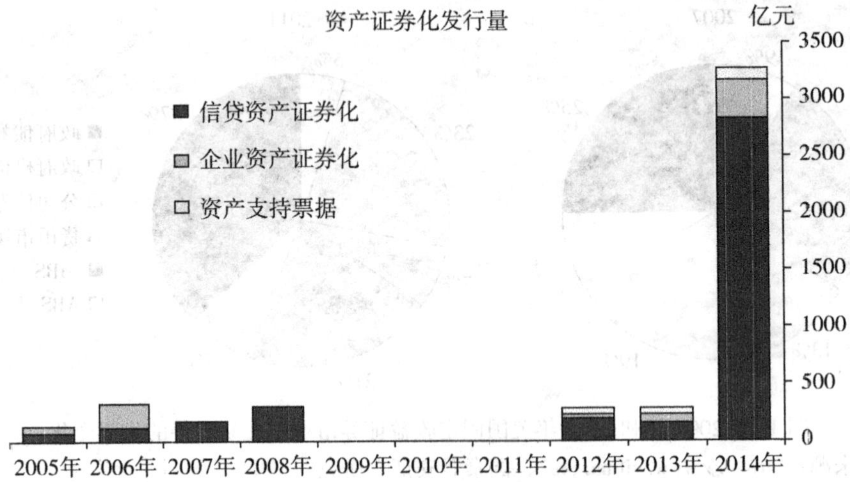

图 1-3 2005—2014 年中国历年资产证券化发行量统计图

资料来源：中央国债登记结算公司证券化研究组. 2015 年资产证券化发展报告[J]. 债券, 2016(1)：42-49.

银监会与中国人民银行先后颁布《信贷资产证券化试点管理办法》和《金融机构信贷资产证券化试点监督管理办法》等一系列法律法规，为信贷资产证券化在国内的发展提供了法律基础，资产证券化实践由此在中国正式展开。到 2008 年年底，共 11 家境内金融机构在银行间债券市场成功发行了 17 单、总计 667.83 亿元的信贷资产证券化产品。2009 年至 2011 年，受次贷危机影响，美国的资产证券化备受责备，为谨慎起见，中国监管当局停止了信贷资产支持债券的审批发行。

第二阶段是 2012 年至今。2012 年央行、银监会等宣布要进一步扩大资产证券化试点，中国资产证券化的进程在重启后继续加速前行。目前，中国的资产证券化已形成三种模式，分别是中国人民银行和银监会主导的信贷资产证券化、证监会主导的企业资产证券化和银行间交易商协会主导的资产支持票据(ABN)，资产类别包括银行贷款、市政工程、租赁资产、水电气资产、路桥收费和公共基础设施等。在美国，资产证券化推行之初推动了居民住宅市场的发展，解决了民众安居需求，之后为美国消费型社会结构的形成和经济的稳定增长做出了重大贡献，提高了美国人的生活水平。但是，作为一种具有高度不稳定性结构的金融创新，当资产证券化程度远远超越出实体经济的边界时，就会形成虚拟经济泡沫。2007 年，起源于次级抵押贷款违约的金融危机，波及了全球绝大多数国家。

三、权益证券

如果说债券反映的是投资者与融资者的一种债权债务关系，权益证券(equity securities)则代表了投资者对公司的所有权。股份有限公司可以根据不同性质的筹资需求发行股票或债券，股票融资形成了公司的股本金(equity)，债券融资则形成了公司的负债(debt)，股票和债券是公司融资两个不同性质的来源。以股票投资者或股东(shareholders)享有的权益和承担的风险为标准，可以把股票分为两大类：一类是普通股票，另一类是优先股票。最后我们还介绍了权益证券的一种特殊形式——存托凭证。

(一)普通股票

从投资者的角度看，第一，普通股票(common stock)是一种无返还期限的超长期投资工具，除非公司破产清偿或因故解散，普通股票是从无还本可能的。第二，普通股票代表股东的剩余要求权(residual claim)，意味着投资者对公司资产与收益的要求权是排在最后一位的。正常经营的公司，在收入满足了债权人利息和政府的税收要求并扣除了各项经营费用之后，才会将剩余的利润以股息(dividends)的形式派发给股东，或者将盈余再投资，从而增加股东持有股票的价值。当公司破产清偿时，普通股股东只有在其他索求者如税务机构、公司职员、供应商、债权人都得到了偿付后，才能得到对剩余资产的求偿权。因此，普通股票的剩余性决定了它是一种高风险、高收益的投资工具。第三，普通股股东要承担有限责任(limited liability)，即当公司破产清偿时，股东最多只损失其最初的投资额，而不必承担连带责任，有限责任决定了普通股票投资的风险上限是股东手中的股票一文不值。第四，普通股票的股东有优先认股权(preemptive rights)，当公司增资配股时，原股东有权按持股比率优先、优惠认购一定数量的增发股票。第五，普通股股东拥有参与公司经营管理的权利，具体包括：对公司重大经营决策的投票表决权，对公司董事或监事的选举权，对违反公司章程、侵害公司利益行为的控告权，等等。此外，还需说明的是普通股股东权益的大小取决于他们持有股份(shares)的多少，并且遵循“同股、同权、同利”的原则。

(二)优先股票

优先股票(preferred stock)与普通股票一样代表对公司的所有权，同属于权益证券。优先股票中的优先权主要是指：(1)持有人分得公司利润的顺序先于普通股股东；(2)在公司破产清偿时持有人先于普通股股东分得剩余财产。优先股虽然有这两项优先权利，但其持有人却没有普通股股东那样的参与公司经营管理的权利，也没有选举董事或监事的权利。优先股通常承诺每年付给持有者一笔固定的股息，优先股股息可以用相对于股票面值的比率来表示，即股息收益率，因此不像普通股那样，股息随着公司剩余利润的增加而无限制地增加。就固定支付股息这一点而言，优先股相当于永久年期的债券，具有固定收益证券的某些性质。优先股有累积和非累积之分，累积优先股(cumulative preferred stocks)是指，如果公司的本期剩余利润不足以支付该种优先股的固定股息，则本期应付股息需由下期剩余利润累积补付，而非累积优先股(non-cumulative preferred stocks)则无需补付。目前，多数优先股具有累积的性质。

2014 年 3 月 21 日，中国证监会公布《优先股试点管理办法》，同年中国农业银行 400 亿元优先股正式在上交所挂牌交易，标志着中国境内资本市场第一支优先股产品圆满完成发行及挂牌工作。随后中国银行等 9 家上市银行先后推出优先股发行方案，合计规模达 4200 亿元。农业银行、中国银行、浦发银行、兴业银行均获得了 2 到 3 倍以上的超额认购。优先股制度的推行是对权益证券市场的有益补充，为公司融资提供了新的途径，有利于权益证券市场分红机制的建设。

(三)存托凭证

存托凭证(Depository Receipts，DR)，又称存券收据或存股证。是指在一国证券市场流通的代表外国公司有价证券的可转让凭证，属公司融资业务范畴的金融工具。1927年，美国人J. P. Morgan为了方便美国人投资英国的股票发明了存托凭证。

存托凭证的开具过程如下：某国的某一公司为使其股票在外国流通，就将一定数额的股票，委托某一中间机构(通常为某一银行，称为保管银行或受托银行)保管，由保管银行通知外国的存托银行在当地发行代表该股份的存托凭证，之后存托凭证便开始在外国证券交易所或柜台市场交易。存托凭证的当事人，在国内有发行公司、保管机构，在国外有存托银行、证券承销商及投资人。从投资人的角度来说，存托凭证是由存托银行发行的可转让股票凭证，证明一定数额的某外国公司股票已寄存在该银行在外国的保管机构，而凭证的持有人实际上是寄存股票的所有人，其所有的权利与原股票持有人相同。存托凭证一般代表公司股票，但有时也代表债券。按其发行或交易地点的不同，存托凭证被冠以不同的名称，如美国存托凭证(American Depository Receipt，ADR)、欧洲存托凭证(European Depository Receipt，EDR)、全球存托凭证(Global Depository Receipts，GDR)、中国存托凭证(Chinese Depository Receipt，CDR)等。

四、衍生证券

上文中我们讨论的证券又被称为原生证券(primitive security)，其收益的大小取决于发行者的财务状况，如债券承诺的利息支付有赖于发债主体的偿债能力；股东的股息支付取决于董事会对公司财务状况的评价。而衍生证券(derivative securities)是从原生证券演化而来的，其收益取决于原生证券的价格。衍生证券的两种基本类型是期货合约(futures contract)和期权合约(options contract)。期货合约是指依双方协商同意的价格，即期货价格，在约定的交割日或到期日，对某项资产进行交割的合约。同意在交割日购买商品的交易者称为多头，同意在合约到期时交割商品的交易者称为空头。期权合约赋予合约的持有者或购买者在一定期限内，以一定的协议价格或执行价格向合约出具者买进或卖出一项资产的权利。衍生证券已成为投资工具中不可或缺的一部分，其功能之一是为投资者的资产提供最原始的套期保值，此外，衍生证券还可用于从事较高风险的投机活动。

2010年2月20日，中国证监会正式发布了中国金融期货交易所沪深300股指(IF)期货合约的业务规则。2010年4月16日，沪深300股指期货合约正式上市。中国证监会于2015年1月9日下午宣布上交所试点股票期权业务，试点产品为上证50ETF期权，正式上市交易日为2015年2月9日。2015年4月16日，上证50(IH)和中证500(IC)股指期货正式上市，扩大了中国期货交易的产品种类。期货和期权产品的上市，有助于完善资本市场的风险管理功能和价格发现机制，有利于丰富交易品种和交易机制，降低市场波动，有利于培育机构投资者，提升行业竞争力，对促进我国资本市场健康发展、提高资本市场服务实体经济能力和提升我国资本市场的国际竞争力具有重要意义。

第四节　投资过程

投资过程描述的是投资者应如何决定投资哪些金融证券、怎样投资以及何时投资的问题。投资决策过程大致可以分为五个步骤：(1)确定投资目标；(2)进行投资分析；(3)构建投资组合；(4)修正投资组合；(5)评价投资绩效。以上五个步骤是一个动态循环的过程，绩效评价的结果可能导致投资目标及投资组合构成的修正。

一、确定投资目标

确定投资目标是投资过程的第一步，需要考虑收益和风险两方面的内容，由于风险和收益呈正相关关系，所以，仅把收益最大化作为投资的目标是不恰当的，合理的目标应该是在风险一定的情况下，实现收益的最大化；或是在收益一定的情况下，实现风险的最小化。

由于个人投资者和机构投资者具有各自的目的和要求，因而他们的投资目标是不会相同的。个人投资者的投资目标受财政状况、年龄、健康状况、家庭负担、受教育程度、对风险的偏好程度、投资知识和技能等诸多因素的影响。例如，一个拥有财产或收入较高的人，有较宽裕的资金用以投资，有较高的风险承担能力，那么他就可能把目标定在高收益、高风险的证券上，如普通股票。相反，一个既无资产、收入又低的人，难以拿出资金用以投资，风险承担能力较低，因此，他的投资目标有可能定在现时收入稳定、本金安全的政府债券上。机构投资者的性质与个人投资者相比，在资金来源、投资目标和投资政策上有很大的不同。例如，商业银行是经营资金存贷业务的机构，保证储户资金的安全是其首要责任，它的盈利资产必须具有高流动性和安全性，因此，商业银行的投资政策会受到政府法规和本身业务性质的约束，这就决定了商业银行必须选择安全性和流动性高的政府债券作为投资对象，故而商业银行的投资目标就是靠投资于贷款和可流通证券来获得超过这些资金成本的收益。

二、进行投资分析

投资分析是投资过程的第二步，包括对各种投资机会的研究，其目的在于寻找那些被市场错误定价的证券。投资分析的方法有很多，归纳起来不外乎两类：一类是基本分析法(fundamental analysis)，另一类是技术分析法(technical analysis)。

基本分析的前提条件是任何金融资产的“内在价值”(intrinsic value)等于该资产所有者的所有预期收益流的现值。据此，投资分析人员试图预测这些现金流的数值及发生的时间，然后再利用合理的折现率把它们折算成现值。以普通股票为例，投资分析人员不仅必须预测折现率，而且还必须预测股票未来的股息现金流，这相当于预测公司的派息率(payout ratio)和每股收益(Earnings Per Share，EPS)。股票内在价值一旦确定，就可以用它来与该股票的市场价格进行比较，从而鉴别股票的定价是否合理。如果内在价值低于股票的市场价格，就认为其价值被高估了(overvalued)；如果内在价值高于股票的市场价格则认为其价值被低估了(undervalued)。内在价值和市场价格差异的大小也是一项重要的信息，它部分地影响着投资分析人员对股票价格偏离的判断，分析人员从理性的角度相信，任何较大的价格偏离都会被市场纠正，即价值低估的股票价格会上升，价值高估的股票价格会下降。由于股票的价值受到宏观面、行业面和公司面三个层面因素的影响，对这三个层面因素的分析也就构成了基本分析的主要内容。

技术分析法是根据证券市场过去的统计资料来研究证券市场未来的价格走势。这种投资理念认为，所有影响股票价格变动的因素，无论是利多还是利空，最终都会反映在股票的"价"、"量"、"时"、"空"这四大要素上。奉行这一观念的技术分析人员往往只注重市场内部的因素，很少理会市场以外的影响因素，他们试图套用过去的价格趋势和模式来确定正在出现的价格趋势，以此来预测股票的未来价格走势。显然，这种方法的前提是"历史会再现"。

三、构建投资组合

构建投资组合是投资过程的第三步，在投资分析的基础上，选择与投资目标和投资政策相协调的投资组合策略。投资组合策略包括被动和主动两种。被动投资组合策略(passive portfolio strategy)是假设市场上证券的价格已经反映了所有可得信息，市场定价是有效率的，不存在错误定价的证券，进行主动的择时(market timing)和择券(security selection)是徒劳的，因此只需简单地模仿市场指数分散投资即可实现预期的投资目标。主动投资组合策略(active portfolio strategy)则认为市场是低效的，存在被市场错误定价的证券，通过主动的择时和择券的努力就能跑赢大市，获得超额绩效。主动策略的实质是投资管理者认为能够对影响某类资产收益和风险的因素进行预期。对普通股而言，主动的管理包含对公司未来收益、股息或价格收益比的预测；对固定收益证券投资组合而言，预期包含对未来利率的预测；如果投资组合包含国外证券则需要对未来汇率进行预测。

在被动策略和主动策略两种极端策略之间存在着若干种将两种策略搭配而成的混合形式，如有的机构投资者对投资组合中的核心资产进行被动的管理，对剩余资产则进行主动管理。

究竟怎样在被动的、主动的以及被动和主动混合的管理策略中做出选择，取决于：(1)投资者对市场定价效率的看法；(2)投资者对风险的承受程度；(3)投资机构债务的性质。在选择合适的投资策略后，投资者就可以确定具体的资产和资金在各种资产中的分配比例。

四、修正投资组合

对投资组合进行适时的修正是投资过程的第四步。随着时间的推移，投资者会改变投资目标，从而使当前持有的资产组合不再为最优，为此，需要卖出现有组合中的一些证券并买进一些新的证券以形成新的组合，即投资目标变了，投资策略就要跟着调整，结果就是对投资组合构成的修正。修正投资组合的另一个动因是，通过投资分析，原来不具吸引力的一些证券现在变得有吸引力了，而另外一些原来有吸引力的证券则变得无吸引力了，上述情形也会导致投资者在原有投资组合的基础上加入和剔除一些证券。显然，修正投资组合就是对前三个步骤进行定期调整，调整的程度和范围主要取决于交易成本的大小和修正组合后投资前景的改善状况。

五、评价投资绩效

评价投资绩效是投资过程的第五步，主要是评价投资组合的结果，并将该结果与基准(benchmark)水平相比较从而评价投资绩效的优劣。所谓基准是指为了便于绩效评价而事先设定的证券集合的绩效表现。基准通常是指市场上公认的股票价格综合指数，机构投资者也可自己开发满足客户要求的基准。投资绩效应包含投资的收益和风险两个方面，投资绩效的评价就是将投资组合的收益和风险与基准的收益和风险进行比较，从而达到评价绩效、分析原因的目的。从这个意义上说，修正投资组合不仅包含前三个步骤，而且还应包含最后一个步骤。当然，“最后一个步骤”的提出仅仅是为了叙述的方便，投资过程实际上是一个动态的、持续的和循环往复的过程。

练习与思考

一、重要名词与概念

证券投资　投资　投机　实物资产　金融资产　一级市场　二级市场　可转让性(流动性)　长期投资　短期投资　直接投资　间接投资　货币市场工具　短期国债　大额可转让存单　商业票据　货币市场基金　回购协议　固定收益证券　中央政府债券　地方政府债券　金融债券　公司债券　信用公司债　担保公司债　可赎回债券　可转换债券　企业债券　资产证券化　ABS　MBS　CDO　普通股票　优先股票　存托凭证　原生证券　衍生证券　期货合约　期权合约　被动投资组合策略　主动投资组合策略　基准

二、问答题

1. 投资的特征有哪些？
2. 试比较实物资产投资与金融资产投资的异同。
3. 为什么长期投资与短期投资是一个相对的概念？
4. 阐述投资与投机的区别和联系。
5. 试描述各种金融资产要求权的性质。
6. 描述市场中的各种投资机会及其区别。
7. 比较基本分析法和技术分析法在投资分析思路上的差异。
8. 重温本章介绍的投资过程，思考为什么说它是一个动态的、持续的和循环往复的过程。

【扩展阅读】

资产管理的“德与道”①

一、资产管理行业的基本特点及其对从业人员的底线要求

资产管理是一个服务性行业，它和其他服务业相比有两点不同：

(1)投资者在绝大多数时间里无法判断产品的好坏。其他行业判定产品好坏在很大程度上是通过客户的使用体验。但是对于资产管理行业，在绝大多数时候，绝大部分投资者甚至部分从业人员都没有办法判断某个产品到底是好还是不好，也没有办法判断得到的服务是优秀的还是劣质的。这是金融行业尤其是资产管理行业，与其他几乎所有服务性行业完全不同的地方。衡量资产管理产品的质量必须要看资产管理者投资的东西是什么，而且在相当长的时间以后才能做出判断。正是因为没有办法判断产品和服务的优劣，所以绝大部分产品的投资理念都有着自己主观的理论和实践依据。

(2)行业报酬总体来说高于其他行业，也常常脱离对客户财富增长的贡献，实际上真正为客户提供的服务非常有限，产品很多时候只是为从业人员自己提供了很高的回报。其定价结构基本上反映了这个行业从业人员的利益，几乎很少反映客户的利益。一般的行业总是希望能够把自己的服务质量提高到很高的水平，让消费者看得很清楚，并在这个基础上不断溢价。但是资产管理这个行业无论是好还是不好，大家的收费方法都是一样的，定价基本上是以净资产的比例计算。不管基金经理是不是真正为客户赚到了钱，都会收取费用。特别是私募基金收费的比例更高，高到离谱。虽然客户可以去买被动型的指数基金，但如果基金经理的业绩比指数基金差很多，也可以收取费用，这是很不合理的。

未来的从业者进入行业的原因有一部分是对知识的挑战，另一部分是因为行业的报酬。这个行业的报酬确实很高，但是从业人员并不一定值那么高的报酬。这两个特点加在一起就造成了这个行业一些很明显的弊病。例如，这个行业的从业人员参差不齐、鱼目混珠、滥竽充数，行业标准混乱不清，到处充斥着似是而非的说法和误导用户的谬论。有些言论甚至连从业人员自己也弄不清楚。

这些特点对所有从事这个行业的人提出了一些最根本性的职业道德要求。很多开始学习投资学的同学将来会成为这个行业的从业者，而这门课程的终极目标也是希望为中国的金融行业培养未来的领袖人才。因此，希望你们进入这个行业时首先牢记两条牢不可破的道德底线：

第一，把对真知和智慧的追求当作自己的道德责任，要有意识地杜绝一切利益判断的理论。几乎所有的理论都跟从业者所处位置和潜在的利益息息相关，如果你思考得不深，你很快就把自己的利益当作客户的利益。因为这个行业很复杂，似是而非的观点很多，不是一个精确的科学，里面有好多问题需要判断，所以所有致力于进入这个行业的

---

① 由李录的演讲《价值投资在中国的展望》整理所得。李录，美国喜马拉雅资本创始人，是价值投资理念的践行者，目前管理50亿美元资产，查理·芒格家族资产的主要管理者。此为节选，后半部分可见于第九章的扩展阅读。

年轻人都应该树立起这样一个道德底线，就是把不断地追求知识、真理和智慧作为自己的一个道德责任。作为一个行业的从业人员，不会有意地去散布那些对自己有利而对客户不利的理论，不会被那些似是而非的理论所蛊惑，不会张口评价所有的公司股票价格，不会随便讲现在股票指数太低了，大牛市马上要开始了，至少要涨4000点，应该抄底。作为一个真正的投资人，这些都在能力圈的范围外。凡是把能力圈画得超过自己能力的人，最终一定会在某一个市场环境下把自己彻底毁掉。市场本身就是发现投资者弱点的一个机制，你身上但凡有一点点不明白的地方，一定会在某一个状态下被无限放大，从而击败你。

第二，要真正建立起受托人责任(fiduciary duty)的意识。如果把客户的每一分钱都当作自己的父母节俭一生省下来让你打理的钱，你就开始能够理解什么叫受托人责任。没有这种责任感，你会很快进入旁门左道，在所有的捷径里面要么一下子闯到死胡同，要么进入泥沼地，带进去的都是客户的钱。如果人不是太聪明，最后会把自己的钱都赔进去，一定是这样的结果。你进入这个行业一定会成为无数家庭财富的终结者。2007年的经济危机很大程度上就是因为这样一些不具备受托人责任的人长期“成功的”行为所导致的，这样的成功是对整个社会的破坏，这就是为什么我们行业里面几乎产生不了很多长期的优秀投资人。一些明星投资人有连续十几年20%的年回报率，可是最后一年的时候一下子跌了百分之几十。他在最早创建基业的时候，基金规模很小，丢钱的时候基金的规模已经很大，最终使投资者亏损的钱可能远远大于为投资者赚的钱，但是他自己赚的钱很多。

所以在今天，未来的从业者需要下决心做这样的人，走这样的道路，取得这样应得的成功，不再是在短期通过零和游戏将客户的钱变戏法一样变成自己的钱。

二、长期中可以让财富持续、有效、安全可靠地增长的金融资产

从长期看，哪些金融资产真正地能够为客户、为投资人实实在在地提供长期可靠的财富回报？经历过2007年的次贷危机后，很多人觉得现金是最可靠的，甚至很多人觉得黄金也是很可靠的。我们可以衡量过去这些资产的长期表现，能够找到的数据的时间越早越好，最好是长期、持续的数据，这样才能真正有说服力。西方发达地区是现代经济最早的发源地，现代市场也成熟得最早，市场数据最多。这里我们选用美国的数据。

宾州大学沃顿商学院的Seigel教授收集了美国在过去两百多年里各个大类金融资产的表现，把它绘制成图表。这些数据可以可靠地回溯到1801年，给了我们非常可靠的数据来检验各类资产的表现。

如图1-4所示，我们现在看到的结果是，即使除掉通货膨胀因素之后，1美元的股票在过去两百年里仍然升值了一百万倍，今天它的价值是103万美元。它的零头都大于其他大类资产。这个结果实际上具体到每一年的增长，除去通货膨胀的影响，年化增长率有6.7%。这就是复利的力量。

为什么现金被大家认为最保险，反而在两百年里面丢失了95%的价值，而被大家认为风险最大的股票资产则增加了将近一百万倍？

造成这种现象的原因有两个。

(1)通货膨胀。通货膨胀在美国过去两百年里平均是1.4%左右。如果通货膨胀每

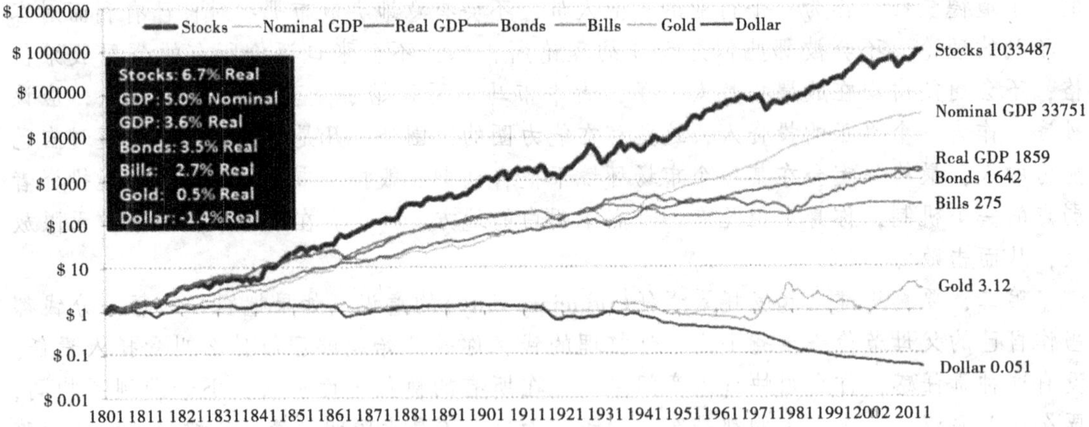

图 1-4 美国 1801 年至 2014 年大类资产的回报表现

注：Stocks 为股票；Nominal GDP 为名义国内生产总值；Real GDP 为真实国内生产总值；Bonds 为长期国债；Bills 为短期国债；Gold 为黄金；Dollar 为美元现金。单位为美元。百分比数字为收益增长率。

资料来源：J. J. Siegel. The future for investors：Why the tried and the ture triumphs over the bold and the new. Crown Bwiness，2005.

年以 1.4%的速度增长的话，你的购买力确实是每年在以 1.4%的速度在降低。这个 1.4%经过两百年之后，就让 1 块钱变成了 5 分钱，丢失了 95%，现金的价值几乎消失了。所以从纯粹的数学角度，我们可以很好地理解。

(2)经济增长。GDP 在过去两百年里增长了 33000 多倍，年化增长率 3%多一点。股票实际上是代表市场里规模以上的公司，GDP 的增长在很大意义上是由这些公司财务报表上销售额的增长来决定的。一般来说，公司里有部分相对固定的成本，不像销售额增长这么大，于是净利润的增长就会超过销售额的增长。当销售额以 4%~5%的名义速度在增长时，净利润就会以差不多 6%~7%的速度增长，公司本身创造现金的价值也就会以同样的速度增长。股票的价值核心是利润本身的增长反映到今天的价值。过去两百年股票的平均市盈率在 15 倍左右，那么倒过来每股现金的收益就是 15 的倒数，差不多是 6%~7%，体现了利润率对于市值估值的反映。因此股票价格也以 6%~7%的速度增长，最后的结果是差不多两百年里增长了一百万倍。所以从数学上我们就会明白，为什么当 GDP 出现长期持续增长的时候，几乎所有股票加在一起的总指数会以这样的速度来增长。

下面更重要的问题是，为什么在美国经济里出现了两百年这样长时间的 GDP 持续的、复利性的增长且同时通货膨胀也一直都存在？为什么经济几乎每年都在增长？虽然在某些年份会有一些衰退、某些年份增长会多一些，但却是长期、累进、复利性地增长？这个情况是美国在过去两百年独有的，还是在历史上一直是这样？我们有没有办法去计量人类在过去几千年中 GDP 增长基本的形态是什么样的？有没有持续增长的现象？

要回答这个问题，我们需要弄明白在人类历史上，在文明出现以后，整体的GDP、消费、生产水平呈现出的变化状态。斯坦福大学的Ian Morris教授带领一个团队在过去十几年里，通过现代科技的手段，对人类过去上万年历史里攫取和使用的能量进行了基本的统计，反映过去一万六千年里人类社会的基本GDP增长情况。在人类绝大部分的历史里面，基本的经济活动仍然是攫取能量和使用能量，它的基本统计和GDP关联度非常高。

图1-5代表了斯坦福团队的学术成果，最主要的一个比较就是东方文明和西方文明。从图1-5中我们可以看到在过去一万多年里整个文明社会的经济表现：虚线代表西方社会，最早是从两河流域一直到希腊、罗马，最后到西欧、美国等；实线代表东方文明，最早是在印度河流域、中国的黄河流域，后来进入长江流域，再后来进入韩国、日本等。左边是一万六千年以前，右边是现代。从这两个社会过去一万六千年的比较来看，在农业文明里人类社会的发展非常缓慢，而且经常呈现出波浪式的发展。但是到了近代以后，我们看到在过去的三百年间，人类文明在突然之间呈现了一个完全不同的状态，出现一个巨幅的增长。

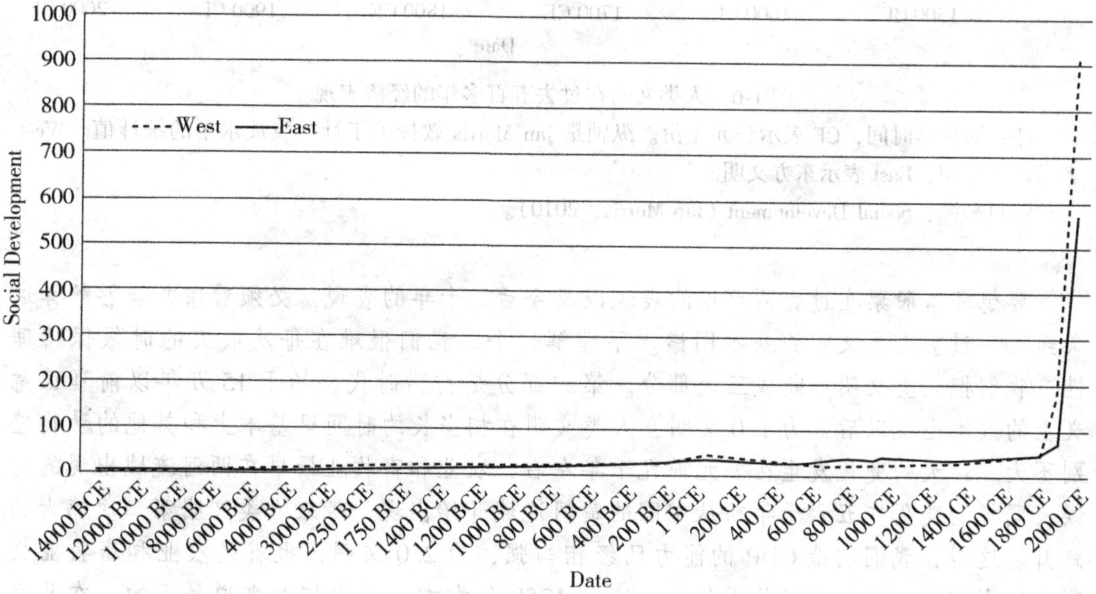

图1-5　人类文明在过去一万多年的经济表现

注：横轴是时间，BCE表示公元前年份，CE表示公元年份。纵轴是Ian Morris教授关于社会发展水平的统计值。West表示西方文明，East表示东方文明。

资料来源：Social Development（Ian Morris，2010）。

如果我们把图1-5中最近两三百年的折线单独进行考察，就会发现这个图和图1-6非常地相像（见图1-6）。两百年里的GDP和两百年里的股票表现也非常地相像。如果再把它缩短，最后的结果是它几乎是直上的，这种经济能够长期持续以复利的方式来增长的现象，在人类一万六千年的记载里从来没有发生过。

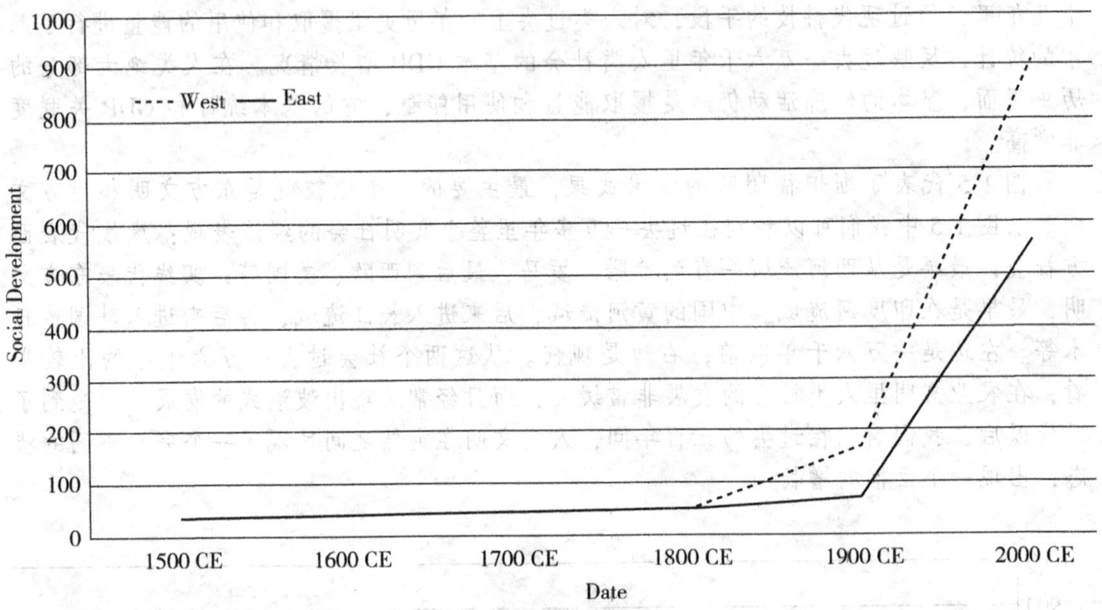

图 1-6 人类文明在过去五百多年的经济表现

注：横轴是时间，CE 表示公元年份。纵轴是 Ian Morris 教授关于社会发展水平的统计值。West 表示西方文明，East 表示东方文明。

资料来源：Social Development（Ian Morris，2010）。

要想理解股票在过去两百年的表现以及今后二十年的表现，必须看懂并能够解释这条线——过去人类文明的基本图谱。不理解这个，我们很难在每次股灾的时候保持理性。我们把人类文明分断成三大部分。第一部分是狩猎时代，始于 15 万年以前真正意义上的人类出现以后，为 1.0 文明，人类文明在相当长的时间里基本上和其他的动物差别不大。巨大的变化发生在公元前九千年左右，农业和畜牧业最早在两河流域出现的时候，同样的变化在五六千年前从中国的黄河流域开始出现，带来人类文明第二次伟大的跃升。这时，我们创造 GDP 的能力已经相当强，为 2.0 文明，也就是农业和畜牧业文明。这个文明状态持续了几千年，一直到 1750 年左右，基本相对来说是平的。在此之后出现了 GDP 以稳定的速度每年都在增长的情况，以至于 GDP 不增长是一件很大的事，中国目前 GDP 的增长从 10%跌到 7%也成为一件大事。这就是现代化和 3.0 文明，整个经济出现了持续性的、累进性的、长期复利性的增长和发展，所以出现了现代金融产品的可投资价值，才能讨论现金、股票和资产配置。因此要想了解投资、了解财富增长，一定要明白财富创造的根源在哪里。最主要的根源就是人类文明在这个时期出现了现代科技和自由市场经济，这两者的结合形成了我们看到的 3.0 文明。

我们可以用两个公式来理解自由市场经济，1+1>2 和 1+1>4。到了近代，文明演化最根本的变化是出现了自由交换。经济上的自由交换在亚当 · 斯密和李嘉图的分析下，实际上就是1+1>2。当社会进行分工的时候，两个经济个体进行自由交换创造出来的价值比原来各自所能够创造的价值要多很多，出现了附加价值。于是参加交换的人越多，创造的附加价值就越高。这种交换在农业时代也有，但是现代科技出现以后，这种自由交换变本加厉地产生了更多的附加价值。原因就是知识也在互相交换，不仅仅是产品、商品和服务。知识在交换里产生的价值更多，这就是1+1>4，指两个人在互相讨论的时候，不仅彼此获得了对方的思想，保留自己的思想，还会碰撞出一些新的火花。知识的自由分享结合就开始出现了复利式的增长。每次交换都产生这么大的增量，社会才会迅速创造出巨大的财富。那么当这样一个持续的、个体之间的交换放大几十亿倍，就形成了现代的自由市场经济，才会出现经济整体不断地、持续地增长。这样的经济制度才能够把人的活力全部发挥出来。

第二章　投资的收益与风险

收益和风险是投资的核心要素，正确理解收益和风险的概念，找到影响它们发生变化的因素，从数量上予以精确的衡量，是投资分析和选择的重要前提。此外，收益与风险并不是孤立的，两者之间存在着密切的联系，本章仅包含对它们的一些最基本关系的介绍，对于收益与风险关系的深入揭示将贯穿于本书的始终。

本章在上一章投资定义的基础上，进一步讨论投资的收益、风险以及收益与风险之间的相互关系等问题。

第一节　投资的收益

投资的收益是衡量投资绩效的最重要指标，可从事前和事后两个方面加以衡量，投资者对投资机会事前估计的收益为预期收益，投资者在持有资产一段时间后的收益为实际持有收益。理性理论假设投资者事前形成的预期收益即为事后的实际持有收益。不同资产的风险水平不同，所以其收益的大小也会存在差异。

一、同时衡量投资收益和风险的原因

从对投资的讨论中，我们知道投资者延期消费，获得要求收益率，存在时间、通胀和未来支付的不确定性，因此，他们在选择投资机会时，需要估计和评价各种投资机会的预期收益和风险间的替换。精确计量投资机会的收益和风险对于投资分析和评价是十分重要的。

投资收益和风险是衡量投资绩效的重要指标，不同的投资机会在不同时期有不同的收益和风险水平。历史收益率和风险常用以衡量事后(ex post)投资绩效，可利用公开信息很容易地得到。此外，在投资者估计某一投资机会的预期收益和风险时，历史收益和风险有重要的参考价值。投资者在进行事后绩效分析时，首先，要衡量的是对某一投资机会持有一段时间的历史收益率；其次，计算该投资在一段时期内的历史平均收益率；最后，求出投资者所持有的投资组合的平均收益率。在得到了有关投资收益的时间序列之后，就可在此基础上衡量历史收益和风险的大小。

在历史收益和风险确定之后，投资者就可以事前(ex ante)估计投资机会的预期收益，显然，这种估计包含了极大的不确定性。我们将在本章的后续部分讨论这种不确定性或风险。

二、历史收益率的衡量

投资者在对投资组合中的各种金融证券进行评价时，常常要关心证券的价格。例如，将某一价格为10元/股、无股息支付的股票与另一价格为30元/股、每年付息5元的股票进行比较，为了合理地评价这两项投资，投资者首先必须确切知道这些证券的历史收益率。投资者从事投资活动，推迟了现时消费，目的在于能够在将来使投资财富增加，获得更大的消费权益。因此，当谈及投资的收益时，我们所关心的是投资带来的财富变化。任何投资，无论投资对象是什么，所得收益都可以归纳为两个部分：资本损益(capital gains and losses)和现时收入(current income)。这里资本损益是指投资者所持有的证券资产的期末价值与期初价值的差额。若以 P_{it} 表示投资者在 t 时刻持有 i 证券的价格，P_{it-1} 表示在 $t-1$ 时刻证券 i 的价格，D_{it} 表示投资期内投资者收到的现金支付即投资的现时收入(如果投资者持有的证券是普通股票、优先股票或债券，现时收入分别可以是普通股股息、优先股股息或债券的利息)，则一项投资的收益率可以表示为：

$$R_{it}=\frac{P_{it}-P_{it-1}+D_{it}}{P_{it-1}}=\frac{P_{it}-P_{it-1}}{P_{it-1}}+\frac{D_{it}}{P_{it-1}} \tag{2-1}$$

(2-1)式中，记 $\Delta P=P_{it}-P_{it-1}$，ΔP 的取值可能出现三种情况：①当 $\Delta P>0$ 时，表明投资者账户上的证券资产 i 升值了，投资者获得了资本利得(capital gains)；②当 $\Delta P<0$ 时，表明投资者账户上的证券资产 i 贬值了，投资者遭受了资本损失(capital losses)；③当 $\Delta P=0$ 时，则表明投资者的资产处于平价(par value)状态。(2-1)式等号的右边所表示的收益率可以分为两个部分：第一部分 $\frac{P_{it}-P_{it-1}}{P_{it-1}}$ 反映了资本损益的变化对收益率的贡献，因此，这一部分收益率又被称为资本损益收益率；第二部分 $\frac{D_{it}}{P_{it-1}}$ 反映了现时收入对收益率的贡献，因此，这一部分收益率称为股息收益率或现时收益率。(2-1)式既可以用于证券投资收益率的事后衡量，也可用于事前预期。投资者往往事前设置了投资收益的目标，当(2-1)式中的 P_{it} 和 P_{it-1} 两个变量满足了投资者的要求收益率时，投资者即可兑现持有的证券。(2-1)式中，P_{it-1} 始终是事后变量，投资者在初始投资时，该变量已经是确定的了。(2-1)式是衡量投资收益率的基本公式，在国内外的许多文献中，该式所描述的收益率也常常被称为持有期收益率(Holding Period Yield, HPY)。

例 2015年M公司普通股票从1月1日的36元/股，上升至年底的54元/股，这一年M公司付息2.4元/股，那么股东持有M公司股票1年的收益率为：

$$R_M=\frac{54-36+2.4}{36}=57\%$$

上例给出的是投资收益的事后衡量，下例我们来看看投资收益的事前预期。

例 设"华工科技"股票目前的市场价格为50元/股，投资者k经过分析认为：此种股票预期将在1年内涨至65元/股，预期该公司支付股息1.5元/股，这样该股东在持有期内的预期收益率为：

$$E(R^k)=\frac{65-50+1.5}{50}=33\%$$

上面两例的投资期限均为标准的1年，但投资实践中投资者对证券的持有期可以是1天、1个月、6个月或1年以上，投资者在进行投资分析时，需要有一个统一的年收益率尺度，这需要将各种不同的持有期收益率转化为年收益率。

例　某一投资的初始投资额为2500元，2年后该项投资的价值变为3500元，那么该项投资的年持有收益率为：

$$\left(\frac{3500}{2500}\right)^{1/2}-1=18.32\%$$

对应地，投资者若在期初用1000元的投资，在6个月中赢得了120元的收益，那么，该投资的年持有收益率为：

$$\left(\frac{1120}{1000}\right)^{1/0.5}-1=25.44\%$$

当我们把各个不同期限的持有期收益率都转化为年收益率时，暗含的假设是每年的收益率不变。在2年期的投资中，假设每年有18.32%的复利。在把1年期以下的收益率转成年收益率时，假设在持有期内得到的收益率与1年中剩余的时间内得到的收益率相等。上例中，在6个月的投资中，半年的收益率为12%，全年的复利为25.44%。

三、历史平均收益率的衡量

以上我们讨论了单个证券单期限(single-period)收益率的衡量问题，但实践中，投资者大量遇到的可能是多期限(multi-period)的投资收益率问题：投资者可能在有些年份获得高收益，在另外的年份获得低收益，甚至出现负收益，因此，要对投资绩效有一个总体的认识，就必须衡量一段时期内投资的平均收益率。此外，当投资者持有1种以上的证券资产时，就涉及对投资组合在一年或若干年中的平均收益率进行衡量的问题。

(一)单个证券投资的平均收益率

给定单个证券的一组年收益率指标，则衡量投资绩效的总量指标有两种：算术平均收益率和几何平均收益率。算术平均收益率(Arithmetic Mean，AM)的计量是将年收益率之和用相应的年数(T)去除，即：

$$\text{AM}=\sum_{t=1}^{T}R_{it}/T \tag{2-2}$$

衡量多期收益率的另一种常用的指标是几何平均收益率(Geometric Mean，GM)，其计算公式为：

$$\text{GM}=\left[\prod_{t=1}^{T}(1+R_{it})\right]^{1/T}-1=\left(\frac{W_T}{W_0}\right)^{1/T}-1 \tag{2-3}$$

(2-2)式和(2-3)式中：R_{it}代表证券i在时期t的年持有收益率；t代表不同的投资时期；T代表投资者持有的总期数或年数；W_0代表投资者的期初财富；W_T代表投资者的期末财富。

为说明这两种方法，考察单个证券 i 在 3 年中的一组投资数据(见表 2-1)：

表 2-1 **i 证券的投资数据**

年份	期初价值(W_0)	期末价值(W_T)	年持有收益率(R_{it})
1	1000 元	1150 元	0.15
2	1150 元	1380 元	0.20
3	1380 元	1104 元	-0.20

根据表 2-1 中的数据，我们可以得到 i 证券的年算术平均收益率为：

$$AM = [0.15 + 0.20 + (-0.20)]/3 = 5\%$$

如果采用几何平均法，我们也可以得到 i 证券在 3 年中的年均收益率为：

$$GM = [1.15 \times 1.20 \times 0.80)]^{1/3} - 1 = \left(\frac{1104}{1000}\right)^{1/3} - 1 = 3.353\%$$

在对不同的投资对象进行比较时，投资者关注的主要是长期绩效。几何平均收益率是建立在对期末投资价值和期初投资价值进行比较的基础之上的，因而被认为是较为理想的长期平均收益的衡量指标。上例中，当 3 年的复利为 3.353%时，期末的财富值为 1104 元。

虽然算术平均值经常被用以对未来的预期投资收益率进行估计，但当将其用来衡量投资的长期绩效时，算术平均值偏大，对于波动性强的证券，偏差更加显著。例如考察下述情形：某证券 i 第 1 年的价格从年初的 50 元/股上升到年末的100 元/股，第 2 年末又跌回到 50 元/股，年持有收益率如表 2-2 所示。

表 2-2 **i 证券的年持有收益**

年份	期初价值(W_0)	期末价值(W_T)	持有收益率(R_{it})
1	50 元/股	100 元/股	1.00
2	100 元/股	50 元/股	-0.50

此时，算术平均收益率是：$[1.00+(-0.50)]/2=0.50/2=25\%$。从该证券的价格变动中我们可以看到，证券 i 的价值在两年中没有发生变化，因而收益应为 0，然而，其算术平均收益率却为 25%。该证券的几何平均收益率是：$(2.00\times0.50)^{1/2}-1=0$，零收益率反映该证券的财富未发生变化。显然，几何平均法比算术平均法计算出来的收益率更能说明投资的真实结果。当所有年份的收益率均相等时，算术平均收益率和几何平均收益率相等；若各年的收益率不相同，则几何平均收益率就会低于算术平均收益率，两均值间的差异取决于各期收益率的变动程度。年收益率变动越大，即年收益率的波动性越大，两均值间的差异也就越大。在投资分析中，算术平均收益率和几何平均收益率是计算平均收益率的两种基本方法，也是衡量历史平均收益率的重要指标。

(二)投资组合的平均收益率

投资组合的历史平均收益率是以投资组合中单个资产的收益率进行加权平均来衡量的，也可以用投资组合初始价值的总变动来进行衡量。用于计算均值的权数是与每一资产的初始市值有关的，这样计算出来的平均收益率被称为价值加权平均收益率(value-weighted mean rate of return)。具体的计算过程如表2-3所示，投资组合的持有期收益率 R_p 无论是采用市值加权平均，还是采用投资组合总价值的变动，计算的结果是相同的(见表2-3)。

表2-3　**投资组合持有期收益率的计算**

证券	股份数	期末价格	期初市值	期末价格	期末市值	持有收益	权数	加权收益
A	100000	10元	1000000元	12元	1200000元	20%	0.05	0.01
B	200000	20元	4000000元	21元	4200000元	5%	0.20	0.01
C	500000	30元	15000000元	33元	16500000元	10%	0.75	0.075
合计			20000000元		21900000元			0.095

$$R_p = \frac{21900000}{20000000} - 1 = 0.095 = 9.5\%$$

以上我们对各类投资历史收益率的衡量问题进行了讨论，这对于投资的历史绩效的分析和评价是颇有价值的。然而，投资者在投资选择过程中，更容易遇到的是预期收益及其不确定性的估计问题。

四、预期收益率

投资者在对未来投资进行评估时，通常要对投资收益率做出预期或预测。投资者或许会认为投资某证券 i 将带来10%的收益，但这只是投资者的最大可能估计，也称为点估计。进一步地，投资者可能知道该点估计收益的不确定性，并确认其概率。在一定条件下，该证券的年投资收益可能低至10%或高至25%。投资收益的分布特征反映了投资收益的不确定程度，所以，预期收益分布的范围越大，投资的风险也就越高。

投资收益的不确定性程度是通过分析预期收益的估计值来决定的。为了做到这一点，投资者要确定所有可能收益的概率分布。概率分布区间从0到1，0意味着完全不可能的收益，1则表明投资的估计收益率是完全确定的。收益率的概率分布是建立在历史投资绩效、同类投资的绩效和投资者对未来预期的修正基础上的主观估计值。投资的预期收益率(expected rate of return)可定义为：

$$E(\tilde{R}_i) = \sum_{i=1}^{n} P_i R_i \tag{2-4}$$

(2-4)式中，R_i 表示 i 证券的投资收益率；P_i 表示对应于 R_i 的概率。

让我们首先用一个完全确定的例子来说明投资收益的风险效应。在图2-1中，投资者5%的收益率是完全确定的。完全确定意味着只出现一个收益率，该收益率的概率为1。实践中，投资收益确定的情况并不多见，在收益率完全确定的情况下，P_iR_i 的值是唯一的，即 $E(R_i)=(1.0)\times(0.05)=0.05$。

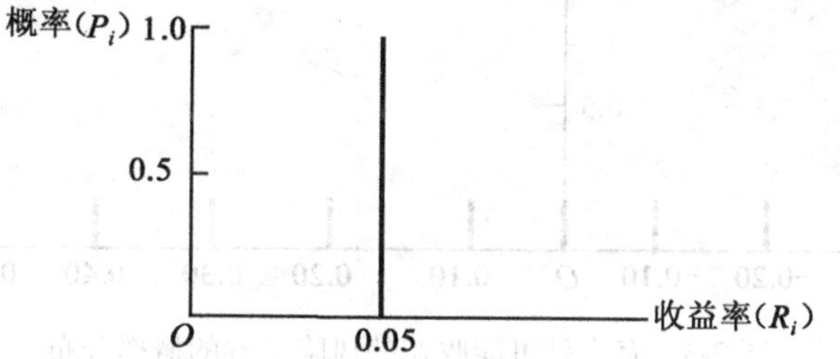

图 2-1 无风险投资概率分布

在多数情况下，投资的收益率会随经济形势的变化而变化。以普通股为例，当出现高经济增长和低通胀的情况时，公司的利润会上升，投资者可能会调高对股票投资收益的未来预期，如20%；如果经济伴随着高通胀而出现衰退时，多数公司的盈利会下降，投资者可能会调低对下一年的收益率预期，如-20%；如果经济环境不发生大的改变，来年的收益率可能会等于10%的长期平均收益水平。投资者对每一经济状况出现概率的估计建立在过去的经验和对现实展望的基础上，详见表2-4。

表2-4 **不同经济状况下股票 *i* 的收益估计**

经济状况	概率	收益率
增长	0.15	0.20
衰退	0.15	-0.20
不变	0.70	0.10

这一组结果，在图2-2中可得到直观的显示。该例中，预期收益的计算如下：$E(R_i)=[(0.15)(0.20)]+[(0.15)(-0.20)]+[(0.70)(0.10)]=0.07$。显然，此时投资者对 i 股票投资预期收益的估计要大于前例确定性投资的收益。

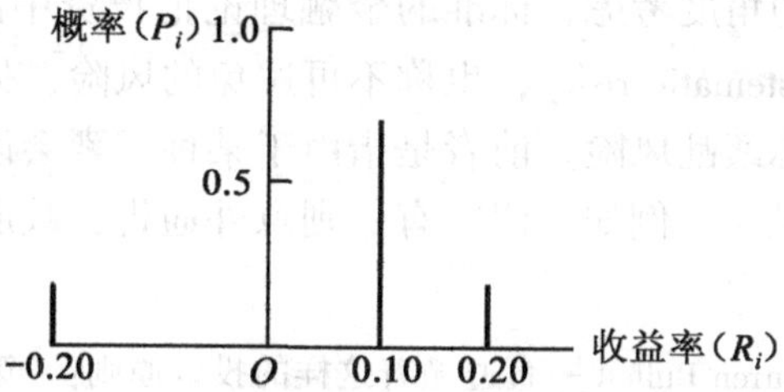

图 2-2 三种可能收益的概率分布

第三个例子是某证券 i 的收益率有十种可能的情形，从-40%到50%呈等概率分布，如图 2-3 所示。

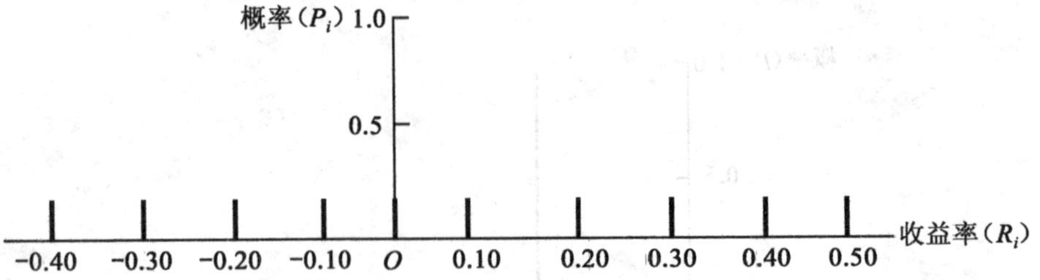

图 2-3　有十种可能收益的风险证券的概率分布

根据图 2-3 中的数据，该证券的预期收益率为：$E(R_i)=[(0.10)(-0.40)+(0.10)(-0.30)+\cdots+(0.10)(0.50)]=0.05$。该证券的预期收益率与第一个例子中的确定收益率是相等的，但是从实际收益的角度考虑，该证券具有更大的不确定性。由于不确定性即意味着风险，可以预见，若让投资者在风险证券和无风险证券中进行选择，那么结果肯定是后者而不是前者。这一推论建立的基础是多数投资者都具有厌恶风险的投资理念，即在收益率相同的情况下，投资者将选择不确定程度更低的证券作为投资对象。

第二节　投资的风险

面对复杂的投资决策，投资者在关注未来收益的同时，一定不能忽视收益背后所隐藏的风险①。一项投资的风险（risk）与该投资预期收到的未来现金流的不确定性有关。如果某一项投资有绝对确定的 5%的收益率，我们就说它无风险；如果另一投资可能或预期有 7%的收益率，但在经济不景气时可能下降到-20%，经济环境最好时上升到 20%，这就存在风险。一般而言，风险是指投资者遭受损失的可能性，但是，在金融术语中，风险的精确含义是指对预期收益的背离。为了测定风险和解释如何衡量风险，首先必须明确风险的构成要素。

一、风险的构成

从风险控制和管理的角度考虑，标准的金融理论把投资中的所有风险归结为两类：一类称为系统性风险（systematic risk），也称不可避免的风险，另一类称为非系统性风险（unsystematic risk），也称紊乱风险。前者是指由于某种因素会以同样方式对所有证券的收益产生影响而产生的风险。例如，假定有一则意外通告，政府准备减持上市公司中的

① 美国著名投资人 Warren Buffett 一直遵循着这样的投资原则：“第一，永远不要亏损；第二，永远不要忘记第一条原则。”参见罗杰·洛温斯坦·巴菲特传：一个美国资本家的成长. 蒋旭峰，王丽萍，译. 北京：中信出版社，2010：259.

国家股，投资者担心该消息将会导致市场中股票供给的急剧增加，纷纷抛售手中的股票，这样股票价格就会急剧下跌。投资者对类似因素所导致的风险无法通过分散化投资加以摆脱，但却可以了解这一共同因素对资产收益的影响程度。系统性风险的大小通常以β值来测定，具体详见本书后续内容。

非系统性风险，有时也称为剩余风险(residual risk)，是指总风险中除了系统性风险之外剩余的那部分偶发性风险，即产生这种风险的原因是只影响某一种证券收益的某些独特事件。例如，长虹公司大规模地扩大了电视机的产量，后来发现电视机市场出现了过度竞争，市场需求量大大低于预期，因此，长虹公司的收入及其股票价格受到不利的影响，而其他行业公司的收入和股票价格却不受此影响。为了避免单个公司的独特风险，投资者可以选择不同公司的股票投资，通过分散化持股来消除非系统性风险。

图 2-4 总结了投资于单个证券 i 的总风险(total risk)的构成，总风险等于系统性风险加上非系统性风险。系统性风险的性质可以归纳为四点：①该风险是由共同因素所引致的；②这些因素对所有证券的收益均产生影响；③可以用β值来衡量风险的大小；④不能通过分散化投资来避免这些风险。非系统性风险的性质有三点：①该风险是由独特因素引致的；②这些因素只对单个证券 i 的收益产生影响；③能够通过分散化投资来避免这些风险。系统性风险的来源包括市场风险(market risk)、利率风险(interest rate risk)、通胀风险(inflation risk)、政策风险(policy risk)和噪音交易者风险(noise trader risk)，显然，引发系统性风险的因素多为宏观因素；非系统性风险的来源包括经营管理风险(business risk)、财务风险(financial risk)和欺诈风险(expropriation risk)，与系统性风险不同的是投资者面对的非系统性风险一般来自微观层面。除了利率风险、经营管理风险和财务风险将放在第十一章中讨论外，以下将对其他的风险来源展开讨论。

- 总风险
  - 系统性风险
    - 市场风险
    - 利率风险
    - 通胀风险
    - 政策风险
    - 噪音交易者风险
  - 非系统性风险
    - 经营管理风险
    - 财务风险
    - 欺诈风险

图 2-4 总风险的构成

二、风险的来源

(一)市场风险

市场风险是指证券市场的价格波动给投资者带来损失的可能性。图 2-5 极其形象地反映了股票价格大幅波动所产生的损失程度。指数曲线的下跌和随后的回升反映了股票价格波动的特点，由于各种证券的价格受到成千上万有不同目的和需求的投资者的影响，因此，总的来说，股票市场是不稳定的。影响证券价格的因素有许多，主要有：①经济活动；②通货膨胀；③投资者的心理预期。图 2-5 中的上证综合指数是代表了在上交所上市的几千支股票行情的平均指数。在股票市场上，各支股票互不相同、各具特点，有些股票价格不稳定，波动性大；有些则较为稳定，波动性小。β 值被用来测量一种股票的收益随整个市场收益变化的程度，其定义详见本书第十章。一般认为，β 值小于 1 的证券（通常是公用事业和食品板块的股票），被称为防守型证券（defensive securities），因为这种证券的价格在市场平均价格上涨时，其上涨率往往低于市场上涨率，但在市场价格下跌时，其下降率又小于市场下降率。β 值大于 1 的证券（通常是科技股、小盘股板块）被称为进攻型证券（aggressive securities），因为这类证券在市场指数上升时，其价格的上涨率往往比平均值高，在市场下跌时，其下降率又大于市场下降率。总之，β 值是一种理想的衡量系统性风险的指标。

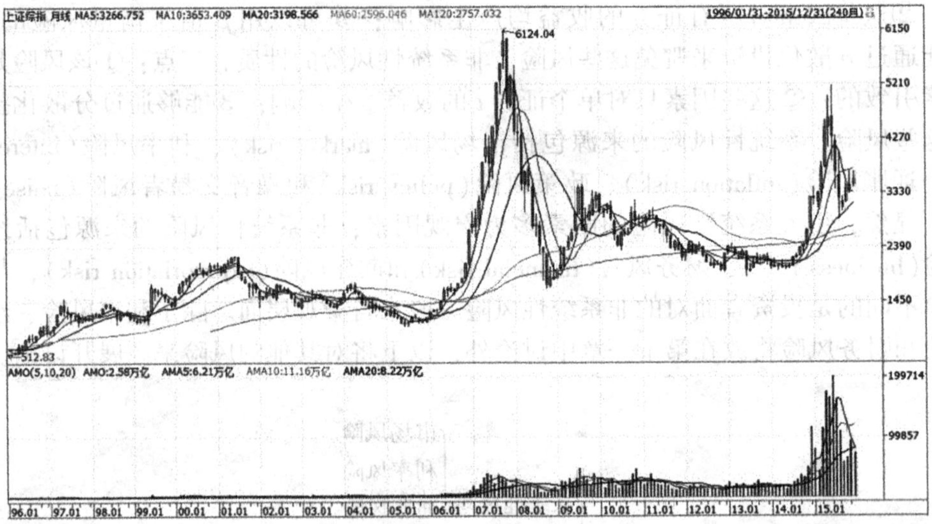

图 2-5　上证指数(000001)月频波动

资料来源：Wind 资讯。

（二）通胀风险

通胀风险是指由于通胀的原因使物价上升，从而导致每单位货币购买的物品和服务的数量较期初下降。通胀风险将影响投资者的实际持有收益率。例如，假设有一个处于 40%所得税等级的投资者，他将接受 15%的货币市场基金的收益率，而持有期的年通胀率为 10%，那么该投资者的实际持有收益率为 15%(1−40%)−10%=−1%，这说明投资者实际上不是赚取了 15%的利润，而是正在牺牲 1%的资本。

（三）政策风险

政策风险是指由于政府对证券市场的过度干预和政策的非连续性，投资者不能正确地对政策做出预期，当政府政策引起证券市场价格发生波动时，有可能给投资者带来损失。政策风险多见于新兴发展中国家的市场。由于这些国家的市场化程度较低，法律架构不健全，监管不到位，因此容易诱发政策风险。例如，我国证券市场曾经出现的"三大政策救市"、"人民日报评论员文章"和"'6·24'停止国家股减持"等都导致了证券市场出现大幅度的波动，据研究，我国证券市场股票价格的大幅波动有46%~60%是政策性因素导致的，因此，发展中的证券市场会面临更大的政策风险，有时甚至成为投资者面临的主要的系统性风险。

（四）噪音交易者风险

要想理解噪音交易者风险，必须首先明确噪音和噪音交易者的概念。Black（1986）指出，噪音（noise）是与信息（information）相互对立的一个概念，是一些"影响我们对市场准确观察的因素"。"投资者有时用平常的方式按照信息来进行交易，他们期望从这些交易中获利的想法是正确的；另一方面，投资者有时会把噪音当作信息作为交易的依据，如果他们此时期望从噪音交易中获利，往往会事与愿违。"①噪音交易，就是把噪音误当作信息加以利用而进行的交易，这种交易具有很强的主观性和非理性，因为从理性的角度看来，这些交易往往是完全没有必要进行的。至于噪音交易者，Kyle（1985）认为，噪音交易者是指那些"没有内部消息又把噪音当作信息进行非理性投资的投资者"②；噪音交易者是与信息交易者（information trader）相对应的一个概念，后者又被称为套利者（arbitrager），是指基于信息而非噪音进行交易的理性交易者。因此，噪音交易者风险，是指市场中由于噪音交易者的存在而产生的风险；具体来说，是噪音交易者的信念在一段时间内不会回归均值，甚至会变得更加极端的风险。

举一个简单的例子。如果今天噪音交易者对资产价格的评价是悲观的，使得价格下降，买进此项资产的套利者必须意识到在不久的将来，噪音交易者也许会变得更加悲观，从而驱使价格进一步下降；如果套利者在价格回复之前需要套现，则他们不得不承受损失。出于对这种损失的担心，他们将限制最初的套利头寸。反过来，当看涨的噪音交易者将资产价格抬高，套利者卖空该资产时必须记住，噪音交易者也许在明天变得更加乐观，从而使资产价格更高，所以套利者在持有头寸时必须考虑到当他买回股票时，股票价格进一步上涨的风险。

（五）欺诈风险

欺诈风险是由于市场中出现内幕交易（insider trading）、操纵市场（manipulation）和不及时、不真实披露信息，导致投资者遭受资本损失的可能性。所谓内幕交易是指少数

① Black，F. Noise. Journal of Finance，1986，41（3）：529-543.

② Kyle，A. Continuous auctions and inside trading. Econometrica，1985，47：1315-1336.

内幕人员利用占有的内幕信息的优势进行证券交易，谋取非法利润，损害广大投资者的利益。早在20世纪80年代，美国证券市场就发生过两起震惊世界的内幕交易丑闻，虽然事后有关当事人都受到了严惩，但华尔街的声誉却大受影响。操纵市场是指少数市场操纵者采用虚抛或对敲(wash sales)、垄断(corners)、集资(pools)等恶劣手段获取暴利的行为，操纵市场同样也会损害广大中小投资者的利益。"亿安科技"是有史以来我国证券市场查处的最大的市场操纵案之一，在少数机构大户的人为操控下，无数不明真相的投资者遭受了重大损失。上市公司不履行信息披露义务甚至误导投资者，也会使其做出错误的投资决策，"ST红光"的伪装上市、"银广夏"的财务报表造假、"ST猴王"的资不抵债等都是这种情况的真实事例。

与政策风险类似，欺诈风险也是法规不健全、市场不完善的一种表现。两者的区别在于：前者强调了对整个市场的影响；后者虽然也会对整个市场产生影响，但影响的程度和范围远小于前者，主要影响的是个别证券，这是将欺诈风险归入非系统性风险的主要原因。政策风险和欺诈风险在我国证券市场客观、真实地存在，是投资者无法回避的重要的现实影响因素，因此，将这两种风险列入研究的范畴是很有必要的。

三、风险的衡量

无论是对历史收益率、风险的事后衡量，还是对预期收益率、风险的事前衡量，投资分析中普遍采用的方法是计算收益率的标准差或方差(standard deviation or variance)。考虑预期收益率的情况，作为一种统计指标，方差或标准差可以反映收益率的分布特征，只要知道了收益分布和每一收益所对应的概率，我们就能够计算预期收益率和方差。因此，根据统计的定义，方差的计算公式如下：

$$\sigma^2(\tilde{R}_i) = \sum_{i=1}^{n} P_i [R_i - E(\tilde{R}_i)]^2 \tag{2-5}$$

式中，P_i 表示收益率事件发生的概率；R_i 表示各种可能的收益率；$E(\tilde{R}_i)$ 表示预期收益率。

预期收益率的方差越大，则其分布的范围也就越大，投资的风险也越高。沿用前例，收益率完全确定的投资的方差是：$\sigma^2(R_i) = \sum_{i=1}^{n} P_i [R_i - E(\tilde{R}_i)]^2 = 1.0(0.05 - 0.05)^2 = 0$，这说明该资产不存在风险。图2-2中收益率不确定的投资的方差为：$\sigma^2(R_i) = [(0.15)(0.20-0.07)^2 + (0.15)(-0.20-0.07)^2 + (0.7)(0.10-0.07)^2] = 0.0141$。由于标准差可以表示为方差的算术平方根，不确定投资的标准差为：$\sigma(R_i) = \sqrt{0.0141} = 0.11874 = 11.874\%$。

方差或标准差可用于比较不同证券或投资组合的相关风险。比较图2-6中的两种投资风险，投资于S&P500股票组合的收益率较高，$E(\tilde{R}_p) = 11.6\%$，但这项投资的波动性较大，它的不确定性程度较大，标准差较高，$\sigma(\tilde{R}_p) = 21.2\%$，投资于17种公司债券组合，所得收益率水平 $E(\tilde{R}_p) = 3.7\%$ 虽然较低，但其收益率的确定性程度较高，标

准差 $\sigma(\tilde{R}_p)=5.6\%$。因此，我们说股票投资组合的风险高于债券投资组合。

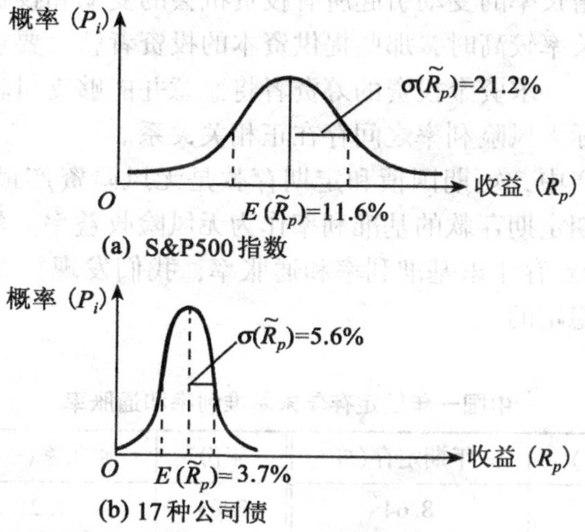

图 2-6　股票与债券投资组合的收益率分布

第三节　风险与收益的关系

标准的金融理论一般把投资者假设为理性的投资者，即他们是收益的偏好者、风险的厌恶者。而在现实的市场中，投资的收益与风险是紧密关联的，想获得纯粹的高收益而不承担风险是不可能的。投资者承担较高的投资风险，必然要求以相应的收益予以补偿。如果我们引入无风险利率(risk-free rate)的概念，并将其理解为资金占用的纯时间补偿或资金的时间价值，那么，在证券市场均衡的情况下，不同的投资机会提供的收益相异，这就要求有不同的风险溢价(risk premium)予以补偿。对于证券市场中的任一投资机会，投资者的要求收益率(required rate of return)可表示为：

$$\text{要求收益率}=\text{无风险利率}+\text{预期通胀率}+\text{其他风险溢价} \tag{2-6}$$

(2-6)式表明投资风险与收益的关系遵循高风险高收益、低风险低收益的规律，金融市场无免费午餐。

一、要求收益率的决定

在所有投资中，决定投资者要求收益率的影响因素有三个方面：①经济中，影响实际无风险利率(real risk-free rate of return)的各种投资机会的集合；②影响名义无风险利率(nominal risk-free rate of return)的因素，包括资本市场资金供求状况、预期通胀率、政府的财政政策和货币政策；③构成要求收益率的其他风险溢价，这部分要求收益的大小与市场风险、经营管理风险、财务风险、流动性风险等风险因素有关，是资产的系统性风险 β 的函数。

影响实际无风险利率的因素包括经济中各种可得投资机会的集合，投资机会又是由经济的长期实际增长率所决定的。经济快速增长时，就会出现更多更好的收益率为正的投资机会。实际经济增长率的变动引起所有投资机会的变动和投资者所要求的收益率的变化。当实际经济增长率较高时，那些提供资本的投资者就会要求较高的收益率；由于有较高的经济增长率，寻求资金投资的筹资者将愿意并能够支付较高的利率，因此，经济的实际增长率和实际无风险利率之间存在正相关关系。

在所有的金融资产中，短期国债和定期存款是无风险资产最理想的替代物，在国内，通常把银行一年期定期存款的基准利率作为无风险收益率。然而，通过表 2-5 和图 2-7 所示的我国一年期定存年末基准利率和通胀率，我们发现，无风险资产的名义利率在长期或短期中是不稳定的。

表 2-5　　**中国一年期定存年末基准利率和通胀率**

年份	通胀率(%)	一年期定存(%)	年份	通胀率(%)	一年期定存(%)
1990	3.1	8.64	2003	1.2	1.98
1991	3.4	7.56	2004	3.9	2.25
1992	6.4	7.56	2005	1.8	2.25
1993	14.7	10.98	2006	1.5	2.52
1994	24.1	10.98	2007	4.8	4.14
1995	17.1	10.98	2008	5.9	2.25
1996	8.3	7.47	2009	−0.7	2.25
1997	2.8	5.67	2010	3.3	2.75
1998	−0.8	3.78	2011	5.4	3.50
1999	−1.4	2.25	2012	2.6	3.00
2000	0.4	2.25	2013	2.6	3.00
2001	0.7	2.25	2014	2.0	2.75
2002	−0.8	1.98			

资料来源：中华人民共和国国家统计局网站。

市场的资金供求、政策干预和通胀率是影响名义无风险利率变化的主要原因。图 2-8 描述了市场中均衡利率的决定。供给曲线从左下向右上倾斜是因为利率越高，居民的储蓄需求越大，居民推迟现时消费而转向为将来消费进行现时投资的倾向越强。需求曲线从左上向右下倾斜是因为利率越低，厂商越会加大其资本投资的力度，从而需要更多的融资。供给和需求曲线的交点形成均衡利率 R_E。政府和央行可以通过财政政策或货币政策向左或向右移动供给曲线和需求曲线。例如，假定政府预算赤字增加，政府就需要增加借款，推动需求曲线向右平移，均衡点从 E 点移至 E' 点。这就是说，预期政府借款的增加将会导致市场对未来利率上升的预期。央行也可以通过扩张性的货币政策

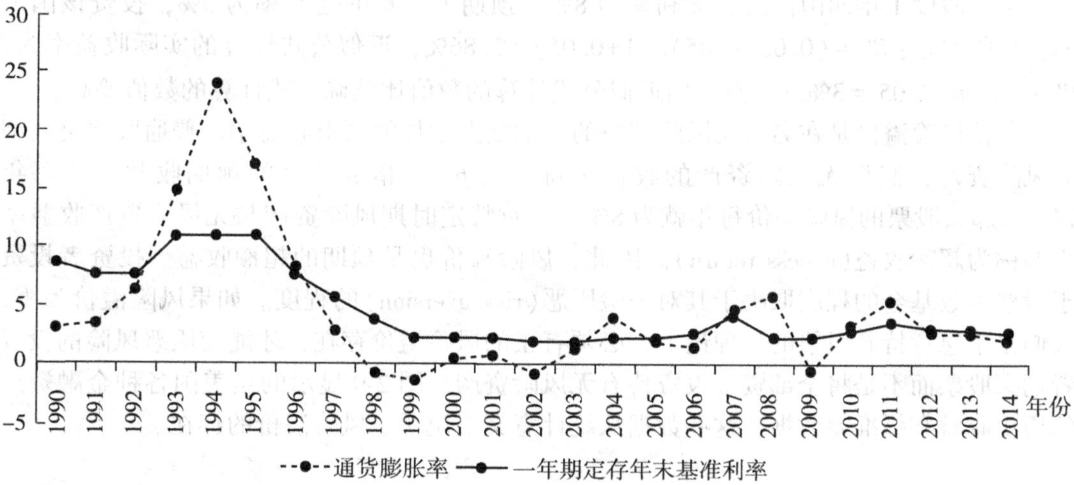

图 2-7　一年期定存年末基准利率和通货膨胀率(%)

来抵消这一预期，这又将导致供给曲线发生相应的移动。

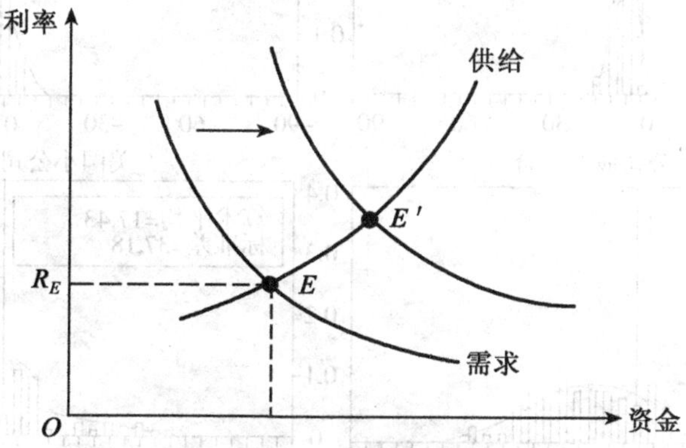

图 2-8　均衡利率的决定

预期通胀也对名义利率产生影响。若投资者预期投资期内的物价水平，如消费物价指数(CPI)上升，那么他们所要求的收益率就要包含对通胀的补偿。假设投资者对无风险资产要求 4%的实际收益率，但预期消费物价指数会上升 3%，由于通胀的存在，投资者只有将要求的收益率提高到 7%，最终才能获得 4%的购买力净增加。设投资期的名义收益率为 R_{it}，实际收益率为 R_{it}^r，通胀率为 Ω_t，那么名义收益率与实际收益率的关系可表示为：

$$R_{it}^r = \frac{R_{it} - \Omega_t}{1 + \Omega_t} \tag{2-7}$$

(2-7)式在 Ω_t 较小时，可以近似地写成：

$$R_{it}^r \approx R_{it} - \Omega_t \tag{2-8}$$

例　假设1年期国债的名义利率为8%，预期下一年的通胀率为5%，投资该国债的实际收益率：$R_{it}^{r}=(0.08-0.05)/(1+0.05)=2.86\%$，近似公式计算的实际收益率为：$R_{it}^{r}\approx 0.08-0.05=3\%$。显然，用近似公式计算的数值比精确公式计算的数值要高。

其他风险溢价是在名义无风险利率的基础之上增加的要求收益率。普通股票是典型的风险资产，假设无风险资产的收益率每年为6%，指数基金的预期收益率为每年14%，那么股票的风险溢价每年就为8%。任意特定时期风险资产与无风险资产收益率之差称为超额收益(excess return)。因此，风险溢价也是预期的超额收益。投资者投资于股票指数基金的程度取决于其对风险厌恶(risk aversion)的程度。如果风险溢价为零，人们是不愿意持有股票的。理论上，必须有正的风险溢价存在，才能使厌恶风险的投资者购买股票而不是将全部资金投资持有无风险资产。图2-9显示的是美国各种金融资产的历史收益和标准差数据，这些数据从统计意义上说明了风险溢价的存在。

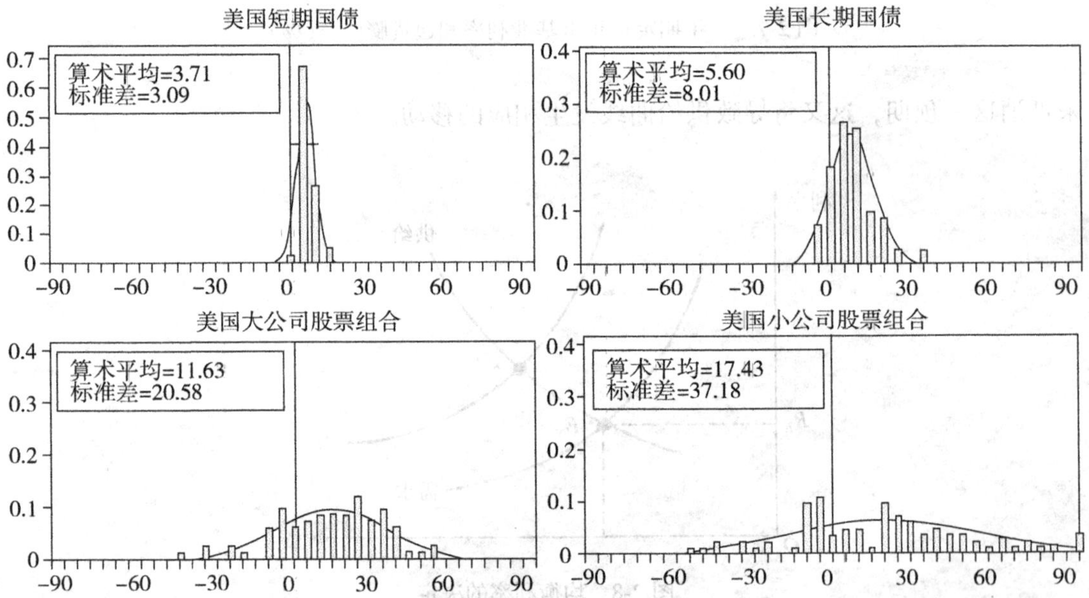

图2-9　美国各种金融资产的年收益率和标准差(1926—2009年)

资料来源：Z. Bodie，A. Kane，A. J. Marcus. Investments(9th Edition). McGraw-Hill Companies, Inc，2012.

就图2-9中的算数平均数值来看，短期国债是3.71%，长期国债是5.60%，大公司股票是11.63%，小公司股票最高，为17.43%，这意味着市场上的证券有正的平均超额收益或风险溢价存在，如长期国债是1.89%，大公司股票是7.92%，小公司股票是13.72%；图2-9中还显示，股票资产的收益波动比长期国债的收益波动更加剧烈。此外，金融市场上风险与收益的正相关关系，在这里得到了历史数据的验证，历史风险溢价对于预测风险资产的收益有重要的参考价值。

二、风险和收益关系的变化

理论上，我们常采用图 2-10 的形式来描述风险和收益的基本均衡关系。随着横轴上风险的增加，投资者的要求收益率在纵轴上随之上升，图中描述两者间关系的直线被称为证券市场线(Security Market Line，SML)，该线代表在任一时点资本市场中所有风险证券的风险和收益的均衡点。投资者进行投资选择与风险溢价有关，风险厌恶程度高的投资者选择低风险的证券；而风险厌恶程度低的投资者则青睐高风险的证券。

初始的证券市场线，由于各种原因而发生改变，具体有三种情况：第一，沿证券市场线的移动；第二，证券市场线的斜率变动；第三，证券市场线的水平移动。以下我们对这三种情况分别进行讨论。

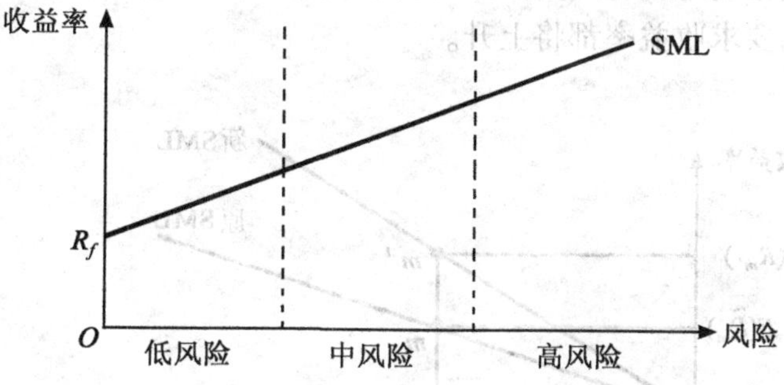

图 2-10　风险和收益的关系

(一) 沿证券市场线的移动

投资者基于对证券风险的认识，沿证券市场线设置投资。决定证券风险的任一影响因素发生改变，都会导致该证券风险发生相应的变化。均衡条件下，证券将沿证券市场线移动。例如，一家上市公司以均衡利率增量发行债券，就会提高公司的财务杠杆比例，增加财务风险。对股权投资者而言，这意味着他们持有的普通股票的风险上升了，投资者的要求收益率也随之提高，该公司股票会沿证券市场线向上移动，改变其在证券市场线上的位置。影响证券资产风险的任何基本因素或系统性风险的变化将导致该资产沿证券市场线移动，如图 2-11 所示。证券沿证券市场线的移动是由其风险性质的变化引起的，这种变化仅对单个证券有影响。

(二) 证券市场线斜率的变化

证券市场线的斜率代表所有投资者对每单位风险索要的收益，即风险的报酬。在证券市场线上任选一风险证券 i，那么其风险溢价为 $[E(\tilde{R}_i) - R_f]$。如果选择的是包括市场中所有风险证券的投资组合 m，那么市场风险溢价就是 $[E(\tilde{R}_m) - R_f]$。根据前面的分析，我们知道风险溢价在不同的证券和不同的年份中是不同的，这意味着证券市场

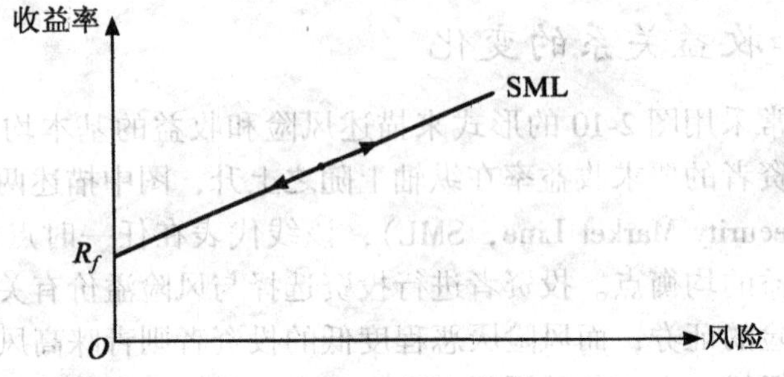

图 2-11　沿证券市场线的移动

线的斜率也在变化。图 2-12 假设市场的风险溢价增加，引起证券市场线的斜率变大，斜率的变化会影响市场中所有风险证券的要求收益率，不管证券在原证券市场线的位置处于何处，它们的要求收益率都将上升。

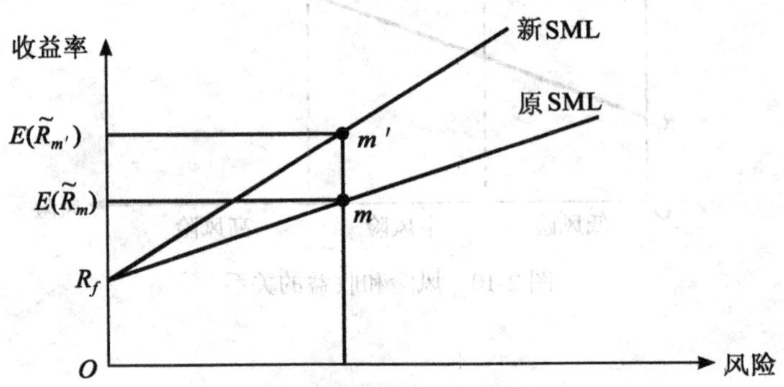

图 2-12　市场风险溢价的改变

(三) 证券市场线的水平移动

图 2-13 中显示的证券市场线水平移动的结果是无风险利率(R_f)的上升，因此，影

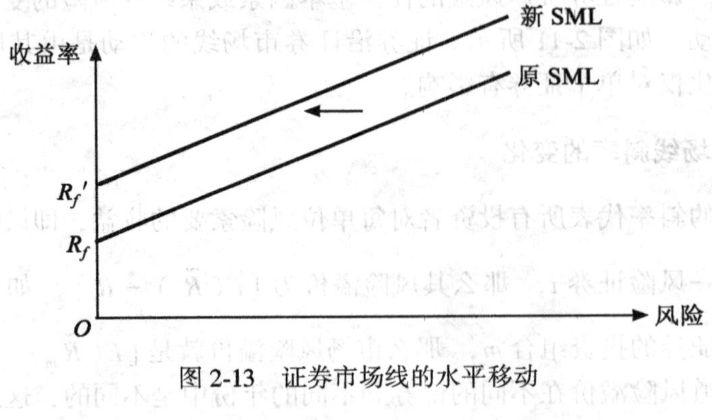

图 2-13　证券市场线的水平移动

响无风险利率变化的因素，如实际经济增长、资本市场供求和通胀因素也就成为影响证券市场线水平移动的因素。证券市场线的水平移动影响市场中的所有证券，即在风险水平不变的情况下，市场中所有证券的要求收益率出现相同水平的上升或下降。

练习与思考

一、重要名词与概念

资本损益　持有期收益率　历史收益率　算术平均收益率　几何平均收益率　预期收益率　风险　系统性风险　非系统性风险　市场风险　通胀风险　政策风险　噪音　噪音交易者风险　欺诈风险　无风险利率　风险溢价　要求收益率　超额收益　证券市场线

二、问答题

1. 为什么要同时衡量投资收益与风险？
2. 结合系统性风险与非系统性风险的性质，分析这两种风险的异同。
3. 为什么在有效市场中，投资者想获得高收益而不承担高风险是不可能的？

三、选择题

1. 假定有100000元用于投资。根据下表，与无风险国库券相比，投资于股票的预期风险溢价是(　　)元。

投资选择	概率	预期收益(元)
投资于股票	0.6	50000
	0.4	-30000
投资于无风险国库券	1.0	5000

A. 13000　　B. 15000　　C. 18000　　D. 20000

2. 根据下表，在下列收益情况下，该股票的预期收益是(　　)。

	市场情况		
	熊市	正常	牛市
概率	0.2	0.3	0.5
收益率(%)	-25	10	24

A. 4%　　B. 10%　　C. 20%　　D. 25%

3. 某投资者对 X 股票和 Y 股票的预期如下：

	熊市	正常	牛市
概率	0.2	0.5	0.3
X 股票	-20%	18%	50%
Y 股票	-15%	20%	10%

(1) X 股票和 Y 股票的预期收益分别是(　　)。

A. 18%；5%　　B. 18%；12%　　C. 20%；11%　　D. 20%；10%

(2) X 股票和 Y 股票的收益的标准差分别是(　　)。

A. 15%；26%　　B. 20%；4%　　C. 24%；13%　　D. 28%；8%

(3) 假定投资者有 10000 元的投资组合，其中 9000 元投资于 X 股票，1000 元投资于 Y 股票，则该投资者投资组合的预期收益率是(　　)。

A. 18%　　B. 19%　　C. 20%　　D. 23%

4. 以下属于系统性风险的是(　　)。

A. 市场风险　　B. 利率风险　　C. 财务风险　　D. 噪音交易者风险

5. 以下属于非系统性风险的是(　　)。

A. 通胀风险　　B. 政策风险　　C. 欺诈风险　　D. 经营管理风险

6. 影响无风险利率变化的主要原因有(　　)。

A. 市场的资金供求　B. 政策干预　　C. 通胀率　　D. 金融债券利率

四、计算题

1. 某年初，投资者 k 用 40000 元购得 800 股 C 公司的股票，1 年后 C 公司每股付息 5 元，年末投资者 k 以每股 59 元抛出 C 公司股票。试计算投资者 k 的持有期收益率，分析价差和股息收入各自对持有期收益率的贡献为多少。若这一年的通胀率为 4%，那么该投资者的实际持有收益率应为多少？

2. 过去 5 年中，投资者 k 持有 A、B 两股票的年收益率如下：

年份	A 股票	B 股票
1	0.19	0.08
2	0.08	0.03
3	-0.12	-0.09
4	-0.03	0.02
5	0.15	0.04

(1) 计算每支股票的算术平均收益率。哪支股票更好？

(2)计算每支股票的标准差。哪支股票更好?

(3)计算每支股票的几何平均收益率,讨论其与算术平均收益率的差异。

3. 某投资组合构成如下:短期国债(20%)、长期国债(30%)和普通股票(50%),它们的收益率分别是5.5%、7.5%和11.6%,试计算该投资组合的收益率。

【扩展阅读】

王亚伟:洞悉风险与收益的金牌基金经理

王亚伟,华夏基金管理公司王牌基金经理,中国职业基金经理中的翘楚。他执掌的华夏大盘基金6年内累计回报率高达1046.05%(第二名仅为520%);同时,他也以实际累计操盘4861天,成为现任基金经理中执业时间最长的人。纵观其14年的基金投资生涯,能够洞悉风险与收益的关系是他成功的秘诀之一。

在职业生涯前期,王亚伟的投资手法与其他基金经理相比并无过人之处,但他最突出的特点就是稳健,不愿承担太大的风险。

1999年至2000年,A股迎来小牛市,沪深股指分别上涨51.73%和41.05%,风险规避型的王亚伟和他的兴华基金仅获得49.32%的收益率,在20支基金中排名倒数第二。在此之后,受2000年牛市推动,2001年市场出现盲目乐观情绪,在行情疯狂时,王亚伟仍然坚持稳健的投资风格。2001年下半年,受美国"9·11"事件导致全球"网络泡沫"破灭的影响,沪深两市股指当年分别下跌20.62%、30.03%,而风险规避型的王亚伟和他的兴华基金全年小幅亏损3.84%,在33支基金中排名第一。2001年12月,华夏成长基金成立,王亚伟任基金经理,在此后的5年中,王亚伟一直坚持自己风险规避型的投资风格,他经营的基金从未出现过大幅下跌,但也没有出色的业绩。

从整体上来看,王亚伟在投资生涯前期表现出的是谨慎投资、尽量规避风险的投资风格,这也使得他的基金呈现出"牛市落后、熊市抗跌"特征。王亚伟职业生涯前期的投资风格和业绩,很好地诠释了风险与收益正相关的规律,因为规避了风险,所以也牺牲了收益。

2005年4月,从华夏成长卸任后的王亚伟赴美继续深造,在美学习期间,他拜访了许多著名的投行和职业投资人,同时他也细致地研究了彼得·林奇的投资思想,并渐渐掌握了其中的精髓。2005年12月,王亚伟学成归来,同年12月31日被任命为华夏大盘基金经理。

2006年,王亚伟执掌下的华夏大盘基金以154.49%的收益率列118支股票型基金中第12位;2007年的牛市,华夏大盘基金以226.24%的净值增长率领跑所有类型基金,比第二名高出35%;2008年的熊市,华夏大盘基金以-34.88%的收益率位居同类型基金第二位,在同一时间段,大盘下挫65.39%;2009年,沪深两市大幅震荡,但是华夏大盘基金以116.19%的收益率再次夺得年度冠军。从2005年底接手到2012年卸任,华夏大盘基金累计单位净值从1.001元上涨到11.472元,区间最高累计单位净值高达14.069元,复权单位净值增长率达1198.91%,累计单位净值增长率为1046.05%!因为业绩突出,王亚伟被业界称为"中国最赚钱的基金经理",甚至在沪深两市形成了独特的“王亚伟概念股”板块。

王亚伟的投资理念受彼得·林奇影响很深。林奇选股视野宽广，十分灵活，为了战胜市场，蓝筹股与热门行业中的热门股并非林奇重点投资的对象，巅峰期的麦哲伦基金，其投资的股票达到1400多支，包括很多不为其他基金所关注的中小型股票。受其影响，王亚伟特别注意挖掘市场中被低估的投资机会，尤其偏爱投资隐蔽资产股、拐点再生股、冷门股等，因此，在查阅华夏大盘基金的定期报告时，经常会发现很多“陌生”的重仓股。

王亚伟职业生涯后期的成功，也很好地反映了风险与收益的正相关规律，因为敢于承担额外的风险，所以才有可能获得超额的收益。当然，这种风险偏好型的投资风格并不代表盲目和冲动，而是需要谨慎细致的分析和长期经验的积累。

王亚伟曾经说过，风险和收益天生就是一对矛盾，而投资是科学与艺术的结合，每一个投资人都在用自己的方式寻找着风险与收益的平衡点。2012 年 5 月 7 日，王亚伟由于个人原因离职，留下了基金业界迄今为止难以复制的业绩。我们不知道未来还能否在基金市场中见到他，但是我们会永远记住那段属于王亚伟和华夏大盘的黄金时代。

资料来源：根据范勇宏《基金长青》改编。

第三章 一级市场

证券市场(securities markets)是证券发行和交易的场所。按证券进入市场的先后顺序划分，证券市场可分为一级市场和二级市场。一级市场(primary market)是发行者以筹集资金为目的，按照一定的法律规定和发行程序，向投资者出售新证券所形成的市场。一级市场一方面为资金的需求者提供筹集资金的场所，另一方面为资金的供给者提供投资获利的机会，同时通过新证券发行创造出新的金融投资品种，增加有价证券总量和社会投资总量，是实现资本职能转化的场所。二级市场(secondary market)是已发行的证券通过买卖交易实现流通转让的场所。二级市场一方面为证券持有者提供在需要现金时能够方便地将证券出售的机会，另一方面也为新的投资者提供投资机会，是促进证券流通、保证资本流动性的场所。

证券市场的两个构成部分既有联系，又有区别；既相互依存，又相互制约，是一个不可分割的整体。一级市场是二级市场的基础和前提，正是有了一级市场的证券供应，才有二级市场的证券交易，证券发行的种类、数量和发行方式决定着流通市场的规模和运行。二级市场是一级市场得以持续扩大发行的必要条件，有了二级市场为证券的转让提供方便，才使一级市场对投资者充满吸引力。此外，二级市场上的证券交易价格制约和影响着新证券的发行价格，是证券发行时需要参考的重要依据。

第一节 证券市场概述

一、证券市场的定义、特征与结构

(一)证券市场的定义

证券市场是股票、债券、投资基金等有价证券发行和交易的场所。证券市场是金融市场的重要组成部分，在金融市场体系中居于基础地位。

广义的金融市场包括货币市场、资本市场等。货币市场是融通短期资金的市场，资本市场是融通长期资金的市场。资本市场又可以进一步分为中长期信贷市场和证券市场。证券市场通过证券信用的方式融通资金，通过证券的买卖活动引导资金流动，有效合理地配置社会资源，支持和推动经济的发展，因而是资本市场的核心和基础，是金融市场的重要组成部分，是狭义上的资本市场。

(二)证券市场的特征

证券市场具有以下三个显著特征：第一，证券市场是价值直接交换的场所。有价证券都是价值的直接代表，它们本质上只是价值的一种直接表现形式。证券市场上交易的对象是各种各样的有价证券，所以证券市场本质上是价值直接交换的场所。第二，证券市场是产权直接交换的场所。证券市场上的交易对象是作为经济权益凭证的各种有价证券，它们本身就是一定量财产权利的代表，所以证券市场实际上是财产权利直接交换的场所。第三，证券市场是风险直接交换的场所。有价证券既是一定收益权利的代表，也是一定风险的代表。有价证券的交换在转让收益权的同时，也把该证券所特有的风险转让出去，所以，从风险的角度分析，证券市场也是风险直接交换的场所。

(三)证券市场的结构

证券市场的结构是指证券市场的构成及其各部分之间的量比关系，有两种最基本的结构关系模式。

(1)纵向结构关系。按照证券进入市场的顺序而形成的结构关系，可分为一级市场和二级市场。按照组织方式和公司进入市场的证券融资需求与风险，证券市场由场内市场和场外市场两部分构成。

(2)横向结构关系。这是按有价证券的品种而形成的结构关系，这种结构关系的构成主要有股票市场、债券市场、基金市场等。

股票市场是股票发行和买卖交易的场所。股票的发行人是股份有限公司，股份有限公司通过发行股票募集公司的股本金，或是在营运过程中通过发行股票扩充公司的股本金。股份公司在股票市场上筹集的资金是长期稳定、属公司自有资本性质的资金。股票市场交易的对象是股票，股票的市场价格除了与股份公司的经营状况和盈利水平有关外，还受到其他诸如政治、经济、社会甚至心理预期等多方面因素的综合影响，因此股票价格经常处于波动之中。

债券市场是债券发行和买卖交易的场所。债券的发行人有中央政府、地方政府、金融机构、公司和企业。债券发行人通过发行债券筹集的资金一般是有一定到期期限，必须按时还本并支付约定利息的债务资金。债券是债权凭证，债券持有者与债券发行人之间是债权债务关系。债券市场交易的对象是债券。债券因有固定的票面利率和到期期限，其市场价格相对股票价格而言比较稳定。

基金市场是基金发行和流通的市场。封闭式基金在证券交易所挂牌交易，开放式基金是通过投资者向基金管理公司不断申购和赎回的方式实现流通的。

(四)多层次资本市场与证券市场

1. 多层次资本市场的含义和特征

从20世纪90年代至今，中国的资本市场得到极大的发展。为了深化金融体制改革，党的十八大报告中提出了“加快发展多层次资本市场”的发展目标。多层次资本市场具有两层含义：一是在股权市场、债券市场、货币市场、期货与衍生品市场等多个板块间体现出层次性，二是在每个市场板块内部针对不同类型投融资者体现出层次性。一个国家如果要构建一个结构平衡、可持续的金融体系，那么必须要建设一个整体的、系统的资本市场。资本市场运行质量的好坏及功能的发挥在很大程度上取决于其层次是否合理和完善。

周小川在《中共中央关于制定国民经济和社会发展第十三个五年规划的建议》辅导读本上刊文指出，发展多层次资本市场是中国建设直接融资和间接融资协调发展的金融市场体系的基础。当前，中国总体金融结构仍以银行间接融资为主，资本市场制度尚不完善，直接融资占比仍然偏低，宏观杠杆率高企的同时经济金融风险集中于银行体系。因此，中国应积极培育公开透明、健康发展的多层次资本市场。建设多层次资本市场的主要措施包括：第一，着力加强多层次资本市场投资功能，优化企业债务和股本融资结构，使直接融资特别是股权融资比重显著提高；第二，推进股票和债券发行交易制度改革，以充分信息披露为核心，减少证券监管部门对发行人资质的实质性审核和价值判断；加强事中事后监管，完善退市制度，切实保护投资者合法权益；第三，深化创业板、新三板改革，完善多层次股权融资市场，以合格机构投资者和场外市场为主发展债券市场，形成包括场外、场内市场的分层有序、品种齐全、功能互补、规则统一的多层次资本市场体系。

多层次资本市场在自身各组成部分分工与协作的基础上，根据企业在不同发展阶段的融资需求和融资特点，针对各种市场主体不同的特定需求而提供具有不同内在逻辑次序、不同服务对象和不同内在特点的市场形式。多层次资本市场具有以下三个特征。首先，资本市场形态的多样性。企业的发展通常要经过初创期、扩张期、稳定期、衰退期四个不同的发展阶段。处于不同产业和不同发展阶段的公司，对于融资的需求不尽相同。采取一个规则、一个层次的市场不能满足企业在某一特定阶段的资金需求。要充分地满足企业整个发展过程对资金的全面需求，就应该根据各阶段的特点建立不同层次的资本市场，从而形成了多层次的资本市场体系。资本市场的层次性决定了资本市场必然表现为非单一的市场形式。其次，资本市场各层次之间具有协调性和配套性。协调性是指各市场层次之间在相关性质的规定方面相互一致、相互衔接、相互协调；配套性是指各市场层次相互依存、相互补充而共同构成一个完整的有机整体。最后，资本市场的层次结构具有动态性。这使各市场层次间的关系具有变化、发展的可能。资本市场层次体系的层次、结构划分及标准构成虽有相对的稳定性，但不会一成不变，它会随着经济、技术和政策等的发展变化而变化。

2. 多层次资本市场的构成

为了发展多层次资本市场，证券市场发展的目标之一是建设多层次股权市场。多层次股权市场是一种多元化的市场，就像一座金字塔，最顶端是主板市场，接着是创业板市场和全国性股权交易市场，最后是区域性股权交易市场(如图 3-1 所示)。

多层次股权市场是一种多层次、多元化、多重覆盖、风险分散的市场体系。对于企业来说，企业在这四个层次的市场上发行上市的条件是逐渐降低的。不同层次的市场有不同的进入门槛、规模要求和经营效益要求，每个市场针对的企业类型是不同的。主板市场适合进入成熟稳定发展的大型企业，创业板则适合进入高速发展阶段的中小型企业

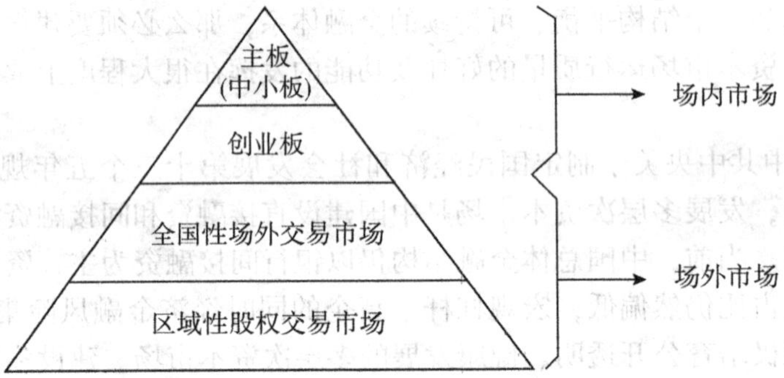

图 3-1　中国多层次股权市场的架构示意图

及高科技产业企业，全国性场外交易市场主要针对非上市公司的中小企业，而区域性股权交易市场为大量初创期企业提供股权交易渠道。一家拟进入证券市场的企业，一般应从区域性股权交易市场挂牌开始，在具备条件后再逐级而上。对于投资者来说，多层次股权市场的发展为风险偏好程度不同的投资者提供不同类型的投资标的和交易场所，满足各类投资者多样化的投资需求，提高投资者根据自身需求和风险偏好进行资产配置的效率。从金字塔的顶端到底部，投资者在进行投资时面临的风险逐渐增大，市场流动性逐渐变弱，做市商等中介机构的作用加大，上市公司的信息披露责任增加，做市商、保荐人与上市企业的"连带责任"也不断加大，监管部门越来越注意对做市商、保荐人而不仅仅是上市企业的监管。

多层次股权市场是一种可升可降的、互动式的市场体系，这种市场层次结构建立了一种"流动机制"。从上升阶梯来看，企业经过发展壮大和股份制改造，在达到一定的条件后可以转入区域性股权交易市场，经过区域性股权交易市场"培育"一段时间后，在有关条件满足创业板市场要求的前提下，企业可以申请转入创业板市场，由此实现从区域性股权交易市场、全国性场外交易市场到创业板市场、主板市场的上升路径。从下降阶梯看，已进入主板市场的上市公司，当经营状况下降或其他条件不能满足主板市场要求时，可退入创业板或者场外市场，已进入创业板市场的上市公司，当经营状况下降或其他条件不能满足创业板市场的上市要求时，也可退入场外市场。

多层次股权市场的不同层次对应企业的不同发展阶段，各有一个不同的筛选机制，使企业有可能递进上市或递退下市，从而形成一个完整的市场结构体系。这种机制改变了上市公司的"终身制"，既有利于资本市场效率的发挥，保证上市公司的质量，促进资本市场的健康发展，又有助于风险投资的发展，可以为企业尤其是中小企业提供更多的直接融资渠道。就目前而言，中国多层次股权市场建设已取得了较快的发展，具体情况将会在本章和第四章进行详细叙述。

二、直接融资与间接融资

市场经济条件下，经济主体在运行过程中，总会由于各种原因不断产生短、中、长期的资金短缺。对于公司来说，弥补资金不足的方式主要有内部融资和外部融资。

内部融资，即动用公司的内部积累，或者减少分派股息，把留下的利润用于再投资。内部融资主要通过提取折旧和利润留成两种方式来实现。利润留成分为资本公积金和留存收益转增资本两种方式，留存收益包括盈余公积和未分配利润两种情况。资本公积金是在公司的生产经营之外，由于资本、资产本身及其他原因形成的股东权益收入；资本公积金转增资本是在股东权益内部把公积金转到“实收资本”或者“股本”账户，并按照投资者所持有的公司股份份额的大小分到各个投资者的账户中，以此增加每个投资者的投入资本。留存收益转增资本又称“红股”，是上市公司采用股票股利形式进行的利润分配，公司将从税后利润中提取的留存收益转增注册资本，实际上是该公司将盈余公积金向股东分配了股息、红利，股东再以分得的股息、红利增加注册资本。

外部融资，即向公司外部的资金供给者筹措资金。在外部融资方面，公司可选择间接融资方式，向银行借入贷款；也可选择直接融资方式，在金融市场上发行各种有价证券。根据资金需求的不同性质，公司可向金融市场发售不同性质的金融市场工具，如股票、债券、短期商业票据等，吸收各种期限不同的资金。公司筹措资金的决策选择过程可用图 3-2 来表示。

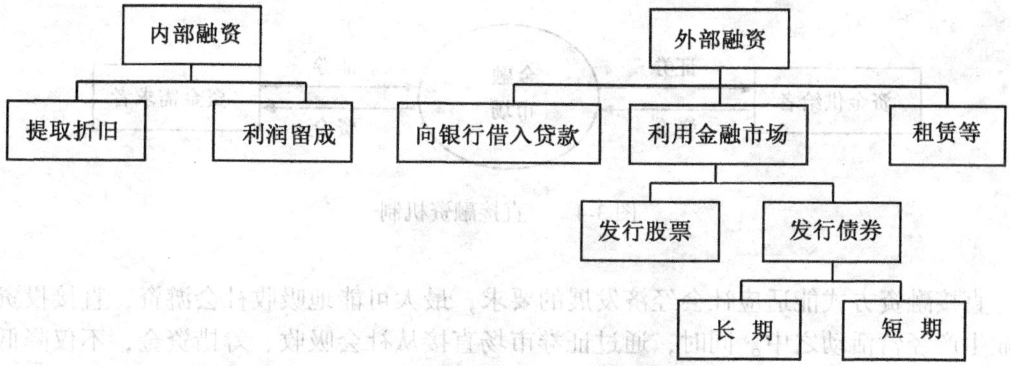

图 3-2　公司融资决策选择

(一) 间接融资

通过以上分析，我们知道间接融资是资金供求双方通过银行等金融中介机构所进行的资金融通活动，也就是资金需求者采取向银行等金融中介机构申请贷款的方式筹资。间接融资是以储蓄存单为主要金融工具，通过银行体系吸收社会存款，再对企业或个人发放贷款的一种融资机制。间接融资活动的场所即为间接融资市场，在间接融资市场，经济单位不能直接从社会上融资，只能通过金融机构得到资金。图 3-3 表示了这种融资机制。

间接融资方式最大的弊端就是整个社会的融资风险都集中于银行，成本很高。这是因为在现代银行制度下，银行对存款，特别是个人储蓄负有不可推卸的责任，一般必须保证还本付息，但银行对工商企业和其他企业的贷款却承担了坏账风险，可能无法按期收回贷款本息，这种情况在我国尤为典型。

图 3-3　间接融资机制

(二) 直接融资

直接融资是资金供求双方直接进行资金融通的活动，也就是资金需求者直接通过金融市场向社会上有资金盈余的机构和个人筹资。直接融资是以股票、债券为主要金融工具的一种融资机制。直接融资活动的场所即为直接融资市场，也就是证券市场。证券市场虽有金融机构的参与，但金融机构主要是在市场主体之间发挥中介作用。图 3-4 表示了这种融资机制。

图 3-4　　直接融资机制

直接融资方式能适应社会经济发展的要求，最大可能地吸收社会游资，直接投资于企业生产经营活动之中。同时，通过证券市场直接从社会吸收、筹措资金，不仅降低了筹资成本，而且能够取得比较稳定的长期资金供给。尤为重要的是，直接融资方式可以有效地分散风险，也就是把工商企业的经营风险分散到千万名投资者中间，避免整个社会经济体系的风险都集中于银行体系。

正是由于直接融资较之间接融资有着诸多优点，直接融资市场的起步和发展虽在间接融资市场之后，但发展速度却大大快于间接融资市场，在金融市场的地位不断提高。

三、证券市场的功能

(一) 资金融通功能

资金融通是证券市场的首要功能。在国民经济运行过程中，货币在各部门之间进行流动与循环，由此造成不同类型的经济单位在任何一个时期的货币收入与支出不可能完全相等，无论是政府、企业还是居民都会出现收支不等的情况，既有收入大于支出的资金盈余者，也有收入小于支出的资金短缺者。一般情况下，居民部门多是资金盈余者，可视为净储蓄部门；企业和政府部门往往是资金短缺者。这样，一方面，企业和政府部门经常作为资金的需求方，需要筹集资金来满足其经济和政治行政活动的需要；另一方面，居民部门作为资金供给方，经常在寻求投资的渠道。也就是说，需要在资金需求者与资金供给者之间融通资金，以维持和推动社会政治经济生活的正常运行。证券市场为资金需求者和供给者融通资金提供了一种良好的机制和场所，资金需求者通过发行证券的方式融入资金，而资金供给者通过投资证券的方式实现资金价值的增值，资金供求双方直接联系起来，可根据自身需要在资本市场中寻求符合条件的资金供应方和需求方，从而实现资金的灵活融通。

(二)资源配置功能

证券市场的资源配置功能是指通过证券价格引导资本的流动而实现资源的合理配置。在证券市场上，证券价格的高低是由该证券所能提供的预期报酬率的高低来决定的。一般来说，能提供高报酬率的证券来自于那些经营好、发展潜力巨大的企业，或是来自于新兴行业的企业。这些证券的预期报酬率高，因而其市场价格相应也就高，从而其筹资能力就强。这样，证券市场就通过价格机制引导资本流向能产生高报酬率的企业或行业，从而使资本产生尽可能高的效率，进而实现资本的合理配置。由于资本这一特殊的生产要素具有组织生产的独特功能，资本市场可以通过资本价格的波动而使资本资源直接在不同的企业和行业进行分配；同时，资本市场降低了资本资源的交易成本。资本交易成本一般包括寻找费用、信息费用和签订投资合同费用等。在发达的资本市场中，尤其是在交易所市场中，为数众多的金融工具的供给者和需求者在一起进行竞价交易，减少了寻找成本和信息成本，提高了资本资源的配置效率。

(三)风险定价和风险分散功能

在发达的金融体系中，资本市场的一个重要功能是风险定价，资本市场也正是在此基础上来指导增量资本的积累与存量资本的调整。首先，它决定了风险资本的占有条件，只有能够支付得起一定风险报酬的融资者，才能获得资本资源的使用权，这也保障了稀缺的资本资源只流向具有最高资本使用效率的经济单位。其次，企业收益的自留或分配，部分地反映了它们对于预期收益和企业风险资本在资本市场中价格状况的考虑。如果企业能够获得超过平均利润率的利润，则资本的市场价格就会上涨，企业便具有发行新股票的资格和条件，从而使它们能将收益进行再投资并进而获得更多的外部资金；而对于只能获得低于平均利润率的企业来说，资本的市场价格存在下跌的压力，它们要么将其用于投资的收益进行分配以维持现有的股票价格水平，要么使其股票贬值。最后，在一个有效率的资本市场中，资本的市场价格灵敏地反映了企业所有的经营信息(包括其收益、风险等)，从而有效地引导着资金的流向和资源的配置。

资本市场的融资者融资金额大，经营风险得以分散。资本市场通过股票、债券等金融工具广泛地吸纳社会闲散资金，积少成多，易形成巨额资金，可满足企业和国家大型项目的长期投资需求。资本市场的投资者也可通过多样化的资产组合来分散投资中的非系统性风险。

(四)信息反映功能

资本市场可以灵敏地反映影响经济活动的各种信息。资本市场从本质上来说是一个信息交换的市场，表面上看到的是资金的流动，实际上在资金流动的下面是信息的流动。根据信息经济学的原理，经济活动参与者的信息不对称是影响经济活动效率的重要因素。银行制度安排能在一定程度上克服信息不对称的影响，因为与个人相比，银行具有更强的信息收集能力和更强的专业判断能力。但是银行毕竟只是一个外部债权人，它对企业经营活动的监督作用是有限的，因此银行能够得到的信息也是有限的。与通过银行等中介机构进行的间接融资不同，资本市场是成千上万人在进行直接的交易活动，这使得资本市场能够汇集并反映大量的经济信息，这是传统的金融中介机构无法比拟的。资本市场存在着强有力的评价、选择和监督机制，可以使投资者收集各种信息以便做出最优选择，可以促进各种投资创新活动，可以通过提供各种风险分担机制来促进个人投资于风险更高但生产能力更强的上市公司，使社会生产率得到提高。

第二节　证券发行制度

一级市场，又称为证券发行市场，是新证券首次向社会公众发行的市场。接下来，本章会介绍证券市场中的一级市场，主要内容包括了证券的发行制度、证券的发行方式、证券的发行价格。另外，本章的正文部分主要针对股票市场进行介绍，其他市场的相关内容可见于本章最后的扩展阅读与本书的其他相关章节。

一、证券发行制度的定义与分类

证券发行是指政府、金融机构、工商企业等以筹集资金为目的，向投资者出售代表一定权利的有价证券的活动。世界各国对证券发行都有严格的法律制度。由于各国对证券发行审核的方式不同，证券发行制度也有所差异，一般可以概括为以下三类：

(一)审批制

审批制是指由地方和主管政府机构根据额度决定企业的选择和推荐，按计划来确定企业股票发行规模的制度。证券的发行审核直接由证券监管机构审批通过，在股票发行方式和股票发行定价上容易受到较多行政干预。

审批制是一国在股票市场的发展初期，为维护上市公司稳定，平衡社会经济关系，主管部门根据指标推荐企业发行股票的制度。因此，审批制下公司发行股票的竞争焦点主要是争夺股票发行指标和额度。证券监管部门凭借行政权力行使实质性审批职能，证券中介机构的主要职能是进行技术指导，审批制无法保证发行公司不通过虚假包装甚至伪装、做账达标等方式达到发行股票的目的。

在审批制执行中，证监会与地方政府之间形成了“委托—代理关系”。作为委托方的证监会对地方政府推荐的企业进行审查，根据发行额度来批准通过审查的企业是否上市。地方政府作为代理方主要负责挑选上市公司，一般从自己管辖区域内挑选企业改制为股份公司。因为企业经营绩效的好坏与地方政府的收入密切相关，所以地方政府不仅有积极性，而且可以非常便利地收集和获得本地企业的信息，并且可以利用手中的控制权对企业的资产进行组合或剥离。因此相对于证监会而言，地方政府对所推荐企业的内在价值会有信息优势。

然而，这种"委托—代理关系"中缺乏委托方对代理方的约束机制，因为证监会和地方政府处于同样的行政级别上，所以证监会无权以行政手段来激励和约束地方政府。而上市指标的分配以行政区域的经济实力为依据，地方政府即使有某些违规行为，证监会也无法令地方政府退出，所以地方政府不可能有积极性公开更多的信息。因此，审批制这种单纯的审查机制增加了委托人的监督成本，地方政府在与证监会的博弈中占据主导地位。所以一些与地方政府和主管部门联系密切的国有企业获得额度，其中不乏一些业绩比较差的企业。

(二)核准制

核准制是介于注册制和审批制之间的中间形式。核准制是以欧洲各国公司法为代表的一种证券发行审核方式，实行所谓的实质管理原则。在核准制下，发行人在发行股票时，不仅要充分公开企业的真实状况，而且还必须符合有关法律和证券管理机关规定的必备条件，证券主管机关有权否决不符合规定条件的股票发行申请。证券主管机关除了进行注册制所要求的形式审查外，还要对发行人的营业性质、财力、素质及发展前景，对发行数量与价格等条件进行实质审核，并由此作出发行人是否符合发行实质条件的价值判断。在核准制下，发行人的发行权由审核机构以法定方式授予。

核准制在制度设计上有其可取之处：一方面，核准制吸收了注册制公开原则的合理内核，投资者可以依据发行人披露的信息作出投资判断；另一方面，政府通过实质审核对发行人披露文件的真实性和发行人的质量进行实质判断，可以使投资者受到双重保障。此外，核准制可以在一定程度上发现一些弄虚作假的发行人，并对其股票发行申请拥有否决权。

核准制下的"保荐人"制度，是核准制的高级形式。目前世界上实行 IPO 核准制的发达地区均采用"保荐人"制度，如英国的二板市场、中国香港地区交易所以及加拿大多伦多证券交易所所属的证券市场等。实行"保荐人"制度的其目的在于通过保荐人对发行人的信息披露和规范运作提供外部辅导和监督，加强发行人董事、管理层对于公司法和上市规则的知晓程度，约束发行人的不当行为，确保能够为公众投资者提供更全面、真实、完整的信息。作为核准制发展到成熟阶段的产物，保荐人在促进拟上市公司信息披露合规性、加强监管层与发行人的沟通以及保护股市中小投资者等方面发挥了重要作用。

政府的监管有其能力边界，政府虽然在股票公开发行审核中投入大量的人力、物力，但想要做到每一件审查都正确是很难的。而且，政府拥有股票发行审核权容易导致权力寻租行为的产生，这将降低审核效果的可依赖性。此外，因为公开发行的股票是经过政府审查才予以核准发行的，投资者容易产生依赖心理，从而不再仔细、独立地考察和判断发行人质量，若一旦由于发行人的原因遭受损害，则往往会将责任推给政府。

(三)注册制

注册制是以美国联邦证券法为代表的一种证券发行审核方式，实行公开管理原则。在注册制下，发行人在准备发行证券时，必须将需要依法公开的各种资料完全、准确地向证券主管机关呈报并申请注册。证券主管机关的职责是依据信息公开原则，对申报文件的全面性、真实性、准确性和及时性作形式审查。至于发行人的营业性质、财力、素质及发展前景、发行数量与价格等实质条件均不作为发行审核要件。证券主管机关无权对证券发行行为及证券本身做出价值判断，申报文件提交后，经过法定期间，主管机关若无异议，申请即自动生效。在注册制下，发行人的发行权无需由国家授予。

注册制的优势有三个：

(1)形式审查，限制较少。注册制要求企业将自己真实、标准、完整的待审核信息按照规定如实披露，其最重要的要求是对信息披露义务的要求。这使得不同的发行人，根据自己的情况完全真实地公开信息即可注册申请发行。这一制度将政府行为控制在其能力边界以内，避免了对股票公开发行的不当干预。

(2)机会均等，市场选择。注册制以审核公开说明书内容为前提和核心，将所有申请发行者的申请置于同等条件下。注册制下，股票能否成功发行的选择权更多地由市场来行使。这不仅有利于合理配置市场资源，而且有利于提高投资者接受、分析、判断信息和理性投资的能力，更有利于促使承销商及相关中介机构发挥应有作用。

(3)程序简化，效率较高。一般来说，发行证券的注册需经历提交注册报告书、等待以及注册生效三个阶段，且每一个阶段都有期限规定，一旦到达法定期限，监管部门如未提出异议，则注册登记自动生效。

注册制的理论设计是市场经济条件下的证券市场，也就是完全有效的市场，其成功实施对于各种条件的要求比较高，包括：较高的市场化程度、规范的市场运作、较为完善的法律法规保障、发行人和承销商等中介机构自律能力较强、投资者较为成熟以及管理层的监管手段市场化等。

二、证券发行制度的区别

证券发行制度主要有审批制、核准制和注册制三种，每一种制度都适合不同的市场状况，所以不同制度之间存在较大的差异。在审查原则上，审批制是完全行政审批原则，核准制则注重实质性管理原则，强调监管审查，而注册制则注重信息公开原则，对信息披露情况进行事后监督；在审查内容和方式上，注册制侧重于形式审查，不进行实质判断，核准制需要进行实质审查，判断是否核准申请，而审批制则是形式及实质的全面审查；在审查效率和透明度上，审批制效率最低，因为审批制是完全行政审批，核准制因为审查机构有较大裁量权而较低，注册制相对较高，审查机构难以人为干预。

当前世界各国(地区)基本采取核准制或注册制作为本国的证券发行制度。实行核准制的代表市场包括英国、德国、中国香港，实行注册制的代表市场包括美国、日本、中国台湾。中国内地的证券发行制度在1999年以前实行审批制，在1999年以后实行核准制。

注册制和核准制之间的根本差异在于立法理念，即公开发行权利是政府授予还是法律赋予。核准制认为，证券发行上市是一项特权，需经证券监管机构同意后方可取得。而注册制认为，证券发行上市是一般权利，除非可能损害公众利益，否则政府就不应加以限制。其区别还体现在审核机构是否对发行人进行实质性审查。注册制不对企业作价值判断，不要求必须是优质企业，而核准制则对企业进行实质性审查，过滤掉资质不好的企业，以降低市场风险。相比较而言，注册制适用于发达证券市场，而核准制则更适用于证券市场发展历史不长、投资者素质不高的国家和地区。核准制与注册制在证券发行基本流程上的差异见图 3-5。

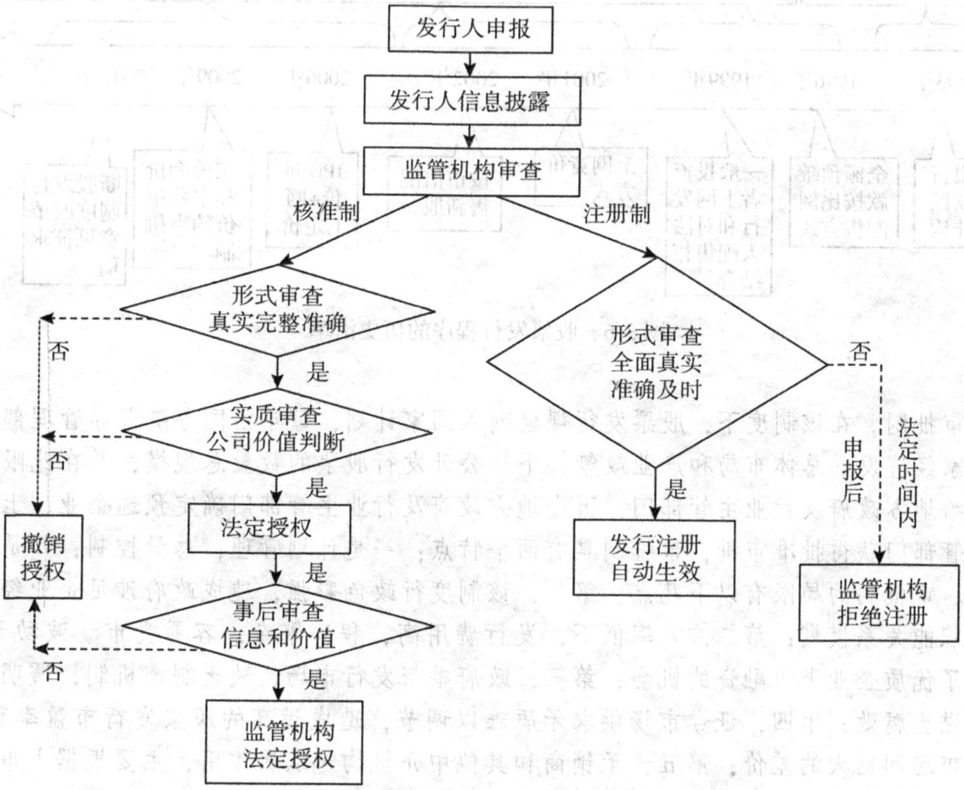

图 3-5　核准制和注册制下证券发行基本流程的对比

【扩展阅读】

我国股票发行制度的演变

中国股票发行制度的变革需要经历由审批制到核准制再到注册制的变迁过程，因此我们把中国股票发行制度的演变历程大体可分为三个阶段（见图 3-6）：

（一）审批制阶段

1990—1999 年，中国股票发行管理一直采用股票发行规模和股票发行数量双重控

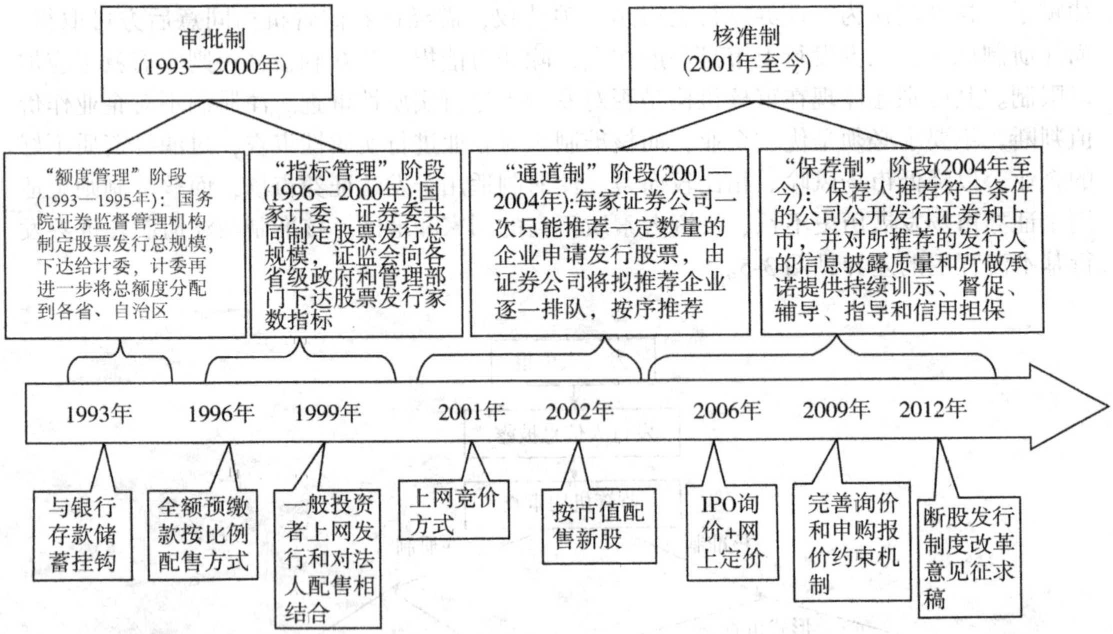

图 3-6　股票发行程序的历史沿革

制的审批制。在该制度下，股票发行规模列入国家计划，每年由国务院证券管理部门根据国家经济发展总体布局和产业政策，下达公开发行股票的数量总规模，并在此限额内分配给地方政府及行业主管部门，再由地方政府及行业主管部门确定预选企业、上报证券主管部门获得批准审批，审批制具有两个特点：一是计划管理，总量控制；二是两级审批。审批制的局限有以下几点：第一，该制度行政色彩强，造成政府涉足企业经营事务，职能关系模糊；第二，效率低下，发行费用高，程序繁杂，容易受市场波动干扰，延迟了优质企业上市融资的机会；第三，政府垄断发行市场，缺乏制衡机制，透明度不高，滋生腐败；第四，证券市场供求矛盾难以调节，造成过高的股票发行市盈率和一、二级市场间巨大的差价；第五，承销商和其他中介机构起从属作用，主要根据上市后可获得利润的大小选择股票发行项目，而把企业质量放在次要地位，并且承销商不必承担相应的责任，无法形成有效的承销商声誉机制。

(二)核准制阶段

1999 年 7 月 1 日，我国《证券法》等多份法律文件出台确立了证券发行管理的核准制框架。2000 年，核准制正式推行。2001 年 4 月到 2004 年 1 月，股票发行实行核准制下的通道制，中国证监会根据承销商的实力和经营业绩，直接确定其拥有的申报企业的通道数量，每年考核决定是否暂停或减少通道数。通道制的特点有以下几点：第一，取消发行计划，不再需要各级政府的审批，由承销商推荐上市企业，发行人申请经地方人民政府或国务院有关部门批准后，改由主承销商推荐并向证监会申报并核准；第二，加大承销商的责任，明确承销商的义务，新股发行审核的一部分责任转移给承销商，由承销商决定新股发行规模、发行方式和发行价格，证监会仍是新股发行的核准机构，其主要工作转向强制性信息透露和合规性审核，做好尽职调查，建立股票发行内核制度，完成拟上市企业一年的辅导。通道制的局限在于：首先，通道制实际上是不彻底的额度分配方法，通道数目限制了承销商发行业务的发展，虽然约束企业的融资冲动，但是不利于承销商的同行业竞争，造成不正当交易；其次，承销商的责任存在于上市推荐活动之中，且没有担保责任，形成负向激励，轻视督导作用。

2003年12月28日证监会公布《证券发行上市保荐制度暂行办法》，并于2004年2月1日开始实施，这标志着核准保荐制度的确立。其特点在于：第一，建立了保荐机构和保荐代理人的注册登记管理制度，企业发行上市不但要有保荐机构进行保荐，还需具有保荐代表人资格的从业人员具体负责保荐工作。第二，明确了保荐期和保荐责任，保荐期分为尽职推荐阶段和持续督导阶段，保荐机构和保荐代表人在向证监会推荐企业发行上市前要对发行人进行辅导和尽职调查，在持续督导阶段要对上市公司公司治理的情况进行持续跟踪，及时揭示风险，督促纠正错误，并给予规范性指导。第三，引进了持续信用监管和"冷淡对待"的监管措施。第四，承销商获得推荐发行人的权利和责任风险，因此从关心发行企业的数量转变到关心发行企业的质量，主动担负起保荐督导的职责。核准保荐制度的缺陷在于：新股定价的"双轨制"、过分强调人为因素、中介机构的作用未得到实质性的加强等。所谓的"双轨制"是我国改革开放初期对同一产品既有官方定价又有市场定价的现象。现行的新股定价方法是在一级市场由发行人和承销商通过向部分机构的询价来确定发行价格，而中小投资者作为沪深股市最大的投资群体是无缘参与的。这既不是由全体投资者通过自由申购确定的，也不是由参加询价的机构通过自由报价确定的，并不是真正的市场定价，而是一种体现了管理层的定价指令和定价意图的半官方定价或者受管制的低定价。同时管理层规定网下发售部分要优先向社保基金、公募基金配售，这又强化了新股是一种低定价的、可以确保盈利的投资工具，造成了"IPO堰塞湖"以及新股的巨大红利。

（三）注册制阶段

2014年5月9日，国务院发布了《关于进一步促进资本市场健康发展的若干意见》（简称"新国九条"），提出下列内容：积极稳妥推进股票发行注册制改革；建立和完善以信息披露为中心的股票发行制度；发行人是信息披露第一责任人，必须做到言行与信息披露的内容一致；发行人、中介机构对信息披露的真实性、准确性、完整性、充分性和及时性承担法律责任；投资者自行判断发行人的盈利能力和投资价值，自担投资风险；逐步探索符合我国实际的股票发行条件、上市标准和审核方式；证券监管部门依法监管发行和上市活动，严厉查处违法违规行为。2015年，《证券法》的修订启动了注册制改革的进程。

在完善核准制的基础上，我国发行制度的改革应继续向注册制的方向推进，强化市场准入的规范性和权威性，强化中介机构的权利与责任，强化信息披露的公开性、真实性和及时性。我国的股票发行制度进步很大但仍有不少问题，如股票发行价格的确定、一级市场被大机构所控制等，改革之路仍然任重道远。

三、我国股票发行制度的改革方向

在分析我国证券发行制度改革之前，有必要纠正市场对注册制的一些误解。首先，注册制不代表不审核，注册制国家大多实行实质审核且审核内容相对较多；其次，审核多并不等于发行效率低，以美国为代表的注册制国家平均要进行5~10轮审核且从投资者角度出发对公司的盈利模式和收入成本等进行实质审核，但美国的发行效率仍然很高；最后，区分核准制与注册制的关键不是是否进行实质审查，而是是否有上市盈利要求和是否做价值判断，多数实行注册制的国家对发行上市无盈利要求且不做价值判断。

我国目前对股票发行实行严格的核准制，即股票的发行必须符合国家相关法规的规定条件且需获得中国证监会的批准，同时我国证券发行制度兼具注册制的部分特征，具备较强的“中国特色”。在审核形式上，我国与一般核准制国家相同，实行实质审核，但审核主体为证监会；在发行定价和配售机制上，我国借鉴的是注册制国家的累计订单询价制度和机构配售机制；在投资者结构和信息披露方式上，我国与一般注册制国家又存在较大差别。

因此我国的证券发行制度改革必须以当前的基本国情作为基点，采取渐进的、温和的方式。注册制的推行在客观上需要满足一定的基本条件，如：市场经济环境比较完善、股票市场发育比较成熟、具有较为健全的法规制度作为保障、监管层市场化的监管手段比较完善等。由此可见，我国由核准制过渡到注册制，应形成两步走的战略步骤：第一步，形成市场化程度较高的核准制，监管者在核准制下建立市场各方参与、信息严格披露的公共平台，使发行审核过程逐渐达到完全公开化和透明化；第二步，建立核准制下的注册制，并最终达到完全注册制，监管者可以先对规模较小、筹资额不大的企业，实行注册制的审核方式，对于规模较大、筹资额较大的企业实行核准制，等到运行状况稳定和条件成熟后完全过渡到注册制。未来我国证券发行制度改革将从降低上市门槛、强化信息披露、推进市场化定价、完善退市转板机制、提升中介机构专业性以及建设配套机制六个方面寻求突破。

进行注册制改革是为了扭转核准制下的价格扭曲和市场无效，避免行政权力在新股定价中的过度使用。进行注册制改革会有下列作用：

(1)证券发行的高度个性化。对新股定价取消行政限制是为了制止市场中的高价发行、高市盈率和超高募集资金的现象，这些指标的高低应该根据市场环境和上市公司的不同而不同，具有高度个性化的特点。同时注册发行还会极大地削弱壳资源的价值，借壳上市的热度也会下降。

(2)证券发行价格的定价机制市场化。核准制下，价格的确定在很大程度上取决于发行公司与主承销商协商的结果，广大投资者的作用较弱。注册制下，价格真正通过市场竞争确定，体现了发行公司、承销商和投资者各方的博弈，有利于证券市场发挥价格发现的功能。

(3)建立简单高效的发行和上市审核程序。证券交易所对公司首次发行上市申请仅进行合规性审核，检查其是否满足首次上市定量标准和定性要求。首次发行和上市审核主要分为公司治理审核和财务审核两部分，重点关注公司财务状况、审计师、公司治理、高管和股东背景、关联交易、政府调查、非正常诉讼和违法违规行为等的信息披露，不对公司的盈利前景、募集资金用途合理性等提出实质性审核意见。一般情况下，证券交易所不会轻易否决符合标准的上市申请。

(4)中介机构的责任与权力得以强化。政府的监管部门逐步退出发行审批领域，把各种审批权力交由市场来完成。这样既可以提高配置效率，降低企业筹资成本，也可以克服政府介入所带来的权力腐败。政府淡出市场后，对市场的组织和监督将主要由成熟的中介机构来完成，因而它们的作用和责任不断加强。

(5)股票发行的信息披露监管得以强化。对首次发行的上市公司提高其信息披露的质量是市场和投资者客观、准确地预测其盈利水平、发现其市场价格的现实基础，也可以减少上市公司为了吸收资本，进行过度包装、不考虑投资者的利益的情况。

(6)督促上市公司进行科学严格的公司治理。注册制对公司治理的监督分为对首发上市和持续上市的审核监督，其目的和内容是一致的，旨在加强对投资者权益的保护，加强股东、独立董事、审计委员会的权利，强化信息披露和行为准则的透明度。

第三节　证券发行方式

一、证券发行的定义及分类

证券的发行方式是证券经销出售的方式，根据不同的标准，发行方式可有不同的分类方法。

(一)公募与私募

政府、金融机构、工商企业等在发行证券时，可以选择不同的投资者作为发行对象，由此，可将证券发行分为公募和私募两种形式。

公募(public placement)又称公开发行(public offering)，是指发行人向不特定的社会公众广泛地发售证券。在公募发行情况下，所有合法的社会投资者都可以参加认购。为了保障广大投资者的利益，各国对公募发行都有严格的要求，如发行人要有较高的信用，并符合证券主管部门规定的各项发行条件，经批准后方可发行。采用公募方式发行证券的有利之处在于：①公募以众多的投资者为发行对象，筹集资金潜力大，适合于证券发行数量较多、筹资额较大的发行人；②公募发行投资者范围大，可避免投资者囤积证券或发行价格被少数人操纵；③只有公开发行的证券方可申请在交易所上市，因此这种发行方式可增强证券的流动性，有利于提高发行人的社会信誉。然而，公募方式也存在某些缺点，如发行过程比较复杂，登记核准所需时间较长，发行费用也较高。

私募(private placement)又称不公开发行或内部发行，是指面向少数特定的投资者发行证券的方式。私募发行的对象大致有两类，一类是个人投资者，例如公司老股东或发行机构自己的员工；另一类是机构投资者，如大的金融机构或与发行人有密切往来关系的企业等。私募方式发行面较小，而且有确定的投资人，因而各国对私募发行管制都较为宽松，默认投资者都具备较强的风险意识和风险承受能力。私募发行的优势是发行手续简单，可以节省发行时间和费用；不足之处是投资者数量有限，流通性较差，而且也不利于提高发行人的社会信誉。

公募发行和私募发行各有优劣，一般来说，公募是证券发行中最基本、最常用的方式。然而，随着养老基金、共同基金和保险公司等机构投资者的迅速增长，私募发行近年来呈现出逐渐增长的趋势。

(二)直接发行与间接发行

按照有无发行中介，可将证券发行分为直接发行和间接发行。

直接发行(direct placement)又称自销型发行，是指发行人自己直接向投资者发售证券。这种发行方式的好处是可以节省向发行中介机构交纳的手续费，降低发行成本。不利之处是如果发行额较大，由于缺乏专门业务知识和广泛发行网点，发行者自身要担负较大的发行风险。一旦认购申请额低于发行额，就会使发行归于失败。因此，这种方式只适用于有既定发行对象或发行风险小、手续简单的证券。一些社会信誉好、市场地位高的公司，也可采用这种方式。直接发行多见于股份公司的送股、股票分割、股债转换和以兑现认股权(subscription right)的方式增发新股。

间接发行(indirect placement)又称为代销型发行，是指发行人委托投资银行、证券公司等证券中介机构代为向广大投资者发售证券。一般来说，新建公司初次公开发行证券都要委托证券中介机构进行承销。由于承销方式不同，委托人和承销商之间的承销风险和权利义务也就不同。所以，各方当事人都应根据市场条件、客观可能性和自身的需要与能力确定承销方式。承销方式主要有以下三种。

(1)代销(best effort selling)。代销是指承销商代发行人发售证券，在承销期结束时，将未售出的证券全部退还给发行人的承销方式。承销商按照规定的代销条件，在约定的期限内尽力推销，承销期结束后，如果投资者实际认购总额低于发行人的预定发行总额，承销商将未售出的证券全部退还给发行人，承销商不承担任何发行风险。在代销过程中，承销商与发行人之间是委托代理关系，承销商不承担销售风险，因此代销佣金很低。代销发行比较适合于那些信誉好、知名度高的大中型企业，因为它们的证券容易被社会公众所接受，用代销方式可以降低发行成本。

(2)包销(underwriting)。包销又称承购包销或全额包销，是指发行人与承销商签订承购合同，由承销商以双方协商决定的价格将准备发行的证券全额买下，并按合同规定的时间将价款一次性付给发行公司，然后承销商再以略高的价格向社会公众出售。在全额包销过程中，承销商与证券发行人并非委托代理关系，而是买卖关系，即承销商将证券低价买进然后高价卖出，赚取中间的差额。对发行人来说，采用全额包销方式既能保证如期得到所需要的全额资金，又无需承担证券发行过程中价格变动的风险，因此支付的发行费用高于其他方式。对承销商来说，要预先垫付自有资金买入所有证券，还要承担证券不能如期全部销售和发行价格下降的风险，因此收取的费用较高。承销商的费用收入来自向证券发行公司买入证券与向社会公众出售证券之间的差价。承购包销发行方式是各国市场最常见、使用最广泛的方式，比较适合于那些资信还未被公众认识却急需资金的企业。

包销又可分为以下三种方式。

①协议发售(negotiated offering)。协议发售是指由一个承销商单独包销发行人待发行的全部证券。当证券发行量不大，发行人与承销商关系较为密切的情况下，通常采用这一方式。采用协议发售时，承销商会提供最佳发行方案和咨询意见，但不足之处在于承销商购买证券的价格没有经过竞争投标过程，有时包销价格不尽合理。

②等额包销(group underwriting)。等额包销是指由若干承销商合作包销，每个承销商包销的份额、所承担的风险及所获得的手续费都平均分摊。

③承销团包销(syndicate underwriting)。承销团包销是指由主承销商牵头，若干承销商参与包销活动，以竞争的形式确定各自的包销额，并按其包销额承担发行风险，收取手续费。

(3)助销(stand-by underwriting)。助销是承销商自购一部分、代理发售一部分的承销方式。助销又可分为定额包销和余额包销两种。

定额包销是指承销商先自行认购发行人所发行的一部分证券，然后再向社会公众代理发售剩余部分的证券。采用这种方法，发行人能及时得到部分资金，又可付较少的发行费，但要承担部分发行风险。定额包销比较适合于那些信誉较好、资金分批投入生产的企业。证券销售不成问题，因此不需要由承销商全额包销，对于急需资金部分可由承销商包销，得到垫付资金，其余款项可通过证券的发售逐步到位，较经济合算。

余额包销是指承销商先向社会公众代理发售证券，在发售期结束时，剩余的证券由其自己全部认购。余额包销实际上是先代理发行，后全额包销，是代销和全额包销的结合。采用这种发行方式，发行风险大部分由承销商承担，所以它的发行手续费比代销方式高，但比全额包销方式低。对发行人来讲，筹资计划完成有保证，在协议规定的期限，承销商要将规定资金全数划给发行人。余额包销比较适合于那些有既定的筹资计划，但用款又不是很急的企业。

(三)首次公开募股和股权再融资

未曾发行过证券和已经发行过证券进行融资活动的公司和企业都可以在证券市场中发行证券。以股票发行为例，按照发行主体的不同，股票的发行方式可以分为首次公开募股(Initial Public Offering，IPO)和股权再融资(Seasoned Equity Offering，SEO)。

首次公开募股是指一家未曾上市的公司或企业在某一证券市场第一次将它的股份向投资者出售。上市公司的股份根据招股书或登记声明中约定的条款进行销售，并且可以申请到证券交易所或报价系统挂牌交易。公司和企业在申请IPO之前，应先变更为股份有限公司。

再融资是指在某一证券市场IPO后的公司通过向指定投资者(如大股东或机构投资者)或全部投资者再次募集资金的融资方式。传统的再融资方式分为内部再融资和外部再融资，内部再融资与第一节提到的内部融资的方式相同，外部再融资包括债权再融资和股权再融资。债权再融资包括发行公司债券和向金融机构借款等，股权再融资包括增发、配股、定向增发，发行可转换债券既有股权融资又有债券融资的特性。对于上市公司来说，公司发展中出现的新的融资需求可以通过再融资的方式予以满足，再融资的发行审核程序相较于首次融资更为简便，其融资规模也十分巨大。

SEO 的发行方式主要有三种。

(1)增发(secondary public offering)。增发是上市公司向所有投资者发行新股，再次筹集资金的行为。按照发行人是否借助于承销商(underwriters)的参与完成公开发行，可以分为间接公开发行(indirect public offering)和直接公开发行(direct public offering)，前者必须借助于承销商的参与，后者则由发行人自身直接进行公开发行。按照发行目的不同，为筹措资金而增发新股的方式称为一级成熟发行(primary seasoned offering)；发起股东将其持有的股份由承销机构认购后向社会公众发售的方式，称为二级成熟发行(secondary seasoned offering)。按发行对象可分为向现有投资者增发(private equity placement to current investor)和向新投资者增发(private equity placement to new investor)。

(2)配股(rights offering)。配股是指根据现有股票持有人的持有比率，给予其认购股票的权利，认购价格一般比股票的现行市价低。配股可分为非承销配股(uninsured rights offering)和承销配股(underwritten rights offering)。配股是有偿的，它应首先在原股东中进行，以保证原股东对公司的持股比例不变。当原股东不愿参加公司的配股时，可以将配股权转让给他人。配股对于原股东实际上是提供了一种追加投资的选择机会。股东追加投资，股份公司得到资金以充实资本。配股后虽然股东持有的股票增多了，但它不是公司给股民投资的回报，而是追加投资后的一种凭证。此处的除权是指“新股认购权”的消除，它与内部融资的留存收益转增资本(俗称“红股”)不同。后者是指，公司经营盈利，依股东大会决议分配盈余，盈余分配有配息与配股二法，配息是股东依持股比例无偿领取现金，一般我们称为除息，而配股则是股东依持股比例无偿领取股票，其除权是指“盈余分配权”的消除。

(3)定向增发(private placement)。定向增发是指上市公司向符合条件的少数特定投资者非公开发行股份的行为。定向增发按发行目的可分为：引进战略投资者的定向增发和融资以并购资产的定向融资。定向增发由于发行门槛低，无盈利要求，所以是资产重组并购的重要方式。

二、我国的股票发行方式

(一) IPO 的发行方式

我国股票 IPO 发行方式主要可分为向社会公开发行和定向募集两种。在上海和深圳两地证券交易所上市的股票，绝大多数是通过向社会公开发行上市的；也有少数是由定向募集方式发行，经过适当调整后转成上市股票的。目前我国主要的股票发行方式是上网定价发行或上网发行与网下配售相结合。

我国上市公司的证券发行由发行人和主承销商签订承销协议，在承销协议中界定双方的权利义务关系，约定明确的承销基数。采用包销方式的，应当明确包销责任；采用代销方式的，应当约定发行失败后的处理措施。我国《证券法》将余额包销归入包销方式，并且是我国证券承销的主要方式。我国证券发行制度不仅成功引进了国外较为通行的证券保荐人制度，而且还全面推行证券发行承销制度，并专门为此建立了承销商资格制度，将承销商依国际惯例划分为主承销商和副承销商，积极推行承销团制度。在证券承销制度中，最为核心的内容是，向不特定对象公开发行股份时必须采取证券承销中的包销方式，由承销商负责在承销期满后包销证券余额。这是多数国家公开发行证券所采取的承销方式，即使是证券市场极为发达的美国，在证券发行方式上也是采用余额包销，并明确由承销商承诺买进在承销期内未被一般投资者所申购的全部发行的证券。2014 年我国上市公司的基本上市流程图如图 3-7 所示。

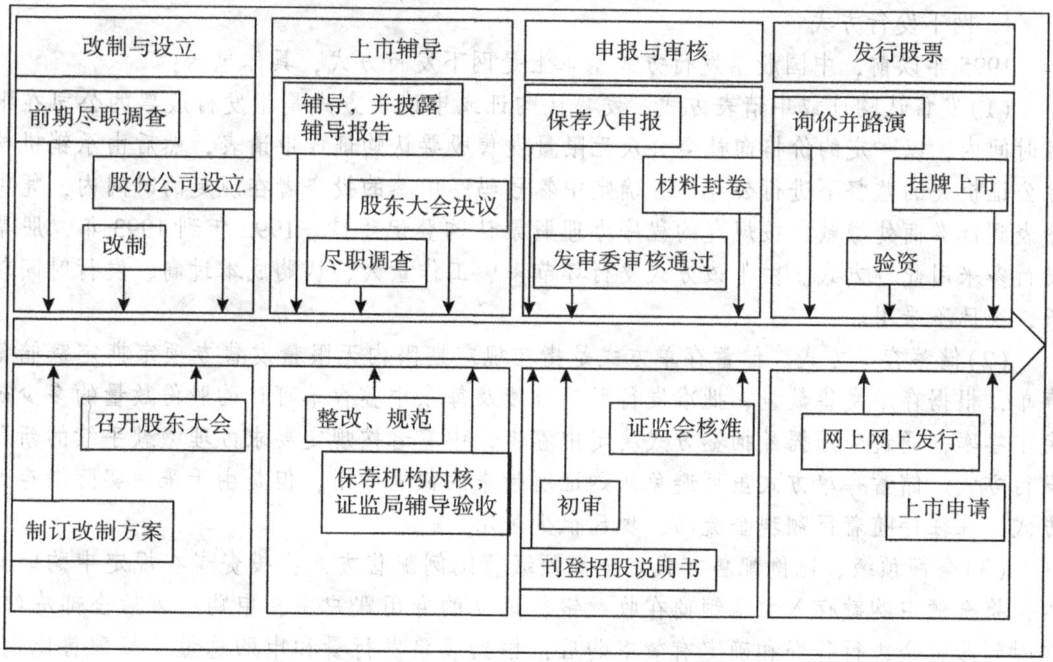

图 3-7　2014 年我国上市公司的基本上市流程图

我国上市公司首次公开发行股票的申报、核准及发行大致流程分为如下三个阶段。

（1）上市准备阶段。发行人根据上市需求，确定保荐人、主承销商和其他中介机构（由承销团承销的，组成承销团的承销商应当签订承销团协议，由主承销商负责组织承销工作），召开股东大会，制订改制方案，确定发行时间表，成立上市办公室，与各监管部门进行沟通。

（2）上市申请阶段。由保荐人协助制订发行方案、确定募集资金和营销策略、完成辅导工作；由会计师事务所和律师事务所审核公司财务状况和法律文件，做好尽职调查；由发行人制作申请文件，相关机构出具意见书，向中国证监会申报。中国证监会受理申请文件进行初审，通过后交由发行审核委员会审核，依据发行审核委员会的审核意见，中国证监会对发行人的发行申请作出核准或不予核准的决定。

（3）上市发行阶段。发行人在获得中国证监会同意其公开发行股票的核准后，就可以按照核准的发行方案发行股票。首先发布招股说明书，进行路演推介，然后进行询价定价，发布公告，挂牌交易，同时落实有关规定，做好信息披露和持续督导的工作。

【扩展阅读】

我国股票发行方式的历史沿革

回顾我国股票发行方式发展的历史进程，有助于我们加深对证券市场的理解和感悟，进一步把握一级市场的发展趋势和市场化改革思路。中国股票发行方式的变迁大致经历了四个阶段。

1. 网下发行方式

1995年以前，中国股票发行方式基本上是网下发行方式，具体包括：

(1)发售认购证或申请表方式。发售认购证或申请表方式是指发行股票的公司在限定时间内，以一定的价格向社会公众无限量发售股票认购证或申请表，然后由承销机构在公证机关的监督下进行公开摇号确定中签号码。中签的投资者在规定的时间内，凭中签表到证券商处缴款，按规定的程序办理股票认购登记手续。1992年到1993年，股票发行多采用此种方式。由于该方式发行环节多、工作量大、认购成本过高、发行时间较长，现已不采用。

(2)储蓄存单方式。储蓄存单方式是指在规定期限内无限量发售专项定期定额储蓄存单，根据存单发售数量、批准发行股票数量及每张中签存单可认购股份数量的多少确定中签率，通过公开摇号抽签方式决定中签者，中签者按规定要求办理缴款手续的新股发行方式。储蓄存单方式虽可避免认购证所带来的额外费用，但是由于采用实际缴存的方式，往往伴随着巨额现金流动，现已很少采用。

(3)全额预缴、比例配售方式。全额预缴、比例配售方式指投资者在规定申购时间内，将全额申购款存入主承销商在收款银行设立的专用账户中，申购结束后全部冻结，在对到账资金进行验资和确定有效申购后，根据股票发行量和申购总量计算配售比例，进行股票配售的发行方式。全额预缴、比例配售方式包括“全额预缴、比例配售、余款即退”方式和“全额预缴、比例配售、余款转存”方式两种。这种方式虽然公平、公正，但会导致股票分配的极度分散化，现已不采用。

2. 上网竞价发行方式

上网竞价发行方式是指由承销商和发行股票的公司事先确定发行底价，然后承销商作为唯一的卖方将需发行的股票全部托管并输入证券交易所交易系统；投资者作为买方，在证券交易所规定的发行时间内，在底价之上按自己的意愿和购买能力自由报价委托认购。交易系统在申报截止后，按价格优先、时间优先的原则，自动从高价位向低价位排队累计申购量，将累计到达发行数量的那个价位确定为发行价格。在此价位之上的申购为有效认购，投资者可以按此价格买进申报数量的新股，在此价格之下的申购将不能认购股票。如果发行底价之上的累计申购量小于股票发行量，发行底价之上的申购均可按发行底价及其申购数量认购股票，不足部分由承销商按承销协议处置。此种发行方式可以充分反映市场购买意愿和热情，发行价格反映市场供求关系。如哈岁宝、琼金盘、青海三普和厦门华侨等股票就是采用这种方式发行的。由于普通投资者难以对新股进行合理定价，目前这一方式尚未得到证券监管部门的认可。

3. 上网定价发行方式

1995 年到 2001 年，中国股票发行方式主要采用上网定价发行方式，该方式的基本做法如下：发行公司与承销商事先制定好发行价格，然后主承销商作为股票的唯一"卖方"，利用证券交易所的交易系统按事先确定的发行价格发售股票，投资者在指定的时间内按照二级交易市场购买股票的方式进行股票申购，但是这里的股票交易不是任意确定数量的，而是必须满足每一账户的申购委托是 1000 股的整数倍，最后承销商根据发行量与认购量的比例确定中签比例，通过摇号的形式进行抽签以确定中签者，中签者就可以获取申购的资格，进而购买股票。

采用上网定价发行具有成本低、安全性高和发行速度快的特点，但是也有以下的局限性：第一，摇号中签方式不利于培养投资意识；第二，每一账户有限的委托量促使部分大户和机构通过非法手段取得账户，破坏市场秩序；第三，认购资金大部分通过短期融资得来，股票上市换手率极高，股价不稳定。

4. 上网发行和网下配售相结合的方式

1997 年，证监会发布了《关于进一步完善股票发行方式的通知》，提出了对一般投资者上网发行和对法人配售相结合的发行方式；2000 年 8 月，证监会又发布了《法人配售发行方式指引》的通知，进一步规范这种发行方式。目前，国内证券发行一直沿用这一发行模式。该方式的基本做法是由发行公司和主承销商事先确定发行量和发行定价，通过向法人投资者询价并根据法人投资者的预约申购情况确定最终发行价格，以统一价格向法人投资者配售和对一般投资者上网发行，根据发行量确定配售比例。

2004 年修订的《证券法》取消了新股发行价格需监管部门核准的规定。证监会依据法律调整，对股票发行方式进行了重大改革，于 2005 年初推出了询价制度。询价制采用累计投标询价方式向机构投资者配售一部分股票以确定新股发行价格，同时按该价格向公众发售其余股票。2006 年 9 月，证监会发布《证券发行与承销管理办法》，规定可以根据实际情况采取向战略投资者配售、向参与网下配售的询价对象配售以及向参与网上发行的投资者配售相结合的发行方式。

（二）SEO 的发行方式

目前我国上市公司外部再融资主要是债权再融资和股权再融资，其中在证券市场的再融资方式主要包括增发新股、配股和发行可转换债券三种。增发和配股属于股权融资范畴，增发分为公开发行和定向增发。公开发行是向所有投资者售股，发行价格应不低于公告招股意向书时前 20 个交易日公司股票均价。定向增发是向不超过 10 名的特定对象发行，限售期满才可上市流通。配股是向原有股东配给一定比例的股票，下一个交易日股票的开盘价就是前一天股价的同比例下降，所以股东的资金和持股比例均没变。可转换债券是一种融合了股权、债权、期权三者优点的融资工具，发行可转换债券属于债权融资的范畴。中国证监会 2006 年 5 月颁布的《上市公司证券发行管理办法》，使三种传统的再融资方式的法律条件发生了较大变化，它们的具体区别见表 3-1。

表 3-1　　三种再融资方式的对比

项目	增发	配股	可转换公司债券
发行条件	最高	最低	较严格
发行价格	发行价格应不低于公告招股意向书前 20 个交易日公司股票均价或前一个交易日的均价	可低于市价发行	发行价格应不低于公告招股意向书前 20 个交易日公司股票均价或前一个交易日的均价
发行规模	募集资金总额不超过项目的需求量	配售股份总数不超过本次配售股份前股本总额的 30%	累计债券余额不超过净资产的 40%
风险分析	股票发行量大，短期对公司业绩摊薄严重；发行价格为市价发行，市况低迷时，发行存在一定的风险	传统融资方式，风险最小	存在到期无法转股，需还本付息的风险；公司股票价格走势在特定情况下受可转债设计方案的影响
融资成本	股东有分红要求，长期融资成本高	股东有分红要求，长期融资成本高	债券利率低，转股前没有分红要求
对每股收益的影响	立即全面摊薄，稀释程度较大	立即全面摊薄，稀释程度较大	分年度逐渐转股，摊薄缓慢
对股票价格的影响	较大	较大	较小
对每股净资产的影响	增幅大	增幅较大	缓慢增大
对公司控制权的影响	控股权会受到一定程度的稀释；控股股东增大认购比例可加强控制权	如果全额以现金认购应配股份，控股权不会稀释	转股前不会稀释大股东股权，随转股逐步稀释大股东控股权，最终稀释程度难以准确预计，带有不确定性
财务压力	较大	较小	到期还本付息，对现金流压力大
发行时机	股市高涨	股市高涨	股市由熊转牛

总体来说，我国的证券市场是在经济体制由计划经济向市场经济转轨的过程中逐渐发展起来的，不论是证券的发行审核制度，还是证券的发行交易方式以及政府对证券市场的监管，都不可避免地带有行政计划的色彩，随着改革进程的加快，行政计划的色彩会变得越来越淡，而市场化改革的趋势也越来越明显。现行证券发行方式的改革方向是通过完善制度进一步强化市场约束，推动发行人、投资者、承销商等市场主体归位尽责，重视中小投资者的参与意愿，使新股价格更能反映市场选择，使市场主体的行为更

加慎重自律，促进长期理性投资。

第四节　证券发行价格

证券的发行价格是新证券发售时投资者实际支付的价格。由于股票和债券的发行价格确定方法不同，我们这里只针对股票的发行价格加以叙述。

一、股票发行价格的表现形式

股票有许多不同的价值表现形式，票面面额和发行价格是其中最主要的两种。票面面额是印刷在股票票面上的金额，表示每一单位股份所代表的资本额；发行价格则是公司发行股票时向投资者收取的价格。股票的发行价格与票面面额通常是不相等的。

根据发行价格和票面面额的关系，可以将证券发行分为溢价发行、平价发行和折价发行三种形式。折价发行(at a discount)是指以低于面额的价格出售新股，即按面额打一定折扣后发行股票，折扣的大小主要取决于发行公司的业绩和承销商的能力。平价发行(at a par)也称等额发行或面额发行，是指发行人以票面金额作为发行价格。面额发行能使投资者得到交易价格高于发行价格的额外收益，因此绝大多数投资者都乐于认购。平价发行方式较为简单易行，但其主要缺陷是发行人筹集资金量较少。溢价发行(at a premium)是指发行人按高于面额的价格发行股票，因此可使公司用较少的股份筹集到较多的资金，同时还可降低筹资成本。股票公开发行通常采用市价发行，即以同种或同类股票的流通价格为基准来确定股票发行价格。在发达的证券市场中，当一家公司首次发行股票时，通常会根据同类公司(产业相同、经营状况相似)股票在流通市场上的价格表现来确定自己的发行价格；而当一家公司增发新股时，则会参考已发行股票在流通市场上的价格水平来确定发行价格。

目前，西方国家很少采用折价发行和面额发行的方式。在我国，《公司法》明确规定，股票发行价格不得低于票面金额。我国最初采用过面额发行，但后来基本采用溢价发行。

二、股票发行价格的确定

股票发行价格的确定是股票发行计划中最基本和最重要的内容，它关系到发行人与投资者的根本利益及股票上市后的表现，是股票能否成功发行的关键所在。若发行价格定得过低，将难以满足发行人的筹资需求，甚至会损害原有股东的利益；而发行价格定得太高，又将增加投资者的风险，增加承销机构的发行风险和发行难度，抑制投资者的认购热情，并会影响股票上市后的市场表现。因此，发行公司及承销商必须对公司的利润及其增长率、行业因素、二级市场的股价水平、投资者的评价等因素进行综合分析，然后确定公平合理的发行价格。

(一)股票发行价格的估计方法

股票发行价格的估计方法，是指发行人和投资者基于所能掌握的信息判断股票价格的高低的方法，一般有如下四种。

(1)可比公司定价法。可比公司定价法是指对可比较的或者具有代表性的公司进行分析，尤其要分析具有相似业务以及相似规模的公司首次公开发行的情况，以获得可供参考的定价依据。主承销商审查可比较股票的发行定价和它们的二级市场表现，然后根据发行公司的特质进行价格调整，为新股发行进行定价。

(2)市盈率法。市盈率(Price/Earnings Ratio，P/E)是指股票市场价格与每股收益的比值。通过市盈率定价法估计股票发行价格时，首先应计算出发行人的每股收益；然后根据二级市场的平均市盈率、发行人的行业情况(同类行业公司股票的市盈率)、发行人的经营状况及其成长性等拟定发行市盈率；最后，依据发行市盈率与每股收益的乘积来决定发行价格，计算公式为：股票发行价格=每股收益×发行市盈率。

(3)市净率法。市净率(Price/Book Value Ratio，P/B)是指股票市场价格与每股净资产的比值。通过市净率定价法估计股票发行价格时，首先应根据审核后的净资产计算出发行人的每股净资产；然后根据二级市场的平均市净率、发行人的行业情况(同类行业公司股票的市净率)、发行人的经营状况及其净资产收益率等拟定发行市净率；最后，依据发行市净率与每股净资产的乘积决定发行价格。

(4)贴现现金流定价法。贴现现金流定价法是通过预测公司未来的现金流量，按照一定的贴现率计算公司的净现值，从而确定股票发行价格的一种方法。贴现现金流法体现的是价值决定价格，即通过对企业估值，而后计算每股价值，从而确定股票的发行价格。

总的来说，上市公司股票发行价格的估算要考虑多方面的因素，所以也要结合多种方法进行价格估算。经营业绩好、行业前景佳、发展潜力大的公司，其每股税后利润多，发行市盈率高，发行价格也高，从而能募集到更多的资金；反之，则发行价格低，募集资金少。

(二)股票发行价格的确定方式

从世界范围内来看，各国及地区股票首次公开发行的发行价格主要有以下几种确定方式。

(1)固定价格方式。固定价格方式是英国、日本、中国香港地区等证券市场通常采用的方式，基本做法是，承销商与发行人在公开发行前商定一个固定的价格，然后根据此价格进行公开发售。固定价格机制开始主要是英国、印度及新加坡等国采用，此外德国、意大利、比利时等欧洲国家也曾采用这一机制来发售其首次公开发行的股票。这一发行方式适用于金融环境仍在发展中、实行核准制的国家和地区。

(2)累积投标询价方式。累积投标询价方式即累计订单询价机制，一开始主要为美国所采用，是美国证券市场经常采用的方式，其一般做法是：承销团先与发行人商定一个定价区间，再通过市场促销征集在各个价位上的需求量，在分析需求数量后，由主承销商与发行人确定最终发行价格。这一发行方式适合于金融环境充分发展，实行注册制的国家和地区。

(3)累积订单和固定价格相结合的方式。上述两种发行方式可以相互混合，也就是在一次 IPO 过程中分别对不同的份额采用不同的发行机制，主要适用于国际筹资。在这一方式下，累计投标询价机制用以确定发行价格，向本地机构投资者与外国投资者发售一部分份额的股票，固定价格机制定价的部分则发售给不参与 IPO 价格形成过程的本地小投资者。典型代表是中国香港证券市场。在香港的混合机制下，发行股份分为两部分：香港认购部分(10%～15%)和国际配售部分(85%～90%)。其中香港认购部分供公众及机构投资者公开认购，使香港的个人投资者有机会参与新股发行；国际配售部分由承销商售给国际投资机构及专业投资者，股份的配给原则与累计投标方式一致。同时，为了最大限度地平衡两个市场的需求，混合定价制度还引入了回拨机制。

(4)拍卖方式。拍卖方式是指在市场上按照例行的经常性的拍卖方式和程序，由发行人主持，公开向投资者拍卖证券，完全由市场决定证券发行价格。股票发行采用拍卖方式的国家较少，主要是法国和以色列。由于该种发行方式比较高效，所以目前西方发达国家的国债发行多采用这种形式。

由于股票发行价格的四种确定方式特点不同，许多国家和地区根据自身证券市场的环境和所需发行的证券产品制定与之相匹配的制度。与此同时，定价方式也会不断地发生变化。如日本 1989 年前为固定价格机制，1989 年至 1997 年采用拍卖机制，1997 年以来采用累计订单询价机制。有些国家会同时采用几种定价方式。

如表 3-2 所示，IPO 定价方式的历史沿革以及不同定价方式在当前世界范围内的使用情况表明，累计投标询价方式在全球股市的使用范围不断扩展。20 世纪 80 年代以前，累计投标询价方式主要在以美国为代表的少数国家使用，而到 20 世纪 90 年代末期，这一定价方法已经成为全球最流行的 IPO 发行定价方法，尤其对于大型发行项目来说更是如此。累计投标询价是国际上新股发行的主要方式，能把买卖双方的判断和意愿引到发行价格的确定上来，体现市场经济的基本规律，符合证券市场的改革方向。

表 3-2　　**世界上主要国家和地区 IPO 定价方式选择情况**

国家或地区	累计投标询价方式		固定价格方式	
	当前主导	混合定价(累计+固定)	以前采用	当前不采用
美国	√	√		
英国	√	√	√	√
德国	√	√	√	
法国	√	√	√	
日本	√	√		
澳大利亚	√	√	√	
瑞士	√	√	√	
巴西	√		√	√
新加坡		√	√	√
中国香港	√	√	√	√
中国内地	√	√	√	√

三、我国 IPO 的定价方式

为保护投资者的合法权益，加强市场约束，完善股票发行价格形成机制，我国于 2005 年 1 月 1 日实施首次公开发行股票询价制度。

首次公开发行股票的公司(以下简称发行人)及其保荐机构应通过向询价对象询价的方式确定股票发行价格。询价对象是指符合中国证监会规定条件的证券投资基金管理公司、证券公司、信托投资公司、财务公司、保险机构投资者和合格境外机构投资者(QFII)以及其他经中国证监会认可的机构投资者。

发行申请经中国证监会核准后，发行人应公告招股意向书，开始进行推介和询价。询价分为初步询价和累计投标询价两个阶段。发行人及其保荐机构应通过初步询价确定发行价格区间，通过累计投标询价确定发行价格。发行人及其保荐机构应向不少于 20 家询价对象进行初步询价，并根据询价对象的报价结果确定发行价格区间及相应的市盈率区间。询价对象应在综合研究发行人内在投资价值和市场状况的基础上独立报价，并将报价依据和报价结果同时提交给保荐机构。

发行价格区间确定后，发行人及其保荐机构应在发行价格区间内向询价对象进行累计投标询价，并应根据累计投标询价结果确定发行价格。发行价格区间、发行价格及相应的发行市盈率确定后，发行人及其保荐机构应将其分别报中国证监会备案并公告。累计投标询价完成后，发行人及其保荐机构应向参与累计投标询价的询价对象配售股票，其余股票以相同价格按照发行公告规定的原则和程序向社会公众投资者公开发行，并且实行回拨机制。

【扩展阅读】

中国的股票询价制度示例

我们以国泰君安的 IPO 概况为例，如表 3-3 所示，说明现行询价制度的实行情况。

表 3-3　　国泰君安证券股份有限公司 IPO 基本情况

股票种类：	人民币普通股(A 股)
每股面值：	人民币 1.00 元
发行股数：	15.25 亿股；本次发行不涉及老股转让
占发行后总股本的比例：	20%
每股发行价格：	19.71 元
发行前每股收益：	1.07 元/股(根据 2014 年度经审计的扣除非经常性损益前后孰低的归属于母公司股东的净利润除以发行前总股本计算)
发行后每股收益：	0.86 元/股(根据 2014 年度经审计的扣除非经常性损益前后孰低的归属于母公司股东的净利润除以发行后总股本计算)

续表

发行前市盈率：	18.39 倍(发行价格除以发行前每股收益)
发行后市盈率：	22.99 倍(发行价格除以发行后每股收益)
发行前每股净资产：	6.89 元/股(根据 2014 年 12 月 31 日经审计的归属于母公司的股东权益除以本次发行前总股本计算)
发行后每股净资产：	9.40 元/股(根据 2014 年 12 月 31 日经审计归属于母公司的股东权益加上本次发行募集资金净额后除以本次发行后总股本计算)
发行前市净率：	2.86 倍(根据发行价格除以发行前每股净资产计算)
发行后市净率：	2.10 倍(根据发行价格除以发行后每股净资产计算)
发行方式：	采用网下向询价对象配售和网上资金申购定价发行相结合的方式或根据监管部门规定确定的其他方式
发行对象：	在上海证券交易所开设 A 股股东账户的中国境内自然人、法人及其他投资者(中国法律或法规禁止者除外)
承销方式：	余额包销
预计募集资金总额：	3005775.00 万元
预计募集资金净额：	2966352.85 万元
发行费用概算：	39422.15 万元
其中：	保荐与承销费用：37，500 万元；审计费用：720 万元；律师费用：600 万元；发行手续费：210.15 万元；本次发行信息披露费：392 万元
申请上市交易所：	上海证券交易所

资料来源：国泰君安证券股份有限公司首次公开发行 A 股股票招股说明书。

国泰君安 IPO 采用网下向符合条件的投资者询价配售(以下简称“网下发行”)和网上按市值申购方式向社会公众投资者定价发行(以下简称“网上发行”)相结合的方式进行。网下发行由联席主承销商通过上交所网下申购电子化平台(以下简称“申购平台”)组织实施，网上发行通过上交所交易系统(以下简称“交易系统”)进行。

2015 年 6 月 12 日(T-4 日)至 2015 年 6 月 15 日(T-3 日)为本次发行初步询价期间。截至 2015 年 6 月 15 日(T-3 日)15：00，联席主承销商通过上交所申购平台收到 65 家网下投资者管理的 124 个配售对象的初步询价报价信息，报价区间为 19.50 元/股~20.31 元/股，申报总量为 5971580 万股。剔除无效报价后，63 家网下投资者管理的 121 个配售对象符合初步询价公告规定的条件，不存在禁止配售的情形，申报总量为 5844940 万股。发行人和联席主承销商根据初步询价结果，并综合考虑发行人基本面、所处行业、可比公司估值水平和市场环境等因素，协商确定本次发行价格为 19.71 元/股，网下发行不再进行累计投标询价。

参与网上发行的投资者需按本次确定的发行价格 19.71 元/股进行申购，网上申购时间为2015年6月18日(T日)交易时间。各地投资者可在指定的时间内通过与上交所联网的各证券交易网点，以本次发行价格(19.71元/股)和符合本公告规定的有效申购数量进行申购委托，并足额缴付申购款。申购结束后，由联席主承销商会同中国证券登记结算有限公司上海分公司共同核实申购资金的到账情况，上交所和中国结算上海分公司根据实际到账资金统计有效申购数量和有效申购户数。网上投资者获配股票数量的确定方法为：如网上有效申购量小于或等于本次最终网上发行数量，则不需进行摇号抽签，所有配号都是中签号码，投资者按其有效申购量认购股票；如有效申购量大于本次最终网上发行数量，则由上交所交易系统主机按每1000股确定为一个申购配号，顺序排号，然后通过摇号抽签，确定有效申购中签号码，每一中签号码认购1000股，最终中签率=(最终网上发行数量/网上有效申购总量)×100%。

国泰君安A股发行数量为152500万股。回拨机制启动前，网下初始发行数量为106750万股，为本次发行数量的70%；网上初始发行数量为45750万股，为本次发行数量的30%。网上、网下申购于2015年6月18日(T日)15：00同时截止。申购结束后，发行人和联席主承销商将根据总体申购情况决定是否启动回拨机制，对网下和网上发行的规模进行调节。回拨机制的启动将根据网上投资者初步有效认购倍数确定：网上投资者初步有效认购倍数=网上有效申购数量/回拨前网上发行数量。回拨机制的具体内容如下：网上、网下发行均获得足额认购的情况下，应从网下向网上回拨，回拨比例视情况确定；网上发行未获得足额认购的情况下，网上申购不足部分向网下回拨，由参与网下申购的投资者认购，发行人和联席主承销商按照网下配售原则进行配售；仍然认购不足的，则中止发行；在网下发行未获得足额认购的情况下，不足部分不向网上回拨，将中止发行。在发生回拨的情形下，发行人和联席主承销商将及时启动回拨机制，并于2015年6月23日(T+2日)在公告中披露。

发行人和联席主承销商将根据总体申购情况和2015年6月10日刊登的《发行安排及初步询价公告》中确定的配售原则，将网下发行股票配售给提供有效申购的配售对象，并将于2015年6月23日(T+2日)在《网下发行结果及网上中签率公告》中公布最终配售情况。

第五节 我国证券市场发展历史和特征

一、我国证券市场的发展历史

(一)市场探索起步时期

1981年，中央政府为了缓解财政压力和建设资金的不足，财政部首次发行国债，揭开了中国证券市场发展的序幕。此后的十年随着国民经济发展对社会资金的巨大需求，不仅国债市场规模逐步扩大，而且股份制改革的试点工程也在上海、深圳等地展开。改革开放后第一支股票——上海飞乐音响于1984年11月诞生。1986年9月26日，我国第一家从事股票转让业务的证券公司中国工商银行上海信托投资公司静安证券业务部宣告营业，从此恢复了我国中断了30多年的证券交易业务。1988年深圳经济特区证券公司成立，开始在深圳进行股票的柜台交易。与此同时，全国各地也开始仿效上海和深圳进行股份制改革试点，设立证券公司或交易部提供证券柜台交易服务。

（二）市场初步建立时期

1990年12月和1991年7月，上海证券交易所和深圳证券交易所正式成立。各项金融产品相继推出，投资者交易需求旺盛，股市高涨，因此，上交所调整涨跌停幅度，随后市场大跌。这是监管层第一次面对股市过热，采用行政方式进行干预，也拉开了中国"政策市"的序幕。中国第一个股票市场监管条例《深圳市股票发行与交易暂行办法》和一系列证券管理措施相继出台，反映了监管者开始认识到加强监管对维护市场的长期繁荣与稳定发展的重要性。1992年邓小平南方谈话不仅结束了"股票市场到底姓社姓资"的争论，而且促进了证券市场的发展，上海股票交易价格限制全部放开，从5月21日至23日股票市场暴涨570%。然而5个月后上证综指跌到386点，投资者损失惨重，真正体验了市场的无情，开始接受"股市有风险，投资需谨慎"的投资理念。"深圳原野股票停牌"事件和"8·10"抢购股票风波的发生也给中国证券市场的监管层提出了如何管理上市公司质量和证券交易秩序的课题，最后促成了国务院证券委员会和中国证券监督管理委员会（简称"证监会"）的成立，这标志着证券市场的监管进入规范化管理阶段。

1993—1995年，中国证券市场的宏观环境变化较大，全国通胀严重，国家实行从紧的宏观调控政策，股市在曲折中艰难发展。上证综指在1993年2月达到1558点，但上海老八股宣布扩容，利空消息引发了跌幅超过70%的股灾，这是我国第一次因市场再融资导致股票大幅下挫。尽管宏观大环境不容乐观，但是由于治理整顿政策的实施、两次利率上调、十四大提出"积极培育包括债券股票等有价证券在内的金融市场"、《公司法》推出、国企改革、坚持对外开放和首次实行额度制等诸多原因，沪市触底反弹并突破千点。1994年，中国证监会提出了"四不救市政策"和"三大救市政策"，引发了股市八九月份的牛市行情，但因宏观形势并未改变，不久之后股价再次滑落。证券市场的发展壮大、股票发行与上市规模迅速扩大，为支持经济发展筹集了大量资金，其他证券交易品种也得到发展，证券市场已成为社会主义市场经济体系的重要组成部分，22家企业赴境外上市，中国证券市场国际化进入新的里程。

在这一段时间内，管理层在证券市场中提出了以债市为主的方针，国债的发行规模迅速扩大，国债期货市场交易异常火爆，出现债市压迫股市的现象。由于各路游资大肆炒作，"3·27事件"和"3·19事件"相继爆发，过度投机造成了恶劣影响，1995年5月17日，中国证监会宣布在全国范围内暂停国债期货交易。次日，沪深股市爆发了"518井喷行情"，股市大幅上扬，三天上涨55%。5月22日国务院证券委宣布，本年度股票发行额度为55亿元，股市迅速重归低迷。下半年长虹"转配股"违规上市受到处罚，市场参与者应如何来共同遵守交易规则，成为人们谈论的焦点。9月，党的十四届三中全会提出"积极稳妥地发展债券和股票市场融资"等政策。12月，朱镕基提出了"法制、监管、自律、规范"的证券市场八字方针，这意味着经过5年的探索实践，年轻的证券市场已从试验阶段走出，进入了新的发展阶段。

(三)证券法出台与监管体制的逐步完善

经过多年的治理整顿，我国的宏观政策已由紧转松，货币政策由“双紧”转变为“适度从紧”，1996年被称为中国股市的“准黄金时代”。5月和8月央行的两次降息，标志着紧缩了3年的货币政策开始放松，大量资金流入股市，一轮罕见的大牛市行情出现了，也带来了过度投机。一些不负责任的大户狂炒“概念”，违规行为呈现出迅速增长的态势。虽然管理层连续颁发了“十二道金牌”调控股市，但都未抑制住股市的过度投机。面对这种极度过热的情形，《人民日报》头版刊登了特约评论员文章《正确认识当前股票市场》，文章口气严厉、措辞强硬，表明了管理层加大干预力度的决心，同时也暗示着管理层将采取恢复涨停板制度等一系列调控政策。受其影响，沪深两市出现持续大幅下跌，甚至出现大盘跌停的现象。进入1997年，经过了充分回调的股市又开始得到复苏，最终形成了持续向上运行的大牛市行情。由于过度投机的现象又一次抬头，管理层加强了对股市的调控，追加了新股发行上市额度和提高股票交易印花税，同时禁止国有企业与上市公司炒作股票，过度投机终于得到有效制止。1997年下半年，东南亚金融危机日趋严重，由于我们采取的措施得当，抵御住了境外危机的影响，没有出现类似东南亚各国股市大幅暴跌的现象。1998年，国际上东南亚金融危机蔓延，国内长江、松花江洪水泛滥，内忧外患影响到整个国民经济与股市的发展。面对日益严重的通货紧缩，政府提出全面松动的金融政策，给股市提供了强有力的基本面支持。上证综指数次下探至千点大关附近，都凭借政策力量最终化险为夷。其间沪深两市持续下跌，横盘长达两年之久。1999年5月19日开始，股指在科技网络股的拉动下不断上扬。到6月30日，沪市创下了1756.18点的历史最高点。下半年，国有股减持的决定提出，拉开了长达十年之久的股权分置改革的序幕，股市随后展开了大幅度的调整。

这一时期，中国证券市场在制度建设和基础建设方面都取得了重大突破。为了增加证券市场中机构投资者的数量、引导小户合理投资并稳定股市，证券投资基金金泰、开元于4月正式挂牌，成为中国证券投资基金发展的一个里程碑。可转换债券历经多时酝酿也正式登上历史舞台，这是增加证券投资工具、丰富证券品种的重要举措。有关部门还制定了一系列措施促进中国股市的融资，让更多资金进入证券市场，为证券市场在新世纪的发展奠定了坚实的基础。《证券法》是新中国第一部证券法典，它的颁布使中国证券市场从此走向了依法治市的新时期，为市场的持续、稳定、健康发展提供了法律基础。按照《证券法》的精神，信托与证券脱钩的工作开始进行，证券公司也出现大重组、大合并的趋势。

(四)证券市场波动与股权分置改革

进入2000年之后，在经济全面向好和利好政策推动下，龙年首日深证成指与上证综指分别上涨9.36%、9.05%，成交金额近500亿元，随后创出日成交900亿元的天量，亿安科技、清华紫光股价突破百元。7月沪市突破两千点，11月沪市创出2125点的历史最高点，从“519”行情开始市场经历了两年的牛市。2001年6月股权分置提出，国有股减持筹建社保基金办法出台，由于市场恐惧资金的承接能力，股指迅速回落，半年后的跌幅达40%。同时公司治理及操纵市场的“基金黑幕”问题暴露，上市公司如亿安科技、银广夏等的造假问题被大量揭发，这些都在一定程度上导致退市制度的推出。在此之后，吴敬琏的“赌场论”所引发的股市大讨论，致使投资者信心崩溃，也助推了大跌。

2002年1月，中国证监会召开市场分析座谈会，讨论结果是保持证券市场的稳定和发展对于社会主义市场经济体制的建立和国民经济的健康发展具有重要意义，股市因此开始上涨。6月23日针对市场强烈波动，国务院宣布停止国有股减持，引发著名的“6·24”井喷行情，上证综指当天暴涨9.25%，并爆出517亿元的天量。但国有股何时减持、怎样减持的问题只是被暂时搁置了，股指随后见顶回落后半年跌幅达21%。同年，为兑现WTO承诺，QFII管理办法开始正式实施，资本市场的对外开放进程开始启动。2003年《证券投资基金法》颁布，大力倡导价值投资理念，市场走出了一波反弹行情。2004年“国九条”的颁布，不仅确立了证券市场的重要地位，而且为证券市场注入了强劲的发展动力，使得此后的市场规模稳步扩大。然而在同一时期，“非典”的爆发、中小企业板块的推出等，却给市场带来了巨大的打击。“德隆”的坍塌是中国民营企业有史以来最大规模的整合冲动和金融冒险，提醒着市场不能盲目追求规模而忽略了公司治理和金融风险。“王小石事件”引起的发审委制度改革，促进了中国证券市场监管制度的进步。

(五)股权分置改革开展与金融危机到来

2005年，中国股市创出近八年以来的新低，长达四年的熊市令投资者备受煎熬，股改势在必行。由于历史原因，我国股市2/3的股权不能流通，导致先天不足，制度存在重大缺陷，已经成为完善证券市场基础制度的重大阻碍。4月29日，证监会发布《关于上市公司股权分置改革试点有关问题的通知》，宣布股权分置改革试点工作启动。年底修订后的《公司法》、《证券法》重新颁布，以解决股权分置问题。股权分置改革不仅可以充分发挥资本市场功能，推进市场改革，增强市场信心，同时也是股市走向市场化，完善资本市场结构，建立多层次资本市场体系的开始。IPO重启开启了“新老划断”、全流通的新时代，提高上市公司质量，推动证券市场的良性循环，这也直接导致了两市新增投资者和筹资规模的大幅增长。“十一五”规划的顺利完成更加坚定了领导层建立多层次市场体系的决心。2007年12月31日，在沪深两市共1298家上市公司中，已完成或进入股改程序的上市公司的市值占应改革上市公司总市值的比重达到98%，股权分置改革基本完成。股权分置改革是中国资本市场完善市场基础制度和运行机制的重要制度变革，不仅解决了历史问题，还为资本市场其他各项改革和制度创新积累了经验、创造了条件。

我国加入WTO后，经济发展获得了一个相对稳定和可以预见的国际环境，通过吸收外商直接投资，促进了社会主义市场经济体制的建立健全，推进了开放型经济的快速发展，带动了国内产业结构优化升级，创造了大量的就业机会。2006年，我国的经济走势与世界经济运行出现共振，在政策的积极配合下，股票市场走上了一轮空前的大牛市行情，并延续到了2007年。在这一阶段，中国证券市场沪深两市1527家上市公司总市值发生裂变式增长，其中A股市值32.47万亿元，成为新兴市场最大、全球第四的证券市场，中国经济的证券化率从一年前的42%达到158%，比肩国际成熟市场水平；2007年11月，中国石油回归A股，上市第一天即以7.1万亿元的市值，成为全球最大的公司，超过第二名埃克森美孚近1倍。由于单边上扬，题材股行情火爆，市场开始出现泡沫，然而投资者全然不顾管理层“买者自负”的警告。5月30日，财政部调整证券交易印花税税率，当日两市大幅跳水。虽然这起到了为市场降温的作用，却被市场比喻为管理层的“半夜鸡鸣”，为人诟病。“5·30”行情后大盘蓝筹股趁势崛起，大盘也暴涨71%，达到历史高点。面对股指不断创出新高，市盈率过高，估值洼地难觅，上市公司业绩增长难以跟上股价上扬速度，投资者仍然担心踏空而忽视风险，从而导致了估值泡沫。IPO不断创出新高，QDII的推出，再加上次贷危机的冲击，2008年我国的证券市场进入了空前的调整之中，同时凸显出的是证券市场避险功能的缺失。以2007年10月16日盘中所创出的上证指数历史最高点6124.04点为基点，到2008年10月28日上证指数盘中创出的新低1664.93点，跌幅达到72.81%。这已经明显超过了轰轰烈烈的“5·19行情”之后，2001年至2005年的漫长熊市期间上证指数55.54%的跌幅。

随着2008年市场大跌和股指屡创新低，政府监管机构对限售股上市流通的行政干预和限制逐渐加大，政府通过出台一系列限制、推迟“大小非”减持的规章和做法，暂停新股发行，并要求上市公司主动承诺对“大小非”延长持有期。在“新老划断”后到2008年9月暂停新股发行期间上市的269家公司在2009年里总共解禁了4563.56亿股“大限”和76.04亿股“小限”，加上“大小非”解禁和减持，整个市场的非流通股或限售股占总股本比例从62%下降到了31%。但是，由于两年来政府对限售股解禁后的减持行为采取了一系列的“限制”措施，269家公司已被冠以“流通股”的巨额解禁股，99%以上由于各种原因没有产生实际的减持。上述现象基本违背了管理层当初坚决推进股权分置改革以解决非流通股上市流通问题的初衷，结果导致中国的上市公司有2/3的股票仍处于限售阶段，股改仅仅只完成了对价的支付，中国的证券市场并未进入真正意义上的全流通时代。解禁股减持给市场的实际压力并没有消除，在减持时对个股和市场涨跌的冲击力无从回避，在以后的市场上不断地对市场的走势造成新的困扰。

中国股市在2009年开始触底反弹。随着世界经济从金融危机中艰难企稳，世界各国政府努力促进经济增长，中国政府投入4万亿元刺激经济，造成9.7万亿的贷款规模，充足的货币供应加上前期暴跌出现的投资价值，中国股市一路上扬，从1800点左右一路冲击至3400余点，增长接近一倍。2010年，上证综合指数从3300点左右一路下探至最低2319点，跌幅29.7%，之后一路上涨到3177点再下跌至2800点附近。到2011年12月13日，上证指数重新回到了2001年6月14日创下的上证指数当时历史最高点2245点，而且在年底前继续下跌，十年指数上涨幅度为零。政府监管机构在5·19行情后再一次强力干预市场走势并预支、透支信用所留下的是市场长期低迷的行情。

(六)后股权分置改革时期和多层次资本市场的建设

2009年至2014年，中国股市始终处于经济增速减缓与政策放松的博弈状态中。在政策放松的利好预期压倒经济下行的担忧时，表现为反弹；但当对政策大幅放松的预期落空后，市场又重新回到“印证经济下行”的境况中。市场因为99%已解禁但未减持的“大小限”的压力而长期徘徊在2000点左右、进入了长达近5年的熊市。

2010年股指期货的推出和融资融券的试点，表明了管理层完善市场功能、提升市场质量的勇气和决心。2012年5月，央行、银监会、财政部联合下发《关于进一步扩大信贷资产证券化试点有关事项的通知》，重启资产证券化进程。2013年6月7日，中国证监会公布了《中国证监会关于进一步推进新股发行体制改革的意见(征求意见稿)》，开启新一轮的新股发行体制改革。2014年3月21日，中国证监会公布《优先股试点管理办法》，开展优先股试点。5月9日，国务院发布了《关于进一步促进资本市场健康发展的若干意见》(简称“新国九条”)，这也是自2004年1月以来，国务院第二次以红头文件形式出台的资本市场纲领性文件。该文件从九个方面明确资本市场健康发展总体要求和具体任务。11月16日开始实施的《关于改革完善并严格实施上市公司退市制度的若干意见》对上市公司退市制度进行了更严厉的修订，突破了按业绩衡量是否退市的限制，将退市范围扩大至“欺诈发行和重大信息披露违法情形，公司股票交易被实行退市风险警示”。沪港通下的股票交易也于2014年11月17日开启。

“新国九条”致力于彻底解决一系列影响资本市场发展且久拖不决的关键问题，从搭建一个包含股票、债券、私募等在内的直接融资大平台，到搭建一个市场主体活跃、产品丰富、工具多样、双向开放、具有广度深度的创新和投资平台。IPO重启并非简单的发行新股，而是包括优先股试点、推进注册制、新股定价改革在内的一系列完善新股发行制度的“组合拳”，这有利于凸显A股市场的资源配置价值，健全我国企业的融资体系，推进经济结构转型升级。沪港通的实行在一定程度上加快了A股机构投资者主导格局的形成，促使A股市场的投资情绪更趋理性，而沪港两地股市的融合将增加市场的深度和广度，也有利于两地资本市场的融合和长期发展，进而推动我国资本市场的国际化。同时，港股通采取人民币作为交易货币，这既能在一定范围内提高人民币的货币地位，又是资本账户逐渐放开的预演。

鉴于上述原因，2014年上证指数年内涨幅高达49.23%，创2009年以来最大年度涨幅并领跑全球各主要股指。12月5日沪深两市单日成交量达10740亿元，远超美国股市此前的成交记录；A股总市值已经超越日本，跃居全球第二大股市。

中国证券市场的发展历史启示我们必须正确把握证券市场的功能和作用，防止偏离正确的发展轨道。中国证券市场今后的改革与发展仍然任重而道远，只有逐步解决阻碍证券市场发展中的各项问题，才能促进我国资金融通、资源配置和经济发展。

二、我国证券市场的发展特征

纵观全局，我国的证券市场经历了二十多年的建设与发展，从无到有，从小到大，市场初具规模，基础设施不断改进，法律法规体系日趋健全，市场监管体系逐步完善，规范化程度不断提高，投资者队伍日益壮大，对外开放稳步迈进。证券市场带给人们的不只是资金的融通与经济的增长，还带来了新思想、新观念、新知识、新规则，并且逐步发挥各项功能，是推动国民经济和社会进步的重要力量。下面是市场发展的几个重要特征。

(一)证券市场规模不断扩大，已成为市场经济体系的重要组成部分

我国证券市场的规模不断扩大，截至 2015 年 1 月，境内的上市公司总数从资本市场建立之初的 8 家上升到 2613 家，在 2015 年，沪深两市总市值超过 37.255 万亿元，占当年 GDP 比重约 58%。上市公司业绩稳步增加，数据显示 2014 年沪市公司经营规模稳步扩张，共实现营业收入 29.04 万亿元，相当于当年中国 GDP 总量的一半，中国银行、中国石化、中国石油等一批规模大、盈利能力强的上市公司正日益成为证券市场的骨干力量。同时，上市公司的行业布局日趋合理，产业结构由传统工商业为主转向以制造业、电信、电子、电力、石化、金融、互联网等基础和支柱产业为主的新格局。1993—2014 年沪深 A 股股票总市值占当年 GDP 的比重及证券市场历年规模如图 3-8、图 3-9 所示。

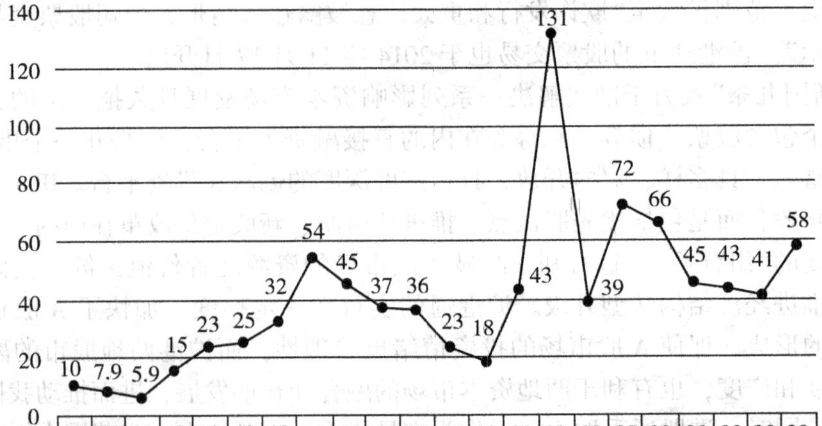

	1993	1994	1995	1996	1997	1998	1999	2000	2001	2002	2003	2004	2005	2006	2007	2008	2009	2010	2011	2012	2013	2014
—●— 比重	10	7.9	5.9	15	23	25	32	54	45	37	36	23	28	43	131	39	72	66	45	43	41	58

图 3-8　1993—2014 年沪深 A 股股票总市值占当年 GDP 的比重

资料来源：http：/www. csrc. gov. cn/，中国证券监督管理委员会网站。

(二)证券市场资源配置功能逐步得到发挥，有力地促进了公司治理的改善

从图 3-10 中可以看到，我国企业历年筹资规模逐步上升，截至 2015 年 1 月，我国企业通过境内证券市场筹资规模超过 8412 亿元。一批批优质企业通过证券市场发行上市，通过严格的公司治理和信息披露制度的规范，不仅促进了企业经营机制转换，促进了现代企业制度的建立和完善，而且加速了资源向优势企业集中，增强了企业核心竞争力。同时，资本市场有力地推动了企业重组和产业结构调整，日趋活跃的并购重组促进了国有资产的保值增值，并为民营企业的发展提供了广阔的空间。

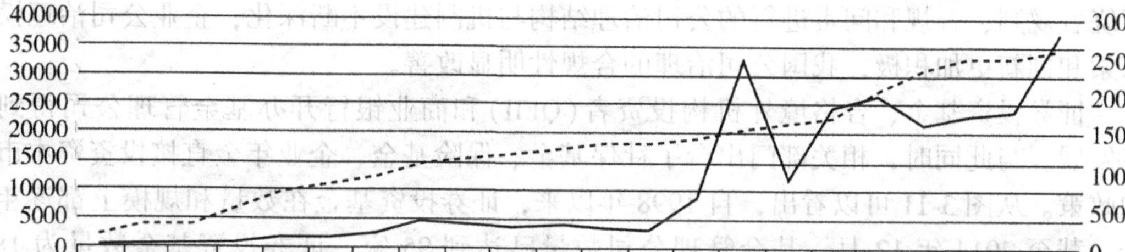

	1993	1994	1995	1996	1997	1998	1999	2000	2001	2002	2003	2004	2005	2006	2007	2008	2009	2010	2011	2012	2013	2014
——总市值	353	369	347	964	1752	1752	2657	4809	4352	4832	4245	3705	3243	6940	32700	12137	24394	26542	21476	23056	23908	37255
- - - -公司值	183	291	323	530	745	851	949	1088	1160	1224	1287	1377	1381	1434	1550	1625	1718	2063	2342	2494	2489	2613

——总市值 ---- 公司数

图 3-9　1993—2014 年证券市场历年规模(十亿元、家)

资料来源：http：/www. csrc. gov. cn/，中国证券监督管理委员会网站。

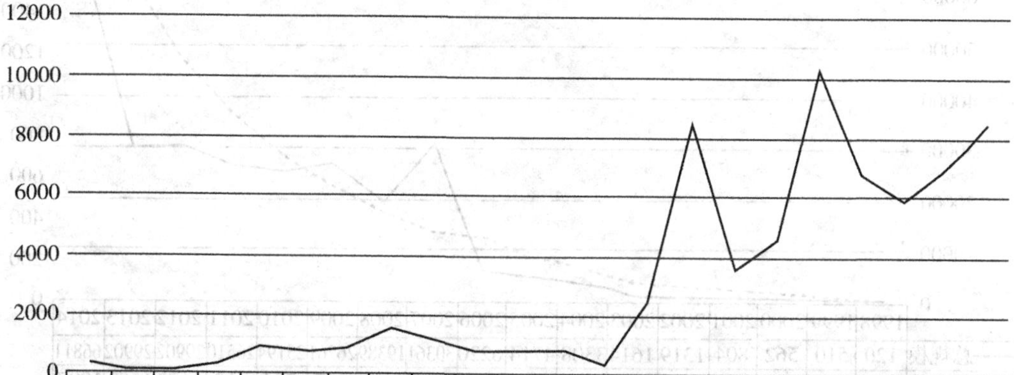

	1993	1994	1995	1996	1997	1998	1999	2000	2001	2002	2003	2004	2005	2006	2007	2008	2009	2010	2011	2012	2013	2014
筹资规模	315	138	118	341	933	803	897	1541	1182	779	823	862	338	2463	8432	3535	4562	10275	6780	5850	6885	8412

图 3-10　证券市场历年筹资规模(亿元)

资料来源：http：/www. csrc. gov. cn/，中国证券监督管理委员会网站。

(三)投资者的投资理念得到提升，并且面对着多样化的投资选择

证券市场具有分散风险和风险代偿的功能，因而为愿意承担一定风险的投资者提供了增加财富的机会。经过二十多年的发展，我国证券市场投资者的投资理念日趋成熟，市场投资品种已由最初单纯的国债和股票，扩展到包括股票、证券投资基金、公司债、公司可转换债券、国债回购、商品期货、股指期货等多样化产品格局，为各类投资者提供了多元化的投资选择。

(四)证券公司综合治理初见成效，机构投资者队伍逐渐壮大

高风险和严重违规的证券公司在综合治理过程中得到稳妥处置，经营秩序显著改变。与此同时，证监会积极支持优质公司试点创新业务，推动行业创新发展。最近 10

年，伴随着公司治理由行政性治理向经济型治理的转型，我国公司治理环境不断完善，围绕着规则、合规和问责进行的公司治理结构与机制建设不断深化，企业公司治理模式探索和创新更加积极，我国公司治理的合规性明显改善。

证券投资基金、合格境外机构投资者(QFII)和商业银行开办基金管理公司得到积极发展，与此同时，相关部门出台了社保基金、保险基金、企业年金直接投资资本市场的政策。从图 3-11 可以看出，自 1998 年以来，证券投资基金在数量和规模上都逐年攀升。截至 2014 年 12 月，基金管理公司数量已达到 95 家，证券投资基金数量为 1897 只，总规模达到 66811 亿元，机构投资者持股市值占流通市值比重约 50%，它们正逐步成为证券市场的重要投资力量。

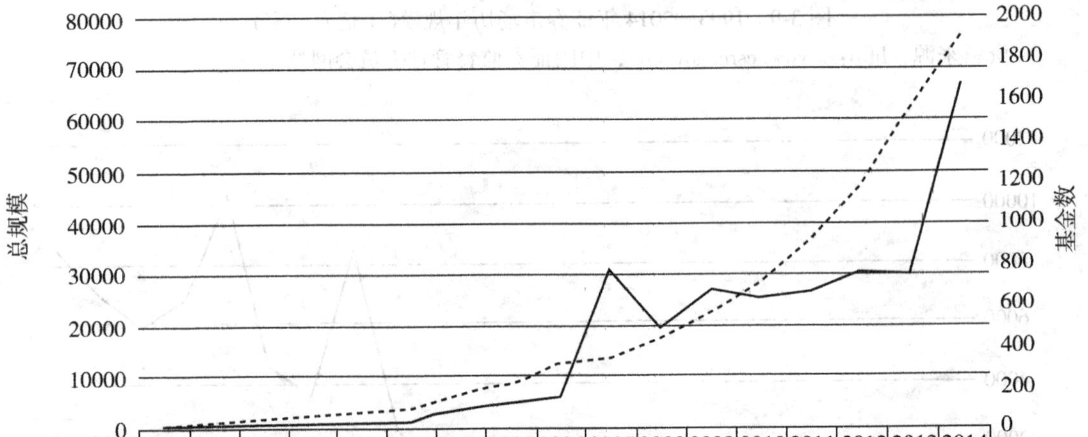

	1998	1999	2000	2001	2002	2003	2004	2005	2006	2007	2008	2009	2010	2011	2012	2013	2014
——总规模	120	510	562	804	1319	1614	3308	4714	6220	30361	19389	26761	25194	26510	29902	29902	66811
----基金数	6	22	34	51	71	95	161	218	307	346	439	557	704	915	1173	1552	1897

——总规模 ----- 基金数

图 3-11　证券投资基金历年规模(亿元、支)

资料来源：http：/www. csrc. gov. cn/，中国证券监督管理委员会网站。

(五)市场法制不断完善，监管执法水平稳步提高

证券市场的法制建设十分重要，证监会成立后立即着手有关法律法规的制定工作。1993 年 4 月 22 日，国务院颁发了《股票发行与交易管理暂行条例》，1994 年 7 月 1 日，正式颁布实施了《中华人民共和国公司法》，这是我国证券市场监管的第一部重要法律。1999 年 7 月 1 日，证券市场的基本大法《中华人民共和国证券法》正式实施，这是我国证券发展史上的一个重要里程碑，标志着我国证券市场从此进入法制化的发展轨道。近年来，证监会和有关立法机关制定或修订了证券投资基金法、公司法、证券法和刑法等法律，同时还进一步加大了对违法违规行为的查处力度。这些年，我国初步形成了全面系统的证券法律体系，为市场规范发展提供了重要的保障。市场质量和结构的日益改善，广度和深度的不断扩展，在社会经济发展中发挥着越来越重要的作用。市场机制和

中介机构在市场的筛选、定价、调节供求中越来越重要，为发挥市场的功能和推进创新发展创造了条件。

(六)市场对外开放逐步扩大，对外交流不断加强

早在证券市场设立之初，我国就推出了面向境外投资者的B股市场、允许内地企业到海外发行上市等开放政策；加入世界贸易组织(WTO)之后，我国切实履行了证券业对外开放的有关承诺，先后批准设立4家合资证券公司、28家合资基金管理公司，批准45家境外证券类机构设立驻华机构处成为沪深证券交易所特别会员；在承诺范围外，我国主动实施了合格境外机构投资者(QFII)制度、合格境内机构投资者(QDII)制度等一系列开放政策。同时，我国证券监督机构加强与各国监管机构的合作，积极参与国际证监会组织的多项活动，并同30多个国家和地区签署了双边监管备忘录。

练习与思考

一、重要名词与概念

证券市场　一级市场　二级市场　多层次资本市场　股权分置改革　审批制　核准制　注册制　直接融资　间接融资　公募　私募　直接发行　间接发行　代销　包销　助销首次公开募股　股权再融资　增发　配股　定向增发　平价发行　溢价发行　折价发行　可比公司定价法　市盈率法　市净率法　贴现现金流定价法　固定价格方式　累积投标询价方式　累积订单和固定价格相结合的方式　拍卖方式

二、问答题

1. 证券市场的特征有哪些？
2. 简述多层次资本市场的定义及其运行机理。
3. 直接融资和间接融资的特征和区别有哪些？
4. 简述首次融资和再融资的定义、联系和区别。
5. 证券市场的功能有哪些？
6. 简述我国证券发行程序的变革历程。
7. 简述股票发行管理体制改革历程和注册制改革的原因。
8. 简述股票价格的估算和确定方法。
9. 简述我国首次公开发行股票的发行流程。
10. 简述中国证券市场的发展历史特点。

三、选择题

1. 关于一级市场与二级市场的关系，下列叙述正确的是(　　)。

   A. 一级市场是流通市场的基础和前提

B. 二级市场是一级市场持续扩大发行的必要条件

C. 新证券的发行价格可完全不必考虑二级市场上的交易价格水平

D. 只有一级市场能够增加社会投资总量，二级市场是为保证资本流动性服务的。

2. 下列关于证券市场的描述正确的是(　　)。

A. 证券市场是融通短期资金的市场

B. 证券市场是资本市场的核心

C. 证券市场是金融市场的重要组成部分

D. 证券市场是直接融资活动的场所

3. 我国资本市场的层次结构包括哪些层次？(　　)

A. 主板市场

B. 创业板市场

C. 新三板市场

D. 区域性股权交易市场

4. 企业进行外部融资的方式有(　　)。

A. 向银行借入贷款

B. 在金融市场上发行股票、证券等

C. 租赁

D. 利润留成

5. 关于直接融资，以下说法正确的是(　　)。

A. 直接融资完全不需要金融中介机构的参与

B. 直接融资是以股票、债券为主要金融工具的一种融资机制

C. 直接融资方式能够有效地分散风险

D. 直接融资方式的出现先于间接融资方式

6. 以下关于注册制和核准制关系的叙述正确的是(　　)。

A. 前者对证券发行的审核比后者更严格

B. 前者证券发行的程序比后者更复杂

C. 前者比后者更适用于成熟发达的证券市场

D. 两者对发行人的发行权的法律规定是一致的

7. 下列关于一级市场中实行注册制的作用错误的是(　　)。

A. 股票发行价格的高度个性化

B. 股票发行价格的定价机制市场化

C. 中介机构的责任与权力弱化和分散

D. 股票发行的信息披露监管得以强化

8. 关于公募和私募的关系，以下描述正确的是(　　)。

A. 公募发行筹集资金的潜力较大

B. 各国对公募发行管制较为宽松

C. 只有公募发行的证券方可申请在交易所上市

D. 在我国，公募和私募都是可行的股份募集方式

9. 证券发行方式有哪些？(　　)

A. 直接发行

B. 代销

C. 包销

D. 助销

10. 以下股票发行方式中，属于自销型发行方式的有(　　)。

A. 按权售股

B. 以股代息

C. 股债转换

D. 股票分割

11. 全额包销的特点有(　　)。

A. 发行人承担发行风险

B. 发行人可以迅速可靠地获得资金

C. 发行人支付的发行费用较高

D. 适合于那些资信还未被公众认识，却急需资金的企业

12. 降低承销风险的防范措施包括(　　)。

A. 确定合理的股票发行价格

B. 组织承销团分散风险

C. 确定适当的承销方式

D. 选择适当的发行时机

13. 现在我国股份公司公开发行股票的主要方式有(　　)。

A. 发售认股证或申请表

B. 网上定价

C. 网下定价

D. 上网发行和网下定价相结合

14. 影响股票发行价格的因素主要包括(　　)。

A. 经营业绩

B. 行业特点

C. 发行数量

D. 二级市场的股价水平

15. 股票发行价格的估计方法包括下列哪几种方法？(　　)

A. 可比行业定价法

B. 市盈率法

C. 市净率法

D. 贴现现金流法

16. 我国上市公司公开发行股票的申报、核准及发行大致流程包括哪几个阶段？(　　)

A. 上市准备阶段
B. 上市申请阶段
C. 上市核准阶段
D. 上市发行阶段

17. 我国的首次公开发行股票询价制度包括哪几个阶段？（　　）
A. 推介
B. 初步询价
C. 累计投标询价
D. 确定发行价格

【扩展阅读】

我国债券的发行和定价方式

改革开放以来，我国债券的发行方式经历了从20世纪80年代的行政分配，90年代初的承购包销，到目前的定向发售、承购包销和招标发行并存的发展过程，总的变化趋势是不断趋向低成本、高效率，逐步走向规范化和市场化。

（一）定向发售

定向发售方式是指向养老保险基金、失业保险基金、金融机构等特定机构发行债券的方式，主要用于国家重点建设债券、财政债券、特种国债等品种。

（二）承购包销

承购包销方式是指发行人与商业银行、证券经营机构以及其他金融机构组成的承销团通过协商签订承购包销合同、由承销团分销发行债券的方式，主要用于不可流通的凭证式国债和以公募方式发行的公司债券。

（三）招标发行

招标发行是指通过招标的方式来确定债券的承销商和发行条件。根据招标标的不同，招标发行又可分为缴款期招标、价格招标、收益率招标三种形式。

（1）缴款期招标。缴款期招标，是指在债券的票面利率和发行价格已经确定的条件下，按照承销机构向发行人缴款的先后顺序获得中标权利，直至满足预定发行额为止。

（2）价格招标。价格招标主要用于贴现债券的发行，按照投标人所报买价自高向低的顺序中标，直至满足预定发行额为止。如果中标规则为“荷兰式”，那么中标的承销机构都以相同价格（所有中标价格中的最低价格）来认购中标的债券数额；而如果中标规则为“美国式”，那么承销机构分别以其各自出价来认购中标数额。

举例来说，当面值为100元、总额为200亿元的贴现债券招标发行时，若有A、B、C三个投标人，他们的出价和申报额如表3-4所示，那么，A、B、C三者的中标额分别为90亿元、60亿元和50亿元。在“荷兰化”招标规则下，中标价都是75元；而在“美国式”招标规则下，中标价分别是自己的投标价85元、80元和75元。

表 3-4　　　　“荷兰式”招标与“美国式”招标中标价的比较

招标人	A	B	C
投标价(元)	85	80	75
投标额(亿元)	90	60	100
中标额(亿元)	90	60	50
“荷兰式”招标中标价(元)	75	75	75
“美国式”招标中标价(元)	85	80	75

由上可见，“荷兰式”招标的特点是“单一价格”，而“美国式”招标的特点是“多种价格”。我国目前短期贴现国债主要运用“荷兰式”价格招标方式予以发行。

(3)收益率招标。收益率招标主要用于付息债券的发行，它同样可分为“荷兰式”招标和“美国式”招标两种形式，原理与上述价格招标相似。债券的票面利率由投资者以招标方式进行竞争，按照投标人所报的收益率由低到高依次中标，直到满足预定发行额为止。在“荷兰式”中标规则下，所有中标的承销机构都以相同收益率(所有中标收益率中的最高者)来认购中标的债券数额；而在“美国式”中标规则下，承销机构分别以其各自的出价收益率来认购中标数额。我国目前付息债券大多采用多种收益率的“美国式”招标方式予以发行。

招标发行将市场竞争机制引入债券发行过程，从而能反映出承销商对利率走势的预期和社会资金的供求状况，推动了债券发行利率及整个利率体系的市场化进程。此外，招标发行还有利于缩短发行时间，促进债券一、二级市场之间的衔接。基于这些优点，招标发行已成为我国债券发行体制改革的主要方向。

债券投资者认购新发行债券时实际支付的价格为债券发行价格。发行债券时，通常先决定年限和票面利率，然后再根据当时的市场利率水平进行微调，决定实际发行价格。市场利率变化，债券票面利率随之发生变化。但是，债券票面利率一经确定，在到期之前便不能变动，而市场利率则是不断变动的，于是，债券票面利率便可能与市场利率不相一致，由于这个不一致，债券的实际价格与其面值一般来说也是不一致的。把到期偿还的债券面值以市场利率换算成现值，再将根据债券票面利率所发放的各期利息以市场利率换算成现值，然后将两个现值加总起来，所得金额便为债券的实际价格，这个价格就是确定债券发行价格的依据。

由于市场利率与债券票面利率不同，通过计算得出的债券发行价格与债券面额的关系有三种情况：平价、溢价和折价。当市场利率与债券票面利率一致时，一般采用平价发行；当市场利率低于债券票面利率时，一般采用溢价发行；当市场利率高于债券票面利率时，一般采用折价发行。

第四章　二级市场

二级市场即证券流通市场，也称为次级市场，是对已经发行的证券进行买卖、转让和流通的市场。二级市场是与一级市场相对应的市场，在这一市场中，资金拥有者可随时购进所需要的已发证券，以实现投资获利的目的，同时证券的持有者可随时出售所持有的证券，以获得所需资金。因此，二级市场的存在为投资者提供了灵活方便的变现场所，也极大地方便了一级市场的证券发行。二级市场的价格水平又是反映宏观经济动向的晴雨表，其升降预示着经济前景的明朗与暗淡，是政府调整宏观经济政策及金融政策的依据之一。本章主要介绍交易所市场、创业板市场、场外交易市场、证券交易流程、股票价格指数及证券市场监管等。

第一节　二级市场概述

二级市场按组织方式的不同可以划分为两部分：一是有组织的、集中的场内交易市场，即证券交易所市场，它是证券市场的主体和核心；二是非组织化的、分散的场外交易市场，即柜台交易市场或店头交易市场，它是证券交易所的必要补充。

在西方发达国家，创业板市场(也称二板市场)通常属于场外交易市场的范畴，在这种分类标准下，交易所市场就是主板市场。然而在我国，目前场内交易市场主要包括主板市场和创业板市场，场外交易市场主要包括“新三板”市场和四板市场，创业板市场隶属于场内交易市场。尽管如此，我们还是习惯上把主板市场称为交易所市场，而把创业板市场单独分析，下文的讲解就是按照这样的逻辑展开的。

一、交易所市场

(一)证券交易所的定义与特征

1. 证券交易所(exchange)的定义

证券交易所是证券市场发展到一定程度的产物，也是集中交易制度下证券市场的组织者和一线监管者。我国发布的《证券交易所管理办法》规定，证券交易所是指依法设立的，不以营利为目的，为证券的集中和有组织的交易提供场所、设施，履行国家有关法律、法规、规章、政策规定的职责，实行自律性管理的会员制事业法人。与证券经营机构不同，证券交易所本身并不从事证券买卖业务，也不决定证券交易价格，只是为证券交易提供场所和各项服务，并对证券交易进行周密的组织和严格的管理，以保证证券交易活动持续、高效地进行。

2. 证券交易所的特征

证券交易所作为一个高度组织化的市场，具有以下特征：

(1)有固定的交易场所和交易时间；

(2)参加交易者为具备会员资格的证券经营机构，交易采取经纪制，即一般投资者不能直接进入交易所买卖证券，只能委托会员作为经纪人间接进行交易；

(3)交易的对象限于合乎一定标准的上市证券；

(4)通过公开竞价的方式决定交易价格；

(5)集中了证券的供求双方，具有较快的成交速度和较高的成交率；

(6)实行"公开、公平、公正"的原则，并对证券交易加以严格管理。

(二)证券交易所的组织形式

从组织形式上看，国际上的证券交易所主要有会员制和公司制两种。

(1)会员制证券交易所。会员制证券交易所是不以营利为目的，由会员自治自律、相互约束，参与经营的会员可以参加股票交易中的股票买卖与交割的交易所。这种交易所的佣金和上市费用较低，但是，经营交易所的会员本身就是股票交易的参加者，因而在股票交易中难免会出现交易的不公正性。同时，因为参与交易的买卖双方只限于证券交易所的会员，并且新会员的加入一般需要经过原会员的一致同意，这就形成了一种事实上的垄断，不利于提高服务质量和降低收费标准。

目前，我国上海证券交易所和深圳证券交易所都是会员制证券交易所。

(2)公司制证券交易所。公司制证券交易所是以营利为目的，提供交易场所和服务人员，以方便证券商交易与交割的证券交易所。从股票交易实践可以看出，这种证券交易所要收取发行公司的上市费与证券成交的佣金，并且其主要收入来源于买卖成交额的一定比例。另外，经营这种交易所的人员不能参与证券买卖，因而在一定程度上可以保证交易的公平。

目前，美国的纽约证券交易所、中国香港的联合证券交易所都是公司制证券交易所。

毫无疑问，会员制证券交易所和公司制证券交易所各有利弊，接受任何形式的证券交易所也就意味着同时接受这种证券交易所的优点和缺点。从世界范围来看，以1993年瑞典的斯德哥尔摩股票交易所率先实行股份制改革并将其母公司的股票在斯德哥尔摩股票交易所上市为开端，短短十几年的时间内，全球范围内的证券交易所纷纷从传统的会员制组织结构转变为公司制组织结构。证券交易所从会员所有的互助性交易所变成股东所有的营利性公司，这一过程也被称为证券交易所的"非互助化"。通过组织形式的转变，证券交易所能最大限度地保证交易的公正，也能为市场提供更有效率的监管。

(三)证券交易所的管理

证券交易所不论是实行公司制还是实行会员制，通常都由交易所的股东或会员大会选出一个行政权力机构进行管理，这个行政权力机构下设若干职能部门处理日常事务。证券交易所比较完整的组织管理机构如图4-1所示。

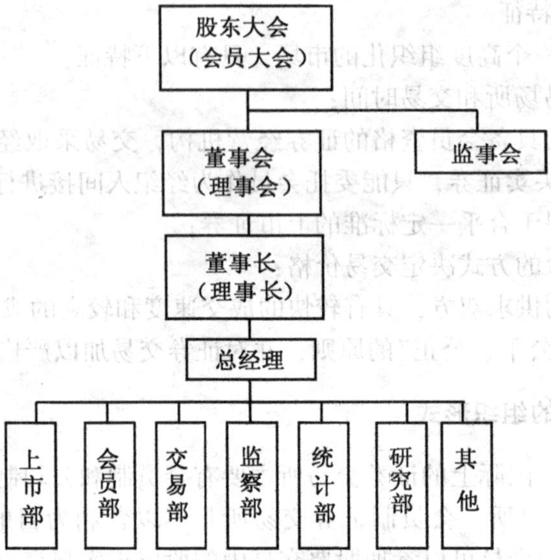

图 4-1　证券交易所组织管理机构图

证券交易所的管理权限主要有三个：①监督交易过程，对违约、违纪的经纪人进行程度不同的处罚；②制定和执行交易规则和制度，以保障交易依法、有序地进行；③调节与仲裁交易过程中经纪人之间的纠纷。

在运用上述管理权限的过程中，证券交易所必须坚持下列原则：①公开原则，即交易所要向投资者提供已发行证券的全面、正确的资料；②场内交易原则，即交易所会员必须在交易场所内进行上市证券交易；③信用原则，即交易双方和交易所本身都要接受政府的监督和管理，防止欺诈、操纵和垄断等违法行为的发生，有效地实现证券交易所的高效管理。

(四)证券上市

证券上市是指已经发行的证券经证券交易所批准后，在交易所公开挂牌交易的法律行为。证券上市，是连接证券发行和证券交易的“桥梁”。证券交易所交易的证券主要是股票，所以证券上市主要指股票上市。在我国，股票向社会公开发行后即获得上市资格。

1. 股票上市的好处

股票之所以要上市，是因为上市可以给公司带来以下好处：

(1)可以推动企业建立完善、规范的经营管理机制，以市场为导向自主运作，完善公司法人治理结构，不断提高资产运行质量。

(2)上市后股票价格的变动，形成对公司业绩的一种市场评价机制。那些业绩优良、成长性好的公司的股价一直保持在较高的水平上，使公司能以较低的成本再次或多次筹集大量资本，进入资本快速、连续扩张的通道，不断扩大经营规模，进一步培育和发展公司的竞争优势和竞争实力，增强公司的发展潜力和后劲。

(3)各国对公司股票上市都制定了明确的标准，股票能上市，表明投资者对公司经营管理、发展前景等给予了积极的评价。同时，公司股票交易的信息通过中介、报刊、电视等各种媒介不断向社会发布，扩大了公司的知名度，提高了公司的市场地位和影响力，十分有利于公司树立产品品牌形象，扩大市场销售量，提高公司的业务扩张能力。

2. 股票上市的条件

股票上市后，股份公司的经营活动就与千百万公众投资者的利益密切相关。因此，世界各国的证券交易所都对股份公司上市做出了严格的规定，如必须有符合要求的业绩记录、符合要求的最低股本数额、最低净资产值、最低公众持股数和比例等。在严格的规定下，能够在证券交易所上市的股份公司事实上只占很小一部分。

根据《中华人民共和国证券法》第五十条的规定，股份有限公司申请股票上市，应当符合下列条件：

(1)股票经国务院证券监督管理机构核准已公开发行；

(2)公司股本总额不少于人民币三千万元；

(3)公开发行的股份达到公司股份总数的百分之二十五以上；公司股本总额超过人民币四亿元的，公开发行股份的比例为百分之十以上；

(4)公司最近三年无重大违法行为，财务会计报告无虚假记载。

证券交易所可以规定高于前款规定的上市条件，并报国务院证券监督管理机构批准。

3. 股票上市的暂停与终止

股票上市的暂停与终止，是证券上市制度的重要组成部分，它构成了证券上市的退出机制，使得证券市场上的证券有进有出，形成优胜劣汰的机制，促使上市公司依法经营并努力提高经营业绩，否则上市公司将面临退市风险。同时，证券上市的退出机制有助于提高投资者的风险意识，促进投资者的理性投资，从而更好地保护投资者的利益。此外，退出机制还有助于化解证券市场的系统风险，使证券市场永远保持竞争活力。

根据《中华人民共和国证券法》第五十五条的规定，上市公司有下列情形之一的，由证券交易所决定暂停其股票上市交易：

(1)公司股本总额、股权分布等发生变化，不再具备上市条件；

(2)公司不按照规定公开其财务状况，或者对其财务会计报告作虚假记载，可能误导投资者；

(3)公司有重大违法行为；

(4)公司最近三年连续亏损；

(5)证券交易所上市规则规定的其他情形。

根据《中华人民共和国证券法》第五十六条的规定，上市公司有下列情形之一的，由证券交易所决定终止其股票上市交易：

(1)公司股本总额、股权分布等发生变化，不再具备上市条件，在证券交易所规定的期限内仍不能达到上市条件；

(2)公司不按照规定公开其财务状况，或者对财务会计报告作虚假记载，且拒绝纠正；

(3)公司最近三年连续亏损，在其后一个年度内未能恢复盈利；

(4)公司解散或者被宣告破产；

(5)证券交易所上市规则规定的其他情形。

4. 特别处理与特别转让

(1)上市公司状态异常期间的特别处理(ST)。沪深证交所《股票上市规则》规定：①上市公司连续两年亏损；②每股净资产低于每股面值；③发生其他异常状况导致投资者对该公司前景难以判定、可能损害投资者的情形。出现以上三种情况之一，证券交易所将对其股票实行特别处理，比如限定5%的涨跌幅等，且必须审计公司的中期报告。

(2)上市公司股票暂停上市的特别转让(PT)。根据沪深证交所关于上市公司股票暂停上市的处理规则，上市公司因连续3年亏损，股票被暂停上市期间，证券交易所可以为投资者提供股票特别转让服务。

特别转让股票与正常交易股票的区别：①名称不同。实行特别转让的股票，其简称前冠以"PT"以示区别。②交易时间不同。证交所仅在每周五开市时间内接受特别转让股票的买卖委托，收市后撮合成交。③涨跌幅限制不同。实行PT的股票，申报价格上涨不得超过上一次转让价格的5%以上，下跌则没有下限。④撮合成交方式不同。特别转让是证交所在收市后一次性对当天所有该股票的有效申报按集合竞价方法进行撮合，产生唯一的成交价格，所有符合成交条件的委托盘全部按此价格成交。⑤行情揭示不同。PT股票在开市期间不揭示买卖盘信息及转让信息，转让信息由指定报刊设专门栏目在次日刊登。⑥交易性质不同。特别转让是为暂停上市股票提供的特别服务，不是上市交易，相关股票不计入指数计算，成交数据不计入市场统计。

特别转让股票与正常交易股票的相同之处：投资者进行买卖的委托方式相同；申报期间可以撤单；交易手续费和税费相同；清算交收方式相同。

(五)证券交易所的功能

证券交易所为证券买卖创造了一个有组织的经常性市场，其主要功能如下。

(1)提供证券交易的场所。由于这一市场的存在，证券买卖双方有集中的交易场所，可随时把所持有的证券转让变现，也可随时购进所欲持有的证券，保证证券可以持续不断地进行流通。

(2)形成与公告价格。交易所内的证券交易价格是在充分竞争的条件下，由买卖双方公开竞价形成的，这一价格能充分反映供求关系，也能体现证券的真实投资价值，是市场产生的均衡价格。同时这一价格通过各种媒介向社会公告，并被作为各种相关经济活动的重要依据。

(3)集中各类社会资金参与投资。随着交易所上市股票的日趋增多，成交数量日益增大，可以将极为广泛的资金吸引到股票投资上来，为公司发展提供所需资金。

(4)引导投资的合理流向。交易所为资金的自由流动提供了方便，并通过每天公布的行情和上市公司信息，反映证券发行公司的获利能力与发展情况，引导社会资金向最需要和最有利的方向流动。一般而言，在二级市场上成交量大、价位高且股价稳定的证券更受投资者欢迎，这些上市公司财务状况良好，经营稳健，产品有市场，成长性有保障，若要继续发行证券则有大量潜在的投资者，因而筹集资金相对比较容易。交易所就是通过这一自由流动机制来实现资金这一最宝贵资源的优化配置，从而促进经济增长。

二、创业板市场

(一)创业板市场的定义与特征

创业板市场，又称二板市场(the second board market)，是与主板市场不同的一类证券市场，该市场是专为暂时无法在主板上市的创业型企业、中小企业和高科技企业等需要进行融资和发展的企业提供融资途径和成长空间的证券交易市场。

创业板市场与主板市场相比，在公司成立时间、资本规模、中长期业绩等上市要求上往往更加宽松。这是因为，在创业板市场上市的公司大多从事高科技业务、具有较高的成长性，但往往成立时间较短、公司规模较小，中长期业绩也不突出。这些公司急需一个融资平台来寻求资金上的支持，而创业板市场正是这样一个孵化科技型、成长型企业的摇篮。因为创业板市场的上市条件较为宽松，因而其投资风险也大大高于主板市场，为了有效地控制市场风险，创业板市场的监管与主板市场相比并未放松，相反更加严厉，如实行更为严格的信息披露制度等。总之，创业板市场是一个门槛低、风险大、监管严格的股票市场，也是对主板市场的重要补充，在资本市场中有着重要的地位。

【扩展阅读】

我国创业板市场与主板市场的比较

我国创业板市场与主板市场的区别主要表现在挂牌条件、投资者门槛、暂停上市条件和终止上市条件等方面，具体比较项目如表 4-1 所示。

表 4-1　　我国创业板市场与主板市场的比较

比较项目		主板	创业板
市场定位		一板市场	二板市场
挂牌条件	上市主体资格	已公开发行股票	已公开发行股票
	股东人数	—	不得少于 200 人
	净利润	最近三个会计年度净利润均为正且累计超过人民币三千万元	最近两年连续盈利，且最近两年净利润累计不少于一千万元；（或者最近一年盈利，且最近一年营业收入不少于五千万元）
	净现金流	最近三个会计年度经营活动产生的净现金流量累计超过人民币五千万元(或最近三个会计年度营业收入累计超过人民币三亿元)	—
	股本总额	不得少于五千万元	不得少于三千万元
	无形资产	占净资产的比例不高于 20%	—
	净资产	—	期末净资产不少于二千万元
	持续督导期间	首次公开发行的，持续督导期间为股票上市当年剩余时间及其后两个完整会计年度	首次公开发行的，持续督导期间为股票上市当年剩余时间及其后三个完整会计年度
投资者门槛		无	个人投资者需要具有两年以上证券投资经验

续表

比较项目	主板	创业板
暂停上市条件	连续三年亏损；最近两年净资产为负值；对以前年度财务会计报告进行追溯调整导致最近两年年末净资产为负；最近两年审计报告为否定或拒绝表示意见；因财务会计报告存在重大会计差错或者虚假记载，未在责令改正期限内改正且股票已停牌四个月等 11 个引发条件	连续三年亏损；最近一年净资产为负值；对以前年度财务会计报告进行追溯调整导致最近一年年末净资产为负；最近两年审计报告为否定或拒绝表示意见；因财务会计报告存在重大会计差错或者虚假记载，在责令改正期满后四个月内仍未改正等 12 个引发条件
终止上市条件	连续四年亏损；最近三年净资产为负值；对以前年度财务会计报告进行追溯调整导致最近三年年末净资产为负；最近三年审计报告为否定或拒绝表示意见；因财务会计报告存在重大会计差错或者虚假记载，未在责令改正期限内改正且股票已停牌六个月等 28 个引发条件	连续四年亏损；最近两年净资产为负值；对以前年度财务会计报告进行追溯调整导致最近两年年末净资产为负；最近三年审计报告为否定或拒绝表示意见；因财务会计报告存在重大会计差错或者虚假记载，在责令改正期满后六个月内仍未改正等 23 个引发条件

资料来源：根据《上海证券交易所股票上市规则》(2014 年修订)、《深圳证券交易所股票上市规则》(2014 年修订)、《深圳证券交易所创业板股票上市规则》(2014 年修订)、《首次公开发行股票并上市管理办法》(2006 年颁布)、《首次公开发行股票并在创业板上市管理办法》(2014 年颁布)整理得出。

为了实现科技与资本的有机结合，探索出一条具有中国特色的高新技术产业化之路，中国政府在借鉴美国 NASDAQ 市场成功经验的基础上，于 2012 年 4 月 20 日正式发布《深圳证券交易所创业板股票上市规则》，并于同年 5 月 1 日起正式实施，这表明中国自己的创业板市场正式登陆深交所。

(二)创业板市场的分类

世界各国或地区的创业板市场虽然具有共同的特点，但由于各国的设立方式、市场定位、上市标准、交易制度不同，创业板市场也各有特色。从总体上来讲，创业板市场的分类主要是和设立方式及运作模式有关。

1. 按设立方式进行分类

(1)由证券交易所直接设立。通过制定与主板市场不同的上市条件和标准，吸引那些与主板市场上市公司在经营状况、营业期限、股本大小、盈利能力及股权分散程度等方面不同的公司进行上市融资。采用这种方式设立创业板市场的有英国伦敦交易所另类投资市场(AIM)、中国香港联交所创业板市场等。

(2)由非证券交易所的机构设立。这类创业板市场通常是由各国或地区的券商协会或者类似机构设立，为该区域内柜台交易市场中部分质地较优的股票提供集中的电子化自动报价和交易系统。采用这种方式设立创业板市场的有美国 NASDAQ 市场、欧洲 EASDAQ 市场和韩国 KOSDAQ 市场等。

(3)由原先的证券交易所通过重组、合并、市场重新定位等方式转变而成。比如加拿大创业交易所就是这种设立方式的典型。

2. 按运作模式进行分类

(1)附属运作模式。附属运作模式的特点是二板市场附属于主板市场，这种模式又可以进一步分为两种形式，即平行两板式和附属递进式。所谓的平行两板式，指创业板市场是由证券交易所设立并且与主板市场平行运作的，两者之间没有高低之分，也不刻意强调和要求创业板市场的上市公司达到一定条件后必须转移到主板。所谓的附属递进式，指已有的证券交易所设立一个独立的为中小企业提供融资服务的市场，其上市标准较低，但上市公司在正常运作一段时间并达到一定条件后，必须申请到主板市场挂牌。在这种模式下，创业板市场作为主板市场的预备，两者之间是一种从低级到高级的提升关系。目前，采用附属运作模式的创业板市场大多采用平行两板式。

(2)独立运作模式。这种模式是指创业板市场与主板市场分别独立运作，创业板市场拥有独立的组织管理、交易、监管系统与规则，上市门槛较低，主要面向规模小、运作时间短、具有高成长性的新兴中小企业，但也不排除成熟的大型企业。纳斯达克市场就采用这种运作模式。

(三)创业板市场的功能

创业板市场独特的市场功能主要体现在以下三个方面：

(1)为处于初创期的中小企业提供利用证券市场进行股权融资的机会。一般来说，企业融资的渠道有两条：一是向银行贷款，进行债权融资；二是发行股票，进行股权融资。然而，对于中小型、创新型企业来说，在从导入期到扩张期的发展阶段中由于存在风险和收益的高度不对称性，银行一般不愿意向这类企业提供贷款。相反，股权融资可以避免上述风险与收益不对称的问题，承担高风险的股权投资，一旦企业创业成功，就可以获得高收益；对企业而言，又可以得到成本较低而又相对稳定的资金。因此，通过资本市场进行股权融资是处于初创期的中小企业最佳的融资渠道。

(2)为风险投资退出提供出口。风险资本(venture capital)投资于具有发展潜力的中小企业，其根本目的与动机是通过投资处于高成长期的创业企业，实现高额创业投资回报。当创业企业进入成熟期，无法再获得超额创业投资收益时，风险投资就要变现退出，再利用变现的资本去寻找新的风险投资机会。因此，为风险投资提供一个有效的退出渠道，使其能在增值后顺利退出，可以鼓励更多的风险资本参与创业投资，同时提高风险资本的使用效率，实现风险资本的良性循环。创业板市场的建立使大量的风险投资可以通过股票公开发行上市来变现，从而为风险资本的顺利退出提供了一个最佳出口。

(3)优化资源配置和规范企业经营管理。从创业投资者的角度来看，企业在创业板市场上市后，其巨额收益可以在二级市场上通过股权交易迅速变现，这就大大加速了风险资本的周转，推动了对创业阶段高科技项目的投资，从而有机会创建出更多的高增长科技企业。另外，创业板市场对企业的财会制度、信息披露、公司治理结构等都有较严格的要求，促使中小企业必须按照一定的规范运作，从而促进了中小企业经营管理水平的提高。

【扩展阅读】

NASDAQ 市场概况

NASDAQ 是美国证券交易商协会自动报价系统（National Association of Securities Dealers Automatic Quotation System）的简称，由全美证券交易商协会的下属子公司纳斯达克证券市场有限公司管理运作。该系统创建于 1971 年，是全球第一家电子化证券市场，经过 30 多年的发展，已成为美国第二大证券市场。

NASDAQ 市场自 1971 年创建以来，发展迅速，其原因主要在于经济发展的需要和先进电子技术手段的支持。随着社会经济的迅猛发展，以信息技术、生物技术为代表的高科技行业和新兴中小型企业如雨后春笋般涌现，它们虽然尚不成熟，却有广阔的发展前景，具有一定的投资价值；但是，按照证券交易所的上市标准，它们又远远达不到其上市条件。NASDAQ 市场正是在这种情况下应运而生的，它的出现，满足了那些不够交易所上市条件的中小企业发行股票融资的需求。当今世界上著名的苹果、微软、雅虎、英特尔、戴尔、甲骨文等一个个光彩夺目的明星公司，均是在 NASDAQ 市场上成长起来的。此外，多样化的市场层次使 NASDAQ 市场成了一个能适合各国高新技术企业上市的全球性资本市场，我国的许多互联网企业如新浪、搜狐、网易、百度等也先后在 NASDAQ 市场上市，以谋求更长远的发展。

纵观 NASDAQ 市场的成长史和美国经济发展史，美国之所以能在 20 世纪最后十年维持 108 个月的经济持续增长，NASDAQ 市场功不可没。美国经济的迅速增长，首先归功于科技进步和产业化，而科技进步的背后是美国构建了非常完善的风险投资体系，这个风险投资体系的核心，主要是靠 NASDAQ 市场支撑的。因此，可以说，NASDAQ 市场是美国高科技的助推器，以 NASDAQ 为核心形成的风险投资体系，是美国新经济的摇篮。

三、场外交易市场

（一）场外交易市场的定义与特征

场外交易市场（Over-the-counter Market，OTC），又称柜台交易或店头交易市场，指在交易所以外由证券买卖双方直接议价成交的市场。在早期银行业与证券业未分离时，由于证券交易所尚未建立和完善，许多有价证券的买卖是通过银行进行的，投资者直接在银行柜台上进行证券交易，所以称为柜台交易。实行分业制后，这种通过柜台进行的证券交易转由证券公司承担。随着通信技术的发展，目前许多场外交易并不直接在证券公司柜台前进行，而是由客户与证券公司通过电话与电传进行业务接洽，故场外交易市场又称为电话市场。场外交易市场是进行分散、个别交易的抽象市场，它在市场组织方式、市场管理架构、交易方式和交易品种等方面，都有着与证券交易所不同的特点。场外交易市场最初形成于欧美等国，在证券交易所产生发展的过程中，欧洲的许多国家逐步取消了场外交易市场；但在美国、日本等国，场外交易市场依然十分活跃并不断扩大，其证券交易量甚至远远超过证券交易所的交易量。

与证券交易所相比，场外交易市场具有五个主要特点：

(1)非集中市场。场外交易市场是一个分散的、无固定交易场所的抽象市场或无形市场。它既没有一个集中、固定的场所，也没有统一的交易时间、交易规则和交易秩序，它是由众多彼此独立经营的证券公司分别通过电话、电报、电传和计算机网络进行联系和交易的。

(2)开放式市场。与证券交易所只有会员才能进入场内交易不同，场外交易市场是任何投资者都能进入的开放式市场。实际上，证券交易所采取的交易方式主要是经纪制，即证券交易主要是通过交易双方的经纪人进行的；而场外交易采取的交易方式主要是自营制，投资者买进卖出证券无需通过经纪人，而是直接和证券公司进行交易，证券公司通过自营买卖，实现证券的交易转让。

(3)证券种类繁多。与证券交易所相比，场外交易市场对挂牌证券的限制条件相对较少，这在相当大的程度上满足了众多难以在证券交易所上市的公司实现其证券交易的需求。从理论上讲，有多少股份公司，就至少有多少种股票。仅股票一项就足以反映场外交易的证券种类繁多，而且数量极大。

(4)议价方式。在场外交易市场上，通常采用做市商(market maker)制度进行议价。所谓做市商制度，是指在证券市场上，由具备一定实力和信誉的证券经营机构作为特许交易商，不断地向公众投资者报出某些特定证券的买卖价格(即双向报价)，并在该价位上接受公众投资者的买卖要求，以其自有资金和证券与投资者进行证券交易的制度。做市商通过不断买卖来维持市场的流动性，满足公众投资者的投资需求。在交易过程中，做市商通过买卖报价的适当差额来补偿所提供服务的成本费用，并获得一定的利润。

(5)特殊的管理模式。场内交易的管理，主要借助证券交易所自律管理和国家证券监管机构的强制管理来完成，证券交易所对证券商和交易活动享有很大的管理权。场外交易的管理相对比较宽松，监管机构通常只就交易中的违法行为加以处理，日常的交易活动由证券公司在法律规定的范围内实施，或由证券业协会加以适度的监督。

(二)我国"新三板"市场概况

所谓的"新三板"，是全国中小企业股份转让系统的简称，是我国场外交易市场中的核心部分。截至2015年12月31日，"新三板"市场挂牌企业数为5129家，总股本2960亿股，其中流通股本1024亿股。在2015年，"新三板"全年累计成交278.91亿股，总成交金额1910.62亿元。

【扩展阅读】

我国"新三板"市场的发展历程

"新三板"的前身是我国的三板市场。20世纪90年代，为改善国有企业经营状况，我国进行了股份制改革。为了解决股份流转的困境，我国先后建立起了专供这类股份流通的STAQ市场和NET市场，这两个市场也成了我国最早的股权转让服务平台。然而，在1998年，随着亚洲金融危机的爆发，我国金融监管层开始对国内证券市场进行全面的清理，STAQ市场和NET市场被迫停运。

在此之后，为了解决企业法人股流通的难题，中国证监会于2001年6月指定申银万国和国泰君安等6家券商代办原本在STAQ和NET市场挂牌公司的股份转让业务，以解决两市挂牌企业的股份流通问题，从而确立起了由证券公司代办股份转让业务的场外交易制度，这也成为我国"新三板"市场的雏形。

2006年1月，为落实国家自主创新战略、推动科技型企业借力资本市场发展，国务院发布了《证券公司代办股份转让系统中关村科技园区非上市股份有限公司股份报价转让试点办法》及相关配套文件，将中关村科技园区非上市股份公司纳入代办转让系统进行股份报价转让，"新三板"的概念也开始越来越被人们所熟知。2010年之后，"新三板"扩容的问题被逐渐提上日程。2012年8月，国务院批准《关于扩大中关村试点逐步建立全国中小企业股份转让系统的请示》，同意筹建全国股份转让系统，并将试点范围扩大到上海张江、天津滨海和武汉东湖三个国家级高新园区，这也是"新三板"的第一次扩容。

2012年9月20日，全国中小企业股份转让系统NEEQ(National Equities Exchange and Quotations)在国家工商总局完成了注册登记，注册资本30亿元，注册地为北京市西城区金融大街。2013年1月16日，全国中小企业股份转让系统正式揭牌运营，对原证券公司代办股份转让系统中的挂牌公司全部承接，并由此开始形成非上市股份转让的全国性证券交易场所。NEEQ的成立，标志着我国场外市场有了独立的证券交易所，我国多层次资本市场建设又迈出了坚实的一步。

2013年6月19日，国务院第13次常务会议决定将全国股份转让系统试点扩容至全国，这也是"新三板"市场的第二次扩容；同年12月13日，国务院正式发布《国务院关于全国中小企业股份转让系统有关问题的决定》，明确了全国股份转让系统的性质、功能和定位。2014年5月9日，国务院发布《关于进一步促进资本市场健康发展的若干意见》，要求加快完善新三板市场，建立小额、便捷、灵活、多元的投融资机制。2015年6月16日，国务院印发《关于大力推进大众创业万众创新若干政策措施的意见》，要求加快推进新三板向创业板的转板试点；9月24日，国务院办公厅印发《深化科技体制改革实施方案》，提出强化新三板融资、并购、交易等功能，规范发展服务小微企业的区域性股权市场，加强不同层次资本市场的有机联系；9月26日，国务院办公厅印发《关于加快构建大众创业万众创新支撑平台的指导意见》，明确支持符合条件的企业在创业板、新三板等上市挂牌，"新三板"的制度建设和体系完善也进入了快车道。

关于"新三板"市场中价格的确定，在"新三板"运行之初，成交价格的确定采用的是委托配对成交制度。“新三板”股份转让的委托分为报价委托和成交确认委托两类。报价委托是买卖的意向性委托，其目的是通过报价系统寻找买卖的对手方以达成转让协议；成交确认委托是通过报价委托找到交易对手方并且买卖双方达成转让协议后，向报价系统提交的买卖确定性委托。当成交确认委托提交到“新三板”的报价系统之后，报价系统仅对成交约定号、股份代码、买卖价格、股份数量四者完全一致，买卖方向相反、对手方所在报价券商席位号相互对应的成交确认委托进行配对成交。

在2014年8月，为了进一步活跃“新三板”市场、提高市场流通性和稳定性，在保留原先委托配对成交制度的基础上，做市商制度也被引入“新三板”市场。做市商制度的引入，在一定程度上提高了市场的流动性，但是也会带来一些问题，究竟做市商制度的引入是否真的有助于“新三板”市场的发展，还需要时间的检验。

（三）我国四板市场概况

在我国，四板市场主要是指区域性的股权转让市场，与“新三板”市场相比，四板市场更加强调为本区域内的企业提供投融资服务，是地方金融资源聚集的综合性平台。四板市场的主要作用是实现资本的股份化，以便为将来可能进行的股份证券化做好准备。截至2015年4月底，全国已设立33家区域性股权市场，各市场共有挂牌股份公司2597家，展示企业2.65万家，累计为企业实现各类融资2435亿元。目前，国内比较知名的区域性股权转让市场有天津股权交易所、前海股权交易中心和广州股权交易中心。

以天津股权交易所为例，截至2015年12月，天交所已经实现累计直接投资87.46亿元，带动间接投资202.32亿元，融资总额289.78亿元，流通总市值996.66亿元，注册投资人41108户，私募债发行额61.54亿元。天津股权交易所2011—2014年市场概况如表4-2所示。

表4-2　天津股权交易所市场概况

项目	2011年	2012年	2013年	2014年
当年实现融资总额(亿元)	30.97	57.57	93.68	139.15
股权质押融资(亿元)	2.87	12.84	32.23	60.72
挂牌后增发总额(亿元)	12.44	19.50	26.99	38.23
挂牌前私募金额(亿元)	15.66	25.23	34.46	40.20

资料来源：根据天津股权交易所官网数据整理得出。

第二节 证券交易流程

证券交易不同于一般的商品交易，需遵循一定的交易规则，按照一定的交易程序和交易方式来组织。在不同的证券交易市场以及不同的证券商参加的证券交易关系中，证券交易的具体流程不尽相同。但无论采取何种市场组织形式，确立合理的证券交易规则、交易程序都是保证证券交易安全、快捷、有序进行的重要基础。

一、证券交易程序

这里的证券交易程序，主要是指投资者通过经纪人在证券交易所买卖股票的交易程序，包括开户、委托、竞价成交、交割清算、过户五个方面。

（一）开户

一般的投资者不能直接到证券交易所买卖证券，需要委托证券公司代为买卖，因此，客户必须先在证券公司办理开户手续。客户账户一般分为资金账户和证券账户两种，资金账户用于资金的清算，证券账户用于证券的清算、交割和过户。

（1）证券账户。证券账户相当于投资者的证券存折，用于记录投资者所持有的证券种类和数量。除了国家法律法规禁止的一些自然人和法人，其他任何自然人或法人持有效证件，到证券登记机构填写证券账户申请表，经审核后即可领取证券账户卡。在开立证券账户的过程中，年满18周岁的个人开户者需持公安机关颁发的有效身份证；法人开户者需提供有效法人证明文件（营业执照）原件和复印件、法人代表证明书及法人代表身份证。

在我国，投资者可以开立的证券账户包括上海股票账户和深圳股票账户。由于上海证券交易所和深圳证券交易所采用不同的证券交易托管制度，因此，投资者买卖上交所股票和深交所股票在涉及不同的交易地点时会有不同的处理办法。在上交所，根据《上海证券交易所交易实施细则》的相关规定，对全国范围内的记名证券委托买卖实行全面指定交易制度。该制度是指，凡在上海证券交易所从事证券交易的投资者，均应事先明确指定一家证券营业部作为其委托、交易清算的代理机构，并将本人所属的证券账户指定于该机构所属席位号后方能进行交易。这意味着，投资者只能唯一地在指定的证券营业部从事上交所股票的买卖。而在深交所，根据《深圳证券交易所交易规则》，实行的是转托管制度。该制度是指，投资者可以以同一证券账户在单个或多个会员的不同证券营业部买入证券；投资者买入的证券可以通过原买入证券的交易单元委托卖出，也可以向原买入证券的交易单元发出转托管指令，转托管完成后，在转入的交易单元委托卖出。

（2）资金账户。资金账户是投资者在证券商处开设的资金专用账户，用于存放投资人买入股票所需的资金和卖出股票取得的价款等。已开设证券账户的投资者应当持证券账户、银行存折和身份证，到自己选择的证券商处设立资金账户。在我国，投资者可以选择的资金账户有以下几种：①现金账户（cash account），是为以现货交易方式进行证券投资的投资者开立的账户，开立这种账户的投资者在交易过程中不得融资或融券，必须全部以现款或现券进行交易。②保证金账户（margin account），是为以保证金交易方式进行证券投资的投资者开立的账户。所谓保证金交易，是指投资者通过交付保证金向证券商融资或融券后进行交易的交易方式。关于保证金账户和融资融券的更多知识，本书会在后面一节详细展开。

（二）委托

投资者买卖股票不能亲自到交易所办理，必须通过证券交易所的会员（证券商）进行。委托是指投资者决定买卖股票时，以申报单、电话、电报或信函等形式向证券商发出买卖指令。委托的内容包括证券名称、代码、买入或卖出的数量、价格等。传统的委托方式是，投资者到证券商营业柜台填写书面委托。随着交易技术的不断发展，许多证券商为投资者开办了电话委托、触摸屏委托、电脑终端委托等多种自助委托方式。

(三)竞价成交

证券公司接受客户的委托后，利用终端机或者电话线将委托买卖的内容通知驻交易所的经纪人，于是就开始了交易所的场内交易。由于委托交易指令提交的时间先后不同，数量价格也不尽相同，交易经纪人在执行买卖指令时需要按照一定的规则促成交易。在我国，沪深两市实行的是价格优先和时间优先原则。

在竞价方式上，目前沪深两市采用集合竞价和连续竞价相结合的方式。具体而言，对每个交易日上午 9：15 至 9：25 电脑撮合系统接收的全部有效委托进行集合竞价处理，对其余交易时间的有效委托进行连续竞价处理。

集合竞价是这样确定成交价的：①系统对所有买入有效委托按照委托限价由高到低的顺序排列，限价相同者按照进入系统的时间先后排列；对所有卖出有效委托按照委托限价由低到高的顺序排列，限价相同者按照进入系统的时间先后排列。②系统根据竞价规则自动确定集合竞价的成交价，所有交易均以此价格成交。集合竞价的成交价确定原则是：以此价格成交，能够得到最大成交量。③系统依序逐步将排在前面的买入委托与卖出委托配对成交，即按照“价格优先，同等价格下时间优先”的成交顺序依次成交，直到不能成交为止。如此一来，所有买入委托的限价均低于卖出委托的限价，未成交的委托排队等待连续竞价成交。

集合竞价后的新委托逐步进入系统，与排队的委托进行连续竞价撮合。连续竞价是这样确定成交价的：对新进入的一个买进有效委托，若不能成交，则进入买入委托队列排队等待成交；若能成交，即其委托买入限价高于或等于卖出委托队列的最低卖出限价，则以卖出委托队列顺序成交，其成交价格取卖方叫价。对新进入的一个卖出有效委托，若不能成交，则进入卖出委托队列排队等待成交；若能成交，即其委托卖出限价低于或等于买入委托队列的最高买入限价，则以买入委托队列顺序成交，其成交价格取买方叫价。如此循环往复，直至收市。

(四)交割清算

交割即股票买卖成交后货银兑付的过程，也就是买卖双方通过结算系统实现一手交钱、一手交货。投资者在委托买进证券并成交后，必须交纳所需款项，才能领取所买进的股票。同样，投资者在委托卖出股票并成交后，只有交纳卖出的股票，才能领取应得的价款。我国禁止信用交易，投资者在买进证券时必须在资金账户上存有足够的保证金；在卖出证券时，证券账户上必须有相应的证券。我国证券市场自 1992 年开始实行“无纸化制度”，实物股票不再流通。投资者所持证券体现为其证券账户中的电子数据记录。因此，交割只是投资者证券账户中证券数据和资金账户中资金数据的账面记加记减。

目前，中国证券市场A股采用"T+1"交收制度，即当天买卖，次日交割。投资者T+1日可在证券商处打印交割清单，以核对其T日的买卖活动。若有疑问，也可向证券结算公司及证券登记机构查证。

(五)过户

股票过户是指投资者买入股票后，办理变更股东名称的手续。我国股票交易是在电脑自动化基础上的无纸化交易，也实行自动化的股票过户。股票成交时，卖出方的股票同时划进买入方的名下，至此一次股票买卖的全过程就完成了。

股权登记日这一天登记在册的股东有享受股利、优先配股和出席股东大会的权利，这一天又称过户截止日。上市公司宣布送配方案后，在方案实施之前，这种股票被称为含权股票。除权基准日是指从此日起买入股票的投资者不能享受送股、配股的权利，沪市用XR表示。除息基准日是指从此日起买入股票的投资者不能享受现金股息，沪市用XD表示。若既除权又除息，沪市用DR表示。因为除权后的股票不再享有相关权益，除权后股票交易的价格会降低。除权价的计算公式为：

$$\text{除权价} = \frac{\text{除权前市价} + \text{配股价} \times \text{配股比例} - \text{现金红利}}{1 + \text{送股比例} + \text{配股比例}}$$

贴权是指除权后股票市价或股价走势低于除权价，即参与送配的股东受到损失；填权是指除权日股票市价或股价走势高于除权价，即参与送配的股东可以获利。

二、证券交易指令

投资者买卖证券时必须给证券经纪人发出清晰、准确的委托指令，以避免投资失误，并提高经纪人完成委托指令的效率。目前，国际证券市场上常用的委托指令有下列五种。

(一)限价委托指令

投资者向证券经纪商发出买卖某种股票的指令时，不仅提出买卖的数量，而且对买卖的价格做出限定，即在买入股票时，限定一个最高价，只允许证券经纪人按其规定的最高价或低于最高价的价格成交；在卖出股票时，限定一个最低价，只允许证券经纪人按其规定的最低价或高于最低价的价格成交。限价委托(limit order)最大的一个特点是，股票的买卖可以按照投资人希望的价格或者更好的价格成交，有利于投资人实现预期投资计划，谋求最大利益。

(二)市价委托指令

市价委托(market order)只指定交易数量而不给出具体的交易价格，但要求按该委托进入交易大厅或交易撮合系统时市场上最好的价格进行交易。市价委托的好处在于它能保证即时成交，相对于限价委托报价方式而言，它消除了因价格限制不能成交所产生的价格风险。根据各国股市交易的经验，机构投资者基于对市场信息的判断而对交易的即时性要求很高，这类投资者普遍采用市价委托报价方式；从买卖双方的交易比例来看，卖出时使用市价委托的比例要高于买进时的比例，这表明投资者在出货时对时机的即时性要求较高，而进货时更多地使用限价委托。

(三)停损委托指令

这是一种特殊的限制性的市价委托，它要求经纪人在证券市场价格移动到特定价格时，立即以市价按客户指定的数量买进或卖出，即当市场价格上升到特定价格时按市场价格买进证券，称为停损买入委托；当市场价格下跌到特定价格时按市场价格卖出证券，称为停损卖出委托。停损委托指令(stop-loss order)广泛地用于保护既得利润和限制可能受到的损失。例如，某投资者以每股10元的价格购进某股票，现在股票价格已上涨到40元，有很大的账面价差利润。经过分析，投资者认为股票可能还会涨，但又不想失掉得到的价差利润。于是他可下达限价为每股38元的停损卖出委托指令。只有当市场价跌到38元，他的股票才会被经纪人按市价售出。如果股票价格继续上涨，原来的停损指令没有执行，投资者可以使用限价更高(如42元)的停损卖出委托指令来保护自己的利润。停损委托指令有两种危险。一种是如果市场价格仅出现瞬时性的波动，一旦触到特定价格，就会导致过早地卖出或买入。另一种是，一旦市价触到特定价，停损委托指令就变成了市价指令，这时成交的价格不一定是投资者想要的特定价格，存在价格风险。

(四)停损限价委托指令

停损限价委托指令(stop-limit order)是将停损委托与限价委托结合起来运用的一种指令。投资者实际发出两个特定价格——停损价格和限制性价格，如果证券市场价格达到或突破停损价格，限价指令便开始生效。使用这种指令是想得到停损指令保护利润限定损失的好处，又想确保在限制的价位或更好的价位上成交。例如，投资者想卖出某种股票，他害怕价格下跌，但又不能确定。于是他可以下达在每股72元停损、71元限价的停损限价委托指令。当每股跌到72元时，经纪人立即帮他出售；但如果价格急剧下跌至71元以下就不能执行。在这种情况下，指令不能执行，投资者就得不到保护利润限定损失的好处，所以这种指令也有它的缺点。

(五)触价指令

如果市场价格达到特定的价格，触价指令(market if touched order)就变成市价指令。但它与停损指令不同，买入的触价指令是如果市价下跌(而不是上升)到特定价格即买入的指令；卖出的触价指令是如果市价上升(而不是下跌)到特定价格就卖出的指令。我们可以把停损指令看成“跳出”某一位置以保护利润的指令，而触价指令是“进入”某一位置的指令。例如，投资者发出一个触价指令，每股买价72元，意味着投资者不想以任何高于72元的价格买入。如果市价下跌到72元或更低，经纪人就可以买入，因为这时指令已成为市价指令。它与限价指令相比，成交的机会要多一些。

在执行上述各种类型的指令前，投资者还必须在指令中指明买进或卖出哪家公司的证券，同时指明指令的大小和完成指令的时间限制。

指令的期限，指指令均在一定时间内有效，如日指令、周指令、月指令。这些指令如果当日(周、月)没有完成就失去效用。市价指令是日指令，长期指令的有效期一直到投资者撤销其指令为止。相对地，即时指令要求在指令到达交易所时立即执行，如不能执行则撤销该指令。

指令的大小，指交易的数量。一般地，股票以100股为一个单位，可称为整批股指令，如少于100股便是零股指令。

从国际上看，各国股票市场由于历史成因和交易制度的差异，在交易委托指令的选择上各有侧重。纽约证券交易所几乎涵盖了上述各种委托报价类型；而市价委托和限价委托则在世界主要证券市场中被普遍采用。一般来说，随着电子竞价方式的广泛采用和高科技通信手段的出现，证券市场的委托报价形式也将趋于简单化。

第三节　保证金交易

保证金交易即证券信用交易，是指证券公司向客户提供信用所进行的交易。具体来说，保证金交易是证券公司向购券资金不足的客户贷放资金，或向欲售证券而未持有证券的客户垫付证券的交易。保证金交易是一种客户凭借自己的信用，并且在缴纳了委托保证金之后进行的、超过自己手头持有资金量或证券量而买卖证券的行为，通常也被称作“买空卖空”或“融资融券交易”。

想要深入了解保证金交易制度，必须首先明确几组概念的含义。

第一，现金账户和保证金账户。现金账户(cash account)就像普通的支票账户，投资者只能采取现金的方式交易，买进证券必须事先在现金账户中存入足够的现金，卖出的证券也必须是本身所持有的证券。保证金账户(margin account)像可透支的支票账户，如果投资者购买证券的金额超过账面现金，经纪公司会自动借款给客户购买证券；如果投资者出售的证券数量超过账面余额，证券公司也会把证券借给客户用于出售。

第二，融资交易与融券交易。融资交易是指，如果投资者认定某一证券价格将上升，想多买一些该证券但手头资金不足，则可以通过交纳保证金向证券商借入资金买进证券，等待价格涨到一定程度时再卖出以获取价差。由于这一交易方式中投资者以借入资金买进证券，而且要作为抵押物放在经纪人手中，投资者手里既无足够的资金，也不持有证券，所以也被称为买空(buy long)或做多头。融券交易是指，如果投资者认定某种证券价格将下跌，可以通过缴纳一部分保证金向证券商借入证券卖出，等价格跌到一定程度后再买回同样证券交还出借者，以牟取价差。由于在这一交易方式中投资者手里没有真正的证券，交易过程是先卖后买，也被称为卖空(short selling)或做空头。

随着我国资本市场迅速发展和证券市场法制建设不断完善，证券公司开展融资融券业务试点的法制条件已经成熟，2005年10月27日，《中华人民共和国证券法》规定，证券公司可以为客户提供融资融券服务。2006年6月30日，证监会发布《证券公司融资融券试点管理办法》，同年8月21日，《融资融券交易试点实施细则》公布，2008年10月5日，证监会宣布正式启动融资融券试点。2010年3月30日，上海、深圳证券交易所正式向6家融资融券试点券商发出通知，将于2010年3月31日起接受券商的融资融券交易申报，这标志着我国的融资融券交易正式进入市场操作阶段。沪深两市融资融券余额日频变动情况如图 4-2 所示。

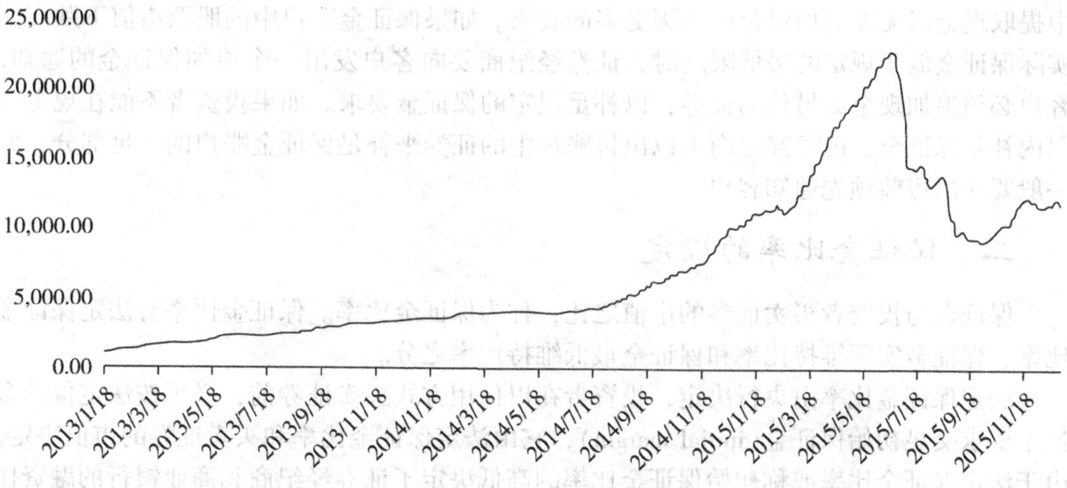

图 4-2　沪深两市融资融券余额日频变动情况(亿元)

资料来源：Wind 资讯。

一、保证金账户的管理

进行保证金交易，首先要开立保证金账户，保证金账户分为借方与贷方。借方记载客户对证券经纪商的负债，主要项目有购买证券价款、应付税金、手续费、向证券商借款应付的利息、客户提取的现金。贷方记载客户在证券经纪商处的资产，主要有客户存入保证金、保证金账户中证券分配的股息或利息收入、客户存款余额的应得利息收入和出售证券的价款(见表 4-3)。

表 4-3　　保证金账户的借方与贷方

借方	贷方
购买证券价款	存入现金
佣金、税金	股息收入
借款利息	存款利息
提取现金	出售证券价款

客户在保证金账户上如有贷方余额，证券商则要向投资者支付利息；如有借方余额，投资者则要向证券商支付利息。由于信用交易主要是投资者向证券商融资，保证金账户一般表现为借方余额。证券商向投资者收取的利息率主要取决于证券商向银行融资的成本，通常是在银行贷款利率的基础上加上一定的劳务费。保证金账户使证券经纪商

不仅得到证券交易中的佣金收益，还可获得贷款利息收益。

证券经纪商代客户管理保证金账户并在每天收市后按收盘价计算账户中的保证金实际余额。如果保证金账户中的股票升值了，出现贷方余额，该账户的投资者可以从账户中提取现金或无需追加资金而购买更多的股票。如果保证金账户中的股票市值下跌而使实际保证金低于规定的最低限度时，证券经纪商要向客户发出一个追加保证金的通知，客户必须追加现金或另外的证券，以补足规定的保证金要求。如果投资者不能在规定期限内补足保证金，证券经纪商可以出售账户中的证券来补足保证金账户的不足部分，但一般要在出售前预先通知客户。

二、保证金比率的确定

保证金与投资者买卖证券的市值之比，称为保证金比率。保证金比率有法定保证金比率、保证金实际维持比率和保证金最低维持比率之分。

法定保证金比率由央行决定，投资者在以信用方式买卖证券前，必须按法定保证金比率要求交足初始保证金(initial margin)，它由法定保证金比率和买卖证券的市值决定。由于法定保证金比率或称初始保证金比率的高低决定了证券经纪商和商业银行的融资比率，会影响证券市场的资金供应和交易价格，也会影响银行系统的信用规模和货币供应量，所以央行将它作为选择性的货币政策工具。央行根据货币供应、通货膨胀和证券市场的实际情况，相应调整法定保证金比率。当货币供应量偏多、通货膨胀严重、经济过热、证券市场投机过盛时，央行可采取紧缩的货币政策，与其他主要货币政策工具相配合，提高法定保证金比率，减少信用交易中的融资比率，达到收缩信用的目的；反之，当货币供应量偏紧，证券市场过于低迷，交易清淡时，央行可适度放松银根，降低法定保证金比率，增加信用交易中的融资比率，刺激证券市场的交易。

由央行决定信用交易中法定保证金比率的现象始于美国。20 世纪 20 年代美国股市投机盛行，信用交易中的保证金比率甚至在 10%以下，买卖股票的资金有 90%以上来自于银行融资。当 1929 年 10 月“黑色星期一”到来之时，几天之内巨额的股票市值如泡沫般不见踪影，股市的大崩溃引发了 1929—1933 年美国历史上迄今为止最为严重的经济危机。据统计，危机期间美国工业股票价格下跌 89%，相当于原来的 10 美元变成了 1 美元，投资下降了 90%。结果市场中失去了许多中小投资者，而大投资者控制了证券市场。为此美国国会在 1933 年通过了《证券法》，在 1934 年通过了《证券交易法案》，为交易所和场外交易市场制定了一系列规范，防止不平等的交易。这两个法案直到现在仍是美国关于证券市场最重要的法案。根据法案，美国国会授权联邦储备委员会管理信用交易，规定保证金比率。历史上保证金比率的变动范围是从 40%到 100%，从 1974 年起到现在是 50%。通常交易所规定的初始保证金比率可能比联邦储备委员会高，而证券经纪商规定的比率又要比交易所高。

投资者在交存了初始保证金并买卖证券后，由于证券市场价格在不断变化，投资者买卖的证券的市值也随之变化并使投资者已交保证金的实际维持比率相应发生变化，这一比率有时会高于法定保证金比率，有时会低于法定保证金比率。投资者交存保证金的实际价值与证券市值的比率称为保证金实际维持比率。证券经纪商有必要随时计算投资者的保证金实际维持比率，了解盈亏状况并及时通知客户。

由于保证金交易涉及证券经纪商的融资或融券，当投资者投资失误出现亏损时，首先蚀去其保证金，而如果亏损进一步扩大就会危及证券经纪商的利益、增加证券经纪商融资或融券的风险。所以，证券经纪商对投资者的保证金账户一般有最低限度的要求，即保证金实际维持比率不得低于某一比率，这一比率称为保证金最低维持率(the minimum margin)。设定保证金最低维持率的目的是及时发出预警信号，避免因投资者的亏损给证券经纪商带来损失，同时可使投资者及早采取措施制止亏损扩大。当投资者账户中的保证金实际维持率低于规定的最低比率时，证券经纪商要向投资者发出一个追加保证金通知(margin call)，投资者接到通知后，必须追加保证金，以达到法定保证金的要求。投资者追加保证金的方式有在账户上储存现金或证券、偿还部分贷款或出售账面上的证券并用这笔收益偿还部分债务等。当投资者无力追加保证金时，可通知经纪商结清差额，了结该保证金账户。如果投资者在规定时间内未补足保证金，证券经纪商可出售投资者账户上的证券以满足保证金比率的法定要求，但在出售证券前一般应通知投资者。

三、保证金购买

(一)保证金购买过程及盈亏计算

当投资者预期证券价格上涨时，可通过保证金账户购买证券。

例如某投资者有本金1万元，经过分析认为A公司股票价格将上涨，A公司股票目前的市场价格为10元。假定法定保证金比率是50%，投资者把1万元本金存入保证金账户，则可向证券经纪商借入1万元，并委托经纪商共计购入市值为2万元的A公司股票2000股。假如A公司股票正如投资者预期的那样，经过一段时间，上涨到11元/股，涨幅为10%，于是投资者委托经纪商出售股票，可得11×2000=22000元。若不考虑手续费和借款利息等，在归还向经纪商的借款1万元和扣除本金1万元后，可获利2000元，为投资者本金的20%。显然，使用保证金交易方式买进股票，在股票价格上涨的情况下，投资者可获得更多的盈利，存在杠杆效应。但是保证金交易也是一把双刃剑，当股票价格同投资者的预期相反，不涨反跌时，投资者的亏损也是增大的。

保证金购买(margin purchase)的盈亏计算可用下式：

$$盈利(亏损)=抵押证券市值-借款额-本金$$

$$收益率=\frac{盈利(亏损)}{本金}$$

公式中抵押证券是投资者交存保证金并取得经纪商贷款后委托经纪商买入的证券，该证券作为贷款抵押品存放于经纪商处。抵押证券的市值随证券价格的涨跌而变化。

(二)保证金实际维持率及超额保证金的计算

由于证券价格经常变化，证券经纪商在每个营业日收盘后需计算每一保证金账户的抵押证券市值和保证金实际维持率。保证金实际维持率的公式为：

$$保证金实际维持率=\frac{抵押证券市值-借款额}{抵押证券市值}\times100\%$$

在投资者只买一只股票时，公式可表示为：

$$am=\frac{n\cdot mp-[(1-im)\cdot pp\cdot n]}{n\cdot mp}\times100\%$$

式中：am 表示保证金实际维持率；im 表示初始保证金比率；mp 表示计算时证券市价；pp 表示证券的购买价格；n 表示投资者拥有的股票数量。

公式中，$(1-im)\cdot pp\cdot n$ 是投资者从证券经纪商处的借款额，它等于投资者共计购入的证券市值减去其交存的初始保证金。若已知投资者交存的初始保证金，以及初始保证金比率，则两者相除就是投资者共计可以购入的证券市值。

接上例，当 A 公司股票价格上涨到 11 元/股时，抵押证券市值增至 22000 元，借款额不变，此时，保证金实际维持率为：

$$am=\frac{2000\times11-(1-50\%)\times10\times2000}{2000\times11}\times100\%=54.55\%$$

保证金实际维持率大于初始保证金比率，说明保证金账户上有超额保证金，投资者可以现金的方式提走超额保证金，也可以追加购买股票而无需追加保证金。那么此时的超额保证金是多少呢？它是不是全部的账面盈利？下面给出超额保证金的简要推导过程。

设超额保证金数量为 x，它的提出，应使保证金账户的保证金实际维持率重新回到法定保证金比率，即满足下式：

$$im=\frac{n\cdot mp-[(1-im)\cdot pp\cdot n]-x}{n\cdot mp}\times100\%$$

整理得到：

$$x=(mp-pp)\cdot n\cdot(1-im)$$

即，超额保证金=账面盈利×(1-法定保证金比率)。

上式说明，投资者不能把账面盈利全部提走，而只能提取相当于超额保证金的现金。这是因为证券市值提高后，为了满足法定保证金比率要求，保证金也要相应提高。同时，由于投资者买入的证券并未实际售出，所取得的盈利也仅是账面盈利，投资者据此提取现金相当于再向经纪商借款，并记在保证金账户借方，所以保证金账户借方金额相应增加。根据规定，投资者提取现金后的保证金实际维持率不得低于法定保证金比率要求。

上例中，当 A 公司股票市价上涨到 11 元时，账面盈利为：

$$账面盈利=(11-10)\times2000=2000(元)$$

$$超额保证金=2000\times(1-50\%)=1000(元)$$

也就是说，在法定保证金率为 50%时，投资者只能提取账面盈利的 50%，即 1000 元，另外 1000 元要补充保证金。投资者提取现金后，保证金账户借款额增加 1000 元，保证金实际维持率为 50%，正好满足法定比率要求。

$$保证金实际维持率=\frac{11\times2000-[(1-50\%)\times10\times2000+1000]}{11\times2000}\times100\%=50\%$$

投资者如果不提取现金，可利用账面盈利作为保证金追加购买证券，这种新买证券的金额称为购买力。购买力的计算公式为：

$$购买力=\frac{超额保证金}{法定保证金比率}\times 100\%$$

上例中，购买力$=\frac{1000}{50\%}\times 100\%=2000$(元)。

也就是说，投资者可再委托经纪商购买市值为2000元的A公司股票，此时投资者买入的证券市值为(22000+2000)元，保证金账户借款额为(10000+2000)元，保证金实际维持率为50%，正好满足法定保证金率要求。

$$保证金实际维持率=\frac{22000+2000-(10000+2000)}{22000+2000}\times 100\%=50\%$$

从上述购买力公式可以看出，投资者追加购买证券的金额超过超额保证金，所以，在保证金账户有账面盈利的情况下，投资者可以利用超额保证金去追加购买更多的证券；相比较而言，可提取的现金则要少得多，只相当于超额保证金部分。

(三)保证金最低维持率和抵押证券最低市值的计算

做保证金购买的投资者在股票价格上涨时可获得高于股票价格上涨率的回报率，但如果股票价格下跌，投资者的损失也会扩大。投资者的亏损体现在保证金绝对数额和保证金实际维持比率的下降上，如上例中，若A公司股价从10元跌至8元，跌幅为20%时，投资者买入的证券市值为：8×2000=16000(元)，此时投资者的亏损和保证金实际维持率分别为：

$$亏损=抵押证券市值-借款额-本金=8\times 2000-10000-10000=-4000(元)$$

$$保证金实际维持率=\frac{8\times 2000-[(1-50\%)\times 10\times 2000]}{8\times 2000}\times 100\%=37.5\%$$

当保证金实际维持率低于最低标准时，经纪商就要向客户发出追加保证金通知。经纪商必须计算出对应保证金最低维持率的抵押证券最低市值和最低市价，其计算公式为：

$$抵押证券的最低市值=\frac{借款额}{1-保证金最低维持率}=\frac{(1-\text{im})\cdot \text{pp}\cdot n}{1-\text{mm}}$$

$$抵押证券的最低市价=\frac{抵押证券的最低市值}{抵押证券数量}=\frac{(1-\text{im})\cdot \text{pp}}{1-\text{mm}}$$

其中，im表示初始保证金比率；pp表示证券的购买价格；mm表示保证金最低维持率。

上例中，若保证金最低维持率为25%，则：

$$抵押证券的最低市价=\frac{(1-50\%)\times 10}{1-25\%}=6.67(元)$$

当股价跌至每股6.67元时，经纪商要向客户发出追加保证金的通知。当投资者认为证券价格在短期内还有回升希望时，他可向经纪商追加保证金并得以保留账户中的证券。如果投资者对短期内证券价格回升不抱希望，则可通知经纪商出售账户中的证券，还清贷款，付清手续费、利息和其他费用，提取剩余资金，结清保证金账户。一般来说，当股价下跌幅度不大、投资者的保证金实际维持率低于法定比率要求但又高于最低维持率时，投资者的保证金账户要受到限制，称为限制性账户，此时任何可能导致其账户上保证金进一步下降的资产动用行为，如提取现金、追加购买证券等，都将受到限制。

(四)保证金交易的杠杆效应

投资者采用保证金交易方式买卖证券，其收益率与证券价格变化率成正比，与法定保证金比率成反比，而与股价水平高低、投入本金多少没有关系，这一现象被称为保证金交易的杠杆效应(leverage effect)。我们可用下式直接计算投资者的收益率。

$$y = \frac{r}{\mathrm{im}}$$

其中，y 表示投资者盈亏占本金的百分比，即收益率；r 表示证券价格上涨比率；im 表示法定保证金比率。

保证金购买是在投资者预期证券行情上涨时，通过向经纪商融资扩充资本购买股票的一种交易方式。如果投资者判断正确，可获得较大的利润；如果判断失误，则会遭受严重损失。就整个证券市场来说，当市场行情低迷时，保证金购买会增加市场的资金供应量，刺激市场需求，促使行情上扬，但过多的保证金购买有可能形成一种虚假的市场需求，造成过度投机，甚至引发股市泡沫，这对证券市场的健康发展极为不利，所以证券监管机构对保证金交易一般有所限制，有的国家明令禁止信用交易，证券经纪商和投资者也应谨慎地对待信用交易这一方式。

四、保证金卖空

由于投资者卖空的证券是从证券经纪商处借入的，同样涉及信用交易，投资者也要向证券经纪商交存一定数量的保证金，交存保证金数量按所借证券卖出时的市场价值乘以法定保证金率计算，这一保证金称为法定保证金或初始保证金。

(一)卖空的交易规则

在卖空过程中，一般有以下几项交易规则：

(1)为稳定证券市场，防止过度投机，证券监管机构原则上禁止对市场价格正在下跌的证券进行卖空交易，只允许对价格上涨的证券进行卖空交易。证券价格处于下跌趋势，说明供给超过需求，而卖空会进一步增加供给，并加剧证券价格的下跌，显然不利于市场的稳定。反之，对价格上涨的证券进行卖空交易，有利于平抑供求失衡、稳定价格。

(2)卖空者所借的证券主要是证券经纪商名下做保证金购买的投资者抵押的证券，也可能是证券经纪商自己的库存证券或向其他证券商借入的证券。证券的贷放没有明确的期限，即没有时间限制，如果贷放者想出售证券，只要经纪商能从别的地方借到证券，卖空者就不必偿还，只是发生贷放者的转移而已。然而，如果经纪商不能从别处借到相同的证券，卖空者就必须立即归还借入的证券。在此过程中，只有经纪商知道借贷双方的身份，贷方与借方不知道对方是谁。

(3)在卖空期间，如果股份公司有派发股息红利行为，应由卖空者对证券贷放人给予相应补偿。由于股票分红派息后，股票价格有一个除权除息缺口，理论上卖空者到时可以相对较低的价格购回原先出售的股票，所获盈利可以相应弥补卖空者早先代为补偿的股息红利。

(4)卖空涉及借贷行为，存在债务不能偿还的风险。如果证券行市不跌反涨，卖空者就会遭受损失，可能无力偿还债务。为保护证券经纪商的利益，除了规定卖空者必须交纳初始保证金外，还规定卖空者出售证券价款必须存入经纪商为卖空者开立的保证金账户，直到卖空者归还所有债务后方可提取现金。

(二)保证金卖空的盈亏分析

假设某投资者经分析认为某公司的股票市价每股 10 元价格过高，预期该股票价格会下跌，于是他打算以 1 万元本金做保证金卖空交易，当时法定保证金比率为 50%。在开立保证金账户并交存保证金后，向证券经纪商借得当时市价为 10 元/股的该公司股票 2000 股在市场上卖出，总市值为 2 万元，存入投资者的保证金账户。假定经过一段时间之后，该公司股价跌至 9 元/股，跌幅为 10%，投资者再委托经纪商买入该公司股票 2000 股归还，需支付 1.8 万元(9×2000)，若不考虑手续费，该投资者获利 2000 元，收益率为 20%。

保证金卖空的收益率也可用以下公式计算：

$$y = \frac{d}{\text{im}}$$

其中，d 表示证券价格下跌比率；im 表示法定保证金比率。

当股价与做卖空的投资者预期的相反，不跌反涨时，卖空者就会发生亏损，而且亏损也是放大的。

(三)保证金实际维持率的计算

不管投资者是获利还是亏损，证券经纪商都要逐日计算每个保证金账户的实际维持率。在保证金卖空的情况下，投资者账户的实际保证金是他所拥有的资产与债务之差，资产是卖空时出售所借证券的市值以及存入的初始保证金，以现金形式存在；债务是向证券经纪商借入的证券，由于证券价格的可变性，这种债务用货币形式表现实际上是一种浮动债务，实际计算时用当时的实际市场价值来代表。在只有卖空的情况下，卖空者的保证金实际维持率按以下公式计算：

$$\text{保证金实际维持率} = \frac{\text{卖空时证券市值} + \text{原始保证金} - \text{计算时证券市值}}{\text{计算时证券市值}} \times 100\%$$

$$\text{或，am} = \frac{\text{sp} \cdot n \cdot (1+\text{im}) - \text{mp} \cdot n}{\text{mp} \cdot n} \times 100\%$$

式中，am 表示保证金实际维持率；sp 表示卖空价；im 表示法定保证金比率；mp 表示计算时证券市价；n 表示卖空证券的数量。

公式中，sp · n · im 为投资者交存的初始保证金，sp · n · (1+im) 为投资者保证金账户中的资产，而 mp · n 为计算时投资者保证金账户中的债务。

在上述保证金卖空的例子中，当公司股价从每股 10 元跌至每股 9 元时，保证金实际维持率为：

$$\mathrm{am}=\frac{10\times2000\times(1+50\%)-9\times2000}{9\times2000}\times100\%=66.7\%$$

保证金实际维持率大于法定保证金比率要求，说明保证金账户有超额保证金，投资者可以提走相当于超额保证金的现金，也可用超额保证金做更多的卖空。这里不加推导地给出卖空情况下的超额保证金计算公式，有兴趣的读者不妨自己推导一下。

$$\begin{aligned}超额保证金&=账面盈利\times(1+法定保证金比率)\\&=(\mathrm{sp}-\mathrm{mp})\cdot n\cdot(1+\mathrm{im})\end{aligned}$$

有趣的是，投资者不仅能把账面盈利全部以现金方式提走，还可以提走超过账面盈利的部分保证金，这主要是因为随着证券市价的下跌，保证金实际维持率计算公式中的分母变小，要求的实际保证金也可以相应减少。

上例中，卖空股票从 10 元/股跌至 9 元/股时：

$$账面盈利=(10-9)\times2000=2000(元)$$

$$超额保证金=2000\times(1+50\%)=3000(元)$$

在保证金卖空例子中，如果股票价格与投资者预期的相反，不跌反涨，从每股 10 元涨至每股 12 元，则保证金实际维持率为：

$$\mathrm{am}=\frac{10\times2000\times(1+50\%)-12\times2000}{12\times2000}\times100\%=25\%$$

如果随着证券市场价格的上涨，投资者保证金账户中的实际维持率低于最低维持率要求，经纪商要向投资者发出追加保证金通知，投资者必须在账户上增加现金或证券，否则经纪商可以对该账户自行结清。如果证券价格的上涨使保证金实际维持率低于法定要求但又高于最低要求，该保证金账户将成为限制性账户，此时任何会导致进一步降低实际保证金比率的资产动用都将受到限制。

(四)卖空证券最高市值和最高限价的计算

在证券经纪商规定了保证金最低维持率后，可以计算出卖空证券的最高市值和最高限价，也就是说，当证券价格涨到这一限度时，经纪商就要向卖空者发出追加保证金通知。

$$卖空证券最高市值=\frac{卖空时证券市值+原始保证金}{1+保证金最低维持率}=\frac{\mathrm{sp}\cdot n\cdot(1+\mathrm{im})}{1+\mathrm{mm}}$$

$$卖空证券最高限价=\frac{卖空证券最高市值}{卖空证券数量}=\frac{\mathrm{sp}\cdot(1+\mathrm{im})}{1+\mathrm{mm}}$$

上例中，如果保证金最低维持率为 20%，则：

$$卖空证券最高市值=\frac{10\times2000\times(1+50\%)}{1+20\%}=25000(元)$$

$$卖空证券最高限价=\frac{25000}{2000}=12.5(元)$$

(五)保证金卖空的利弊分析

保证金卖空作为一种信用交易方式被一些发达国家的证券市场普遍采用。卖空交易主要为投机者和套利者所利用，他们的行动活跃了证券市场，平衡了价格，这是卖空者所起的积极作用。但是，卖空作为一种投机性极强的交易方式，也难免被市场操纵者利用来牟取暴利，他们不惜采取种种不法手段人为哄抬或压低价格，侵害其他投资者的利益，扰乱证券市场的正常运行。为防止保证金卖空的消极影响，证券监管机构和证券交易所对卖空交易一般采取严格管理措施甚至严加禁止。

五、加总

开立保证金账户的投资者可以保证金购买或卖空几种不同的证券，还可以同时买空或卖空。保证金账户的保证金是不足还是有余，取决于账户总的交易情况。例如，如果一种股票保证金不足，另一种股票保证金有余，后一种股票的超额保证金就可以用来抵补前一种股票保证金的不足。下面将说明，一个保证金账户中的多种交易如何加总，以确定这个账户是保证金不足、受限制还是有超额保证金。

(一)多种保证金购买

在用保证金购买多种股票的情况下，总量可直接汇总，投资者的资产负债表在以时价重新计算所有股票的市场价值后重新公布，这里的时价指的是前一个交易日这种股票的收盘价。由于保证金借款额不是每日变动，所以，投资者保证金账户总的负债量可以从前一交易日续延，我们仍可以用单种保证金购买中保证金实际维持率的计算公式。

(二)多种卖空

当投资者卖空不止一种股票时，保证金实际维持率也可以类似的方式决定。在此情形下，每天根据市场行情调整的不是资产而是负债，因为卖空者的负债是市场价值每天变化的股票。负债的货币价值一经重估，投资者账户的保证金实际维持率就可用单种卖空中同样的公式计算出来。

(三)同时进行多种保证金购买和多种卖空

投资者同时进行多种保证金购买和卖空的情况比上述任何一种情况都复杂，这是因为保证金购买实际维持率的计算公式和保证金卖空实际维持率的计算公式是不同的。这一点从公式的分母中就可以比较出来，对于保证金购买而言，分母是资产的市场价值；对于卖空而言，分母是所借入股票的市场价值。如果两种交易在同一个账户中出现，在计算账户总的实际维持率时，两个公式都不能用。然而，可以根据满足保证金最低维持率要求的资产价值对账户进行分析，下面以一个例子来说明。

某投资者以每股 100 元的价格购买了 100 股 A 公司股票，又以每股 50 元的价格卖空了 100 股 B 公司股票。假如初始保证金比率和保证金最低维持比率分别是 60% 和 30%，经过一段时间后，A 公司股票和 B 公司股票的市场价格分别是 80 元和 60 元。这时，证券经纪商将要求投资者有足够的资产来保护A公司股票的保证金借款和B公司股票的卖空贷放。对A公司股票的保证金借款来说，其保证金最低维持率要求的资产价值为：100×100×(1-60%)/(1-30%)=5714(元)。对B公司股票的卖空贷放来说，其保证金最低维持率要求的资产价值为：100×60×(1+30%)=7800(元)。综合这两笔交易，总共需要13514元(5714+7800)的资产价值来满足保证金账户最低维持率的要求。由于账户中的资产价值为：100×80+100×50×(1+60%)=16000(元)，所以投资者没有收到补充保证金通知。要检查账户是否受限制，可以用60%的初始保证金比率，而不是30%的保证金最低维持率重复上述计算。对于A公司股票的保证金借款，使账户不受限制的数额为：100×100×(1-60%)/(1-60%)=10000(元)；相应地，对于B公司股票的卖空贷放，使账户不受限制的数额为：100×60×(1+60%)=9600(元)，两者之和为19600元，这说明保证金账户是受限制的。

第四节 股票价格指数

证券市场上的股价指数是运用统计学中的指数方法编制而成的。由于政治、经济、技术、市场等种种因素的影响，股票价格常常处于变动之中。为了能够及时、准确地反映出股价变化趋势，世界各大证券市场都编制股价指数，将某一时点上成千上万种此起彼伏的股票价格表现为一个综合指标，以此来表示该股票市场一定标准的价格水平和变动情况。同时，股票价格指数也是投资者进行技术分析的重要基础工具之一。

一、股票价格指数的含义及其计算

股票价格指数(stock price index)是用来表示多种股票价格水平及其变动情况以衡量股市行情的指标，简称股价指数。股价指数除了具有直接反映股票市场平均股价走势这一告示功能外，还是股市人气聚散的征兆。

按照股价指数涵盖股票数量和类别的不同，可以将其分为综合指数、成分指数和分类指数三类。综合指数是指在计算股价指数时将某个交易所上市的所有股票市价升跌都计算在内的指数，如纽约证券交易所综合指数、我国的上证综合指数等。成分指数是指在计算股价指数时仅仅选择具有代表性的股票作为样本股的指数。目前世界上大多数的指数是成分指数，如道·琼斯指数、标准普尔500指数、伦敦金融时报100指数、上证180指数、深圳成分股指数等。成分指数选择的股票一般具有市值大、交易量大、业绩好的特点。分类指数则是指选择具有某些相同特征(如同行业)的股票作为目标计算出来的指数，如房地产股指数、金融股指数、工业股指数等。

股价指数的计算方法主要有两种，一是简单算术平均法，二是市值加权平均法。简单算术平均法是道·琼斯公司编制道·琼斯股票指数时所采用的。简单算术平均法的计算就是将样本股的价格加总求和，然后除去样本股的支数，即：

$$\text{股价指数} = \frac{p_1 + p_2 + \cdots + p_n}{n}$$

在这里要注意的是除数因子(上式中为n)的修正。由于样本股的拆分、送配股及更换，为了使股票指数具有连续性和时间上的可比性，除数因子会进行修正。例如，道·

琼斯工业平均指数中含有 30 种样本股，最初除数因子为 30，但到 1999 年已修正为 0. 31143932。

市值加权平均法是标准普尔公司编制标准普尔 500 指数用的方法。市值加权平均法是以各样本股的市值在所有样本股总市值中所占的比率为权重进行加权平均，即：

$$\text{股价平均数} = \frac{p_1 w_1 + p_2 w_2 + \cdots + p_n w_n}{w_1 + w_2 + \cdots + w_n}$$

其中，w_i 表示第 i 种股票的股份数，其流通市值等于股票 i 的流通股价和流通股数的乘积。假定基准日的股价指数为 100，则：

$$\text{计算日的股价指数} = \frac{\text{计算日的股价平均数}}{\text{基准日的股价平均数}} \times 100$$

当然，计算股价指数还有其他的方法，比如美国的价值线指数，采用的是几何平均数法。

二、我国的股票价格指数

(一)综合指数

综合指数通常是以证券交易所挂牌上市的全部股票为计算范围，通过加权平均等方法编制出来的一类指数，该指数的主要目的是反映整个证券市场的总体走势。在我国，最常用的综合指数为上海证券综合指数(即上证综指)，此外还有深证综指等其他综合指数(见表 4-4)。

表 4-4　　我国股市主要综合指数

指数名称	上证综合指数	深证综合指数
发布日期	1991 年 7 月 15 日	1991 年 4 月 4 日
基期	1990 年 12 月 19 日	1991 年 4 月 3 日
基期指数	100	100
样本量	全部上市股票	全部上市股票
计算方法	股票发行量加权平均	股票发行量加权平均
历史走势	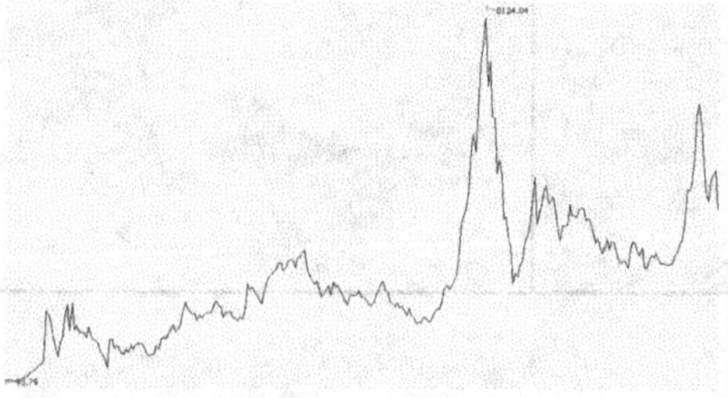	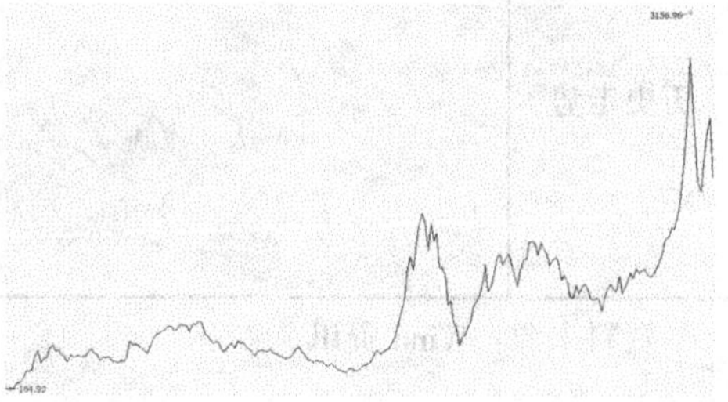

资料来源：Wind 资讯。

(二)成分股指数

成分股指数通常是在证券交易所挂牌上市的全部股票中选取某些具有代表性的股票作为指数计算范围，通过加权平均等方法编制出来的一类指数，该指数的主要目的是通过代表性股票的走势来反映整个证券市场的总体走势。在我国，最常用的成分股指数为深圳证券成分股指数(即深证成指)，此外还有上证 180 指数、沪深 300 指数等(见表 4-5)。

表 4-5 我国股市主要成分股指数

指数名称	上证 180 指数	深证成分股指数
发布日期	2002 年 7 月 1 日	1995 年 2 月 20 日
基期	2002 年 6 月 28 日	1994 年 7 月 20 日
基期指数	1000	1000
样本量	180 支股票	500 支股票
计算方法	可流通股数加权平均	可流通股数加权平均
历史走势	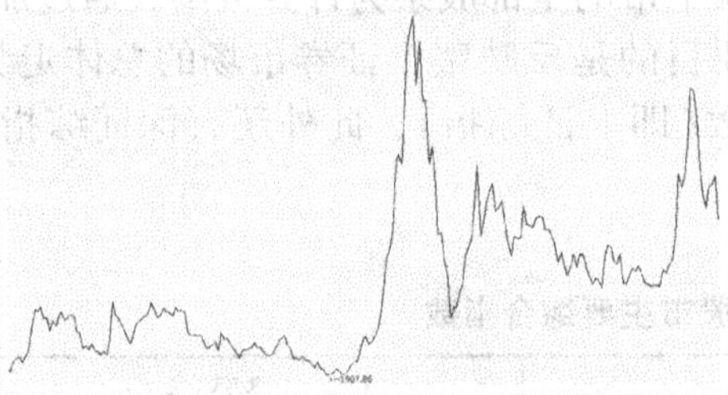	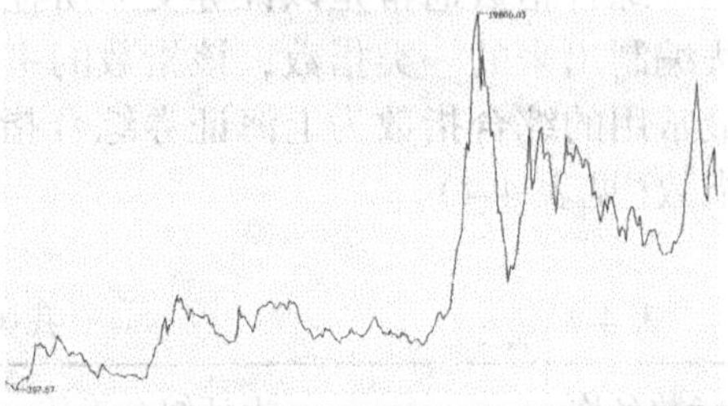
指数名称	上证 50 指数	沪深 300 指数
发布日期	2004 年 1 月 20 日	2005 年 4 月 8 日
基期	2003 年 12 月 31 日	2004 年 12 月 31 日
基期指数	100	1000
样本量	50 支股票	300 支股票
计算方法	调整股本数加权平均	自由流通量加权平均
历史走势	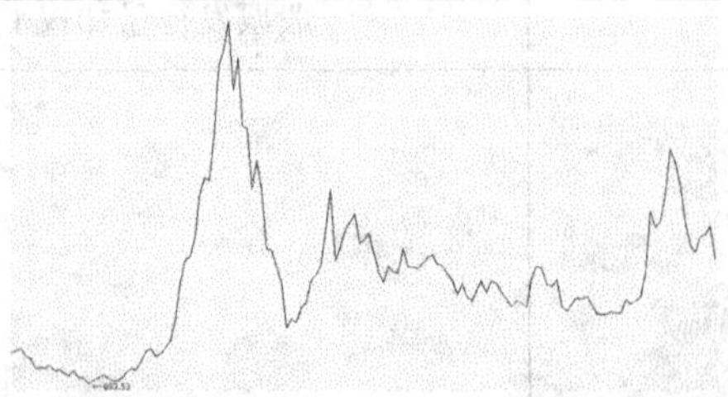	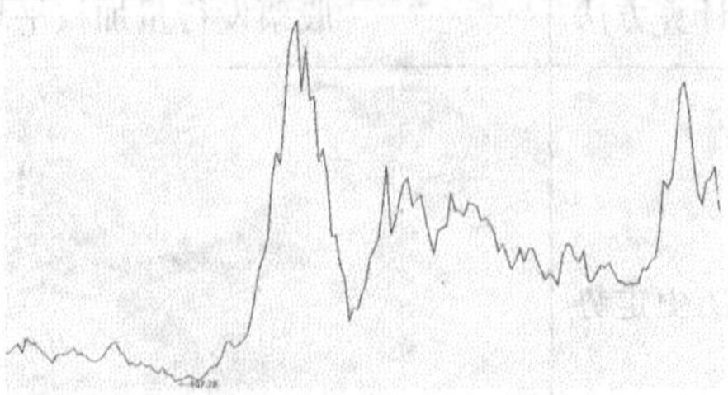

资料来源：Wind 资讯。

三、世界上主要股票价格指数

自从1884年美国道·琼斯公司的创始人查理斯·道开始编制道·琼斯指数起，世界上各个国家和地区的资本市场都开始陆续编制自己的股票价格指数(见表4-6)。经过不断的实践检验和修正，目前许多国家和地区的股价指数已经成为其实体经济的风向标。

表4-6　**世界其他主要股价指数**

指数名称	道·琼斯工业指数	标准普尔500指数
发布日期	1884年开始编制	1932年开始编制
基期	—	1941—1943年的平均市价总额
基期指数	—	100
样本量	30支股票	500支股票
计算方法	算数平均法	加权平均法
所属国家（地区）	美国	美国
历史走势	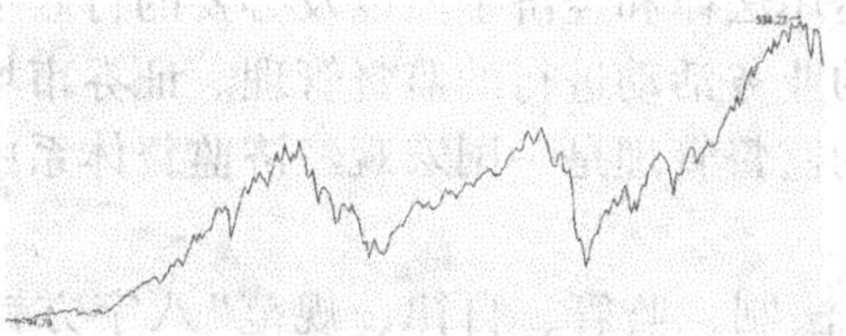	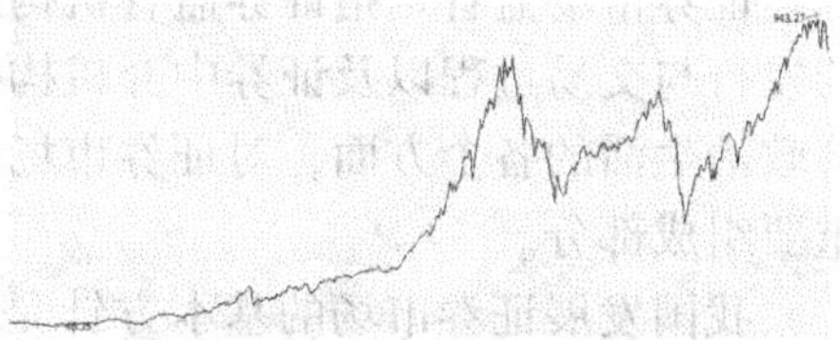
指数名称	纳斯达克指数	金融时报指数
发布日期	1971年2月8日	1935年7月1日
基期	1971年2月8日	1935年7月1日
基期指数	100	100
样本量	全部上市股票	30支股票
计算方法	资产加权平均	加权算数平均法
所属国家（地区）	美国	英国
历史走势	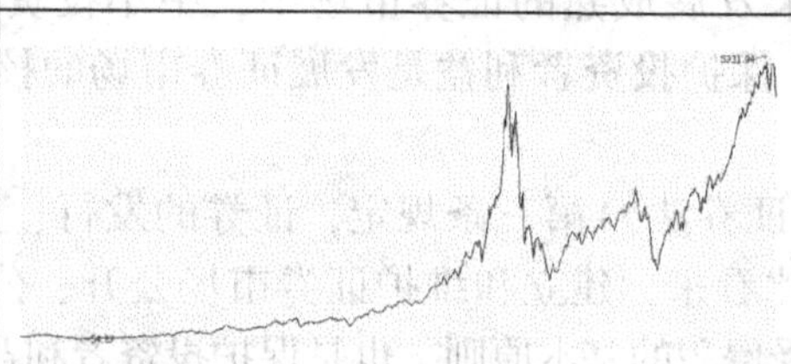	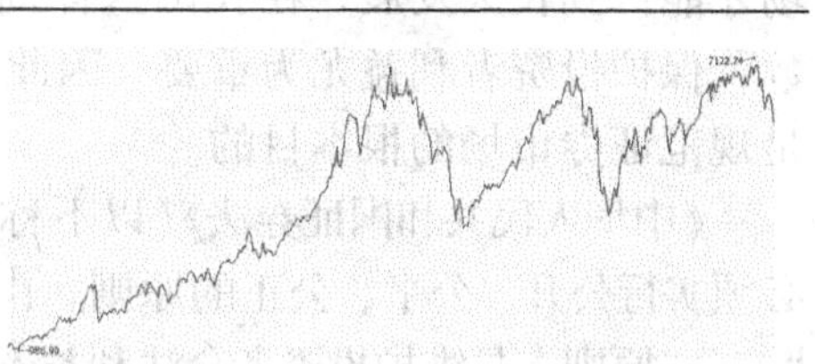

续表

指数名称	日经 225 指数	恒生指数
发布日期	1950 年 9 月 7 日	1969 年 11 月 24 日
基期	1950 年 9 月 7 日	1964 年 7 月 31 日
基期指数	—	100
样本量	225 支股票	33 支股票
计算方法	价格平均数	加权平均数
所属国家（地区）	日本	中国香港地区
历史走势	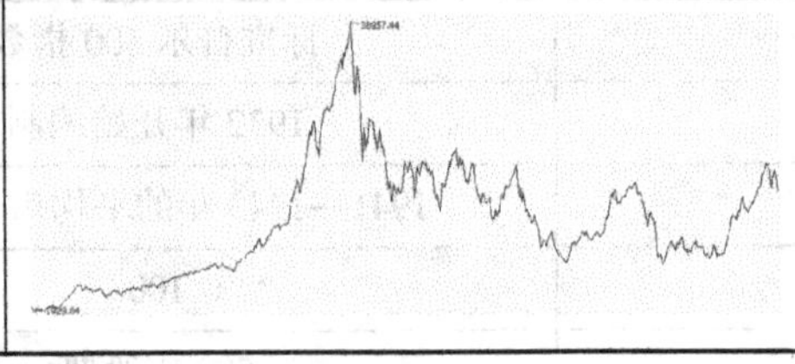	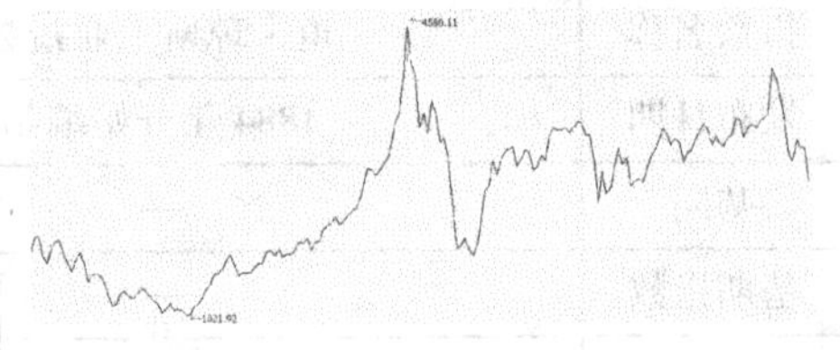

资料来源：Wind 资讯。

第五节　证券市场的监管

证券市场监管是指证券监管机构运用法律和经济手段以及必要的行政手段，对证券的发行与交易过程以及证券中介机构的业务活动进行的监督管理。证券市场牵涉社会经济政治生活的各个方面，对证券市场的监督管理是一国宏观经济监督体系中不可缺少的重要组成部分。

我国发展证券市场的基本方针是"法制、监管、自律、规范"八字方针。法制强调的是立法，监管强调的是执法，自律强调的是守法和自我约束，规范强调的是证券市场需要达到的运作标准和运作状态。规范是目的，是做好证券市场工作的基本出发点，也是八字方针的核心。法制是基础，是保证证券市场沿着正确轨道健康发展的基本条件。监管和自律是手段，国家监管和行业自律是证券市场法制能够得到落实的根本保障。

一、保护投资者利益与证券市场的"三公"原则

保护投资者利益是证券市场监管的核心任务。在证券市场的各方参与主体中，投资者是证券市场的基础和支柱，没有投资者的积极参与，就不会有证券的发售和交易，证券市场的基本功能就难以实现。投资者对证券市场的信心，是证券市场得以存在和发展的基本保证，只有真正保护投资者利益的市场，才能给投资者以安全感和信心，证券市场才能得到长久发展。在我国这样尚未发展成熟的证券市场中，中小投资者占绝大多数，保护投资者利益尤为重要。因此，保护投资者利益是发展证券市场的核心任务，也是规范证券市场的根本目的。

《中华人民共和国证券法》(以下称《证券法》)第三条规定，证券的发行、交易等活动，必须实行公开、公平、公正的原则。由此看来，建立和维护证券市场公开、公平、公正的"三公"原则，是维护投资者合法利益不受侵犯的基本原则，也是保护投资者利益的基础。

(一)公开原则

公开原则又称信息公开原则，其核心要求是实现市场信息的公开化，即要求市场具有充分的透明度。公开原则通常包括两个方面，即证券信息的初期披露和持续披露。信息的初期披露，是指证券发行人在首次公开发行证券时，应充分披露有可能影响投资者作出是否购买证券决策的所有信息；信息的持续披露，指在证券发行后，发行人应定期向社会公众提供财务及经营状况的报告，以及不定期公告影响公司经营活动的重大事项等。信息公开原则要求信息披露应及时、完整、真实、准确。

信息公开原则是公平、公正原则的前提。证券市场中的投资活动是一连串信息分析的结果，只有在市场信息能够公开地发布和传播的条件下，投资者才能公平地做出自己的投资决策；也只有如此，才能防止出现各种证券欺诈和舞弊行为，保证市场公正。为了保障信息公开原则可以有效落实，我国《证券法》第六十三条至第七十二条对信息公开提出了明确要求。

(二)公平原则

公平原则要求证券发行、交易活动中的所有参与者都有平等的法律地位，各自的合法权益能够得到公平的保护。这里，公平是指机会均等、平等竞争，营造一个所有市场参与者进行公平竞争的环境。在证券市场中，无论是发行人、中介机构还是投资者，他们之间相互平等的地位不应因各自的身份、职能及经济实力的不同而改变。我国《证券法》第一百一十三条规定，证券交易所应当为公平的集中交易提供保障，公布证券交易即时行情，并按交易日制作证券市场行情表，予以公布。

(三)公正原则

公正原则要求证券监管机构在公开、公平原则的基础上，对一切被监管对象给予公正待遇。公正原则是实现公开、公平原则的保障。根据公正原则，证券立法机构应当制定体现公平精神的法律、法规和政策，证券监管部门应当根据法律授予的权限公正履行监管职责。要在法律的基础上，对一切证券市场参与者给予公正的待遇。对证券违法行为的处罚，对证券纠纷事件和争议的处理，都应当公正进行。我国《证券法》第一百八十二条规定，国务院证券监督管理机构工作人员必须忠于职守，依法办事，公正廉洁，不得利用职务便利牟取不正当利益，不得泄露所知悉的有关单位和个人的商业秘密。

“三公”原则是贯穿于证券市场运行过程的基本原则。建立公开、公平、公正的市场环境，保证所有的市场参与者都能按照市场经济的原则，在相互尊重对方利益的基础上进行投融资活动，是证券市场规范化的一个基本要求，也是保障投资者合法利益的前提和基础。

二、禁止的交易行为

(一)禁止内幕交易

我国《证券法》第七十三条规定：禁止证券交易内幕信息的知情人和非法获取内幕

信息的人利用内幕信息从事证券交易活动。

证券交易内幕信息知情人包括：①发行人的董事、监事、高级管理人员。②持有公司百分之五以上股份的股东及其董事、监事、高级管理人员；公司的实际控制人及其董事、监事、高级管理人员。③发行人控股的公司及其董事、监事、高级管理人员。④由于所任公司职务可以获取公司有关内幕信息的人员。⑤证券监督管理机构工作人员以及由于法定职责对证券的发行、交易进行管理的其他人员。⑥保荐人、负责承销的证券公司、证券交易所、证券登记结算机构、证券服务机构的有关人员。⑦国务院证券监督管理机构规定的其他人。

内幕信息是指在证券交易活动中，涉及公司的经营、财务或者对该公司证券的市场价格有重大影响的尚未公开的信息。比如：①公司分配股利或者增资的计划；②公司股权结构的重大变化；③公司债务担保的重大变更；④公司营业用主要资产的抵押、出售或者报废一次性超过该资产价值的30%；⑤公司的董事、监事、高级管理人员的行为可能依法承担重大损害赔偿责任；⑥上市公司收购的有关方案；⑦国务院证券监督管理机构认定的对证券交易价格有显著影响的其他重要信息。

内幕交易包括下列行为：①知悉证券交易内幕信息的知情人员利用内幕信息买卖证券或者根据内幕信息建议他人买卖证券的行为；②知悉内幕信息的知情人员向他人泄露内幕信息，使他人利用该信息进行内幕交易获利的行为；③非法获取内幕信息的其他人员自己买卖证券或建议他人买卖证券的行为；④其他内幕交易行为。

(二)禁止操纵市场

我国《证券法》第七十七条规定：禁止任何人以任何手段操纵市场。具体来说，禁止任何单位、个人以获取利益或减少损失为目的，利用其资金、信息等优势或者滥用职权操纵市场，影响证券市场价格，制造假象，诱导投资者在不了解真相的情况下作出证券投资决定，扰乱市场秩序。

我国《证券法》中列举的操纵市场的手段主要有：①单独或者通过合谋，集中资金优势、持股优势或者利用信息优势联合或者连续买卖，操纵证券交易价格或者证券交易量；②与他人串通，以事先约定的时间、价格和方式相互进行证券交易，影响证券交易价格或者证券交易量；③在自己实际控制的账户之间进行证券交易，影响证券交易价格或者证券交易量；④以其他手段操纵证券市场。

操纵市场活动通常包括四个步骤，即积累、甩开、抬价和脱手。①积累阶段，操纵集团秘密而谨慎地购进股票，尽可能多地积累库存，但又不使价格抬起；②甩开阶段，操纵集团故意将大量股票突然出手，使价格猛跌，从而甩开该股票的其他购买者，迫使他们卖出手中的这种股票，然后，操纵集团再把卖掉的股票压价买回来；③抬价阶段，操纵集团突然公开地大量购进这种股票，由于这种股票在市场上数量已不多，因而在大量购买下供应不足，价格猛涨，操纵集团再雇用新闻记者及股评人士拼命吹捧该股票，进一步哄抬价格；④脱手阶段，操纵集团分小批慢慢将股票卖出，以防价格大跌。由于操纵集团已将价格抬到无法长期维持的水平，所以在脱手阶段的后期，该股票价格猛跌，在抬价和脱手阶段买进这种股票的投资者和投机者纷纷蒙受巨大损失。

(三)禁止欺诈

我国《证券法》第七十八条、七十九条规定：禁止国家工作人员、传播媒介从业人员和有关人员编造、传播虚假信息，扰乱证券市场。禁止证券交易所、证券公司、证券登记结算机构、证券服务机构及其从业人员，证券业协会、证券监督管理机构及其工作人员，在证券交易活动中作出虚假陈述或者信息误导。禁止证券公司及其从业人员从事损害客户利益的欺诈行为。

我国《证券法》明令禁止的欺诈行为包括：①违背客户的委托为其买卖证券；②不在规定时间内向客户提供交易的书面确认文件；③挪用客户所委托买卖的证券或者客户账户上的资金；④未经客户的委托，擅自为客户买卖证券，或者假借客户的名义买卖证券；⑤为牟取佣金收入，诱使客户进行不必要的证券买卖；⑥利用传播媒介或者通过其他方式提供、传播虚假或者误导投资者的信息；⑦其他违背客户真实意思表示，损害客户利益的行为。

此外，我国《证券法》明令禁止的交易行为还有：①禁止法人非法利用他人账户从事证券交易，禁止法人出借自己或者他人的证券账户；②依法拓宽资金入市渠道，禁止资金违规流入股市；③禁止任何人挪用公款买卖证券等。

三、政府监管与行业自律

证券市场的监管主要有三个层次：一是隶属于政府的证券监管部门的集中监管；二是自律组织对证券业本身的管理；三是证券经营机构的内部监管。

(一)政府监管

政府监管是由政府专门成立的证券监管机构对证券市场实行的集中统一的监管，目的是有效地控制风险，推动证券市场的健康发展。首先，证券市场参与者多、投机性强、敏感度高，是一个高风险的市场，而证券市场的风险又具有突发性强、影响面广、传导速度快的特点，因此必须建立一个强有力的专业监管机构代表政府对证券市场实行集中统一的监管，以便及时发现和处理各种异常情况，有效防范和化解市场风险。其次，证券市场中存在着多个利益主体，筹资者与投资者、上市公司与股东、证券经营机构与客户等有着各自不同的利益，他们之间存在着种种矛盾和冲突，因此需要通过政府监管机构的集中统一监管，规范各市场主体的行为，维护市场正常秩序。最后，各国证券市场的发展经验表明，证券市场的健康发展需要一个强有力的监管机构代表政府对市场实行集中统一监管。

近年来，我国证券市场在市场规模和规范化建设方面取得了较大进步，但是作为新兴市场，仍然存在不少问题。我国证券市场不仅有各国普遍面临的风险，还存在一些特殊风险，需要特别重视风险防范和化解工作。因此，迫切需要完善集中统一的政府监管体制，强化中国证监会的职能，以加强对证券市场发展的监管，监督和引导市场主体依法行事，实现市场的规范化。

(二)行业自律

自律，即自我监管。在注重发挥政府监管机构集中统一监管作用的同时，证券市场还必须强调行业自律，发挥证券市场组织者、参与者自我管理、相互监督的作用。首先，证券市场参与者众多、运作程序复杂、影响因素广泛，仅靠政府监管机构的监管是远远不够的，必须要求证券市场所有利益主体进行相互监督和自我约束；其次，进行自律也是证券市场组织者和参与者维护自身利益的需要。

目前，我国证券业自律组织主要有：证券交易所以及证券登记结算公司；中国证券业协会和地方性的证券业协会。这些自律组织通过制定公约、章程、准则、细则，对证券市场活动进行自我监管，组织形式实行会员制，凡符合条件的证券经营机构及其他机构，可申请加入，成为其会员。

自律组织对其会员的监管一般有两种方式：一是对会员公司每年进行一次例行检查，包括对会员的财务状况、业务执行情况、服务质量等进行检查；二是对会员的日常业务活动进行监管，包括对其业务活动进行指导，协调会员之间的关系，对欺诈客户、操作市场等违法违规行为进行调查处理等。

(三)政府监管和行业自律的区别与联系

政府监管和行业自律既有区别，又有联系，两者之间存在着相互补充、相互促进的关系。

(1)两者的区别。①性质不同。政府监管机构的监管带有行政管理的性质，行业自律组织对证券市场的监管具有自律性质。②监管依据不同。政府监管机构依据国家的有关法律、法规、规章和政策来进行监管，行业自律组织除了依据国家的有关法律、法规和政策外，还依据自律组织制定的章程、业务规则、细则等对证券市场进行管理。③监管范围不同。政府监管机构负责对全国范围的证券业务活动进行监管，行业自律组织主要对其会员、上市公司及交易活动进行监管。④监管的具体内容不同。政府监管机构主要是制定全国性证券法规，拟定监管条例，监管自律组织及证券中介机构，对重大违规案件进行查处等。行业自律组织主要是对其会员或上市公司及证券交易等进行一线监管。⑤两者采取的处罚不同。政府监管机构可以对违法违规的证券经营机构采取罚款、警告的处罚，情节严重的可取消其从事某项或所有证券业务的资格，对违法违规的上市公司可以决定终止其上市；行业自律组织对其会员或上市公司的处罚较轻微，包括罚款、暂停会员资格、取消会员资格等，情节特别严重的可提请政府主管部门或司法机关处理。

(2)两者的联系。①监管目的一致，都是确保国家有关证券市场的法律、法规、规章和政策得到贯彻执行，维护证券市场的“三公”原则，保护投资者的合法权益。②行业自律组织在政府监管机构和证券市场之间起着桥梁及纽带作用。自律组织为其会员提供了一个相互沟通、交流情况及意见的场所，可以将会员面临的困难、遇到的问题、对证券市场发展的意见和建议向政府监管机构反映，维护会员的合法权益。政府监管机构还可通过自律组织对证券业务活动进行检查监督。③行业自律是对政府监管的积极补充。自律组织可以配合政府监管机构对其会员进行法律法规政策宣传，使会员能够自觉地贯彻执行，同时对会员进行指导和监管。④行业自律组织本身也需接受政府监管机构的监管。自律组织的设立需要政府监管机构的批准，其日常业务活动要接受国家监管机构的检查、监督和指导。

练习与思考

一、重要名词与概念

二级市场　场内交易市场　场外交易市场　创业板市场　“新三板”市场　四板市场　委托配对成交　做市商制度　交易指令　保证金交易　证券账户　资金账户　融资交易　融券交易　买空　卖空　法定保证金比率　保证金实际维持率　保证金最低维持率　杠杆效应　股票价格指数　综合指数　成分股指数　“三公”原则　政府监管　行业自律

二、问答题

1. 股票上市可以给公司带来哪些好处？

2. 场内交易市场与场外交易市场有哪些区别？请结合两者的范围简述我国资本市场的层次结构。

3. 创业板市场的功能有哪些？

4. 为什么说证券市场监管的核心任务是保护投资者的利益？

三、选择题

1. 某股票实行配股，配股比例为 10 配 2，配股价为 11 元，股权登记日收盘价为 27.45 元，该股股票的除权价为(　　)元。

A. 24.71　　B. 23.97　　C. 24.63　　D. 22.88

2. 你以每股 3 元的价格购买某公司股票，该股现以 15 元的价格卖出，你的收入可通过执行限价为 13 元的(　　)得到保护。

A. 停损卖出指令　　B. 市价指令　　C. 限价买入指令　　D. 限价卖出指令

3. A 先生对经纪人发出指令：当股票市价下降到 26 元时即买进 1000 股。他发出的指令是(　　)。

A. 停损指令　　B. 停损限价委托指令

C. 限价委托指令　　D. 触价指令

4. 证券经纪人小王接到客户的指令，要将其账户上的某股票全部以市场价立即卖出。但小王根据其朋友也就是该股票上市公司董秘的建议，认为该股票会涨，于是没有卖出。果然，该股票大涨，该客户大赚了一笔。小王的这种行为是(　　)。

A. 随机应变的正当行为　　B. 欺诈行为

C. 内幕交易　　D. 操纵市场的行为

5. 我国属于证券业自律组织的是( )。

A. 证券交易所　　B. 中国证监会

C. 证券登记结算公司　　D. 中国证券业协会

6. 下列关于行业自律和政府监管的区别与联系的表述，正确的是( )。

A. 前者依据自律组织制定的章程、业务规则、细则等进行监管，后者则依据国家的法律、法规、规章和政策

B. 前者采取的处罚较轻

C. 前者是后者的积极补充

D. 前者也受后者的监管

7. 以下股票价格指数中属于成分股指数的是( )。

A. 深证综合指数　B. 上证 180 指数　C. 道琼斯指数　D. 纳斯达克指数

8. ( )是场外交易市场的主要特点。

A. 非集中市场　　B. 证券种类繁多

C. 竞价方式　　D. 特殊的管理模式

9. 张女士委托经纪商购入了市值为 3 万元的某公司股票 1500 股，除一部分本金外，其余为按 60%的法定保证金比率取得的借款。请回答下列问题：

(1)如果几天后，该股票价格变为 21 元每股，则张女士的收益率为( )。

A. 8.267%　B. 8.333%　C. 8.417%　D. 8.527%

(2)股价上涨后，保证金的实际维持率为( )。

A. 60.7%　B. 61.13%　C. 61.9%　D. 62.4%

(3)股价上涨后，张女士可提走的超额保证金为( )。

A. 400 元　B. 500 元　C. 600 元　D. 700 元

(4)假设保证金最低维持率为 30%，则该股的最低市价为( )。

A. 11.43 元　B. 12.17 元　C. 13.53 元　D. 14.09 元

10. 王先生以 1 万元本金做保证金卖空交易，当时法定保证金比率为 50%。他向证券经纪商借得当时市价为每股 20 元的某公司股票 1000 股在市场上卖出。

(1)如果一段时间后，该股跌为 16 元每股，王先生的保证金实际维持率为( )。

A. 66.7%　B. 76.3%　C. 87.5%　D. 90.1%

(2)股价下跌后，王先生拥有的超额保证金为( )。

A. 3000 元　B. 4000 元　C. 5000 元　D. 6000 元

(3)假定保证金最低维持率为 25%，则该股卖空的最高限价为( )。

A. 20 元　B. 24 元　C. 25 元　D. 28 元

(4)进行保证金卖空时，若股价上涨，则保证金实际维持率会( )。

A. 上升　B. 下降　C. 不变　D. 无法预测

11. 我国《证券法》中明令禁止的交易行为有( )。

A. 私募　B. 欺诈　C. 内幕交易　D. 操纵市场

【扩展阅读】

德隆系：资本市场配置资源的经典案例

2006年4月29日，新中国成立以来最大的金融证券案德隆案宣判，德隆系的覆灭令许多人唏嘘不已。尽管如此，德隆系在资本市场配置资源方面留下了大量的经典案例，这些案例为国内企业实现资本与产业的融合提供了宝贵的参考资料。

德隆系实现资本与产业的整合可以概括为四个主要步骤：第一步，通过入主上市公司，改变上市公司的股权结构；第二步，通过注入优质资产调整上市公司的产品结构，使上市公司的主营业务发生变化；第三步，通过并购、托管、委托加工等形式，对上市公司所属产业进行整合，优化产业结构；第四步，通过对销售网络和销售市场进行整合，扩大上市公司产品的市场占有率，最终形成规模性、垄断性经营，实现价值。合金投资、湘火炬和新疆屯河被称为德隆系的老三股，是德隆系的绝对嫡系；德隆系对这三家上市公司的改造恰恰体现出了其利用资本市场配置资源和整合产业的高超技艺。

(一)合金投资与“电动工具王国”

合金投资是德隆正式入主的第一家上市企业，它的前身是1996年在深交所上市的沈阳合金。沈阳合金是中国最大的镍合金材料生产企业，上市时的总资产1.3亿元，净资产7000万元，其主要产品镍合金的国内市场占有率高达80%以上。1997年6月，德隆以每股3.11元的价格获得沈阳合金股份有限公司的1500万法人股，成为沈阳合金第一大股东。

德隆入主沈阳合金之后，并没有被80%的市场占有率所迷惑，而是清晰地认识到镍合金的市场规模太小，全国的总需求量每年不过1亿多元，沈阳合金注定是个长不大的企业。于是，从1998年起，德隆把从资本市场募集来的几乎全部资金投入一系列的并购、整合中，沈阳合金也在同一年改名为“合金投资”。

1998年9月，合金投资出资9000万元，受让上海星特浩企业有限公司75%的股权，以先声夺人之势进军电动工具业。选择电动工具业作为投资对象，一个重要的原因是电动工具的电源为镍镉电池，而合金投资自身充足的镍产量可以大大节省采购成本，实现资源的优化配置。1999年3月，星特浩与陕西一家军工企业合作，成立宝鸡星宝机电有限责任公司，此举弥补了国内发动机工具的空白。1999年6月，合金投资收购当时国内交流电电动工具龙头企业苏州太湖电动工具集团公司，并以安置全部职工的零资产方式收购太湖75%的股权；至此，合金投资的直流电电动工具、交流电电动工具业务规模均做到了中国最大。

在基本实现了对国内电动工具行业的整合之后，合金投资开始在国际市场上寻求发展。2000年1月，合金投资投资1000万美元在北美设立组装厂及销售、服务网络。2000年下半年，合金投资选择了与全球最大的电动工具商美国毛瑞结成战略伙伴关系。2001年底，合金投资与美国毛瑞签订深层次合作协议，双方的合作内容主要包括利用毛瑞的品牌和销售渠道，销售合金投资的产品；利用合金投资的生产基地，加工生产毛瑞的产品；双方共同开发销往欧美市场的产品并支持毛瑞在华采购零部件等。

德隆入主合金投资之后，在短短的五年时间内，使一个普普通通的镍合金生产企业一跃成为中国最大、世界知名的电动工具生产王国。2000年同1996年相比，合金投资的总资产由1.33亿元增加到13.98亿元，增长了近10倍；主营业务收入由5027万元增加到8.44亿元，增长了15倍之多，德隆点石成金的本领不得不令人惊叹。

(二)湘火炬与“大汽配战略”

湘火炬是德隆入主的第二家上市企业，其前身是株洲火花塞厂，1993年改组为火炬火花塞股份有限公司，同年在深交所挂牌上市。1997年11月，德隆以每股2.8元的价格从株洲市国资局受让2500万湘火炬股权，德隆成为湘火炬的第一大股东。

德隆控股湘火炬伊始，就提出了“大汽配战略”：在巩固、提高既有产品的同时，根据市场收购企业，借助收购调整产品结构。具体来说，在保留公司原有的火花塞产业的基础上，开发包括汽车点火系统、刹车系统、内饰系统、车灯车镜系列等汽车配件。

根据发展“大汽配”的构想，湘火炬在国内外的资本市场上进行了一系列的股权投资。1998年9月，湘火炬收购株洲活塞销厂，当月，株洲火炬活塞销制造有限责任公司成立，湘火炬控股90%；这标志着湘火炬从单一火花塞生产向汽车点火系统开发迈进。1999年10月，湘火炬出资3300万美元，受让MAT 75%的股权，当时，MAT是中国向美国出口刹车系统的最大出口商，也是美国从中国进口刹车系统的最大进口商，湘火炬开始涉足刹车系统研发。2000年11月，湘火炬又收购了上海和达汽车配件有限公司50%的股权，该企业为台商企业，以生产汽车内饰件、车门、仪表盘等产品为主，湘火炬特别看中的是和达拥有的一批人才和他们与国际水平接轨的技术，通过控股合并，湘火炬可以节省大笔研发费用，同时进一步挖掘和达公司人才和技术的潜力。

经过一系列产业并购和资源整合，湘火炬从单一的火花塞生产企业摇身变为国内汽配行业的龙头企业，其营业范围涵盖了点火系统、刹车系统、内饰系统等。加上对合金投资的成功改造，德隆构筑起了涵盖汽车零部件、电动工具、户外机械、发动机等一系列产品的机电业大格局。

(三)新疆屯河与“红色产业”

新疆屯河是德隆系的第三家上市公司，在德隆入主之前，新疆屯河只是一家年产量40万吨的水泥厂，并且其距离新疆水泥业的龙头新疆水泥厂只有50公里，恶性的价格竞争使得包括新疆屯河在内的许多水泥企业都苦不堪言。

入主屯河之后，德隆的第一步是提高自身实力。一方面，通过投资技改、扩大产量来提升屯河自身的竞争力；另一方面，陆续收购周围一些中小水泥厂，再对那些企业进行技改、扩产。一年下来，屯河发展成为年生产能力过百万吨的新疆第二大水泥企业。

在1999年，新疆水泥厂改组为天山股份并上市，天山股份与新疆屯河在水泥市场上的厮杀也更加惨烈，在这种情况下，德隆顺势走出了第二步。因为同时入股了天山股份和新疆屯河的缘故，2000年3月，在德隆的撮合下，天山股份和屯河股份达成协议：将新疆屯河拥有的、可以年产水泥100万吨的实物资产出售给天山股份，天山股份按公允价值支付对价。屯河和天山的合并产生了巨大的协同效应，2001年，公司增加净利润2500万元以上，水泥产量达到550万吨，占全新疆水泥产量的60%，作为两只企业的共同股东，德隆成了最大的受益者。

在第二步完成之后，德隆开始进行第三步改革，利用出让新疆屯河水泥产业得到的资金，大力发展“红色产业”。所谓“红色产业”，是指以番茄、红花、胡萝卜、枸杞、石榴、红葡萄、大枣等新疆特色果蔬为原料的深加工产业。由于新疆地区日照时间长、气候干燥、昼夜温差大，这里出产的红色果蔬红色素含量高，富含维生素及多种营养成分，具有健康食品的概念；特别是番茄，新疆是世界上少有的、最适于种植番茄的地区。利用新疆地区得天独厚的自然资源优势，屯河的番茄酱年生产能力已达24万吨，仅比世界上产能最大的美国亨氏集团低2万吨；其产品主要出口欧美，出口额居全国之首，每年创汇4000多万美元。

之所以将新疆屯河的“灰色产业”变为“红色产业”，是因为作为国内最早进入农业的大型民营企业，德隆先后投资2亿多元在新疆各地建起了四个大型的现代化农场，开发土地10万余亩。此外，德隆还成功申请到了奥地利政府的贷款，购置了1500多万美元的各式农机设备，这些积累都为德隆的红色产业革命提供了坚实的物质保障。在番茄产业上，德隆的目标极为宏大，他们甚至勾勒出了成为全球第一大番茄酱生产商的宏伟蓝图。

作为中国新生代民营企业曾经的杰出代表，德隆带来的绝不仅仅是股价上的泡沫，德隆也是国内“资本与产业整合的典范”①，是“资本市场资源配置的典型”。对于德隆系的繁荣与覆灭，我们应该一分为二地看待。一方面，德隆人用自己的远见、胆识和炉火纯青的资本运作技艺筑造了一座商业帝国；另一方面，任何妄图触碰监管层底线、妄图破坏资本市场游戏规则的行为，都会受到严厉的惩罚。

资料来源：根据王世渝《曾经德隆》(新华出版社2008年版)改编。

① 魏杰. 中国MBA案例II. 北京：中国发展出版社，2004.

第五章　投资组合选择

1952年，Harry M. Markowitz 在《金融杂志》上发表了一篇具有里程碑意义的论文《投资组合选择》①，这标志着现代投资组合理论(portfolio theory)的开端。该论文阐述了如何利用组合投资创造更多的可供选择的投资机会，从而在一定风险水平下获得最大可能的预期收益率，或在获得一定的预期收益率时使得风险最小。1963年Markowitz的学生 William F. Sharpe 提出简化的市场模型以解决标准投资组合模型应用于大规模市场时面临的计算困难。在投资组合理论基础上，Sharpe(1964)、Lintner(1965)和Mossin(1966)②三个人分别独立推导出资本资产定价模型，这一模型在西方金融、投资领域已广为流行并成为投资学教科书的基本内容，本书的下面几章将就这一模型及其在投资估值中的应用展开论述，本章则论述组合投资的一些基本原理。

第一节　风 险 管 理

证券市场充满了风险，证券投资是一种风险性的投资。一般而言，风险是指对投资者预期收益的背离，或者说是证券投资收益的不确定性。在证券投资活动中，投资者投入一定数量的本金，目的是希望得到预期的收益。从时间上看，投入本金是当前的行为，其数额是确定的，而取得收益是在未来，其数额是无法确定的。在持有证券这段时间内，有很多因素可能使预期收益减少甚至使本金遭受损失，而且相隔时间越长，预期收益的不确定性越大，因此，证券投资的风险是普遍存在的。

一、风险与风险厌恶

在众多的可供投资者选择的证券中，虽说风险是普遍存在的，但每一种证券的风险大小并不相同，例如短期国债或银行短期可转让存单几乎没有什么风险，收益是确定的，而普通股票或普通股票的择购期权存在着很大的风险，收益完全是不确定的，有各种可能的结果。为了有效地进行风险管理，投资者应考虑两方面的问题。

---

① 详见 Markowitz, H. Portfolio selection[J]. The journal of finance, 1952, 7(1): 77-91.

② 详见 Sharpe W F. Capital asset price: A theory of market equilibrium under conditions of risk[J]. The journal of finance, 1964, 19(3): 425-442; Lintner J. The valuation of risk assets and the selection of risky investments in stock portfolios and capital budgets[J]. The review of economics and statistics, 1965: 13-37; Lintner J. Security price, risk, and maximal gains from diversification[J]. The Journal of Finance, 1965, 20(4): 587-615; Mossin J. Equilibrium in a capital asset market[J]. Econometrica: Joural of the econometric society, 1966: 768-783.

第一，投资者个人对风险和收益的看法，即个人偏好。

第二，在投资者可接受的风险水平下，可供选择的投资机会。

因此，作为一名风险厌恶投资者(risk-averse investor)可能会投资于短期国债或银行短期可转让存单，作为一名风险偏好者(risk-taker)可能会投资于普通股票或认股权证。

(一)优势法则

大量事实证明，投资者普遍是喜好预期收益而厌恶风险的，因而人们在投资决策时希望预期收益越大越好，而风险越小越好。这种态度反映在证券的选择上可用优势法则来描述。假定有两种证券资产 i 与 j，它们的预期收益分别用 $E(\tilde{R}_i)$ 和 $E(\tilde{R}_j)$ 表示，风险分别用 i 与 j 资产的标准差 $\sigma(\tilde{R}_i)$ 与 $\sigma(\tilde{R}_j)$ 来表示，投资者在两种资产间的投资选择过程为：

a. 当 $E(\tilde{R}_i)=E(\tilde{R}_j)$，且 $\sigma(\tilde{R}_i)\geqslant\sigma(\tilde{R}_j)$ 时，则投资者的选择是风险较小者，即 j 资产；

b. 当 $E(\tilde{R}_i)\geqslant E(\tilde{R}_j)$，且 $\sigma(\tilde{R}_i)=\sigma(\tilde{R}_j)$ 时，则投资者的选择是收益较大的 i 资产；

c. 当 $E(\tilde{R}_i)\geqslant E(\tilde{R}_j)$，且 $\sigma(\tilde{R}_i)\leqslant\sigma(\tilde{R}_j)$ 时，则投资者的选择是收益较大而风险较小的 i 资产；

d. 当 $E(\tilde{R}_i)\geqslant E(\tilde{R}_j)$，且 $\sigma(\tilde{R}_i)\geqslant\sigma(\tilde{R}_j)$ 时，这种情况难以直观作出选择，事实上，不同的投资者可能得到完全不同的回答，取决于不同投资者个人的偏好。

上述投资选择过程中，前两种情况即为所谓的优势法则(dominance rules)。

(二)无差异曲线

按照优势法则，有些证券之间是不能区分好坏的，如前面的 d 种情况，i 资产虽然比 j 资产承担着较大的风险，但它同时也带来了较高的预期收益率，这种预期收益率的增量可认为是对增加的风险的补偿，如图 5-1 所示。

由于不同投资者对预期收益率和风险的偏好态度不同，当风险从 $\sigma(\tilde{R}_j)$ 增到 $\sigma(\tilde{R}_i)$ 时，预期收益率将从 $E(\tilde{R}_j)$ 增加到 $E(\tilde{R}_i)$，收益率的增加是否满足投资者个人对风险补偿的要求将因人而异，从而按照他们各自不同的偏好态度将对图 5-1 中的两种证券作出完全不同的比较。

投资者 K 认为：增加的预期收益率恰好能补偿增加的风险，所以对 i 与 j 两种资产的满意程度相同，选择哪一种都无所谓，即资产 i 与 j 无差异。

投资者 L 认为：增加的预期收益率不足以补偿增加的风险，所以 i 不如 j，更令他满意的是 j，即 j 比 i 好。

投资者 M 认为：增加的预期收益率超过对增加风险的补偿，所以 i 比 j 更令人满

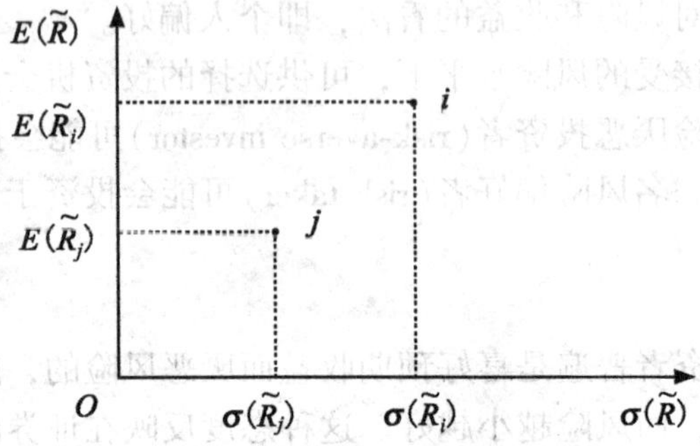

图 5-1 优势法则不能区分的资产

意，即 i 比 j 好。

在同样风险状态下，要求的预期收益率补偿越高，说明该投资者对风险越厌恶。上述三位投资者中，投资者 L 对风险厌恶程度最高，因而他最保守；投资者 K 次之；投资者 M 对风险厌恶程度最低，因而更具冒险精神。

从上述三位投资者作出选择的依据来看，他们都是根据自己对风险的态度即厌恶风险的程度来衡量预期收益率是否能够补偿增加的风险，从而作出比较选择的。

一个特定的投资者，任意给定一个证券，根据他对风险的态度，按照预期收益率对风险补偿的要求，可以得到一系列满意程度相同的证券或组合。在图 5-2 中，某投资者认为经过 j 的那一条曲线上的所有证券或组合对他的满意程度相同，因此我们称这条曲线为该投资者的一条无差异曲线(indifference curve)。有了这条无差异曲线，任何证券或组合均可与证券 j 进行比较。例如，按该投资者的偏好，证券资产 i 与 j 无差异；g 比 j 好，因为 g 比 i 好，而 i 与 j 无差异，实际上 g 比该无差异曲线上任何证券都好；相反，h 则比 j 坏，因为它落在该无差异曲线的下方。

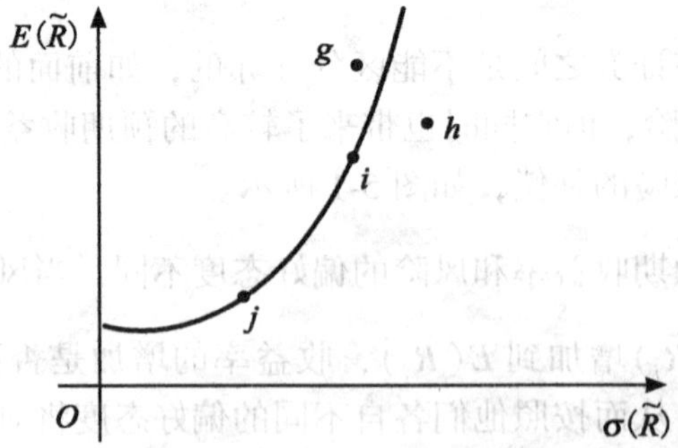

图 5-2 一条无差异曲线

同样，也有一系列证券或组合与 g 无差异，从而形成过 g 的一条无差异曲线，类似地，过 h 也有一条无差异曲线。事实上，任何一个证券或组合都将落在某一条无差异曲线上，如图 5-3 所示。落在同一条无差异曲线上的证券或组合有相同的满意程度，而落在不同无差异曲线上的证券或组合有不同的满意程度，因而一个组合不会同时落在两条不同的无差异曲线上，也就是说不同的无差异曲线不会相交，而无差异曲线的位置越高，它带来的满意程度越高。对一个特定的投资者，他的所有无差异曲线形成一个曲线族，我们称之为该投资者的无差异曲线族，图 5-3 中只画出几条作为代表，实际上，无差异曲线的条数应该是无限的而且将密布整个平面。

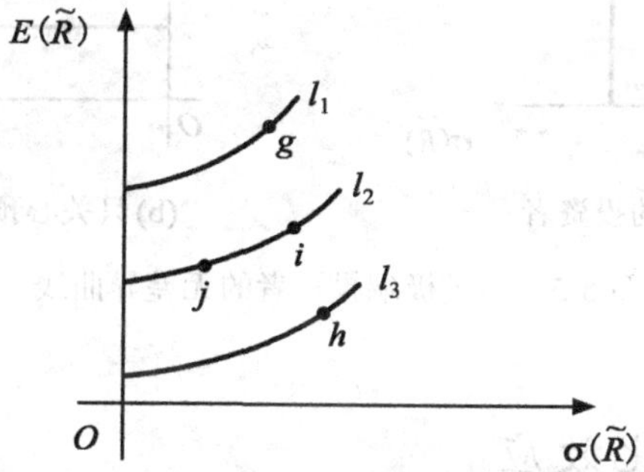

图 5-3　无差异曲线族

图 5-3 表明无差异曲线是一族互不相交的向上倾斜的曲线，且一般情况下曲线越来越陡，表明风险越大，投资者要求的边际收益补偿越大。无差异曲线的这一特性，即具有正斜率而且下凸，是由优势法则决定的，也就是说所有的投资者都是偏好收益而厌恶风险的。不过，不同的投资者厌恶风险的程度不同，有些投资者有较高的风险厌恶，而另一些投资者可能只有轻微的风险厌恶，这表明不同的投资者有不同的无差异曲线族。图 5-4 的(a)、(b)、(c)相应展示了高度风险厌恶者、中等风险厌恶者、轻微风险厌恶者的无差异曲线族。从这些图形可以看出，一个越是厌恶风险的投资者有着越陡的无差异曲线族，它们反映了不同类型投资者对风险的态度。

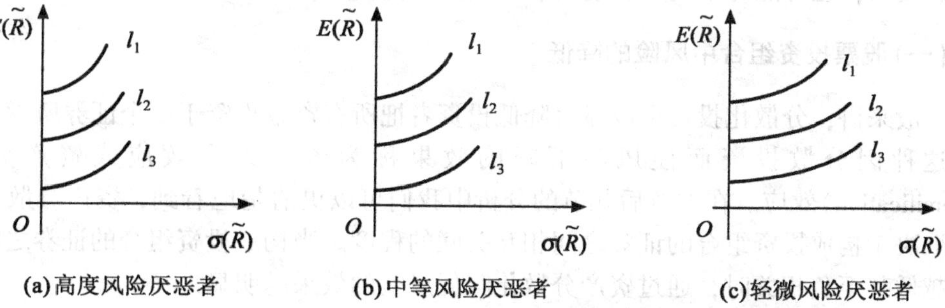

图 5-4　不同类型风险厌恶投资者的无差异曲线

有两种极端情形，一类投资者只关心风险，风险越小越好，对预期收益毫不在意，这类投资者的无差异曲线是一族直线，如图 5-5(a)所示；另一类投资者对风险毫不在意，只关心预期收益，收益越高越好，这类投资者的无差异曲线是一族水平线，如图

5-5(b)所示。

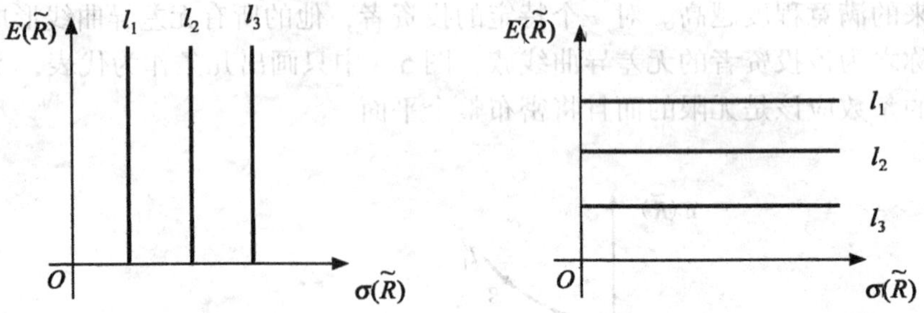

(a)只关心风险的投资者　　(b)只关心预期收益的投资者

图 5-5　两类极端投资者的无差异曲线

二、资产的分散化效应

严格来讲，证券投资的收益率是一个遵循一定分布的随机变量，由于现实中要了解其真实分布是很困难的甚至是不可能的，因而一种简化的方法是用分布的两个重要特征——预期收益率(expected rate of return)和方差(variance)(或标准差)来描述。人们进行投资决策的原则是以尽可能小的方差(风险)，获得尽可能高的预期收益率，也就是尽可能选择处于左上方的无差异曲线上的证券进行投资。但是，如果仅投资于单个证券，投资者的决策选择将只有有限种，不一定能确保投资者获得最满意的投资机会即效用最大化。为了获得更多的投资机会，人们可以采用分散化的方法将资金按一定的比例分散投资于若干不同的证券上去。我们称这种投资方式为证券的组合投资，每一种证券的组合相当于一种新的证券，因而通过组合投资，投资者可以创造出无限多种新的投资选择机会。这些参与投资组合的证券有些属无风险证券，有些则为风险证券，既可能有债券、股票，也可能有不动产、期货、期权及其他资产。

(一)股票投资组合中风险的降低

一般来讲，分散化投资可以显著降低投资者把所有资金投资于单个证券所承担的风险，这种因分散投资而使风险下降的效果称为资产组合效应或资产分散化(diversification)效应。在本章后几节的分析中我们可以更清楚地看到，资产分散化效应主要取决于构成投资组合的证券之间相互关联的程度。当构成投资组合的证券之间关联程度越低甚至负相关时，通过资产分散化降低风险的效果越明显。

假设所有股票的风险与收益率相等，而且收益率之间互不相关，即任一股票的收益率大小不受其他股票的收益率水平影响，又假设投资者将其资金等比例地分散投资于所有股票，那么投资组合收益率的标准差(风险)为：

$$\sigma(\tilde{R}_p)=\frac{\sigma(\tilde{R})}{\sqrt{n}}$$

以上公式可由概率论中独立随机变量的性质得到。若单支股票年预期收益率的标准差 $\sigma(\tilde{R})=20\%$，投资者在投资组合中只持有 1 支股票，则投资组合风险 $\sigma(\tilde{R}_p)=0.2=20\%$；若持有 2 支股票，则 $\sigma(\tilde{R}_p)=\frac{0.2}{\sqrt{2}}=14.14\%$；若持有 3 支股票，则风险进一步降低为 $\sigma(\tilde{R}_p)=\frac{0.2}{\sqrt{3}}=11.55\%$。注意，当持有 4 支股票时，投资组合的风险为单支股票风险的1/2；当持有 16 支股票时，投资组合风险为单支股票风险的1/4。如图 5-6 所示，随着投资组合中包含的股票数目增多，风险越来越小。

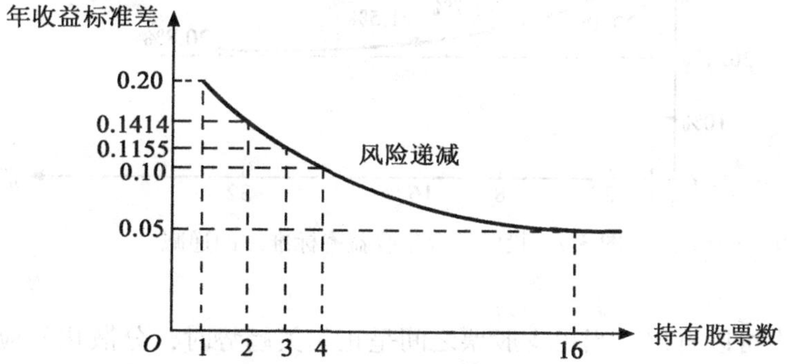

图 5-6　股票收益率不相关时的分散化效应

对应单支股票的预期收益率 $E(\tilde{R})=10\%$，由概率论中数学期望的性质得到

$$E(\tilde{R}_p)=\frac{1}{n}\sum_{i=1}^{n}E(\tilde{R}_i)=10\%$$

因此，组合投资在降低风险的同时并没有以降低收益率为代价，投资者无论投资于多少只股票，总能从投资组合中获得 10%的预期收益率。当然，以上描述中我们假定分散化为一种无成本活动，不存在与将互不相关的股票结合成投资组合相关的交易成本，如经纪商佣金或信息成本。

(二)风险降低的实证

现实中，上例中的假设不可能发生，原因在于交易成本的存在以及关于股票特性的假定不符合实际。首先，统计检验发现多数股票的收益率与其他股票收益率之间存在正相关关系，它们受经济和行业的共同因素的影响较大，如联合公司、通用汽车公司、美国钢铁公司的普通股票表现出与整个市场趋势有较高的正相关性，而有些公用事业类公司，如美国电话电报公司的普通股票则较少受这些因素的影响。其次，各种股票的预期收益率和风险也有差异，有些公司股票如 AT&T 的收益率随时间变化不大，且趋于较低的平均收益率，其他新兴行业公司股票如 Tesoro Petroleum 或 Dekalb Ag Research 的收益率则随时间变化较大，且具有较高的平均收益率。

有研究人员将两个时期(1926—1965 年，1960—1981 年)在纽约证券交易所上市的普通股票随机选出构成投资组合，其风险降低情况如图 5-7 所示。

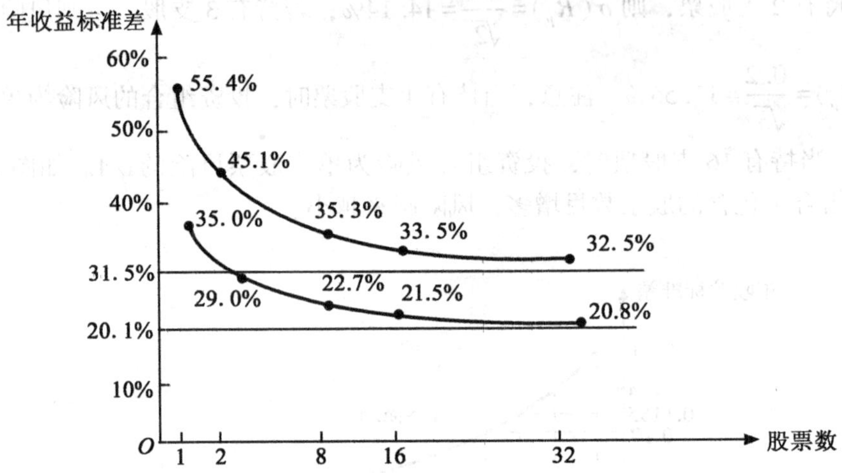

图 5-7　投资组合年收益率标准差的递减

从图 5-7 中可以看出，当单支股票之间呈正相关趋势时，分散化效应依然存在，但是两条曲线也都表明即使充分分散化甚至持有市场组合，风险也不可能减少到零。

三、系统性风险与非系统性风险

以上关于风险降低的实证分析中，我们提到多数股票的收益率会受到经济和行业的共同因素的影响，我们把这种由于受某些共同因素的影响而引起的投资收益的可能变动称为证券投资的系统性风险。这些共同的因素来自企业外部，是企业无法控制和回避的，因此系统性风险又称不可回避的风险，又由于这些共同的因素会对所有企业产生不同程度的影响，不能通过分散化投资而消除，所以系统性风险又可称为不可分散风险。

非系统性风险是某一特殊因素引起的只对个别公司的证券收益产生影响的风险，这种风险可以通过分散投资来抵消或回避，因此又称为可分散风险(diversifiable risk)或可回避风险，如涉及某一具体企业的信用风险、经营风险、破产风险等均属非系统性风险。

正是由于系统性风险和非系统性风险对于分散化投资有不同的效应，非系统性风险在投资充分分散化后可以消除，而系统性风险无论如何不可能降到零、只能趋于正常的平均水平即市场整体水平，所以证券投资的总风险始终是存在的。那么，如何才能有效地降低系统性风险呢？一种办法是将风险证券与无风险证券进行投资组合，当增加无风险证券的投资比例时，系统性风险将降低，极端的情况是将全部资金投资于无风险证券上，这时风险便全部消除。但是，绝对的无风险证券实际上是不存在的，即便把钱存入银行也将承担利率风险和贬值风险。另一种办法是实际证券组合管理常用的方法，即进行套期保值，它的基本思想是把两个反向运动的事物串联在一起，使它们互为消长，抵消损失，如在进行股票投资的同时，通过股指期货套期保值。

从收益与风险关系来看，系统性风险可以带来收益的补偿，而非系统性风险则得不到收益补偿，因而人们常常义无反顾地要求降低非系统性风险。对于系统性风险，人们则需根据自己的风险承受能力决定承担多大的系统性风险以期获得相应的收益报酬，因而人们并不普遍采取措施来完全消除系统性风险，而是通过投资选择使系统性风险处于自己认为最满意的位置。

第二节　证券间的关联性

在将单个证券构成证券组合时，证券间的关联性对组合的效应起着关键性作用。因此，在深入探讨投资组合效应前，有必要对度量证券间关联性的指标及其计算作一下介绍。

一、协方差

设证券 i 的收益率为 $\tilde{R}_i$，证券 j 的收益率为 $\tilde{R}_j$，$E(\tilde{R}_i)$ 与 $E(\tilde{R}_j)$ 为各自的预期收益率，则两证券间的协方差(covariance)可表示为(整个观察期为 T，$\tilde{R}_{it}$ 与 $\tilde{R}_{jt}$ 为观察期 t 时的收益率)：

$$\mathrm{Cov}(\tilde{R}_i,\ \tilde{R}_j)=\frac{1}{T}\sum_{t=1}^{T}[\tilde{R}_{it}-E(\tilde{R}_i)][\tilde{R}_{jt}-E(\tilde{R}_j)] \tag{5-1}$$

从概念上讲，协方差是两个随机变量相互关系的一种统计测度，也就是说，它是测度两个随机变量如证券 i 和 j 的收益率之间的“互动性”。协方差为正值表明两只证券的收益率倾向于向同一方向变动，一支证券高于预期收益率的情形很可能伴随着另一支证券也高于预期收益率的情形；协方差为负值表明两支证券的收益率相反变动的倾向，一支证券高于预期收益率的情形很可能伴随着另一支证券低于预期收益率的情形；协方差为零则表明两支证券的收益率之间没有任何互动关系，一支证券的收益率状况不能说明另一支证券的收益率会有何种倾向。

从协方差的计算公式中可以看出，协方差反映两支证券协同变化的程度，其绝对数依赖于每支证券收益率与自身预期收益率的偏离程度，不同的证券间的协方差是不可比的，因而协方差的绝对数不能反映证券间的什么关系，只有协方差的符号可以反映两支证券协同变化的方向。为了克服协方差在不同证券间的不可比性，于是有了另一统计指标——相关系数。

二、相关系数

相关系数(correlation coefficient)即为标准化后的协方差，也就是将协方差用收益率的标准差来标准化。相关系数可以在不同的证券间进行比较，它的大小和符号反映了两支证券间的关联程度，其取值介于-1 和 1 之间(见图 5-8)。相关系数的计算公式为：

$$\rho_{ij}=\frac{\mathrm{Cov}(\tilde{R}_i,\ \tilde{R}_j)}{\sigma(\tilde{R}_i)\sigma(\tilde{R}_j)} \tag{5-2}$$

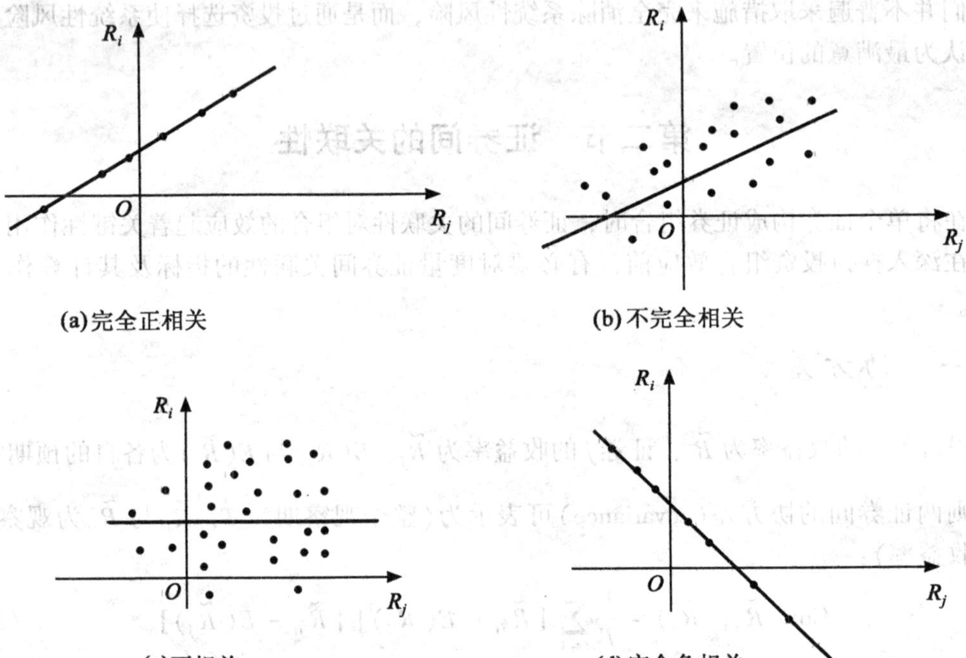

(a)完全正相关　(b)不完全相关

(c)不相关　(d)完全负相关

图 5-8　相关关系

第一，当$\rho=1$时，两支证券完全正相关，如图 5-8(a)所示；

第二，当$\rho=-1$时，两支证券完全负相关，如图 5-8(d)所示；

第三，当$\rho=0$时，两支证券不相关，如图 5-8(c)所示；

第四，当$0<\rho<1$或$-1<\rho<0$时，两支证券不完全相关，如图 5-8(b)所示。

例如，Exxon 公司股票的月收益率标准差$\sigma(\tilde{R}_{\mathrm{xon}})=19.4\%$，Standard Oil of California公司股票的月收益率标准差$\sigma(\tilde{R}_{\mathrm{sd}})=23.1\%$，两家公司股票月收益率的协方差$\mathrm{Cov}(\tilde{R}_{\mathrm{xon}},\ \tilde{R}_{\mathrm{sd}})=0.034$，则两家公司股票收益率的相关系数$\rho=\frac{0.034}{0.194\times0.231}=0.76$。前已指出，研究两支证券间收益相关性问题的原因在于投资组合的分散化效应与证券间的关联程度有关，图 5-9 显示的是两正相关证券投资组合的收益情况，图 5-10 显示的是两负相关证券投资组合的收益情况。

根据以上分析，我们不难发现，ρ_{ij}越小，特别是负相关的证券组合分散化效应越大；ρ_{ij}越大，特别是正相关的证券组合分散化效应越小。例如，当铁路股票受损失时，航空股票就获益，两者的收益率负相关，它们的投资组合将会显著降低风险，分散化效

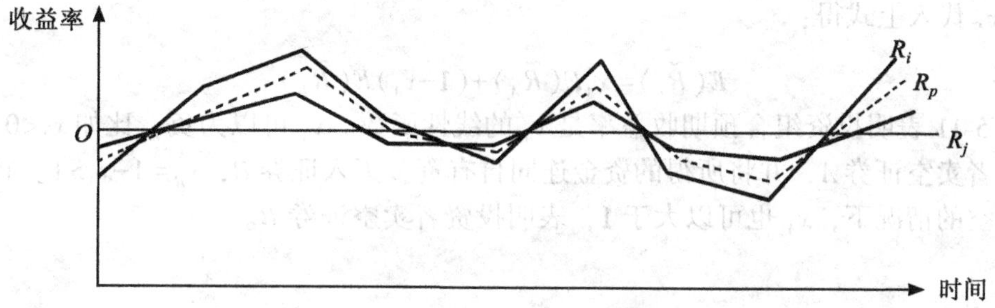

图 5-9　长期收益正相关的证券及其组合收益率

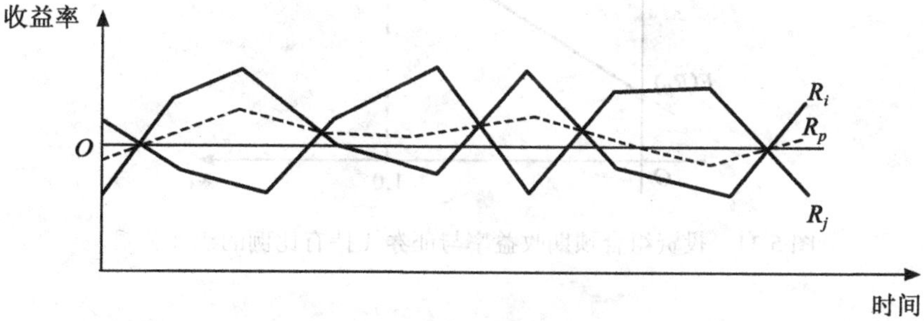

图 5-10　长期收益负相关的证券及其组合收益率

应较为明显；相反地，若将轮胎公司和汽车公司的股票结合在一起，由于两者的收益率正相关，它们的投资组合就不会降低风险，没有什么分散化效应。我们将在下面一节对此进行更深入的分析。

第三节　风险和收益的分散化效应

我们已经知道，通过组合投资，投资者可以创造出无限多种新的投资选择机会。那么，证券投资组合的风险和收益状况如何？下面我们首先从两种证券的投资组合开始论述，接着就 N 种证券的情况作进一步的概括。

一、两种证券的投资组合

（一）两种证券组合的预期收益和风险

设有两种证券 A 和 B，证券 A 的预期收益率为$E(\tilde{R}_A)$，证券 B 的预期收益率为 $E(\tilde{R}_B)$，则分别以 x_A 和 x_B 的比例投资于两种证券构成的投资组合的预期收益率为：

$$E(\tilde{R}_p)=x_AE(\tilde{R}_A)+x_BE(\tilde{R}_B) \tag{5-3}$$

投资组合的预期收益率是各证券预期收益率的一种线性组合，因为 $x_A+x_B=1$，将 $x_B=1-x_A$ 代入上式得：

$$E(\tilde{R}_p)=x_AE(\tilde{R}_A)+(1-x_A)E(\tilde{R}_B)$$

图 5-11 表明投资组合预期收益率是 x_A 的线性函数。x_A 可以为负，比如 $x_A<0$，则表明投资者卖空证券 A，并将所得的资金连同自有资金买入证券 B，$x_B=1-x_A>1$。当然，在允许卖空的情况下，x_A 也可以大于 1，表明投资者卖空证券 B。

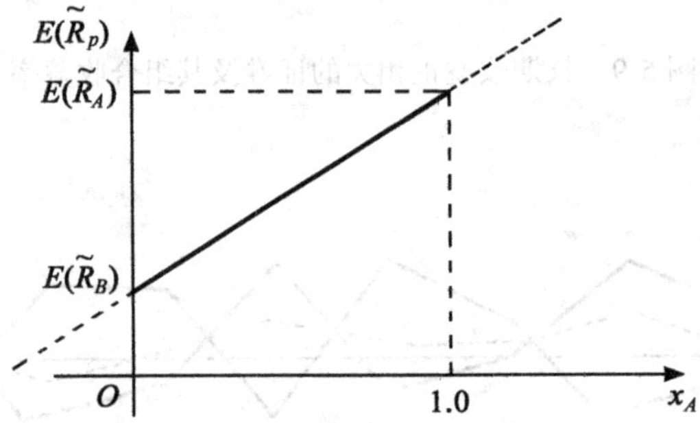

图 5-11　投资组合预期收益率与证券 A 持有比例的线性关系

图 5-11 中的实线表示不允许卖空的情况，其延长线表示允许卖空的情况。仅从图 5-11 我们还不能得到最佳的投资组合，因为我们尚未将风险考虑在内。因此，接下来我们要考察 x_A 的变化对投资组合标准差的影响。

A 和 B 两种证券的任一投资组合风险可用该投资组合的标准差来表示：

$$\sigma(\tilde{R}_p)=[x_A^2\sigma^2(\tilde{R}_A)+x_B^2\sigma^2(\tilde{R}_B)+2x_Ax_B\text{Cov}(\tilde{R}_A,\ \tilde{R}_B)]^{1/2} \tag{5-4}$$

等式的右边由三项构成，它表示投资组合风险的大小取决于：①持有的每一种证券的比例；②持有的证券收益率的方差；③持有的证券收益率的相关程度。在给定证券收益率的方差及其相关程度后，选择不同的投资比例，就可以得到不同的投资组合，从而得到不同的预期收益率和标准差，因而$(x_A,\ x_B)$的无限种取值，相当于创造了无限多种证券供投资者选择，投资者可根据自己对收益和风险的偏好，选择自己最满意的组合。

(二)不同关联程度下两种证券组合的风险

两种证券组合的风险与预期收益率不同，在给定两种证券的预期收益率和风险后，后者只与投资比例有关，而前者的计算要复杂得多，不仅与投资比例有关，还与两种证券的相关程度有关。下面在不同相关程度下讨论两种证券组合的风险情况。

1. 完全正相关下两种证券组合的风险。在完全正相关下，$\rho_{AB}=1$，(5-4)式变为：

$$\begin{aligned}\sigma(\tilde{R}_p)&=[x_A^2\sigma^2(\tilde{R}_A)+x_B^2\sigma^2(\tilde{R}_B)+2x_Ax_B\sigma(\tilde{R}_A)\sigma(\tilde{R}_B)]^{1/2}\\&=|x_A\sigma(\tilde{R}_A)+x_B\sigma(\tilde{R}_B)|\\&=|x_A\sigma(\tilde{R}_A)+(1-x_A)\sigma(\tilde{R}_B)|\end{aligned}$$

在这种情况下，投资组合的风险是投资比例 x_A 的线性函数，反映在图形上，就是一条直线关系，如图 5-12 所示。

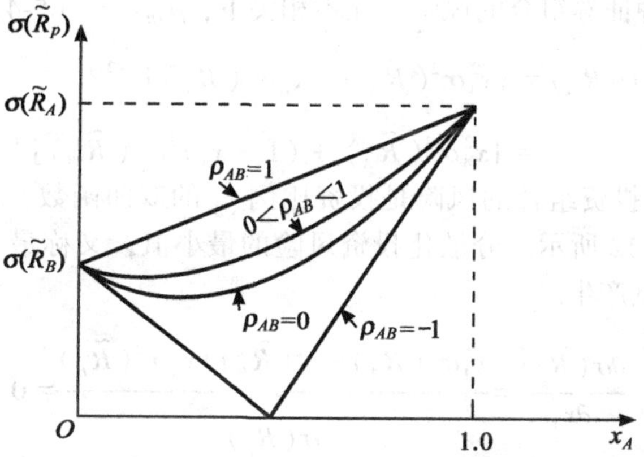

图 5-12 投资组合标准差与证券 A 持有比例的关系

图 5-12 中，纵轴为投资组合标准差 $\sigma(\tilde{R}_p)$，横轴为投资比例 x_A 的取值。当 $x_A=0$ 时，所有资金投资于 B 证券，投资组合标准差恰好为 $\sigma(\tilde{R}_B)$；反之，当 $x_A=1.0$ 时，投资者的所有资金投资于 A 证券，投资组合标准差恰好为 $\sigma(\tilde{R}_A)$。完全正相关下，投资组合的分散化效应最小。

2. 完全负相关下两种证券组合的风险。在完全负相关下，$\rho_{AB}=-1$，(5-4)式变为：

$$\begin{aligned}\sigma(\tilde{R}_p) &= [x_A^2\sigma^2(\tilde{R}_A)+x_B^2\sigma^2(\tilde{R}_B)+2x_Ax_B(-1)\sigma(\tilde{R}_A)\sigma(\tilde{R}_B)]^{1/2}\\ &= |x_A\sigma(\tilde{R}_A)-x_B\sigma(\tilde{R}_B)|\\ &= |x_A\sigma(\tilde{R}_A)-(1-x_A)\sigma(\tilde{R}_B)|\end{aligned}$$

在这种情况下，投资组合的风险是投资比例 x_A 的分段线性函数，反映在图形上，就是分段直线，如图 5-12 所示。

令 $\sigma(\tilde{R}_p)=0$ 得到

$$|x_A\sigma(\tilde{R}_A)-(1-x_A)\sigma(\tilde{R}_B)|=0$$

$$x_A=\frac{\sigma(\tilde{R}_B)}{\sigma(\tilde{R}_A)+\sigma(\tilde{R}_B)}$$

由此可见，只要对 x_A 的取值作合适的选择，就可使投资组合的风险降为 0，呈现完全的分散化效应，构造这样的投资组合将是十分有价值的。相应的有：

$$x_B=\frac{\sigma(\tilde{R}_A)}{\sigma(\tilde{R}_A)+\sigma(\tilde{R}_B)}$$

3. 不相关下两种证券组合的风险。在不相关下，$\rho_{AB}=0$，(5-4)式变为：

$$\sigma(\tilde{R}_p)=[x_A^2\sigma^2(\tilde{R}_A)+x_B^2\sigma^2(\tilde{R}_B)]^{1/2}$$

$$=[x_A^2\sigma^2(\tilde{R}_A)+(1-x_A)^2\sigma^2(\tilde{R}_B)]^{1/2}$$

在这种情况下，投资组合的风险是投资比例 x_A 的双曲函数，反映在图形上，就是一条双曲线，如图 5-12 所示。分散化投资风险的最小值，又称最小标准差投资组合将在 x_A 取值中的某一点产生。

令
$$\frac{\partial\sigma(\tilde{R}_p)}{\partial x_A}=\frac{x_A\sigma^2(\tilde{R}_A)-\sigma^2(\tilde{R}_B)+x_A\sigma^2(\tilde{R}_B)}{\sigma(\tilde{R}_p)}=0$$

得
$$x_A=\frac{\sigma^2(\tilde{R}_B)}{\sigma^2(\tilde{R}_A)+\sigma^2(\tilde{R}_B)}$$

显然有 $0<x_A<1$，因此按上式确定的投资比例投资于证券 A，就可使投资组合的风险最小，相应的有：

$$x_B=\frac{\sigma^2(\tilde{R}_A)}{\sigma^2(\tilde{R}_A)+\sigma^2(\tilde{R}_B)}$$

由此，可得到最小标准差：

$$\sigma_{\min}(\tilde{R}_p)=\frac{\sigma(\tilde{R}_A)\sigma(\tilde{R}_B)}{\sqrt{\sigma^2(\tilde{R}_A)+\sigma^2(\tilde{R}_B)}}$$

不难验证，$\sigma_{\min}(\tilde{R}_p)<\min(\sigma(\tilde{R}_A),\ \sigma(\tilde{R}_B))$。

因此，可通过确定适当的投资比例得到比两种证券的风险都要小的风险证券组合。

4. 不完全相关下两种证券组合的风险。在不完全相关下，(5-4)式可以表示为：

$$\sigma(\tilde{R}_p)=[x_A^2\sigma^2(\tilde{R}_A)+x_B^2\sigma^2(\tilde{R}_B)+2x_Ax_B\rho_{AB}\sigma(\tilde{R}_A)\sigma(\tilde{R}_B)]^{1/2}$$

$$=[x_A^2\sigma^2(\tilde{R}_A)+(1-x_A)^2\sigma^2(\tilde{R}_B)+2x_A(1-x_A)\rho_{AB}\sigma(\tilde{R}_A)\sigma(\tilde{R}_B)]^{1/2}$$

这是最一般的情况，公式不会有任何形式上的简化，投资组合的风险与 x_A 的关系反映在图形上仍是一条双曲线(在完全相关时，双曲线退化为折线)，因而图形形状与第 3 种情况相似，只是弯曲程度不同。不同的弯曲程度是由不同的相关系数引起的，随着 ρ_{AB} 的增大，弯曲程度将降低。当 $\rho_{AB}=-1$ 时，弯曲程度最大，呈折线弯曲，当 $\rho_{AB}=1$ 时，弯曲程度最小(此时实际上没有弯曲，呈直线)，而不相关是一种中间状态，比正相关弯曲程度大，比负相关弯曲程度小。

$$\frac{\partial\sigma(\tilde{R}_p)}{\partial x_A}=\frac{x_A\sigma^2(\tilde{R}_A)-\sigma^2(\tilde{R}_B)+x_A\sigma^2(\tilde{R}_B)+(1-2x_A)\operatorname{Cov}(\tilde{R}_A,\ \tilde{R}_B)}{\sigma(\tilde{R}_p)}$$

令

$$\frac{\partial\sigma(\tilde{R}_p)}{\partial x_A}=0$$

得

$$x_A=\frac{\sigma^2(\tilde{R}_B)-\operatorname{Cov}(\tilde{R}_A,\ \tilde{R}_B)}{\sigma^2(\tilde{R}_A)+\sigma^2(\tilde{R}_B)-2\operatorname{Cov}(\tilde{R}_A,\ \tilde{R}_B)}$$

按上式确定的投资比例投资于证券 A，可得到最小标准差投资组合，相应的有：

$$x_B=\frac{\sigma^2(\tilde{R}_A)-\operatorname{Cov}(\tilde{R}_A,\ \tilde{R}_B)}{\sigma^2(\tilde{R}_A)+\sigma^2(\tilde{R}_B)-2\operatorname{Cov}(\tilde{R}_A,\ \tilde{R}_B)}$$

注意，x_A 可能为负值。如果 x_A 取负值，表明投资者需卖空证券 A，才能得到最小标准差投资组合，对应图 5-12 中，双曲线的极值点可能在 $x_A<0$ 处得到。

综合以上四种情况，可以看出，在不允许卖空的情况下($0\leqslant x_A\leqslant 1$)，相关系数越小，证券组合可获得越小的风险，特别是在完全负相关的情况下，可得到无风险的投资组合；在不相关的情况下，虽然得不到一个无风险组合，但可得到一些组合，其风险小于A、B 中任何一个单个证券的风险。当 A 与 B 的收益不完全负相关时，双曲线在 A、B 之间比不相关时更弯曲，因而更能找到一些组合使得风险小于 A 或 B 的风险。但是，当 A 与 B 的收益不完全正相关时，可能得不到一个不卖空的组合使得风险小于每一单个证券的风险。可见，在不允许卖空的情况下，组合所能降低风险的程度是由证券间的关联程度所决定的，印证了我们前面分析的结论。

实际上可以证明：设 $\sigma(\tilde{R}_B)<\sigma(\tilde{R}_A)$，则当且仅当 $\rho_{AB}<\dfrac{\sigma(\tilde{R}_B)}{\sigma(\tilde{R}_A)}$时，才能在不卖空的情况下获得所有可能组合(包括卖空)中的最小标准差(风险)组合，从而才能在不卖空的情况下获得一些组合，使其风险小于每一单个证券的风险。当 $\rho_{AB}=\dfrac{\sigma(\tilde{R}_B)}{\sigma(\tilde{R}_A)}$时，将资金全部投资于单个证券 B(即 $x_A=0$)时风险最小。如果 $\rho_{AB}>\dfrac{\sigma(\tilde{R}_B)}{\sigma(\tilde{R}_A)}$，则必须卖空证券 A 才能获得最小标准差(风险)投资组合，也才能获得某些组合使得风险小于每一单个证券的风险。

联系两种证券投资组合的预期收益率和风险来看，由于组合的预期收益率是 x_A 的简单线性函数，当 $E(\tilde{R}_A)>E(\tilde{R}_B)$时，为严格单调递增函数，所以投资组合的风险与 x_A 的函数关系可以用投资组合的风险与其预期收益率的函数关系来代替。当然，也可以把投资组合的风险和其预期收益率的函数关系看成是以 x_A 为参数的参数方程形式。正因为如此，我们可以把图 5-12 中的横坐标改成 $E(\tilde{R}_p)$，曲线形状不会有实质上的变化，只是标度作些调整即可。由此我们可以进一步得出结论，如不卖空，ρ_{AB}越小，在同等风险的情况下，可获得的证券组合的预期收益率越大；或从另一角度来说，在相同的预期收益率下，可获得的证券组合承担的风险越小。因此，证券间的相关性越小，证券组合创造的潜在利益越大。

下面举例说明。若设 Microsoft 公司股票的预期收益为 20%($E(\tilde{R}_{MS})=0.20$)，GE 公司股票的预期收益为 15%($E(\tilde{R}_{GE})=0.15$)，Microsoft 和 GE 股票收益的标准差分别为 28.7%和 20.5%，又假设 $\mathrm{Cov}(\tilde{R}_{MS}, \tilde{R}_{GE})=0$，代入上文第三种情况下的相应公式，得：

$$x_{MS}=\frac{0.205^2}{0.287^2+0.205^2}=0.338$$

$$x_{GE}=1-0.338=0.662$$

$$\sigma_{\min}(\tilde{R}_p)=[0.338^2\times0.287^2+0.662^2\times0.205^2]^{1/2}=0.1668$$

所以，当投资 33.8%的资金于 Microsoft 公司股票和 66.2%的资金于 GE 公司股票，得到最小风险投资组合，其风险为 16.68%，比 Microsoft 和 GE 公司股票的风险都要小。

事实上，现实中的 Microsoft 和 GE 公司股票收益的协方差值约为 0.023，相关系数为 0.40。此时我们运用上文讨论的第四种情况下的公式，在 $x_{MS}=0.243$，$x_{GE}=0.757$ 处找到最小标准差投资组合 $\sigma(\tilde{R}_p)=0.193$。

如果反映投资者收益风险偏好的无差异曲线给定，如图 5-13 所示，可得到最优投资组合 D，一旦 D 点的预期收益和风险得以确定，投资者即可决定投资于两种证券的比例。

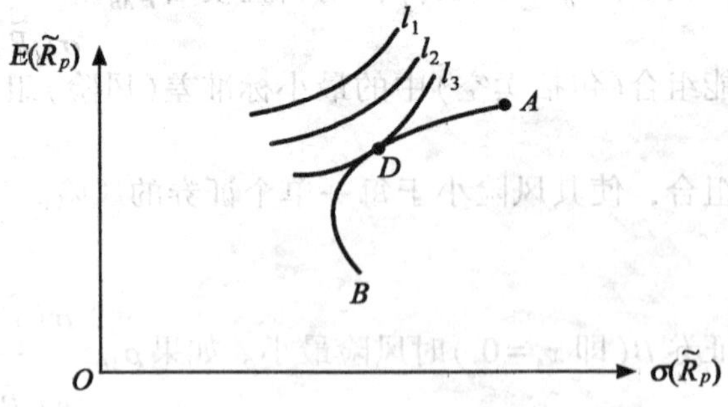

图 5-13　两种证券的机会集合

二、N 种证券的投资组合

通过以上分析，我们知道，当市场上只有两种证券供投资者选择时，所有可能的投资组合构成$(E(R), \sigma(R))$坐标系中的一条曲线，在允许卖空的情况下，曲线上的所有点均是可行的，但如果不允许卖空，可行集只是曲线上介于两种证券之间的一段。现在假设可供投资选择的证券有三种：A、B、C，这时，可能的投资组合便不再局限于一条曲线上了，而是$(E(R), \sigma(R))$坐标系中的一个区域。如图 5-14 所示，在不允许卖空的情况下，A、B、C 三种证券所能得到的所有可能组合将落入并填满$(E(R), \sigma(R))$坐标系中曲线 AB、BC、AC 围成的区域，该区域称为不允许卖空时证券 A、B 和 C 的证券组合可行域。区域内的每一点都可通过三种证券组合得到，比如，区域内的 Z 点可以通过证券 B 与某个 A 与 C 的组合 D 的再组合得到。

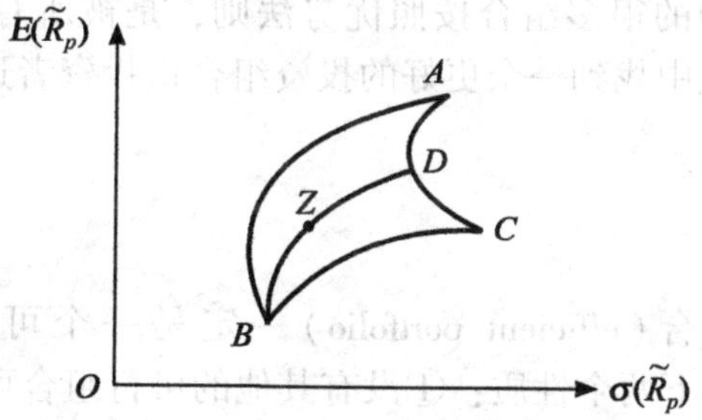

图 5-14　不允许卖空时三种证券组合的可行域

如果允许卖空，则三种证券组合的可行域将不再是图 5-14 中的有限区域，而是包含该有限区域的一个无限区域，见图 5-15。

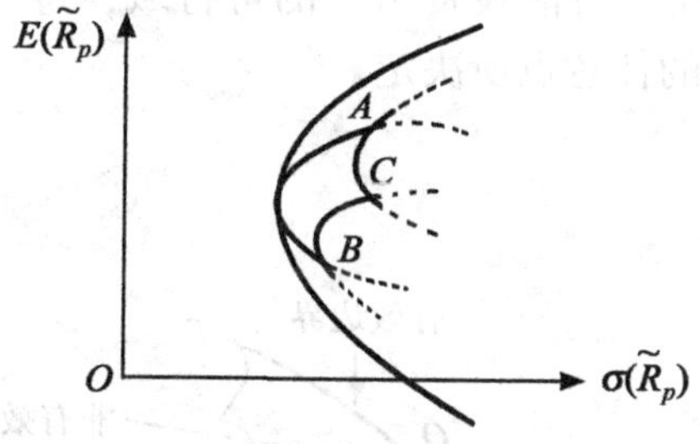

图 5-15　允许卖空时三种证券组合的可行域

更一般地，N 种证券的可行域也是$(E(R), \sigma(R))$坐标系中一个有限区域(权数有约束)或无限区域(权数没有约束)。N 种证券的投资组合的预期收益率和标准差可分别表述为：

$$E(\tilde{R}_p) = \sum_{i=1}^{N} x_i E(\tilde{R}_i) \tag{5-5}$$

$$\begin{aligned}\sigma(\tilde{R}_p) &= \left[\sum_{i=1}^{N}\sum_{j=1}^{N} x_i x_j \mathrm{Cov}(\tilde{R}_i, \tilde{R}_j)\right]^{1/2} \\ &= \left[\sum_{i=1}^{N} x_i^2 \sigma^2(R_i) + 2\sum_{1\le i<j\le N} x_i x_j \mathrm{Cov}(\tilde{R}_i, \tilde{R}_j)\right]^{1/2}\end{aligned} \tag{5-6}$$

由(5-6)式可知，要估计$\sigma(\tilde{R}_p)$，需估计N个方差和$\frac{N(N-1)}{2}$个协方差，当N非常大时，这一计算量十分巨大，比如在中国A股市场，截止到2015年6月，股票种数多达2700种，需要估计的方差和协方差个数将达365万个之多。为了克服这一困难，后来发展了一种所谓市场模型，我们将在后面的章节中介绍。

第四节　有效组合与最优分散化

上一节我们已经得到了N种证券所有可能的投资组合在$[E(R),\ \sigma(R)]$坐标系中的可行域，然而可行域中的很多组合按照优势法则，是被所有投资者排除在选择之外的，因为总可以在可行域中找到一个更好的投资组合供投资者选择。这就是我们下面要讲的有效组合。

一、有效组合

一个有效的投资组合(efficient portfolio)一定是一个可行的投资组合(feasible portfolio)，且该组合有以下两个性质：①没有其他的可行组合可以较低的风险提供相同的预期收益率；②没有其他的可行组合可提供较高的预期收益率而又表现出同样的风险水平。这意味着，一个有效的投资组合是在给定预期收益率下风险最低的投资组合或在给定风险下预期收益率最高的投资组合。

如图5-16所示，纵轴为投资组合预期收益率$E(\tilde{R}_p)$，横轴为投资组合标准差$\sigma(\tilde{R}_p)$，曲线围成部分表示所有可能投资组合的可行域，每一投资组合的风险-收益组合可由$(E(R),\ \sigma(R))$空间的任意点所决定。

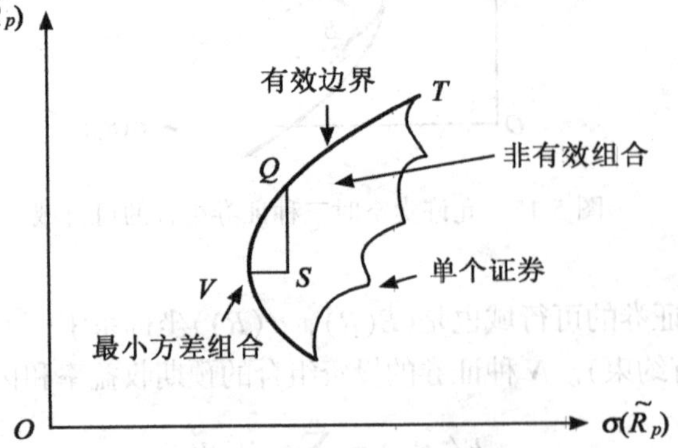

图5-16　投资组合的可行域

我们可以发现图中有些风险和收益组合比其他组合更令人满意，尤其是在可行域西北方向曲线上的点代表最满意风险组合的集合，这就是所谓的有效边界(efficient frontier)。图中曲线从 T 点到 V 点的范围，所有的有效组合皆位于其上。

位于有效边界上的组合优于所有的内部各点。例如 S 点代表一可行组合，S 与 V 比，收益率相同而风险较大；S 与 Q 比，风险相同而收益率较小。因此当 V、Q 与 S 点同时存在时，没有人愿意选 S 点。

有效边界上的所有点构成有效集(efficient set)，有效集是由那些风险一定收益最高，或收益一定风险最小的投资组合构成。寻找有效集的过程，其实可归结为以下两方面的优化过程：

(一)约束风险，求最大收益问题

目标函数：$\max E(\tilde{R}_p) = \sum_{i=1}^{N} x_i E(\tilde{R}_i)$

约束条件：
$$\begin{cases} \sigma(\tilde{R}_p) = \left[\sum_{i=1}^{N}\sum_{j=1}^{N} x_i x_j \mathrm{Cov}(\tilde{R}_i, \tilde{R}_j)\right]^{1/2} = \text{常数} \\ \sum_{i=1}^{N} x_i = 1 \\ \text{其他约束} \end{cases}$$

当给定不同的风险水平(常数)，即可求得对应的最大收益。重复以上步骤，即可找到有效集。

(二)约束收益，求最小风险问题

目标函数：$\min \sigma(\tilde{R}_p) = \left[\sum_{i=1}^{N}\sum_{j=1}^{N} x_i x_j \mathrm{Cov}(\tilde{R}_i, \tilde{R}_j)\right]^{1/2}$

约束条件：
$$\begin{cases} E(\tilde{R}_p) = \sum_{i=1}^{N} x_i E(\tilde{R}_i) = \text{常数} \\ \sum_{i=1}^{N} x_i = 1 \\ \text{其他约束} \end{cases}$$

给定不同的收益常数，即可求出相应的最小标准差，重复以上过程即可找到最小标准差集合，最小标准差集合对应的左边缘的上半部分就是有效集。

需要注意的是上述两个条件极值问题是一组对偶问题，有些初学者企图同时对投资组合求收益最大，风险最小，这是一个不可能获得答案的问题。从以上讨论中，我们还可得到有效集的性质：总的来看，有效集的位置和形状与构成投资组合的证券预期收益、标准差和两两证券间的协方差有关，收益越大，标准差和协方差越小，有效集越靠近左边，且越高。

寻找上述有效集，可以用求解拉格朗日条件极值的方法求出，有兴趣的读者可参阅本节的扩展阅读。

【扩展阅读】

用拉格朗日条件极值求三种证券的最优投资组合

目标函数：

$$\min \sigma^2(\tilde{R}_p)=x_A^2\sigma^2(\tilde{R}_A)+x_B^2\sigma^2(\tilde{R}_B)+x_C^2\sigma^2(\tilde{R}_C)+2x_Ax_B\mathrm{Cov}(\tilde{R}_A,\tilde{R}_B)+2x_Ax_C\mathrm{Cov}(\tilde{R}_A,\tilde{R}_C)+2x_Bx_C\mathrm{Cov}(\tilde{R}_B,\tilde{R}_C)$$

约束条件：$\begin{cases}E(\tilde{R}_p)=x_AE(\tilde{R}_A)+x_BE(\tilde{R}_B)+x_CE(\tilde{R}_C)\\1=x_A+x_B+x_C\end{cases}$

为了求最小方差投资组合，我们建立下列拉格朗日函数。

$$\begin{aligned}L=&x_A^2\sigma^2(\tilde{R}_A)+x_B^2\sigma^2(\tilde{R}_B)+x_C^2\sigma^2(\tilde{R}_C)+2x_Ax_B\mathrm{Cov}(\tilde{R}_A,\tilde{R}_B)\\&+2x_Ax_C\mathrm{Cov}(\tilde{R}_A,\tilde{R}_C)+2x_Bx_C\mathrm{Cov}(\tilde{R}_B,\tilde{R}_C)\\&+\lambda_1[E(\tilde{R}_p)-x_AE(\tilde{R}_A)-x_BE(\tilde{R}_B)-x_CE(\tilde{R}_C)]\\&+\lambda_2(1-x_A-x_B-x_C)\end{aligned}$$

令$\dfrac{\partial L}{\partial \lambda_1}=0$

得 $$E(\tilde{R}_p)=x_AE(\tilde{R}_A)+x_BE(\tilde{R}_B)+x_CE(\tilde{R}_C)$$

令$\dfrac{\partial L}{\partial \lambda_2}=0$

得 $$1=x_A+x_B+x_C$$

令$\dfrac{\partial L}{\partial x_A}=0$

得 $0=2x_A\sigma^2(\tilde{R}_A)+2x_B\mathrm{Cov}(\tilde{R}_A,\tilde{R}_B)+2x_C\mathrm{Cov}(\tilde{R}_A,\tilde{R}_C)-\lambda_1E(\tilde{R}_A)-\lambda_2$

令$\dfrac{\partial L}{\partial x_B}=0$

得 $0=2x_B\sigma^2(\tilde{R}_B)+2x_A\mathrm{Cov}(\tilde{R}_A,\tilde{R}_B)+2x_C\mathrm{Cov}(\tilde{R}_B,\tilde{R}_C)-\lambda_1E(\tilde{R}_B)-\lambda_2$

令$\dfrac{\partial L}{\partial x_C}=0$

得 $0=2x_C\sigma^2(\tilde{R}_C)+2x_A\mathrm{Cov}(\tilde{R}_A,\tilde{R}_C)+2x_B\mathrm{Cov}(\tilde{R}_B,\tilde{R}_C)-\lambda_1E(\tilde{R}_C)-\lambda_2$

当我们将预期收益率、方差以及协方差的值代入以上五个方程式中，我们就能求得未知的 x_A、x_B、x_C 以及 λ_1、λ_2。

设 $E(\tilde{R}_A)=5\%$，$E(\tilde{R}_B)=10\%$，$E(\tilde{R}_C)=15\%$，$\sigma^2(\tilde{R}_A)=0.25$，$\sigma^2(\tilde{R}_B)=0.21$，$\sigma^2(\tilde{R}_C)=0.28$，$\mathrm{Cov}(\tilde{R}_A,\tilde{R}_B)=0.15$，$\mathrm{Cov}(\tilde{R}_A,\tilde{R}_C)=0.17$，$\mathrm{Cov}(\tilde{R}_B,\tilde{R}_C)=0.09$

给定目标预期收益率 $E(\tilde{R}_p)=10\%$，可得以下联立方程组：

$$\begin{cases}0.05x_A+0.10x_B+0.15x_C=10\% \\ x_A+x_B+x_C=1 \\ 0.5x_A+0.30x_B+0.34x_C-0.05\lambda_1-\lambda_2=0 \\ 0.3x_A+0.42x_B+0.18x_C-0.10\lambda_1-\lambda_2=0 \\ 0.34x_A+0.18x_B+0.56x_C-0.15\lambda_1-\lambda_2=0\end{cases}$$

解得
$$\begin{cases}x_A=0.24 \\ x_B=0.52 \\ x_C=0.24\end{cases}$$

将以上投资组合权数代入目标函数，得：

$$\sigma^2(\tilde{R}_p)=0.1668$$

$$\sigma(\tilde{R}_p)=0.4084$$

根据以上计算结果，我们知道，当投资者以24%的资金投资于证券 A，以52%的资金投资于证券 B，以24%的资金投资于证券 C，如此构成的投资组合能以最小的风险实现10%的目标收益率。

二、最优分散化

确定证券组合的有效集以后，投资者就可从这个有效集中选出更适合自己的证券组合，这种选择依赖于个人的偏好。个人的偏好通过投资者的无差异曲线来反映，无差异曲线位置越靠上，表明其满意程度越高，因而投资者需在可行域上(实际上只要在有效边界上)找到一个投资组合相对于其他可行组合(有效组合)处于最高位置的无差异曲线上，该组合便是他最满意的可行组合，这个组合显然就是无差异曲线族与有效边界的切点所代表的组合。

如图5-17所示，某投资者按照他的无差异曲线族 l_i，将选择有效边界上 B 点所代

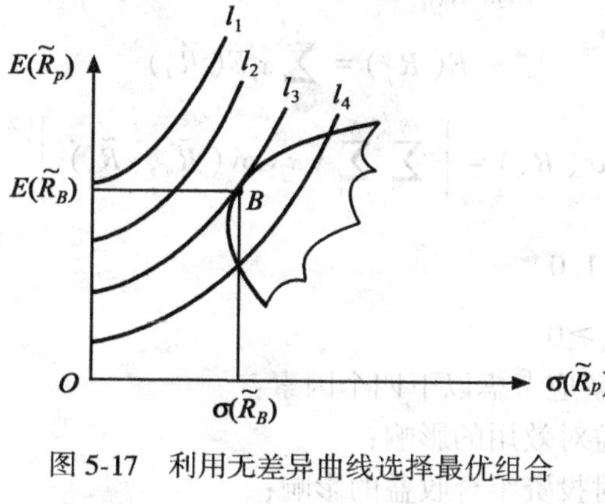

图5-17　利用无差异曲线选择最优组合

表的证券组合作为他的最优组合(optimal portfolio)，因为 B 点在所有可行组合中获得最大的满意程度，其他有效边界上的点都将落在 l_3 下方的无差异曲线上。

不同的投资者偏好不同，因此并非每个人都会选择 B 点所代表的组合，但他们都会在有效边界上选择投资组合。图 5-18 的(a)和(b)反映的是另外两个假设投资者的无差异曲线，图 5-18(a)中的投资者有较高的风险厌恶程度，选定的投资组合靠近最小标准差组合；图 5-18(b)中的投资者有较低的风险厌恶程度，所选择的投资组合有较高的风险和收益。

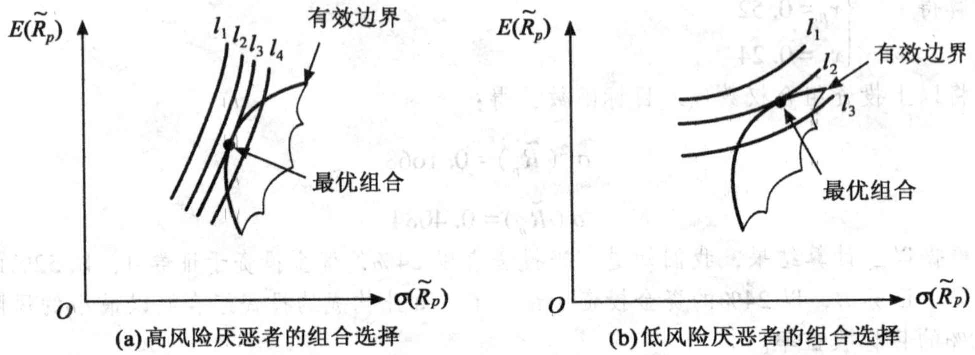

图 5-18 不同类型投资者的最优组合

三、在 N 种证券情况下，单个投资者的最优选择问题

至此，我们所描述的投资者对投资选择问题的解答分两个步骤：①找出有效集；②根据投资偏好选择最优组合。然而，投资者选择最优投资组合的所有问题可归结为一个步骤处理。

对整个决策问题可以做如下描述。

投资者效用最大化：

$$\max_{\{x_1,x_2,\cdots,x_N\}} E\{U[E(\tilde{R}_p),\ \sigma(\tilde{R}_p)]\}$$

这里

$$E(\tilde{R}_p)=\sum_{i=1}^{N}x_iE(\tilde{R}_i)$$

$$\sigma(\tilde{R}_p)=\left[\sum_{i=1}^{N}\sum_{j=1}^{N}x_ix_j\mathrm{Cov}(\tilde{R}_i,\ \tilde{R}_j)\right]^{1/2}$$

约束条件：$\sum_{i=1}^{N}x_i=1.0$

若不许卖空：$1\geqslant x_i\geqslant 0$

这一最大化问题的解应考虑以下四个因素：

(1)投资组合的收益对效用的影响；

(2)单个证券收益对投资组合收益的影响；

(3)投资组合风险对效用的影响；

(4)单个证券的标准差和协方差对投资组合风险的影响。

事实上，一旦这一问题得以解决，则最优组合得以确定。对所有包含于投资组合中的证券而言获得最优解的条件(condition for optimum)是：

$$\frac{\partial U}{\partial x_i}=\frac{\partial U}{\partial E(\tilde{R}_p)}\times\frac{\partial E(\tilde{R}_p)}{\partial x_i}+\frac{\partial U}{\partial \sigma(\tilde{R}_p)}\times\frac{\partial \sigma(\tilde{R}_p)}{\partial x_i}=0$$

即：投资组合收益的边际效用 × 证券 i 对投资组合收益的影响 + 投资组合风险的边际逆效用 ×证券 i 对投资组合风险的影响=0　($i=1, 2, \cdots, N$)

上式中等号左侧的四项与前文中提到的四个因素一一对应。第 1 项和第 3 项表明投资组合的特性是如何影响整个满意度的，第 2 项和第 4 项说明投资组合中的证券是怎样相互作用，决定投资组合特性的。投资组合理论注重于理解第 2 项和第 4 项，而投资选择需要考虑投资组合是如何影响效用的。

投资者想要获得最优解，需提供以下输入数据：

(1)每一证券的预期收益：$E(\tilde{R}_1)$，$E(\tilde{R}_2)$，…，$E(\tilde{R}_N)$；

(2)每一证券收益的标准差：$\sigma(\tilde{R}_1)$，$\sigma(\tilde{R}_2)$，…，$\sigma(\tilde{R}_N)$；

(3)每对证券间的协方差：$\mathrm{Cov}(\tilde{R}_i, \tilde{R}_j)$ 且 $i\neq j$。

第五节　无风险借入和贷出

在前面几节，我们讨论的有效集上的证券组合都是由风险证券构成的，这一节我们考虑将无风险证券纳入我们的投资组合选择之中。首先，将允许投资者不仅能投资于风险证券，而且可以投资于无风险证券，这意味着，在 N 种可以购买的证券中，有 $N-1$ 种风险证券和一种无风险证券。其次，投资者将被允许借入资金，但需支付与贷出相同的利率，这相当于投资者卖空一定比例的无风险证券。下面在介绍了无风险证券的定义后，重点考察将无风险证券纳入投资组合选择后将给我们的投资选择造成何种变化。

一、无风险证券

因为我们的投资决策仅涉及单一持有期，所以无风险证券可以定义为：在持有期间具有确定收益率的证券。这意味着，如果投资者在期初购买了一种无风险证券，那么他将准确地知道在持有期期末这只证券的准确价值。由于无风险证券的最终价值没有任何不确定性，无风险证券的标准差根据定义应为零。进一步讲，无风险证券的收益率与任何风险证券的收益率之间的协方差也是零，因为 $\mathrm{Cov}(\tilde{R}_i, \tilde{R}_j)=\rho_{ij}\sigma(\tilde{R}_i)\sigma(\tilde{R}_j)$，若 $\sigma(\tilde{R}_i)=0$，则 $\mathrm{Cov}(\tilde{R}_i, \tilde{R}_j)=0$。

根据无风险证券的定义，无风险证券必定是某种具有固定收益，且没有任何违约可能的证券。由于所有的公司证券从原则上讲都存在违约的可能性，无风险证券不可能由公司来发行，只能够由政府来发行。但是，必须注意，并不是任何一种由政府财政部发行的证券都是无风险证券。

假设某一投资者有一笔持有期为3个月的资金，他购买了10年到期的国库券，这样的一种证券是有风险的，因为投资者不知道在投资期末该证券到底值多少钱。由于在投资者持有期内利率极有可能以不可预料的方式变化，证券的市场价格也将同样以不可预料的方式变化，这样利率风险的存在就使得国库券的价格不确定，所以它不能被视为无风险证券。实际上，任何一种到期日超过投资者持有期的证券都不能作为无风险证券看待。

接着，再考虑一种政府债券，它在投资者的持有期结束之前到期，比如一个30天到期的政府债券，而此时投资者的资金持有期却为3个月。在这种情况下，投资者在持有期期初不知道30天以后的利率，而这个利率正是投资者将其30天到期政府债券的收益在剩下持有期内进行再投资的基础。所有到期日少于投资者投资期的政府债券都存在这种“再投资利率风险”，这种风险的存在意味着这样一些证券同样也不能被视为无风险证券。

这样，就只留下一种类型的政府债券可以作为无风险证券，即到期日与投资者投资期长度相匹配的政府债券。例如，持有期为3个月的投资者将发现3个月到期的政府债券具有确定的收益率，因为该政府债券的3个月到期收益早在投资者作出投资决策时就已确切地知道。

二、无风险证券与风险证券的组合

根据上述无风险证券的定义，无风险证券收益率的标准差为零，其预期收益率 R_f 为一常数，对应坐标系 $(E(R),\ \sigma(R))$ 空间中纵轴上一点。考虑一个由风险证券 A 和无风险证券构成的投资组合，这一组合的预期收益率将是：

$$E(\tilde{R}_p)=x_A E(\tilde{R}_A)+(1-x_A)R_f \tag{5-7}$$

这一组合标准差很简单，因为 $\sigma(R_f)=0$，$\mathrm{Cov}(R_f,\ \tilde{R}_A)=0$，从而有：

$$\sigma(\tilde{R}_p)=[x_A^2\sigma^2(\tilde{R}_A)+(1-x_A)^2(0)+2x_A(1-x_A)(0)]^{1/2}=x_A\sigma(\tilde{R}_A) \tag{5-8}$$

容易看到，投资组合标准差等于风险证券的持有比例乘以风险证券标准差。

例如，设 $E(\tilde{R}_A)=0.20$，$R_f=0.10$，$x_A=50\%$，$\sigma(\tilde{R}_A)=28.7\%$，则

该投资组合的预期收益率：

$$E(\tilde{R}_p)=0.5\times0.20+0.5\times0.10=0.15$$

该投资组合的标准差：

$$\sigma(\tilde{R}_p)=0.5\times0.287=0.144$$

由(5-7)式、(5-8)式可知，$E(\tilde{R}_p)$ 与 $\sigma(\tilde{R}_p)$ 之间的关系是以 x_A 为参数的直线方程

形式，消去 x_A，可以得到：

$$E(\tilde{R}_p)=R_f+\frac{E(\tilde{R}_A)-R_f}{\sigma(\tilde{R}_A)}\cdot\sigma(\tilde{R}_p) \tag{5-9}$$

(5-9)式表示$(E(R),\ \sigma(R))$坐标系中从点$(R_f,\ 0)$向 A 无限延伸的一条射线(因为 $\sigma(\tilde{R}_p)\geqslant 0$)，如图 5-19 所示。图中 R_f 至 A 表示以无风险利率贷出部分资金与投资于风险证券的组合，H 点即为上例中的组合。若允许无风险借入，则点 A 东北方向上的点可行，表示卖空无风险证券以筹集资金投资于风险证券 A，借入越多，向东北方向走得越远，投资者的风险和预期收益率也都随之增大。

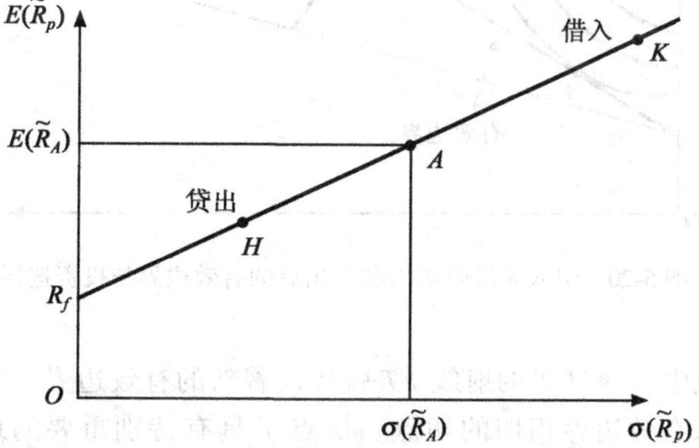

图 5-19　无风险证券与风险证券构成的投资组合

如果把无风险贷出看作对无风险证券的投资，则无风险借入就好比购买股票的保证金交易，假设一投资者有 10000 美元，再借入 10000 美元，全部共 20000 美元投资于证券 A，这个投资者的持有比例等于：

$$x_A=\frac{20000}{10000}=2.0$$

$$1-x_A=-\frac{10000}{10000}=-1.0$$

这个投资组合的预期收益率为：$E(\tilde{R}_p)=2.0\times0.20+(-1.0)\times0.10=0.30$，标准差为：$\sigma(\tilde{R}_p)=2.0\times0.287=0.574$。当无风险借入利率低于风险证券预期收益率时，无风险借入具有提高投资组合预期收益率和风险的作用，见图 5-19 中的 K 点。

三、有效边界、最优风险组合与分离定理

引入无风险证券后，新的可行投资组合将包含无风险证券与所有可行的风险证券组合的再组合，而我们可以将风险证券组合也视为一种风险证券。于是，按前面所述，无

风险证券与所有可行的风险证券组合的再组合就是从无风险证券发出的经过该风险证券组合的一系列射线。如图 5-20 所示，我们可以将 F 点与原来风险证券可行域中的每一点相连。

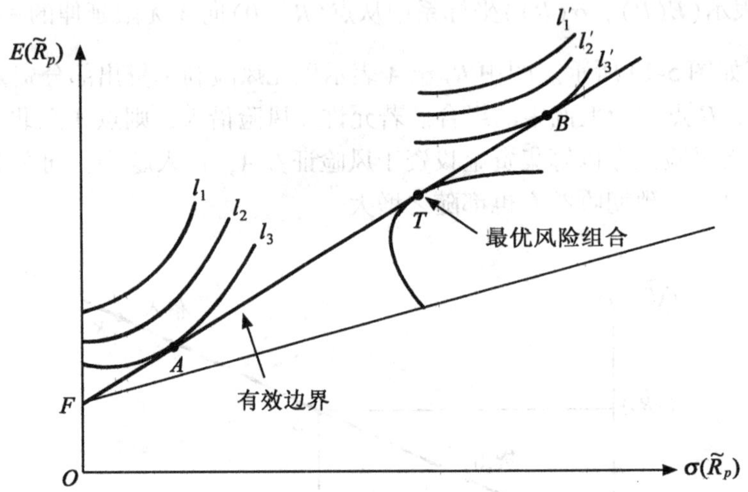

图 5-20 引入无风险借入和贷出后的有效边界与投资选择

在新的可行域中，通过 T 的射线 FT 就代表着新的有效边界，这里 T 点是从 F 点出发的射线与原来有效边界相切的切点。切点 T 具有特别重要的地位，首先 T 是一个风险证券组合，既未借入也未贷出无风险证券，这个风险组合在没有无风险证券时就已是一个有效组合，现在仍然是有效组合；其次，将无风险证券纳入证券组合以后，所有有效组合将由无风险证券与风险证券组合 T 的组合来产生，无论投资者对风险持何种态度，他拥有风险证券的最好组合都是 T。这时风险态度将体现在不同投资者会在 FT 这条射线上获得不同位置，这些位置均由无风险证券与风险证券组合 T 之间组合产生。如果投资者相对保守一些，不愿承担太大的风险，可以同时买入适量的无风险证券和风险证券组合 T，从而获得 F 与 T 之间的某个位置，比如图 5-20 中选择 A 点的投资者。如果投资者更愿意冒险一些，希望承担更大一些的风险，则投资者可以借入无风险证券并将收入连同自有资金投资于风险证券组合 T，从而获得 FT 的东北延长线上一个适当的位置，如 B 点。无论投资者的风险收益态度如何，他总会持有相同的风险证券组合 T。

我们将风险证券组合 T 称为最优风险组合，因为无论投资者对风险持有何种态度，他的最优风险组合都是 T。可见，风险组合 T 极大地简化了对投资组合的选择，投资者只需根据自己的偏好态度决定借入或贷出多少无风险证券即可，剩余的资金则将全部用购买最优风险组合 T。最优风险组合的存在将我们愿意承担多大风险的“金融决策”与具体确定各种风险证券持有比例的“投资决策”分离开来，因此，这一特性通常被称为分离定理①(separation theorem)。分离定理在投资实践中具有十分重要的意义。实践中，个人投资者进行投资选择可分为两步：首先决定最优的风险证券组合，它取决于所有风险证券的预期收益率、标准差、协方差以及无风险证券的利率；然后决定将其投资财富分配于最优风险组合与无风险证券之间的比例，它依赖于个人投资者的风险态度。

练习与思考

一、重要名词与概念

优势法则　无差异曲线　资产分散化效应　协方差　相关系数　有效组合　最优分散化　无风险证券　无风险借入　无风险贷出　有效边界　最优风险组合　分离定理

二、选择题

1. 国库券收益率为6%，有一风险投资组合有40%的可能性获得12%的收益，有60%的可能性获得2%的收益，那么风险厌恶投资者(　　)投资于这一投资组合。

A. 愿意，因为获得了风险溢价

B. 不愿意，因为没有获得风险溢价

C. 不愿意，因为风险溢价太小

D. 不能确定

2. 在期望值-标准差坐标系中，普通投资者的无差异曲线的斜率是(　　)。

A. 负　　B. 0　　C. 正　　D. 向东北

3. 根据标准差标准，下列哪一项投资优于其他投资？(　　)

A. 期望收益率0.15，标准差0.2

B. 期望收益率0.1，标准差0.2

C. 期望收益率0.1，标准差0.25

D. 期望收益率0.15，标准差0.25

4. 甲是一个风险厌恶的投资者，乙的风险厌恶程度小于甲，故(　　)。

A. 对于相同风险，乙比甲要求更多的回报率

B. 对于相同的收益率，甲比乙忍受更高的风险

C. 对于相同的风险，甲比乙要求更低的回报率

D. 对于相同的收益率，乙比甲忍受更高的风险

5. 投资者把其资金的30%投资于一项预期收益率为15%，方差为0.04的风险资产，70%投资于收益率为6%的国库券，则资产组合的预期收益率为______，标准差为______。(　)

---

① 本书讲的是Tobin的分离定理，即风险投资组合的选择与个人风险偏好无关。这样基金经理就不用顾及客户的风险偏好特点，只选择最优的投资组合即可。详见J. Tobin(1958)。

A. 0.114，0.012　　　　B. 0.087，0.06

C. 0.295，0.012　　　　D. 0.087，0.012

6. 当一个资产组合中只包括一项风险资产和一项无风险资产时，增加资产组合中的风险资产的比例将(　　)。

A. 增加资产组合的预期收益

B. 增加资产组合的标准差

C. 不改变风险回报率

D. 不改变资产组合的风险

7. 假设某一个投资者的效用与风险资产的预期收益和风险之间的关系为

$$U = E(\tilde{R}_P) - \frac{1}{2}A\sigma^2(\tilde{R}_P)$$

其中 A=4，那么关于下面 4 种风险资产的说法正确的是(　　)。

风险资产	预期收益率	标准差
甲	10%	0.2
乙	15%	0.25
丙	20%	0.3
丁	25%	0.34

A. 甲、乙两种资产中，该投资者更偏好甲

B. 乙、丙两种资产中，该投资者更偏好乙

C. 丙、丁两种资产中，该投资者更偏好丙

D. 丁、甲两种资产中，该投资者更偏好丁

8. 当其他条件相同，分散化投资在哪种情况下最有效？(　　)

A. 组成证券的收益不相关

B. 组成证券的收益正相关

C. 组成证券的收益很高

D. 组成证券的收益负相关

9. 用来测量两项风险资产的收益是否同向变动的统计量是(　　)。

A. 方差　　　　B. 标准差　　　　C. 协方差　　　　D. 相关系数

10. 股票 A 期望收益率为 12%，标准差为 0.20；股票 B 期望收益率为 15%，标准差为 0.27，如果两支股票的相关系数为 0.7，则协方差为(　　)。

A. 0.038　　　　B. 0.070　　　　C. 0.018　　　　D. 0.054

11. 假定某一股票基金的预期风险溢价为 10%，标准差为 14%，短期国库券利率为

6%。某一投资者将资金的60%投资于股票基金，40%投资于短期国库券，则这一资产组合的期望收益率是(　　)，标准差是(　　)。

A. 8.4%，8.4%　B. 8.4%，14%　C. 12%，8.4%　D. 12%，14%

12. 对一个两支股票的资产组合，为达到最佳的风险分散效果，它们之间的相关系数最好为(　　)。

A. 1.00　B. 0.50　C. 0.00　D. -1.00

13. 假定投资1万元于一项风险资产，其期望收益率为12%，标准差为0.15，同时投资于收益率为5%的国库券。为了获得9.2%的期望收益率，应该把资金的(　　)投资于风险资产，(　　)投资于国库券。

A. 30%，70%　B. 50%，50%　C. 60%，40%　D. 40%，60%

14. Markowitz描述的资产组合理论主要着眼于(　　)。

A. 系统性风险的减少

B. 分散化对资产组合的风险的影响

C. 非系统性风险的确认

D. 积极的资产管理以扩大收益

15. 考虑两种完全负相关的风险证券 A 和 B，其中 A 的期望收益率为10%，标准差为0.16；B 的期望收益率为8%，标准差为0.12。则 A 和 B 在最小标准差资产组合中的权重分别是(　　)。

A. 0.24，0.76　B. 0.50，0.50　C. 0.57，0.43　D. 0.43，0.57

16. 用上题中 A、B 证券组成的无风险投资组合的收益率将为(　　)。

A. 8.5%　B. 9.0%　C. 8.9%　D. 7.9%

17. 假设投资者有一个项目有70%的可能在一年内让他的投资加倍，30%的可能让他的投资减半，这一投资收益率的标准差是(　　)。

A. 0.6874　B. 0.55　C. 0.4725　D. 0.99

18. N 种风险证券组成的有效组合(　　)。

A. 由收益率最高的证券组成，不考虑它们的标准差

B. 对给定风险水平有最高的预期收益率

C. 由最低标准差的证券组成，不考虑它们的收益率

D. 有最高风险和收益率

三、计算分析题

1. 有三种共同基金：股票基金 A，债券基金 B 和回报率为8%、以短期国库券为投资对象的货币市场基金。其中股票基金 A 的期望收益率为20%，标准差为0.3；债券基金 B 的期望收益率为12%，标准差为0.15。基金回报率之间的相关系数为0.10。求两种风险基金的最小标准差资产组合的投资比例是多少？这种资产组合收益率的期望值和标准差各是多少？

2. 股票 A 和股票 B 的有关概率分布如下：

状　态	概　率	股票 A 的收益率(%)	股票 B 的收益率(%)
1	0.10	10	8
2	0.20	13	7
3	0.20	12	6
4	0.30	14	9
5	0.20	15	8

(1)股票 A 和股票 B 的期望收益率和标准差分别为多少？

(2)股票 A 和股票 B 的协方差和相关系数为多少？

(3)若用投资的40%购买股票 A，用投资的60%购买股票 B，求投资组合的期望收益率和标准差。

(4)假设有最小标准差资产组合 G，股票 A 和股票 B 在 G 中的权重分别是多少？

3. 建立资产组合时有以下两个机会：a. 无风险资产收益率为12%；b. 风险资产收益率为30%，标准差为0.4。如果投资者资产组合的标准差为0.30，则这一资产组合的收益率为多少？

第六章 资本资产定价

上一章我们介绍了 Markowitz 的投资组合理论，该理论给出了在一定条件下确定最优证券投资组合的方法。要运用这种方法，投资者需要知道所有证券的预期收益率、标准差、这些证券彼此之间的协方差以及无风险利率。通常，证券的预期收益率、标准差以及证券彼此之间的协方差是通过对历史数据的记录，并利用统计知识进行估计而得到的。知道上述变量，通过计算即可找到切点投资组合(包括投资组合中各证券的份额、整个投资组合的预期收益率和方差)。最后，根据投资者的个人偏好来确定最优证券投资组合。由于在无风险资产存在的条件下有效集是线性的，最优投资组合的构成实际上是投资者将全部投资资金在切点投资组合和无风险资产之间的分配。

资本资产定价模型(Capital Asset Pricing Model，CAPM)是对投资组合理论的直接延伸，该模型对资本资产的定价问题从理论上给出了一个十分完美的解答，以一个简洁的方程描述了单个资产收益与市场收益之间的关系。本章首先给出了 CAPM 的主要假设，然后介绍了 CAPM 的主要结论，最后解释了这一模型在理论上的定价方法和 CAPM 后续相关理论的发展。

第一节 市场组合与市场均衡

一、CAPM 的基本假设

由上一章的分析我们知道，Markowitz 的投资组合理论建立在许多假设的基础之上，作为该理论的发展，CAPM 除了保留原来的假设外，还有新的假设。尽管有些假设与实际情形存在差距，但它毕竟抓住了一些主要因素，对实际问题在一定程度上给出了有力的说明，从而具有一定的指导作用，这一点已被事实所证明。

下面给出 CAPM 的一些基本假设，有些假设在上一章已隐含地给出。

我们考虑的是一个单一期限情形，投资者在期初进行投资，在期末卖掉资产，期间不考虑消费问题，同样假设市场上存在 N 个风险资产和 1 个无风险资产，同时假设：

假设 1：所有资产均为责任有限的(limited liability)，即对任何资产，其期末价值总是大于或等于零。

假设 2：市场是完备的(perfect)，即不存在交易成本和税收，而且所有资产均为无限可分割的。

假设 3：市场是自由竞争的，单个投资者的投资需求不会影响资产的价格。

假设 4：市场无摩擦，即投资者可以按市场价格及时买卖他们所想买卖的任何数量的任何可交易资产。

假设 5：资本市场上的借贷利率相等，且对所有投资者都相同。

假设 6：风险资产的收益服从联合正态分布。

假设 7：资本市场上信息是公开的、完备的，因而是有效的，所有投资者均可免费地获得信息。

假设 8：所有投资者都是理性的，具有冯·诺依曼-摩根斯坦期望效用函数(von Neumann-Morgenstern utility function)。

假设 9：所有投资者均为风险厌恶者，同时具有不满足性，即对任何投资者，财富越多越好。

假设 10：所有投资者对未来的预期具有同质性(homogeneous)，都对风险资产的期末收益形成正确的预期。

假设 1—假设 7 是关于资本市场的假设，显然我们在这里考虑的是一类理想化的资本市场，该市场能够对资源进行有效的配置。以上述理想化市场模型及其结论为基础，对相应的假设进行放松，研究人员发现这些假设放松前后对模型的结论没有产生根本的影响，这表明上述模型假设是有意义的。同时，随着科学技术，尤其是信息技术的发展，现实中的资本市场也正一步一步地向着理想市场靠近。

值得说明的是假设 6，其中的正态假设也可以被"所有投资者具有二次效用函数"的假设来代替。Tobin(1965)证明了：当所有资产的收益服从联合正态分布或投资者具有二次效用函数时，投资者的期望效用最终取决于风险资产的均值和方差。此假设也可以简单地改为：所有投资者以均值-方差作为投资的选择标准。

假设 8—假设 10 是关于投资者的假设。理性投资者的假设意味着投资者在面对不确定条件的选择时，遵从冯·诺依曼-摩根斯坦期望效用理论中的一系列选择公理，这些公理也是主流经济学中所公认的。但是，这些公理连同假设 7 中的市场有效性假设，近年来受到一些所谓"异象"的挑战，解释或放松这些假设形成了一门新的分支——行为金融理论，我们将在后面的章节中对此作专门的介绍。

以上假设是对客观现实的资本市场和市场参与者的一种抽象。毫无疑问，这些假设是一些比较强的假设，对这些假设的放宽是现代金融理论研究的热点之一，而且在许多方面已取得了十分完善的成果，我们将在本章的后续部分列举一些有代表性的成果。最后，我们引用一段 Friedman 关于假设的论点作为小结："与一种理论的'假设'相关的问题，我们所要问的不是它们是否完全描述了'现实'，因为它们永远不可能。我们所要问的是，为了我们研究的目的，它们是否足以(对现实)给出很好的近似。对这个问题的回答仅仅应该是：这种理论是否有效，换言之，该理论的结果是否能够对未来进行足够准确的预测。"

二、可行集与有效集

我们在上一章里给出了投资组合的可行集、有效集，归结为图 6-1 和图 6-2。图 6-1 是不存在无风险资产的情形，图 6-2 则是加入无风险资之后的情形。当我们引进无风险资产以后，射线 AT 为有效集。当所有投资者对未来具有一致性预期时，所有的投资者都具有相同的有效集。即AT既是某一个投资者的有效集，也是其他投资者的有效集。这意味着每一个投资者的最优投资组合选择均为射线AT上的某一点。由初等数学的知识可知，AT上任一点都可以表示为A、T两点的线性组合(就是说，可以将T点看成一个复合的风险资产，所有投资者都要将其资金在这两个资产上进行分配)。那么，所有投资者将拥有同一个切点投资组合T。这意味着，对所有投资者而言，尽管他们最终的投资组合选择不同，但对风险资产的选择是相同的：每个投资者以无风险利率借或贷，然后把所筹集到或者所剩下的资金按相同的比例投到不同的风险资产上。这一比例由T点所表示的投资组合来决定。这就是上一章所说的分离定理——投资者对风险资产的投资模式与个人的偏好无关，即投资资金在风险资产之间的分配比例与个人偏好分离。分离定理表明投资基金的存在是合理的。

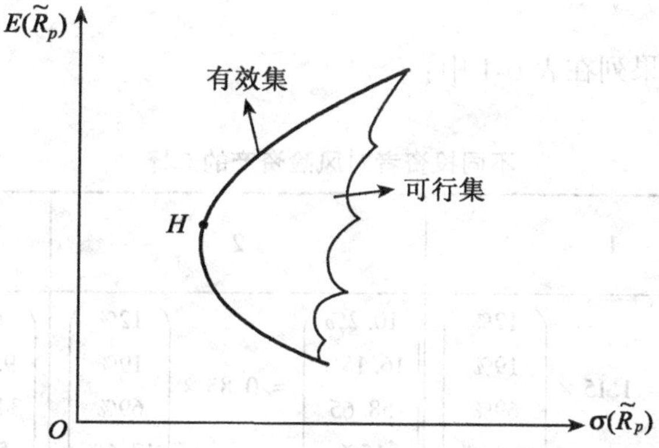

图 6-1 可行集与有效集

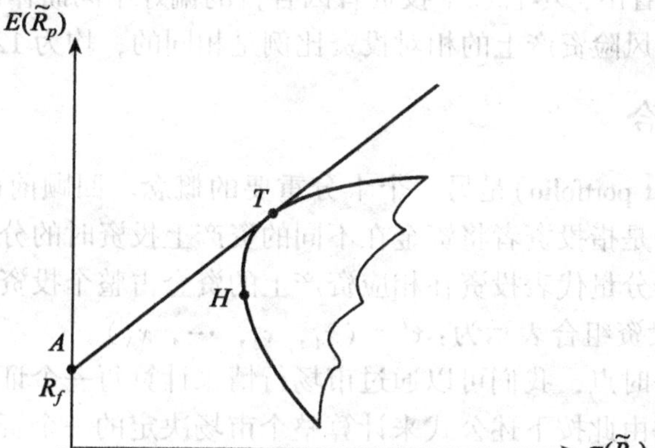

图 6-2 引入无风险资产后的有效集

图6-2中，切点T代表的投资组合即投资者对风险资产的最优投资组合，为了便于理解，我们看下面的例子。

假设市场上有四种证券，A、B、C为风险证券，D为无风险证券，无风险利率为

4%。切点投资组合由 A、B、C 构成，比例为 12%、19%、69%，现有三个投资者，投资者 1、2、3，他们投资于无风险资产的比例分别为：−15%、15%、50%，则它们的投资组合分别为：

投资者 1：无风险资产的份额为−15%，投资于风险资产的份额为 115%，其中，证券 A 的份额为 115%×12%＝13.8%，证券 B 的份额为 115%×19%＝21.85%，证券 C 的份额为 115%×69%＝79.35%。

投资者 2：无风险资产的份额为 15%，投资于风险资产的份额为 85%，其中，证券 A 的份额为 85%×12%＝10.2%，证券 B 的份额为 85%×19%＝16.15%，证券 C 的份额为 85%×69%＝58.65%。

投资者 3：无风险资产的份额为 50%，投资于风险资产的份额为 50%，其中，证券 A 的份额为 50%×12%＝6%，证券 B 的份额为 50%×19%＝9.5%，证券 C 的份额为 50%×69%＝34.5%。

我们将上面的结果列在表 6-1 中：

表 6-1　　不同投资者对风险资产的选择

投资者 / 资产	1	2	3
A B C D	$\begin{pmatrix} 13.8\% \\ 21.85\% \\ 79.35\% \\ -15\% \end{pmatrix} = 1.15 \times \begin{pmatrix} 12\% \\ 19\% \\ 69\% \\ -13\% \end{pmatrix}$	$\begin{pmatrix} 10.2\% \\ 16.15\% \\ 58.65 \\ 15\% \end{pmatrix} = 0.85 \times \begin{pmatrix} 12\% \\ 19\% \\ 69\% \\ 17.6\% \end{pmatrix}$	$\begin{pmatrix} 6\% \\ 9.5\% \\ 34.5\% \\ 50\% \end{pmatrix} = 0.5 \times \begin{pmatrix} 12\% \\ 19\% \\ 69\% \\ 100\% \end{pmatrix}$

从表 6-1 中可以看出，尽管三个投资者因各自的偏好不同而作出了不同的投资组合选择，但他们在三种风险资产上的相对投资比例是相同的，均为 12%、19%、69%。

三、市场组合

市场组合(market portfolio)是另一个十分重要的概念。回顾前面介绍的投资组合的概念，所谓投资组合是指投资者将资金在不同的资产上投资时的分配方式。通常用向量表示，其中的每一个分量代表投资在相应资产上的资金占整个投资额的百分比。若市场上有 N 个资产，则投资组合表示为：$x^T = (x_1,\ x_2,\ \cdots,\ x_N)$。

事实上，在每一时点，我们可以通过市场行情来计算每一个证券的市场价值和所有证券的市场价值，并由此按下述公式来计算整个市场决定的一个资金分配比例：

$$x_i = \frac{\text{第 } i \text{ 个证券的价值}}{\text{所有证券的市场价值之和}} \tag{6-1}$$

这一比例即全市场投资组合，通常记为 x_m^T（x_m^T 为 n 维向量）。在标准差-预期收益平面中，市场组合对应的点记为 m 点。概括地说：所谓全市场投资组合是指这样的一个投资组合，它包含市场上流通的所有证券，其中每一个证券的投资比例等于它的相对市场价值，而每个证券的相对市场价值简单地等于该证券的市场价值除以所有证券市场价值的总和。

理论上讲，市场上流通的证券包括普通股票、长期债券和货币市场工具。我们这里强调的“所有证券”是指我们在进行投资组合选择时可供选择的所有投资机会。例如我们将普通股票、长期债券和货币市场工具作为投资对象，“所有证券”则是指市场上流通的所有普通股票、长期债券和货币市场工具。投资对象的确定涉及资产配置问题，此处不再进行详细分析，需要特别说明的是，在本书中我们一般是以整个股票市场再加上1个理想的债券作为投资对象，即我们通常假设市场上存在 N 个风险资产和一个无风险资产。

当然，单从股票市场来看，随着资本市场的发育与完善，股票市场往往拥有很多支上市交易的股票。例如，截至2015年6月，我国国内股票市场有大约2700支股票上市交易。在不考虑其他资产时，任何一个交易日，以收盘价为标准都可以计算该交易日收盘时的市场组合，并可用一个2700维向量来表示。显然有：$\sum_{i=1}^{2700} x_i = 1$。在这种条件下计算全市场投资组合往往比较复杂，更不用说计算切点投资组合。在实际应用中，一般可用股票价格指数来代替市场组合。可用来作为市场组合的指数还有S&P500股票价格指数、NYSE综合指数、AMEX指数和NASDAQ指数等。对于我国来说，上证综合指数和深证综合指数都可作为衡量市场价值变化的指标。

作为一个简化的例子，我们假定市场上只有三支股票A、B、C。它们的市场价格分别为：15元、20元、25元，发行量分别为：20000股、15000股、20000股。那么：

$$x_A = \frac{20000 \times 15}{20000 \times 15 + 15000 \times 20 + 20000 \times 25} = 0.273$$

$$x_B = \frac{15000 \times 20}{20000 \times 15 + 15000 \times 20 + 20000 \times 25} = 0.273$$

$$x_C = \frac{20000 \times 25}{20000 \times 15 + 15000 \times 20 + 20000 \times 25} = 0.454$$

从而市场组合为：(0.273，0.273，0.454)。

四、市场均衡

在介绍了两种投资组合之后，我们回到另一个重要的概念——市场均衡，这里我们所关心的市场均衡实际上是指证券市场上的均衡。对于市场上每一个证券的某一个价格，投资者对这些证券都有一定的需求和供给。当总供给等于总需求时，市场出清(market clear)，我们称之为市场均衡。

切点投资组合代表的是投资者的投资需求，由前面的假设可知，资本市场对资产的供给是固定的。因此，当市场达到均衡状态时，切点投资组合必定包含了所有在市场上交易的资产，且每一种资产所占的份额均为非零的实数。因为，由分离定理可知所有投资者对风险资产投资的相对比例是相同的，他们都选择 T 作为证券投资组合中风险证券的投资组合方式。如果某一风险证券的投资组合份额为零，则表明所有投资者对该证券都没有需求，这说明该证券定价过高，从而供大于求，市场不均衡。要达到均衡状态必须重新对价格进行调整，降低该证券的价格，从而使收益率上升。T 中不包含的证券可以看作在 T 中份额为零的情形。类似地，投资组合份额为负数表明整个市场对该证券只有供给而没有需求，同样市场不均衡。

由此可见，当证券市场达到均衡状态时，有如下特性。

(1)切点投资组合包含所有证券，且持有份额为正数。

(2)均衡价格使得每种证券的需求与供给相等。

(3)均衡条件下，无风险利率使资本市场上的资金借贷(实际是无风险资产的买卖)相等。

上述(2)、(3)两特性由均衡的定义不难理解，我们已经分析了均衡时切点投资组合中的每一个分量不等于零。实际上它也不为负数，因为如果是负数，如前所述，所有投资者都要将该资产卖出，显然不能达到均衡。当持有份额为正数时，表明所有投资者愿意以某一比例来购买并持有该证券，因此切点投资组合反映的是需求，供给则由股份公司根据其筹资的需求来决定，因此我们将供给看成是对投资者外生给定的。需要说明的是，当市场达到均衡状态时，如果每种证券的价格不再变化，那么投资者将不再改变其投资组合，因此在投资者之间也就没有交易发生。这一结果是在第一节的假设条件下得出的。

当证券市场处于均衡状态时，所有投资者对风险资产持有的相对比例不变，因此，切点投资组合就是市场组合。在上述一系列假设条件下，市场组合是有效投资组合。一般地，如果上述假设不成立，则市场组合不是有效投资组合。当市场处于均衡状态时，切点投资组合等于市场组合，该结论的精确证明可参考相关文献。

第二节　资本市场线

资本市场线(Capital Market Line，CML)和证券市场线(Security Market Line，SML)是 CAPM 的两个主要结论，是直接在上一章的基础上得出来的，是投资组合理论的直接延伸。

一、资本市场线

资本市场线描述的是均衡的资本市场上任一投资组合的预期收益率与其风险之间的关系。由上一节的分析可知，当市场处于均衡状态时，市场组合也就等于上一章所讨论的切点投资组合，它代表了所有投资者对风险资产的投资方式。所有投资者在进行最优投资选择时都是将其资金在无风险资产 R_f 和 m 之间进行分配，R_f 与 m 的连线也就是有效集，这条射线形有效集称为资本市场线，如图 6-3 所示。

这条射线描述了当市场处于均衡状态时，有效证券投资组合的预期收益率和风险之间的关系。它表明证券投资组合的收益与风险呈线性关系，风险越高，所带来的预期收益越高；风险越低，则带来的预期收益越低。

结合图 6-3 我们来求 CML 方程。图中 m 点坐标为$(\sigma(\tilde{R}_m), E(\tilde{R}_m))$，$A$ 点坐标

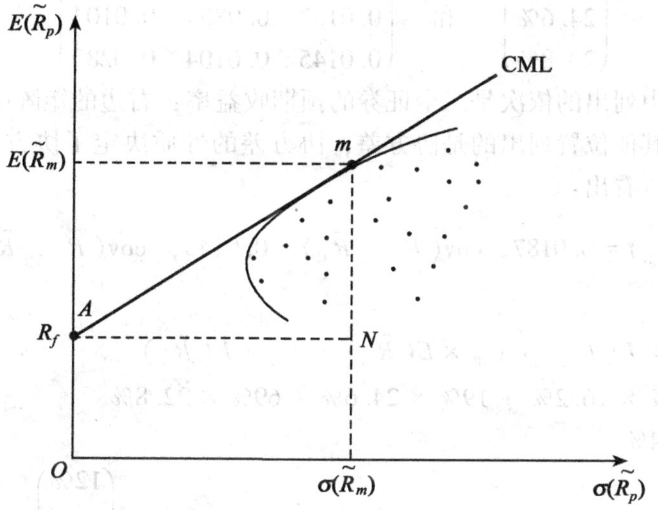

图 6-3　资本市场线

为$(0, R_f)$，所以用直线方程的两点式表示该直线方程为：

$$\frac{E(\tilde{R}_p)-R_f}{\sigma(\tilde{R}_p)-0}=\frac{E(\tilde{R}_m)-R_f}{\sigma(\tilde{R}_m)-0}$$

化简得标准的 CML 直线方程：

$$E(\tilde{R}_p)=R_f+\left(\frac{E(\tilde{R}_m)-R_f}{\sigma(\tilde{R}_m)}\right)\sigma(\tilde{R}_p) \tag{6-2}$$

这里，$E(\tilde{R}_p)$ 和 $\sigma(\tilde{R}_p)$ 分别表示有效证券投资组合的预期收益率和标准差。通常，我们称直线 CML 的斜率 $\frac{E(\tilde{R}_m)-R_f}{\sigma(\tilde{R}_m)}$ 为风险的价格(price of risk)。它度量的是增加单位风险需增加的预期收益率，也称为承担单位风险所要求的回报率。R_f 为无风险借贷利率，它度量的是资金的时间价值，而 $E(\tilde{R}_p)-R_f$ 则表示投资组合的超额收益，通常又称为组合的风险溢价或风险酬金。

资本市场线实际上给出了风险资产或投资组合风险与收益之间的关系，提供了衡量有效投资组合的方法。由上面的分析我们知道：引入无风险资产后，有效投资组合是分布在资本市场线上的点，这条射线代表了有效边界。这一结论还表明：有效投资组合的风险与收益之间是一种线性关系。(6-2)式给出了这种线性关系。

例如，假设全市场投资组合为(12%，19%，69%)，由证券 A、B、C 构成，它们的预期收益率向量和方差协方差矩阵为：

$$\begin{pmatrix}16.2\%\\24.6\%\\22.8\%\end{pmatrix} \quad 和 \quad \begin{pmatrix}0.0146 & 0.0187 & 0.0145\\0.0187 & 0.0854 & 0.0104\\0.0145 & 0.0104 & 0.0289\end{pmatrix}$$

左边的向量中列出的依次是三个证券的预期收益率；右边的矩阵中对角线依次为三个证券的方差，其他位置列出的是协方差，协方差的性质决定了协方差矩阵的对称性。例如从矩阵中可以看出：

$$\mathrm{cov}(\tilde{R}_A, \tilde{R}_B) = 0.0187, \ \mathrm{cov}(\tilde{R}_A, \tilde{R}_C) = 0.0145, \ \mathrm{cov}(\tilde{R}_B, \tilde{R}_C) = 0.0104$$

此时：

$$\begin{aligned}E(\tilde{R}_m) &= x_{mA} \times E(\tilde{R}_A) + x_{mB} \times E(\tilde{R}_B) + x_{mC} \times E(\tilde{R}_C)\\&= 12\% \times 16.2\% + 19\% \times 24.6\% + 69\% \times 22.8\%\\&= 22.4\%\end{aligned}$$

$$\begin{aligned}\sigma^2(\tilde{R}_m) &= (12\%, 19\%, 69\%)\begin{pmatrix}0.0146 & 0.0187 & 0.0145\\0.0187 & 0.0854 & 0.0104\\0.0145 & 0.0104 & 0.0289\end{pmatrix}\begin{pmatrix}12\%\\19\%\\69\%\end{pmatrix}\\&= 0.0146 \times (12\%)^2 + 0.0854 \times (19\%)^2 + 0.0289 \times (69\%)^2 + 2 \times 0.0187\\&\quad \times 12\% \times 19\% + 2 \times 0.0145 \times 12\% \times 69\% + 2 \times 0.0104 \times 19\% \times 69\%\\&= 2.254\%\end{aligned}$$

所以：

$$\frac{E(\tilde{R}_m) - R_f}{\sigma(\tilde{R}_m)} = \frac{22.4\% - 4\%}{15.2\%} = 1.21$$

从而 CML 方程为：

$$E(\tilde{R}_p) = 4\% + 1.21\sigma(\tilde{R}_p)$$

相应的图形如图 6-4 所示。

二、单个证券的风险和收益

CML 描述的是有效投资组合的预期收益率与标准差之间的均衡关系，也就是投资组合的收益与风险之间的关系。这里，描述投资组合的风险用的是投资组合的标准差。上一章的分析表明，使用标准差度量的风险可分为系统性风险和非系统性风险两个部分。但是，这一结论并没有告诉我们单个证券的情形。只要市场上的风险资产不止一个，而且任何证券都不能表示为其他证券的线性投资组合，那么，任何一个证券都不可能位于直线有效集上，它们都将在该直线之下。因此，单个证券的预期收益率和标准差之间不满足上述的直线关系。而且，到此为止，CAPM 还没有告诉我们关于单个证券的

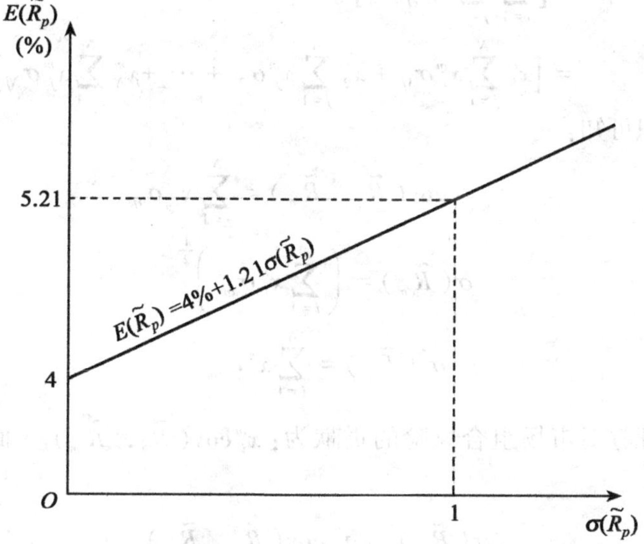

图 6-4　资本市场线

预期收益和风险之间的关系。关于单个证券风险和收益的性质，我们有三个要回答的问题。

其一，单个证券对全市场投资组合预期收益的贡献如何？

其二，单个证券对全市场投资组合标准差(风险)的贡献如何？

其三，单个证券的风险与预期收益的关系如何？

下面我们试图一一回答这些问题。

1. 单个证券对市场组合收益的贡献

为了考察单个证券对市场组合收益的贡献，我们来看市场组合。全市场投资组合的预期收益可简单地表示为构成全市场投资组合的单个证券的预期收益与其相关重要性加权之和。

$$E(\tilde{R}_m)=\sum_{i=1}^{N}x_i^mE(\tilde{R}_i)=x_1^mE(\tilde{R}_1)+x_2^mE(\tilde{R}_2)+\cdots+x_i^mE(\tilde{R}_i)+\cdots+x_N^mE(\tilde{R}_N) \tag{6-3}$$

显然，证券 i 对全市场投资组合预期收益的贡献为：$x_i^mE(\tilde{R}_i)$。单个证券 i 对投资组合的贡献为：

$$\frac{\partial E(\tilde{R}_m)}{\partial x_i^m}=E(\tilde{R}_i) \tag{6-4}$$

2. 单个证券对全市场投资组合标准差的贡献

为了方便起见，我们将 $\mathrm{cov}(\tilde{R}_i,\ \tilde{R}_j)$ 简单地记为 σ_{ij}。我们来看市场组合标准差的计算公式：

$$\sigma(\tilde{R}_m) = \left[\sum_{i=1}^{N}\sum_{j=1}^{N} x_i^m x_j^m \sigma_{ij}\right]^{\frac{1}{2}}$$

$$= \left[x_1^m \sum_{j=1}^{N} x_j^m \sigma_{1j} + x_2^m \sum_{j=1}^{N} x_j^m \sigma_{2j} + \cdots + x_N^m \sum_{j=1}^{N} x_j^m \sigma_{Nj}\right]^{\frac{1}{2}} \tag{6-5}$$

由概率论知识可知：

$$\sigma_{im} = \mathrm{cov}(\tilde{R}_i,\ \tilde{R}_m) = \sum_{j=1}^{N} x_{mj}\sigma_{ij} \tag{6-6}$$

$$\sigma(\tilde{R}_m) = \left(\sum_{i=1}^{N} x_i^m \sigma_{im}\right)^{\frac{1}{2}} \tag{6-7a}$$

$$\sigma^2(\tilde{R}_m) = \sum_{i=1}^{N} x_i^m \sigma_{im} \tag{6-7b}$$

因此，单个证券对市场组合风险的贡献为：$x_i^m \mathrm{cov}(\tilde{R}_i,\ \tilde{R}_m)$。而单个证券的风险可表示为：

$$\frac{\partial\sigma(\tilde{R}_m)}{\partial x_i^m} = \frac{1}{2}\frac{\mathrm{cov}(\tilde{R}_i,\ \tilde{R}_m)}{\sigma(\tilde{R}_m)} \tag{6-8}$$

对第三个问题的回答刚好是我们要介绍的下一节内容。

第三节　证券市场线

资本市场线说明了有效投资组合风险和回报率之间的关系，但并没有说明对于非有效投资组合以及单个证券的相应情况。实际中，因为单个证券被看成是非有效的，因此单个风险证券总是在资本市场线以下。那么，接下来一个很重要的问题是“如何确定单个证券的收益率和标准差之间的均衡关系”，对这一问题的研究就直接导出了资本资产定价模型中的证券市场线。

一、证券市场线

证券市场线描述的是当证券市场达到均衡时，单个证券的收益与风险之间的关系。市场均衡时，我们得出：

$$E(\tilde{R}_i) = R_f + \left[\frac{E(\tilde{R}_m) - R_f}{(\sigma(\tilde{R}_m))^2}\right]\sigma_{im}$$

$$= R_f + [E(\tilde{R}_m) - R_f]\beta_i \tag{6-9}$$

其中 $\beta_i = \frac{\sigma_{im}}{\sigma_m{}^2} = \frac{\mathrm{cov}(\tilde{R}_i,\ \tilde{R}_m)}{\sigma^2(\tilde{R}_m)}$，我们称之为贝塔系数。(6-9)式还可改写为：

$$E(\tilde{R}_i) - R_f = \beta_i(E(\tilde{R}_m) - R_f) \tag{6-10}$$

式(6-10)表明：证券 i 的超额收益 $E(\tilde{R}_i)-R_f$ 与其贝塔系数成正比例。将它们在坐标系中描绘出来得到图 6-5 中的直线 SML。这条直线由无风险资产的收益率和市场组合的预期收益率共同决定。由前面的分析可知：当市场处于均衡状态时，所有证券和投资组合，无论是有效的还是无效的，全都落在证券市场线上。

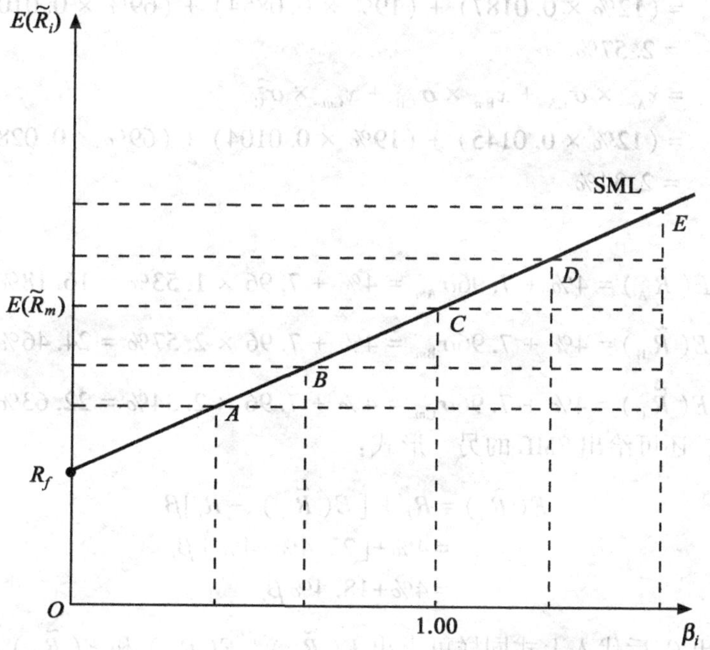

图 6-5　证券市场线

因为所有资产都将落在证券市场线上，这条直线也就为我们提供了一种确定某一证券预期收益率的方法。一般地，我们认为每个贝塔值都代表一个风险等级，由 SML 可知：落在某一风险等级内的所有证券都期望获得与这个风险等级相称的收益率。这意味着，我们如果知道了某种证券的贝塔值，就能运用资本资产定价公式来解得预期收益率，换言之，运用资本资产定价模型可以获得证券的预期收益率。

通常，人们用资本资产定价模型图来对证券进行分类。β 值大于 1.00 的证券称为进攻型的证券，它们位于直线的右上部分；β 值小于 1.00 的证券称为防守型的证券，它们位于直线的左下部分。从图形中可以看出，进攻型的证券期望获得高于平均水平的收益率，而防守型证券的预期收益率则低于平均值。

例如，沿用上例数据：

$$\frac{E(\tilde{R}_m)-R_f}{\sigma^2(\tilde{R}_m)}=\frac{22.4\%-4\%}{(15.2\%)^2}=7.96$$

此时，SML 为：$E(\tilde{R}_i)=4\%+7.96\sigma_{im}$

同时，由协方差矩阵计算可得：

$$\begin{aligned}\sigma_{\mathrm{A}m} &= x_{\mathrm{A}m} \times \sigma_{\mathrm{A}}^2 + x_{\mathrm{B}m} \times \sigma_{\mathrm{AB}} + x_{\mathrm{C}m} \times \sigma_{\mathrm{AC}} \\ &= (12\% \times 0.0146) + (19\% \times 0.0187) + (69\% \times 0.0145) \\ &= 1.53\%\end{aligned}$$

$$\begin{aligned}\sigma_{\mathrm{B}m} &= x_{\mathrm{A}m} \times \sigma_{\mathrm{BA}} + x_{\mathrm{B}m} \times \sigma_{\mathrm{B}}^2 + x_{\mathrm{C}m} \times \sigma_{\mathrm{BC}} \\ &= (12\% \times 0.0187) + (19\% \times 0.0854) + (69\% \times 0.0104) \\ &= 2.57\%\end{aligned}$$

$$\begin{aligned}\sigma_{\mathrm{C}m} &= x_{\mathrm{A}m} \times \sigma_{\mathrm{CA}} + x_{\mathrm{B}m} \times \sigma_{\mathrm{CB}} + x_{\mathrm{C}m} \times \sigma_{\mathrm{C}}^2 \\ &= (12\% \times 0.0145) + (19\% \times 0.0104) + (69\% \times 0.0285) \\ &= 2.34\%\end{aligned}$$

因此：

$$E(\tilde{R}_{\mathrm{A}}) = 4\% + 7.96\sigma_{\mathrm{A}m} = 4\% + 7.96 \times 1.53\% = 16.18\%$$

$$E(\tilde{R}_{\mathrm{B}}) = 4\% + 7.96\sigma_{\mathrm{B}m} = 4\% + 7.96 \times 2.57\% = 24.46\%$$

$$E(\tilde{R}_{\mathrm{C}}) = 4\% + 7.96\sigma_{\mathrm{C}m} = 4\% + 7.96 \times 2.34\% = 22.63\%$$

除此之外，还可给出 SML 的另一形式：

$$\begin{aligned}E(\tilde{R}_i) &= R_f + [E(\tilde{R}_m) - R_f]\beta_i \\ &= 4\% + [22.4\% - 4\%]\beta_i \\ &= 4\% + 18.4\%\beta_i\end{aligned}$$

由公式算出 β_i 后代入上式同样可求出 $E(\tilde{R}_{\mathrm{A}})$、$E(\tilde{R}_{\mathrm{B}})$ 和 $E(\tilde{R}_{\mathrm{C}})$。

将上例中的结果画在图 6-6 中。

β_i称为证券 i 的贝塔系数，它所度量的是单个证券的风险。一般地，对单个证券而言，度量其风险的指标是贝塔系数，而不是该证券的方差或标准差。为什么会有这种说法呢？下面我们从两个方面进行分析。

首先，我们再一次回到投资组合标准差的计算：

$$\sigma(\tilde{R}_P) = \left[\sum_{i=1}^{N}\sum_{j=1}^{N} x_i x_j \sigma_{ij}\right]^{\frac{1}{2}} \tag{6-11}$$

其中 $(x_1, x_2, \cdots, x_N)$ 为投资组合，σ_{ij} 为 $\mathrm{cov}(\tilde{R}_i, \tilde{R}_j)$ 的简单记法。由前面的推导可知，对于市场组合 m，我们有：

$$\sigma(\tilde{R}_m) = \left(\sum_{i=1}^{N} x_{mi}\sigma_{im}\right)^{\frac{1}{2}} \tag{6-12a}$$

$$\sigma^2(\tilde{R}_m) = \sum_{i=1}^{N} x_{mi}\sigma_{im} \tag{6-12b}$$

(6-12b)式表明，全市场投资组合的方差等于它与所有证券的协方差的加权平均，并且权重正好是该证券的市场价值占整个市场所有证券总价值的百分比。因此，$x_{mi}\sigma_{im}$ 表示第 i 个证券对整个市场的风险的贡献。因此，衡量单个证券风险的正确指标是该证

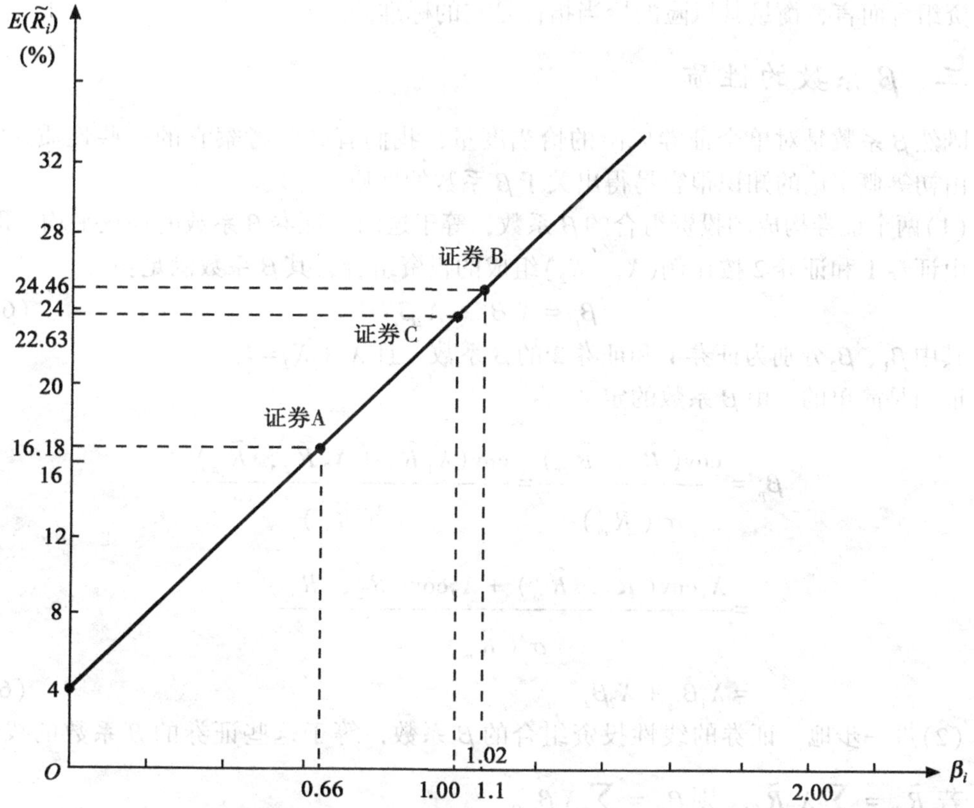

图 6-6 3 种证券在证券市场线中的位置

券与全市场投资组合的协方差。这意味着，单个证券与市场投资组合的协方差越大，给整个市场带来的风险也越大。此外，标准差大的证券给整个市场带来的风险不一定比标准差小的证券造成的风险大。这说明对单个证券而言，衡量其风险的恰当指标是它与市场组合的协方差 σ_{im}，标准化为贝塔系数 β_i，而不是其标准差 $\sigma(\tilde{R}_i)$。

其次，还可以用几个极端情形来说明这一点。

当某证券与市场完全无关时，$\beta_i=0$，则由 SML 得：

$$E(\tilde{R}_i)=R_f \tag{6-13}$$

这表明，当市场达到均衡时，无论该证券的标准差（衡量单个证券的独有风险）有多大，只要它的独有风险可以被分散掉，这种证券的收益率就正好等于无风险利率，从而无需任何风险报酬。

当某证券与市场负相关时，$\beta_i<0$，此时由 SML 得：

$$E(\tilde{R}_i)<R_f \tag{6-14}$$

这表明，当该证券参与投资组合时，能够对风险起到对冲作用，它所需要的预期收益率小于无风险利率。显然，该证券的标准差大于无风险证券的标准差。

总之，对单个证券而言，衡量其风险的恰当指标为它的β系数，而对任何一个有效的投资组合而言，衡量其风险的恰当指标是它的标准差。

二、β系数的性质

既然β系数是对单个证券风险的恰当度量，我们有必要考察它的一些性质。实际上，由初等概率论的知识很容易得出关于β系数的性质。

(1)两个证券构成的投资组合的β系数，等于这两个证券β系数的加权平均。即：由证券1和证券2按比例(X_1，X_2)组成的投资组合，其β系数满足：

$$\beta_p = X_1\beta_1 + X_2\beta_2 \tag{6-15}$$

其中β_1、β_2分别为证券1和证券2的β系数，且$X_1 + X_2 = 1$。

证明是简单的。由β系数的定义知：

$$\beta_p = \frac{\text{cov}(\tilde{R}_p, \tilde{R}_m)}{\sigma^2(\tilde{R}_m)} = \frac{\text{cov}(X_1\tilde{R}_1 + X_2\tilde{R}_2, \tilde{R}_m)}{\sigma^2(\tilde{R}_m)}$$

$$= \frac{X_1\text{cov}(\tilde{R}_1, \tilde{R}_m) + X_2\text{cov}(\tilde{R}_2, \tilde{R}_m)}{\sigma^2(\tilde{R}_m)}$$

$$= X_1\beta_1 + X_2\beta_2 \tag{6-16}$$

(2)进一步地，证券的线性投资组合的β系数，等于这些证券的β系数的线性组合：若$\tilde{R}_P = \sum_{i=1}^{N} X_i\tilde{R}_i$，则$\beta_P = \sum_{i=1}^{N} X_i\beta_i$。

证明方法类似于(1)中的证明，在此不再重复。

在上例中，根据证券A、证券B、证券C的数据，我们还可以计算三个证券的β系数：

$$\beta_{\text{A}} = \frac{\sigma_{\text{A}m}}{\sigma_m^2} = \frac{153}{(15.2)^2} = 0.66$$

$$\beta_{\text{B}} = \frac{\sigma_{\text{B}m}}{\sigma_m^2} = \frac{257}{(15.2)^2} = 1.11$$

$$\beta_{\text{C}} = \frac{\sigma_{\text{C}m}}{\sigma_m^2} = \frac{236}{(15.2)^2} = 1.02$$

投资组合(0.25，0.25，0.5)的β系数为：

$$\beta_P = \sum x_i\beta_i$$

$$= 0.25 \times 0.66 + 0.25 \times 1.11 + 0.5 \times 1.02$$

$$= 0.95$$

三、CML与SML及其他重要的直线

资本市场线和证券市场线是CAPM的两个重要结论。它们从两个不同的侧面描述

了风险资产的收益与其风险之间的关系。如前所述，CML 描述的是有效的投资组合所满足的关系，它给出的是投资组合的预期收益率与其标准差之间的线性关系。SML 描述的是均衡状态下单个证券所满足的关系，它给出的是单个证券的预期收益率与其β系数之间的线性关系。同时，我们还知道单个证券总是在 CML 的右边。

CML 是投资组合在$E(R)—\sigma(R)$空间中的形状；SML 则是单个证券在$E(R)—\beta$平面中的位置。一个有趣的问题是投资组合在$E(R)—\beta$平面中的位置怎样，单个证券在$E(R)—\sigma(R)$平面中的具体位置又怎样？此外，由 SML 直线，单个证券在$E(\tilde{R}_i)-E(\tilde{R}_m)$中的位置又怎样？下面我们一一分析。

(1)投资组合在$E(R)—\beta$平面中的位置。这个问题较为简单，只有当投资者拥有的备选投资组合位于 CML 上，所有的投资组合和单个证券才能位于 SML 上，如图 6-7 所示。

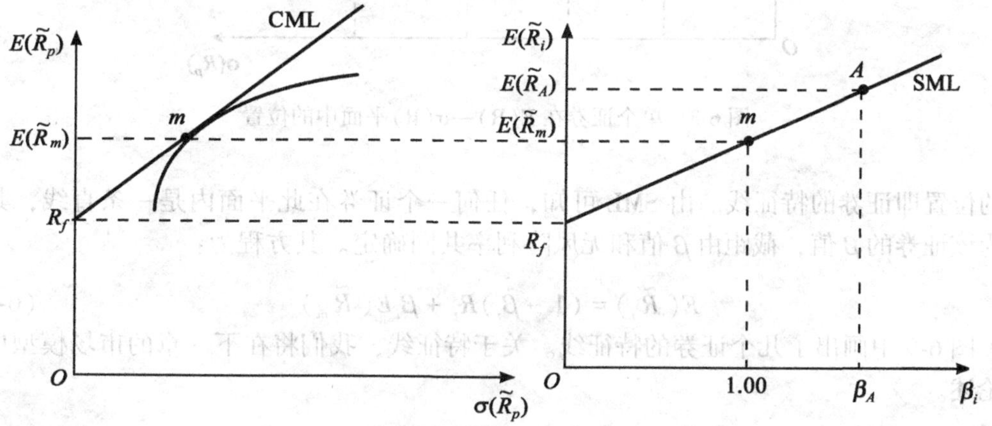

图 6-7 投资组合在不同平面中位置的比较

(2)单个证券在$E(R)-\sigma(R)$平面中的位置。如前所述，当投资者拥有的投资组合都位于 CML 上时，单个证券就位于 CML 的右边。每个证券与这条直线的距离反映了证券残差的大小。

例如：假定无风险利率为 10%，全市场投资组合的预期收益和标准差分别为 15% 和 15%。股票 A 的β系数为 1.50，A 的收益率为 17.5%，标准差为 30%。

根据下一章给出的市场模型，我们能算出 A 的残差：

由
$$\sigma^2(\tilde{R}_A)=\beta_A^2\sigma^2(\tilde{R}_m)+\sigma^2(\tilde{\varepsilon}_A) \tag{6-17}$$

$$\sigma^2(\tilde{\varepsilon}_A)=(30\%)^2-1.50^2\times(15\%)^2=0.0394$$

它在 CML 空间中的位置如图 6-8 所示。进一步地，当 A 的β系数不变，而残方差减小时(这意味着股票的方差减小)，股票 A 将沿图中虚线向资本市场线移动。

(3)CAPM 中的证券特征线(Characteristic Line，CL)。单个证券在$E(\tilde{R}_i)-E(\tilde{R}_m)$

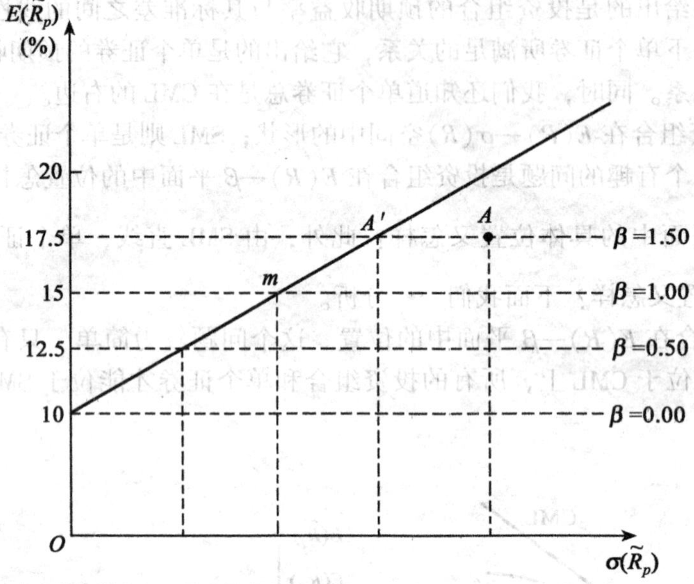

图 6-8 单个证券在 E(R)—σ(R)平面中的位置

中的位置即证券的特征线。由 SML 可知，任何一个证券在此平面内是一条直线，其斜率为该证券的β值，截距由β值和无风险利率共同确定。其方程为：

$$E(\tilde{R}_i) = (1-\beta_i)R_f + \beta_i E(\tilde{R}_m) \tag{6-18}$$

图 6-9 中画出了几个证券的特征线。关于特征线，我们将在下一章的市场模型中详细论述。

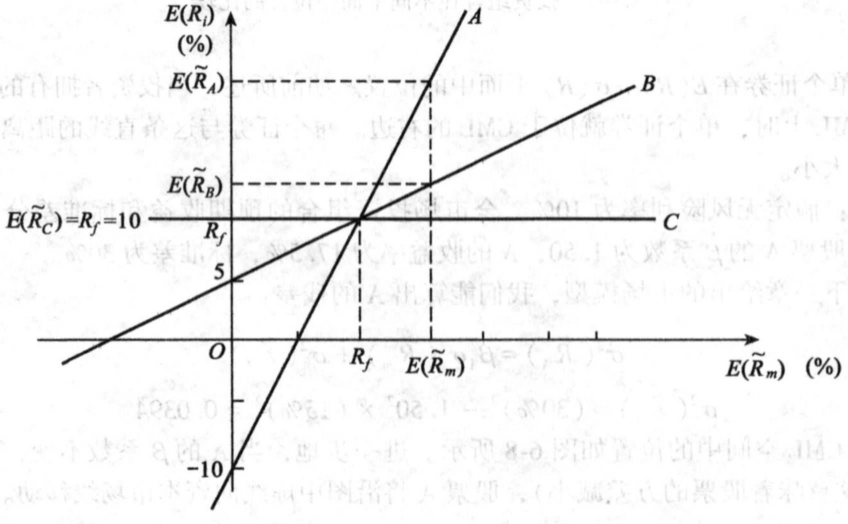

图 6-9 证券的特征线

练习与思考

一、重要名词与概念

资本资产定价模型(CAPM)　市场组合　切点组合　完备市场　市场无摩擦　同质投资者　理性投资者　可行集　有效集　市场均衡　资本市场线(CML)　证券市场线(SML)　贝塔系数(β)　证券特征线　跨时资本资产定价模型(ICAPM)　基于消费的资本资产定价模型(CCAPM)

二、问答题

1. 什么是市场组合？它与切点组合有何区别和联系？
2. 资本市场线与证券市场线有何异同？
3. 对投资组合的风险度量方法与对单个证券的风险度量有何不同？
4. 对 CAPM 的实证分析时，要检验的对象和标准是什么？

三、选择题

1. 在 CAPM 模型的基本假设包括(　　)。
   A. 理性投资者假设
   B. 借贷利率相等假设
   C. 投资者的同质性假设
   D. 均值—方差标准假设
2. 当证券市场达到均衡状态时，有如下特征(　　)。
   A. 切点组合包括所有的证券，且持有份额均为正数
   B. 均衡条件下，无风险利率使得市场上借贷资金相等
   C. 均衡条件下，切点组合和市场组合为同一组合
   D. 均衡价格使得所有证券的需求与供给相等
3. 市场组合通常是指(　　)。
   A. 由全部风险资产组成的任意组合
   B. 是一种由股票市场流通的所有股票构成的组合，每种证券的比例均由市场确定
   C. 市场组合总是有效组合
   D. 市场组合不一定是有效组合
4. 市场组合的贝塔系数为(　　)。
   A. −1　　B. 0　　C. 1　　D. 0.5
5. 资本市场线(　　)。
   A. 描述的是有效投资组合的收益与其风险之间的线性关系
   B. 描述的是均衡条件下单个证券的收益与其风险之间的线性关系

C. 资产组合的风险报酬应大于零

D. 与证券市场线相同

6. 证券市场线(　　)。

A. 描述的是有效投资组合的收益与其风险之间的线性关系

B. 描述的是均衡条件下单个证券的收益与其风险之间的线性关系

C. 其斜率总是正数

D. 与证券的特征线相同

7. 证券的特征线(　　)。

A. 描述的是均衡条件下单个证券的收益与市场组合收益的线性关系

B. 描述的是均衡条件下单个证券的收益与其风险之间的线性关系

C. 其斜率总是正数

D. 描述的是单个证券的收益与有效投资组合的收益的线性关系

8. 均衡条件下，贝塔系数为零的证券的预期收益率(　　)。

A. 等于零

B. 等于市场组合的收益率

C. 等于无风险利率

D. 低于无风险利率

9. 无风险利率和市场组合的期望收益率分别为 0.08 和 0.1，根据 CAPM 模型，贝塔值为 1.5 的证券 I 的期望收益率是(　　)。

A. 0.144　　B. 0.11　　C. 0.12　　D. 0.08

10. 证券 I 的期望收益率为 0.11，贝塔系数为 1.5，无风险收益率为 0.06，市场组合的期望收益率为 0.09，根据资本资产定价模型，投资者应该(　　)。

A. 买入 I，因为它被高估了

B. 卖出 I，因为它被高估了

C. 卖出 I，因为它被低估了

D. 买入 I，因为它被低估了

11. 如果某一投资者投资 4000 元于证券 A，其贝塔值为 1.2；投资 5000 元于证券 B，其贝塔值为 0.8；投资 1000 元于证券 C，其贝塔值为-0.2。则这一投资组合的贝塔值为(　　)。

A. 0.88　　B. 1.00　　C. 0.86　　D. 1.22

12. 股票 A 的期望收益率为 0.12，贝塔值为 1.2；股票 B 的期望收益率为 0.14，贝塔值为 1.8，无风险利率为 0.05，市场组合的期望收益率为 0.09，则应该买入股票(　　)。

A. B　　B. A　　C. A 和 B　　D. A 和 B 都不买

13. 一种价值被市场高估的证券(　　)。

A. 必定位于证券市场线的下方

B. 必定位于资本市场线的上方

C. 有可能位于资本市场线的上方，也可能位于资本市场线的下方

D. 有可能位于证券市场线的上方，也可能位于证券市场线的下方

14. 无风险收益率为0.06，市场期望收益率为0.14，某一资产组合的期望收益率为0.18，其贝塔值为(　　)。

A. 0.5　　B. -1.5　　C. 1.0　　D. 1.5

15. 下列说法正确的是(　　)。

A. 贝塔值为零的股票，其预期收益率也为零

B. CAPM是一种均衡定价模型

C. 证券的线性投资组合的贝塔系数等于构成组合的各个证券贝塔系数的加权平均

D. CAPM认为投资组合的收益可以由市场的系统风险进行解释

16. 关于风险的度量，下列说法正确的是(　　)。

A. 对于投资组合，通常用其标准差或方差度量风险

B. 对于单个证券，通常用其贝塔系数度量风险

C. 标准差或方差度量的是组合收益的分散程度

D. 贝塔系数度量的是证券收益率与整个市场收益的相关性

四、分析计算题

1. 假定无风险利率为6%，市场组合的收益率为16%，股票A当日价格为25元，在年末支付每股0.5元的红利，其贝塔值为1.2，依照资本资产定价模型，股票A年末价格的期望值是多少？

2. 假定无风险利率为5%，贝塔值为1的资产组合市场要求的期望收益率是12%。则根据资本资产定价模型计算：

(1)市场组合的期望收益率。

(2)贝塔值为0的股票的期望收益率。

(3)假定投资者正考虑买入某一股票，价格为15元，该股票预计来年派发红利0.5元，投资者预期可以16.5元卖出，股票贝塔值为0.5，该股票是否应该买入？

3. 有关市场、无风险利率以及两支股票的信息如下：

	期望收益率	与市场的相关系数	标准差
国库券利率	4%	0.00	0.00
股票指数	11%	1.00	0.15
股票A	14%	0.70	0.25
股票B	9%	0.40	0.20

(1)画出相应的证券市场线。

(2)计算各股票的β值。

(3)以证券市场线为参照，画出各股票的位置。

【扩展阅读】

资本资产定价模型的推广

到目前为止，我们介绍了 Sharpe(1964)和 Lintner(1965)的经典资本资产定价模型，该模型严密的数学描述可参见 Merton(1972)的论文或黄奇辅和 Litzenberger(1988)的教材①。我们知道，CAPM 建立在一系列假设的基础之上，这些假设在一定程度上与客观世界相违背，因此该模型招致了一些批评。为此，经济学家们对这些假设加以放宽，并由此来分析假设放宽后对原来结论的影响。这里我们列举几个有代表性的结果。同时，我们还将介绍一些其他的定价模型以及该领域的最新研究进展。

一、不存在无风险资产的情形

如果投资者不能以无风险利率借贷，这一模型将会有何变化？换言之，如果不存在这样一种资产，它在未来任何状态下收益不变，这将对 CAPM 有何影响？Black(1972)较完美地解决了这一问题。

如图 6-10 所示，投资组合 m 是位于有效集上的市场组合(实际上，有效集上的任一投资组合均可)。接下来，假定我们可以找出所有与这个投资组合不相关的投资组合，即它们的收益与该投资组合收益的协方差为零，其系统性风险为零。因为它们的系统性风险为零，在 $E(R)-\sigma(R)$ 平面中为一条水平直线，即图 6-10 中的 AB 直线。点 A 和 B 有相同的预期收益，但只有 B 点位于投资机会集上。即，在所有与 m 不相关而又可行的投资组合中，B 点的方差最小。

我们利用份额为 a 的市场组合 m 和 $1-a$ 的零贝塔最小方差集 B 构造投资组合，其预期收益和方差为：

$$E(\tilde{R}_p)=aE(\tilde{R}_m)+(1-a)E(\tilde{R}_z)$$

$$\sigma(\tilde{R}_p)=[a^2\sigma^2(\tilde{R}_m)+(1-a)^2\sigma^2(\tilde{R}_z)+2a(1-a)\operatorname{cov}(\tilde{R}_B,\ \tilde{R}_m)]^{1/2}$$

因为，投资组合 B 和 m 的协方差为零，故上式中的 $\operatorname{cov}(\tilde{R}_B,\ \tilde{R}_m)=0$。在 $a=1$ 处求导得直线的斜率：

$$\frac{dE(\tilde{R}_p)}{d\sigma(\tilde{R}_p)}=\frac{\partial E(\tilde{R}_p)/\partial a}{\partial\sigma(\tilde{R}_p)/\partial a}=\frac{E(\tilde{R}_m)-E(\tilde{R}_z)}{\sigma(\tilde{R}_m)}$$

显然，切线过 m 点和 $E(\tilde{R}_z)$ 点，从而有类似于前面的 CML 直线：

$$E(\tilde{R}_p)=E(\tilde{R}_z)+\left[\frac{E(\tilde{R}_m)-E(\tilde{R}_z)}{\sigma(\tilde{R}_m)}\right]\sigma(\tilde{R}_p)\tag{6-19}$$

① 详见 Merton R C. An analytic derivation of the efficient portfolio frontier[J]. Journal of financial and quantitative analysis, 1972, 7(4): 1851-1872; Huang C, Litzenberger R H. Foundations for financial economics[M]. North-Holland, 1988.

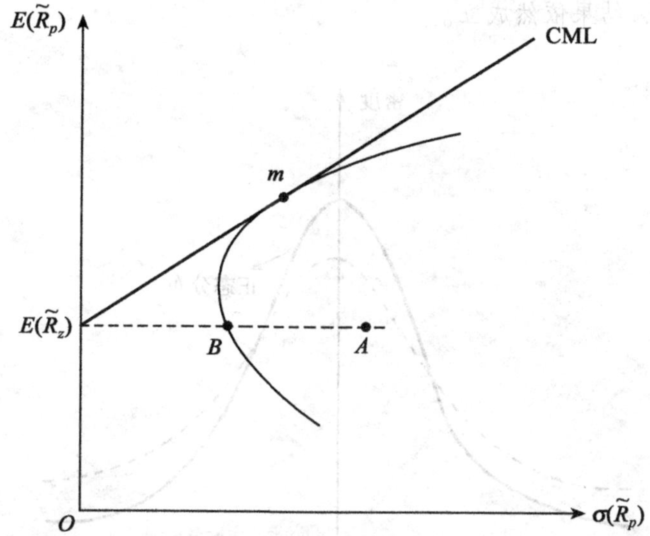

图 6-10　不存在无风险资产时的 CAPM

这一直线刚好是用 $E(\tilde{R}_z)$ 来代替(6-2)式中的 R_f 而得到的。

进一步地可以求出此时的 SML 直线：

$$E(\tilde{R}_i)=\beta_i E(\tilde{R}_m)+(1-\beta_i)E(\tilde{R}_z) \tag{6-20a}$$

$$E(\tilde{R}_i)=E(\tilde{R}_z)+[E(\tilde{R}_m)-E(\tilde{R}_z)]\beta_i \tag{6-20b}$$

其中，$\beta_i=\text{cov}(\tilde{R}_i,\ \tilde{R}_m)/\sigma^2(\tilde{R}_m)$

值得说明的是，这一方法有一些局限性，主要体现于它建立在没有卖空的前提条件之下。Ross(1977)的实证表明在允许卖空和不存在无风险资产的条件下，CAPM 的线性关系是不存在的。因此，方程(6-9)和方程(6-20)的成立必须满足条件：(1)允许无风险资产的买卖，(2)不允许卖空。

二、收益非联合正态分布

我们在上一章介绍的投资组合理论和本章的 CAPM 依赖于一个很基本的假设：投资者对风险资产的选择标准是对其预期收益和方差的比较权衡，这一假设实际上是认为投资者的效用是预期收益和方差的函数。这一结论一般是不正确的，但若风险证券的收益服从正态分布，则这些条件全部满足。有兴趣的读者可以查阅有关资料来了解其深层原因。

事实上，我们假设收益率服从正态分布是不切合实际的，因为正态分布的随机变量取值从负无穷大到正无穷大，而作为有限责任公司发行的股票，其收益率最小值为 −100%。此外，Fama(1965)以纽约股票交易所的数据进行实证分析，发现很多股票的收益率的分布是一种具有"厚尾"结构的分布，如图 6-11 所示，这种证券收益率的方差是不存在的。那么，在此条件下 CAPM 又将如何呢？Fama 在 1965 年的另一篇论文里指出，以收益率的1/4极差(随机变量取值从小到大排列，其中位于3/4和1/4处的取值之差)来代替方差，结果依然成立。

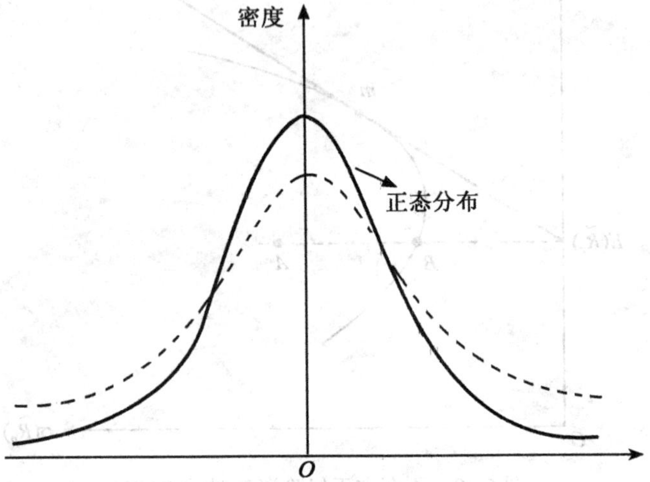

图6-11　具有"厚尾"的收益分布

当然，还有些实证资料表明，对股票收益分布更好的描述方式应该是对数正态分布(见图6-12)，而不是一般的正态分布。

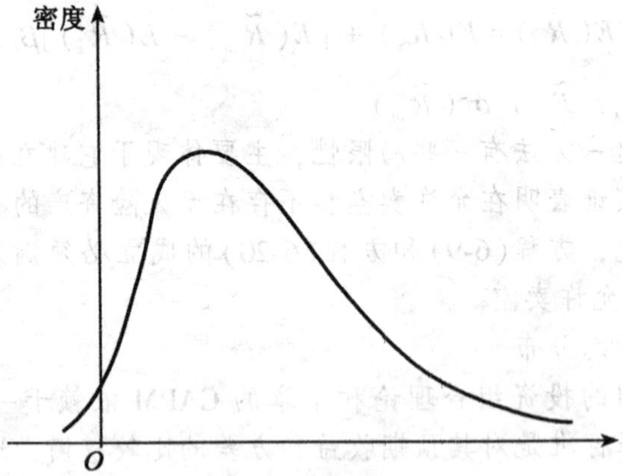

图6-12　对数正态分布

三、存在不可交易的资产

假设存在这样的资产，因法律或管制的原因其交易成本十分高，从而不可交易。例如人力资源，你能通过出租你的技能而换回工资，但你却不能将你自己卖掉或买任何的其他人。因为你不能将你的技能分开一部分卖给其他投资者，因此你必须面对在存在不可分割资产的条件下进行投资决策。此时CAPM又将如何变化？另一方面，我们在"不存在交易成本”和“资本可无限分割”的条件下得到了分离定理，而实证表明分离定理在实际中是不成立的。这一结果起因很多，其中这两条假设的不成立是一个主要的原因。Mayas(1972)对此问题进行了分析，证明了当存在不可交易的风险资产 H(对应的收益率为 $\tilde{R}_H$)时，CAPM 为以下形式：

$$E(\tilde{R}_i)=R_f+\lambda[V_m\text{cov}(R_f,\ \tilde{R}_m)+\text{cov}(\tilde{R}_i,\ \tilde{R}_H)] \tag{6-21}$$

其中，$\lambda=[E(\tilde{R}_m)-R_f]/[V_m\sigma^2(\tilde{R}_m)-\text{cov}(\tilde{R}_m,\ \tilde{R}_H)]$。

此式的含义有三：①投资者持有不同风险资产的投资组合是因为它们的人力资本风险不同；②风险资产的均衡价格仍与投资者的个人偏好无关；③风险资产风险的适当度量方法仍为协方差，并且对任何证券要分别考虑它与可交易和不可交易两部分资产之间的协方差。

四、跨时资本资产定价模型(ICAPM)

经典资本资产定价模型是一种单一期限的定价模型，即该模型只涉及一个单一的投资期限，期初投资、期末收回，由此来确定资产的价格。该模型一经提出，许多经济学家就致力于将其推广到多期情形，并提出相应的多期模型。在这些模型中最具有代表性的有 Merton(1973)与 Cox、Ingersoll 和 Ross(1985)的跨时资本资产定价模型(Intertempral Capital Asset Pricing Model，ICAPM)。这里我们仅就 Merton 的模型进行介绍。

Merton 考虑的是一种连续时间情形，即假设投资者的消费—投资决策是连续进行的，因此，资本市场上的交易也是连续进行的。Merton 用随机动态优化的方法讨论投资者的最优消费-投资决策，在市场均衡条件下得到了风险资产的定价方程。

(1)若无风险利率也是随机的。注意：无风险利率的随机性体现在其波动性，它与债券的到期收益率不是一回事。本书第十二章中将对债券进行分析，在那里读者将对无风险资产有一个更深的认识。Merton 证明，当无风险利率也随机变化时，有三基金(three fund)分离定理成立(不同于我前面所述的两基金分离定理)。三基金为：无风险资产、市场组合、与市场利率完全负相关的投资组合。其中，第三个基金用来对冲市场利率的变化，并且有：

$$E(\tilde{R}_i)=R_f+\gamma_1[E(\tilde{R}_m)-R_f]+\gamma_2[E(\tilde{R}_N)-R_f] \tag{6-22}$$

其中，$\tilde{R}_N$ 表示与无风险资产完全负相关的投资组合的即时收益率，其他符号类似于 CAPM 中的贝塔系数，其表示较复杂，在此不一一说明，有兴趣的读者可阅读他的文集《连续时间的金融》(*Continuous-Time Finance*)。

(2)若存在类似于无风险利率这样的 M 个不确定因素，则有 M+2 基金分离定理，其中 M+2 个基金为：无风险资产、全市场投资组合、分别与 M 个不确定因素完全负相关的投资组合。同样能够得出类似于(6-22)式的定价公式。例如，陈志武(1996)在 Merton 框架下引进资本主义精神(或称财富偏好)，其定价方程为：

$$E(\tilde{R}_{i,\ t})=R_f+\gamma\sigma_{i,\ C}+\lambda\sigma_{i,\ w}-\lambda\sigma_{i,\ v} \tag{6-23}$$

其中，γ、λ 为特定的常数，C、w、v 分别表示社会总消费、个人财富和个人的社会地位。

五、基于消费的资本资产定价模型(CCAPM)

无论是 Sharpe 和 Lintner 的 CAPM、Black 的零β CAPM，还是 Merton 的 ICAPM，都有一个共同的特点：风险资产的收益与某一个或几个特定的投资组合的收益相关，这类定价模型被称作基于组合的定价模型。但是，在 Merton 的 ICAPM 中，一般很难确定市场组合和无风险利率之外的因素，即 $M+2$ 基金分离定理中的其他基金含义并不明确，这至少给实证分析带来了困难。为此，Breeden(1979)提出了一种新的定价模型——基于消费的定价模型(Consumption-based Capital Asset Pricing Model，CCAPM)。该模型将风险资产的期望收益率与总消费相联系，用本书的记号表示为：

$$E(\tilde{R}_i)=R_f+[E(\tilde{R}_m)-R_f]\frac{\beta_{iC}}{\beta_{mC}} \tag{6-24}$$

其中，β_{iC} 和 β_{mC} 分别为证券 i 与消费、市场投资组合与消费的贝塔系数，其相应的定义为 $\beta_{iC}=\mathrm{cov}(\tilde{R}_i,\ d\ln\tilde{C})/\mathrm{var}(d\ln\tilde{C})$，$\beta_{mc}=\mathrm{cov}(\tilde{R}_m,\ d\ln\tilde{C})/\mathrm{var}(d\ln\tilde{C})$。

六、随机因素模型(SFM)

贯穿于由 John H. Cochrane 2001 年编著的最新教科书《资产定价》中的资产定价模型，是目前最为流行的一种定价模型，该模型将资产定价模型综合为一个统一的模式，这一模式称为随机因素模型(Stochastic Factor Model，SFM)。该模型给出的基于消费的基本定价模型为：

$$p_t=E_t(\tilde{m}_{t+1}\tilde{x}_{t+1}) \tag{6-25}$$

其中，p_t、$\tilde{m}_{t+1}$、$\tilde{x}_{t+1}$ 分别表示风险资产在期初的价格、随机贴现因子和风险资产在期末的支付；$E_t(.)$ 为条件期望算子，一般是指基于 t 时信息的条件期望。随机贴现因子为期末与期初消费的边际效用之比和时间替代率的乘积，即：$\tilde{m}_{t+1}\equiv\beta\dfrac{u'(\tilde{c}_{t+1})}{u'(\tilde{c}_t)}$，该因子也通常被称为定价的核(kernel)。

需要说明的是，随机因素模型并非由 Cochrane 提出来的，只是通过其总结，该模型更加引起人们的注意。

第七章　因素模型与套利定价理论

上一章我们介绍了资本资产定价模型(CAPM)，它是建立在均值-方差分析基础上的一种比较完美的模型。它在实际中有如下应用：(1)可以用来测量系统性风险；(2)可用来作为证券估价的基准；(3)是绩效评价的标准。但是，它存在很多局限性。首先，正如前面所指出的，模型的推导建立在一系列假设的基础之上，而且其中的一些假设过于理想化，这自然影响到该理论的实际应用性和有效性。其次，当市场上可供选择的证券足够多时(N>100)，又使得计算十分繁杂。为了解决上述局限，人们从另一个角度对定价问题进行研究，并提出了一些更为简单、实用的模型。

作为CAPM两个重要结论之一的证券市场线指出，任何一个证券的收益率受单一因素——全市场组合的影响。因此人们提出了市场模型，进而到单因素模型。显然，因为经济系统的复杂性，更多的时候对证券的收益率产生影响的因素不是单一的，而是多方面的。因此，较为合理的模型是多因素模型。在多因素模型的基础上，Ross(1976)提出了套利定价理论(Arbitrage Pricing Theory，APT)，它是建立在比CAPM更少且更合理的假设之上的一种模型，它导出的均衡模型与CAPM有很多相似之处。本章首先从CAPM出发，介绍市场模型、单因素模型、多因素模型，最后介绍套利定价理论。

第一节　市场模型与单因素模型

单因素模型假设风险资产的价格受单个因素的影响。在单因素模型中，市场模型是一种最有代表性的模型，因此，本节我们首先介绍市场模型，然后推广到一般的单因素模型。我们在介绍市场模型、单因素模型以及后面的多因素模型时，基本上是基于同样的步骤进行的，即先介绍模型的来源和形式，给出一个标准的表达式，接下来介绍模型的应用。由于这些内容之间有很多的相似性，如预期收益率的求法、方差与协方差的求法、构成投资组合后的性质等，因此，许多内容在不同的地方可能有些重复的感觉，我们尽量有不同的侧重点，如有的地方侧重于定性说明，有的地方侧重于数学证明。

一、市场模型

市场模型是在SML的基础上提出来的一种模型，它具有很强的实用性。下面我们对该模型的思想来源进行介绍。

(一)模型

CAPM从理论上指出：风险资产的收益率与其β系数呈线性关系，即有SML：

$$E(\tilde{R}_i) = R_f + [E(\tilde{R}_m) - R_f]\beta_i \tag{7-1}$$

其中，R_f 为无风险利率，$E(\tilde{R}_m)$ 为全市场组合的预期收益率，它是指一种由所有风险资产组成的投资组合，而且该投资组合中任一风险资产的份额都大于零。显然，要估计 $E(\tilde{R}_m)$ 是比较困难的，对于股票市场而言，一个简单易行的办法是用市场指数(如上证指数、深证指数等股票指数)来代替全市场组合。同时对(7-1)式进行改写为：

$$E(\tilde{R}_i) = (1 - \beta_i)R_f + E(\tilde{R}_m)\beta_i \tag{7-2}$$

它表明单个证券的预期收益率与全市场组合成线性关系，由此提出证券市场上普通股票的收益率与同期股票指数满足一元线性回归方程，这就是市场模型(market model)：

$$\tilde{R}_i = \alpha_i + \beta_i \tilde{R}_I + \tilde{\varepsilon}_i \tag{7-3}$$

其中，$\tilde{R}_i$ 表示在给定时期内证券 i 的收益率；$\tilde{R}_I$ 表示同时期的市场指数的收益率，对应于(7-2)式中的 $\tilde{R}_m$；β_i 表示斜率项，描述证券 i 对市场指数变动的敏感性；α_i 表示截距项，对应于(7-2)式中的 $R_f(1-\beta_i)$，它是常数收益项；$\tilde{\varepsilon}_i$ 表示随机项，它包含了除市场指数以外所有其他因素对收益率的影响，等于由市场指数收益率决定的收益率与证券实际收益率之差。

同时还假设：$E(\tilde{\varepsilon}_i) = 0$；$\text{cov}(\tilde{R}_I, \tilde{\varepsilon}_i) = 0$；$\text{cov}(\tilde{\varepsilon}_i, \tilde{\varepsilon}_j) = 0$。

这些附加的假设主要是对误差项进行说明：随机误差项的期望值为零，它与市场指数的变动是不相关的，任意两证券间随机误差项的变动是不相关的。

因此有：

$$E(\tilde{R}_i) = \alpha_i + \beta_i E(\tilde{R}_I) \tag{7-4}$$

$$\sigma^2(\tilde{R}_i) = \beta_i^{\,2}\sigma^2(\tilde{R}_I) + \sigma^2(\tilde{\varepsilon}_i) \tag{7-5}$$

这一模型的含义是：假设资本市场上风险资产的收益率是由唯一的因素——市场指数来确定，而且它们之间呈一元线性关系。在此假定条件下，只要把握市场指数的变动水平以及风险资产 i 对市场指数的敏感性，就能很好地对这一风险资产的收益率进行预测。(7-4)式给出的是风险资产预期收益率与市场指数收益率之间的关系，也就是上一章所说的证券的特征线，其性质我们将进一步分析。(7-5)式则说明风险资产的风险可分解为两个部分：一个与市场有关，另一个与自身有关。这种分解我们在后面还将进一步说明。

例如，若证券 i 满足：$\alpha = 4\%$，$\beta_i = 1.2$，则它的市场模型为：

$$\tilde{R}_i = 4\% + 1.2\tilde{R}_I + \tilde{\varepsilon}_i \tag{7-6}$$

值得说明的是，实际的 $\tilde{R}_i$ 并不一定等于 $4\% + 1.2\tilde{R}_I$，两者之差即为误差项 $\tilde{\varepsilon}_i$ 的值，它反映了除市场指数收益率之外，其他因素对该证券收益率的影响。

由市场模型不难画出其图形(见图7-1)，图中，当 $\tilde{R}_I=\tilde{R}'_I$ 时，A 为 $\tilde{R}_i$ 的理论值，B、C 为 $\tilde{R}_i$ 可能的实际值，就是说，$\tilde{R}_i$ 的实际值可能在 B 点或 C 点。

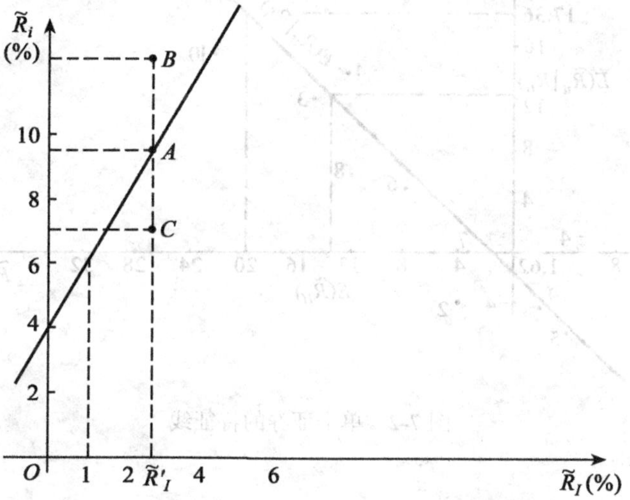

图7-1　市场模型

(二)市场模型中的证券特征线

上一章，我们给出了资本资产定价模型中的证券市场线，它描述的是单个证券的预期收益率与全市场组合的预期收益率之间的线性关系。类似地，我们这里给出市场模型中的特征线。

由前面的分析，证券特征线可以写成：

$$E(\tilde{R}_{it}|R_{It})=\hat{\alpha}_i+\hat{\beta}_iR_{It} \tag{7-7}$$

其中，R_{It} 表示市场指数在 t 期的收益率；$\tilde{R}_{it}$ 表示证券 i 在 t 期的收益率；$E(\tilde{R}_{it}|R_{It})$ 表示在已知指数收益率的条件下对单个证券 i 的收益率的预期；$\hat{\alpha}_i$，$\hat{\beta}_i$ 表示与证券 i 有关的系数，它是通过线性回归而得出的估计值。

(7-7)式表明 t 时期证券 i 的预期收益等于常数 $\hat{\alpha}_i$ 加上常数 $\hat{\beta}_i$ 乘以指数收益。同样还存在随机项 $\tilde{\varepsilon}_{it}$，从而使得证券 i 的收益率不等于其预期收益。图7-2表示了这一直线关系。同样，直线的斜率 $\hat{\beta}_i$ 反映的是证券预期收益率对指数收益的敏感程度。

此时，证券 i 的实际收益与预期收益之间的关系为：

$$\tilde{R}_{it}=E(\tilde{R}_{it}|R_{It})+\tilde{\varepsilon}_{it} \tag{7-8}$$

这一表达式更清楚地说明了市场模型中的含义：在时期 t，证券 i 的实际收益率由两部分组成：一是受共同因素影响的预期收益部分；二是由其他与指数收益无关的因素

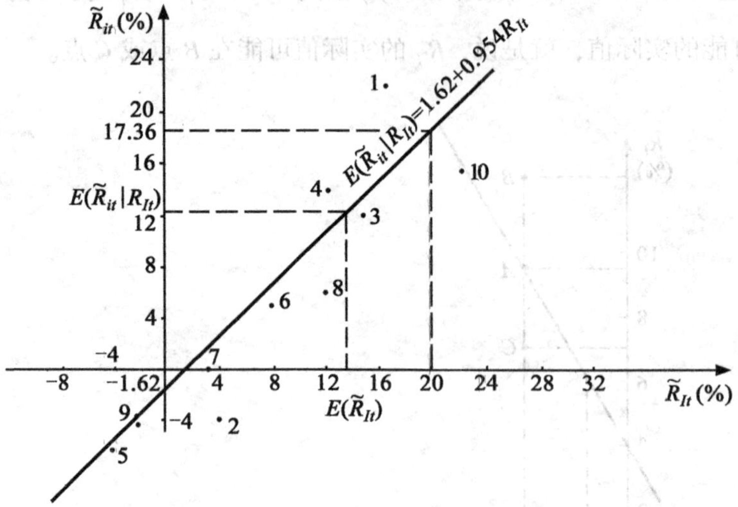

图 7-2　单个证券的特征线

所影响的收益部分。

对于证券特征线，我们关心的是两个重要的量，一个是截距项 $\hat{\alpha}_i$，另一个是斜率项 $\hat{\beta}_i$。

类似于 CAPM，单个证券的 β 系数可由下式给出：

$$\hat{\beta}_i = \frac{\operatorname{cov}(\tilde{R}_{it},\ \tilde{R}_{It})}{\sigma^2(\tilde{R}_{It})} \tag{7-9}$$

$\hat{\beta}_i$ 是特征线的斜率，斜率 $\hat{\beta}_i$ 越大，该证券的风险也越大。根据市场模型及方差的性质，我们很容易得到：

$$\sigma^2(\tilde{R}_{it}) = \beta_i^{\ 2}\sigma^2(\tilde{R}_{It}) + \sigma^2(\tilde{\varepsilon}_{it}) \tag{7-10}$$

(7-10)式的含义是，单个证券的风险由两部分组成：一部分为系统性风险，由等式右边的第一项给出，另一部分是非系统性风险，它由等式右边的第二项给出。

例如，表 7-1 是证券 i 和市场指数在 $t=1$ 到 $t=10$ 时实际收益率的资料：

表 7-1　　证券 i 和市场指数的实际收益率

时期	1	2	3	4	5	6	7	8	9	10
$\tilde{R}_i$(%)	22	−4	12	14	−6	5	3	6	−4	15
$\tilde{R}_I$(%)	17	4	15	11	−4	8	0	12	−2	22

由表 7-1 中的数据我们分别计算下列重要指标。

证券 i 的预期收益率：

$$E(\tilde{R}_i)=\frac{1}{10}[22+(-4)+12+14+(-6)+5+3+6+(-4)+15]=6.3$$

市场指数预期收益率：

$$E(\tilde{R}_I)=\frac{1}{10}[17+4+15+11+(-4)+8+0+12+(-2)+22]=8.3$$

$\tilde{R}_i$ 的方差为：

$$\sigma^2(\tilde{R}_i)=\frac{1}{10}[(22-6.3)^2+(-4-6.3)^2+(12-6.3)^2+(14-6.3)^2+(-6-6.3)^2$$
$$+(5-6.3)^2+(3-6.3)^2+(6-6.3)^2+(-4-6.3)^2+(15-6.3)^2]$$
$$=79.01$$

$\tilde{R}_I$ 的方差为：

$$\sigma^2(\tilde{R}_I)=\frac{1}{10}[(17-8.3)^2+(4-8.3)^2+(15-8.3)^2+(11-8.3)^2+(-4-8.3)^2$$
$$+(8-8.3)^2+(0-8.3)^2+(12-8.3)^2+(-2-8.3)^2+(22-8.3)^2]$$
$$=67.41$$

两者的协方差为：

$$\mathrm{cov}(\tilde{R}_i,\ \tilde{R}_I)=\frac{1}{10}[(22-6.3)(17-8.3)+(-4-6.3)(4-8.3)+$$
$$(12-6.3)(15-8.3)+(14-6.3)(11-8.3)+$$
$$(-6-6.3)(-4-8.3)+(5-6.3)(8-8.3)+$$
$$(3-6.3)(0-8.3)+(6-6.3)(12-8.3)+$$
$$(-4-6.3)(-2-8.3)+(15-6.3)(22-8.3)]=64.31$$

证券 i 的 β_i 值为：

$$\hat{\beta}_i=64.31/67.41=0.954$$

方差中与市场有关的部分为：

$$\beta^2{}_i\sigma^2(R_I)=(0.954)^2\times 67.41=61.35$$

与市场无关的部分为：

$$\sigma^2(\tilde{R}_i)-\beta^2{}_i\sigma^2(R_I)=79.01-61.35=17.66$$

因此，该证券方差中受市场变动影响的部分所占的比例为 61.35/79.01=77.6%。由证券特征方程得：

$$\hat{\alpha}_i=6.3-(0.954)(8.3)=-1.62$$

因此证券 i 的特征线方程为：

$$E(\tilde{R}_{it}|R_{It})=-1.62+0.954R_{It}$$

在实际应用中，知道表 7-1 中给出的数据时，通常是用回归分析法来寻找两个变量的线性关系。但是，它与我们这里计算出来的特征线有着本质上的不同。回归直线是对两组数据线性关系的最好近似，而特征线则是理论上得出的预测公式。

此外，我们还能够计算投资组合的特征线：

$$E(\tilde{R}_{pt} | R_{It}) = \hat{\alpha}_p + \hat{\beta}_p R_{It} \tag{7-11}$$

其中，$\hat{\alpha}_p = \sum_{i=1}^{N} x_i \hat{\alpha}_i$，$\hat{\beta}_p = \sum_{i=1}^{N} x_i \hat{\beta}_i$，$\tilde{\varepsilon}_{pt} = \sum_{i=1}^{N} x_i \tilde{\varepsilon}_{it}$。

例如，有两个证券，证券 1 的截距项和斜率以及相应的特征线分别为：

$$\hat{\alpha}_1 = 0.02,\ \hat{\beta}_1 = 0.6$$

$$E(\tilde{R}_{1t} | R_{It}) = 0.02 + 0.6R_{It}$$

证券 2 的截距项和斜率以及相应的特征线分别为：

$$\hat{\alpha}_2 = -0.07,\ \hat{\beta}_2 = 2.0$$

$$E(\tilde{R}_{2t} | R_{It}) = -0.07 + 2.0R_{It}$$

如果以各占 50%的份额构成投资组合，则组合的截距项、斜率以及相应的特征线分别为：

$$\hat{\alpha}_p = 50\% \times 0.02 + 50\% \times (-0.07) = -0.025$$

$$\hat{\beta}_p = 50\% \times 0.6 + 50\% \times 2.0 = 1.3$$

$$E(\tilde{R}_{pt} | R_{It}) = -0.025 + 1.3R_{It}$$

证券 1 和证券 2 投资组合的特征线如图 7-3 所示。

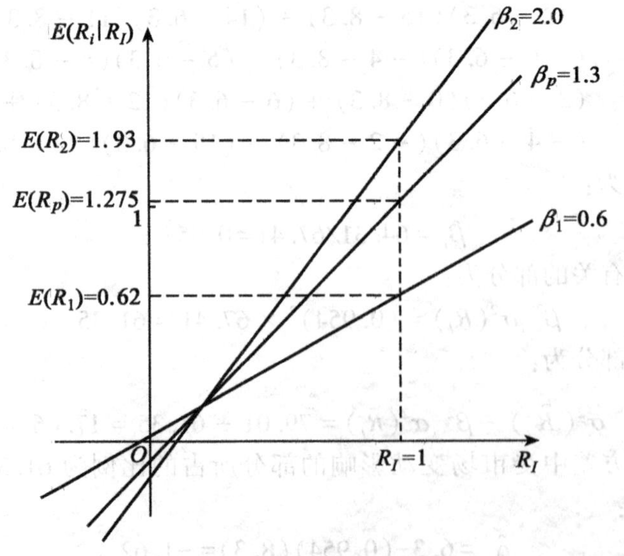

图 7-3　投资组合的特征线

二、单因素模型

市场模型认为股票的收益率由市场指数这一唯一的因素决定。推而广之，我们可以认为风险证券的收益率由经济中某一因素来决定，这一因素不一定是全市场组合。因素模型实质是关于证券收益率生成过程的模型，而单因素模型则认为收益形成过程只包括唯一的因素。它假设：

$$\tilde{R}_i = a_i + b_i\tilde{f} + \tilde{\varepsilon}_i \tag{7-12}$$

其中，$\tilde{R}_i$ (i=1，2，…，N)为风险资产的收益率，$\tilde{f}$ 为决定 $\tilde{R}_i$ 的唯一因素，我们在 f 上加波浪线是表示它是一个随机变量，对任意的 i 都相同，a_i 为截距项，b_i 则是第 i 个证券对因素 $\tilde{f}$ 的敏感性系数，同样 $\tilde{\varepsilon}_i$ 为误差项。而且假设：

$$E(\tilde{\varepsilon}_i)=0,\ \mathrm{cov}(\tilde{f},\ \tilde{\varepsilon}_i)=0,\ \mathrm{cov}(\tilde{\varepsilon}_i,\ \tilde{\varepsilon}_j)=0\quad (i\neq j)$$

这些假设的含义是：误差项 $\tilde{\varepsilon}_i$ 的期望值为零，从而平均来看，既不会产生正向偏离，也不会产生负向偏离；协方差为零表明，误差项 $\tilde{\varepsilon}_i$ 与因素无关，它包含的是因素以外的其他信息。同时，不同证券的误差项也是无关的。通常我们称这种误差项为白噪声。

该模型可描述为图 7-4。

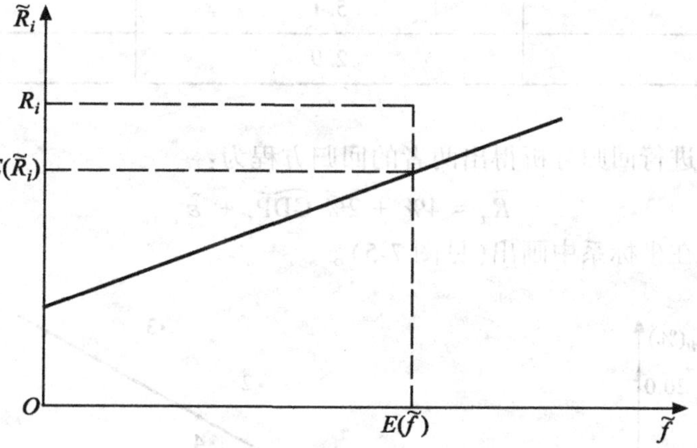

图 7-4　单因素模型

由假设容易得出证券 i 的预期收益：

$$E(\tilde{R}_i) = a_i + b_iE(\tilde{f}) \tag{7-13a}$$

证券 i 的方差：

$$\sigma^2(\tilde{R}_i) = b_i^{\ 2}\sigma^2(\tilde{f}) + \sigma_{\tilde{\varepsilon}_i}^{\ 2} \tag{7-13b}$$

任何两个证券的协方差为：

$$\text{cov}(\tilde{R}_i,\ \tilde{R}_j)=b_ib_j\sigma^2(\tilde{f})\qquad i\neq j \tag{7-13c}$$

这组等式表明，在单因素模型中要全面了解 N 个证券，只需知道 $\tilde{f}$、$\sigma^2(\tilde{f})$、N 个 a_i 和 b_i，共计 $3N+2$ 个参数即可，相比之下 CAPM 需要知道的参数有 $2N+\frac{1}{2}N(N+1)$ 个。因此，因素模型能够大大减少计算量。

值得说明的是，实证结果表明，各公司股票随机误差项之间的协方差并不为零，一般是正值。这说明证券的实际残值方差大于由单因素模型求出的结果。理论上，多因素模型将成为解释收益影响因素更精确的模型。

单因素模型是市场模型的一个推广，因此，市场模型的很多结论在这里仍然成立。例如，在单因素模型的假设下，我们认为某证券 A 的收益率由 GDP 这一因素决定。为此收集该证券收益率和同期 GDP 增长率如表 7-2 所示。

表 7-2　**单因素模型数据**

年　份	GDP 增长率(%)	证券 A 的收益率(%)
1	5.7	14.3
2	6.4	19.2
3	7.9	23.5
4	7.0	15.6
5	5.1	9.2
6	2.9	13.0

对这组数据进行回归分析得出两者的回归方程为：

$$\tilde{R}_t=4\%+2\%\ \widetilde{\text{GDP}}_t+\tilde{\varepsilon}_t$$

将这一直线在坐标系中画出(见图 7-5)。

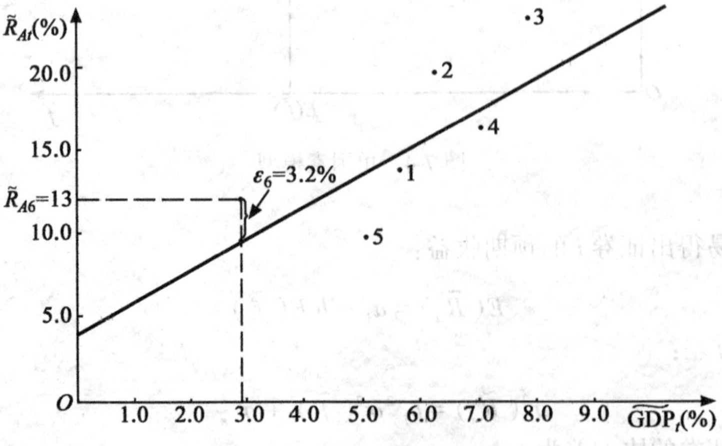

图 7-5　一个单因素模型

再例如，表 7-3 是四个股票收益率在十年内的历史数据，同时给出的是同期的工业价格指数的历史记录。我们用单因素模型来拟合股票价格与工业价格指数间的关系。

表 7-3 **个股及指数收益率数据** (单位:%)

年份	股票 1	股票 2	股票 3	股票 4	指数
1	11.91	29.59	23.27	27.24	12.30
2	18.37	15.25	19.47	17.05	5.50
3	3.64	3.53	-6.58	10.20	4.30
4	24.37	17.67	15.08	20.26	6.70
5	30.42	12.74	16.24	19.84	9.70
6	-1.45	-2.56	-15.05	1.51	8.30
7	20.11	25.46	17.80	12.24	5.60
8	9.28	6.92	18.82	16.12	5.70
9	17.63	9.37	3.05	22.93	5.70
10	15.71	25.09	16.94	3.49	3.60

说明：表中均为百分点数。

利用表 7-3 的数据，我们首先来计算 10 个样本(10 年值)的均值 $E(\tilde{R}_i)$ 的估计值：

$$\hat{\bar{R}}_i = \frac{1}{10}\sum_{k=1}^{10} \tilde{R}_i{}^k \tag{7-14}$$

$\tilde{R}_i{}^k$ 表示第 i 个股票第 k 年的收益率，显然 $i=1, 2, 3, 4$；$k=1, 2, \cdots, 10$。而样本方差估计值的计算公式为：

$$\sigma^2(\tilde{R}_i) = \frac{1}{9}\sum_{i=1}^{10} (\tilde{R}_i{}^k - \hat{\bar{R}}_i)^2 \tag{7-15}$$

这里乘 $\frac{1}{9}$ 而不是 $\frac{1}{10}$ 是为了保证 $\sigma^2(\tilde{R}_i)$ 为方差的无偏估计(这一点请参见概率统计中点估计部分的知识)。我们用 $R\hat{\bar{R}}_i$ 和 $\sigma^2(\tilde{R}_i)$ 分别估计证券 i 的均值和方差，并且用同样的方法估计指数的均值和方差。进一步用以下公式估计协方差：

$$\mathrm{cov}(\tilde{R}_i, \tilde{f}) = \frac{1}{9}\sum_{k=1}^{10} (\tilde{R}_i{}^k - \hat{\bar{R}}_i)(f^k - \hat{\bar{f}}) \tag{7-16}$$

然后，由公式来计算 a_i 和 b_i：

$$b_i = \frac{\mathrm{cov}(\tilde{R}_i, \tilde{f})}{\sigma^2(\tilde{f})} \tag{7-17}$$

$$a_i = \hat{\bar{R}}_i - b_i \hat{\bar{f}}$$

最后还可以估计误差项的方差：

$$\sigma^2(\varepsilon_i)=\sigma^2(\tilde{R}_i)-b_i^2\sigma^2(\tilde{f}) \tag{7-18}$$

上述公式的计算结果如表 7-4 所示。

表 7-4　　单因素模型计算的结果

	股票 1	股票 2	股票 3	股票 4	指数
均值	15.00	14.34	10.90	15.09	6.74
方差	90.28	107.24	162.19	68.27	6.99
协方差	2.34	4.99	5.45	11.13	6.99
b_i	0.33	0.71	0.78	1.59	1.00
a_i	12.74	9.53	5.65	4.36	0.00
$\sigma^2(\tilde{\varepsilon}_i)$	89.49	103.68	157.95	50.55	

这一结果是用单因素模型计算出来的。可以看出 $\sigma^2(\tilde{\varepsilon}_i)$ 非常大，即非系统风险高于系统性风险，这表明要用单因素模型来解释证券的收益率可能不是一个很好的方法。进一步计算 $\mathrm{cov}(\tilde{\varepsilon}_1,\tilde{\varepsilon}_2)=91\neq 0$，与单因素模型假设不符，进一步证明单因素模型在此不准确，更切合实际的可能是多因素模型。

第二节　多因素模型

在上一节的例子中，我们最后的计算结果显示 $\mathrm{cov}(\tilde{\varepsilon}_i,\tilde{\varepsilon}_j)\neq 0(i\neq j)$，它表明认为“市场指数是决定证券市场收益率的唯一因素”的观点是不准确的。协方差不为零说明除了市场因素外，还有一些共同的因素作用于证券收益的生成。因此，我们有必要将单因素模型推广到多因素模型。针对 Roll 对经典 CAPM 提出的批评，Fama 和 French (1992，1993)提出了三因素模型。本节我们首先介绍 Fama 和 French 的三因素模型，然后介绍一般的多因素模型。

一、三因素模型

美国金融学家 Fama 和 French(1992，1993)连续撰写并发表了两篇论文，提出了所谓的三因素模型，这一多因素模型也被称为 FF 模型。

(一)模型

在考察公司规模、账面/市值比和 β 系数对证券收益率的解释能力时，Fama 和 French 发现公司规模和账面/市值比都会对证券收益率产生影响：公司的规模越小，其风险越大，要求的收益也就越高；上市公司的账面/市值比越高，其市值相对于账面价值也就越低，市场对该公司的前景预期就越差，该股票的风险也就越高，因此要求的收益率越高。由财务报表分析的相关知识可以计算上市公司的账面价值 BE(the Book Value of Equity)和市场价值 ME(the Market Value of Equity)，由此可以计算账面/市值比 BE/ME。他们还发现，在控制了公司规模和账面/市值比两个因素后，β 系数对证券收益率的解释能力很差。由此，他们于 1993 年提出了三因素模型：

$$\tilde{R}_i = a_i + b_i(\tilde{R}_m - R_f) + s_i \widetilde{SMB} + h_i \widetilde{HML} + \tilde{\varepsilon}_i \tag{7-19}$$

其中，$\tilde{R}_m - R_f$ 与前面的含义相同，为市场投资组合的超额收益率(也称为股权溢价)，被称为市场因子。$\widetilde{SMB}$被称为规模因子(Small Minus Big，SMB)，表示小公司股票收益与大公司股票收益之差，它对应的异象是规模效应，即小公司股票收益明显高于大公司股票收益的现象；有研究者认为，规模效应实际上是对风险的补偿，因为小公司的股票有着更高的系统风险，因此也能获得更高的回报率作为补偿；也有学者认为小公司之所以会有更高的系统风险，是因为小公司股价更易于操纵，或是因为小公司不为人关注、信息披露不足导致；投资者可以利用这种异象，通过买入小盘股组合，卖出大盘股组合获利。$\widetilde{HML}$被称为账市比因子(High Minus Low，HML)，表示高账面/市值比的投资组合的收益率减低账面/市值比的投资组合的收益率，由于高账市比的股票一般被称为价值股①，而低账市比的股票一般被称为成长股，故该因子也往往被称为价值因子，它对应的异象是账市比效应，即高账市比的股票组合收益高于低账市比的股票组合收益的现象；有研究者认为，高账市比实际上反映的是一种破产风险或财务危机风险，如果市场对企业评价较低则股票价格较低，市值较小，账市比较高，那么该企业陷入财务危机的风险也更高，因而要求的回报率也就更高；也有学者认为危机企业更为敏感，高账市比的企业盈利和销售等基本面表现不佳，财务状况较脆弱，因此比低账市比的企业具有更高的风险，因此回报率也更高。投资者可以利用这种异象，通过买入价值股组合，卖出成长股组合获利。b_i、s_i、h_i 分别为证券对市场投资组合、规模因子和账市比因子的敏感性。同时假设：$E(\tilde{\varepsilon}_i) = 0$；$\sigma^2(\tilde{\varepsilon}_i) = \sigma_\varepsilon^2$；$\mathrm{cov}(\tilde{R}_m, \tilde{\varepsilon}_i) = 0$；$\mathrm{cov}(\widetilde{SML}, \tilde{\varepsilon}_i) = 0$；$\mathrm{cov}(\widetilde{HML}, \tilde{\varepsilon}_i) = 0$；$\mathrm{cov}(\tilde{\varepsilon}_i, \tilde{\varepsilon}_j) = 0 (i \neq j)$。

在上述假设下，我们很容易求得风险资产的期望收益率：

$$E(\tilde{R}_i) = a_i + b_i[E(\tilde{R}_m) - R_f] + s_i E(\widetilde{SMB}) + h_i E(\widetilde{HML}) \tag{7-20}$$

对于无风险资产，上述敏感因子均为零，即 $b_i = 0$，$s_i = 0$，$h_i = 0$，因此有：$a_i = R_f$，从而有：

$$E(\widetilde{R_i}) = R_f \tag{7-21}$$

CAPM 是建立在均值-方差分析基础上的一种比较完美的模型。与基于坚实的经济学理论基础推导出的 CAPM 模型不同，Fama 和 French 的三因素模型是基于过去数据建

① 价值股和成长股也常用市盈率(PE)、市净率(PB)等指标区分。

立的实证经验得到的模型，因此理论基础较为薄弱，但该模型很好地解释了实证中常常困扰着人们的两个金融异象：规模效应和账市比效应，因此弥补了资本资产定价模型对预期回报解释力不足的缺陷。Fama 和 French 并不认为金融异象可以推翻有效市场假说，而是认为资本资产定价模型没有完全包含股票所承担的风险因素，加入的两个因子反映了两类新的风险因素，从而和市场因子(即市场投资组合的超额收益率)反映的市场风险因素一起解释了股票的预期回报。

对于规模因子和账市比因子代表的风险来源究竟是什么，以及它们为什么能预测股票回报等基本问题学术界仍有争论，并且三因素模型的理论基础仍不完善，但是，后来有关市场异象的研究基本上接受了三因素模型。一个投资策略如果要证明有超额回报，不能再像以前一样只调整市场风险，而要一起调整三因素。只有经过三因素调整后还有超额回报，才可以成为异象。

(二)三因素模型的实证分析

Fama 和 French 利用美国的 1963 年 7 月到 1991 年 12 月的时间序列数据对三因素模型进行了实证分析。根据(7-21)式选择的回归模型为：

$$\tilde{R}_i - R_f = a_i + b_i(\tilde{R}_m - R_f) + s_i\widetilde{\text{SMB}} + h_i\widetilde{\text{HML}} + \tilde{\varepsilon}_i \tag{7-22}$$

为了比较分析三种因素对收益率的影响，Fama 和 French 对下列三个模型进行回归分析：

模型 1：$\tilde{R}_i - R_f = a_i + b_i(\tilde{R}_m - R_f) + \tilde{\varepsilon}_i$ (7-23)

模型 2：$\tilde{R}_i - R_f = a_i + s_i\widetilde{\text{SMB}} + h_i\widetilde{\text{HML}} + \tilde{\varepsilon}_i$ (7-24)

模型 3：$\tilde{R}_i - R_f = a_i + b_i(\tilde{R}_m - R_f) + s_i\widetilde{\text{SMB}} + h_i\widetilde{\text{HML}} + \tilde{\varepsilon}_i$ (7-25)

上述三个模型的回归结果如表 7-5、表 7-6 和表 7-7 所示。

表 7-5　　**模型 1 的回归结果**

五分位	低	2	3	4	高
	b				
小	1.40	1.26	1.14	1.06	1.08
2	1.42	1.25	1.12	1.02	1.13
3	1.36	1.15	1.04	0.96	1.08
4	1.24	1.14	1.03	0.98	1.10
大	1.03	0.09	0.89	0.84	0.89
	R^2				
小	0.67	0.70	0.68	0.65	0.61
2	0.79	0.79	0.76	0.76	0.71
3	0.84	0.84	0.80	0.79	0.74
4	0.89	0.90	0.87	0.80	0.76
大	0.89	0.92	0.84	0.79	0.69

表 7-6　**模型 2 的回归结果**

五分位	低	2	3	4	高
			s		
小	1.93	1.73	1.63	1.59	1.67
2	1.52	1.46	1.35	1.18	1.40
3	1.28	1.12	1.05	0.93	1.16
4	0.86	0.82	0.77	0.72	0.95
大	0.28	0.35	0.22	0.29	0.44
			h		
小	-0.95	-0.57	-0.35	-0.18	0.01
2	-1.23	-0.66	-0.38	-0.16	0.00
3	-1.09	-0.65	-0.31	-0.11	-0.01
4	-1.11	-0.65	-0.36	-0.11	-0.01
大	-1.07	-0.65	-0.42	-0.06	0.08
			R^2		
小	0.65	0.60	0.60	0.60	0.59
2	0.59	0.53	0.49	0.42	0.44
3	0.51	0.43	0.37	0.31	0.35
4	0.43	0.30	0.24	0.18	0.23
大	0.34	0.18	0.08	0.04	0.06

表 7-7　**模型 3 的回归结果**

五分位	低	2	3	4	高
			b		
小	1.04	1.02	0.95	0.91	0.96
2	1.11	1.06	1.00	0.97	1.09
3	1.12	1.02	0.98	0.97	1.09
4	1.07	1.08	1.04	1.05	1.18
大	0.96	1.02	0.98	0.99	1.06
			s		
小	1.46	1.26	1.19	1.17	1.23
2	1.00	0.98	0.88	0.73	0.89
3	0.76	0.65	0.60	0.48	0.66
4	0.37	0.33	0.29	0.24	0.41
大	-0.17	-0.12	-0.23	-0.17	-0.05

续表

五分位	低	2	3	4	高
			H		
小	-0.29	0.08	0.26	0.40	0.62
2	-0.52	0.01	0.26	0.46	0.70
3	-0.38	-0.00	0.32	0.51	0.68
4	-0.42	0.04	0.30	0.56	0.74
大	-0.46	0.00	0.21	0.57	0.76
			R^2		
小	0.94	0.96	0.97	0.97	0.96
2	0.95	0.96	0.95	0.95	0.96
3	0.95	0.94	0.93	0.93	0.93
4	0.94	0.93	0.91	0.89	0.89
大	0.94	0.92	0.88	0.90	0.83

这三个模型的回归结果表明，三因素模型(模型3)的拟合效果大大优于只考虑市场因素的CAPM(模型1)。模型2表明，SMB和HML对组合收益率能够具有一定程度的解释作用。

【扩展阅读】

三因素模型的实证分析方法

三因素模型的实证实现虽然比较复杂，但非常具有代表性，下面以我国A股市场三因素模型的实证计算为例，具体介绍三因素模型的实证方法。

(一)数据来源

所需要的数据可以从深圳国泰安信息技术有限公司提供的CSMAR数据库中获得。首先，需要确定研究的时间跨度，然后从数据库中筛选出在这个时间跨度之内始终上市交易的股票(指之前已经上市且目前尚未退市的股票)作为市场组合。此外，还要获得这些股票考虑现金红利再投资的月个股回报率和月个股总市值数据，作为模型中股票月收益率和月末总市值数据；获得这些股票财务报表年报中账面市值比数据(注意需剔除B股数据)，作为模型中的账面市值比数据；获得整个时间段内的三个月定期—整存整取(%)利率作为模型中的无风险收益率。

(二)数据处理

1. 市场资产组合风险溢价因子 $(R_m - r_f)$

无风险收益率 r_f 通过上文得到的研究期间内三个月定期—整存整取(%)年化利率除以12得到月度无风险收益率求得。市场组合收益率 R_m 通过市场组合中所有股票的月个股回报率按照月个股总市值进行加权平均后求得。两者相减即可求得市场资产组合风险溢价因子 $(R_m - r_f)$。

2. 市值与账面市值比市场组合

按照个股在 t 年 4 月 30 日的市场价值和每年上市公司公布的年度报告中 $t-1$ 年 12 月 31 日市值和账面市值比数据的大小，可对 t 年 5 月至 $t+1$ 年 4 月所有股票按照市值和账面市值比分为 6 组。先按照市值分成 2 组，S 和 B 组各占 50%，再对于每一组按照账面市值比分成 3 组，L、M、H 组各占 33.3%。方法如表 7-8 所示。

表 7-8

	低账面市值比(L)	中账面市值比(M)	高账面市值比(H)
小市值(S)	SL	SM	SH
大市值(B)	BL	BM	BH

3. 市值因子 SMB(小减大组合)

完成分组后可求得每一组每个月的月收益率(按市值加权平均)，分别为 SL、SM、SH、BL、BM、BH。分别求出小市值组合和大市值组合月收益率之差，即可求出当月市值因子 SMB：

$$SMB_t = \frac{SL_t + SM_t + SH_t}{3} - \frac{BL_t + BM_t + BH_t}{3}$$

4. 账面市值比因子 HML(高减低组合)

分别求出高账面市值比组合和低账面市值比组合月收益率之差，即可求出当月账面市值比因子 HML：

$$HML_t = \frac{SH_t + BH_t}{2} - \frac{SL_t + BL_t}{2}$$

(三)投资组合的分组与构建

通过分组将公司规模和账面市值比两个因素分离开来。

根据第一年年末的公司市值从小到大，将股票分成五个组合，第一个组合包括市值最小的 20%的股票，第五个组合包括市值最大的 20%的股票。然后，对于每个组合中的股票，再按照该年年末的个股账面市值比，从低到高分成 5 个组合。这样，将所有股票分成了 25 个组合，分别对每一组计算月度收益率平均值(市值加权)，作为该组的收益率，并减去无风险利率，作为被解释变量。重复以上过程，用第二年、第三年、……、最后一年反复分组，求出所有的被解释变量($R_i - r_f$)。

(四)实证分析

1. 三因素模型及其假设

按照前文(7-25)式给出的模型，要进行实证检验的三因素模型是：

$$R_{it} - r_{ft} = \alpha_i + b_i(R_{mt} - r_{ft}) + s_i SMB_t + h_i HML_t + \varepsilon_{it} \tag{7-26}$$

需要检验的假设主要有：

假设 1：$\alpha_i = 0$。如果 α_i 显著异于 0，则说明可以通过剔除三因素的影响获得超额收益，即市场是无效的，也暗示了还有其他因素影响组合的收益。

假设 2：$b_i = 0$、$s_i = 0$、$h_i = 0$。如果 b_i、s_i、h_i 显著异于 0，则说明三因素对组合收益率情况有解释力。

假设 3：三因素模型的拟合优度显著高于 CAPM 模型的拟合优度。

2. 实证检验

将之前求得的各变量的月度数据代入(7-26)式中进行回归分析，因为分了 25 组，因此需要做 25 次回归，最终得到 25 组系数 a、b、s、h 以及系数的 t 检验值、25 组回归拟合优度(调整 R^2)。最后对实证检验的结果进行分析。

二、多因素模型

Fama 和 French 将规模因子和账市比因子加入市场模型中，从而将单因素模型扩展为三因素模型，如果我们可以找到新的风险因素，对股票预期收益能够产生系统性的影响，那么我们也可以将这个新的风险因素加入三因素模型中，扩展成为多因素模型。这其中，最有代表性的是 Carhart 四因素模型和 Fama-French 五因素模型。

(一) Carhart 四因素模型

自从 Jegadeesh 和 Titman 首先在 1993 年发表了动量因子(momentum factor)的研究成果之后，由于它显著的超额回报率，数十年来一直是学术界经久不衰的研究课题之一。关于动量因子的研究范围包括各个资本市场、各种资产类型、各种时间跨度，并且最终给出了许多种不同的解释理论。由于动量因子难以解释且超额回报率十分显著，Carhart (1995，1997)将一年期收益动量异常因素作为动量因子引入三因素模型，成为 Carhart 四因素模型：

$$R_t = \alpha_i + b_i(R_m - r_f) + s_i\,\widehat{\text{SMB}} + h_i\,\widehat{\text{HML}} + u_i\,\widehat{\text{UMD}} + \varepsilon_i \qquad (7\text{-}27)$$

其中，$\widehat{UMD}$ 表示动量因子(Up Minus Down，UMD)，指的是前期(可以是 1 个月，也可以是 1 年)取得高收益的股票组合与前期取得低收益的股票组合在当前月份的收益之差，它反映了采取逢高买进、逢低卖出的策略所取得的回报。模型中新加入的动量因素能够对市场上的“动量效应”进行有效解释。

Carhart 四因素模型常被用于分析基金绩效，四个因素系数的正负反映了四种投资策略风格，即：高风险/低风险股、小盘/大盘股、价值/成长股、动量收益/反转收益股。回归得到的 α 值被称为四因素 α，是评价基金绩效的指标，若 α 显著大于零，这说明基金获得了超额收益率，反之，则说明基金表现劣于市场。

由于 Carhart 四因素模型良好的解释能力，一些后来的研究者将其作为标准模型并引入情绪或流动性等因子扩展为五因素模型①。

---

① 例如 Pastor 和 Stambaugh 在 2003 年的文章中将流动性因子引入四因素模型，得到 Pastor-Stambaugh 五因素模型。

（二）Fama-French 五因素模型

Fama 和 French(2015)对三因素模型进行了改进，在原有的市场、规模以及账面市值比三因子的基础上，加入了盈利能力因子(Robust Minus Weak，RMW)和投资模式因子(Conservative Minus Aggressive，CMA)，从而能够更好地解释股票横截面收益率的差异：

$$R_t = \alpha_i + b_i(R_m - r_f) + s_i\,\widetilde{\mathrm{SMB}} + h_i\,\widetilde{\mathrm{HML}} + r_i\,\widetilde{\mathrm{RMW}} + c_i\,\widetilde{\mathrm{CMA}} + \varepsilon_i \tag{7-28}$$

模型中的$\widetilde{\mathrm{RMW}}$因子代表盈利能力，是营业利润率高的股票组合的收益率减去营业利润率低的股票组合的收益率。其中，营业利润率的衡量标准是上一财年的总收入扣除主营业务成本、利息支出、销售费用、一般费用及行政费用，再除以上一财年末账面权益总额。模型中的$\widetilde{\mathrm{CMA}}$则是投资水平低(“保守”)的股票组合的收益率减去投资水平高(“积极”)的股票组合的收益率。这里对投资的衡量是用上一财年相对于之前财年的总资产增加额除以上一财年末的总资产金额。

Fama 和 French 使用 1963 年 7 月至 2013 年 12 月美国股市的数据，采用类似 Fama 和 French（1993）的方法对样本数据进行分析。他们分别根据市值—账面市值比、市值—营业利润率和市值—投资水平，对股票进行了 3 次 5×5 均分，每次得到 25 个投资组合。结果发现，总体而言，存在价值、盈利能力以及投资效应：即在控制其他变量的情况下，股票的账面市值比越高，营业利润率越高，投资水平越低，其平均回报率越高，这些现象在市值较小的股票中尤为明显。此外，他们还认为，HML 似乎是一个“多余”的因子：HML 的风险溢价基本上能被其他因子所解释，尤其是能被 RMW 和 CMA 因子解释，所以剔除 HML 不会对回归的截距项有影响。

不过，Fama-French 五因素模型仍然存在一些问题，比如不能很好地解释为什么盈利能力不强、投资积极的小市值股票会有低于平均水平的收益率，而盈利能力不强、投资积极的大市值股票却有很高的收益率。

第三节　套利定价理论

套利定价理论是由 Ross 于 1976 年提出来的一个替代 CAPM 的理论。APT 是以多因素模型为基础，建立在一个重要假设基础上的理论。这一重要假设是：当市场达到均衡时，不存在套利机会。这一假设的一个等价的规则是“一价法则”(law of one price)：两种具有相同风险和收益的证券，其价格必定相同。

一、套利的含义

套利定价理论是建立在一个很重要的概念——套利(arbitrage)之上的。所谓套利是一种交易策略，通常是通过在多个市场上同时进行交易，无需支付成本却能赚取无风险利润。套利通常用套利机会来描述，套利机会是指一种能不承担任何风险而赚取收益的机会。理论上将它分为第一类套利机会和第二类套利机会。

第一类套利机会是指这样的一种机会，投资者能够在期初投资为零，即投资时没有付出任何费用，通常是通过卖空一些资产并同时购买另一些资产；而期末收益大于零，即期末得到一些正的收益。

第二类套利机会则是指另一种投资机会，投资者能够在期初投资为负，即上述的投资中没有将卖空的收益全部用于购买另一些资产，而期末收益非负，即期末平仓无需任何支出。

第一类套利机会可以使你白手起家而赚取收益。例如，你的一位好朋友将 1 万元人民币无息地借给你一年，你用这一万元购买一年期年利率为 4%的国库券，表明你可以利用你的友情来套利 400 元，这是第一类套利。

第二类套利机会使你现在就可以赚取收益而到期末无需付出任何代价。例如有一集邮爱好者找到你要以 1000 元卖掉某张珍贵邮票，而刚好不久后另一位集邮爱好者向你寻购这种邮票，并愿支付 1200 元，同时支付了 1200 元定金，这时对你便形成了一个第二类套利机会。

当然，我们所强调的套利机会主要是在资本市场上的套利机会。通常，当上述的“一价法则”被违背时，便会出现套利机会。尤其是引入如期货、期权、互换等衍生金融工具后，可以通过这些衍生金融工具将一些风险资产的价格锁定。如果同时在现货市场上相应证券的价格定得不合理，就会形成套利机会。

一般地，套利可分为两种：跨时套利和跨地域套利。跨时套利是利用不同时点同类产品不合理定价而进行的套利，前面所述的借钱买债券即是此类。而跨地域套利是利用同种商品或资产在不同地方定价不同而进行的套利。套利的一个重要特点是无风险性，即赚钱的可能性是 100%。当然，近年来有些学者将保险业归为第三种套利——跨风险套利，他们认为某些风险对个体而言较大，但当保险公司将这些个体纳入其业务服务对象，因而形成一个整体以后，每个个体的平均风险较低。保险公司正是承担这种平均风险，并通过跨风险来套利。

必须指出的是，套利是一种操作行为。这种操作是否成功，市场的完备性起着很重要的作用。只有当市场流动性很强，即在资本市场上人们能很快地买卖自己想要买卖的资产时，投资者才可以利用存在的套利机会进行套利，其结果将很快消除套利机会。但现实生活中的套利并不会像理论假设得那样完美，人们往往会发现套利的风险和成本并非可以忽视，结果，由于套利限制的存在，定价错误也会随之长期存在，从而动摇了套利定价模型的理论基础。

二、套利定价理论

(一) 假设与模型

与 CAPM 类似，APT 也是建立在一系列假设的基础之上，其主要的假设如下。

假设 1. 市场是自由竞争的、无摩擦的。

假设 2. 投资者具有相同的信念，即对风险资产的收益有相同的预期，都确信证券

的收益率受 k 个因素影响，并满足：

$$\tilde{R}_i = a_i + b_{1i}\tilde{f}_1 + b_{2i}\tilde{f}_2 + \cdots + b_{ki}\tilde{f}_k + \varepsilon_i \tag{7-29}$$

且 $\mathrm{cov}(\varepsilon_j, \varepsilon_i)=0$，$\mathrm{cov}(\tilde{f}_j, \varepsilon_i)=0$，$\mathrm{cov}(\tilde{f}_i, \tilde{f}_j)=0$，$E(\varepsilon_i)=0$，$E(\tilde{f}_j)=0$

假设 3. 市场上证券个数 n 远大于因素个数 k。

假设 4. 资本市场上不存在套利机会。

假设 1 是为了保证投资者能够迅速利用套利机会套利。假设 2 假设多因素模型成立，同时，投资者信念的同质性也保证了套利的顺利实现。实际上，当投资者的信念非同质，如存在噪音交易者时，套利将受到限制，这一点同样可参见行为金融部分。假设 3 则是为了保证无套利方法的有效性。当市场上证券个数 n 远大于因素个数 k 时，才可能构造无风险的投资组合，从而利用无套利原理进行定价。

（二）APT 定价公式的含义

这一结果表明：有 k 个因素共同影响证券 i 的超额收益率，每一个因素对超额收益率的贡献等于该因素的风险价格乘以该因素的风险。

APT 的定价公式为：

$$E(\tilde{R}_i) - R_f = (\bar{\delta}_1 - R_f)b_{i1} + \cdots + (\bar{\delta}_k - R_f)b_{ik} \tag{7-30}$$

其中，$\lambda_j = \bar{\delta}_j - R_f$ 表示证券 i 对第 j 个因素的风险溢价（risk premium）或风险价格（the price of risk）。b_{ik} 的定义正好类似于资本资产定价模型中的贝塔系数：

$$b_{ik} = \frac{\mathrm{cov}(\tilde{R}_i, \tilde{\delta}_k)}{\sigma^2(\tilde{\delta}_k)} \tag{7-31}$$

（三）纯因素的作用——对 APT 进一步的解释

纯因素概念的引进对我们理解 APT 很有帮助。所谓纯因素作用的投资组合是指：（1）该投资组合只对某一个因素敏感而不受任何其他因素的影响；（2）高度分散化可使证券的个别收益为零。

例如，考虑两因素情形，假设证券 A、B、C 具有表 7-9 所示的敏感性。

表 7-9 **证券 A、B、C 的敏感性**

证券	b_{i1}	b_{i2}
A	-0.40	1.75
B	1.60	-0.75
C	0.67	-0.25

如投资者的投资额为 1000 元，其中的 300 元投资于 A，700 元投资于 B，不投资于

C，则他的投资组合为：（0.3，0.7，0），由此计算投资组合对因素的敏感系数：

$$b_{p1}=-0.4\times0.3+1.60\times0.7+0.67\times0.0=1.0$$

$$b_{p2}=1.75\times0.3+(-0.75)\times0.7+(-0.25)\times0.0=0.0$$

因此，如果像这样投资于多种证券，根据前文分析的方法就可构成一种个别风险很小，甚至为零的投资组合，即=0，再通过恰当地选择各种证券的比例，投资者就可以建立起一个只对因素 1 敏感的投资组合，且其系数为 1。此时有：

$$\tilde{R}_{p1}=\alpha_{p1}+\tilde{f}_1 \tag{7-32}$$

这个投资组合就是“纯因素 1 作用”投资组合。

同样地，我们可以构造“纯因素 2 作用”投资组合。如投资者将其资金 625 元投资于 A，375 元投资于 C，则投资组合为(0.625，0，0.375)，从而：

$$b_{p1}=(-0.40)\times0.625+1.60\times0.0+0.67\times0.375=0.0$$

$$b_{p2}=1.75\times0.625+(-0.75)\times0.0+(-0.25)\times0.375=1.00$$

这就是“纯因素 2 作用”投资组合。同时也有：

$$\tilde{R}_{p2}=\alpha_{p2}+\tilde{f}_2 \tag{7-33}$$

对于多因素情形我们还可以构造“纯因素 3 作用”投资组合、“纯因素 i 作用”投资组合等。

第四节　APT 与 CAPM

APT 与 CAPM 既有区别，又有联系，首先两者都是一种均衡模型，前者假设当市场处于均衡状态时将不存在套利机会，从而能将证券的收益确定下来，它体现的是整个市场上给出的一种合理的定价——投资者无套利机会可利用。当然，现实中不可能完全消除套利机会，相反地，正是因为套利机会的存在才促使投资者去套利，而套利的结果反过来又使得套利机会消失，然后，新的套利机会会产生，再套利、再消除，如此往复使得市场更加趋于合理化，CAPM 则是一种理想的均衡模型，它强调的是证券市场上所有证券的供需均达到均衡。

APT 与 CAPM 都建立在一系列的假设之上，只不过 APT 的假设比 CAPM 的假设少得多。

两者的区别是明显的，APT 是一种收益生成的模型，它认为证券的收益是由几个因素决定的，但通常并不指明是哪些因素，而 CAPM 则认为唯一影响证券收益的是全市场投资组合。

同时，两者又是相互联系的，下面以单因素和两因素模型来简单地说明两者之间的联系。

1. 单因素模型

如果单因素前提下的 APT 和 CAPM 同时成立，则有：

$$E(\tilde{R}_i)=R_f+(\bar{\delta}_1-R_f)b_i \tag{7-34}$$

$$E(\tilde{R}_i) = R_f + (E(\tilde{R}_m) - R_f)\beta_{im} \tag{7-35}$$

证券的收益率与β_{im}和b_i有关，b_i和β_{im}越大，则$E(\tilde{R}_i)$越大，当上述两方程同时成立时有：

$$\mathrm{cov}(\tilde{R}_i, \tilde{R}_m) = \mathrm{cov}(a_i + b_i\tilde{f}_1 + \varepsilon_i, \tilde{R}_m)$$

$$= b_i\mathrm{cov}(\tilde{f}_1, \tilde{R}_m)$$

因此：

$$\beta_{im} = \frac{\mathrm{cov}(\tilde{f}_1, \tilde{R}_m)}{\sigma_m{}^2} b_i \tag{7-36}$$

表明b_i与β_{im}相隔一个常数。

将(7-36)式代入(7-35)式可得：

$$E(\tilde{R}_i) = R_f + \left[(E(\tilde{R}_m) - R_f)\frac{\mathrm{cov}(\tilde{f}_1, \tilde{R}_m)}{\sigma_m^2}\right] b_i \tag{7-37}$$

因此：

$$\lambda_1 = (E(\tilde{R}_m) - R_f)\frac{\mathrm{cov}(\tilde{f}_1, \tilde{R}_m)}{\sigma_m^2}$$

2. 两因素模型

对于两因素模型下的 APT 与 CAPM 同时成立时：

$$E(\tilde{R}_i) = R_f + (E(\tilde{R}_m) - R_f)\beta_{im} \tag{7-38}$$

$$E(\tilde{R}_i) = R_f + (\bar{\delta}_1 - R_f)b_{i1} + (\bar{\delta}_2 - R_f)b_{i2} \tag{7-39}$$

同样的方法可得出：

$$\beta_{im} = \frac{\mathrm{cov}(\tilde{f}_1, \tilde{R}_m)}{\sigma_m{}^2} b_{i1} + \frac{\mathrm{cov}(\tilde{f}_2, \tilde{R}_m)}{\sigma_m{}^2} b_{i2}$$

$$= \beta_{f_1} b_{i1} + \beta_{f_2} b_{i2} \tag{7-40}$$

从而：

$$E(\tilde{R}_i) = R_f + \left[(E(\tilde{R}_m) - R_f)\frac{\mathrm{cov}(\tilde{f}_1, \tilde{R}_m)}{\sigma_m{}^2}\right] b_{i1} +$$

$$\left[(E(\tilde{R}_m) - R_f)\frac{\mathrm{cov}(\tilde{f}_2, \tilde{R}_m)}{\sigma_m{}^2}\right] b_{i2} \tag{7-41}$$

相应地：

$$\lambda_1 = (E(\tilde{R}_m) - R_f)\frac{\mathrm{cov}(\tilde{f}_1, \tilde{R}_m)}{\sigma_m{}^2} \tag{7-42a}$$

$$\lambda_2 = (E(\tilde{R}_m) - R_f)\frac{\text{cov}(\tilde{f}_2, \tilde{R}_m)}{\sigma_m^{\ 2}} \tag{7-42b}$$

因此，λ_1与λ_2既依赖于市场溢价$E(\tilde{R}_m) - R_f$(大于0)，又依赖于相应的因素与全市场投资组合收益率的协方差，如果因素与全市场组合的收益率正相关，则λ_1与λ_2均为正。

上述推导过程涉及了大量公式，为了加深理解，我们看下面的例子。

例如，假设用于预测GDP的因素β_{f_1}等于1.2，用于预测通货膨胀的因素β_{f_2}等于0.8。无风险利率为7%，全市场投资组合收益率为15%。A、B、C证券的敏感系数如前面表7-9所示。运用(7-40)式算出这三种证券的β值：

$$\beta_A = 1.2\times(-0.40)+0.8\times1.75 = 0.92$$

$$\beta_B = 1.2\times1.60+0.8\times(-0.75) = 1.32$$

$$\beta_C = 1.2\times0.67+0.8\times(0.25) = 0.60$$

由(7-42)式分别求出λ_1和λ_2：

$$\lambda_1 = (15\%-7\%)\times1.2 = 9.6\% \qquad \lambda_2 = (15\%-7\%)\times0.8 = 6.4\%$$

最后有方程：

$$E(\tilde{R}_i) = 7\% + 9.6\%b_{i1} + 6.4\%b_{i2}$$

若β_{f_2}取-0.8，相应地，方程变为：$E(\tilde{R}_i) = 7\% + 9.6\%b_{i1} - 6.4\%b_{i2}$。

这说明β_{f_2}取负值会导致λ_2也取负值，此时，b_{i2}越大，$E(\tilde{R}_i)$就越小。

练习与思考

一、重要名词与概念

市场模型　因素模型　单因素模型　多因素模型　三因素模型　市场因子　规模因子　账市比因子　APT　套利　套利机会

二、问答题

1. 简述市场模型与因素模型的区别和联系。
2. 简述APT与CAPM的区别和联系。
3. 简述套利的基本含义。

三、选择题

1. 市场模型中用来替代市场风险因素的通常有(　　)。

   A. 市场指数

   B. GNP或GDP增长率

C. 物价指数

D. 失业率

2. 根据单因素模型，两个证券之间的协方差是(　　)。

A. 由同一因素确定，如市场指数收益率

B. 与行业的特殊情况有关

C. 可由多种因素决定

D. 通常是正数

3. 某一投资者持有一个风险分散彻底的资产组合，其中的证券数目很多，并且单因素某模型成立，如果这一资产组合的 $\sigma = 0.25$，$\sigma_m = 0.18$，资产组合的敏感系数 b 为(　　)。

A. 1.93　　B. 0.43　　C. 1.39　　D. 0.86

4. A、B 股票的因素模型估计结果如下：$\tilde{R}_A = 0.15 + 0.7\tilde{R}_m + \varepsilon_A$，$\tilde{R}_B = 0.01 + 0.9\tilde{R}_m + \varepsilon_B$，如果 $\sigma(\tilde{R}_m) = 0.16$，$\sigma(\tilde{\varepsilon}_A) = 0.25$，$\sigma(\tilde{\varepsilon}_B) = 0.21$，则 A 股票和 B 股票收益率的协方差为(　　)。

A. 0.1008　　B. 0.0161　　C. 0.635　　D. 0.0102

5. A、B 股票的因素模型估计结果如下：$\tilde{R}_A = 0.15 + 0.8\tilde{R}_m + \tilde{\varepsilon}_A$，$\tilde{R}_B = 0.02 + 0.5\tilde{R}_m + \tilde{\varepsilon}_B$，如果 $\sigma(\tilde{R}_m) = 0.20$，$\sigma(\tilde{\varepsilon}_A) = 0.20$，$\sigma(\tilde{\varepsilon}_B) = 0.11$，则 A 股票的标准差为(　　)。

A. 0.0656　　B. 0.0676　　C. 0.2561　　D. 0.2600

6. 下面关于多因素模型说法正确的是(　　)。

A. Fama-French 三因素模型有着严格的推导证明

B. 三因素模型中 HML 又被称为市账比因子，指高市值/账面比的投资组合的收益率减低市值/账面比的投资组合的收益率

C. Carhart 四因素模型中 UMD 指前期取得高收益的股票组合与前期取得低收益的股票组合在之前月份的收益之差

D. Fama-French 五因素模型是在 Fama-French 三因素模型的基础上加入了盈利能力因子和投资模式因子

7. 所谓套利是指(　　)。

A. 特意降低另一项投资的风险的投资。它是一种在降低商业风险的同时仍然能在投资中获利的手法

B. 人们不需要投资就可获得收益的买卖行为

C. 人们利用同一资产在不同市场间定价不一致，通过资金的转移而实现无风险收益的行为

D. 利用不对称信息和时机在市场交易中获利的行为。尤指甘于承担风险，在市场上以获取差价收益为目的进行交易

8. APT 的主要假设有(　　)。

A. 市场上不存在套利机会

B. 市场上风险资产遵从多因素模型假设

C. 投资者理性假设

D. 均值-方差标准假设

9. 考虑单因素 APT 模型，股票 A 和股票 B 的期望收益率分别是 13.4%和 15.2%，无风险收益率为 5%，股票 B 的 b 值为 1.2，如果不存在套利机会，那么股票 A 的 b 值为(　　)。

A. 0.99　　B. 0.66　　C. 1.69　　D. 1.20

10. 考虑有两个因素的多因素 APT 模型，股票 A 的期望收益率为 15%，对因素 1 的 b 值为 1.2，对因素 2 的 b 值为 0.9，因素 1 的风险溢价为 4%，无风险利率为 5%。如果不存在套利机会，因素 2 的风险溢价为(　　)。

A. 10%　　B. 7.75%　　C. 4.75%　　D. 5.78%

11. 考虑只有一个因素的经济，资产组合 A 和 B 都是充分分散风险的，它们的 b 值分别为 0.5 和 1.5，它们的期望收益率分别是 12%和 18%。假设不存在套利机会，则无风险利率为(　　)。

A. 4%　　B. 9%　　C. 14%　　D. 16.5%

12. APT 与 CAPM 的不同之处在于 APT(　　)。

A. 更重视市场风险

B. 把分散投资的重要性最小化了

C. 认识到了多个非系统风险因素

D. 认识到了多个系统风险因素

13. APT 比 CAPM 的优越之处在于(　　)。

A. 采用了多个而不是单个市场指数来解释风险-收益关系

B. 对无风险收益率按历史时间进行更好的度量

C. 某项资产对 APT 因素的敏感系数是随时间可变的

D. APT 所需要的假设比 CAPM 少得多

14. APT 要求的基准资产组合(　　)。

A. 等于真实的市场组合

B. 包括所有证券，权重与其市值成正比

C. 不需要充分分散化

D. 是充分分散化的，并在证券市场线上

15. 套利定价理论中，一个充分分散风险的资产组合，组成证券数目越多，非系统风险就越接近于(　　)。

A. 1　　B. 无穷大　　C. -1　　D. 0

四、计算分析题

1. 考虑单因素模型，有两种股票，其有关估计值如下：

股票	期望收益率	敏感系数 b	特定企业的标准差
A	13%	0.8	0.3
B	18%	1.2	0.4

假定市场指数的标准差为 0.22，无风险收益率为 8%。

(1)求股票 A 和股票 B 的标准差。

(2)投资者持有一个投资组合，其中股票 A 占 30%，股票 B 占 45%，短期国库券占 25%。求该投资组合的期望收益率、标准差、敏感系数 b 和非系统标准差。

2. 假定 E 与 F 为两个独立的经济因素，无风险利率为 8%，所有股票都有独立的企业特有风险因素，其标准差为 45%。下面是优化资产组合：

资产组合	E 的敏感系数	F 的敏感系数	期望收益率
A	1.2	1.6	28%
B	2.5	-0.5	22%

根据上述条件，在这个经济体系中，进行期望收益——敏感分析(即给出 APT 模型)。

【扩展阅读】

APT 的推导

在此假设下我们来推导无套利条件下的定价结果。该推导涉及一些数学知识，其中主要是线性代数中矩阵的有关知识，其他的只是一些数学符号，这里实际上是用数学语言来简要地分析一些道理。

我们这里的推导依据是：两个有相同的截距项且对因素敏感性完全相同的投资组合，它们的收益必定相同，这就是无套利思想。我们采用的方法是利用分散性原理，构造一个足够分散的投资组合，且期初价值为零。如果它对所有因素的敏感性系数为零，则其收益是确定性的，此后再由无套利条件得出每个证券的收益率必须满足的关系式。

下面我们进行推导。我们对由 N 个证券组成的投资组合进行一下调整，为方便起见，调整投资组合记为 $(x_1, x_2, \cdots, x_N)$ 且满足：

$$\sum_{i=1}^{N} x_i = 0 \tag{7-43}$$

(7-43)式的意思是我们只是对原来的投资组合进行一个调整，既没有追加新的投资也没有在原有投资基础上抽出资金。从数学习惯上讲，调整量应记为 Δx_i，这里的记法是为了方便。此时，相应的投资组合收益增量(改变量)为：

$$\tilde{R}_p = \sum_{i=1}^{N} x_i \tilde{R}_i$$

$$= \sum_{i=1}^{N} x_i a_i + \sum_{i=1}^{N} x_i b_{i1} \tilde{f}_1 + \cdots + \sum_{i=1}^{N} x_i b_{ik} \tilde{f}_k + \sum_{i=1}^{N} \sigma_i \quad (7\text{-}44)$$

为了得到无风险的套利投资组合，首先必须消去所有的随机项，它包括系统和非系统两方面的随机性。因此，我们所选择的投资组合增量 x_i 需足够小，同时又足够分散。为此，我们取 x_i 满足：

$$|x_i| \approx \frac{1}{N} \quad (7\text{-}45a)$$

$$N >> k，N \text{足够大} \quad (7\text{-}45b)$$

$$\sum_{i=1}^{N} x_i b_{ij} = 0 \quad j = 1，2，\cdots，k \quad (7\text{-}45c)$$

因 x_i 彼此独立，当 N 足够大时，由大数定律可得 $\sum_{i=1}^{N} x_i \varepsilon_i$ 足够小，因此可视其近似为零。此时有：

$$\tilde{R}_p = \sum x_i a_i + \sum x_i b_i \tilde{f}_1 + \cdots + \sum x_i b_{ik} \tilde{f}_k \quad (7\text{-}46)$$

进一步由(7-45c)式有：

$$\tilde{R}_p = \sum x_i a_i = \sum x_i E(\tilde{R}_i) \quad (7\text{-}47)$$

无套利条件认为，如果期初投资为零：$\sum_{i=1}^{n} x_i = 0$，则期末确定性收益必为零。(7-47)式表明投资组合是无风险的，从而其收益必须为零，否则存在套利机会，即：

$$R_p = \sum x_i E(\tilde{R}_i) = 0 \quad (7\text{-}48)$$

将(7-43)式、(7-45c)式和(7-48)式汇总起来形成一个 $k+2$ 阶齐次线性方程组：

$$\begin{cases} \sum x_i = 0 & (7\text{-}43) \\ \sum x_i b_{ik} = 0 & (7\text{-}45c) \\ \sum x_i E(R_i) = 0 & (7\text{-}48) \end{cases}$$

它是一个包含 $k+2$ 个方程的方程组。无套利条件说明，只要 $(x_1，x_2，\cdots，x_N)$ 使(7-43)式、(7-45c)式成立，则必定有(7-48)式成立，写成矩阵形式为：

$$\begin{pmatrix} 1 & 1 & 1 & \cdots & 1 \\ b_{11} & b_{21} & b_{11} & \cdots & b_{N1} \\ b_{12} & b_{22} & b_{32} & \cdots & b_{N2} \\ \cdots & \cdots & \cdots & \cdots & \cdots \\ b_{1k} & b_{1k} & b_{1k} & \cdots & b_{Nk} \\ E(\tilde{R}_1) & E(\tilde{R}_2) & E(\tilde{R}_3) & \cdots & E(\tilde{R}_N) \end{pmatrix} \begin{pmatrix} x_1 \\ x_2 \\ \vdots \\ \vdots \\ x_N \end{pmatrix} = \begin{pmatrix} 0 \\ 0 \\ \vdots \\ \vdots \\ 0 \end{pmatrix}$$

“(7-43)式、(7-45c)式成立，必有(7-48)式成立”表明上述系数矩阵中最后一行组成的行向量可表示为其他行向量的线性投资组合，即存在 $k+1$ 个系数 λ_0、λ_1，$\cdots$，λ_K 满足：

$$E(R_i) = \lambda_0 + \lambda_1 b_{i1} + \cdots + \lambda_k b_{ik} \tag{7-49}$$

其中，b_{ij}表示第 i 个证券对第 j 个因素的敏感性。下面分析 λ 的含义，当 $i=0$ 时为无风险证券，显然它对任何因素的敏感系数均为零，即任何因素的变化对它均不产生影响，从而 $b_{ok}=0$。代入(7-49)式：

$$R_f=\lambda_0$$

由此(7-49)式改写为：

$$E(\tilde{R}_i) - R_f = \lambda_1 b_{i1} + \cdots + \lambda_k b_{ik} \tag{7-50}$$

引入 δ_j 表示对于第 j 个因素的敏感系数为 1，而对其他因素敏感系数为 0 的投资组合的期望值，则：

$$\lambda_j = \bar{\delta}_j - R_f$$

其中，$\bar{\delta}_j = E(\delta_j)$，因此：

$$E(\tilde{R}_i) - R_f = (\bar{\delta}_1 - R_f) b_{i1} + \cdots + (\bar{\delta}_k - R_f) b_{ik} \tag{7-51}$$

这就是 APT 的定价公式。

第八章　金融市场有效性与金融异象

有效市场假说，又称有效市场理论，是现代金融理论的基石之一。在后面的章节中，我们还会多次提到“有效市场”的概念，因此在本章中，我们将详细介绍对经典金融投资学进行基于一般均衡分析框架总结的有效市场假说。同时，本章还将对有悖于有效市场假说的“金融异象”和调和有效市场假说与行为金融理论间矛盾的前沿理论“适应性市场假说”加以介绍。

第一节　市场有效性

20世纪60年代，美国芝加哥大学金融学家 Fama 提出了著名的有效市场假说（Efficient Market Hypothesis，EMH），对经典金融投资学进行了基于一般均衡分析框架的总结。该假说认为，在一个充满信息交流和信息竞争的社会里，一个特定的信息将能够在证券市场上立即被投资者知晓，而证券市场的竞争将会驱使证券价格充分且及时地反映该信息，从而使得投资者根据该信息所进行的交易不存在任何超额收益，只能赚取风险调整的平均市场收益率。而当证券市场的价格总是能够“充分反映”所有可以得到的信息时，证券的市场价格就代表着证券的真实价值，这样的市场就被称为有效市场。

一、随机漫步与有效市场假说

股票价格的高低涨落是否有规律可循始终是投资者最为关心的事情之一。Maurice Kendall 在1953年对这一命题进行了研究。他惊讶地发现，股票价格的变化似乎是随机的，即在任何一天它们都有可能上升或下跌，而不论过去的业绩或价格如何变化。那些过去的数据提供不了任何方法来预测股票价格的升跌。

Kendall 的结论一直困惑着金融经济学家们，并使他们陷入了窘境。因为，这一结论似乎暗示着股票市场是由不确定的市场心理学主宰的，没有任何逻辑规律可循。简而言之，市场的运行毫无理性。

但这个问题不久得到了解决，人们发现股价的随机变化正好表明了市场是正常运作或者说是有效的，而非无理性的。为什么这么说呢？我们设想一下，假设某人确实找到了某种可预测股票价格未来变化的规律，那么此人无疑是发现了一个金矿，他只要按照这一规律的指引，在股价将要上涨时买入而在股价将要下跌时抛出就可以获得无止境的利润。但是，这种状况在现实中是不会持续太久的。因为，如果这一规律确实存在并且可以为人们所发现和掌握，那么这一规律将会在很短的时间内失去效用。譬如，假设某一规律表明目前价格为100元/股的A公司股票将在未来三天内大幅度地涨至110元/

股，而所有投资者均通过规律掌握了这一信息，那么他们都会希望用100元或稍高一点的价格买入A公司股票。然而，所有持有A公司股票的人显然不会同意以如此低廉的价格出售自己手中的股票，其最终结果将是A公司股票瞬间就上涨到110元/股。也就是说，由“规律”所带来的“好消息”将立即反映在股票价格上，而不是在一段时间之后才反映出来。

更一般地，我们可以说，任何可用于预测股票表现的信息一定在股价中被反映出来了。一旦有信息指出某种股票的价位被低估，便存在着一个赚钱的机会，投资者就会蜂拥而至购买该股票，从而促使股票价格立刻上升到正常的水平，投资者只能得到与股票风险相称的合理收益率，而无法赚取超额收益。

如果股票价格已经完全反映了所有已知的信息，则股票价格的进一步变化只能依赖于新信息的披露。而所谓的新信息，显然是指人们事先无法预测到的信息，如果可以预测到，则这些可预测到的信息就成为已知信息的一部分，而不是新信息。因此，股票价格随新的(不可预测的)信息的出现而变化是无法预测的，这也就说明了为什么Kendall想找出股价运动变化规律的企图注定是要失败的。股票价格变化所表现的“随机漫步”(random walking)特性，恰恰反映了股票市场的效率。事实上，如果股价变动是可预测的，那将会成为证明股市无效性的毁灭性证据，因为预测股价的能力意味着并非所有已知信息已经完全在股价中反映出来。因此，从这个角度讲，有效市场假说的实质就是证券的价格已经完全反映了所有的可得信息，市场价格代表着证券的真实价值，人们无法通过某种既定的分析模式或操作来始终如一(consistency)地获取超额收益。

需要说明的是，我们这里对有效市场的解释是从长期的、统计平均的角度来说的。每个投资者都有可能使用某种特定的分析方法来帮助自己在个别的投资活动中获取超额收益，但有效市场使他们无法反复使用同一方法来击败市场，并长期、一贯地获取超额收益。

二、有效市场假说的理论基础和有效市场的分类

(一)有效市场假说的理论基础

有效市场假说(EMH)所认为的“价格已经完全反映所有可得信息，市场价格代表着证券的真实价值”的论断，其理论基础是由三个逐渐弱化的假设组成的：第一，假设投资者是理性的，因此投资者可以理性地评估资产价值；第二，即使有些投资者不是理性的，但由于他们的交易随机产生，其交易会相互抵消，而不至于影响资产的价格；第三，即使投资者的非理性行为并非随机而是具有相关性，他们在市场中将遇到理性的套利者，后者将消除前者对价格的影响。

第一条假设表明有效市场是理性投资者相互竞争的均衡结果。若投资者是理性的，他们能准确地将资产价格定为其基本价值(未来现金流的贴现值)。当投资者获得了关于基本价值的任何信息，将利用已经获得的即使是少量的信息进行积极交易。这样一来，他们把信息迅速融入价格，同时消除了使他们产生行动的获利机会。如果这种现象与市场无摩擦、交易无成本的理想条件同时发生，价格必然反映所有信息，投资者从基

于信息的交易中将不会获得超额收益。

第二条假设的提出表明如果投资者的理性假设不成立，有效市场假说也不会因此而不成立。在许多情况下，即使部分投资者不是完全理性的，市场仍然是有效的。这是因为非理性投资者的交易是随机的。如果存在大量的非理性投资者，而且他们的交易行为是不相关的，他们的交易很可能相互抵消。在这样的市场中，非理性投资者相互交易，交易量即使很大，也不会影响资产价格。

第三条假设是根据投资者之间交易的相关性提出的。第二条假设的前提条件是非理性投资者的交易策略之间不具备相关性，但这与实际情况不吻合，因此具有一定的局限性。于是 EMH 理论认为，要使在投资者的交易策略相关时该理论也成立，必须引出第三条假设：即套利(arbitrage)会对非理性交易起抵消作用。例如，假设某股票的价格由于非理性投资者的相关购买行为而高于基本价值，理性的投资者一旦发现这一事实，就会出售甚至卖空该股票而同时买入一个近似的替代资产来规避风险。可替代资产的存在性和有效市场假设紧密联系，这对套利十分重要，因为它允许投资者从不同的金融资产中获得相同的现金流。如果存在替代资产，套利者执行交易，则肯定能获得一个无风险的利润。这样，套利者出售的结果将使得资产价格回落至基本价值。如果套利足够迅速和有效，套利者相互竞争以获取利润，资产价格是不会远离基本价值的，而套利者也不能获得较大的无风险利润。因此，只要资产之间具有相似的替代关系，即使部分投资者非理性或者他们的交易具有相关性，套利也可以使资产价格保持在基本价值附近。

有效市场假说的理论推导逻辑性强涵盖面广。当投资者是理性时，市场根据定义是有效的。当有些投资者是非理性时，由于大量的交易是随机的，他们也不会对市场形成系统的价格偏差。同时，套利者的竞争保证了价格即使产生了系统性的偏差，也会回归基本价值。此外，如果非理性投资者在非基本价值的价格交易时，他们的财富将逐渐减少，最终其将不能在市场中生存。

(二)有效市场的分类

在有效市场假说中，与证券价格有关的“可知”的信息是一个范围广泛的概念，包括三类信息：第一类信息范围最广，既包括有关公司、行业、国内及世界经济的所有公开可得的信息，也包括个人、群体所能得到的所有私人信息和内部信息；第二类信息是第一类信息中已公布的公开可得的信息；第三类信息则是第二类信息中从证券市场历史交易数据中得到的信息。这三类信息是一种包含关系，我们可用图 8-1 来表示这种关系。

为了结合实证研究的需要，学术界一般根据证券价格对这三类不同信息的反映程度，将有效市场区分为三种类型。

(1)弱式(weak form)有效市场。弱式有效市场是指证券价格已经完全反映了从证券市场历史交易数据中得到的信息(即第三类信息)，如过去的交易价格、成交量等。弱式有效市场意味着趋势分析等技术分析手段对于了解证券价格的未来变化是没有帮助的。股票价格和成交量变化等历史数据是公开的，也是绝大多数投资者可以免费得到的信息，所以广大投资者会充分利用这些信息并使之迅速、完全地反映到证券市场价格中

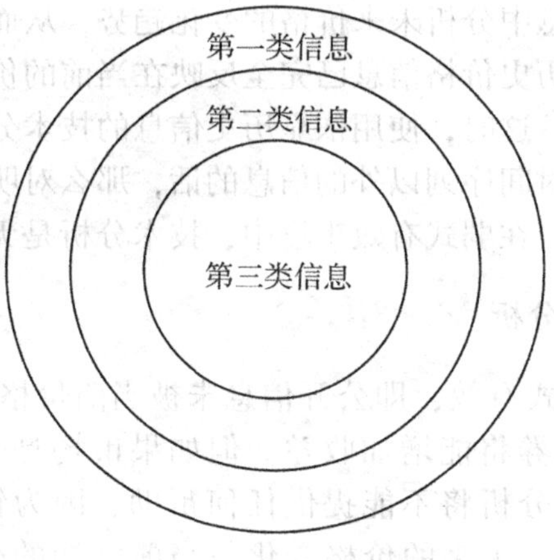

图 8-1　三类信息的关系

去。最终，这些信息由于广为人知而失去了价值。进一步地，如果购买信息需要付费的话，那么这些成本将立刻反映在证券价格上。

(2)半强式(semi-strong form)有效市场。这一有效市场是指证券价格已经完全反映了所有公开可得的信息(即第二类信息)。这些信息不仅包括证券交易的历史数据，还包括诸如公司的财务报告、管理水平、产品特点、持有的专利、盈利预测以及公布的宏观经济形势和政策等各种可用于基本分析的信息。同样，如果人们可以公开地得到这些信息，则分析这些信息对预测证券价格的未来变化也是无用的。

(3)强式(strong form)有效市场。这是最大程度的市场效率概念，在这种形式的假设下，证券价格已经完全反映了所有的有关信息，不仅包括历史交易资料信息和所有公开可得的信息，而且包括仅为公司内部人所掌握的内幕信息(即第一类信息)。

显然，强式有效市场是一个极端的假设，在这种形式的假设下，内幕信息也会很快透露出来并迅速反映在证券价格的变化上。这一点在一个以机构投资者为主的证券市场上是可能做到的，因为机构投资者有强大的调研和分析能力，对它们而言，上市公司几乎没有什么秘密可言。相反，在一个以个人投资者为主的证券市场上，市场效率不可能有那么高，某些人拥有某种内幕消息时，他是有可能利用这一消息取得超额利润的。因此，为保护证券市场的健康发展和广大投资者的利益，各国证券管理机构都把依法防范、打击利用内幕信息进行交易作为自己的主要任务之一。

三、有效市场假说对证券投资分析的意义

从前面的介绍中我们知道，市场的效率是市场中理性投资者互相竞争的结果，那么市场的有效对于投资分析又有何意义呢？下面我们分三个方面来看。

(一)有效市场和技术分析

如果市场未达到弱式状态下的有效，则当前的价格未完全反映历史的价格信息，那

么未来的价格变化将进一步对过去的价格信息做出反映。在这种情况下，人们可以利用技术分析从过去的价格信息中分析未来价格的变化趋势，从而在交易中获利。如果市场是弱式有效的，则过去的历史价格信息已完全反映在当前的价格中，未来的价格变化将与当前及历史的价格无关，这时，使用依靠历史信息的技术分析来对未来做出预测将是徒劳的。如果不运用价格时间序列以外的信息的话，那么对明天的价格最好的预测值将只能是今天的价格。因此，在弱式有效市场中，技术分析是无效的。

(二)有效市场和基本分析

如果市场未达到半强式有效，即公开信息未被当前价格完全反映，那么分析公开资料寻找被错误定价的证券将能增加收益。但如果市场是半强式有效的话，则仅仅以公开资料为基础的基本分析将不能提供任何帮助，因为针对当前已公开的资料信息，目前的价格是合理的，未来的价格变化与当前已知的公开信息毫无关系，其变化纯粹依赖于明天新公开的信息。对于那些只依赖于已公开信息的投资者来说，明天才公开的信息，他今天是一无所知的，即其不能运用未公开的信息资料，故对于明天的价格，最适合的预测值只能是今天的价格。因此，在这样的一个市场中，已公布的基本面信息将无助于分析家挑选价格被高估或低估的证券，基于公开资料的基本分析将毫无用处。

(三)有效市场和证券投资组合管理

如果市场未达到强式有效，即内幕信息未被当前价格完全反映，那么刺探内幕信息寻找被错误定价的证券将能获取超额利润。但如果市场强式有效，则所有的人都能够获取任何公开的和内部的资料并依据它们行动。这时，任何新信息(包括公开的和内部的)将迅速在市场中得到反映，那种企图寻找内幕信息来战胜市场的做法将是不明智的。因此，在强式有效市场的假设下，任何专业投资者的边际市场价值均为零，因为没有任何资料来源和加工方式能够稳定地获取超额收益。

我们知道，构建证券投资组合的条件之一是假设所有证券市场的参与者都能同等地得到充分的投资信息，如各种证券收益和风险的变动及其影响因素等，同时，也不考虑相关的交易费用。由于在有效市场前提下，证券的价格是一个可以信赖的正确的投资信号，这些价格会全面、迅速地反映所有可以获知的有关收益和风险变动的信息，因此投资者可以按照这些价格信号的指导进行投资组合选择，以便在给定风险下获取最高收益。故对于证券投资组合的管理来说，如果市场达到强式有效的话，投资组合的管理者将会选择消极保守型的态度，只求获得市场平均的收益率水平，因为区别于将来某段时期的有利和无利的投资将不可能以现阶段已知的这些投资的任何特征为依据，进而进行投资组合调整，故在这样一个市场中，管理者一般模拟某一种主要的市场指数进行投资。而如果市场仅达到弱式有效状态，则投资组合的管理者将会是积极进取的，他们会通过搜寻各种公开的和内部的信息，努力选择价格偏离价值的资产进行投资并确定恰当的买卖时机。

自从20世纪60年代Fama提出有效市场假说理论以来，众多金融经济学家运用各种方法、技术和手段对三种形式的有效市场假说进行了全面的实证研究。例如，运用自相关、操作试验、过滤法则和相对强度检验等不同手段对证券价格时间序列的相关性进行研究从而验证市场的弱式有效；运用事件研究方法对半强式有效市场进行检验；对内部人员的股票交易和专业投资机构的股票交易的盈利状况进行分析从而检验市场的强式有效。从国外的实证研究结果来看，早期的研究对弱式有效市场和半强式有效市场假设给予了较充分的肯定，但对强式有效市场假设的支持则明显不足。

第二节　金融异象

尽管许多研究对有效市场假说提供了实证支持，但同时，也有相当一部分实证研究的结果对有效市场假说提出了质疑。20 世纪 80 年代之后，学者们通过大量的实证研究发现，证券的市场收益存在偏离资本资产定价模型和有效市场假说的异常现象，这些现象被经典理论的支持者们通称为金融异象(financial anomalies)。现实市场中，大量异象的存在无疑对理性理论弱式和半强式假说构成了严峻的挑战，对行为金融研究范式则提供了有力的实证支持。

常见的金融异象有两类，一类称为横截面异象，另一类称为总量异象。发生在横截面上的金融异象分别对 EMH 的弱式和半强式有效假说构成了挑战，具体来看，根据股票价格的历史信息可以获得超额收益的异象主要有：赢家—输家效应(winner-loser effect)或称为长期反转效应(long-term reversal effect)、短期动量效应(short-term momentum effect)。根据公开可得信息可预测未来收益的异象主要有：规模效应(the size effect)、账市值比效应(book-to-market effect)。对于消息事件(news events)发生后，股价未按 Black(1971)所说的“迅速”和“随机”地做出反应，由此产生的异象有：后盈余公告变动(post-earnings announcement drift)、股息效应(dividend initiations and omissions)、股票回购(stock repurchase)、初始发行与增发(IPO and SEO)等①。另外，股票在不同的时间段表现出不同的趋势的异象统称为日历效应(calendar effect)。由于上述异象在统计上是采用平均收益的横截面数据进行实证研究的，因此，理论上统称为横截面收益异象(the cross-sectional anomalies)。著名的横截面异象有以下几种。

(1)赢家—输家效应(或称为长期反转效应)。实证研究显示，累积收益率较低的股票组合(输家组合)在形成期后表现出很高的收益，而累积收益率较高的股票组合(赢家组合)则表现出较低的收益。比如，一项研究发现，如果把股票根据其过去 5 年的投资业绩分成不同的组别，则过去 5 年中表现最差的一组在未来 3 年的收益率要比表现最好的一组平均高出 25%(以累积收益衡量)。这种输家重新崛起，赢家走向失败的现象就是“赢家—输家效应”，它提示人们可以采取“反向投资策略”(constraint investment strategy)，即选择那些不被市场看好的股票进行投资，如选择低市盈率(P/E)的股票或市场价值与账面价值比值低、历史收益率低的股票进行投资，往往可以获得比市场平均

① 在这类异象的实证研究中通常采用“事件研究法”(event studies)，该方法也是检验市场半强式有效的主流方法，主要用以考察公司公告信息发布后股票收益的变动情况。

预期收益率高得多的收益。

(2)短期动量效应。实证研究显示，股票的收益率有延续原来运动方向的趋势，即过去一段时间收益率较高的股票在未来获得的收益率仍会高于过去收益率较低的股票。例如，对所有在纽约证券交易所交易的股票连续27年的数据进行研究发现，依据其前六个月的收益按十分位数分为十组，之后计算出每组在组合形成后六个月期间内的平均收益，结果发现，最大的前期“赢家”每年比最大的“输家”收益率平均高出10%。对短期动量效应所做的实证研究与长期反转效应的实证研究不同，前者的样本形成期较短，考察的是股票价格相对短期的连续趋势；而后者的样本形成期则较长，考察的是股票价格长期趋势中的反转现象。股票价格的长期反转效应和短期动量效应对理性理论的弱式有效构成了实证挑战。可以看到，基于股票历史收益所做的预测已经与早期的研究结论不符了。

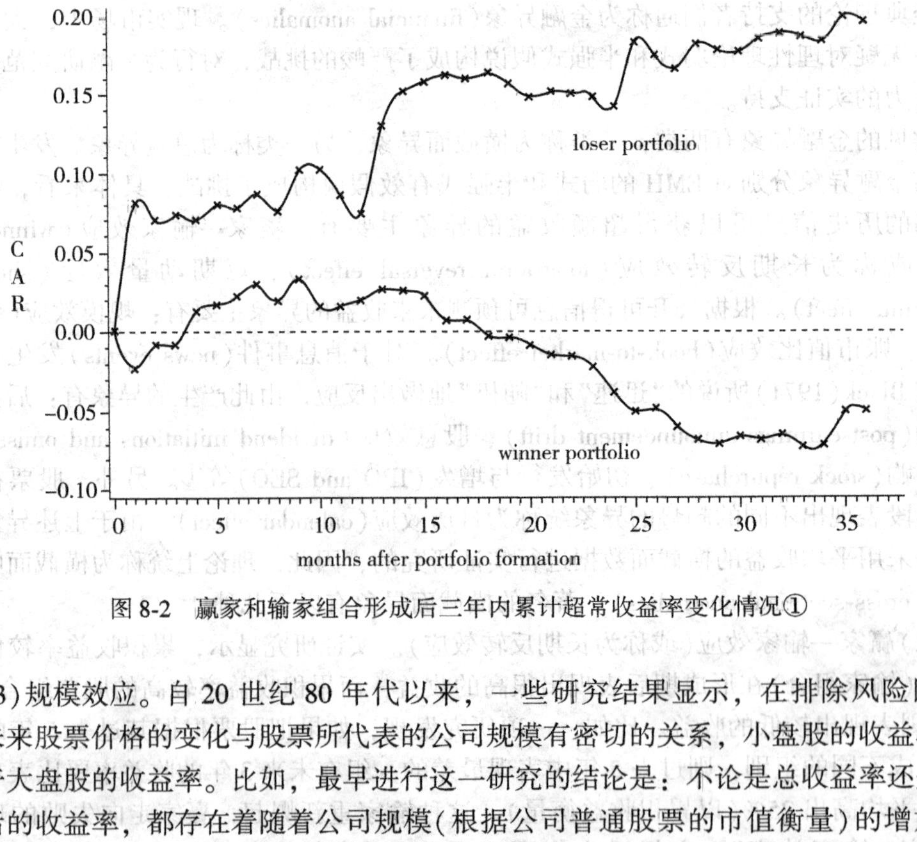

图 8-2 赢家和输家组合形成后三年内累计超常收益率变化情况①

(3)规模效应。自20世纪80年代以来，一些研究结果显示，在排除风险因素之后，未来股票价格的变化与股票所代表的公司规模有密切的关系，小盘股的收益率要明显高于大盘股的收益率。比如，最早进行这一研究的结论是：不论是总收益率还是风险调整后的收益率，都存在着随着公司规模（根据公司普通股票的市值衡量）的增加而减少的趋势。该项研究将纽约股票交易所的全部股票根据公司规模的大小分为5组，其发现规模最小组的普通股票的平均收益率比规模最大组的普通股票的平均收益率高

① 本图来自 Bondt W F M, Thaler R. Does the stock market overreact[J]. The Journal of finance, 1985, 40(3): 793-805.

19.8%。此外，还有研究发现公司规模最小的普通股票的平均收益率要比根据CAPM模型预测的理论收益率高出18%。类似的研究还发现小盘股的超额收益主要出现在每年的1月，特别是1月的头两个星期。因此，这一现象又称为“小公司1月现象”。许多近期研究也发现，最小公司股票的月均收益比最大公司高出0.74%，虽然最小公司的股票确实有较高的贝塔值，但风险的差异不足以说明月均收益的差异。对于CAPM模型而言这一现象显然构成了一种异象。

(4)账市值比效应。本质上讲，账市值比只是涉及横截面预测能力的财务指标之一，其他类似的指标还有盈余价格比(earnings-to-price ratio)、现金流价格比(cashflow-to-price ratio)等。这些用以预测价格趋势的比率指标都是经过价格尺度调整的。比率指标预测资产价格的问题在金融史上早已有人关注，以较近的研究为例，对在纽约证券交易所、美国证券交易所(AMEX)和纳斯达克(NASDAQ)交易的所有股票(时间跨度从1963年至1990年)，将其账面价值与市值的比率按十个分位数分为十组，然后计量下一年每组股票的平均收益。研究发现，具有高账市值比的价值股(value stock)的平均收益比低账市值比的成长股(growth stock)每月高出1.53%，这一差异远不能用两个组合贝塔值的差异来解释。如果用盈余价格比替代账市值比重复以上的工作，发现两个极端组合的月均收益之差为0.68%，也是一个异常的结果。

(5)对公告信息的反应过度与反应不足。这类异象与前面讨论的第(3)、第(4)两种异象一样，都对理性理论半强式有效构成了挑战。对公告信息反应过度与反应不足的研究具体包括：第一，盈余公告事件研究，对在纽约证券交易所和美国证券交易所连续12年内交易的所有股票进行研究，按它们在最近时期(每季度)盈余公告引起的意外程度(size of the surprise)进行分组(此处的“意外程度”是相对于一个简单的随机游走的收益模型来衡量的)。结果发现，一般来说，在盈余公告60天后，具有显著“利好”消息的股票比具有显著“利空”消息的股票的市场绩效平均高出4%，出现了所谓“后盈余公告变动效应”。同样，这一收益之差也不能用两个组合的贝塔值之差来加以解释。也有研究针对分析师预测(analyst expectations)，用另外的方法考察了盈余意外造成的结果，股票价格对消息的反应与前面的实证结果类似。第二，股息事件研究，一些实证研究考察了连续14年中宣布派发股息的公司和不派发股息公司股票价格的变动情况。结果发现，一般来说，宣布派发股息的公司，其股票的市场绩效在公告期后的一年内明显胜过市场组合，反之则及。第三，股票回购事件研究，有实证研究考察了33家宣布股票回购的公司未来的股票绩效，结果发现，一般而言，这些公司的股票在事件后的四年时间内，与一组规模和账市值比控制在相同水平的组合相比较，前者的绩效要高得多。第四，初始发行事件和增发事件研究，一些研究考察了过去20年间市场上实施了股票初始发行和增发的公司。他们发现，这些公司的股票在发行后五年间的平均收益比相同规模的其他的平均收益低得多。

(6)日历效应。证券市场异象中另一个值得注意的问题是“日历效应”，即股票价格在不同的时间段表现出不同的趋势，包括周末效应、1月效应和假日效应等反常现象。如“周末效应”是指研究结果表明，在纽约证券交易所上市的S&P 500种股票在1953年至1977年间，其周一的收益率明显为负值，且周一的收益率要比一周的其余各日都低。“1月效应”是指在每年12月，公司(特别是小公司和那些股票价格在当年已经下跌的公司)股票的收益是呈下降趋势的，而在次年1月价格又重新回升。一般来讲，1月是全年股票价格最高的月份，而12月是全年股票价格最低的月份。“假日效应”是指股票的平均收益在假日的前一天出现异常偏高或偏低的现象。

近十年来，对金融异象的研究仍未停止，Stambaugh、Yu和Yuan在2012年的文献中介绍了一些其他的金融异象，如财务困境(financial distress)、净股票发行和合成权益发行(net stock issues and composite equity issues)、总应计利润(total accruals)、净营运资产(net operating assets)、总盈利溢价(gross profitability premium)、资产增长(asset growth)、资产收益率(return on assets)、资产投资额(investment-to-assets)等，这里不再赘述。

金融市场中除了横截面收益异象外，另一类常见的异象是通过总量市场(the aggregate stock market)的数据发现的。诸多的总量异象中最著名的莫过于股权溢价之谜(the equity premium puzzle)和波动性之谜(the volatility puzzle)。股权溢价和波动性之所以被称为谜，是因为在一个简单的基于消费的模型中，很难从理性的角度理解它们。股票的市场价格很少受到基本因素(fundamentals)的影响，而是常被投资者情绪或心态(sentiment)左右，表现出联动性(comovement)。封闭式基金折价之谜(the closed-end fund discount puzzle)和加入股指效应就是两种典型的联动性异象，股票价格的联动性显然有悖于理性理论下“无基本面信息则价格不变”的说法。著名的总量市场异象如下。

(1)股权溢价之谜。股权溢价之谜最初由Mehra与Prescott于1985年提出。他们利用美国股市历史数据进行实证研究，发现美国从1889年到1978年的股票市场年平均收益率约为6.98%，而同时期美国短期国债的年平均收益约为0.8%。股票市场的收益率要远远高于无风险收益率，股票的超额收益为6.18%，这个差额称为股权溢价。不仅如此，在其他许多发达国家中，都存在着类似的高股权溢价现象，如，英国为4.6%(1947—1999年)、日本为3.3%、(1970—1999年)、德国为6.6%(1978—1997年)、法国为6.3%(1973—1998年)。显然，高股权溢价是一种在世界范围内普遍存在的现象。相对于债券而言，投资者对股票为何要求如此高的收益(远高于经CAPM贝塔调整的收益率)，这是传统的一般均衡模型所无法解释的。

(2)波动性之谜。在一个理性的市场中，只有与基本面有关的新消息出现时，股价才会变化。但一些对资产价格波动性的研究发现，股票价格和价格股息比都是高度波动的，同时，股票价格的波动性高于股息增长的波动性。按理性理论的观点，股票价格波动应取决于公司未来支付的股息水平，只有在预期股息变动很大的情况下，股票价格才会大幅波动，而实际的情况恰好相反，在股息现值稳定增长之际，股票价格却在剧烈波动。显然，股票价格波动的幅度远不是经典模型所谓的“价格由未来股息的预期现值而决定”所能解释的。

(3)股价联动效应。从理性的观点看，对收益联动性最简单的解释是认为它来源于现金流的联动。假如一组资产的未来盈余消息中存在一个共同因素，那么这组资产的收益中

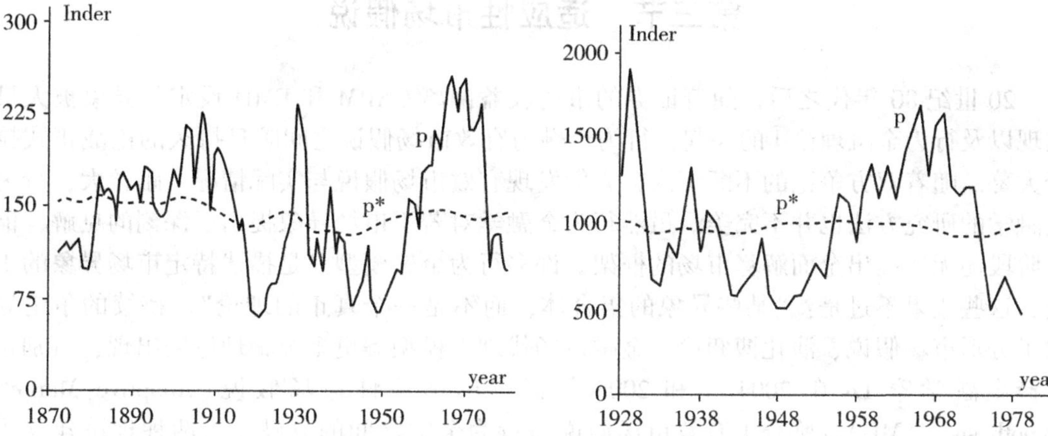

图 8-3　标普 500(左)与道指(右)对数指数序列与基本价值序列

资料来源：Shiller R J. The use of volatility measures in assessing market efficiency[J]. The Journal of Finance, 1981, 36(2): 291-304.

就会包含一个共同因素。无疑，很多收益联动性的案例都可以用现金流来解释，如汽车行业的股票联动主要是源于它们具有共同的盈余驱动。然而在现实的市场中，大量存在着本质上并无基本面关联的证券、价格却表现出联动的现象，一个著名的联动效应是封闭式基金折价之谜。某些对美国封闭式基金折价之谜的实证研究发现，在 1960—1986 年每年年终所有封闭式基金折价水平的两两相关系数均值为 0.497，基金之间的折价率呈现出显著的联动性。另外一个著名的联动效应是"纳入指数效应"(index inclusions)。世界上有许多国家发布成分股指数，如：美国的 S&P 500 指数、英国的 FT 100 指数和我国的沪深 300 指数等，指数的成分股要按一定的标准定期进行加入和剔除的调整。指数成分股的调整会对相关公司的股票价格带来什么样的影响，一些研究为我们揭示了一个显著的事实：当一种股票纳入指数时，平均而言它的价格将上升 3.5%，且这种上升有很多是永久性的。一个著名的例子是，当"雅虎"被纳入 S&P 500 指数时，其股票价格一天之中就上升了 24%。纳入指数效应再次证实了市场中错误定价的存在，虽然在纳入股指时股票的基本价值并没有发生本质的变化，但其市场价格却发生了变化。

此外，一些对于总量市场的实证研究发现了一些预测股价变动的模式，证明了股价变动具有某种可预测性，这与有效市场假说理论的观点截然相反，且是传统的金融理论无法解释的①，这种不同于有效市场假说认为的股价变动是随机游走、不可预测的观点，又被称为"可预测之谜"。

① 2013 年诺贝尔经济学奖的颁奖辞将 Fama 和 Shiller 这两位经济学家的贡献统一在"资产价格的可预测性"这一主题下：短期内，Fama 的"有效市场假说"是成立的，资产价格是难以预测的；长期内(比如 3~5 年内)，资产价格有一定的可预测性，而且非理性因素是推动资产价格变动的重要因素。看似对立的经济学观点被统一在同一个主题之下而被授奖，这在诺奖历史上实属罕见。这种表象冲突的背后，可能蕴含着诺奖委员会对经济理论贡献判断认知的改变。

第三节　适应性市场假说

20世纪80年代之后，随着证券的市场收益偏离CAPM和EMH设定的异象被大量发现以及行为金融理论①的兴起，行为金融与有效市场假说之间旷日持久的论战正式拉开大幕。随着双方争论的不断深入，人们发现有效市场假说与实际情况差距较大，行为金融学的研究方法也并不完美。虽然行为金融学对若干市场异象提出了深刻的见解，但现阶段还无法提出全面解释市场的框架。许多行为金融模型只是描述特定市场异象的工具，这些成果不过是："某些异象的集合体，而不是一个真正的理论"。持续的争论导致了分形市场假说、演化博弈论、金融市场代理人模型等更多金融理论的出现，特别是华裔金融学家Lo在2004年和2005年提出的适应性市场假说（Adaptive Markets Hypothesis，AMH），弥合了有效市场假说与行为金融之间的分歧，为两种理论建立了具有内在一致性的分析框架。

一、进化与适应性市场假说

为了跨越行为金融学模型与有效市场假说之间的鸿沟，Lo提出了适应性市场假说，与传统金融理论不同的是，该理论以进化论的视角看待金融市场。通过使用演化、竞争、适应、繁殖、自然选择等概念来描述金融市场上主体间的交互作用，有效地调和了两种理论间的矛盾。

与新古典主义假设个人拥有理性预期且会最大化自身的期望效用不同的是，进化（evolution）视角的假设更加宽松，它将个体看作一个生物体，在自然选择（natural selection）的磨炼中诞生，并最大化其遗传物质的生存概率。个体的行为也不再是内在的或外生的，而是从自然选择中进化出来的并与选择的环境密切相关。

适应性市场假说以进化的视角看待有效市场，与EMH理论不同的是，适应性市场假说的核心假设如下。

假设1：个体是自利的。

假设2：个体会犯错。

假设3：个体会学习并适应环境。

假设4：竞争是适应和创新的驱动力。

假设5：自然选择塑造市场生态。

假设6：进化决定了市场的演化。

其中，假设1是有效市场假说（EMH）与适应性市场假说（AMH）共同的起点，但两种理论在假设2和假设3上却有所不同。在有效市场中，投资者不会犯错误，而且也不会进行学习和适应，因为市场环境总是处于稳定的均衡之中。在AMH的框架中，投资者常常会犯错，但是他们可以从他们的错误行为中学习并适应。根据假设4我们知道适应并不会独立于市场力量而存在，而是被竞争，即生存的动力所驱动。AMH理论认为，

① 详见本书第十九章。

市场众多参与者间的相互作用被自然选择的法则——适者生存所制约，正如假设5告诉我们的，现有的市场环境是自然选择过程的产物。假设6是上述5个假设的总括，即所有的这些假设，包括自利的个体、竞争、适应、自然选择和环境条件等，合在一起构成了我们所观察到的市场的演化。

在适应性市场假说中，价格反映的是所有被发掘出来的信息，包括市场环境、市场中存在的"物种"的数量和天性等，即生态(ecology)。在AMH的框架中，物种(species)指的是市场中存在的一些具有相同行为的参与者，例如，养老基金、散户投资者、做市商、对冲基金等。如果许多个物种(或者是一个庞大物种内部的许多个体)在单一市场中同时竞争比较稀缺的资源，那么这时的市场效率往往较高。例如，美国的10年期国债市场，可以迅速对相关信息做出反应。另一方面，如果在一个资源丰富的市场中只有少数几个物种进行竞争，那么市场效率会低得多，例如意大利文艺复兴时期的油画作品市场。这说明对市场有效性的评估，不能独立进行，而必须依赖于金融环境的动态演化，其道理与生物界昆虫数目的增减取决于季节更替、天敌数目、类似被捕食者数目以及自身适应环境的能力相似。

在给定市场中的获利机会(profit opportunity)就好像特定生态系统中的食物和水，资源越多，竞争越少。而随着竞争的加剧，不论是食物减少还是动物增加都将最终耗尽资源，反过来导致动物数量的下降并降低竞争程度，随后又开启一轮新的循环。在一些特殊情况下，某些特定的物种会灭绝，食物会永久性消失，市场环境会剧烈地改变。当我们将获利机会看作市场参与者赖以生存的最终食物来源时，会很容易理解市场主体间的交互行为和金融创新的日新月异。

二、适应性市场假说对行为偏差的解释

经典的金融学标准理论要求市场的参与者是无限理性的，因为只有这样个体才有可能解答最优化问题。与之相反，行为金融理论则引入了有限理性(bounded rationality)的概念，认为个体是有限理性的，由于人的计算能力有限，不足以精确地解答最优化问题，因此引入了一个"满意"的概念作为最优解的替代。也就是说，个体追求的是满意决策而非最优决策。然而，这个理论有一个缺陷，即：当人在决策过程中到了哪一个点时他会感到满意并停止寻求最优解呢？如果这个点是通过成本—收益分析计算得到的，那么最优解实际上已经求出了，从这个意义上来说有限理性理论则意义不大了。

适应性市场假说则从进化的视角为我们找到了有限理性理论中缺失的一环：该理论认为在计算最优化问题的过程中，人感到满意的那一个关键点并不是根据计算求出的，而是由许多次的试验、失败以及自然选择决定的。个体做出的选择实际上是基于他们根据过往的经验对最优解进行的最佳猜测，并从选择的结果中获得正向或负向的反馈。如果他们没有收到这些反馈，那他们就没有从中习得知识。因此，个体实际上发展出了一套启发式的方法应对各种挑战，而如果这些挑战保持不变，那么他会逐渐适应到最优解附近，做出接近最优解的决策。

对于市场中存在的现象，例如竞争、合作、一般均衡、非均衡等都可以看作物种对特定环境挑战的一种适应。而对行为金融学所揭示的诸如损失厌恶(loss aversion)、过

度自信(overconfidence)、反应过度(overreaction)和心理会计(mental accounting)等非理性行为偏差①，AMH 理论提出了一个进化视角下的合理解释，认为这是投资者适应环境变化的一种直觉或本能反应，其根源于物种长期进化中遗传下来的经验法则。举例来说，得益于几千万年的物种进化和自然选择，海豚总是可以自如地在海中游动、捕食；但是，如果把海豚放到沙滩上时，它不停扑腾的样子看上去就是非理性的，而这实际上是海豚遗传而来的经验法则难以适应环境变化的体现。上述行为偏差能否适应市场环境主要受拥有这种偏差的个体数量和采取其他有效法则的竞争对手数量的影响，因为物种间的竞争和自然选择将最终塑造整个市场生态。

行为金融常用金融市场中投资者的贪婪和恐惧，驳斥 EMH 理论的完全理性假设。AMH 理论则借鉴认知神经学的研究成果，把对投资者上述两种极端情绪的研究扩展到情绪(sentiment)本身在投资决策中所起的作用。例如在一些研究中，曾经对从事证券交易的专业人员进行长期观察，并监测了他们投资时的呼吸、体温、排汗、心跳速率以及肌肉活动等症状，结果发现即使经验最丰富的操盘手，在交易时也会不由自主地产生紧张情绪，这说明情绪反应是投资者处理实时金融风险、疏导情感的一种特殊技能。而且，从人类认知和进化视角看，情绪反应还是鼓励投资者做出适应性行为的奖惩机制的基础，它是人类从环境和历史中通过学习不断提高生存概率的适应性能力。总之，AMH 理论认为投资者的贪婪和恐惧等情绪，是进化力量下塑造的一种用于适应特殊市场环境的遗传性状，好的股票分析师总是能够利用丰富的经验控制自已的情绪，从而提高生存概率。在通常情况下，人们也更倾向于选择经验丰富的技术分析师或股票操盘手，根本原因就在于关键时刻的交易决策，在很大程度上取决于交易者的直觉和本能。

三、适应性市场假说对证券投资分析的意义

从前面的介绍中我们已经知道，金融市场的动态演化与达尔文描述的生物进化极为相似，其本质上反映的是市场、工具、组织和投资者之间依据竞争、适应和自然选择的进化原理进行的交互行为。那么适应性市场假说对于投资分析又有何意义呢？我们从下面三个方面来进行说明。

(一)投资风险和收益之间的关系

在适应性市场理论中，投资和收益之间的关系是具有时变性的，这种关系不但是由市场生态中多个物种的规模和行为所决定，而且还受监管环境、税法等制度因素的影响。当这些因素随着时间推移而变化时，投资的风险—收益关系也会随之发生改变，这也能解释为何股权的风险溢价具有时变性且是路径依赖的。经典金融理论对这个问题的解释是，如果风险溢价随着时间的推移而改变，那么股权的风险溢价也会随之改变。而 AMH 理论则认为，总风险偏好并不是一个不变的常数，而是被自然选择的力量塑造出来的。例如，在 2015 年年初，我国 A 股市场充斥着许多从未经历过 2007 年开始的大熊市的新手投资者，这毫无疑问影响了整个市场的风险偏好，正如在 2008 年泡沫破裂后

① 详见第十九章。

几年的经历决定了市场参与者们的风险偏好一样。在这个例子中，自然选择决定了谁能参与这个市场的活动。当泡沫破裂，大量投资者因为损失惨重而离场后，剩下的市场参与者的物种分布也与之前大不相同了，这些特定的市场价格路径将会在未来几年中继续影响总的风险偏好，而与价格是否充分对所有可得信息做出反应无关。

（二）套利机会

经典的有效市场假说认为套利机会是不存在的，但这种理论无法解释这样一个问题，即如果不存在套利机会，投资者将会缺乏搜集信息的激励，而金融市场也会因此失去价格发现的能力。从进化的视角来看，有活力且具有流动性的金融市场的存在，就是套利机会存在性的最好证明——如果没有套利机会，物种将无法存活。物种间的激烈竞争将导致套利机会的逐渐枯竭，直到最后套利机会消失，一些物种灭绝，但与之相伴的是一些新套利机会的出现和新物种的诞生。AMH 理论认为 EMH 理论描绘的是完美状态下的金融生态系统。在现实中，市场有效性并非朝着 EMH 预言的那样，不可阻挡地向高水平趋近，而是一个复杂且动态变化的过程，既存在周期性反复，又存在趋势、恐慌、疯狂、泡沫、崩溃等被反复观察的现象。适应性市场假说可以看作遵循进化论法则下有效市场假说的扩展版，AMH 理论突出强调市场有效的动态性，因此 EMH 只是 AMH 的一种特殊形式。因此，动态的市场环境下不断涌现的套利机会也让投资组合的管理者采取主动策略有了足够的动机。

（三）投资策略

根据有效市场假说，如果市场是强式有效的，投资组合的管理者将采取被动策略，只求获得市场平均的收益率水平。但适应性市场假说认为，由于投资中风险—收益关系的时变性和套利机会的普遍存在，投资组合的管理者将采取主动策略，但是不同投资策略的投资绩效可能大相径庭。因为某些投资策略可能只适合某一种特定的市场环境，随着市场环境的逐渐改变，这些投资策略的绩效也会发生变化，那些之前产生盈利的策略很可能在未来变成亏损的来源。所以说，金融市场没有一劳永逸的投资策略，投资者必须不断改变自己的投资策略，以适应新的金融市场环境。而在不断改变的市场环境中，金融创新是投资者迅速适应环境并生存下来的关键因素。

适应性市场假说给我们带来了观察金融市场的全新视角，该理论告诉我们：生存才是唯一重要的事情。虽然利润最大化、效用最大化和一般均衡也与市场生态密切相关，但主宰金融市场的唯一法则仍然是“适者生存”。

适应性市场假说借助生物进化论的分析视角，不仅弥合了有效市场假说与行为金融之间的分歧，而且还将新古典金融中的竞争、一般均衡与现实世界的合作、动态非均衡融合进统一的分析框架，为揭示金融系统的动态演化和金融机构的投资选择提供了诸多极富洞见的经济学解释。随着大数据时代的到来，AMH 理论基于计量经济学的研究方法，在融合了物理学、心理学和生物学等前沿成果的金融实证研究中将变得日臻完善，有关金融市场本质的学术分歧也将在殊途同归中逐步走向弥合。

练习与思考

一、重要名词与概念

有效市场　随机游走　弱式有效　半强式有效　强式有效　赢家—输家效应　长期反转效应　反向投资策略　短期动量效应　规模效应　账市值比效应　日历效应　期间效应　1月效应　周末效应　假日效应　股权溢价之谜　波动性之谜　联动性之谜　封闭式基金折价之谜　纳入指数效应　适应性市场

二、选择题

1. 下列关于有效市场假说(EMH)的假设条件的表述，正确的是(　　)。
   A. 假设投资者是理性的，因此投资者无法理性地评估资产价值
   B. 即使有些投资者不是理性的，但由于他们的交易并非随机产生，其交易会相互抵消，而不至于影响资产的价格
   C. 即使投资者的非理性行为并非随机而是具有相关性，他们在市场中将遇到理性的套利者，后者无法消除前者对价格的影响。
   D. 以上说法均不正确
2. 下列关于有效市场技术分析的表述，正确的是(　　)。
   A. 如果市场未达到弱式状态下的有效，则当前的价格未完全反映历史的价格信息
   B. 如果市场未达到弱式状态下的有效，则人们可以利用技术分析从过去的价格信息中分析未来价格的变化趋向，从而在交易中获利
   C. 如果市场是弱式有效的，则过去的历史价格信息已完全反映在当前的价格中
   D. 如果市场是弱式有效的，则使用依靠历史信息的技术分析对未来做出预测是徒劳的
3. 下面关于横截面异象的表述正确的是(　　)。
   A. 盈余价格比、现金流价格比等财务指标往往也具有横截面预测能力
   B. 对盈余公告的事件研究往往根据最近的盈余公告中反映出的盈利水平进行分组
   C. 一般来讲，1月是全年股票价格低高的月份，而12月是全年股票价格最高的月份
   D. 对横截面异象的研究往往采用分组的方法
4. 下面关于总量异象的表述正确的是(　　)。
   A. 经典的CAPM模型无法解释股权溢价之谜，但基于消费的定价模型(CCAPM)很好地解释了股权溢价之谜
   B. 联动性之谜是指一些本质上并无基本面关联的证券，价格却表现出联动的特征

C. 当一种股票纳入指数时，该股票的基本面没有发生显著的变化

D. 经济学家研究发现，股票价格从短期来看是容易预测的，从长期来看是难以预测的

5. 下面关于异象的表述正确的是(　　)。

A. 反转效应主要考察短期趋势，而动量效应主要考察长期趋势

B. 规模效应是指，大公司股票的收益率往往比小公司股票的收益率高

C. 较高的股权溢价在世界范围内普遍存在

D. 在现实市场中，由于未来具有很大的不确定性，因此股息增长的波动性往往高于股票价格的波动性，这与经典模型的观点不同

6. 下面关于适应性市场假说(AMH)的说法错误的是(　　)。

A. 有效市场假说和适应性市场假说都认为个体是自利的

B. 市场环境中的资源越丰富，参与竞争的物种越少，那么市场效率越高

C. 投资者的贪婪和恐惧等情绪，可以看作进化力量下塑造出的一种用于适应特殊市场环境的遗传性状

D. 根据适应性市场假说，市场中往往存在着套利机会

三、问答题

1. 阐述有效市场的含义、理论假设及其分类。

2. EMH 对证券投资分析的意义何在?

3. 市场上存在着哪几种异象? 这些异象在什么地方与有效市场假说相悖?

4. 阅读扩展阅读中长期资本管理公司的兴衰史，谈谈该案例反映了适应性市场假说的哪些观点。

5. 适应性市场假说对证券投资分析有哪些意义?

【扩展阅读】

长期资本管理公司的陨落

美国长期资本管理公司是美国华尔街首屈一指的对冲基金公司。长期资本管理公司的合伙人是一群典型的学院派教授，他们大多具有博士学位，自信、固执、不苟言笑，痴迷于数学计算。与明星合伙人同样令人瞩目的，是其骄人的业绩。公司成立之初，资产净值为 12.5 亿美元，到 1997 年末，上升为 48 亿美元，净增长 2.84 倍。每年的投资回报率分别为：1994 年 28.5%、1995 年 42.8%、1996 年 40.8%、1997 年 17%。

长期资本管理公司将金融市场的历史资料、相关理论学术报告及研究资料和市场信息有机地结合在一起，通过计算机进行大量数据的处理，形成了一套较为完整的电脑数学自动投资系统模型，建立起庞大的债券及衍生产品的投资组合，进行投资套利活动。而他们成功的秘密就在于他们的核心策略——收敛交易，简而言之就是当相关债券利差过大时，押注它们间的利差会逐渐缩小，并利用巨大的财务杠杆放大收益，以获得巨额利润。

在1998年8月，长期资本管理公司精密的数学模型没有预料到的小概率事件发生了，由于俄罗斯金融危机突然爆发，投资者大量买入安全性和流动性更好的债券，抛售安全性和流动性稍次的债券，结果两类债券间的利差不但没有缩小，反而不断扩大。这种情况最终持续了好几个月，财务杠杆过大的长期资本管理公司最终不得不宣布破产，明星对冲基金陨落了。

在长期资本管理公司破产前后，采用类似“收敛交易”策略的对冲基金也纷纷破产。但在几年后，由于类似套利机会的重新出现，类似的对冲基金也纷纷再次涌现出来。

第九章　基 本 分 析

证券的内在价值及其市场价格是每一个投资者最为关心的问题，也是证券投资分析的主要内容。一般而言，影响证券价值及价格波动的因素，主要分为两大类：一个是基本因素；另一个是技术因素。自从有了证券市场，投资者受谋利动机的驱使，便开始对分析证券内在价值和市场价格的方法孜孜以求。有些人从影响公司证券内在价值的经济因素入手，提出了基本分析方法，有些人则从影响公司证券价格的市场供求关系和投资者的心理特点入手，提出了技术分析方法。我们知道，证券的市场价格，往往由于受到许多因素的影响而频繁地发生变动，因此，证券的实际价值很难与其市场价格保持完全一致。基本分析就是利用丰富的统计资料，运用多种经济指标，采用比例、动态的分析方法从研究宏观的经济状况开始，逐步进行中观的行业兴衰分析，进而根据微观的公司经营、盈利现状和前景，来寻找出公司所发行证券的内在价值，并将证券的内在价值与其市场价格进行比较，从而找出被市场错误定价的证券，以此作为证券买卖的依据。

基本分析流派是目前西方投资实务界的主要分析流派。其实早在20世纪30年代，Benjamin Graham在其经典著作《证券分析》一书中就提出了价值投资的理念。他认为在进行证券投资时，应该着重考察证券的内在价值。Graham还首创了“安全边际”（margin of safety）的概念，即如果证券的价格低于其内在价值，这种证券就存在“安全边际”。Graham建议投资者将精力放在辨认价值被低估的证券上，而这正是基本分析的要点所在。一般来说，基本分析是准备做长线交易的投资者所应采取的最主要的分析方法。由于这种分析方法是从证券的内在价值入手，在选择某一证券进行投资时，看中的是发券公司的内在增长潜力与长期发展前景，所以当我们采用这种分析法进行分析预测并在适当的时机购入了具体的证券后，就可不必耗费太多的时间与精力去关心证券价格的实时走势了。

影响证券价值的基本因素有很多，但总体而言不外乎以下三个方面：一是宏观经济环境的发展状况；二是各行业部门的兴衰状况；三是发券公司的经营状况。相应地，基本分析也就主要包括三个方面：一是对宏观经济形势的分析；二是对企业所处行业的分析；三是对公司的分析。下面，我们将逐一讨论基本分析这三方面的内容。

第一节　宏观经济分析

股票市场是经济的“晴雨表”，与此同时，经济发展趋势也决定着股票市场发展的方向，因此股票市场与一国宏观经济有着密切的联系。基本分析中的宏观经济分析就是投资者以影响证券价格的经济因素为研究对象，并对一个国家或地区的经济发展状况和发展趋势进行研判，进而从大方向上把握证券市场的变化动态。

一、股票价格与宏观经济活动

(一)国内生产总值

国内生产总值(Gross Domestic Product，GDP)，是指一个国家在某一特定时期内(通常是一年)生产的全部最终产品和服务的价值总和，是衡量一国综合经济状况的主要指标。股市行情是经济活动的"晴雨表"，如果经济保持增长，那么股票价格就应上升；如果经济衰退，那么股票价格就会下跌。国内生产总值主要由最终消费、资本形成总额、货物和服务净出口等部分构成。国内生产总值的组成部分对分析整个经济中的支出模式提供了重要的线索，下面我们就来考察一下我国国内生产总值(按支出法列出)的主要组成部分(见表9-1)。

表9-1　**20世纪90年代以来我国的国内生产总值(支出法)**　单位：亿元

年份	国内生产总值	最终消费	资本形成总额	货物和服务净出口
1990	18319.5	11365.2	6444	510.3
1991	21280.4	13145.9	7517	617.5
1992	25863.7	15952.1	9636	275.5
1993	34500.7	20182.1	14998	-679.5
1994	46690.7	26796	19260.6	634.1
1995	58510.5	33635	23877	998.5
1996	68330.4	40003.9	26867.2	1459.3
1997	74894.2	43579.4	28457.6	2857.2
1998	79003.3	46405.9	29545.9	3051.5
1999	82673.1	49722.7	30701.6	2248.8
2000	89340.9	54600.9	32499.8	2240.2
2001	98592.9	58927.4	37460.8	2204.7
2002	107897.6	62798.5	42304.9	2794.2
2003	121730.3	67493.5	51554.7	2682.1
2004	142394.2	87032.9	69168.4	4079.2
2005	185496.2	96714.1	80436.6	8345.5
2006	219424.6	114894.9	87875.2	16654.6
2007	269486.4	136438.7	109624.6	23423.1
2008	317172	157746.3	135199	24226.8

续表

年份	国内生产总值	最终消费	资本形成总额	货物和服务净出口
2009	346431. 1	173093	158301. 1	15037
2010	406580. 9	199508. 4	192015. 3	15057. 1
2011	480860. 7	241579. 1	227593. 1	11688. 5
2012	534744. 6	271718. 6	248389. 9	14636. 1
2013	589737. 2	301008. 4	274176. 7	14552. 1
2014	640796. 4	328311. 2	295022. 3	17462. 9

资料来源：同花顺 iFinD。

国内生产总值的变动与股票市场之间的变动有着紧密的联系，并且股票市场的变化快于国内生产总值的变化。这是因为，国内生产总值的变动是宏观经济发生变动的最好指标，宏观经济的变动又通过影响公司的经营业绩，进而由利润影响到人们对股价的预期。当投资者预期到宏观经济将由衰退期的低谷进入繁荣期时，将会大量购买股票，从而将股价指数推高；同理，当投资者预期宏观经济即将达到繁荣期的顶点而进入衰退期时，将会大量卖出股票，从而使股价指数下降。股票市场与国内生产总值之间存在的这种关系使得我们通过观察早期国内生产总值的变化来预测股票市场的变化在实际上是不可行的。可以说，股票市场是预期实际国内生产总值变化趋势的最好的领先指标之一。

图 9-1 是我国 1990—2015 年上证指数走势图。图 9-2 反映了 20 世纪 90 年代以来我国国内生产总值的变动趋势。通过比较我们可以发现，我国股票市场与国内生产总值的变动趋势存在一定的联系，即从 1990 年至今，我国国内生产总值保持了向上的趋势，

图 9-1　1990—2015 年上证指数走势图

资料来源：Wind 资讯。

这与股票价格的走势是基本吻合的。但也应当看到，2001—2005 年以及 2014—2015 年我国股票市场的表现却和国内生产总值的变动明显背离。这也从另一个侧面说明除了国内生产总值以外，还有其他的因素影响股票价格。

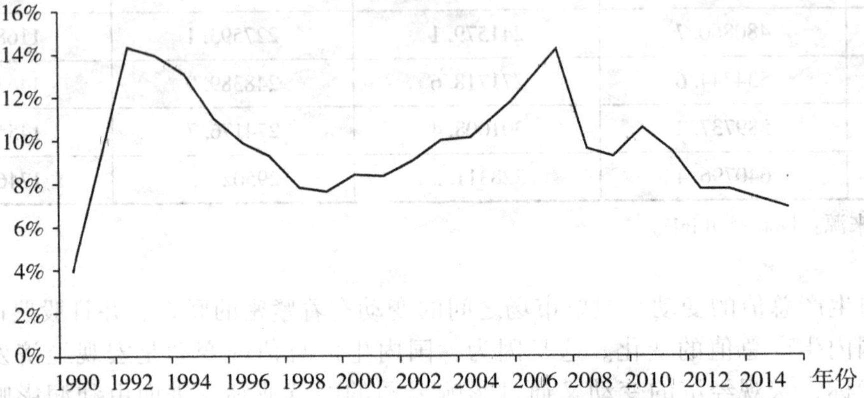

图 9-2　1990—2015 年我国国内生产总值的增长率

资料来源：Wind 资讯。

（二）利率

一般来说，利率下降时，股票价格就上升；而利率上升时，股票价格就下降。究其原因，主要有两个方面：第一，利率水平的变动直接影响到公司的融资成本，从而影响到股票价格。利率降低可以减轻公司的利息负担，直接增加公司的盈利，而公司股票价格也会随之上升；反之，利率升高，公司融资成本也会升高，利息负担加重，造成公司利润下降，股价因此就会降低。第二，利率水平还代表着投资者的资金成本，在利率降低后，投资者将能够以低利率拆借到资金，从而增大对股票的需求，造成股票价格上升；反之，若利率上升，一部分资金将会从证券市场转移到银行存款或其他具有固定利息收入的金融工具上，致使股票价格下降。关于股票价格与利率之间的关系，我们大致可以用上证综合指数与我国一年期定期存款利率之间的关系来加以描述。

从图 9-1 可以看出，1990—2015 年上证综合指数的变动明显可以划分为十一个阶段，具体如表 9-2 所示。联系各期间内利率的变化，我们不难发现，这两者间是呈反向运动关系的。当经济处于加息周期，即一年期定期存款利率上升时，股价就趋向下跌；反之，当经济处于减息周期，即一年期定期存款利率下降时，股价就趋向上涨。当然，上述关系并非总是稳定出现的，因为利率仅仅是影响股价的因素之一，所以在表 9-2 中利率没有发生变化的两个阶段，指数的变化就是由利率以外的因素决定的。但一般来说，市场利率与股价是呈反向运动关系的，并且指数变化早于利率变化。

表 9-2　　上证综合指数与 1 年期存款利率间的关系

上证综合指数变动阶段	上证综合指数变动幅度	利率变动时间	变动前利率	变动后利率
第一阶段：1990 年 12 月 19 日—1992 年 5 月 25 日	95.79~1428.79	1991 年 4 月 2 日	8.64%	7.65%
第二阶段：1992 年 5 月 25 日—1993 年 2 月 16 日	1428.79~1558.95	无变化	—	—
第三阶段：1993 年 2 月 16 日—1994 年 7 月 29 日	1558.95~325.89	1993 年 5 月 15 日 1993 年 7 月 11 日	7.65% 9.18%	9.18% 10.98%
第四阶段：1994 年 7 月 29 日—1996 年 1 月 19 日	325.89~512.83	无变化	—	—
第五阶段：1996 年 1 月 19 日—2001 年 6 月 14 日	512.83~2242.7	1996 年 5 月 1 日 1999 年 6 月 1 日 1999 年底	10.98% — 2.25%	9.18% 2.25% 1.98%
第六阶段：2001 年 6 月 14 日—2006 年 8 月 19 日	2242.7~1598.02	2002 年 2 月 21 日 2004 年 10 月 29 日 2006 年 8 月 19 日	2.25% 1.98% 2.25%	1.98% 2.25%① 2.52%②
第七阶段：2006 年 8 月 19 日—2007 年 12 月 31 日	1598.02~5101.78	2007 年 3 月 18 日 2007 年 9 月 15 日 2007 年 12 月 31 日	2.52% 3.6% 3.87%	2.79% 3.87% 4.14%③
第八阶段：2007 年 12 月 31 日—2008 年 12 月 31 日	5101.78~1814.75④	2008 年 10 月 9 日 2008 年 10 月 30 日 2008 年 11 月 27 日 2008 年 12 月 23 日	4.14% 3.87% 3.60% 2.52%	3.87% 3.60% 2.52% 2.25%
第九阶段：2008 年 12 月 31 日—2009 年 8 月 4 日	1814.75~3471.44	无变化	—	—
第十阶段：2009 年 8 月 4 日—2012 年 1 月 4 日	3471.44~2169.39	2010 年 10 月 20 日 2010 年 12 月 26 日 2011 年 2 月 9 日 2011 年 4 月 6 日 2011 年 7 月 7 日	2.25% 2.5% 2.75% 3% 3.25%	2.5% 2.75% 3% 3.25% 3.5%

续表

上证综合指数变动阶段	上证综合指数变动幅度	利率变动时间	变动前利率	变动后利率
第十一阶段： 2012 年 1 月 4 日— 2015 年 12 月 31 日	2169.39~3539.18⑤	2012 年 6 月 8 日	3.5%	3.25%
		2012 年 7 月 6 日	3.25%	3%
		2014 年 11 月 22 日	3%	2.75%
		2015 年 3 月 1 日	2.75%	2.5%
		2015 年 5 月 11 日	2.5%	2.25%
		2015 年 6 月 28 日	2.25%	2.0%
		2015 年 8 月 26 日	2.0%	1.75%
		2015 年 10 月 24 日	1.75%	1.5%

注：①1996 年 5 月 1 日至 1999 年 6 月 1 日期间，央行连续六次调低利率后至 2.25%。②1999 年底对储蓄存款征收 20%的利息税，使得年存款利率实际上升到了 1.98%。③2006 年 8 月 19 日至 2007 年 12 月 31 日期间，央行连续六次调高利率后至 4.14%。④市场处于恐慌性的下跌，流动性的改善难以有效刺激市场。⑤2012 年以后，由于央行降息，市场流通性变得充裕，股指由 2169.39 点大幅上涨到 5178.19 点，之后由于政府去杠杆化过快，股指出现大跌。

资料来源：根据 1991—2014 年《中国金融统计年鉴》整理得出。

(三)汇率

汇率的变化与股票价格有密切的联系。一般来说，如果一国的货币有升值的预期，将刺激国外资本的流入，促使股价上涨，反之，若该国货币存在贬值预期，将导致资本外流，对市场股价有负面影响。

对于那些外贸依存度高的经济体来说，汇率变动对股市的影响更为显著。汇率变动最直接的影响对象是对外贸易相关企业，当本国货币升值时，受益的多半是进口业，即依赖海外供给原料的企业；相反的，出口业由于竞争力降低，将导致利润下滑。而当本国货币贬值时，情形恰恰相反。

对于那些拥有大量对外债务或债权的企业以及较多海外收入的跨国公司来说，汇率的变化将引起这类企业按照本币计算的成本或收益发生较大变化，从而引起股价剧烈波动。比如，对于航空公司的股票来说，由于这类公司购买和租赁飞机导致美元负债较多，如果人民币发生贬值，这些公司的财务成本将上升，从而引起这类公司的股价下跌。

(四)通货膨胀率

我们知道，通货膨胀是指商品价格全面上涨的程度，它主要是由过多地增加货币供应量造成的。一般来说，当经济未处于充分就业时，适度的通胀能使经济繁荣，就业增加，使居民收入和企业利润得到提高。企业利润提高，可分派的股息随之增加，从而刺激股价上涨；居民收入增加，对股票的需求随之上升，也有利于股价的上涨。另外，股份公司的资产按贬值的货币重新估值，使股票比存款更具有保值作用。这样，投资者会把存款从银行提出转换为股票，这进一步刺激了股价的上升。

如果通胀率超出正常范围，一方面，物价普遍持续地上涨会使企业的原材料成本提高而降低企业利润，当经济处于充分就业时，物价的进一步上涨不会刺激就业，只会使工人要求提高工资，从而提高了企业的劳动力成本，使企业的利润进一步降低甚至亏损。另一方面，物价上涨使居民购买水平下降，抑制了居民对消费品的需求，造成企业销量下降。此外，人们对货币贬值、物价上涨的趋势越来越担心，致使大量货币用于购买实物商品以保值，而不去投资预期股息减少的股票。当人们普遍对经济失去信心而不愿投资于企业，纷纷抛售手中的股票时，股票价格自然会随之下跌。

(五)失业率

失业率是指正在寻找工作的劳动力占总劳动力(即包括正在工作和正积极寻找工作)的百分比，它的高低可以从一个侧面衡量宏观经济的好坏。一般来说，失业率高表明一国经济发展速度缓慢甚至处于停滞期，企业发展也不景气。当失业率高时，由于人均国民收入降低，股市投资者就会减少，从而使股价降低。反过来，失业率低，经济增长迅速，企业处于扩充和发展阶段，需要大量劳动力，人们收入增加，流入股市的资金也会因此增加，股价也随之上升。

二、国际收支对股价变动的影响

在开放经济条件下，要素市场的形成和完善，促进了商品、资本、劳务和技术的跨国界流动，使得任何一个置身于世界经济大潮中的国家都不可避免地与国外发生多种经济关系。国际收支就是用货币来记录一国的对外经济活动。从图 9-3 可以看出，1991—2006 年，我国经济的对外依存度保持了大体向上的趋势，这表明我国的对外经济活动对国民经济的影响日益加深。然而由于受 2007 年起始于美国的全球次贷危机影响以及近几年全球经济增长乏力，2007—2015 年，我国的对外依存度呈现下降的趋势。对比图 9-2，2007—2015 年对外依存度与 GDP 增长率保持高度相似走势。因此，我们在考察宏观经济对股市的影响时，有必要把国际收支作为一个极其重要的变量加以分析。

一般来说，国际收支是一国居民在一定时期内与非居民在政治、经济、军事、文化及其他往来中所产生的全部交易的系统记录。国际收支项目包括经常项目和资本项目。经常项目主要反映一国的贸易和劳务往来状况；资本项目则集中反映一国同国外资金往来的状况，反映着一国利用外资和偿还本金的执行情况。国际收支余额的大小与一国总需求的增加或减少有着密切的联系。国际收支余额为零，则总需求与总供给相等，对总需求没有影响；国际收支余额为正，则体现为总需求增加；反之，国际收支为逆差则体现为总需求减小。而总需求的增加或减少最终体现为对国内物质产品和服务需求的增加或减少，其必然影响到产品、劳务和资本市场的均衡。如国际收支顺差将造成国外资金流入，成为国内政府、企业、居民的可支配收入，将其中一定比例用于消费或用于购买投资品，进行投资，进而形成对消费市场和投资市场的旺盛需求，从而促使相关企业销售收入增加，利润率提高，这部分企业的股票价格也必然趋于上升；反之，则会得到相反的结论。

同时，国际金融市场动荡也会对一国证券市场产生显著的影响。在 2008 年的国际

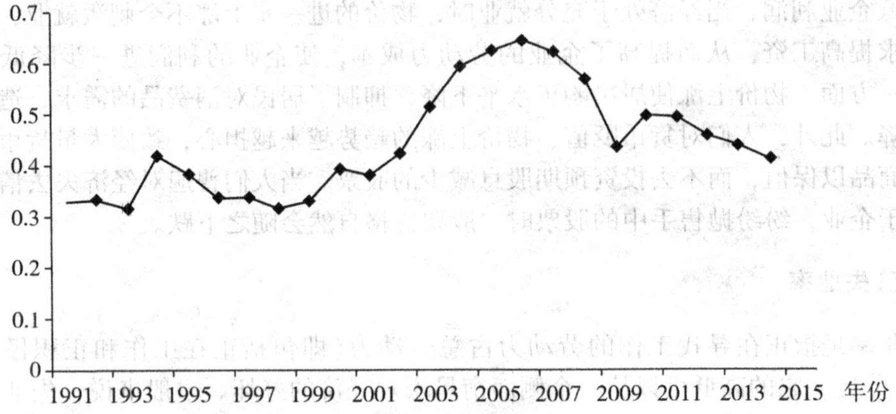

图 9-3　20 世纪 90 年代以来我国经济的对外依存度

资料来源：Wind 资讯。

金融危机中，由于我国经济对外依存度较高，国际收支相对于 1997 年亚洲金融危机而言受到更为显著的冲击。图 9-4 表明了我国 20 世纪 80 年代以来的外贸进出口情况。从图 9-4 中可以看出，我国的进出口总额整体保持向上的趋势，然而 2009 年与 2008 年相比，进出口总额出现大幅下降，这表明国际金融危机通过进出口渠道对我国宏观经济活动产生了一定的影响，造成进出口总额的下降，这势必影响到当年外贸企业的收入，从而影响这类公司在股票市场中的表现。

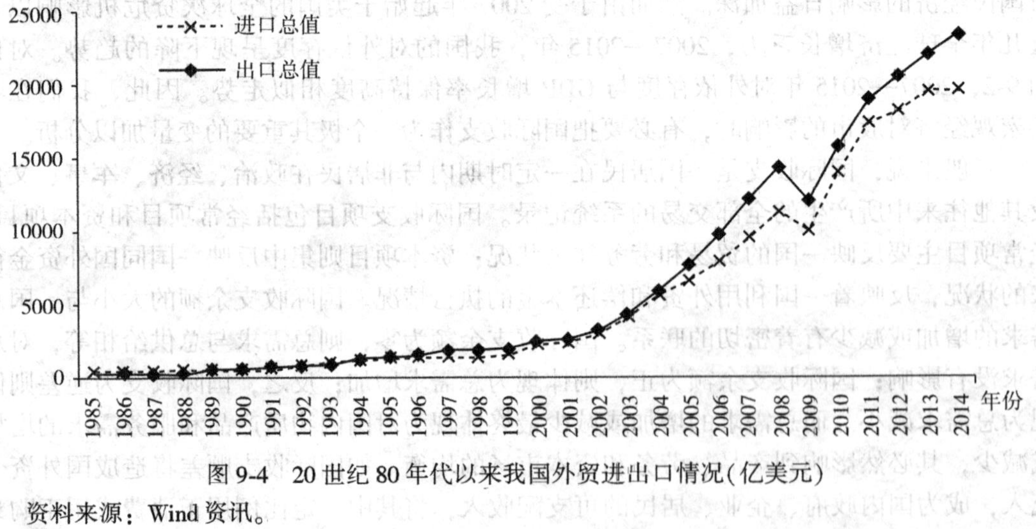

图 9-4　20 世纪 80 年代以来我国外贸进出口情况(亿美元)

资料来源：Wind 资讯。

随着我国对外依存度的提高，我国宏观经济受国际宏观经济变动的影响将会越来越大。可以预见的是，随着人民币国际化步伐的加快，IMF 将人民币纳入 SDR 篮子、中概股纳入明晟指数(MSCI)以及沪港通、深港通和沪伦通的推出等，势必使我国宏观经济与世界经济形势的联系更为紧密。我国证券市场进一步开放，意味着国际投资者可以自由进入我国证券市场，也就意味着国际金融动荡将通过影响国际投资者的资金流向而使我国证券市场受到冲击。因此，作为投资者应该注重国际宏观经济形势的研究并从中发现国际宏观经济形势与我国股票市场存在的相关性及其变化。

三、宏观经济政策对股价变动的影响

一般而言，政府会运用财政政策和货币政策来促进实际国内生产总值的增长，从而实现充分就业和保持物价稳定。这些宏观经济政策无疑会对股票市场产生影响。

(一)货币政策

货币政策是指中央银行控制货币供应量和利率时所采取的政策，其中，货币供应量直接影响金融市场，是改变股市资金量进而影响股票价格的一个重要因素。正确运用货币政策可实现实际国内生产总值的增长，从而实现充分就业和保持物价稳定。央行常用的货币政策工具包括公开市场业务、再贴现率和准备金率。央行通过在债券市场上直接购买或出售国库券，来增加或减少银行的准备金。央行同时又是商业银行的银行，当商业银行发生现金短缺时，可向央行借款，央行通过调节再贴现率改变商业银行向央行借款的成本，进而影响到各种存、贷款的利率。央行对银行的准备金率进行规定，通过影响商业银行的准备金数额进而影响到货币供应量和利率。在经济萧条时期，央行降低准备金率会使货币供应量提高，同时使利率降低，并可能刺激经济形势的好转。

图 9-5 说明了央行的货币政策是怎样影响宏观经济活动的。由图可知，货币政策对股市变动的影响有两个途径：一是通过货币供给影响宏观经济状况与通货膨胀，进而影响到实际国内生产总值的变动；二是通过利率影响到有关实际资产和证券价格，通过财富效应影响到私人的消费支出。利率的变化会使私人投资成本发生变化，从而改变私人投资支出。消费支出和投资支出的变化一方面会使国内生产总值发生变化，另一方面通过影响需求使商品价格发生变化。如图 9-6 所示，在 2008 年到 2015 年这段时间，货币

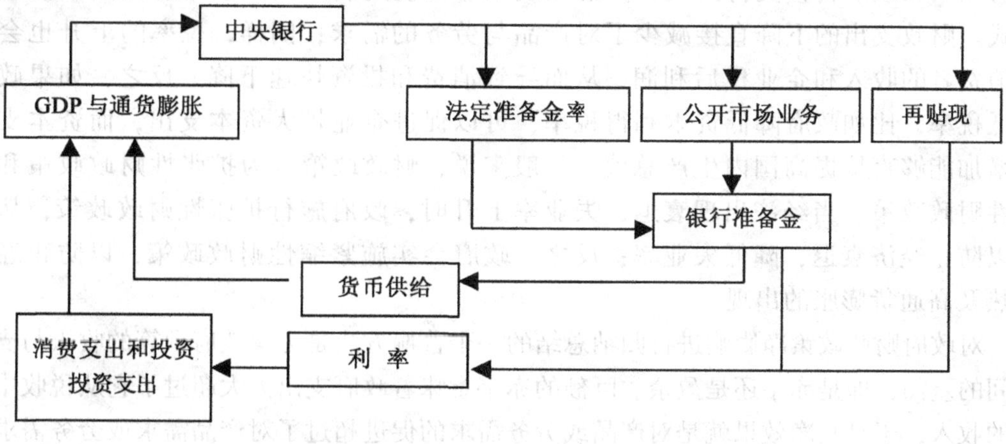

图 9-5　货币政策对经济活动的影响

供应与股票价格存在显著的相关性。2009年推出的4万亿救市计划，极大地增加了市场的流动性，引起2009年初到2010年初的上升行情。尤其在2015年3—5月份，A股市场走出一波行情，流动性增加也成为重要的货币现象。

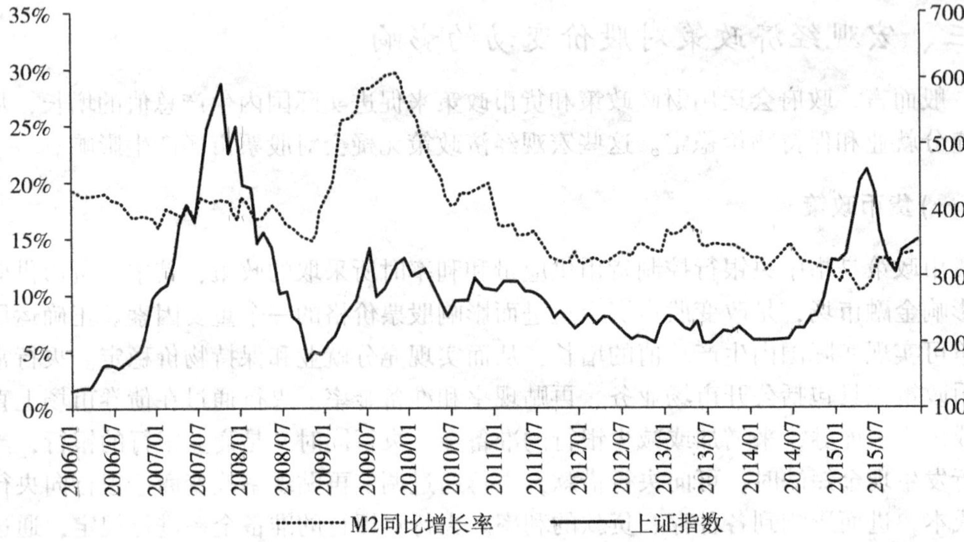

注：左轴为M2同比增长率，右轴为上证指数。

图9-6 货币扩张推升股市

资料来源：Wind资讯。

(二)财政政策

财政政策是指一国政府为达到既定目标，对财政收入、财政支出和公债做出的决策。财政收入基本上来自各种税收，如财产税、所得税等；财政支出则大致可分为政府购买和政府转移支付两大类。财政政策可以说是刺激或减缓经济发展最直接的方式。财政支出的下降直接减少了对产品与劳务的需求；同样，税率的上升也会减少消费者的收入和企业税后利润，从而导致消费和投资快速下降。反之，如果政府降低税率，比如政府降低资本利得税率，可以促进企业扩大资本支出，而资本支出的增加能够直接提高国内生产总值。一般来说，财政政策分为扩张性财政政策和紧缩性财政政策。当经济出现衰退，失业率上升时，政府施行扩张性财政政策，从而可以防止经济衰退，降低失业率；反之，政府会实施紧缩性财政政策，以防止经济过热及高通货膨胀的出现。

对政府财政政策净影响进行归纳总结的一个普遍方法是考察政府预算的收入与支出之间的差额，即是赤字还是盈余。巨额的赤字意味着政府支出大大超过了它从税收中得到的收入，于是其净效果就是对产品或劳务需求的促进超过了对产品需求或劳务需求的压制，因此，巨额赤字会刺激经济。但是，巨额赤字会导致物价不稳，如果政府通过发行货币来弥补赤字，则会导致通货膨胀。而且政府投资的扩大往往会带来利率的上升，从而使资金成本提高，私人投资减少，这将会使股价下降。

四、经济周期与股价变动

我们已经看到，政府会运用宏观经济政策来维持低失业率和低通货膨胀。但是，尽管政府付出了这些努力，经济还是会持续不断地出现高涨或萧条。其实，这种经济状况经常发生衰退和繁荣的现象被称为经济周期。一般来说，一国的宏观经济会重复地经历扩张和紧缩的阶段，而这无疑会影响到股票价格的变动。

经济周期包括衰退、危机、复苏和繁荣四个阶段。一般而言，在经济萧条时期，股票价格会逐波下跌；到危机时期，股价跌至最低点；而经济复苏开始时，股价又会逐步上升；到繁荣时，股价则上涨至最高点。股票价格之所以会随经济周期变动，主要是因为：当经济衰退时，企业的产品滞销，利润相应减少，投资者会因股票投资收益不佳而纷纷抛售，致使股票价格下跌。当经济衰退已经达到危机阶段时，整个经济生活处于瘫痪状况，大量的企业倒闭，投资者由于对经济前景悲观失望而纷纷卖出手中的股票，从而使整个股市价格大跌，市场处于萧条和混乱之中。经济周期经过低谷之后会出现缓慢复苏的态势，随着经济结构的调整，企业产品的销售量出现回升，盈利增加，此时投资者会发觉投资股票有利可图，于是纷纷买进，促使股价上升。当经济由复苏达到繁荣阶段时，企业产销两旺，利润大增，投资者对经济前景持乐观态度，并大举买进股票，股票价格也随之上涨至最高点。

应当看到，经济周期会影响股价的变动，但两者的变动周期又不是完全同步的。通常的情况是，不管在经济周期的哪一阶段，股价变动总是比实际的经济周期变动要领先一步。即在衰退以前，股价已开始下跌；在复苏之前，股价已经回升；在经济周期未步入高峰阶段时，股价已经见顶；而在经济仍处于萧条期间，股市已开始从谷底回升。这种股价变动领先于经济周期方向改变的现象的出现主要是因为股价的涨落包含着投资者对经济走势变动和未来公司盈利水平的预期，而这种预期通常领先于实际经济状况的变动。

实践中，有三种主要的经济指标对判断目前以及未来的经济周期起到十分重要的作用，它们分别是：领先指标(leading indicator)、同步指标(roughly coincident indicator)、滞后指标(lagging indicator)。各种指标的构成见表9-3。领先指标是指先于一般经济活动达到高峰或跌入低谷的经济时间序列，这些数据提供了未来经济活动发展的方向。投资分析中，货币供给是常见的一个先行经济指标，因为货币政策对经济的影响是相对滞后的，所以现在的货币政策将直接影响未来的经济走势。同步指标是指与一般经济活动大约同时到达高峰或低谷的经济时间序列，这些序列可用来确定经济出现高峰和低谷的日期。滞后指标是指那些落后于一般经济活动的序列，例如，消费者分期付款债务往往落后于经济高峰和低谷。

表 9-3　**经济指示器指标**

A. 领先指标
1. 生产工人(制造业)平均周工作时数
2. 制造商的新订单(消费品与原材料行业)
3. 对工厂与设备的合同与订单数
4. 股票价格
5. 货币供给
6. 消费者预期指数
B. 同步指标
1. 减去转移支付的个人收入
2. 工业产量
3. 制造品与贸易销售额
C. 滞后指标
1. 每单位产出劳动成本指数
2. 现有工商贷款数量
3. 现有消费分期付款信用与个人收入之比
4. 劳务的消费品价格指数

当经济处于经济周期的不同阶段时，不同行业会表现出各异的业绩。我们将在下面的行业分析中详细讨论不同行业对经济周期的敏感性。

第二节　行业分析

上一节我们考察了主要的宏观经济变量、政府实行的经济政策和经济周期对证券市场的影响，现在，我们把目光集中到对具体行业的分析上。行业分析的目的是确定每个行业的与众不同之处，投资者通过对行业进行对比分析，能弄清楚各个行业各自的风险与收益的关系。在弄清楚影响各个行业发展的重要因素后，投资者就可以根据这些因素来预测该行业的发展趋势。了解一些关于行业分析的基本知识是至关重要的，因为个别厂商的行动与行业的组织和特点密切相关。

一、行业分类

所谓行业，一般是指按生产同类产品或具有相同工艺过程或提供同类劳动服务划分的经济活动类别。行业的范围比部门小，在一个部门内往往有许多行业。一般而言，行业与产业没有严格的界限，可以视为同义语。但从严格意义上讲，行业与产业有差别，适用范围不一样。行业一般没有规模上的要求，而产业作为经济学的专门术语，有严格的使用条件，一般要求它的代表产品或劳务必须达到一定的市场规模、生产规模和产出规模。中华人民共和国国家标准(GB/T4754—2011)中对我国国民经济行业分类进行了详细的划分。它按照企业主要涉及的活动类型，将所有行业一共分为 20 类，这样的一个行业分类系统促进了描述经济各个方面的统计数字的可比性，具体分类如下：

A. 农、林、牧、渔业
B. 采矿业
C. 制造业
D. 电力、热力、燃气及水生产和供应业
E. 建筑业
F. 交通运输、仓储和邮政业
G. 信息传输、软件和信息技术服务业
H. 批发和零售业
I. 住宿和餐饮业
J. 金融业
K. 房地产业
L. 租赁和商务服务业
M. 科学研究和技术服务业
N. 水利、环境和公共设施管理业
O. 居民服务、修理和其他服务业
P. 教育
Q. 卫生、社会保障和社会福利业
R. 文化、体育和娱乐业
S. 公共管理和社会组织
T. 国际组织

二、行业的一般特征分析

(一)行业对经济周期的敏感性

投资分析师一旦预测了宏观经济的状态，他所做的下一步工作就是看这种预测对于不同行业的影响，因为并非所有的行业对经济周期的敏感程度都是一样的。例如，烟草行业与汽车行业对经济周期的敏感程度大不相同。显然，一般而言烟草行业是独立于经济周期的，因为人们对于香烟的消费只占消费额度的很小一部分，因此人们对于香烟的需求并不会因为宏观经济状况的改变而有大的改变。汽车行业的情况则大相径庭，在经济萧条期，消费者往往试图延长其汽车的使用寿命直到他们的收入提高为止。那么，哪些因素决定了一个行业对于经济周期的敏感性呢？

一是产品销量对于经济周期的敏感性。必需品的销量对于经济周期的敏感性是很低的，比如食品、药品以及医疗服务。相反，钢铁、汽车等行业的公司对宏观经济状况的敏感程度则要大得多。

二是经营杠杆的大小，即产品生产成本中固定成本与可变成本所占的比例。生产成本中可变成本所占比例与固定成本相比较高的公司，对经济周期的敏感程度较小，这是因为在经济的衰退期，这些公司可以随着销售的减少而相应降低产出，继而降低生产成本。相反，生产成本中固定成本所占比例与可变成本相比较高的公司，在经济衰退期时其利润所受影响较大，因为生产成本的变动比例低于销售的变动比例，从而导致利润的大幅度下降。

三是财务杠杆。公司的总资产中债务所占比例的大小决定了其财务杠杆的大小。因为不管销量如何，公司需要付出的利息数额是一定的。当经济处于衰退期时，如果资产回报率小于利息率，那么公司资产中债务所占比例越高，公司的亏损额也就越大；反之，当经济处于高涨期时，由于资产回报率高于利息率，所以公司资产中债务所占比例越高，公司股东的股权收益率也就越高。

按照不同行业与经济周期之间存在的关系，可以将行业分为以下三类：一是增长型行业。这类行业的特点是其运行状态与经济活动总水平的周期及其振幅无关，因为它们主要依靠技术的进步、新产品的推出及更优质的服务使其经常呈现出增长态势。在过去的几十年中，计算机行业表现出了这种状况。这种行业对投资者具有很大的吸引力，但是在购买时机的把握上则存在着困难，因为投资者无法根据经济周期的变动来相应地决定其购买时机。二是周期型行业。这类行业的特点是其运行状态与经济周期存在着显著的联系，如房地产业、汽车制造业等都属于这个范畴。对于这类行业，投资分析人员应结合经济周期来具体地对行业的走势及盈利前景进行预测和分析。三是防守型行业。这类行业的特点是其运行状态相对稳定，因此，很多希望通过长期投资来获得盈利的投资者会选择投资于这类行业。

其实，以上根据行业对经济周期的敏感性来对行业进行分类，是与前面我们提到的系统性风险的概念相关的。当投资者对经济发展状况的预期变得乐观时，股价会随着公司预期盈利的上升而上升。由于周期型行业是对经济发展最敏感的行业，故它们的股价会上升得很快，即周期性行业中的公司往往具有较高的系统性风险。反之，防守型行业的公司一般具有较低的系统性风险，其股票价格的变化受整体市场环境的影响相对小得多。

(二)市场结构与行业竞争力

划分行业的另一种方法是根据它们的市场结构进行分类，市场结构取决于行业中厂商的数量、产品的属性、价格控制程度等因素。根据以上因素的特征，我们通常可将行业划分为以下四类市场结构：完全竞争、不完全竞争或垄断竞争、寡头独占、垄断。其主要特征见表 9-4。

表 9-4　**各种行业结构的特征**

市场结构	公司数量	产品的差异性	公司控制价格的程度
完全竞争	许多	相同(如小麦)	无
不完全竞争或垄断竞争	许多	真实或想象的差异(如啤酒)	有一些
寡头独占	少数	相同或少数的差异(如钢铁)	有一些
垄断	一个	一种产品(如公用事业公司)	相当大

行业的市场结构可以从完全竞争到垄断，大多数行业处在这两个极端之间，行业市场结构的差异，会从多个方面影响到行业的竞争力。

一是竞争者进入的威胁。行业的新入者会对该行业的价格和利润造成影响。即使没有公司进入该行业，这种新入者进入的威胁也会对该行业的价格和利润造成向下的压力，因为过高的价格和利润会对新的竞争者的进入形成鼓动效应。因此，行业进入的壁垒是行业竞争力的一个重要因素。显然，不同的市场结构在行业进入的壁垒上存在着显著的不同，竞争程度越高的行业其竞争者进入的威胁越大，反之，垄断程度越高的行业其竞争者进入的威胁越小。

二是行业内部现有的竞争者之间的竞争。如果一个行业内部存在着几个竞争者，那么由于每个竞争者都寻求扩大自身的市场份额，行业内部的价格竞争程度加剧，行业利润率下降。如果这个行业的扩张速度减慢，处于这个行业的厂商之间的竞争程度就会随之加剧，因为每个厂商只有通过从其他对手那里夺得市场份额才能扩大自身规模；如果生产成本中固定成本所占比例较高，厂商为了能够达到产量水平，就会使厂商之间价格竞争的程度加大；如果行业内部厂商生产的产品相似程度较高，由于无法通过产品的差异性进行竞争，也会使厂商之间的价格竞争程度加大。

三是替代品对产品价格的压力。替代品意味着厂商面临着来自相关产业产品的竞争。行业产品可供选择的替代品对该产品的价格构成了一定程度的约束，替代品的范围越大，这种约束性的程度就越高。

四是购买方讨价还价的能力。如果一个购买者购买了一个行业产出的绝大部分，这个购买者将拥有较大的讨价还价能力，从而压低产品价格，降低该行业的利润率。例如汽车生产厂商是汽车零配件生产厂商的主要购买者，因此汽车生产厂商对所购买的汽车零配件的价格影响较大，从而削弱了汽车零配件生产行业的盈利能力。显然，行业产品的专一性越强，其产品价格受到购买方的约束力就越大；购买方形成的行业垄断程度越高，他们对所购买产品的价格约束力就越大。

五是供应商讨价还价的力量。如果产品某种关键原材料的供应商在这种原材料的生产中处于垄断地位，那么他们就能够对这种原材料要求较高的价格，从而提高生产厂商的生产成本，降低其产品的利润。决定供应商讨价还价能力的关键因素是这种原材料的可替代性。如果这种原材料存在替代品，那么供应商讨价还价的能力就会被大大削弱。

(三)行业生命周期

行业发展的各个阶段叫作行业生命周期(industry life cycle)。这种生命周期与人类的发展类似。一般来说，行业增长在发展初期是很快的，在壮年时期逐步放慢，而在成熟期持续了相对长的一段时间以后，就会出现停滞和衰败的迹象。实际上，行业的生命周期源于产品的生命周期，后面我们在进行公司分析时会讨论产品的生命周期。图 9-7 说明了一个被分为四个阶段的典型的行业(产品)生命周期：初创阶段(pioneering)、扩张阶段(expansion)、稳定阶段(stabilization)和衰退阶段(decline)。接下来，我们逐一考察每个阶段的盈亏特征。

(1)初创阶段。新的产品刚进入市场，行业初步形成，行业中的公司数量少，人们对产品不了解，产品销量较小，因此，销售额增长缓慢。又由于产量有限，研发与生产的费用很高，处于这一阶段的行业通常是亏损的，因而其风险也很高。

(2)扩张阶段。进入行业生命周期的扩张阶段，产品开始被市场认可，销量迅速增加，与此同时，行业的生产成本开始下降，利润增加，整个行业由亏损转为盈利，利润的增加又吸引了新的竞争者的加入，竞争的加剧进一步降低了全行业单位产品的价格。扩张阶段是整个行业增长最快的时期，由于整个行业的发展还没有稳定下来，所以，此时仍然存在较大的行业进入风险。

(3)稳定阶段。在生命周期的稳定阶段，产品的总销售额继续增加，但增速开始放慢，在价格降到一个低水平时，利润也从最高处随之下降，市场份额会向少数大企业集中，结果，整个行业中公司的数量会相继减少。图 9-7 中销售曲线的顶端有一个断裂，它表明，对某些企业和行业来说，稳定阶段可能要长于其他的企业和行业。例如，就电力公用事业公司来说，这个阶段可持续许多年；而在高新技术行业中，它或许只能维持一年或更短的时间。

(4)衰退阶段。生命周期的最后阶段就如人类到了老年一样，企业或行业已经过了生命的顶峰，开始逐渐衰退。在这个阶段，整个行业的销售额下降，利润也继续下降，甚至出现亏损，行业中公司的数量越来越少。

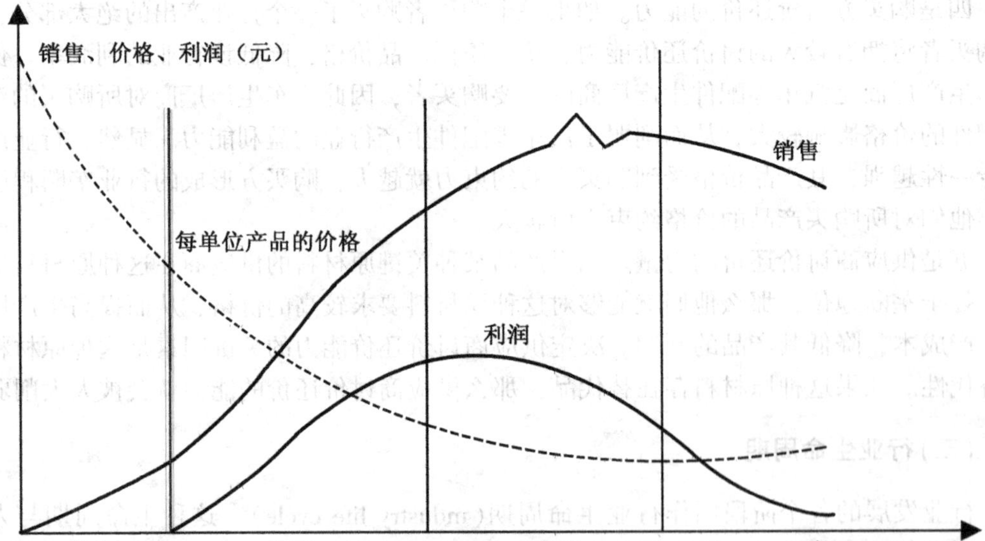

图 9-7 行业生命周期

投资分析人员可以将行业的生命周期理论应用到对公司所处行业的分析中。图 9-8 显示了经选择的几个行业在生命周期中的位置。从某种程度上来说，它们在生命周期中的位置实际上是一种主观判断。此外，图 9-7 中生命周期的特点在确定行业和公司所处生命周期的位置时也是有用的指导。投资者只要稍经实践，就能很容易地(并不总是正确)确定一家公司或一种行业现处于生命周期的哪一个位置上。

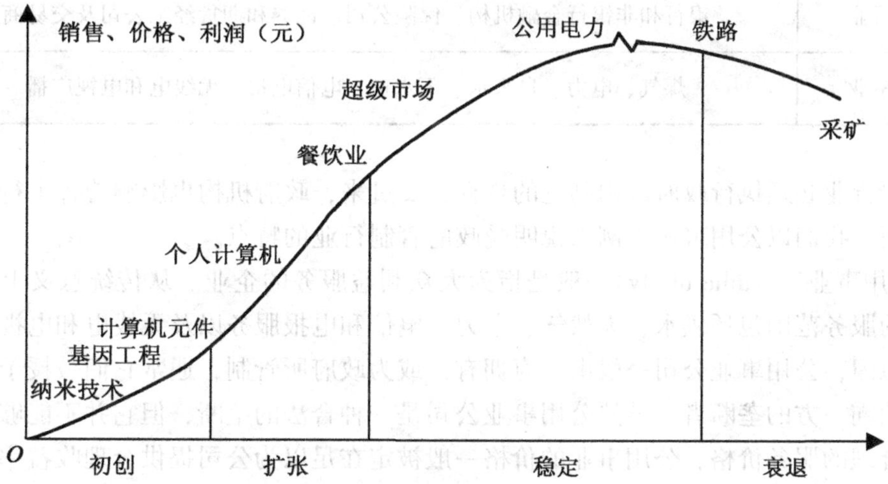

图 9-8　生命周期曲线上的行业抽样

显而易见，一种行业在生命周期上的位置给投资者提供了大量有用的信息。例如，基因和纳米技术正处于生命周期的初创阶段。从这一点上我们知道，如果投资者要进行投资，只能从中选择少数几家公司，因为现阶段向这种公司投资的风险非常高。而投资者之所以会选择投资这样的公司，是因为高风险的投资也可能获得巨大的收益。计算机和互联网行业正处于扩张阶段，这告诉我们，迅速的增长将继续存在，但也同时伴随着很多风险。电力公用事业公司正处于稳定阶段，因此它们会继续增长，但脚步放慢了。由于它们趋向于营利性行业，故其能成为合理的安全投资。但是，对某些采矿业的长期投资就可能并不安全，这是由采矿业的本质决定的。因为矿石采完后，剩下的就只有地上的窟窿了。最后，我们必须认识到，行业生命周期框架只为我们提供了一个可以应用于某行业和公司分析的一般体系，并不包罗万象。

三、影响行业兴衰的因素分析

(一)政府管制和产业政策

实际上，每一种行业都受到不同程度的政府管制，而管制的程度将影响一种行业的发展和利润率。下面的例子说明了政府管制特定行业的几个方面。

(1)受政府管制的行业。按照我国宪法，一些“与大众利益紧密相关”的行业必须服从政府的管制。受政府管制的主要行业如表 9-5 所示。

表 9-5 受政府管制的行业

交通运输业	铁路公司、航空公司、空运公司、天然气管道
金融行业	银行和非银行金融机构、保险公司、证券和期货经纪公司及交易商
公用事业	煤气、电力、自来水、下水道、电信电报、无线电和电视广播

这些行业必须执行政府机构制定的规程，反过来，政府机构也影响着各个行业的利润。下面，我们以公用事业为例来说明受政府管制行业的特点。

“公用事业”(public utility)一般是指为大众利益服务的企业。从传统意义上讲，这些公司的服务范围包括供水、天然气、电力、电信和电报服务以及无线电和电视等。由于种种原因，公用事业公司一般由政府拥有，或为政府所管制，通常它们被授予特许权而成为独霸一方的垄断者。虽然公用事业公司是一种合法的垄断，但它并不能够因此而收取不合理的服务价格，公用事业的价格一般被定在足以为公司提供合理收益率的水平上。价格结构由立法所限制这一事实并不能保证公用事业就一定能盈利，成本增加、管理不善和需求的转移都能使利润下降。

(2)政府对行业垄断的管制。垄断的存在，将不利于行业内企业提高生产效率、降低产品价格，从而大大损害了消费者的福利。对处于垄断地位的企业而言，虽然垄断在短期内或许能给企业带来超额利润，但从长远来看，垄断将不利于行业整体竞争力的提高，即无法形成行业的良性增长局面。因此，许多国家的法律试图对行业垄断进行控制。

(3)政府的产业政策。政府实行的产业政策也是影响行业发展的重要因素。产业政策是有关产业发展的一切政策与法令的总和。产业政策通过以下途径对投资活动产生直接的影响：一是促进和维护一国幼稚产业的发展；二是加快资源配置的优化过程，促使资本向有利于国民经济的产业流动；三是促进市场机制和市场结构的完善；四是给企业提供一个透明度较高的发展环境；五是使产业结构能不断适应世界科学技术的新发展等。产业政策的突出特点是有区别地对待不同行业，因此，了解国家不同时期产业政策的特点，对于证券投资的决策将有重要作用。

表 9-6 列出了我国“八五”至“十三五”期间产业政策的变化情况。国家积极鼓励发展的产业，由于受到政府各种优惠政策的扶持，往往会前途光明，投资者从长远考虑，应该向这些产业投资，具有典型性的有家电行业的代表四川长虹(“八五”期间)，加工制造业的代表中集集团(“十五”期间)、房地产行业的代表万科 A(“十一五”期间)和新经济的代表乐视网(“十二五”期间)，这些股票在对应期间内价格均出现大幅上涨；反之，对于国家限制发展的产业，其前景将是暗淡的，故投资者在向这些产业投资时应十分慎重。

表 9-6　　国家在不同时期的产业政策倾向

"八五"期间	1990—1995 年	家电、服装和其他制造业
"九五"期间	1995—2000 年	基础设施建设，包括高速公路和电信设施建设
"十五"期间	2001—2005 年	投资加工制造业、钢材、水泥、电力、煤炭和港口
"十一五"期间	2006—2010	消费升级、经济转型和生产力提升
"十二五"期间	2011—2015	加大产业转型，培育发展七大战略新兴产业
"十三五"期间	2016—2020	进一步加大产业转型力度

(二)技术发展

技术是指科学在工业和商业上的应用。计算机、电子和宇航工业就是推动工业发展的高新技术工业。这些工业的一个显著特点是：一旦新产品出现，其变化十分迅速。特别是在样品定型和大量投产以后，这些产品的价格就飞速下降。高新技术的另一个特点就是研发费用极高，故高新技术行业的领头羊是能提供大量研发费用的企业集团，大多数小公司往往承担不起新产品研究或试制失败的费用。

技术进步对行业的影响是巨大的。伴随着新技术的出现，会出现新的行业，而一批旧的行业则因为消费者对这些行业产品需求的大大降低而走向衰落。因此，投资分析人员必须不断地考察一个行业产品的前途，分析其被优良产品的消费需求替代的趋势。当然，行业追求技术进步也是时代的要求，目前人类正处于科学技术日新月异的时代，不仅新的科学发明层出不穷，而且从理论科学向技术转化的速度也大大加快。一旦科学发明转化为技术，在新的产业中得到应用，这些新产品就被定型和大批量生产，市场价格将会大幅度下降，从而很快地被消费者所接受和使用。上述路径会使得新兴产业能够很快地超过甚至代替旧产业，或严重地威胁原有行业的生存。因此，作为投资分析人员，充分了解各种行业技术发展的状况和趋势是至关重要的。

(三)社会习惯的改变

随着人们生活水平和受教育程度的提高，消费心理、消费习惯、文明程度和社会责任感会逐渐改变，从而引起对某些商品需求的变化，并进一步影响到行业的兴衰。消费者消费心理和消费习惯的改变同社会物质生活水平的整体提高有着显著的关系：在基本温饱解决之后，人们更注意生活的质量，不受污染的天然食品和纺织品备受人们青睐；智力投资和丰富的精神生活成为人们消费追求的目标，这使旅游、音乐会成为新的消费热点；生活节奏的加快会带动超市、快餐业等行业的蓬勃发展；消费者社会责任感的加强使人们提高了对环境保护的关注程度，一些发达国家的工业部门每年都要花费几十亿美元的经费来研制和生产与环境保护有关的各种设备，以便使工业排放的废渣、废水和废气能够达到符合规定的标准，而这些措施又会带动环保产业的发展。因此，投资分析人员必须对这些影响行业内企业经营活动、生产成本和利润等方面的社会因素进行分析，因为它们足以导致一些不再适应社会需要的行业衰退，而促进新兴行业的发展。

四、对行业成长性的衡量

在讨论了行业的一般特性和影响行业兴衰的主要因素后，我们再来看一看投资分析人员怎样对一个行业的成长性进行衡量。一般来说，投资分析人员可以用两种方法来对一个行业的成长性进行衡量：一是将行业的增长率与国民经济的增长率进行对比；二是利用行业历年的销售额、盈利额等历史资料分析过去的增长情况，并以此来预测未来的行业发展趋势。

(一)行业成长的比较分析

分析某行业是否属于成长型行业，可利用该行业的历年统计资料与国民经济综合指标进行对比的方法来进行。具体做法是计算某行业历年销售额或营业收入的年增长率，并将其与国内生产总值增长率进行对比。通过比较，可以得出以下判断：一是确定该行业是否属于周期性行业。如果该行业销售额与国内生产总值趋于同向变化，即在国民经济处于繁荣期时销售额同步上升，在国民经济处于衰退期时销售额也同步下降，则说明这一行业很可能是周期性行业。二是比较该行业的年增长率与国内生产总值的年增长率。如果在大多数年份中该行业的年增长率都高于国内生产总值的年增长率，则说明该行业是成长型行业；反之，则表明该行业与国民经济保持同步或增长过缓。三是计算各观察年份该行业销售额在国内生产总值中所占比重。如果这一比重逐年上升，说明该行业增长比国民经济平均水平快，反之则较慢。

以中国旅游行业为例，旅游消费作为非必需性消费，其存在的基础是居民收入水平的提高，根据我们的统计，2000 年以来旅游行业收入增长率与 GDP 增长率之间的相关系数为 0.61，说明我国 GDP 的快速增长是旅游行业收入增长的一个重要原因。图9-9说明中国旅游行业收入增长率与 GDP 增长率具有很高的相关性，且旅游行业的增长率除 2003 年因为“非典”肆虐而大幅下降以及 2008 年全球经济危机的影响外，其余年份均明显高于 GDP 的增长率。

通过以上分析，我们基本上可以判断，旅游行业在中国属于成长型行业。需要强调的是，对不同行业和类型的企业进行成长性研制时，为了减少误差，应选取尽可能多的观众察年数。

(二)行业未来增长率预测

对行业未来增长率进行预测的方法有多种，使用较多的方法有两种：一种方法是将行业历年销售额与国内生产总值标在坐标图上，用最小二乘法找出两者的关系曲线，这一关系曲线即为行业增长的趋势线。根据国内生产总值的计划指标或预测值可以预见行业的未来销售额。另一种方法是利用行业历年的增长率资料计算历史的平均增长率和标准差，预计未来增长率。使用这一方法要利用行业在过去 10 年或 10 年以上的历史数据，才具有较大说服力。如果某一行业是与居民基本生活资料相关的，也可利用历史资料计算人均消费量及人均消费增长率，再利用人口增长预测资料来预计行业的未来增长。此外，在对行业未来增长率进行预测时，投资分析人员必须对其他一些因素进行综

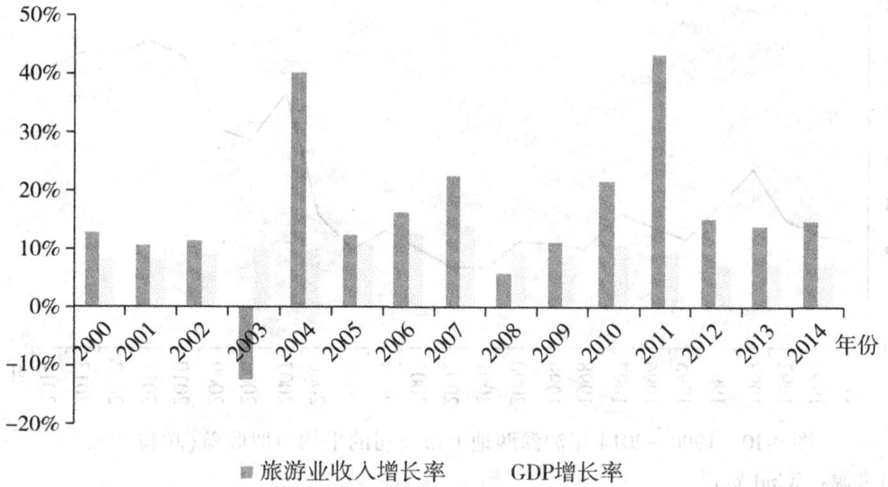

图 9-9　中国旅游行业收入增长率与 GDP 增长率

资料来源：Wind 资讯。

合考虑，如消费者的偏好、居民收入分配的变化、某产品国外竞争者的进入威胁等。

第三节　公司分析

公司分析比起宏观经济分析和行业分析就要具体得多，包括对公司的产品、市场、管理能力以及财务报表的分析等。通过公司分析，投资者对一家公司的竞争力和成长性的认识将会更加清楚。

一般来说，在微观层面上，对于个别股票价格影响最大的因素是公司的经营业绩。理论上，公司利润水平越高、增长越快，股票价格也越高，即股价水平应与公司的利润水平趋于同步。股票价格和公司利润之间的关系可以从图 9-1 上证指数走势与图 9-10 的上市公司平均每股收益水平之间的关系来描述。从图 9-1 和图 9-10 显示的情况看，深沪两个交易所上市公司每股收益在 2002 年之前是趋于下降的，在 2001 年降到最低点，之后出现反弹。而与此相对应的股票价格却趋于震荡上升，股票市场的价格似乎并没有反映公司的业绩状况，这从一个侧面说明了我国证券市场的不成熟性。其实，前面在分析国内生产总值与股价变动的关系时就已经提到，2001 年后我国股票市场的表现是和国内生产总值的变动相背离的。而从图 9-2 和图 9-10 显示的情况看，我国上市公司的业绩与国内生产总值的变动也存在一定程度的背离。

在 2001 年后，公司业绩的走势才与 GDP 的走势基本吻合。为何业绩不好，股价反而上涨，业绩转好时，股价水平却下降了呢？这其中的原因主要在于我国的股票市场还是一个资金推动型的市场，股价的上涨更多地是由资金来推动的，股票价格有时会脱离公司的基本面，市场效率不高。当然，我们也应当看到，随着我国股票市场逐渐成熟和完善，股票市场的“晴雨表”功能将逐渐体现出来，而股价水平也将更加合理地反映上市公司的经营业绩，这也是我们进行公司分析的意义所在。在本节中，我们主要讨论公

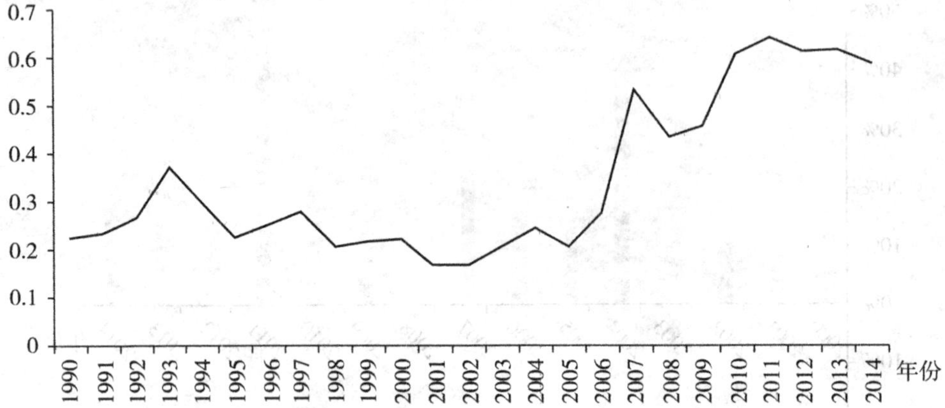

图 9-10　1990—2014 年沪深两地上市公司的平均每股收益(单位：元)

资料来源：Wind 资讯。

司产品和市场、公司管理能力这两方面的问题，关于公司财务报表的分析将在下一节中加以详细讨论。

一、产品和市场

(一) 产品和服务

通过考察产品的质量和服务，投资者就可以获得关于该公司发展潜力的有价值的信息，这里的基本前提是，成功的公司通常向社会提供优质的产品和服务。还有，机敏的投资者能够领悟到产品质量之间的差别，并能在评估股票价值时运用这一信息。

(1) 商标名称。某些公司在行销其专门的产品中很成功，使其产品的商标名称成了家喻户晓的字眼。比如可口可乐，“我们去喝杯可乐吧”，这表明可口可乐公司生产的产品受到了广泛的欢迎，它的名字在大众的心里扎下了根。再如，贵州茅台在国内具有相当高的知名度，是高端白酒的象征，盈利能力一直保持稳中有升。图 9-11 是贵州茅台(600519)自 2006 年 2 月以来复权后的价格走势图，我们可以看到，在 2006 年 2 月到 2008 年 1 月这两年间，与大盘的持续走低相比，贵州茅台的股价一直稳中有升。可见，知名品牌的产品是高质量产品的象征，能更好地满足消费者的需求，是反映公司市场竞争力的一个重要方面。

(2) 产品数量。一家公司产品的销售数量和消费者对这些产品需求的稳定性是很重要的。例如，制药行业内的一家公司生产上千种凭处方出售的药品和专利产品，显然，消费者对该公司的产品存在稳定的需求。但是，这些产品还是有可能被竞争对手的新药或是更好的产品所淘汰。可以说，这家制药公司的规模及产品种类对公司本身来说利弊均有。一方面，它有大量的产品充斥市场，从而销售额会随着市场的扩充而增加；另一方面，新产品的推出可能会对公司的销售和收益产生一些影响。但总的说来，许多生产消费品的公司都觉得有必要不断地推出新产品，淘汰那些已无利可图的老产品。同行业中产量最大的那家公司往往就是行业的领头羊(leader)，其产品的市场占有率在同行业

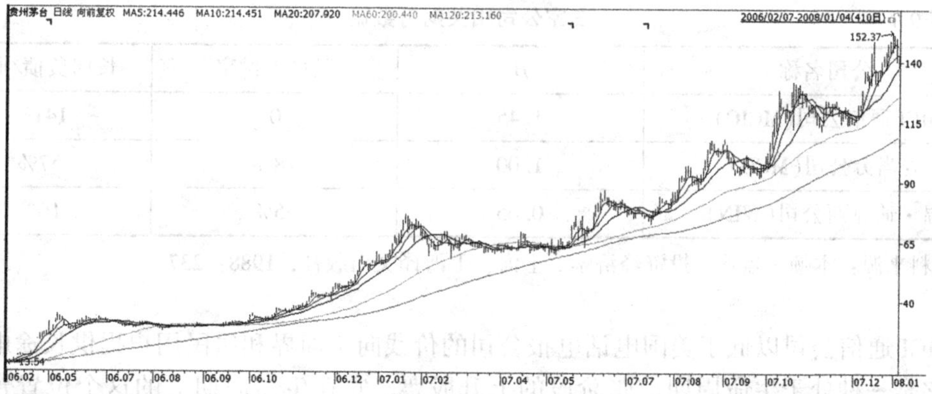

图 9-11　贵州茅台复权后的走势图

中是最高的，同时，无论是在产品的产量和价格上，还是在产品的研发上，其都具有相对的竞争优势。例如，中集集团是一家在全球具有一定影响力的公司，集装箱产量连续8年居世界第一，全球市场份额超过50%，成为全球第一个集装箱年产销量超过百万标准箱、年销售收入超过100亿元的企业，同时也是全球唯一能提供所有集装箱品种并拥有完全知识产权的集装箱供应商，自1994年上市以来，公司年复合增长率超过25%，在同行业中具有明显的竞争优势。

(二)产品生命周期

前一节里，我们在论述行业分析时运用了行业/产品的生命周期，现在，我们就要运用它来提供有关公司的信息。图9-12的生命周期上列出了三家美国公司：MCI通信公司(MCIC)、麦当劳公司(MCD)和温·迪克西公司(WIN)，括号里的字母是这些公司股票的代号。此外，表9-7还列出了每家公司的财务数据，包括β值、股息支付率和长期负债与股本的比率。

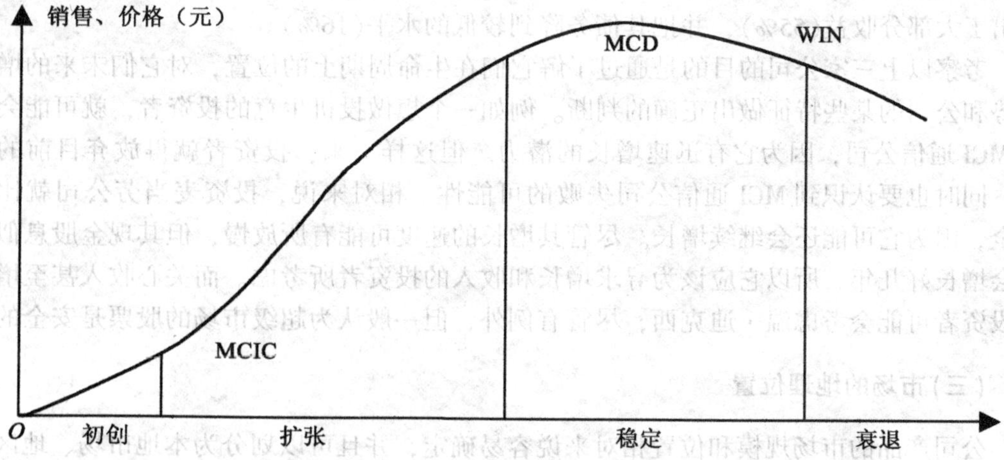

图 9-12　三家公司在生命周期上的相对位置

表 9-7 **三家公司相关财务数据**

公司名称	β	股息支付率	长期负债/股本
MCI 通信公司(MCIC)	1.45	0	141%
麦当劳公司(MCD)	1.00	18%	57%
温·迪克西公司(WIN)	0.65	55%	16%

资料来源：本顿·盖普．投资经济学．上海：上海译文出版社，1988：237.

MCI 通信公司以低于美国电话电报公司的价钱向工商界和居民用户提供长途电信服务。它是一种处于生命周期扩张阶段的上升股票。它在生命周期上的这个位置告诉我们，MCI 通信公司有巨大的增长潜力，同时风险也很大，β 达 1.45 反映了这种风险。正在迅速扩张的公司需要用它们能够得到的所有资金来支持增长，其中部分资金来源于积累资金(保留收益)。这家公司保留了它的全部收益，因此没有现金股息，此外，它还得借贷大量资金来维持高速增长，所以其负债率高达 141%。这就是说，每 1 美元的股本借债 1.41 美元。

麦当劳公司通过发放许可证的方式经营着大量快餐连锁店，它在生命周期上的位置告诉我们，麦当劳还会继续发展，但步伐要比以前有所放缓，原因之一是竞争的加剧。20 世纪 50 年代，当麦当劳还处于生命周期扩张阶段的初期时，快餐连锁店并不多；而今天，人们可以选择温迪(Wendy's)、汉堡王(Burger Kings)、肖尼(Shoney's)、必胜客(Pizza Hut)等。数年来，随着麦当劳的发展，它的风险度 β 降到了目前的 1.00，也就是市场风险度。麦当劳从 8000 多家分店那里得到了数额巨大的收入以尽可能满足公司和股东们的利润分享，因此，它的股息支付率达 18%，这些数据反映了公司的逐步成熟。尽管如此，它还是大举借债以维持其增长。长期负债与股本比率为 57%，也就是每 1 美元的股本借债 0.57 美元。

美国第五大超级市场温·迪克西在美国南方有 1200 多家分店，这家公司已进入成熟期，风险较小(β=0.65)。作为一家羽翼丰满的公司，温·迪克西以现金股息的形式付出了大部分收益(55%)，并把其债务降到较低的水平(16%)。

考察以上三家公司的目的是通过了解它们在生命周期上的位置，对它们未来的增长趋势和公司的某些特征做出正确的判断。例如一个想做投机生意的投资者，就可能会考虑 MCI 通信公司，因为它有迅速增长的潜力。但这样一来，投资者就得放弃目前的收入，同时也要认识到 MCI 通信公司失败的可能性。相对来说，投资麦当劳公司就比较安全，因为它可能还会继续增长。尽管其增长的速度可能有所放慢，但其现金股息似乎还会增长好几年，所以它应该为寻求增长和收入的投资者所考虑。而关心收入甚至增长的投资者可能会考虑温·迪克西，尽管有例外，但一般认为超级市场的股票是安全的。

(三) 市场的地理位置

公司产品的市场规模和位置相对来说容易确定，并且可以划分为本地市场、地区性市场、全国市场和国际市场。

(1)本地市场。公用事业公司就是为本地市场服务的一个例子，尽管有的公用事业公司的市场覆盖区域较广，但是在多数情况下，地方公用事业的增长速度受制于其服务地区的市场增长。影响公用事业业务扩展的因素包括：人口、消费者—工业—商业组合、能源、设备使用年限和税率结构等。

(2)地区性市场。有的房地产公司服务于特定的地区，例如陆家嘴以上海市房地产市场为主要市场，北京城建则以北京房地产市场为主导市场。这种房地产公司的发展依赖于服务地区的经济及政策因素，于是，在评价陆家嘴时，要考虑到上海市的居民收入、税收以及银行针对住房消费采取的按揭贷款等因素。对于北京城建的业绩评估同样也要考虑到这些因素的影响。居民收入上升、银行住房按揭贷款利率降低都将有利于拉动居民住房消费的数量，当地政府制定的房地产业增值税税率的降低则有利于房地产业成本的降低。

(3)全国市场。多数大公司的业务范围是全国性或国际性的，如大型汽车、机械制造厂家和石油公司等。这些公司更多地受到全国性的而不是地方或地区性的经济状况的影响，但地区性因素依然不可忽视。

(4)国际市场。在国际市场上做买卖的公司面临着大量国内公司不曾遇到的问题。例如，这些公司在外国必须学会各种不同的经商诀窍来应付汇率的波动、不同的税收制度、不稳定的政局和国家分裂等问题。还有，把跨国公司的财产收归国有的风险仍然存在，这种情况在石油和铜矿业中相当普遍。

二、公司管理能力分析

一家公司经营管理能力的大小，直接体现为能否最充分地利用各种生产要素，它直接关系到公司的生存与发展。对公司经营管理能力的分析，主要从公司行政管理能力、公司业务人员素质及创新能力、公司经营效率和公司治理结构等方面入手。

(一)公司管理人员能力分析

一家规模较大的公司，其管理人员人数众多，粗略地分类，有决策层(如以董事长为首的董事会成员)、上层管理人员(如总经理及其主要助手)、中下层管理人员(如各职能部或处的经理及所属科室的负责人员)。投资分析人员应该主要关注决策层和上层人员的工作及其成效。表9-8列出了投资分析人员在对公司管理人员能力进行评估时常用的几个指标。

表9-8　**衡量公司管理人员能力的指标**

指标	保持高效率生产的能力、安排财务的能力 解决劳务纠纷的能力、业务发展的能力 应用现代科技和管理方法的能力、吸收、培养新员工的能力 对外宣传、推销、联系的能力及谈判能力、处理有关法律事务的能力

(二)公司业务人员素质和创新能力分析

公司业务人员的素质和创新能力也会对公司的发展起到很重要的作用。作为公司的员工，公司业务人员应该具有以下素质：熟悉自己从事的业务，必要的专业技术能力，对企业的忠诚度，对本职工作的责任感，团队合作精神，开拓创新精神，等等。具有以上这些素质的公司业务人员，才有可能做好自己的本职工作，才能贯彻落实公司管理层的各项管理措施以及完成公司的各项经营业务。而拥有大量这类员工的企业，无疑是具有更强竞争力和更好发展前景的企业。

(三)公司经营效率分析

公司经营效率的高低，直接影响到公司的盈利能力。我们可以依据各种指标来对其进行估量，资产周转率、销售利润率和每股盈利等都是反映公司经营效率和盈利能力高低的主要财务指标，我们将会在下一节对这些财务指标进行详细讨论。这里，我们仅对人均销售和盈利、每元设备投资的销售和盈利、生产能力利用率和盈亏平衡点等指标进行简要介绍。表 9-9 列出了衡量公司经营效率的几个常用指标及其解释。

表 9-9　衡量公司经营效率的指标及其解释

指标	解　释
人均销售和盈利	表示销售额或收入与员工人数之比。这个数值越大，表明公司的经营效率越高
每元设备投资的销售和盈利	表示销售额或收入与全部设备投资的比例，反映从耗费在新设备的费用上所获得的收益
生产能力利用率	表示生产的实际成果与设备额定能力的比值。一般来说，此比例越高越好
盈亏平衡点	表示收入与成本相等时产品生产或销售的数量，当产品生产或销售数量超过该数值时，则公司盈利，反之则亏损

(四)公司治理结构分析

在我国的上市公司中，分析一家公司的管理是否有效率，上市公司的治理结构是投资者必须考察的一个重要方面。在我国现有的上市公司中普遍存在着公司治理结构不完善的问题，最典型的表现就是上市公司中股权结构的不合理，这个问题是造成我国上市公司综合绩效低下的一个重要原因。高度集中的股权结构有如下弊端。

一是中小股东的利益难以保障，可能受到来自大股东的损害，也可能受到来自经营者的损害。近年来不断发生的大股东占用上市公司巨额资金和财产、掏空上市公司以“自肥”的现象，引起各方的关注和对上市公司股权结构的反思。在国家股占大头的情况下，由于缺乏制约，大股东侵占上市公司利益的事情屡有发生，主要表现为：①通过关联交易，向上市公司低价买入原材料或资产，向上市公司高价卖出产品或资产，严重损害了上市公司和中小股东的利益；②通过种种手段占用上市公司大量资金；③让上市公司为其巨额债务提供担保，在其债务无法偿还的情况下，导致上市公司为其清偿巨额债务，有些上市公司往往就这样被搞垮了，使上市公司和中小股东的利益受到严重损害。

二是高度集中的股权结构容易导致决策上的失误。股权结构上的缺陷必然反映到决策结构上来，容易导致大股东或"大股东代表"独家决策，排斥中小股东的意见和建议，决策能力受到限制，且受限于原有的决策习惯。由于缺乏制约性，缺乏一套科学的决策程序，必要的讨论和论证往往被视为多余而弃之不用，决策带有相当大的盲目性。这样一种机制很容易出现重大的决策失误。而在股权结构多元化条件下，股东大会走过场和大股东独断专行的情况就会减少，讨论和协商的情况就会增多，决策的科学性和民主性就会加强。

三是股权高度集中还会导致对董事会和经理层缺乏制约。在股权高度集中的情况下，董事长和总经理可能均出自同一控股单位或由其指派，甚至董事长和总经理为同一人。在这种情况下，董事会和监事会就难以发挥监督制衡的作用，容易引发内部人控制现象。

第四节 财务报表分析

财务报表是投资者了解上市公司财务状况、经营成果和现金流量等信息最为重要的依据，也是投资者对公司未来发展趋势做出预测的重要依据。因此，对投资者而言，学会如何利用上市公司提供的财务报表获得有用的信息是极为必要的。

在本节中，我们将首先介绍财务报表的基本内容，并对财务报表分析做一个简单的介绍。接下来，我们将分别从盈利能力、偿债能力、经营能力和现金流量四个部分详细分析公司的财务比率。

一、财务报表

财务报表具体是由资产负债表、利润表和现金流量表三大会计报表组成。

(一)资产负债表

资产负债表是反映企业在某一特定日期财务状况的会计报表。它是根据资产、负债和股东权益之间的相互关系，按"资产=负债+所有者权益"等式编制而成的。资产代表公司拥有或掌握的资源，一般由流动资产和固定资产两个部分组成。流动资产主要包括现金、有价证券、应收账款、存货和预付款。固定资产由企业的房地产、工厂和设备等构成，被用来生产企业出售的货物和提供劳务。负债主要包括流动负债和长期负债两个部分，流动负债是在一年内到期的负债。流动负债主要有应付账款、应付票据、应计费用和应付税金。长期负债包括长期借款、应付债券、长期应付款和其他长期负债等项目。股东权益代表了全部股东的所有权和利益。总资产在减去全部债务之后，就是公司的净值。股东权益分为三个部分：实收资本、资本公积和留存收益，留存收益又包括盈余公积和未分配利润。表 9-10、表 9-11 给出了格力电器 2014 年度的资产负债表。

表 9-10　　资产负债表(左方)

编制单位：格力电器　　2014 年 12 月 31 日　　单位：亿元

资　　产	2013 年 12 月 31 日	2014 年 12 月 31 日
流动资产：		
货币资金	385.42	545.46
交易性金融资产	12.46	0.00
应收票据	462.97	504.81
应收账款	18.49	26.61
预付款项	14.99	15.91
应收利息	7.30	12.42
其他应收款	3.46	3.81
存货	131.23	85.99
其他流动资产	1.01	5.58
流动资产其他项目		0.84
流动资产合计	1037.33	1201.43
非流动资产：		
发放委托贷款及垫款	45.65	64.42
可供出售金融资产	8.06	21.50
长期股权投资	0.98	0.92
投资性房地产	5.03	5.08
固定资产	140.34	149.39
在建工程	18.62	12.54
固定资产清理	0.06	0.08
无形资产	23.70	24.80
长期待摊费用	0.43	0.21
递延所得税资产	56.83	81.93
非流动资产合计	299.70	360.87
资产总计	1337.02	1562.31

表 9-11　　资产负债表(右方)

编制单位：格力电器　　2014 年 12 月 31 日　　单位：亿元

负债及股东权益	2013 年 12 月 31 日	2014 年 12 月 31 日
流动负债：		
短期借款	33. 17	35. 79
向中央银行借款	0. 37	0. 17
吸收存款及同业存放	5. 42	8. 07
拆入资金	3. 00	0. 00
应付票据	82. 30	68. 82
应付账款	274. 34	267. 85
预收款项	119. 86	64. 28
卖出回购金融资产款	1. 86	5. 86
应付职工薪酬	16. 40	15. 50
应交税费	61. 57	83. 09
应付利息	0. 25	0. 36
应付股利	0. 01	0. 01
其他应付款	47. 94	25. 46
一年内到期的非流动负债	9. 23	20. 61
其他流动负债	309. 16	485. 85
流动负债其他项目		2. 16
流动负债合计	964. 91	1083. 89
非流动负债：		
长期借款	13. 75	22. 59
递延收益		0. 88
递延所得税负债	3. 29	2. 57
其他非流动负债	0. 40	0. 00
非流动负债合计	17. 44	27. 11
负债合计	982. 35	1110. 99
所有者权益(或股东权益)：		
股本	30. 08	30. 08
资本公积	31. 76	31. 91
盈余公积	29. 58	29. 58
一般风险准备	0. 47	1. 36

续表

负债及股东权益	2013 年 12 月 31 日	2014 年 12 月 31 日
未分配利润	253.96	348.41
外币报表折算差额	-0.02	0.00
归属于母公司股东权益合计	345.83	441.53
少数股东权益	8.84	9.79
股东权益合计	354.67	451.31
负债和股东权益合计	1337.02	1562.31

资料来源：格力电器 2014 年年报。

(二)利润表

利润表也叫损益表，是反映企业一定期间内生产经营成果的会计报表。利润表把一定期间的营业收入与其同一会计期间的营业费用进行配比，以计算出企业一定时期的净利润(或净亏损)。通过利润表列报的收入、费用等情况，能够反映企业生产经营的收益和成本耗费情况，表明企业生产经营的成果。按照所包括的要素的不同，利润表所反映的利润可分为营业利润、利润总额、净利润等不同的层次。表 9-12 是格力电器 2014 年度的利润表。

表 9-12　　利润表

编制单位：格力电器　　2014 年 1—12 月　　单位：亿元

	2013 年度	2014 年度
一、营业总收入	1200.43	1400.05
营业收入	1186.28	1377.50
利息收入	14.15	22.54
手续费及佣金收入	0.00	0.01
二、营业总成本	1094.88	1232.59
营业成本	803.86	880.22
利息支出	4.92	7.10
营业税金及附加	9.56	13.62
销售费用	225.09	288.90
管理费用	50.90	48.18
财务费用	-1.37	-9.42
资产减值损失	1.92	3.98

续表

	2013 年度	2014 年度
加：公允价值变动收益	9.91	-13.82
加：投资收益	7.17	7.24
其中：对联营企业和合营企业的投资收益	0.03	-0.04
三、营业利润	122.63	160.89
加：营业外收入	6.84	7.06
减：营业外支出	0.55	0.43
其中：非流动资产处置净损失	0.04	0.15
四、利润总额	128.92	167.52
减：所得税费用	19.56	24.99
五、净利润	109.36	142.53
归属于母公司股东的净利润	108.71	141.55
少数股东损益	0.65	0.98
六、每股收益(元)		
(一)基本每股收益(元)	3.61	4.71
(二)稀释每股收益(元)	3.61	4.71
七、其他综合收益	-0.41	0.21
归属于母公司股东的其他综合收益		0.17
归属于少数股东的其他综合收益		0.04
八、综合收益总额	108.94	142.74
归属于母公司所有者的综合收益总额	108.32	141.72
归属于少数股东的综合收益总额	0.62	1.02

资料来源：格力电器 2014 年年报。

(三)现金流量表

现金流量表(cash flow statement)是以现金为基础编制的财务状况变动表，反映企业一定期间内现金的流入和流出，这里的现金是指企业库存现金、银行存款、其他货币资金和现金等价物。现金流量表按照企业经营业务发生的性质将企业一定期间内产生的现金流量分为三类：(1)经营活动产生的现金流量。经营活动是指企业投资活动和筹资活动以外的所有交易和事项，包括销售商品或提供劳务、经营性租赁、购买货物、接受劳务、制造产品、广告宣传、推销产品、交纳税款等。(2)投资活动产生的现金流量。投资活动是指企业长期资产的购建和不包括在现金等价物范围内的投资及其处置活动。(3)筹资活动产生的现金流量。筹资活动是指导致企业资本及债务规模和构成发生变化的活动，包括吸收投资、发行股票、分配利润等。

由于现金流量表所反映的是资产负债表上现金项目从期初到期末的具体变化过程，因此，它为投资者分析上市公司财务报表提供了新的视角。表 9-13 给出了格力电器 2014 年度的现金流量表。

表 9-13　　**现金流量表**

编制单位：格力电器　　2014 年 1—12 月　　单位：亿元

	2013 年度	2014 年度
一、经营活动产生的现金流量：		
销售商品、提供劳务收到的现金	702. 11	855. 34
客户存款和同业存放款项净增加额	4. 61	2. 64
向中央银行借款净增加额	0. 37	-0. 20
向其他金融机构拆入资金净增加额	1. 36	-3. 00
收取利息、手续费及佣金的现金	12. 84	20. 15
回购业务资金净增加额		4. 00
收到的税费返还	4. 69	5. 12
收到其他与经营活动有关的现金	30. 32	21. 34
经营活动现金流入小计	756. 31	905. 40
购买商品、接受劳务支付的现金	385. 89	388. 17
客户贷款及垫款净增加额	25. 62	19. 19
存放中央银行和同业款项净增加额	14. 92	18. 27
支付利息、手续费及佣金的现金	4. 90	7. 03
支付给职工以及为职工支付的现金	49. 64	57. 30
支付的各项税费	81. 71	133. 34
支付其他与经营活动有关的现金	63. 94	92. 70
经营活动现金流出小计	626. 62	716. 01
经营活动产生的现金流量净额	129. 70	189. 39
二、投资活动产生的现金流量：		
收回投资收到的现金	3. 28	6. 60
取得投资收益收到的现金	2. 41	0. 45
处置固定资产、无形资产和其他长期资产收回的现金净额	0. 01	0. 02
处置子公司及其他营业单位收到的现金净额		0. 02
收到其他与投资活动有关的现金	4. 34	6. 61
投资活动现金流入小计	10. 04	13. 70

续表

	2013 年度	2014 年度
购建固定资产、无形资产和其他长期资产支付的现金	24.61	17.77
投资支付的现金	7.04	23.30
支付其他与投资活动有关的现金	0.25	1.24
投资活动现金流出小计	31.90	42.32
投资活动产生的现金流量净额	-21.86	-28.62
三、筹资活动产生的现金流量：		
吸收投资收到的现金		0.00
取得借款收到的现金	49.88	103.77
收到其他与筹资活动有关的现金	19.97	2.36
筹资活动现金流入小计	69.85	106.12
偿还债务支付的现金	62.34	78.01
分配股利、利润或偿付利息支付的现金	31.75	46.76
支付其他与筹资活动有关的现金		0.00
筹资活动现金流出小计	94.09	124.77
筹资活动产生的现金流量净额	-24.24	-18.64
四、汇率变动对现金及现金等价物的影响	-4.71	0.35
五、现金及现金等价物净增加额	78.89	142.47
加：期初现金及现金等价物余额	213.70	292.59
期末现金及现金等价物余额	292.59	435.06
补充资料：		
净利润	109.36	142.53
资产减值准备	1.92	3.98
固定资产和投资性房地产折旧	11.46	12.76
其中：固定资产折旧、油气资产折耗、生产性生物资产折旧	11.46	12.76
无形资产摊销	0.49	0.55
长期待摊费用摊销	0.35	0.26
处置固定资产、无形资产和其他长期资产的损失	0.02	0.14
公允价值变动损失	-9.91	13.82
财务费用	6.22	2.83
投资损失	-7.17	-7.24
递延所得税	-25.93	-25.90

续表

	2013 年度	2014 年度
其中：递延所得税资产减少	-27.63	-25.12
递延所得税负债增加	1.70	-0.78
存货的减少	40.48	45.72
经营性应收项目的减少	-151.82	-59.79
经营性应付项目的增加	191.29	79.67
其他	-37.06	-19.92
经营活动产生的现金流量净额	129.70	189.39
现金的期末余额	292.59	435.06
减：现金的期初余额	213.70	292.59
现金及现金等价物的净增加额	78.89	142.47

资料来源：格力电器 2014 年年报。

二、财务比率分析

(一)盈利能力分析

企业的目的就是追求利润最大化，衡量企业盈利能力的指标种类繁多，我们从不同的角度把它们分成两类。从企业本身追求利润最大化的角度衡量的指标有销售净利率、销售毛利率、资产净利率、净资产收益率等；从投资者追求的投资收益角度衡量的指标有每股收益及一些衍生指标(见表 9-14)。

表 9-14　**2013—2014 年格力电器相关财务指标计算**

财务指标	2014 年	2013 年
销售净利率=净利润/销售收入	10.18%	9.11%
销售毛利率=(销售收入-销售成本)/销售收入	37.13%	33.04%
资产净利率=净利润/(年初资产总额+年末资产总额/2)	7.54%	9.07%
每股收益=净利润/普通股股数	3.61	4.71

注：2013 年的年初资产总额来自于 2013 年相关报表，简单起见这里直接计算出比率结果(下同)。

销售净利率(Return of Sales，ROS)是指净利润与销售收入的百分比，其计算公式为：

$$销售净利率=(净利润\div销售收入)\times100\%$$

这是衡量企业盈利能力最基础的指标，它反映的是销售收入的收益水平。值得注意的是，企业销售收入额的增加，并不一定意味着销售净利率的提高。企业在增加销售收入额的同时，必须相应地获得更多的净利润，才能使销售净利率保持不变或有所提高。通过分析销售净利率的升降变动，可以促使企业在扩大销售的同时，注意改进经营管理，提高盈利水平。

销售毛利率是毛利与销售收入的百分比，其中毛利是销售收入仅仅扣除销售成本(包括销售税金及附加)时的利润。其计算公式如下：

$$销售毛利率=[(销售收入-销售成本)\div销售收入]\times100\%$$

销售毛利率表示每一元销售收入扣除销售成本后，有多少钱可以用于各项期间费用和形成盈利。

资产净利率是企业净利润与平均资产总额的百分比，也叫资产收益率或资产报酬率(Return of Assets，ROA)。资产净利率计算公式为：

$$资产净利率=(净利润\div平均资产总额)\times100\%$$

其中，平均资产总额=(年初资产总额+年末资产总额)÷2。

该指标反映的是企业资产利用的综合效果。指标越高，表明资产的利用效率越高，说明企业在增加收入和节约资金使用等方面取得了良好的效果，反之则反。

每股收益(Earnings Per Stock，EPS)是衡量上市公司盈利能力最重要的财务指标，它反映普通股的获利水平。在分析时，可以进行公司间的比较，以评价该公司的相对盈利能力；可以进行不同时期的比较，了解该公司盈利能力的变化趋势；可以进行经营实绩和盈利预测的比较，掌握该公司的管理能力。每股收益等于可供普通持股人分配的利润(税后收益减去要求偿付的优先股股利)除以核算当年发行在外的普通股加权平均数，即：

$$每股收益=\frac{净利润-优先股股息}{发行在外的加权平均普通股股数}$$

但是，使用每股收益分析盈利性要注意：(1)每股收益不反映股票所含有的风险。例如，假设某公司原来经营日用品的产销，最近转向房地产投资，公司的经营风险增大了许多，但每股收益可能不变或提高，并没有反映风险增加的不利变化。(2)股票是一个“份额”概念，不同股票的每一股在经济上不等量，它们所含有的净资产和市价不同，即换取每股收益的投入量不相同，限制了每股收益的公司间比较。(3)每股收益多，不一定意味着多分红，还要看公司股利分配政策。由此引入了另一概念，即每股股利，计算公式如下：

$$每股股利=股利总额\div年末普通股股份总数$$

公式中的股利总额是指用于分配普通股现金股利的总额，它可以更好地反映投资者实际的投资收益。

市盈率(Price-earnings Ratio，P/E)是指普通股每股市价与每股收益的比值，其计算公式为：

$$市盈率=普通股每股市价\div普通股每股收益$$

市盈率是每股收益最重要的衍生指标，该比率反映投资者对单位净利润所愿支付的价格，可以用来估计股票的投资报酬和风险。它是市场对公司的共同期望指标，市盈率越高，表明市场对公司的未来越看好。在市价确定的情况下，每股收益越高，市盈率越低，投资风险越小。

市净率即市场价值/账面价值比率(Market-book-value Ratio，P/B)，是每股市价和每股净资产的比率，其计算公式为：

市场价值/账面价值比率=每股市价÷每股净资产

把每股净资产和每股市价联系起来，可以说明市场对公司资产质量的评价。每股净资产，在理论上提供了股票的最低价值。另外，与市场价值/账面价值比率类似的一个比率是托宾的 q 比率，我们将在后面对其进行详细介绍。

(二)经营效率分析

经营效率比率是用来衡量公司在资产管理方面效率的财务比率，又称资产管理比率。主要的指标有存货周转率、应收账款周转率和总资产周转率等(见表9-15)。

表9-15　**2013—2014年格力电器相关财务指标计算**

财务指标	2014年	2013年
存货周转率=销售成本/[(期初存货+期末存货)/2]	7.41	5.30
应收账款周转率=销售收入/(期初应收账款+期末应收账款)/2	2.76	2.86
总资产周转率=销售收入/(期初总资产+期末总资产)/2	0.97	0.99

总资产周转率等于净销售额除以总资产，计算公式如下：

总资产周转率=销售收入÷[(期初总资产+期末总资产)/2]

它反映的是平均每一元资产可以带来的收入，是衡量公司资产运营能力的重要指标。提高资产周转率，就要提高组成资产的各个部分的周转能力，因此分析构成资产的各个部分的周转能力尤为重要。这里我们主要分析应收账款周转率和存货周转率。

存货周转率反映的是企业的存货管理水平，计算公式为：

存货周转率=销售成本÷[(期初存货+期末存货)/2]

存货是指原材料、制成品、半制成品的储存，不同行业类型的公司在存货占总资产的相对比例上会存在着显著的不同。一般而言，当公司预期未来原材料价格会上升时会加大存货中原材料的数额，但实际上，由于贮存过多的原材料会占用公司过多的流动资金，考虑到资金占用的成本，很少有公司会这样做。半成品和制成品存货的大幅度增加往往意味着公司提供的产品与市场的需求不一致导致产品积压，而这种产品积压对产品和市场偏好变化很快的行业无疑是个需要关注的问题；如果公司的存货周转率与同行业相比过高，则可能表明公司存货过少，难以满足顾客需求。

应收账款周转率反映的是企业应收账款的流动速度，计算公式为：

应收账款周转率=销售收入÷[(期初应收账款+期末应收账款)/2]

分析应收账款周转率的目的，是对公司在不同年度的比率进行分析，并且通过应收账款平均余额与该年度净销售额的比较发现公司是否通过积极的促销活动或者低价倾销而将制成品从公司转移到客户手中。如果某一年度的应收账款周转率大幅度下降，则表明公司对应收账款的管理存在着某些问题，这可能有很多原因。国家、行业或地区处于经济困难时期通常能够引起支付延迟，公司托收工作的不利也会引起应收账款数额的上升，特别是有些公司为了扩大销售额而不得不放宽对客户信用条件的要求，这往往会使应收账款的数额和收回时间延长。另外，由于应收账款实际上构成了公司对客户的贷款，当应收账款数额增大时，表明公司额外的货币成本随之增大。

(三)偿债能力分析

偿债能力是企业以其资产偿还其债务的能力，反映公司偿债能力的重要财务指标，包括公司的短期偿债能力、财务杠杆运用程度以及公司收益偿还利息的安全性指标(见表9-16)。

表9-16 **2013—2014年格力电器相关财务指标计算**

财务指标	2014年	2013年
流动比率=流动资产/流动负债	1.11	1.08
长期债务与股权比率=长期债务/股东权益	0.06	0.05
总债务与股权比率=(流动负债+长期负债)/股东权益	2.46	2.77
利息保障倍数=(税前收益+已支付的利息费用)/已支付的利息费用	24.6	27.2

流动比率(Current Ratio)。流动比率是对流动性的一种概括的测算，是流动资产除以流动负债的比值。不同行业流动比率要求是不同的，一般认为，生产企业合理的最低流动比率是2。

速动比率(Quick Ratio)。速动比率有时也称酸性测试比率(Acid-test Ratio)，这个比率比流动比率能更深入地反映企业流动资产的变现能力。它由流动资产扣除存货后，再除以流动负债得到，通常认为生产企业合理的最低速动比率为1。

资本化比率通常用来判断公司用其权益资本开展业务的程度以及因此产生的财务杠杆。这些比率也称作财务杠杆比率，并仅在行业、公司收益和现金流稳定的情况下可以进行说明。对于财务杠杆在公司获利能力中发生的作用，在对每股收益的分析中已经涉及，此处不再赘述。总之，一般认为行业、公司收益和未来的现金流越稳定，公司的资产收益率与利率的差异越大，公司越可能接受与财务杠杆相伴而生的风险，所允许的债务与总资产之间的比例也就越高。衡量公司财务杠杆的资本化比率一般有两个：

长期负债与股东权益比率=长期负债/股东权益

负债与股东权益比率=(流动负债+长期负债)/股东权益

保险性比率用于测试收益创造的、可用于偿还债务的现金流的充足性。利息保证比率的计算是用给定年份可供偿付利息的收益除以年利息费用。利息费用是免税的，所以所有的税前利润都可用于支付这类费用。下面是利息保证比率的计算公式：

利息保证比率=(税前收益+已付利息费用)/已付利息费用

(四)现金流量分析

现金流量表反映公司的现金来源(包括借入款项或者发行新股等)和运用(如费用、投资、支付股息等)。分析现金流量表，有助于投资者估计公司今后支付股利的能力、公司的增长潜力和公司的偿债能力。在对现金流量表进行分析时，我们通常着重于从流入结构、流出结构和流入流出比进行分析。格力电器的现金流量结构分析数据见表9-17。

表9-17　**2013年度、2014年度格力电器现金流量表结构分析**　单位：万元

(2014年度)

	流入	流出	净流量	流入结构	流出结构	流入流出比
经营活动	905.40	716.01	189.39	88.31%	81.08%	126.45%
投资活动	13.70	42.32	-28.62	1.34%	4.79%	32.37%
筹资活动	106.12	124.77	-18.65	10.35%	14.13%	85.05%
合计	1025.22	883.1				

(2013年度)

	流入	流出	净流量	流入结构	流出结构	流入流出比
经营活动	756.31	626.62	129.69	90.45%	83.26%	120.70%
投资活动	10.04	31.90	-21.86	1.20%	4.24%	31.47%
筹资活动	69.85	94.09	-24.24	11.25%	-29.00%	74.24%
合计	836.2	752.61	83.59			

流入和流出结构的历史比较和同比比较，可以得到更有用的信息。对于一个正在健康成长的公司来说，经营活动现金应是正数，投资活动的现金流量是负数，筹资活动的现金流量是正负相间的。

将公司不同年度的上述指标进行比较，可以了解公司财务状况的变化趋势，将上述指标与行业的平均水平进行比较，能够了解该公司在整个行业的表现。上述指标在制造业和零售业的相关分析中得到了广泛的运用，其他在上文中没有谈及的其他指标也可以适用于公用事业、银行、保险公司和其他特殊类型的组织。

(五)杜邦分析法

杜邦财务分析方法是由美国杜邦公司的经理们创造的，实质上就是一种因素分析法，它的核心在于将财务指标进行分解，净资产收益率分解为：

净资产收益率 = 净利润 ÷ 年末净资产

= (净利润 ÷ 年末总资产) × (年末总资产 ÷ 年末净资产)

= 资产净利率 × 权益乘数

= (净利润 ÷ 销售收入) × (销售收入 ÷ 年末总资产) × (年末总资产 ÷ 年末净资产)

= 销售净利润 × 总资产周转率 × 权益乘数

从公式中可以看出，决定净资产收益率的因素有三个方面：销售净利润、总资产周转率和权益乘数。这样分解之后，可以把净资产收益率这一综合性指标发生升降的原因具体化，比只用一项综合性指标更能说明问题。

练习与思考

一、重要名词与概念

基本分析　宏观经济分析　行业分析　行业生命周期　公司分析　产品生命周期　公司管理能力 市盈率　市净率

二、问答题

1. 试描述宏观经济运动与股票价格波动之间的基本关系。在我国这两者之间的关系又是怎样的？

2. 从行业面分析，影响股票价格的利好和利空因素有哪些？

3. 从长期来看，投资者应如何正确认识一家公司的竞争力和成长性？

4. 反映公司偿债能力、经营效率、盈利能力、投资收益的财务比率各有哪些？其计算方法是怎样的？其含义是什么？

三、选择题

1. 国际半导体设备暨材料协会(SEMI)资料显示，2001 年 4 月来自北美晶片设备制造商的订单较上月大跌 41%，订货/出货比下降为 0.42，这表示每出货价值 100 美元的货品，可得到 42 美元的订单，为 10 年来最低水准。这份报告的出台对美国股票市场中半导体上市公司股价的影响是(　　)。

A. 股价下降　　B. 股价上升　　C. 股价不变　　D. 无法判断

2. 2001 年以来，全球经济增长放缓使得美国、英国、欧盟、日本等主要国家和地区纷纷降低利率，这种全球性的降息风潮对各国股票市场的影响是(　　)。

A. 利好　　B. 利空　　C. 无影响　　D. 无法判断

3. 积极的财政政策一般能使一国的需求增长速度加快，从而扭转该国通货膨胀率为负的局面。预计今年某国的通货膨胀率比去年会有所上升，这将对该国股市造成(　　)。

A. 正面影响　　B. 负面影响　　C. 无影响　　D. 无法判断

4. 根据中央银行的预测，2006 年度某国 M1 与上年度相比将明显下降，这表明货币供应量有所下降，这对股票市场的影响是(　　)。

A. 利好　　B. 利空　　C. 无影响　　D. 无法判断

5. 下列(　　)经济指标不包括在先行经济指标指数里。

A. 新增住房面积　　B. 股票价格

C. 企业存货规模　　D. 新增企业数量

6. 你认为下列(　　)行业哪些处于行业生命周期的成长阶段。

A. 油井设备　B. 煤炭开采　C. 基因工程　D. 太阳能开发

7. 影响行业兴衰的主要因素包括(　　)。

A. 行业的市场结构　　B. 技术进步

C. 政府政策　　D. 社会习惯的改变

8. 你认为对经济周期敏感的公司是(　　)。

A. 上汽集团　B. 四环生物　C. 海南航空　D. 中视传媒

9. 下列关于每股收益的说法中，不正确的是(　　)。

A. 每股收益是衡量上市公司盈利能力的重要指标

B. 每股收益可以反映股票所包含的风险

C. 每股收益适合公司的不同时期进行比较

D. 每股收益多，不一定意味着多分红

10. 某公司2002年度净利润率为15%，股东权益占总资产的70%。预计该公司2003年度由于在成本控制方面取得显著成绩而使净利润上升20%，公司2003年度增加长期借款而使债务比例上升20%，则预计公司2003年度的股东权益报酬率与2002年相比(　　)。

A. 上升　B. 下降　C. 不变　D. 不能确定

11. 下列关于资产负债率的说法中正确的是(　　)。

A. 从债权人的角度看，负债比率越大越好

B. 从债权人的角度看，负债比率越小越好

C. 从股东的角度看，负债比率越大越好

D. 从股东的角度看，当全部资本利润率高于债务利息率的时候，负债比率越大越好

四、分析题

1. 环球汽车公司是一家大型跨国公司，总部设在美国。公司业务有两类：汽车生产与信息服务。汽车业务在公司的两大业务中占大部分，主要是美国国内小型客车的生产，这一部门的业绩在过去几年中表现不佳，2006年更是损失惨重。环球公司的信息服务部门，已经经营了15年。该业务强劲而稳定的增长势头完全来自内部，没有发生任何兼并。美林公司的投资分析师在对环球公司所做的研究报告中指出："假如环球公司可以在2007年使美国小型客车的价格大幅提高的话，那么，我们就可以预计公司将会增加上亿元的利润。"

(1)通过描述行业生命周期的四个阶段来解释其概念。

(2)试确定环球公司两项主要业务——小型客车和信息服务，分别处于生命周期的哪个阶段。

(3)试分析为何环球公司两项主要业务间的产品定价应视其在行业生命周期中的位置而不同。

2. 某公司2002年实现息税前利润500万元，年末资产总额为1000万元，其中负债为300万元，债务年平均利率为10%；股东权益为700万元，其中普通股200万股，每股面值1元。2002年12月31日每股市价为6元，2002年公司分配现金股利100万元，公司所得税税率为40%。

(1)计算该公司2002年的净利润、每股收益和每股净资产。

(2)计算该公司2002年的每股股利、股利支付率和股票获利率。

(3)计算该公司2002年末的市盈率和市场价值/账面价值比率。

3. 下面是某公司资产负债表和利润表的部分数据。

	2001年	2002年
资产负债表数据		
固定资产	41	70
总资产	245	291
总负债	16	0
股东权益	229	291
利润表数据		
销售收入	38	76
净利润	16	30

(1)分别计算2001年和2002年的销售净利率、总资产周转率和杠杆比率，然后利用上述结果计算这两年的权益报酬率。

(2)利用杜邦分析法说明总资产周转率和杠杆比率的变化给权益报酬率带来的影响。

【扩展阅读】

价值投资的基本理念①

对投资者来说比较好的办法是去投资股票，尽量避免现金。但这里面很大的一个问题就是，股票市场一直在上下波动，而且在短期我们需要资产的时候，它变化的量、时

① 由李录的演讲《价值投资在中国的展望》整理所得。李录，美国喜马拉雅资本创始人，是价值投资理念的践行者，目前管理50亿美元资产，查理·芒格家族资产的主要管理者。

间常常会很长。我们下面看表 9-18。

表 9-18　**1802 年至 2012 年期间美国股市不同时间段的回报率**

阶段划分类型	时间段	收益回报率
整个时期	1802—2012 年	6.6%
三大子时期	1802—1870 年	6.7%
	1871—1925 年	6.6%
	1926—2012 年	6.4%
第二次世界大战后的不同时期	1946—2012 年	6.4%
	1946—1965 年	10.0%
	1966—1981 年	-0.4%
	1982—1999 年	13.6%
	2000—2012 年	-0.1%

从表 9-18 我们可以看到，美国股市过去两百年平均回报率差不多是 6.6%，每六十几年的回报率也差不多是这个数字，相对来说，比较稳定。可是当我们把时间放得更短一些的时候，你就会发现它的表现会很不一样。例如第二次世界大战后从 1946 年到 1965 年，美国股市的平均回报率是 10%，比长期的要高很多。可是在下面的 15 年里，1966—1981 年，不仅没有增长，而且连续 15 年价值都在跌。在接下来的 16 年里，1982—1999 年，又以更高的速度，13.6%的速度在增长。可是接下来的 13 年，又开始进入一个持续的下跌过程。整个 13 年的时间里，价值是在下跌的。所以才有 Keynes 著名的一句话："In the long run, we are all dead."投资的时候毕竟每一个人的时间是有限的。绝大部分投资人有公开记录的时间也就是十几、二十年。如果赶上 1981 年或者 2001 年，十几年的收入都是负的。所以作为投资人，如果看股票这样长期的表现，那投资股指就可以了。可具体到对个人有意义的时间段，会发现可能连续十几年的时间里面股票回报都是负数。而在其他时间段里你会觉得自己是天才，什么都没做每年就有 14%的回报。如果我们不知道这个回报是怎么取得的，就无法判断我们的投资是靠运气还是靠能力。在过去这几十年里，投资领域各种各样的做法都有，但真正能够在长时间里可靠、安全地给投资者带来优秀长期回报的投资理念是价值投资。

价值投资最早是由 Benjamin Graham 在八九十年前最先形成的一套体系。在价值投资中，当代代表人物是 Warren Buffett。价值投资的理念有四个，前三个来自 Graham，最后一个来自 Buffett。

第一，股票不仅仅是可以买卖的证券，实际上代表的是对公司所有权的证书，是对公司的部分所有权。这是第一个重要的概念。投资股票实际上是投资一个公司，随着 GDP 的增长，在市场经济持续增长的时候，公司价值本身会被不断地创造。那么在创造价值的过程中，作为部分所有者，我们持有部分的价值也会随着公司价值的增长而增长。那么如果我们以股东形式投资，支持了这个公司，那么我们在公司价值增长的过程中分得我们应得的利益，这条道路是可持续的。

第二，理解市场是什么。股票一方面是部分所有权，另一方面它确确实实也是一个可以交换的证券，可以随时买卖。在价值投资人看来，市场的存在是提供交易的。它告诉你的只是价格，不能告诉你真正的价值。我们不能把市场当作老师，而应把它当作一个可以利用的工具。但这个观念又和大部分市场参与者的理解正好相反。

第三，投资的本质是对未来进行预测，而预测能得到的结果不可能是百分之百准确。那么当我们做判断的时候，就必须要预留很大的空间，叫安全边际。因为我们没有办法分辨，所以无论多有把握的事情都要牢记安全边际，你的买入价格一定要大大低于公司的内在价值。股票实际上是公司的一部分，公司本身是有价值的，有内在的价值，而市场提供交易机会。所以我们可以等着市场价格远远低于内在价值时去购买资产，当这个价格远远超出它的价值时出卖。如果对未来的预测是错误的，损失不会太大；假如预测是正确的，你的回报会比别人更高。每次投资的时候都要求一个巨大的安全边际，这是投资的一种技能。

第四，Buffett经过自己五十年的实践增加了一个概念：投资人可以通过长期不懈的努力，真正建立起自己的能力圈，能够对某些公司、某些行业得出获得超出几乎所有人的更深的理解，而且能够对公司未来长期的表现，做出高出所有其他人的更准确的判断。在这个圈子里面就是自己的独特能力。能力圈概念最重要的就是边界，没有边界的能力就不是真的能力。如果我们有一个观点，则必须要能够说明这个观点不成立的条件，这时它才是一个真正的观点。如果直接告诉投资者就是这么一个结论，那么这个结论一定是错误的，一定经不起考验。市场存在对于市场参与者而言就是发现人性的弱点。市场是人的组合，如果你不明白自己在做什么，这个市场一定在某一个时刻把你打倒。所以市场流传的都是大家赚钱的故事，最后的结果是大家都亏掉了。人们总能听到不同新人的故事，是因为老人都不存在了。这个市场本身能够发现投资者的投资逻辑和其中的问题，投资者只要不在能力圈里面，其能力圈是没有边界的能力圈，不知道自己的边界，市场一定在某一个时刻某一种形态下打败投资者。在这个意义上投资才真正是有风险的，这个风险不是股票价格的波动，而是资本永久性的丢失。这个风险是否存在，就取决于投资者有没有这个能力圈。而且这个能力圈一定要非常狭小，你要把它的边界，每一块边界，都定义得清清楚楚，只有在这个狭小的边界里面才有可能通过持续长期的努力建立起真正对未来的预测。

Graham的投资方法找到的都是没有长期价值，也不怎么增长的公司。而能力圈的这个概念是通过Buffett本人的实践提出的。如果资产管理者接受这四个基本理念，以足够低的价格买入自己能力圈范围内的公司长期持有，通过公司本身内在价值的增长以及价格对价值的回归取得长期、良好、可靠的回报。

这四个方面合起来就构成了价值投资全部的含义、最根本的理念。价值投资的理念，不仅讲起来很简单、很清晰，而且是可持续的，投资者的所得在所有其他人看来是合理的。因为它告诉你投资股票，其实是在投资公司的所有权。资产管理者既帮助公司不断地增长自己的内在价值，也为客户提供持续、可靠、安全、长期的回报，最后的结果是共赢的。资产管理者可以不被市场的波动左右，清晰地判断公司的内生价值，同时对未来又有敬意，以足够的安全边界的方式来适当地分散风险，所以在错误的时候不会损失很多，在正确的时候会得到更多，持续不断地、稳定地让投资组合能够长期提供高于市场指数的、更安全的回报。可是现实的情况是，这样的投资人在整个市场里所占的比例很少。于是大部分人不知道资产管理者做的是什么，投资的结果变成财富杀手。原因在于：

(1)价值投资从理论上是一条一定能够通向成功的道路，但是这个道路最大的问题是太长。也许投资人买的时候正好市场对公司内生价值完全不看好，给的价格完全低于所谓的内生价值，但投资人也不知道什么时候市场能变得更加理性。而且公司本身的价值增长要靠很多方面，需要公司管理层上下不断地努力工作。我们在生活里也知道，一个公司的成功需要很多人，很多时间，需要不懈的努力，还需要一些运气。所以这个过程是一个很艰难的过程。

(2)对未来的判断很难。投资的本事是对未来进行预测，真正要理解一个公司、一个行业，要能够去判断它未来5年、10年的情况。我们在决定投资之前至少要知道十年以后这个公司大概会是什么样，低迷时怎么样，否则怎么判断这个公司的价值不低于这个范围？要知道这个公司未来每年产生的现金流反映到今天是多少，我们得知道未来十几年、二十几年这个公司大致的现金流。由于不确定因素太多，对于绝大部分行业、公司，投资人没有办法去预测那么长。但不是完全没有，在某一些公司里面，在某一些行业里，投资人可以对十年以后这个公司的情况看得很清楚。但这需要很多年不懈的努力和刻苦的学习，才能达到这样的境界。当资产管理者能够做出这个判断的时候，就开始建立自己的能力圈了。这个圈开始的时候一定非常狭小，而建立这个圈子的时间很长很长。

这就是为什么价值投资本身是一条漫漫长途，虽然肯定会走到头，但是绝大部分人不愿意走。它确实要花很多很多时间，即便花很多时间，了解的仍然很少。

第十章 技术分析

信奉基本分析的投资者认为，证券的市场价格未充分反映其基本面信息，他们试图通过对基本面信息的挖掘，确定证券的"内在价值"，然后将"内在价值"与市场价格进行比较，若前者高于后者，说明证券价值被市场低估，他们就会作出买进决策；反之，若前者低于后者，说明证券价格被市场高估，他们就会作出卖出决策。信奉技术分析的投资者认为，证券的市场价格未充分包含其历史信息，他们试图通过对证券价格和交易量历史走势和形态的分析来预测和判断市场的未来走势，这些投资者强调心理因素对证券价格走势的影响，以技术图表和各种技术指标作为研判的手段，判断"趋势"与"反转"。目前，投资实践中发展出来的技术分析理论和方法众多，这些理论和方法无一例外都是建立在投资者非理性和市场非有效的基础之上。本章主要介绍技术分析的理论基础、图形分析、指标分析以及技术分析的变异等内容。

第一节 技术分析概述

曾几何时，技术分析被标准的金融理论列为旁门左道，登不上大雅之堂。但是这种分析方法在投资实践中却具有顽强的生命力，得到了广泛的应用。近20年来，伴随着实验经济学的兴起和心理学向经济学的渗透，传统的金融理论诞生出一个重要的分支——行为金融，该学科在大量实验的基础上研究了心理因素对投资者决策的影响，产生了一系列研究成果，对技术分析形成了有力的理论支持。所谓技术分析是指直接对证券市场的市场行为所作的分析，其特点是应用数学和逻辑的方法来分析市场过去和现在的行为，从中归纳总结出一些典型的规律，并据此预测证券市场未来的变化趋势。显然，技术分析带有浓厚的经验主义色彩，属于典型的归纳推理范畴。

一、技术分析的三个基本假设

技术分析的一整套分析方法建立在三个基本的市场假设基础之上，每一条假设的背后都体现出人类行为的某一特征，它们是：市场行为说明一切；价格趋势一旦形成，往往持续若干时间；历史会再现。

(一)市场行为说明一切

技术分析认为，所有影响市场价格的因素，包括政治、经济、心理、公司业绩等信息，都会通过市场上投资者的交易行为在资产的价格中反映出来。因此，投资者此时再花费精力和时间对这些因素进行研究已没有必要，他们应该尽力寻找价格本身变化的规律性。而影响价格变动最直接的力量就是供求关系和心理因素，只要一种证券的需求量扩大，人们对其今后的走势充满乐观预期，其价格必然上升；反之，需求量缩小，人们对市场的预期较为悲观，其价格必然下跌。在这种情况下，投资者不过是通过研究图表及大量辅助指标，让市场自己提示它最可能的走势，而并非自己去主观臆断。

(二) 价格趋势一旦形成，往往持续若干时间

趋势(trend)是技术分析的核心概念之一。技术分析的意义在于，当一种价格趋势刚刚形成时，投资者就应及时准确地捕捉到并对其加以揭示。其前提是趋势一旦形成，常常会沿着现存的走势继续演变，直到某一时刻，这种走势掉头转换成另一种趋势。换言之，信奉技术分析的投资者相信资产价格运动具有惯性，如果没有这个前提，技术分析的所有结论就会丧失意义。所以，技术分析强调顺势而为，即坚定不移地顺应一个既有趋势，直至有反向的征兆出现为止。

(三) 历史会再现

技术分析认为，人的行为及心理在历史的不同时期有着惊人的相似，这是由人类与生俱来的恐惧与贪婪的本性决定的。证券价格虽然由供求因素决定，但左右供求的力量来自于人的行为、心理和投资环境。比如，当大家对某种证券充满乐观预期时，其价格必然会上升。投资者在分析市场过去的趋势时，总能在图表上找到某些相似点，反映出人们共同的看好或看淡心理。现实中，信奉技术分析的投资者认为，只要把人们的行为、心理及环境特征与历史上类似的情况和市场走势联系起来，进行比较和分析，就可能预测以后市场的价格趋势。所以，他们总在不断地作对比分析，试图寻找历史的相似之处。

二、技术分析的四要素

证券市场中，价格、交易量、时间和空间，即通常所说的“价”、“量”、“时”、“空”，是投资者运用技术分析进行行情预判的四个要素。实践中，正确理解四要素的内涵及其相互关系，是提高技术分析运用效能的关键。

(一)“价”、“量”是市场行为最基本的表现形式

市场行为最基本的表现形式是价格和交易量，过去和现在的“价”、“量”涵盖了过去和现在的市场行为。因此，市场价格和交易量就成为技术分析中两个最基本的要素。在某一时点上的“价”“量”关系反映的是买卖双方在这一时点上共同的市场行为，是双方的均势点。随着时间的推移，均势会不断发生变化，这就是“价”“量”关系的变化。一般来说，“价”“量”关系常呈现一种趋势规律，即“价”升“量”增，“价”跌“量”缩。根据这一趋势规律，当价格上升时，成交量却不再增加，这意味着价格得不到多方的认同，价格上升的趋势将会改变；反之，当价格下跌时，成交量萎缩到一定程度就不再萎缩，这意味着空方不再认同价格会继续下降，价格下跌的趋势将会随之发生改变。可以说，“价”和“量”的这种规律关系是投资者交易心理的客观反映，即买涨不买跌，因此，

"价""量"分析成为技术分析的基本要素，一切技术分析方法都是以"价""量"关系为研究对象的。

(二)"时"、"空"是判断市场行为变动的重要指标

依据技术分析的第二条假设，我们知道，一个已经形成的趋势在短时间内是不会发生根本改变的。趋势中途出现的反方向波动不会对原来的趋势产生大的影响。而一个已经形成了的趋势又不可能永远不变，经过一段时间后，新的趋势将会出现。因此，确定趋势持续的时间，在进行行情判断时有着很重要的作用。

在技术分析中，空间可以看作价格行为的一方面，它表明了价格波动所能达到的极限。换句话说，在进行行情判断时，投资者不仅要预测趋势持续的时间，还要对价格波动的最大幅度做出研判。

三、技术分析方法的局限性

技术分析方法从本质上看，属于经验归纳的范畴，迄今为止还没有哪一种方法能做到准确无误地预测市场价格的未来走势。由于纯技术分析只关心市场行为本身，而不关心影响市场的基本面因素，单从技术角度显示的投资机会并非全都是有效的，经常会出现错误的买卖信号，使得技术分析在应用上有一定的局限性。这就需要我们在应用技术分析方法时注意以下问题。

(1)技术分析必须与基本面的分析结合起来使用，才能提高其准确程度，否则单纯的技术分析是不全面的。

(2)注意多种技术分析方法的综合研判，切忌片面地使用某一种技术分析的结果。实践证明，单独使用一种技术分析方法有相当大的局限性和盲目性。但如果应用多种方法后得到同一结论，那么依据这一结论进行交易出错的可能性就较小。因此，投资者必须综合考虑各种技术分析方法的适用性，结合多种方法得到的结果，最终得出一个合理的预测结论。

(3)前人和别人得到的关于技术分析应用的结论要经过自己实践验证后才能放心地加以使用。由于前人和别人的结论是在一定的特殊条件和特定环境中得到的，随着环境的改变，前人和别人成功的方法被自己使用时有可能失败，所以，对待别人的经验结论，切勿不加验证地轻易使用。

(4)由于外在因素的影响，如政策变动、人为市场操纵等，技术分析会发生变异，即图形和指标发生不规则的变化及偏差并发出与行情相反的买卖指令，在使用技术分析方法研判行情时，要充分考虑市场以外因素的作用。

第二节　技术分析的理论基础

在技术分析的发展史上，最有影响的当属道氏理论和波浪理论，它们是技术分析中最基础的理论，其他理论只是对它们进行的补充和修正。

一、道氏理论

Charles H. Dow是道氏理论(Dow theory)的首创者，经过后继者不断地总结和补充，该理论得到了进一步丰富和完善。道氏理论认为，市场价格总是变化多端、难以预测的，但无论怎么变化，都摆脱不了一定的轨道，在其运行过程中会留下一系列的高点和低点，形似波峰和波谷。随着交易时间的延续，若干个依次递降、递升或横向延伸的峰与谷就构成了市场的趋势。通常，价格趋势可以划分为三种不同的方向：①由一系列依次上升的峰与谷形成的趋势称为上升趋势，俗称牛市(bull market)，这一时期多方力量居于主导地位；②由一系列依次下降的峰与谷形成的趋势称为下降趋势，俗称熊市(bear market)，这一时期空方占据上风；③如果把一系列的峰与谷连在一起，并没有沿着某一上升或下降趋势运行，而是呈现出一种横向延伸的整理格局，称为横向趋势，俗称鹿市。

对投资者来说，仅仅分清市场的三种趋势是远远不够的，因为市场在向着某一方向运行的过程中，会经历许多的高点和低点(波峰和波谷)，即使投资者认准了某种证券的上升走势，但如果是在一个相对的波峰价位购入，那么在接下来的市场调整中，他同样会遭遇账面亏损和心理压力。比如，一个延续数年的上升趋势中，可能包含许多次级的下降趋势。在这种情况下，针对市场趋势的复杂性，道氏理论提出了基本趋势、次要趋势和短暂趋势三个概念，而这也是道氏理论的核心内容。

(一)主要趋势

主要趋势(primary trends)，又称基本趋势，是指一段时期内市场价格走势所呈现出来的总的方向。一般来说，主要趋势的时间跨度在1年以上，所以现实中，我们又把主要趋势称为长期趋势。分清主要趋势是投资者把握市场的前提，通常所说的长线投资者，也就是战略投资者，更加关心主要趋势。他们总是力图在牛市中买入，然后忽略各种次级的小幅波动，一直持有，直到一个基本上升趋势终结。

(二)次要趋势

次要趋势(secondary movements)是相对于主要趋势而言的，是指在主要趋势的演进过程中与该趋势反向运动的趋势，它们可以是在一个基本上升趋势中发生的次要下跌或回撤，也可以是一个基本下降趋势中发生的次要的上涨或反弹。也就是说，次要趋势包含在主要趋势之中，它延续的时间不可能太长。如果一个主要趋势的周期延续几年，那么次要趋势一般就只有几个月或几周不等。比如，在一个长期的上升趋势中，市场暂缓涨势，先调整数月，然后再恢复上涨，而且上涨幅度超过前一个趋势的高点，这种调整就形成了一种次要趋势。此外，次要趋势运行的价格空间也不会太大，一般只有主要趋势中前一波次级趋势幅度的1/3、1/2到2/3。

(三)短暂趋势

短暂趋势(daily fluctuation)是相对于次要趋势而言的，一个中等规模的次要趋势通常由一连串极小的趋势构成。这些短暂趋势可能延续几天，也可能几周，时间上很难确定。如果我们把主要趋势的分析周期定为几年，那么，这些短暂趋势在图形上几乎难以分辨或可忽略不计。但对某些短线投机者而言，由于他们的买、卖周期通常不超过3个月，对短暂趋势的研判就显得尤为重要。短暂趋势在上述三种趋势中把握难度最大，再高明的技术专家，也会在短暂趋势的预测上频繁出错。另外，短暂趋势极易被人为控制。场内外的游资往往出其不意地频繁出入市场，由于这部分资金具有"过江龙"的属性，最忌套牢，大多是快进快出，在这种情况下，短期市场极易被操纵。对那些战略投资者而言，可以忽略这些短暂趋势，只关注对主要趋势的判断。例如，Warren Buffett的持股期基本在5年以上，相反，著名投机炒家George Soros在外汇、期货市场上的操作往往强调速战速决。

图10-1是2014—2015年上证综合指数的走势图。从中可以看出，这一年的主要趋势是向上的，但经历了几次比较大的次级调整行情(次要趋势)，短暂趋势更是频繁出现。

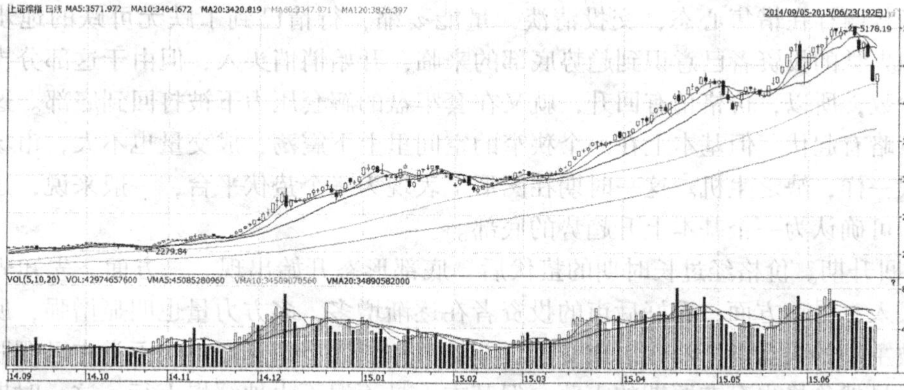

图10-1　2014—2015年上证综合指数走势图

资料来源：Wind资讯。

道氏理论的意义在于给我们提供了一个研究市场趋势的方法。但在实际应用中，依然存在诸多不足。

(1)它不可能明确每种趋势的时间跨度。上述三种趋势只是一种大概的划分，在实际操作中，对三种趋势时间跨度的认识会因市场理念、操作风格的不同而发生偏差。对那些超短线投机者而言，3个月左右的市场走势就可看成一种主要趋势，短暂趋势则可以具体到某一天的某一时刻；而对某些战略投资者而言，就可能把10年、20年或者更长周期的市场走势作为一种主要趋势加以预测。另外，对每次次要趋势延续时间的认定也极其关键。由于次要趋势包含与基本趋势方向相反的行情，有时它只延续几天，有时却会延续几周甚至几个月，在这种情况下，趋势理论就不可能给出明确的买、卖指令。

(2)道氏理论对每种趋势的价格空间也难以把握。如每次大行情总存在一些次级的调整，但每次调整的幅度有多大，也是道氏理论不可能解决的。前面提到的回调1/3、

1/2、2/3 只是一种经验的总结，现实中，市场行情变化多端，极难把握。

(3) 道氏理论在对主要趋势的认定上虽有一定的准确性，但在对次要趋势、短暂趋势的认定上却没有多大的帮助。因此，在学习道氏理论的时候，我们更主要的是从投资理念的角度来把握它，而不能过多地期望用它来指导具体的投资操作。

二、牛市与熊市

俗话说，“没有只涨不跌的股市，也没有只跌不涨的股市”，所以，为了加深投资者对趋势理论的理解，我们有必要对牛市和熊市的特征作进一步的分析。

(一) 牛市

基本的上升趋势叫作牛市。在这一阶段，市场走势呈现依次走高的格局，每一次价格的回落都是为了下次走得更高，直至出现明显的趋势拐点。总体上，牛市又可分为四个阶段，有一定的规律可循。

(1) 蛰伏期。价格经过长时间的下跌，短线投资者都已出局，长期投资者则不愿抛售，市场普遍存在惜售心态，交投清淡，量能萎缩，行情已到了跌无可跌的地步。此时，先知先觉的投资者已意识到趋势底部的来临，开始悄悄买入，但由于这部分投资者只占极少数，所以，价格稍有回升，就又在套牢盘的解套压力下被打回到底部。这一时期价格虽略有起伏，但基本上在一个狭窄的空间里上下震荡，成交量也不大，市场就如同在冬眠一样，缺乏生机。这一时期在图形上表现为一个蛰伏平台，一般来说，这个蛰伏平台即可确认为一个基本上升趋势的底部。

(2) 回升期。价格经过长时期的蛰伏后，底部形态开始出现。一方面，先知先觉者在继续买入；另一方面，看好后市的投资者在逐渐增多，多方力量也明显增强，所有卖盘都会被主动的买盘渐渐消化。成交量也开始温和放大，市场在不知不觉中已摆脱了蛰伏平台，虽然价格也存在短期的震荡，但基本上是不温不火地缓慢上行。这一时期在图形上往往表现为呈 30 度或 45 度左右角度的上升趋势。由于回升期中大多数投资者还处于观望阶段，股票价格涨幅不会太大。

(3) 回档期。价格在经过一段时期的上升后，已初步确立了升势的格局，但由于这段时期内，早期买入者已有一定的赢利，他们的抛售会使上升面临压力，看好后市的投资者也不情愿在更高的价位买入。于是，在这个价位由于短线赢利者急于抛售兑现，空方处于暂时的主动，价格也会随之回调，但回调幅度十分有限，因为价格一旦下调，前期踏空的投资者就会做多买入，所以，这种回调一般不会重新回到蛰伏期的底部，而且回调的成交量也明显低于前期价格回升时的成交量，图形上表现为一个次要趋势，形成另一个比蛰伏平台稍高的底部，对投资者来说，这是买入的最好时机。

(4) 高涨期。高涨期是指资产价格大幅上涨的时期。价格经过回升和回档后，多头力量得到积蓄，价格上涨带动看好后市的投资者追涨买进，市场交投的活跃，推动价格持续上升，并一举超过前期回升时创下的价位水平。此时，多头市场已一览无遗，在赚钱效应的驱动下，投资者不愿错失良机，纷纷买入，市场主力也顺势推高价格，吸引更多的买盘介入，再加上舆论的推波助澜，市场热情空前高涨，人们一致看好后势，行情有一发不可收拾之势，“价”、“量”屡创历史新高，并伴随短暂的价格跳水，直至上涨势头衰竭。

以上所描述的牛市四阶段的特征只是一个大致的划分，会因时间、品种、市场的差异而发生变化。比如，有的上升趋势中，蛰伏期的时间很短，市场筹码的收集阶段也不表现为平台震荡，而是先向下寻求支撑，然后多头突然袭击，一发而不可收，边拉高边收集，图形上呈现V字底格局，这样，蛰伏期与回升期就合二为一。在回档期，价格在人为操纵下，有时甚至跌破蛰伏平台，创下新的低点，似乎一轮新的跌势刚刚开始，但随后趋势掉头向上，留下空头陷阱。在高涨期，有时价格并不疯狂上涨，而是有节奏、有秩序地逐波推高、稳健上扬，且由于筹码锁定良好，上升途中成交量不见得放大。诸如此类，都是牛市中呈现的不同特点，投资者需要具体分析、灵活对待。

(二)熊市

熊市也就是一个基本的下降趋势，这一时期，行情几乎是逐波下跌，即使出现价格回抽，也不会延续很长时间，继而又现一轮跌势。与牛市一样，熊市也可分为四个阶段：

(1)出货期。经过牛市的大幅上涨，多数投资者有较多的账面利润，在这种情况下，抛售已悄然展开，但由于买盘也很踊跃，开始时价格并未出现明显的跌势。由于一些投资者仍看好后势，换手率并未明显下降，成交量维持在较高水平。但随着抛售压力增大，承接力量逐步转弱，市场跌势初现，但跌幅并不大，这主要是因为部分投资者出现趋势判断的失误，认为这次下跌不过是牛市中的回调，所以，即使获利也不愿出局。同时，依旧有部分短线投机者不愿放弃博取价差的机会，在低位买入。这一阶段，图形上有的表现为高位震荡，有的表现为下跌，但总体而言，价格重心在不断下移，“顶”部特征初显。

(2)回抽期。行情经过一段时期震荡下跌后，高位获利者抛售完毕，成交量相比价格高位时已有所收敛，给市场造成跌势已止的错觉。这就给一部分短线投机者和坚定的牛市信奉者提供了机会，在这部分买盘的介入下，价格开始回抽，有时回抽的力度很大，并伴随大笔成交量。回抽的空间往往不大，行情在经过短期的上涨后，由于追涨的后继资金不济，显出疲态，因而价格难以继续回升。

(3)恐慌期。回抽行情一旦难以创出新高或创出新高后迅速下跌，就会使多数投资者对牛市能否延续产生怀疑，对市场的信心开始动摇，加上短线投机者的出局，抛盘就会不断涌出，一旦某个交易日出现较大跌幅，更多的抛售就会蜂拥而至，多头力量彻底瓦解，投资者唯恐不能卖个好价钱，于是竞相压价抛售。此时，行情就如同山洪下泻一日千里，市场迭创新低，似乎跌无止境，熊市特点已暴露无遗。在恐慌期中，那些退出市场速度较慢的投资者会惨遭套牢。

(4)缓跌期。行情经过大幅跳水后，大部分获利盘和亏空盘都已被不计成本地抛出，剩下的抛盘已经不多，卖出者也不再恐慌，多、空双方似乎已达成暂时的平衡，有时行情还会出现短暂的反弹，但无论如何，由于大部分投资者都认同熊市，主动买入者稀少，总体上，空头依旧占主导地位，行情表现为随波逐流、交投清淡、缓慢阴跌的特征。直至空头力量衰竭，多空双方又重新达到平衡，价格也不再创新低。

同样地，熊市的四阶段表现出的特征也会因时间、交易品种、地点的差异而不同。比如，有时恐慌期出现得很早，与出货期几乎重叠，其特征是当价格还在大幅上涨时，突然某一天图形上出现一根大阴线，然后价格接连跳水。在这种情况下，出货与恐慌抛盘并没有区别。再如，回抽期有时也出现在恐慌抛盘之后，还伴随巨量、逼空似地上涨，但很快价格又反转。总之，这四个阶段有时很难作具体的划分，投资者关键是要认清熊市特征，以便树立正确的熊市思维。

另外，值得注意的是，牛市的四个阶段与熊市的四个阶段在证券市场走势中总是交替出现。一轮牛市过后，市场就会迎来一轮调整市道，即进入熊市阶段，熊市过后又会迎来新一轮的牛市。

三、波浪理论

与道氏理论一样，波浪理论也是技术分析中的一个经典理论，而且在技术分析中得到了广泛的应用。其创始人是 Ralph N. Elliott，有时，人们也会把波浪理论称为艾略特波浪理论（Elliott wave theory）。

（一）波浪理论简介

波浪理论最初是 Elliott 在大量观察道·琼斯工业股平均价格指数的涨跌变化后，在 20 世纪 40 年代中期提出的。它继承了道氏理论中关于价格起落如同潮涨、潮落的观点，并进一步完善和发展了关于市场趋势的理论。波浪理论强调了趋势的三个重要方面，即形态、比例和时间。形态是指波浪的形态和构造，即把趋势进一步细分为一个个具体的波浪；比例是指通过测算各个波浪之间的相互关系，来确定回撤点和目标价格，这是道氏理论难以解决的问题；时间是指各波浪在时间上的相互关系，投资者可以利用这种关系来验证和预测波浪的形态和比例。

在上述基本原理的指导下，波浪理论认为市场趋势遵循一种周而复始的节律，一个完整的涨跌周期分为 8 个波段，先有 5 浪上涨，随后是 3 浪下跌，如图 10-2 所示。

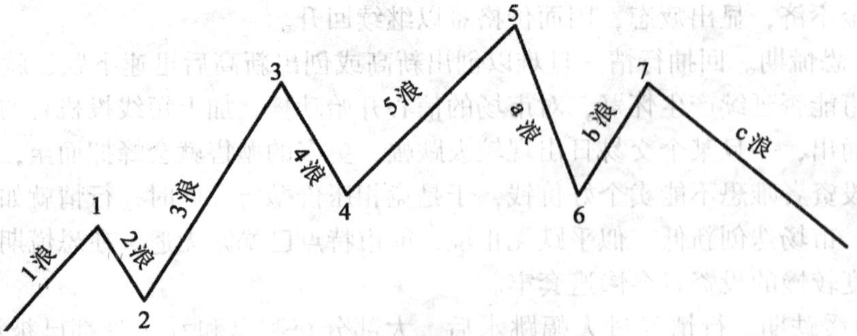

图 10-2 波浪理论

其中，1 浪、3 浪、5 浪是主要趋势，称为主升浪，而 2 浪与 4 浪的方向正好与主升浪相反，称为调整浪。同样，当行情转为下降趋势时，a 浪与 c 浪就成了主浪，而 b 浪则称为次要浪。当然，现实中行情的演变并非图 10-2 描绘的那样简单。一般来说，现实中波段有许多变数，正因为如此，波浪理论又把波段作进一步的细分，每一较长的波段还可划分为若干个小波段，小波段还可再细分成更小的波段。Elliott 总共把波浪划分为九个等级，非常复杂，而如何辨别波浪的级别也就成为一件难事，这又直接影响对行情的判断。所以，在现实中，人们了解波浪理论并不难，但应用起来却异常复杂。

(二) 波浪的特点

由于波浪的细分极其复杂和繁琐，我们只对一个完整循环周期的 8 个波段作大致描述。

第一，1 浪类似于趋势理论中的价格蛰伏期和回升期。此浪基本还处于市场构筑底部的过程中，价格有所回升，但回升幅度极小，时间也不长，在上升 5 浪中，第 1 浪往往是最短的一浪。

第二，2 浪属于调整浪，调整的空间常常覆盖第 1 浪上升空间的大部分或全部，图形上出现第二个或第三个底部特征，构成所谓的头肩底、双重底或三重底等技术形态。调整浪最显著的特征是价格不再创新低，而且价格下跌后会很快回升。

第三，3 浪是上升趋势中最值得关注，也最具有行情提示作用的波段，它通常是上涨空间最大，也是最猛烈的浪，类似于趋势分析中的高涨阶段。此时，交易量也连续保持高水平，价格跳空频繁出现，而一些图形上的阻力位也会轻易地被突破，尤其在突破第 1 浪的高点时，是最强烈的买进信号。

第四，4 浪是行情大幅上涨后的调整浪，通常会以较复杂的形态出现，但调整低点一般不会低于第 1 浪价格的最高点，即下降趋势在第 3 浪高点附近获得支撑，随后行情又调头向上。如果价格进一步跌破第 1 浪的顶部，那么波浪理论就认为，后续不会再有第 5 浪出现，即牛市行情宣告结束。对投资者来说，第 4 浪调整期是最后的买入时机。

第五，5 浪属于上升行情的最后一浪，它通常比第 3 浪平和，不会出现爆发式的行情。而价格上行并不轻松，不断面临抛盘的压力，多头能量被逐步消耗殆尽。

第六，a 浪很容易被投资者误解为上升趋势中的回撤，但在波浪理论看来，行情一旦经过 5 浪上涨，a 浪的下跌就应该引起警惕。事实上，a 浪正是一轮下跌的开始，通常伴随较大的成交量和价格向下寻求支撑的过程。

第七，b 浪是一级反弹浪，通常伴随着较小的交易量。在反弹时，市场有时会几次冲击前期第 5 浪的高点，然后又迅速回调，在图形上构成双重顶、M 头、三重顶等技术形态。所以，b 浪有时又被称为逃命浪。

第八，c 浪是短命反弹后出现的进一步下跌浪，表明上升趋势已告结束。这期间，市场会发展为持续的下跌，并跌破 a 浪的底部，再难有力度较大的反弹，所有技术工具都发出卖出信号。对投资者来说，一旦出现 c 浪迹象，应果断出局观望。

(三) 波浪的延伸

上面描述的 8 个波段只是一个循环周期的基本波段，现实中，每个波段又可能延伸很长一段时间，其间又形成很多小波段。波段的延伸使行情的研判变得扑朔迷离。一般来说，3浪和5浪出现延伸浪的机会最大。而每个延伸浪又包含5个左右的小浪，其结构特征与完整的5浪结构相似。通常，3浪最容易出现延伸浪，因为3浪持续的时间最长，上升的空间最大，不得不分几波走完。但是，如果一次行情中，1浪和3浪都很正常，没有出现延伸，那么，5浪出现延伸浪的几率就会大增。总之，上升5浪中，总会出现一段延伸浪，由于延伸浪极易和基本浪混淆，光靠经验和理论是很难把握的，投资者必须根据每次行情的特点加以辨认。

图10-3中，上证指数(000001)从2014年7月到2015年6月，走出了5波上升浪，其中第5浪上升的幅度最大。

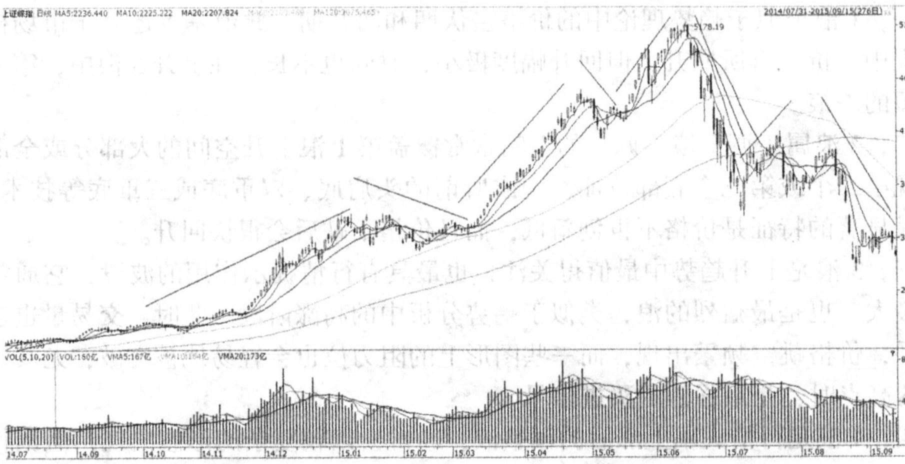

图10-3 上证指数(000001)的5波上升浪

资料来源：Wind资讯。

最后，在应用波浪理论进行行情判断时，应注意以下问题：①波浪理论最大的不足是应用上的困难，即在波浪形成的过程中，对其进行划分是十分不易的；②波浪理论的第二个不足是面对同一个波浪形态，不同的人会有不同的数法，而且都有道理，谁也说服不了谁；③波浪理论只考虑了价格形态上的因素，而忽视了成交量方面的影响，这给人为制造波浪形态提供了机会。

第三节 图形分析

资产价格的波动不是“趋势”就是“反转”，投资者借用技术分析进行买卖决策本质上就是利用“价”“量”的历史信息来推断未来，因此，他们离不开对趋势和反转形态的研判。迄今为止，技术分析的方法可大致划分为两类：图形分析和指标分析。所谓图形分析是指投资者以技术分析的理论为指导，借助图表探寻价格波动的规律；所谓指标分析是指投资者依据不同的标准编制统计指标来寻找买卖的时机与对象。内容安排上，本节专门讨论图形分析法，指标分析则在下一节加以介绍。

一、常见的技术图形

技术分析中反映价格走势的图表有各种形式，这些图表的画法各异，投资者以这些图表为基础，利用统计、数学等方法，得出某些特征值，以此判断行情趋势和确定买卖时机。目前，常见的图形主要有点线图、条形图和K线图等，其中，又以K线图最为常见。

(一)点线图

点线图是指将每一固定交易时段的收盘价格，如以某1分钟或某个交易日作为一个点，然后把若干个这样的点连接起来，就形成了某种证券一段时期内的价格趋势。证券市场中，股票价格指数以及任意一种证券的每日分时走势图就是最为典型的点线图，如图10-4是上证指数的分时走势图。图中，将每一交易日的交易时间(4个小时)划分为两个交易时段，即前市(2小时)和后市(2小时)。每1小时又包含60分钟，即60个点，其中，每一个点代表在这一分钟的收盘价格，把每个点连接起来就是价格在一个交易日中的变动轨迹。点线图可以反映一个交易日中股票价格的开盘、收盘和盘中变动等“价”“量”信息，如“高开低走”、“低开高走”，有助于投资者的买卖决策。

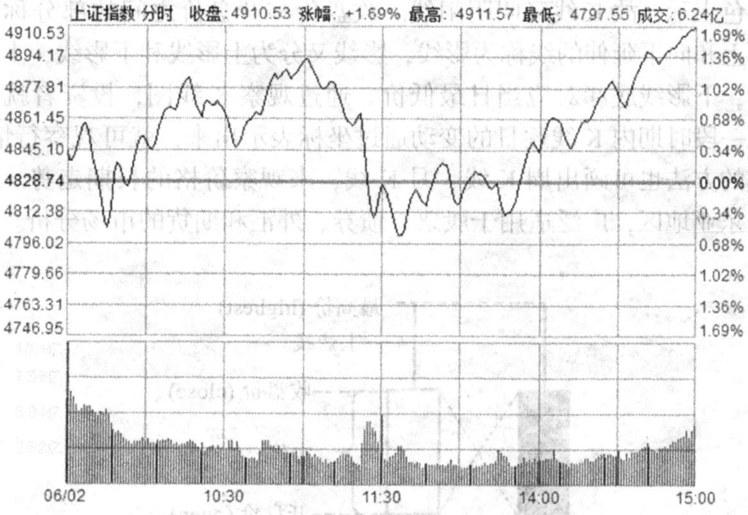

图10-4 点线图：上证指数分时走势图

资料来源：Wind资讯。

(二)条形图

条形图是欧美市场上流行的一种绘图方式。单个交易日的条形图由一条垂直线和垂直线左右两侧的各一条极短的水平横线表示，如图10-5所示。垂直线的顶端代表最高价(highest price)，底端代表最低价(lowest price)。左右两侧的短横线均可表示开盘价(open price)和收盘价(closed price)。区别在于，当价格变动是低开高收时，则右线为开盘价，左线为收盘价；反之，当价格变动是高开低收时，则左线为开盘价，右线为收盘价。由于习惯的原因，条形图在我国市场的应用不多见。

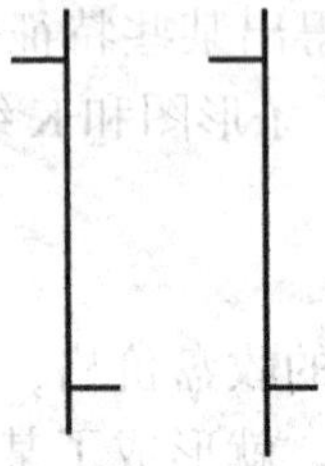

图 10-5　条形图

（三）K 线图

K 线图由于其形如蜡烛，又被称为蜡烛图，用来记录每天的开盘价、收盘价、最高价和最低价等交易信息。K 线图有阴线和阳线之分，如图 10-6 所示，当行情上涨时，收盘价高于开盘价，称为阳线，盘面用红色表示；当行情下跌时，收盘价低于开盘价，称为阴线，盘面用绿色表示，故 K 线又叫阴阳线。收盘价与开盘价之间的部分称为实体。实体之外，价格向上和向下延伸的线称为影线，影线又分为上影线和下影线，上影线的顶部对应当日最高价，下影线底部对应当日最低价。通过观察 K 线图，投资者就可了解当日行情的动向。把一段时期内 K 线逐日的变动通过坐标表示出来，就可观察行情演变的趋势。另外，由同样的方法也可画出周 K 线、月 K 线，来观察价格的长期走势。K 线图的运用多见于我国及东亚地区，广泛适用于股票、债券、外汇和期货的市场分析。

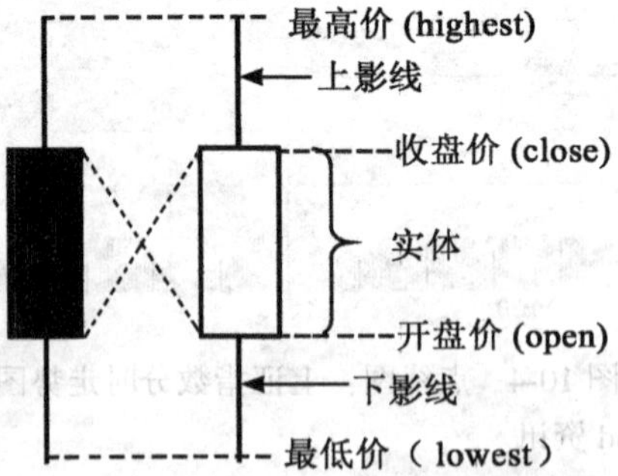

图 10-6　K 线图：阴线和阳线

二、K 线图的应用

（一）K 线的变化及其行情揭示

图 10-6 显示的是标准的阴线和阳线，实际的阴线和阳线往往会偏离标准，导致投

资者在信息解读上产生较大差异。典型的阳线变化主要有以下 8 种，如图 10-7 所示。

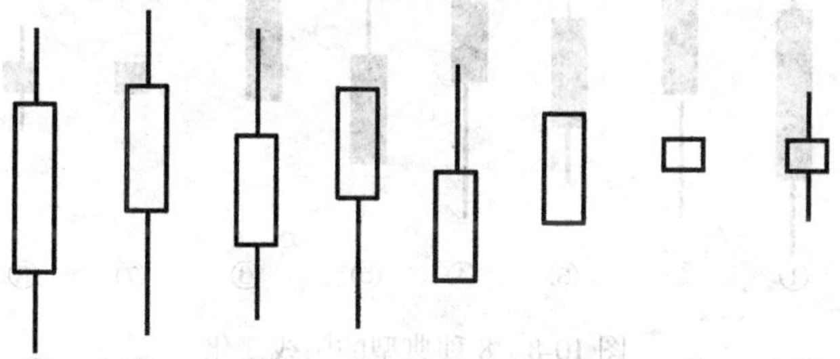

图 10-7　8 种典型的阳线变化

图 10-7 中：

①为大阳线，一般出现在上升趋势中，显示买盘强劲，后市看好；

②中下影线比上影线长，表示当日开市后价格曾一度大幅下跌，但最终被拉起，并在当日收出一根阳线，说明承接盘踊跃，后市上涨的可能性大；

③中上影线比下影线长，表示开盘某一时段价格曾大幅上涨，但收盘价却比当日最高价低很多，说明抛盘较重，上升势头减弱；

④为带脚阳线，说明开盘后，价格曾往下寻求支撑，但收盘却是当日最高价，说明行情看涨；

⑤为带帽阳线，说明开盘价为当日最低价，行情曾上冲受阻，留下了上影线，买卖时需谨慎；

⑥为光头光脚阳线，如果这根阳线实体较长，说明多头力量强劲，后续行情依旧看好；

⑦和⑧分别叫光头光脚小阳线和极阳线，它们在技术图形中出现，对未来行情并没有明确的涨、跌暗示。

在利用阳线分析行情时，一定要把阳线的一般意义与它在图形中出现的位置联系起来，出现的位置不一样其意义也许会不同。例如，大阳线通常是大幅上涨的前兆，但价格在经过连续上涨后，再出现跳空的大阳线，通常是多方的最后一搏，价格随后可能反转；而上升途中连续出现小阳线，则有可能是大幅上涨的前兆，说明市场在积蓄多头能量，等待时机；此外，即使是盘整行情，也会偶尔出现一根大阳或大阴，这是没有多大意义的。总之，一定要把阳线出现的位置与整个趋势、波段联系起来，进行总体的把握。

典型的阴线变化也有 8 种，如图 10-8 所示。

图 10-8 中：

①为大阴线，通常出现在下跌途中或行情暴涨后即将下跌时，显示抛盘沉重，后市看跌；

②为带下影的阴线，价格虽然走低，但低位有承接盘出现，使收盘价留下了长下

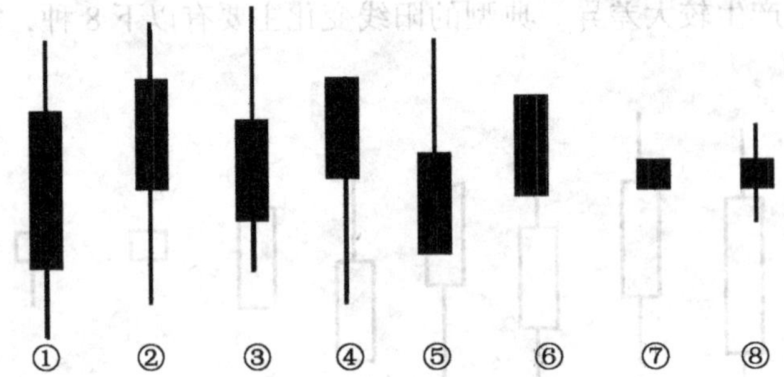

图 10-8 8 种典型的阴线变化

影，说明后市跌势将趋缓或有上升可能；

③为带上影的阴线，当日价格走低，虽然盘中曾一度大幅反弹，但被抛盘无情地打回，说明空头力量依旧强大，有进一步下跌的可能；

④为带脚阴线，行情虽然下跌，但低位有买盘介入，表明多头依旧有反击机会，行情有可能反转；

⑤为带帽阴线，盘中一度有反弹，并高过当日开盘价，但多方量能不足，致使收盘依旧为一根中阴线。如果这种阴线出现在下跌途中，说明行情仍将下跌；

⑥为光头光脚阴线，当日开盘价即为全天最高价，当日收盘价即为全天最低价，说明市场很弱，行情看淡；

⑦和⑧分别为光头光脚小阴线和极阴线，它们出现的信号与小阳线、极阳线类似，说明行情清淡，市况牛皮，涨跌难以预测。

与阳线判别一样，对阴线的判断也要结合它在图形中出现的具体位置。例如，有时上升中途出现一根阴线，则是明显的上升中继信号，行情在此换筹后会继续上行，有时也是主力刻意做市留下的痕迹。

K 线变化的极端情形是十字线。十字线的出现一般是多、空双方力量平衡的显示，但有 4 种十字线却不能忽视，如图 10-9 所示。

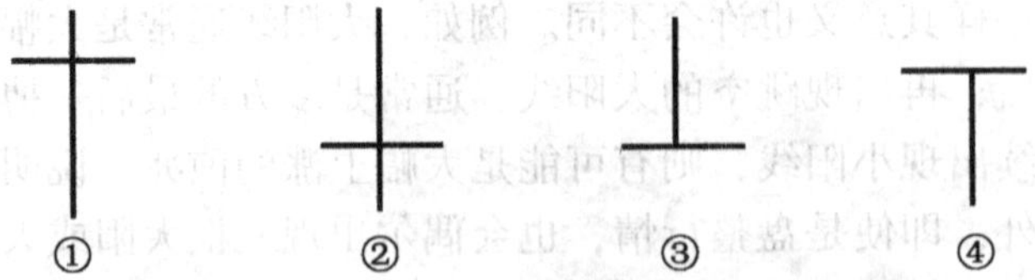

图 10-9 4 种典型的十字线

图 10-9 中：

①中下影线明显比上影线长，说明低位承接极强，且收盘价位与开盘价位重叠，这种十字线往往说明跌势已尽或行情将有反转。

②中上影线明显比下影线长，说明多方有上行欲望，但力度不够。若出现在上升途

中，说明行情需暂时休整，若出现在下降途中，则有进一步下跌的可能。

③中开盘价即为收盘价，但盘中曾出现大幅上升。这种图形的出现说明上档抛盘依旧沉重，多方反击暂时告一段落，有进一步下跌的可能。

④也叫丁字线，如果该图出现在下降途中，说明多方反击能量极其充足，价格一旦下跌，买盘就会接上，行情有可能反转向上。

(二)K 线组合的行情揭示

在进行行情研判时，单个 K 线形态的出现具有一定的市场偶然性，如果把多个 K 线组合起来分析，预测的准确率就会大大提高。图 10-10 是几种典型的 K 线组合形态。

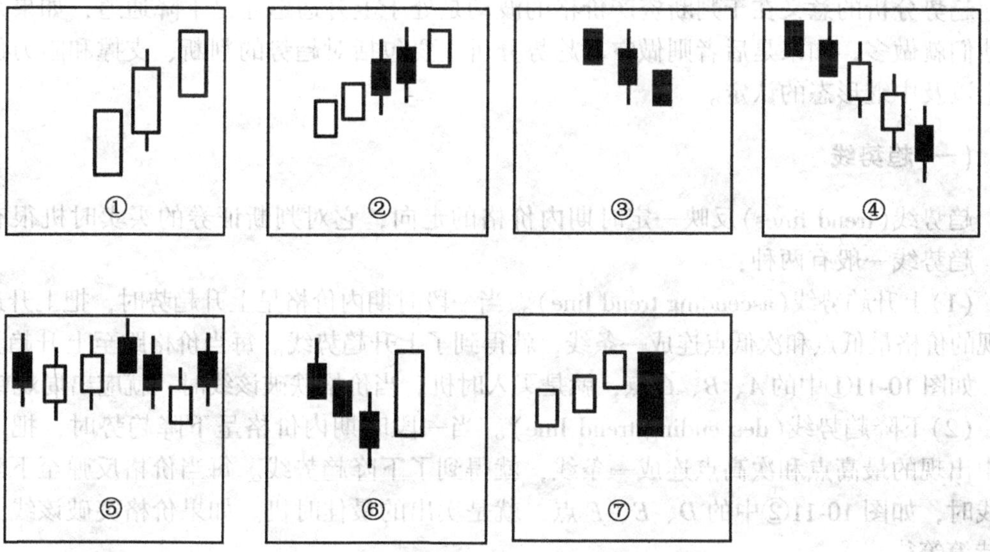

图 10-10　几种典型的 K 线组合

图 10-10 中：

①为小三阳组合，俗称“红三兵”。如果该图出现在上升初期，说明市场人气旺盛，后势看好，可以果断介入或持筹不动。

②为上升抵抗组合。上升过程中，有涨有跌，涨多跌少。由于这种图形在上升行情中难以把握，投资者采取逢低买入或持筹不动的策略是较明智的选择。

③为三阴线组合，俗称“三只黑乌鸦”。如果该图出现在下跌过程中，说明市场一致看空，空头呈强，多头认输，价格将进一步下跌，此时应该离场观望等待时机。

④为下跌抵抗组合。行情呈下跌之势，但途中有小阳线出现，即大跌之中有反弹，这种图形出现时，应逢高卖出，一般不宜低位补仓或抢反弹。

⑤为横盘调整组合。价格上档有阻碍，下档有支撑，说明行情进入多、空势均力敌的阶段，这种状态只适宜在掌握行情规律的基础上，高抛低吸。

⑥为反转突破组合。价格连续下跌后，突然出现一根光头光脚大阳线，一阳吞三

阴，说明买气极盛，行情出现反弹信号，可考虑追进。

⑦为反转下跌组合。与反转突破组合相反，先是连续出现三阳线，然后，一阴吞三阳，说明空方势力极其强大，多方已无还手之力，一旦出现这种图形，行情看跌。

在应用K线组合进行投资分析时，我们应当注意的问题有两点：第一，由单个K线给出的行情揭示稳健性不足，K线组合的稳健性则相对较高；第二，投资者仅仅考察单个K线和K线组合的变化是不够的，还必须结合量能的变化综合分析，因为“价”、“量”分析的关键是“量”要先行，没有“量”的“价”是无意义的。

三、趋势分析

信奉技术分析的投资者相信“价格趋势一旦形成，往往持续若干时间”，对他们而言，趋势分析的意义在于判断资产价格的波动是处于上升通道还是下降通道，如果是前者他们就做多，如果是后者则做空。趋势分析主要包括对趋势的判断、支撑和阻力位的确定以及中继形态的认定。

(一)趋势线

趋势线(trend lines)反映一定时期内价格的走向，它对判断证券的买卖时机很有帮助。趋势线一般有两种：

(1)上升趋势线(ascending trend line)。当一段时期内价格呈上升趋势时，把上升途中出现的价格最低点和次低点连成一条线，就得到了上升趋势线。每当价格跌至上升趋势线时，如图10-11①中的A、B、C点，就是买入时机。当价格跌破该线时，就应出局观望。

(2)下降趋势线(descending trend line)。当一段时期内价格呈下降趋势时，把下降途中出现的最高点和次高点连成一条线，就得到了下降趋势线。每当价格反弹至下降趋势线时，如图10-11②中的D、E、F点，就是卖出的最佳时机。如果价格突破该线，则应持筹等待。

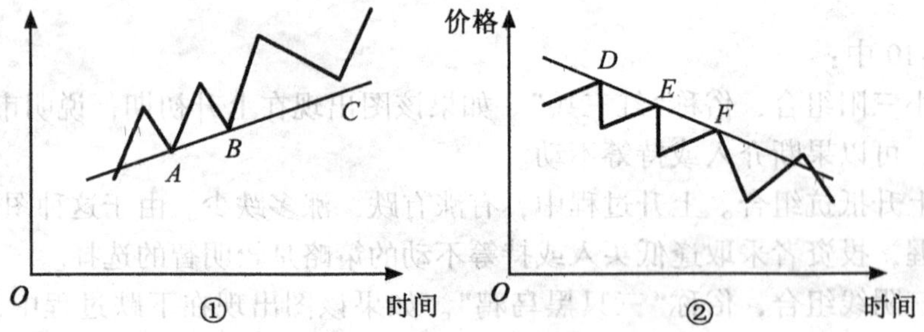

图10-11 价格趋势：上升与下降

(二)轨道线

如果证券价格在上升或下降的过程中，总局限在一个狭长的带状区域内波动，则此区域可称为轨道或通道。轨道线(channel lines)，也叫通道线，一般由上、下两条线组成。把上升途中一系列的高点和低点连在一起，就形成了上升通道，如图 10-12①所示，把下降途中一系列的高点和低点连在一起，就形成了下降通道，如图 10-12②所示。一般来说，在下轨附近买入和在上轨附近卖出是投资者的操作法则。

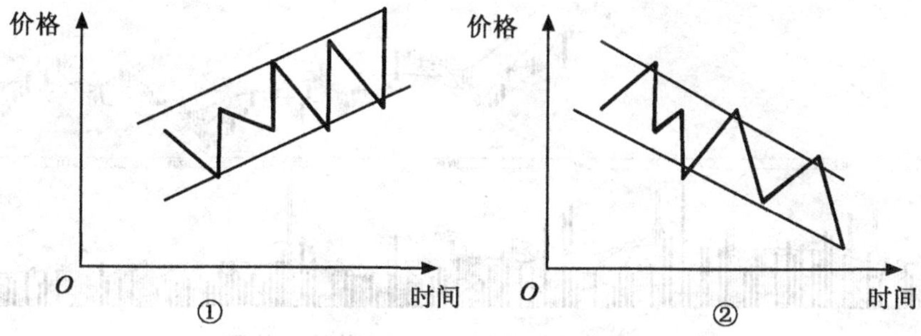

图 10-12 上升的轨道与下降的轨道

图 10-13 中，鲁信创投(000731)在 2014 年 11 月到 2015 年 5 月的走势中，形成了一个典型的上升通道。图 10-14 中，浦发银行(600000)2012 年 5 月到 8 月的走势则是一个典型的下降通道。

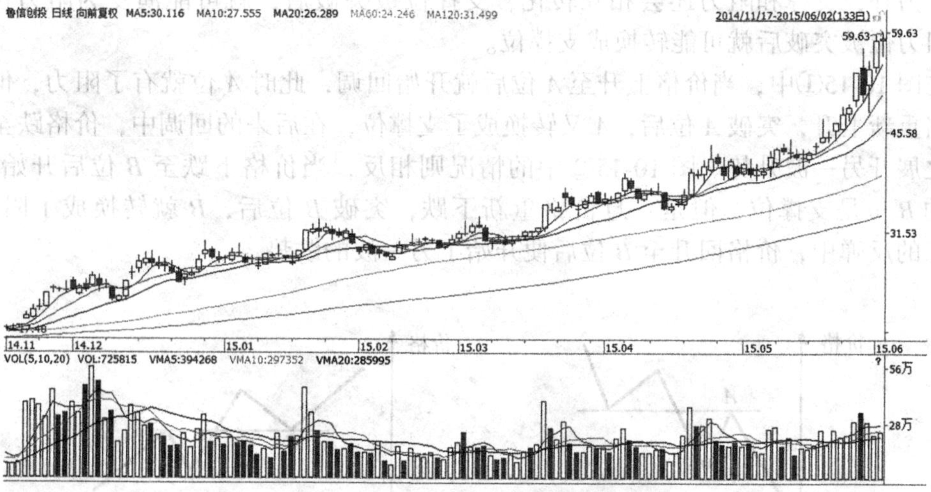

图 10-13 鲁信创投(000731)价格走势图

资料来源：Wind 资讯。

(三)支撑与阻力

支撑线(support)是一条价格线，在此价位上有足够的买盘，可以止住下降趋势，甚至可能使行情反转。阻力线(resistance)同样是一条价格线，在此价位上有足够的卖

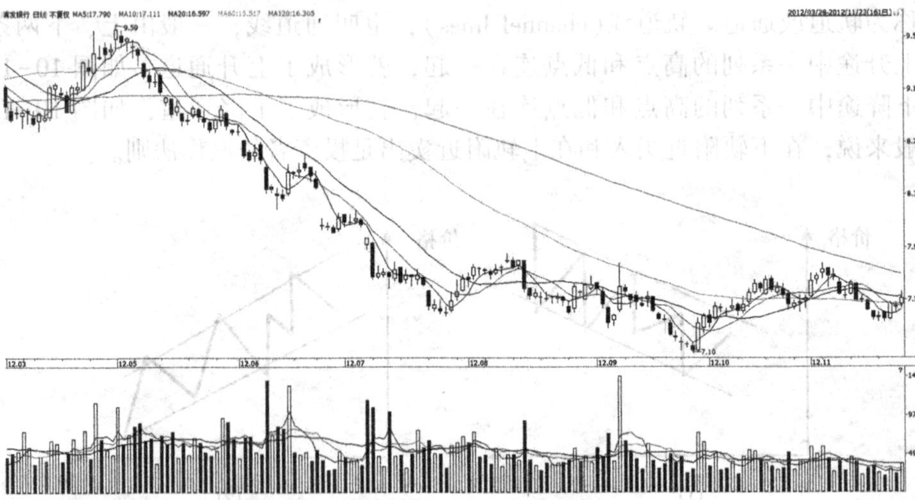

图 10-14　浦发银行(600000)价格走势图

资料来源：Wind 资讯。

盘阻止行情继续攀升，导致上升的势头停止，而且可能改变原来的价格趋势。

影响支撑位和阻力位判断的两个重要的因素是“时”和“量”。如果价格在某个支撑区域或阻力区域延续的时间越长，堆积的成交量越高，则此区域的阻力或支撑效果就越显著。另外，支撑和阻力还会相互转化，支撑位被突破后，就可能演变为阻力位，同样，阻力位被突破后就可能转换成支撑位。

在图 10-15①中，当价格上升至 A 位后就开始回调，此时 A 位就有了阻力，但是一旦价格重新上升，突破 A 位后，A 又转换成了支撑位，在后来的回调中，价格跌至 A 位后随之展开另一波升势。图 10-15②中的情况则相反，当价格下跌至 B 位后开始反弹，此时的 B 位是支撑位，但是一旦价格重新下跌，突破 B 位后，B 就转换成了阻力位，在后来的反弹中，价格回升至 B 位后便开始了另一波的跌势。

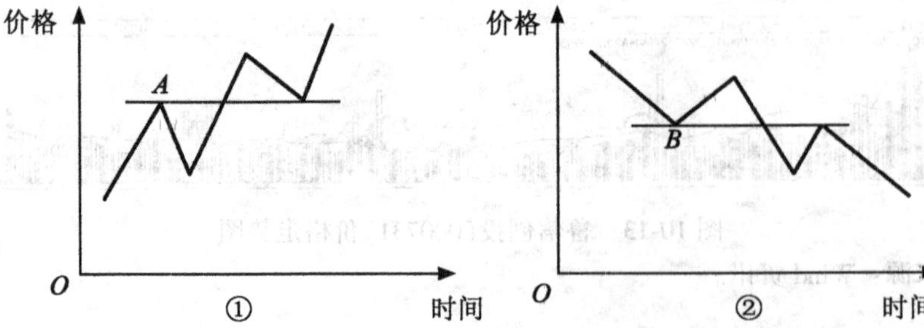

图 10-15　支撑与阻力的转换

图 10-16 是厦工股份(600815)的走势图，有多处前期的压力位成为后期回调时的支撑位。

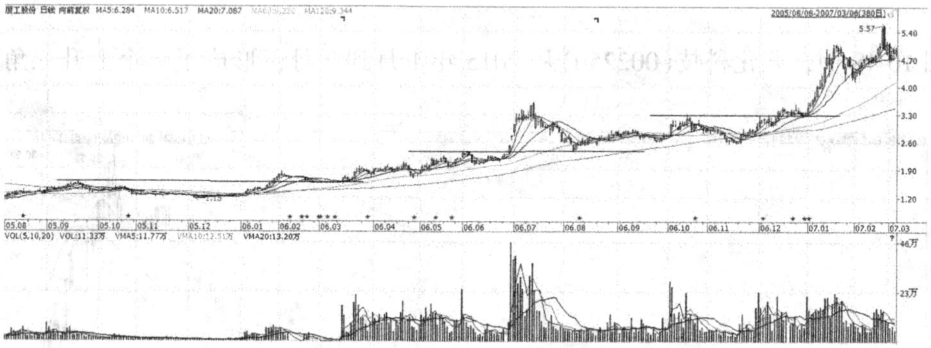

图 10-16　厦工股份(600815)走势图

资料来源：Wind 资讯。

(四)趋势的中继形态

资产价格在形成上涨或下跌的趋势时，不可能一步上涨或下跌到位，往往在上涨或下跌过程中形成各种不同类型的中继形态，常见的有三角形(triangle pattern)和矩形(rectangle pattern)。

三角形又分为对称三角形、上升三角形和下降三角形三种(见图 10-17)。

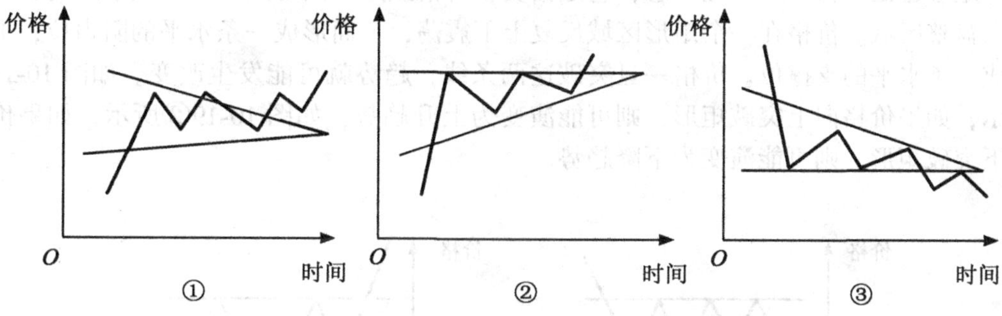

图 10-17　三角形整理形态

(1)对称三角形(symmetrical triangle)。类似于喇叭形状，由两条逐渐相聚的趋势线形成，上面的线向下倾斜，下面的线向上倾斜。表示随着行情整理时间的延续，价格波动的幅度越来越小，整理形态有望结束，面临趋势的重新选择。如整理末端价格突破上线，则可能演变为另一轮升势；如跌破下线，则可能演变成跌势。如图 10-17①所示，行情经过一段时间的整理后，突破三角形整理区，形成上升趋势。

(2)上升三角形(ascending triangle)。如图 10-17②所示，上升三角形是对称三角形的一种变形，其上线为一条水平线，是阻力位。价格一旦突破该区域，则上升趋势确立。

(3)下降三角形(descending triangle)。如图 10-17③所示，下降三角形也是对称三角形的一种变形，其下线为一条水平线，是支撑位。价格一旦跌破该区域，则下降趋势确立。

图 10-18 中，联化科技(002250)从 2015 年 1 月到 3 月，形成了一个上升三角形。

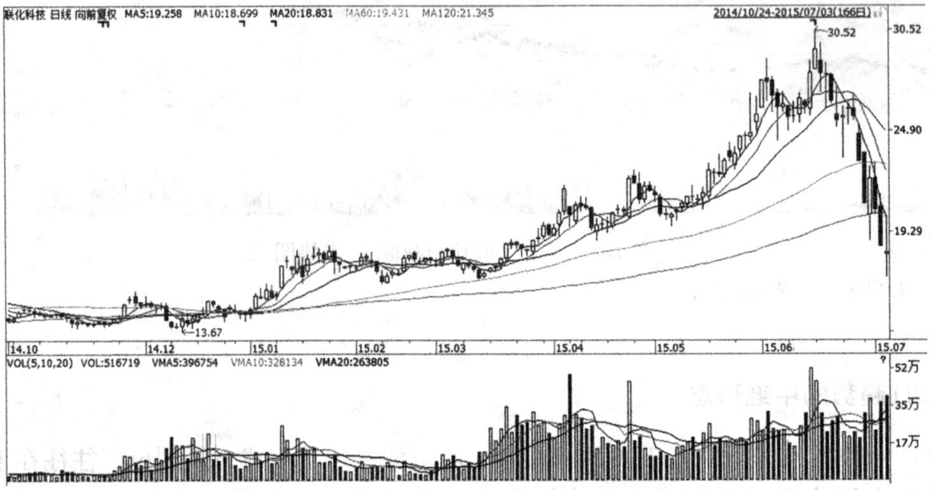

图 10-18 联化科技(002250)的上升三角形

资料来源：Wind 资讯。

矩形也是一种中继整理形态，它是指资产价格经过一段时间的上升或下跌后，开始进入盘整区域。价格在一个矩形区域反复上下震荡，上面形成一条水平的阻力位，下面形成一条水平的支撑位。价格一旦突破这两条线，趋势就可能发生改变。如图 10-19①所示，如果价格向上突破矩形，则可能演变为上升趋势；如图 10-19②所示，如果价格向下突破矩形，则可能演变为下降趋势。

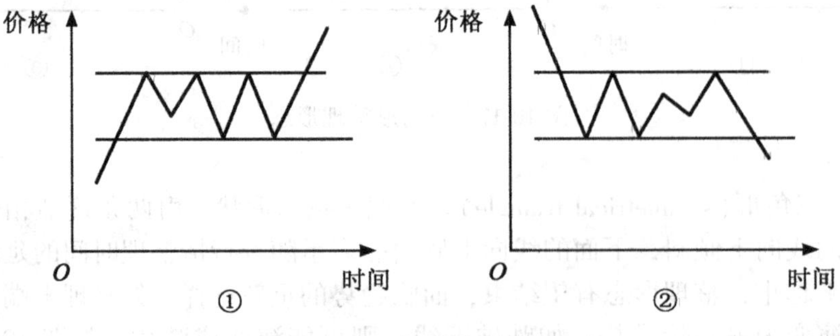

图 10-19 矩形整理形态

万科 A(000002)从 2014 年 7 月至 2014 年 11 月的走势，是一个典型的矩形震荡形态，见图 10-20。

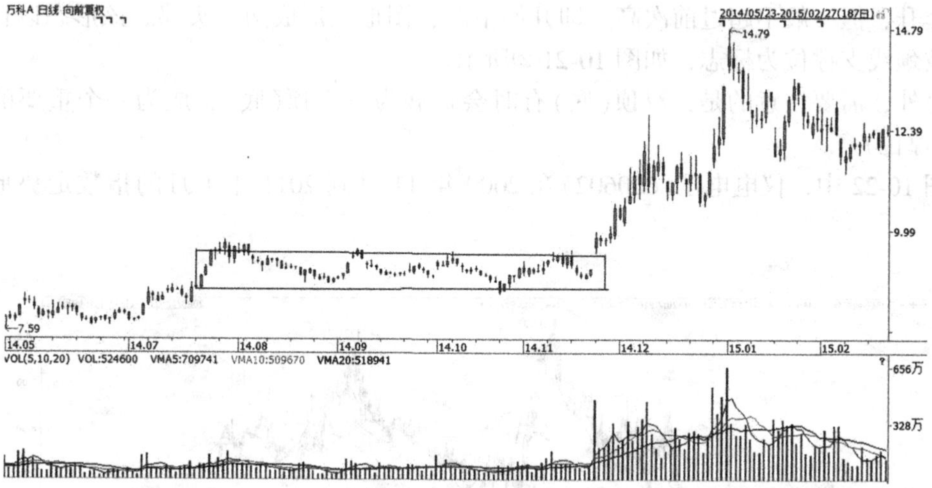

图 10-20　万科 A(000002)的矩形整理形态

资料来源：Wind 资讯。

四、形态分析

资产的价格和交易量是人与人交易作用的结果。由于人类与生俱来就有恐惧和贪婪的本性，不会因为时间和地点的不同而发生改变，这一特征在金融市场的交易活动中是以各种“价”“量”形态反映出来的。信奉“历史会再现”的投资者就会利用这些反转形态判断价格波动的“顶”和“底”，以此作为买卖决策的依据。

(一)双底和双顶

双底(double bottom)又叫 W 底，主要是指行情由下跌或盘整转为上升的一种反转形态。一般来说，双底形态的第二个底部不能低于第一个底部，而且上升时成交量有明显的放大，而下降时成交量萎缩。这种形态以突破颈线阻力位为标志。一旦突破，行情可以继续上升，如图 10-21①所示。

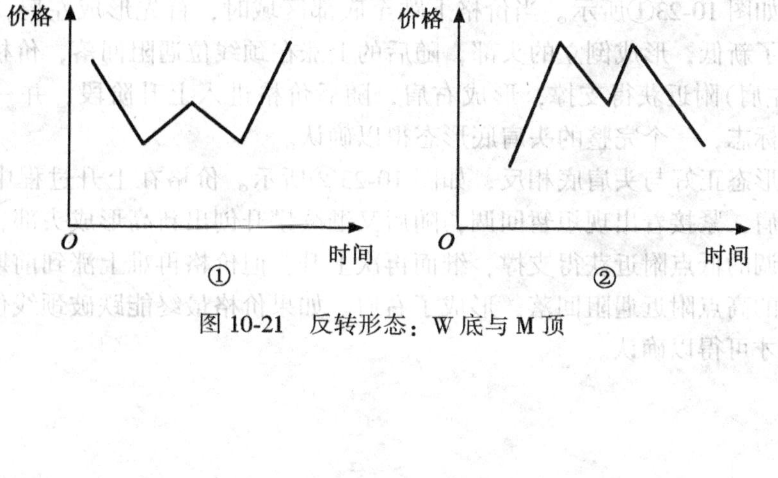

图 10-21　反转形态：W 底与 M 顶

双顶(double top)又叫M头或M顶。行情创下新高后回调至颈线位获得支撑，然后继续爬升，但一般不超过前次高点即开始下跌，图形上形成两个头部。该形态以行情向下突破颈线支撑位为标志，如图10-21②所示。

另外，需要注意的是，双顶(底)有时会扩展为三重顶(底)，成为一个重要的压力位(支撑位)。

图10-22中，仪电电子(600602)在2009年11月到2011年1月的指数走势形成了M头。

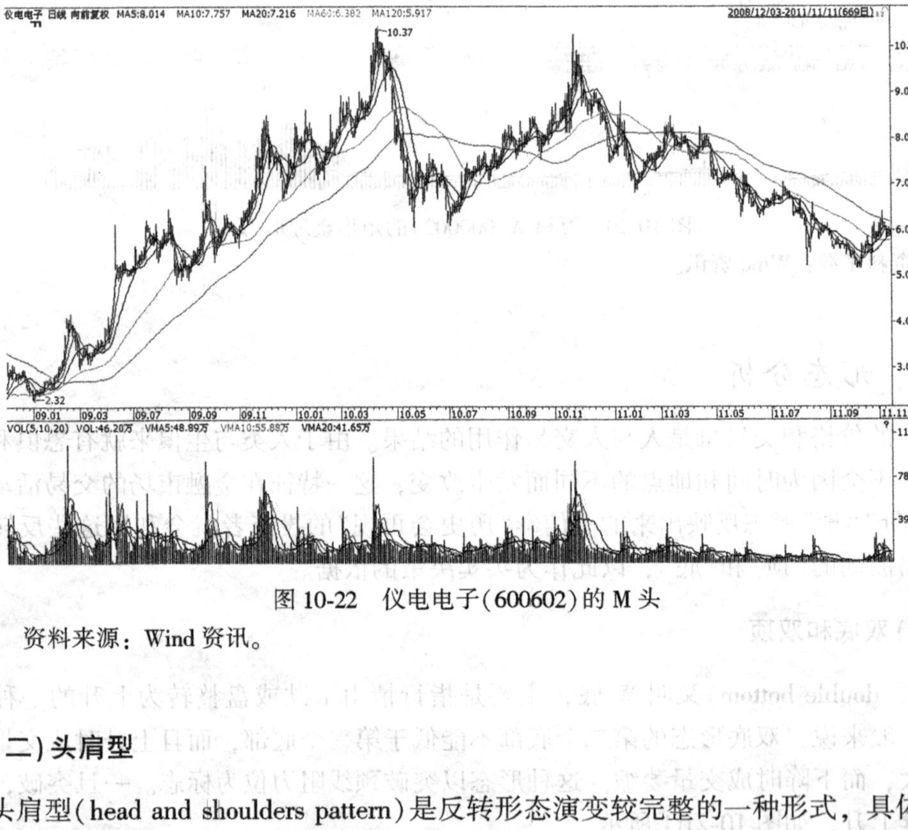

图10-22 仪电电子(600602)的M头

资料来源：Wind资讯。

(二)头肩型

头肩型(head and shoulders pattern)是反转形态演变较完整的一种形式，具体表现为头肩顶和头肩底两种形态，因其形如人的一头两肩而得名(见图10-23)。

头肩底如图10-23①所示。当价格下跌至底部区域时，首先形成左肩，紧接着的二次下跌创下了新低，形成倒立的头部，随后的上涨在颈线位遇阻回落，价格调整至第一次的低点(左肩)附近获得支撑，形成右肩，随后价格进入上升阶段，并一举突破颈线位。以此为标志，一个完整的头肩底形态得以确认。

头肩顶形态正好与头肩底相反，如图10-23②所示。价格在上升过程中创下第一个高点形成左肩，紧接着出现短暂回调，随后又继续攀升创出新高形成头部，回调途中价格在上次回调的低点附近获得支撑，继而再次上升，但价格再难上涨到前期的高点，并在低于前期的高点附近遇阻回落，形成了右肩。如果价格最终能跌破颈线位，则完整的头肩顶形态才可得以确认。

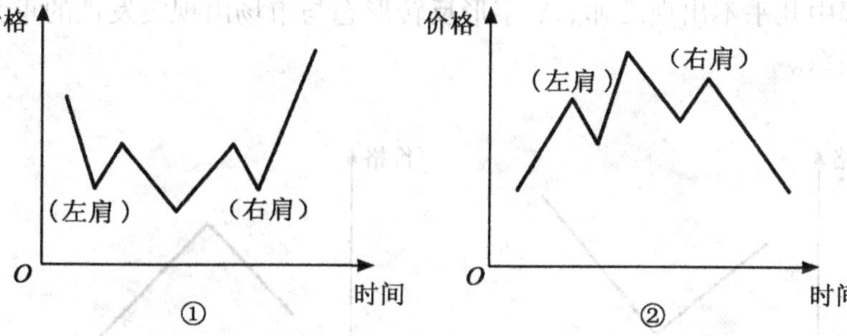

图 10-23　反转形态：头肩底与头肩顶

同样，这种反转形态的确认也需要有"量"的配合，以图 10-23①中的头肩底为例，中间倒立的头部是价格的最低点，相应的交易量也应极度萎缩，即"地价地量"，而价格在右肩处突破颈线位时，应当是"携量突破"。再看图 10-23②中的头肩顶，中间的头部是价格的最高点，相应的交易量也应极度放大，即"天价天量"，"天量"意味着大量获利盘在"顶"部获利出局，因此，当价格在右肩处跌破颈线时，就应呈现缩量的特征。

图 10-24 是山东海化(000822)的价格走势，在 2011 年 2 月底至 8 月初形成头肩顶形态。

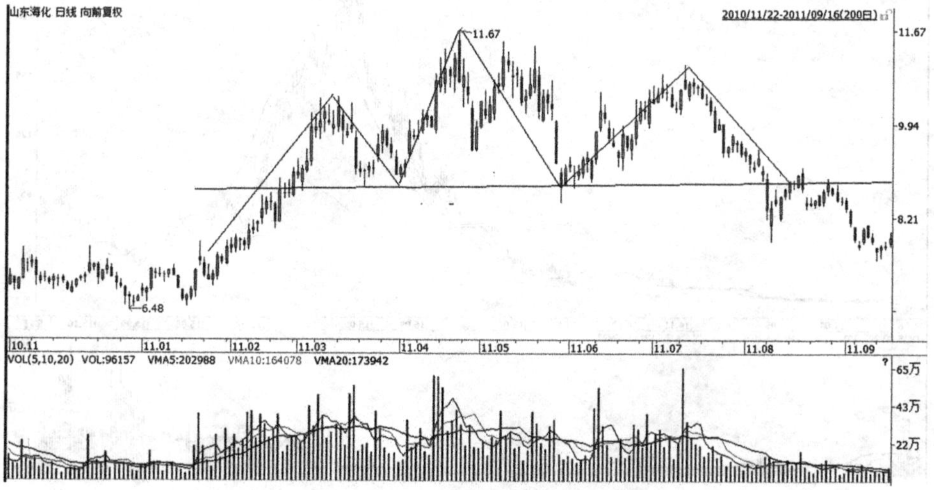

图 10-24　山东海化(000822)头肩顶形态

资料来源：Wind 资讯。

(三)单底和单顶形态

单底(single bottom)和单顶(single top)又称 V 字形反转(V pattern)。与双顶(底)形态相比较，它只有一个顶或底。V 字底形态如图 10-25①所示，价格一旦跌至某一区域，就开始逆转直上，而且成交量连续放大，行情的力度较大，几乎没有中途调整行情。V 字顶实际上是 V 字底的倒置，如图 10-25②所示。在行情上升过程中，突然出现跌势，而且下跌过程中几乎不出现反弹。V 字形反转形态与市场出现突发性的重大利空或利好消息有密切关系。

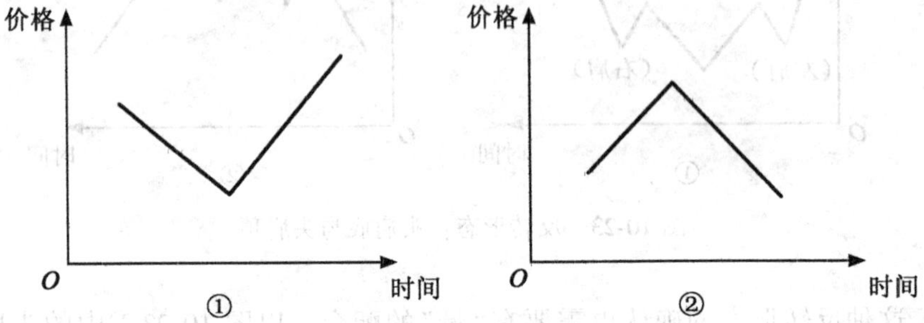

图 10-25　反转形态：V 字底与 V 字顶

图 10-26 中，安硕信息(300380)在 2014 年至 2015 年的价格走势是典型的 V 字顶形态。

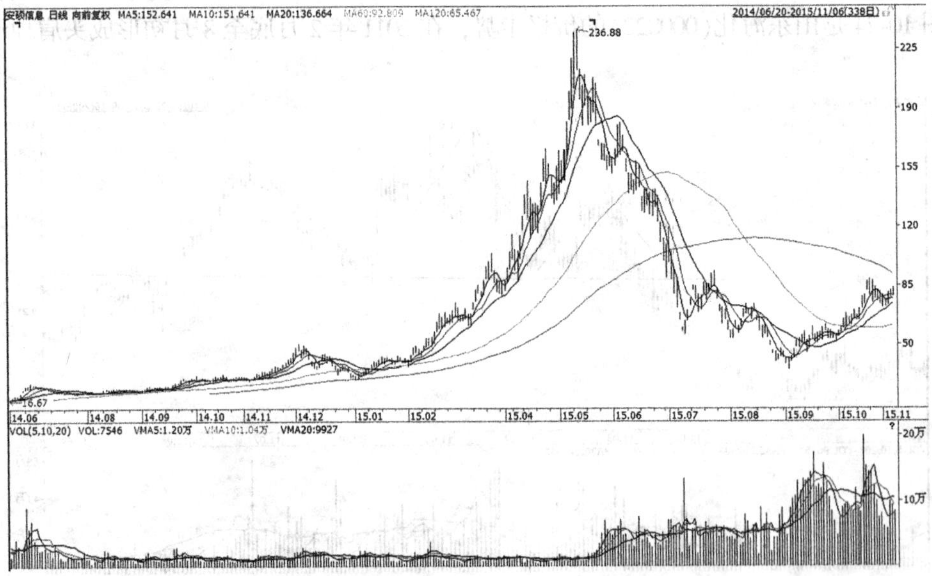

图 10-26　安硕信息(300380)的 V 字顶形态

资料来源：Wind 资讯。

(四) 圆弧底和圆弧顶

圆弧底(rounding bottom)是行情由跌转升的一种形态。它表示随着股价下跌，空头力量越来越微弱，抛盘不愿在更低的价格卖出，这样，成交量就会逐渐萎缩。随后，由于买方的介入，成交量开始温和放大，价格也出现缓慢上升，此时，由于多方力量占据了主动，行情终于由下降趋势演变为一轮上升趋势，见图 10-27①。

圆弧顶(rounding top)则是行情由升转跌的一种形态。它表明价格经过一段时间上涨后，买盘不愿在高位介入，多头力量逐渐减弱，涨势趋缓。随后，主动性的抛盘开始出现，导致行情趋势开始出现小幅下跌，之后卖方力量逐步增强，最终导致行情由牛转熊，如图 10-27②所示。

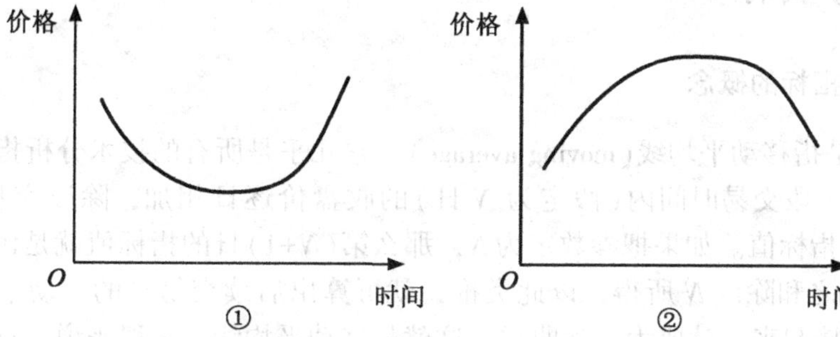

图 10-27 反转形态：圆弧底与圆弧顶

圆弧形反转与 V 字形反转相比，前者表现温和，后者表现剧烈，这与投资者的心态变化有关，也与信息进入市场的方式有关。

图 10-28 中，皖江物流(600575)2013 年 5—9 月的价格走势形成一个圆弧底。

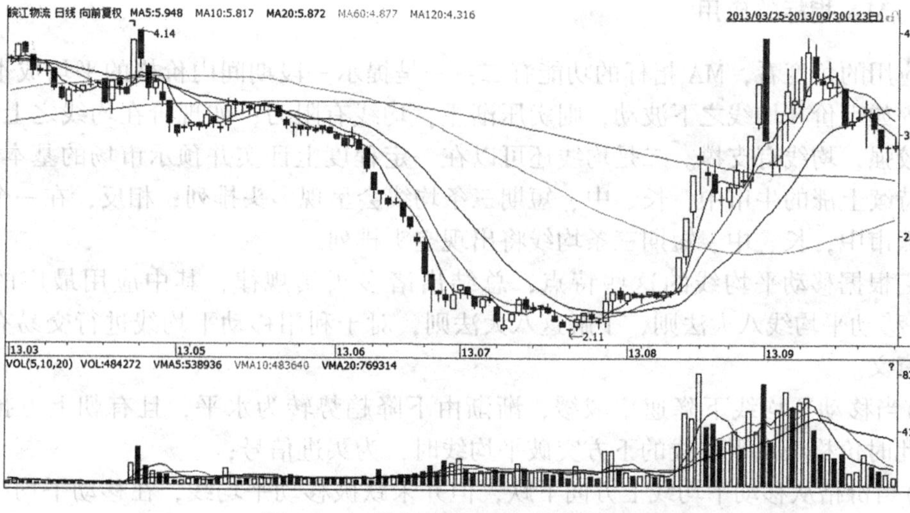

图 10-28 皖江物流(600575)的圆弧底

资料来源：Wind 资讯。

第四节 指标分析

指标分析法是指通过建立一个数学模型来得到一个体现证券市场某个方面内在实质

的数字，这个数字就叫指标值，指标值的具体数值和相互间的关系，直接反映了证券市场所处的状态，而这将为我们的投资操作提供参考。此外，指标反映的东西大多无法直接从行情图表中得到。目前，证券市场上的各种技术指标数不胜数，有名的包括：MA指标、MACD 指标、RSI 指标、KDJ 指标、OBV 指标等。

一、MA 指标

(一) MA 指标的概念

MA 指标是指移动平均线(moving average)，它几乎是所有的技术分析指标中最为常见的一项。将一段交易时间内(假定为 N 日)的收盘价逐日相加，除以交易日数(N)，得出第 N 日的指标值。如果把参数定为 N，那么第(N+1)日的指标值就是包含该日在内的 N 个收盘价之和除以 N 所得，以此类推，就可算出后续交易日的移动平均值，将这些均值依次连接起来，就成为一条曲线，这就是移动平均线。一般来说，选定的计算周期不同，移动平均线也不一样。通常把 10 日以内的移动平均线叫短期平均线，它反映市场短期的趋势。计算周期 20 日左右的移动平均线叫中期移动平均线，它反映市场中期的趋势。计算周期在 120 日或 250 日左右的移动平均线叫长期移动平均线，它反映市场长期的走势。实践中，通常把 5 日 MA 和 20 日 MA 称为周线和月线，把 120 日和 250 日 MA 称为半年线和年线。

(二) MA 指标的应用

从应用的角度看，MA 指标的功能有二：一是提示一段期间内价格的平均成本。一般来说，如现价在均线之下波动，则卖压渐重，均线有阻力；如现价在均线之上波动，则买力较强，均线有支撑。二是均线还可以在一定程度上证实并预示市场的基本趋向。在一个持续上涨的牛市中，长、中、短期三条均线会呈现多头排列；相反，在一个持续下跌的熊市中，长、中、短期三条均线将出现空头排列。

人们根据移动平均线的这些特点，总结出诸多买卖规律，其中应用最广的当属 Granvile 移动平均线八大法则，了解这八大法则，对于利用移动平均线进行交易有一定的参考意义。

(1) 当移动平均线下降速率减缓，渐渐由下降趋势转为水平，且有朝上方抬头迹象，而此时价格正由平均线的下方突破平均线时，为买进信号；

(2) 当价格从移动平均线上方向下跌，但并未跌破移动平均线，在移动平均线上方又再度回升时，为买进信号；

(3) 价格由移动平均线上方下移，并跌破了移动平均线，但离该线并不远，很快，价格又回到移动平均线之上，而移动平均线并未调头，仍然呈上升状态，此时为买入信号；

(4) 当价格已走在移动平均线下方，之后又突然暴跌，远离移动平均线，由于价格极有可能再次逼近该线，所以此时应为买入信号；

(5) 移动平均线已由上升趋势逐步转为水平走势，且有往下倾斜的迹象，而价格由上向下跌破移动平均线，此时为卖出信号；

(6)价格经过下跌后，又回到移动平均线上方，但移动平均线仍向下倾斜，不久回升的价格再一次跌破平均线，此时为卖出信号；

(7)价格已向下远离移动平均线，但突然快速回升，向上逼近移动平均线，但并未跃过该线，不久，又开始下跌，此时为卖出信号；

(8)价格在移动平均线上方，大幅上涨，且价位已远离移动平均线，由于价格有向均线回移的趋势，所以，此时应卖出。

以上八个法则中，前四种为买进信号，与牛市的四个阶段极其吻合，如第一条实际上是价格从蛰伏底回升时的操作策略，第二条是加码买进的机会，第三条是价格回档期的策略，第四条则是牛市竭尽或反弹时的操作策略。与上述四条相对应，后四种为卖出信号，与趋势理论中熊市的几个关键期的操作策略也极其相似，在此不详述。

市场上，利用移动平均线进行交易的例子相当多，如图 10-29 特力 A 的走势中，2015 年 9 月，5 日均线上穿 10 日均线，同时 10 日均线上穿 30 日均线，随后股价一路走高。

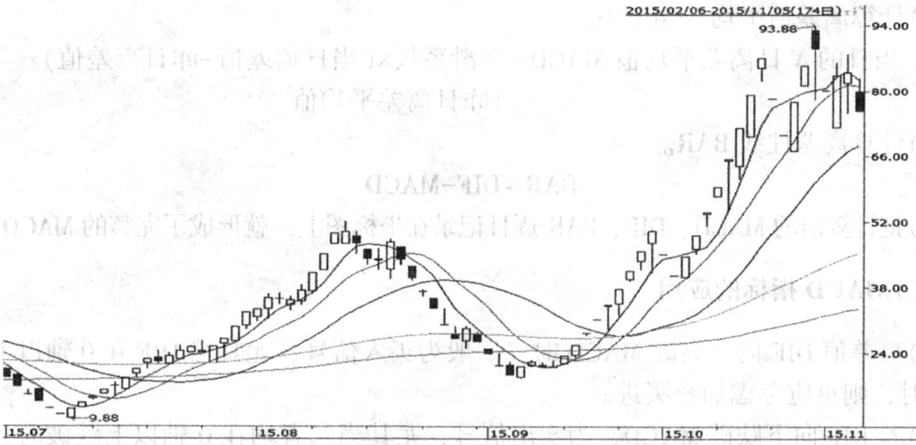

图 10-29 特力 A(000025)均线上穿买入信号

资料来源：Wind 资讯。

移动平均线也存在许多不足，比如，当市场行情处在横向延伸，即所谓鹿市状态下时，移动平均线上下交叉转换频繁，容易发出错误的买卖信号；移动平均线是以价格为基础计算出来的，它未能反映量的变化，故实际运用中易受操纵；另外，由于移动平均线是价格出现后才产生的，带有一定的滞后性，对市场的反应较慢，据此买卖，有时会错过行情。

二、MACD 指标

(一)概念及计算

MACD 是指数平滑异同平均线(moving average convergence divergence)的英文首字

母，它是我国证券市场上常用的指标，也是移动平均线的一种变形。其原理是运用快速与慢速移动平均线聚合与分离的征兆功能，对其加以双重平滑运算，来分析、研究市场的走势，从而决定买、卖时机。

MACD先设定快速移动平均线（一般为12日），再设定慢速移动平均线（一般为26日），在分别算出12日、26日移动平均值的基础上，利用这两个数值计算快速移动平均线与慢速移动平均线之间的“离差值”（DIF），具体步骤如下。

（1）计算出12日、26日平滑系数，其公式为：

平滑系数=2/（周期单位数+1）

例如，26日平滑系数=2/（26+1）=0.074，12日平滑系数=2/（12+1）=0.1538。

（2）计算出12日、26日平滑移动平均值（EMA）。

当日的平滑移动平均值（EMA）=平滑系数×（当日收盘价格-昨日价格平均值）+昨日价格平均值

（3）计算出离差值（DIF）。

DIF=12日平滑移动平均值（EMA12）-26日平滑移动平均值（EMA26）

（4）计算离差值平均数MACD。

当日的N日离差平均值MACD=平滑系数×（当日离差值-昨日离差值）+昨日离差平均值

（5）计算离差柱线BAR。

BAR=DIF-MACD

（6）把计算出的MACD、DIF、BAR逐日记录在坐标图上，就形成了完整的MACD指标。

（二）MACD指标的应用

（1）离差值DIF向上突破MACD时，一般为买入信号，尤其当DIF在0轴以下上穿MACD时，则更应考虑加仓买进。

（2）若DIF向下跌破MACD，为卖出信号，尤其当二者均在0轴以上跌破时，则行情有可能出现逆转，可考虑平仓。

（3）在DIF上穿MACD之后，两者距离拉开，说明市场在逐步走高，是继续持有的信号；相反，在DIF下穿MACD之后，两者距离拉开，说明市场走低，果断出局为上。

（4）行情处于上升阶段，但DIF上穿MACD太远，BAR值太大，此时，应果断卖出；同样，当行情处于下降阶段，且DIF下穿MACD太远，则说明价格随时会回升，应作买入考虑。

（5）如行情处于横向延伸态势，DIF与MACD会多次交错，此时，发出的买入与卖出信号都不强烈，投资者应静观其变。

（6）行情逐步创出新高，而MACD却呈现一波比一波低的格局，这种背离信号的产生意味着跌势将至；同样，价格出现新低，而MACD却不再创新低，这种背离意味着行情即将转好。

图10-30海欣食品（002702）的走势中，MACD与DIF在2015年4月一直在0轴附近，到5月初，DIF和MACD上穿0轴，并且5月8日DIF上穿MACD，发出买入信号。

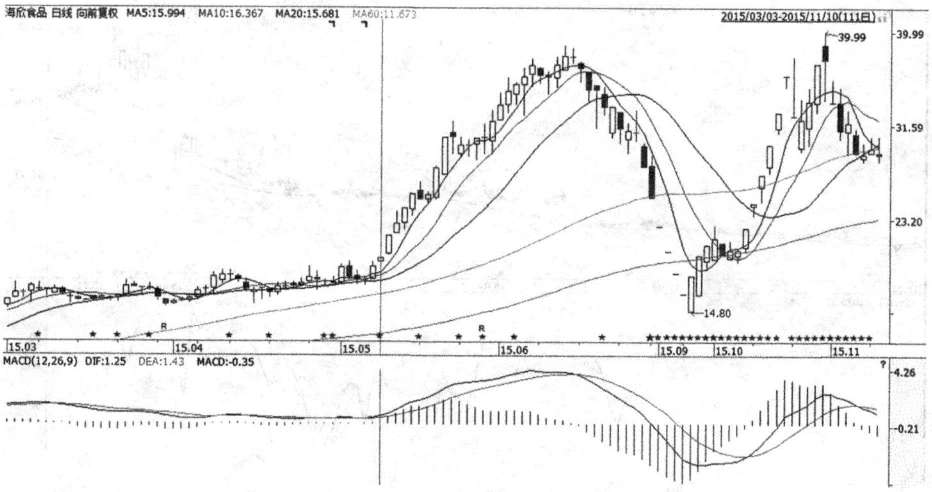

图 10-30 海欣食品(002702)MACD 上穿买入信号

资料来源：Wind 资讯。

三、RSI 指标

(一)概念及计算

RSI 是相对强弱指数(the relative strength index)的英文缩写，该指标是利用一定时期内平均收盘涨数与平均收盘跌数的对比来判定买卖力量的强弱，并以双方竞争的结果——价格的涨落，来计算强弱指标，以此预测市场的趋势。RSI 的计算公式为：

$$RSI=\frac{N\text{日内收盘价涨幅之和的平均值}}{N\text{日内收盘价涨幅之和的平均值}+N\text{日内收盘价跌幅之和的平均值}}\times 100\%$$

在技术分析中，N 的取值一般有两个，即短长结合。N 取较小的值(如 6 日左右)时，RSI 对市场短期走势敏感，N 取较大的值(如 12 日或 24 日左右)时，则反映市场中、长期的走势。

(二)RSI 的应用

(1)RSI 值在 0 与 100 之间变动，一般来说，当 RSI 值保持在 50 以上时，为强势市场；低于 50 时，为弱势市场。

(2)当 RSI 上升到 80 时，说明行情进入超买区，应抛售；上升到 90 以上时，严重超买，应坚决沽出。但极个别的强势品种，即使 RSI 达到 90 以上，也可上涨。当 RSI 降到 20~30 甚至以下时，市场进入超卖区，可适当买入，但有时，即使 RSI 小于 20，行情依旧下跌，但此时跌幅不会太大。

(3)价格上升而 RSI 反而下降或价格下降而 RSI 反而上升的现象，叫作背离现象，意味着市场有可能反转。

如图 10-31 所示，在兔宝宝(002043)的走势中，RSI 值有三次上冲到 90 之上，都可作暂时卖出考虑。

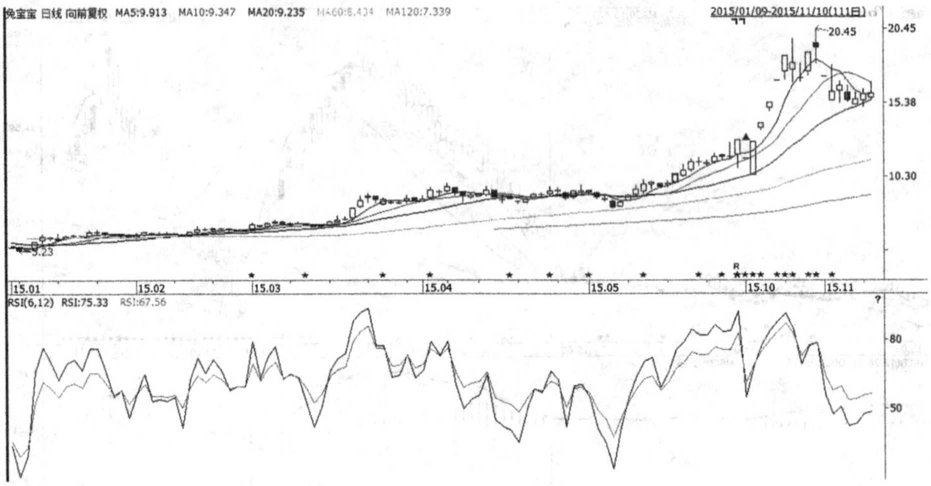

图 10-31　兔宝宝(002043)的卖出信号

资料来源：Wind 资讯。

四、KDJ 指标

(一)概念及计算

KDJ 指标也称随机指标(stochastic process index)。前面谈到的平均线、RSI 指标都是用收盘价来计算的，没有考虑日内价格的变化情况，而 KDJ 指标把收盘价与最高价、最低价综合起来加以研究。通过计算当日或近日的最高价位、最低价位及收盘价等价格波动的真实波幅，反映价格走势的强弱和超买超卖现象。由于 KDJ 指标比较敏感，所以，一般为短、中期投资者所运用。KDJ 指标的计算一般分为如下三步。

(1)计算未成熟的随机值 RSV。

(2)计算随机快速 K 值和随机慢速 D 值。

$$当日\ K\ 值=[(N-1)\times 前日\ K\ 值+未成熟随机值(RSV)]\div N$$

$$当日\ D\ 值=[(N-1)\times 前日\ D\ 值+当日\ K\ 值]\div N$$

(3)计算 J 值。J 值 $=3K-2D$，J 值计算的是 K 值与 D 值的偏离程度，目前，国内计算 KD 线时，周期一般定为 9 天，K、D 值均定为 3 天，表示为“KDJ(9，3，3)”。

(二)KDJ 的应用

(1)KDJ 指标的取值在 0 与 100 之间。D 值向上趋近 80 或超过 80 时，说明买盘力量大，进入超买区，市场有可能下跌，最好不要再追涨。D 值向下趋近 20 或跌破 20，则进入超卖区，市场有可能回升，最好不要轻易杀跌。J 值大于 100 时为超买，小于 10 时为超卖，J 值反应比 K、D 值更敏感。

(2)当 K 值大于 D 值时，说明行情看好，如果 K 值向上突破 D 值，为买入信号。当 D 值大于 K 值时，说明行情看跌，一旦 K 值向下突破 D 值，为卖出信号。当 KDJ 指标的取值在 50 左右反复交叉震荡，则说明是横盘行情，不宜频繁买进、卖出。

(3)当价格逐波推高，而 KDJ 指标层层降低；或价格逐步走低，而 KDJ 指标却不再走出新低时，属于背离走势，暗示市场可能反转。

(4)由于 KDJ 指标极其敏感，其变化极快，而且极易钝化。一般有两种钝化情况：一是 KDJ 指标即使接近 100%，也并不马上回调，而是维持若干日超买态势，价格却连创新高，说明行情极强劲；二是当 KDJ 指标接近 0 线时，并不回升，而是保持这种态势，价格却连创新低，说明行情极其低迷。所以，KDJ 指标钝化是极强势和极弱势的表现，投资者不能按常规来判断。

如图 10-32 所示，在联络互动(002280)的价格走势中，出现 *K* 值向上突破 *D* 值，之后 *K* 值大于 *D* 值，发出买入信号。

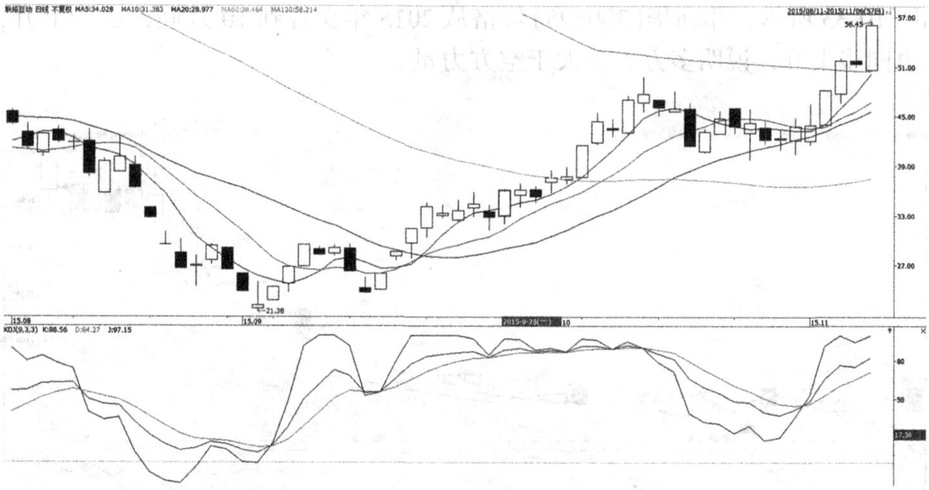

图 10-32 联络互动(002280)KDJ 上穿买入信号

资料来源：Wind 资讯。

五、OBV 指标

(一)概念及计算

OBV 指标(on balance volume index)又叫中间意愿指标或量能指标。前面我们讨论的移动平均线、KDJ、RSI 等指标都忽略了一个很重要的技术分析要素——成交量。在技术分析理论中，有人认为价格只是一种外在表现，成交量才是决定价格升降的动因，即“量比价先行”。如果买卖双方交易情绪高，人气旺盛，成交量的增大必定带动价格上升；反之，价格则下跌。因此，OBV 指标是利用成交量与价格之间的辩证关系来揭示市场的走势。它是根据每日价位的涨跌，将每日成交量按正负方向进行累计而成的指标。

OBV 的计算较为简单。当今日收盘价比前一日收盘价高时，则今日的成交量取正值；当今日收盘价比前一日收盘价低时，则今日的成交量取负值。经过一段时期正负值的累加，就形成了 OBV 值，其公式可表述为：

当日 OBV 值=昨日 OBV 值±今日的成交量

把各个交易日的 OBV 值连接，就成了 OBV 能量线。

(二) OBV 的应用

(1) 如果 OBV 累计值由正值转为负值，说明市场走软，反之亦然。如果 OBV 正负值转变频繁，则趋势难以把握。

(2) 价格上升，OBV 也同步上升，说明多方力量大于空方力量，应作买进考虑；价格下跌，OBV 也同步下跌，说明空方占优，应作卖出处理。

(3) 价格上升，OBV 线下降，说明买盘无力，为卖出信号；价格下跌，OBV 线上升，说明逢低买盘强，为买进信号。

如图 10-33 所示，菲利华(300395)价格从 2015 年 9 月到 10 月底，逐步上升，OBV 能量潮也同步上升，说明多方力量大于空方力量。

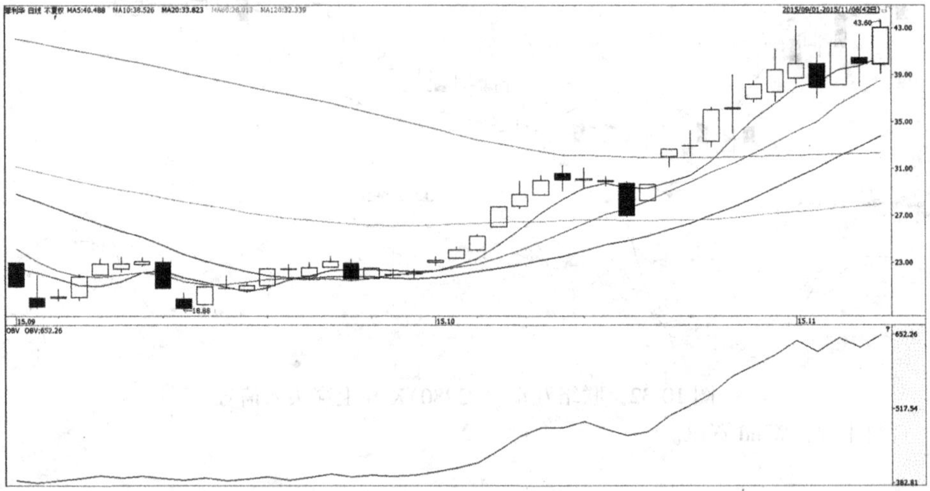

图 10-33 菲利华(300395) OBV 买入信号

资料来源：Wind 资讯。

六、BIAS 指标

(一) 概念及计算

BIAS 指标又称乖离率指标(bias index)，是利用移动平均原理，以价格波动与移动平均线的偏离程度为测算基础，一旦价格偏离平均线太远，就有可能重新回到移动均价附近。BIAS 指标的计算方法为：

$$N\text{日乖离率}=\frac{\text{当日收盘价}-N\text{日内移动平均收盘价}}{N\text{日内移动平均收盘价}}\times 100\%$$

乖离率的参考取值一般为 6 日、12 日。乖离率的计算结果有正、负两种，正乖离率表示价位在平均值之上，而负乖离率则表示价位在平均值之下。

(二)BIAS 的应用

(1)大势下跌时，6 日乖离率达到-6%以下，12 日乖离率达到-5%以下时，为买进信号；6 日乖离率达到 6%以上，12 日乖离率达到 5%以上时，为卖出信号。

(2)大势上涨时，6 日乖离率达到 8%以下，12 日乖离率达到 6%以下时，为卖出时机；6 日乖离率达到-3%以下，12 日乖离率达到-4%以下时，为买入时机。

(3)大势处于盘整阶段时，用乖离率判断趋势的准确性会大大降低，需结合其他指标综合分析。

图 10-34 中，以深证成指为例，BIAS 接近 6%时，都是卖出的极好时机，而一旦 BIAS 跌至-6%左右时，大盘到达相对底部。

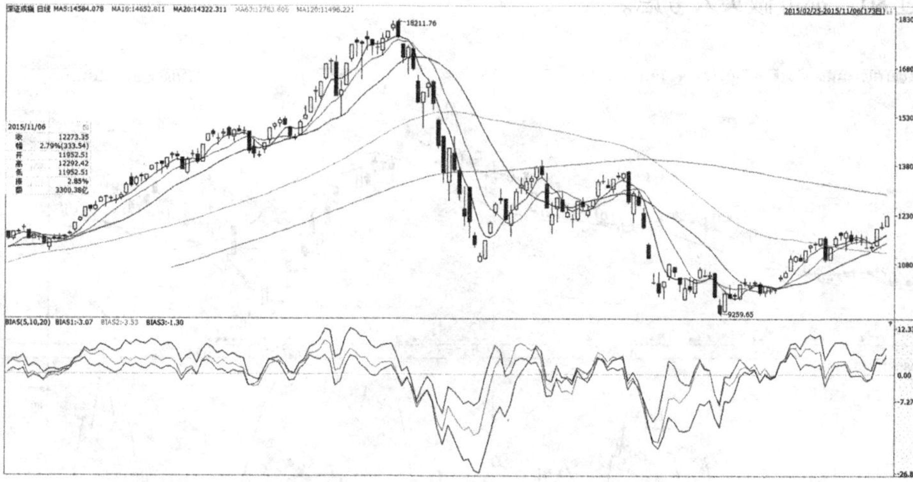

图 10-34　深证成指的买卖信号

资料来源：Wind 资讯。

七、W%指标

(一)概念及计算

W%指标(威廉指标，William overbought/oversold index)是测量当日收盘价在过去一段时期内的全部价格范围中相对位置的一种指标。它从研究价位波幅出发，通过分析一段时间内高、低价位与收盘价之间的关系，反映市场的强弱及买卖气势，并由此来分析市场的超买或超卖现象。W%指标的计算公式为：

$$W\% = \frac{H(N) - C_t}{H(N) - L(N)} \times 100\%$$

式中，$H(N)$ 为计算周期 N 日内的最高价，C_t 为第 N 日的收盘价，$L(N)$ 为 N 日内的最低价。N 的取值为 10 或 20。

(二) 运用

(1) 当威廉指标高于 80 时，即处于超卖状态，行情即将见底；当指标由超卖区向上爬升时，表示行情可能反转。一般来说，当突破 50 中轴线时，表示市场转强，为买进信号。

(2) 当威廉指标低于 20 时，便处于超买状态，行情即将见顶；当指标由超买区向下滑落，跌破 50 中轴线时，跌势可能继续，为卖出信号。

(3) 市场有时在超买后还可超买，超卖后依旧超卖。所以，当威廉指标进入超买或超卖区时，行情并不一定逆转，只有指标明显转向突破卖出线或买进线时，才是正确的买卖时机。

如图 10-35 所示，达安基因(002030)从 2015 年 6 月至 9 月的走势中，威廉指数值多次超过 80，都可做买入考虑。

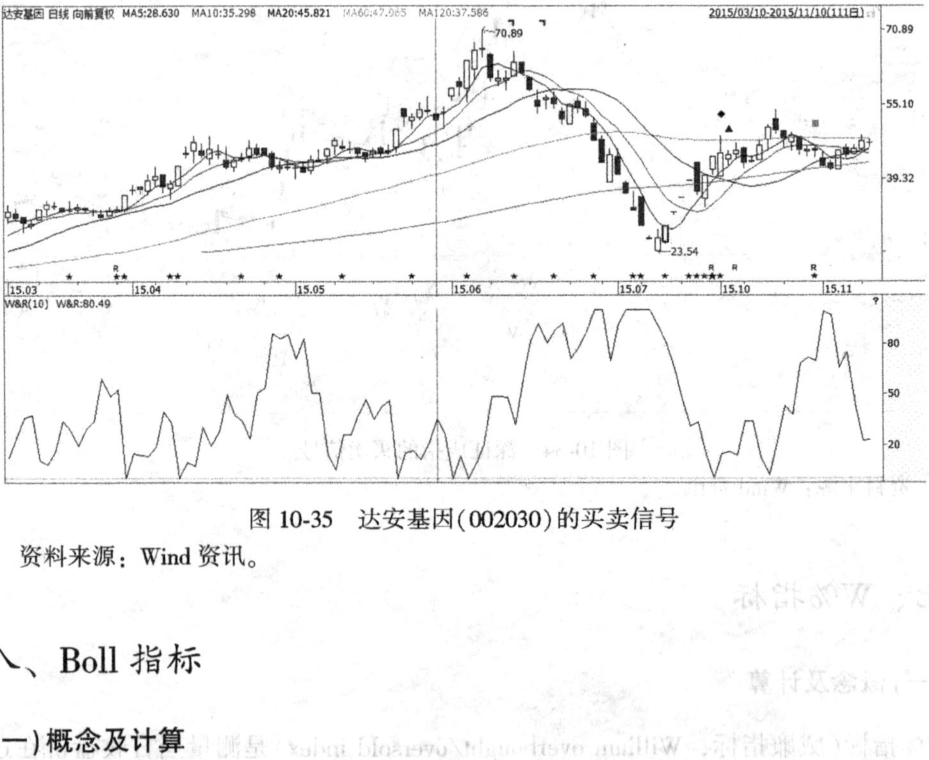

图 10-35 达安基因(002030)的买卖信号

资料来源：Wind 资讯。

八、Boll 指标

(一) 概念及计算

Boll 指标(布林线指标，Boll index)是利用统计学原理，先规定一个标准差，再算出一个上下限波动区间，该波动区间的上下限随股价浮动。Boll 指标的计算公式为：

$$中线值\ MA = \frac{1}{N}\sum_{t=1}^{N} C_t$$

其中，C_t 为每日收盘价，N 为计算周期，一般取 5~10 天。

$$\text{上限值(Up)} = \text{MA} + \sqrt{\frac{\sum_{t=1}^{N}(C_t - \text{MA})^2}{N}} \times \text{上倍数}$$

$$\text{下限值(Down)} = \text{MA} - \sqrt{\frac{\sum_{t=1}^{N}(C_t - \text{MA})^2}{N}} \times \text{下倍数}$$

其中，上、下倍数一般定为2或3。

(二)Boll指标的应用

(1)当布林通道由宽变窄时，说明价格逐渐向中值回归，行情进入整理区。

(2)当通道由窄变宽时，预示行情开始变化。如果价位逼近或上穿上限值，表明进入超买区，可短期内卖出。反之，当价位逼近或下穿下限值，预示进入超卖区，可买进。

(3)如果价位沿布林线上限运行，说明涨势会持续；价位沿下限运行，说明下跌仍将继续。

如图10-36所示，多氟多(002407)的走势中，从2015年8月开始股价在布林线中轨之上运行，并且布林线由窄变宽，是买进时机。

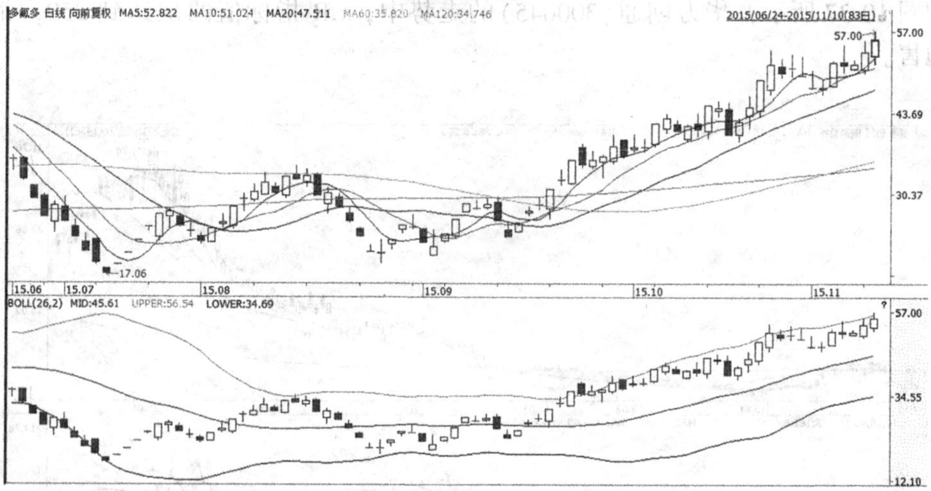

图10-36　多氟多(002407)的买进信号

资料来源：Wind资讯。

九、CR指标

(一)概念及计算

CR指标(centering rates)又称价格动量指标，不仅能反映出价格的压力带和支撑带，而且能够测量人气的热度、价格动量的潜能，其最典型的特点是把中间价作为最具代表性的价格。CR指标的计算分下列几步。

(1)计算中间价：

中间价=(当日最高价+当日最低价)÷2

(2)计算上升值、下跌值：

上升值=当日最高价-昨日中间价(负值记为0)

下跌值=昨日中间价-今日最低价(负值记为0)

(3)计算多、空方累计强度，例如，把计算周期定为26天：

多方强度=26天的上升值之和

空方强度=26天的下跌值之和

(4)计算CR值：

CR=(多方强度÷空方强度)×100

(二)CR指标的应用

(1)CR指标在40以下属超卖，是买入信号。

(2)价格创新低，CR指标未同时创新低，是底背离信号，应买进；价格创新高，CR指标未同时创新高，为顶背离信号，应卖出。

(3)CR指标达到250~350，属超买信号，应卖出。

如图10-37所示，华力创通(300045)的走势中，CR指标值两次达到250，都可做短线抛售。

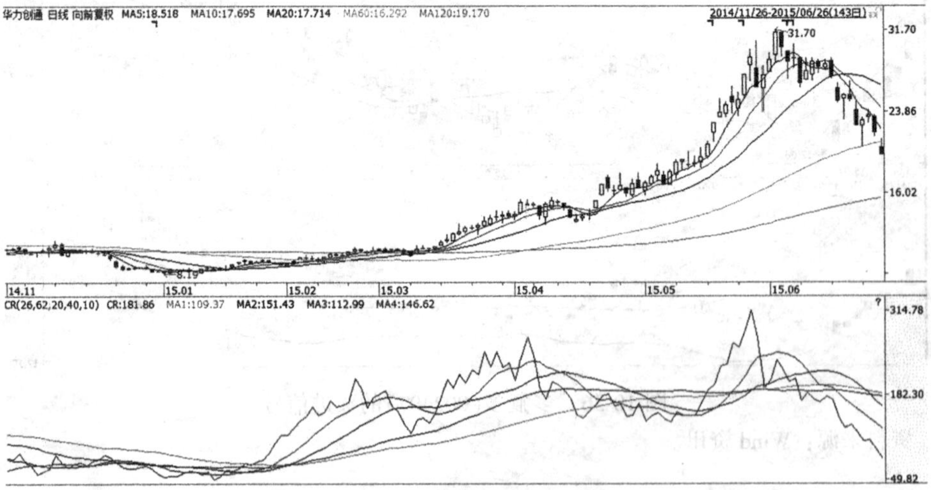

图10-37 华力创通(300045)的买卖信号

资料来源：Wind资讯。

练习与思考

一、重要名词与概念

主要趋势　次要趋势　短暂趋势　牛市　熊市　支撑　阻力　双底(顶)　V字形反转　头肩型　圆弧底(顶)　MA　MACD　RSI　KDJ　OBV　W%　Boll　CR

二、问答题

1. 技术分析有哪四大要素？你是如何理解的？
2. 如何理解技术分析方法在投资实践中的局限性？试举例说明。
3. 道氏理论的核心内容有哪些？对技术分析的意义是什么？
4. 描述牛市四阶段和熊市四阶段的特征。
5. 波浪理论的基本要素是什么？每一浪的特点有哪些？
6. 如何理解反转形态和中继形态？基本的反转形态和中继形态有哪几种？

三、选择题

1. 技术分析的假设包括(　　)。
   A. 任何较大的偏离都会被市场纠正
   B. 市场的行为包含一切信息
   C. 价格趋势一旦形成，往往持续若干时间
   D. 历史会重演
2. 投资者运用技术分析进行行情预判的四个要素包括(　　)。
   A. 价格　　B. 交易量　　C. 时间　　D. 空间
3. 关于价、量、时、空，正确的说法是(　　)。
   A. 技术分析是对价、量、时、空四者关系的分析
   B. 市场行为最基本的表现是成交价和成交量
   C. 价跌量增意味着下跌的趋势将会随之发生改变
   D. 价升量增说明价格上升还有空间
4. 按照道氏理论的分类，趋势分为(　　)。
   A. 主要趋势　　B. 次要趋势　　C. 短暂趋势　　D. 无趋势
5. 熊市分为(　　)几个阶段。
   A. 出货期　　B. 回抽期　　C. 恐慌期　　D. 缓跌期
6. 波浪理论考虑了价格的(　　)因素。
   A. 费氏序列　　B. 比例　　C. 时间　　D. 形态
7. 在K线运用中，(　　)。
   A. 当行情上涨时，收盘价高于开盘价称为阳线，盘面用红色表示
   B. 当行情下跌时，收盘价低于开盘价称为阴线，盘面用绿色表示

C. 上影线的顶部对应当日最高价

D. 下影线的底部对应当日最低价

8. 将上升途中出现的价格最低点和次低点连成一条线，得到(　　)。

A. 轨道线　　B. 压力线　　C. 上升趋势线　　D. 下降趋势线

9. 三角形态(　　)。

A. 是一种持续整理形态　　B. 是一种反转形态

C. 可以预测股价突破的时间　　D. 可以预测股价突破的高度

10. 下列属于反转突破形态的是(　　)。

A. 双重顶(底)　　B. 三重顶(底)

C. 头肩顶(底)　　D. 圆弧顶(底)

11. DIF 和 MACD 都在 0 轴以下，且 DIF 向上突破 MACD 是(　　)。

A. 回档获利了结　　B. 属空头市场

C. 买入信号　　D. 卖出信号

12. RSI 介于 20 与 80 之间，就单个指标而言，表明(　　)。

A. 股价会上涨　　B. 股价会下跌　　C. 股价会反转　　D. 股价走势不明

13. 威廉指数是(　　)。

A. 表示超买或超卖　　B. 表示是强势或弱势

C. 表示多空力量对比　　D. 表示趋势是上升还是下降

14. 从技术分析的角度，投资者应当作出抛售决策的情形有(　　)。

A. 短期均线向下穿过长期均线　　B. DIF 下穿 MACD

C. RSI 指标超过 80　　D. K 线突破 Boll 线上轨

15. 下列说法正确的是(　　)。

A. 越重要、越有效的趋势线被突破，其转势的信号就越弱。

B. 根据葛兰威尔法则，当价格从移动平均线上方向下跌，但并未跌破移动平均线，在移动平均线上方又再度回升，此时为买进信号。

C. 若 DIF 向下跌破 MACD，为卖出信号，尤其当二者均在 0 轴以上跌破时，则行情有可能出现逆转，可考虑平仓。

D. 当 BOLL 线的通道由窄变宽时，预示行情开始变化。如果价位逼近或上穿上限值，表明进入超买区，短期内卖出。反之，当价位逼近或下穿下限值，预示进入超卖区，可买进。

【扩展阅读】

庄家做市的主要步骤

对于庄家而言，由于受他们拥有资金大小、操盘手的个性等因素制约，因而他们做庄的风格也不尽相同，但在做庄的程序上，一般包括下面四个阶段。

(一)吸筹阶段

在这一阶段，庄家要做各种先期准备工作，例如，从对宏观经济形势的研判到某个具体品种的分析(包括业绩、题材、分红、历史走势等信息)，在做到全盘把握的基础上，庄家才进场收集筹码，但他们必须保证筹码收集成本的低廉，才会在日后的拉抬中游刃有余。这样他们就会采取多种手法，在技术图形上留下某些特征：(1)筹码收集阶段往往是价格走势处于低位时，如果庄家认为某个股票的价位依然没到他理想的吸筹成本区，他就会刻意打压，然后在低位承接，图形上常常表现为价位已低，却莫名其妙地无量下跌，制造恐慌，有时庄家甚至散布一些该股的利空消息来配合打压。(2)一旦达到庄家的理想价位，他就开始有计划地吸筹，在这一阶段，成交量明显比以前放大，K线图上阴阳交错，股价微微上涨或上蹿下跳呈底部箱形震荡，各项指标已从弱势慢慢回升。但对某些急于吸筹的庄家或强庄来说，吸筹行为或许更明显，连续大阳伴随巨量若干天后，量突然萎缩得很厉害，然后又突然放量，这样在很短的时间内，就可以达到吸筹的目的。

(二)洗筹阶段

一般来说，庄家在吸完筹后，价格都有不同程度的回升，如果再拉高股价，就会导致沉重的获利抛压。如果此时不失时机地使筹码得以充分换手，那么，整个市场的持筹成本就会摊高，这样，拉抬起来更轻松。但怎样才能达到换手的目的呢，庄家的选择常常是横盘或反向打压股价，使许多看不清后市的投资者在有利可图的情况下抛出筹码，让其他看好后市的投资者承接，或庄家自己高抛低吸。洗筹的方式有两种：(1)横向震荡洗筹。庄家把股价拉升至某一价位后，不再拉升，而是反复采取打压、拉高的手段，技术上是横盘窄幅整理态势，成交量萎缩并不严重。(2)打压洗筹。通过这种方式洗筹，往往很剧烈，有时甚至是以跳水或连拉两三根大阴线结束。由于庄家并无出货打算，打压时成交量不会很大，偶尔还会出现一根巨量阴线，一般为主力刻意制造的出货假象。这一方式还有一个明显的特点，就是打压时一般在某些关键价位就能止住，如5日、10日、30日均线都有一定的支撑，即使跌破，也能马上回升。

(三)拉抬阶段

打压结束后，庄家对筹码的控制程度足以影响股价的走势。庄家拉抬一般也有三种形式：(1)震荡拉高。这一般是中期或长期庄家所为，拉升过程中，不急不躁，价格有节奏地拉高、调整，很少出现跳空。由于筹码锁定好，所以拉升并不需要放量。同时，均线系统也逐步向上。(2)快速拉高。这一般是实力雄厚庄家或短庄行为。这种走势类似于逼空，拉升途中调整期一般不超过3天，价格稳稳地顺着5日、10日等短期均线扶摇直上，颇为壮观。(3)波段拉高。这种拉高类似于震荡拉高，但它每次调整的时间比较长，图形上的波段极其明显，这一段为长期庄家所为。

(四)派发阶段

派发阶段是极其难以辨认的，因为庄家派发筹码要尽可能地做到隐蔽，一旦暴露，普通投资者由于筹码少，就会比庄家提前派发。所以，庄家总是极力掩盖，还散布各种利好消息，制造乐观气氛。但无论如何，庄家丰厚的账面利润只有靠兑现才能变成现实利润。庄家出货的方式也主要有三种：(1)拉高出货，这通常发生在市场气氛普遍乐观时。庄家利用放量对倒拉高，连续用大阳线或跳空阳线制造多头假象，吸引大量跟风盘，然后再顺势将手中筹码抛出。(2)震荡出货。价格在高位区并不急于下跌，而是反复上、下震荡，有时甚至有突破迹象，但一旦到达前期顶部附近，价格便回撤，这种出货法延续时间比较长，成交量比拉升时少，股价重心有下移的趋势。(3)打压出货。这一般是短庄所为，或发生了突发性利空，庄家急于撤出筹码。这时由于庄家在不断地卖出，使股价连连下挫，而且很快就跌破重要支撑线，打压出货的方式容易被识破，所以，庄家一般不采用。

第十一章　权益证券的估值

研究金融资产价值决定主要有两个原因：第一，这种研究有助于我们理解其他投资者愿意对不同证券支付多少，他们的集体行动怎样决定市场价格。如果我们了解了影响这些投资者估值的因素是什么，就能更好地理解这些因素的变化将如何影响未来市场价格。第二，我们可以运用估值的概念找到被错误定价的那些证券，即发现那些位于证券市场线之上或之下的证券，一旦这一尝试得以兑现，我们就可获得高于均衡投资收益的回报，这也是我们进行价值研究最主要的原因。本章首先对金融资产的估值理论进行概述，然后着重考察该理论在权益证券估值中的应用。

第一节　估值理论概述

实际资产和金融资产的价值取决于其未来所生收入贴现的思想，最早是由 Irving Fisher 于 1907 年在他写的《利率理论》一书中提出的。这一思想在理论上看似简单，但在估值实践中却会面临各种复杂的应用问题，如金融资产的未来收入是如何产生的、未来收入的不确定性问题、如何选择恰当的贴现率等，这些问题对于金融资产的价值决定意义十分重大。

一、基本的估值概念

从已有的金融文献来看，有关价值的定义有三种，它们虽内涵各异，但在不同的场合都有其合理性。以下将要探讨的三种定义是：①个人价值(personal value)；②市场价值或价格(market value or price)；③均衡价值或价格(equilibrium value or price)。

金融市场中，每一个投资者作为一个个体，都试图估计金融资产产生的未来现金流或收入，并以一个贴现率贴现这一未来收入。贴现率反映了投资者个体对于时间和承受风险的均衡报酬的估计。当这些未来收入不确定时，投资者就要设法预测它们。由于时间和风险的均衡预期报酬不能直接观察到，投资者个体对某一证券价值的主观估计就会有别于他人的估计。例如，A 投资者根据自己对未来现金流和合适贴现率的估计计算出某上市公司股票价值为 72. 87 美元，而 B 投资者计算出的同一股票的价值可能是 41. 5 美元，即使同样都计算未来收入的现值，个人价值使得不同的投资者有不同的估计值。

由于市场价值是可观察的，不同于个人价值，它是由所有投资者个体分散投票的共同结果。例如，2015 年 9 月 8 日万科 A 的价位为 13. 68 元/股，不管你是否愿意以这个价格购买它，该股票的每股现时价格就是 13. 68 元。市场价格实际上代表了某一时点市场的一致预期，这个“一致”(consensus)是建立在每一投资者对现时信息的获取和利用基础上的。如果信息在证券市场的传递是高效的，那么，所有与估值证券的未来现金流和贴现率有关的信息都将反映在该证券的现时市场价格中；如果信息在市场中是低效的，那么，相关证券的信息就不能被投资者获取或其对价值的影响没有被广泛知晓，该证券的市场价格将不会全部反映这些信息。显然，现时市场价格是全体投资者对证券价值的一种估计，反映了现时市场的一致性。

根据 CAPM 的假设，市场的非系统性风险在理性投资者的作用下得以完全分散，所有证券必定拥有能恰好抵偿投资者系统性风险(不可分散化风险)的市场价格。对应这些价格，所有证券将准确地落在证券市场线上，并且每个投资者预期将获得与承受风险相称的均衡收益率，没有证券提供超额的或较低的收益。一旦实际的证券市场偏离这一理想模式(如信息传递的非完全有效)，那么，证券的市场价格就会偏离其理论均衡价值，但是市场价值最终还将回归到均衡价值上来。在现实的证券市场中，个人价值、市场价值和均衡价值不可能经常保持一致，证券分析的目的就在于估计和了解这些价值的决定依据，从而找到被错误定价的证券。

二、单期估值

上述三种价值的定义都可以用单期模型来表述。设证券 i 的期初市场价格为 P_{i0}^{m}，期末预期价格为 $E^{m}(\tilde{P}_{i1})$，预期现金流入为 $E^{m}(\tilde{D}_{i1})$，期初至期末的预期收益为 $E^{m}(\tilde{R}_{i1})$，$\tilde{P}_{i1}$ 与 $\tilde{D}_{i1}$ 为随机变量，为现时市场的一致预期。

对证券 i，市场一致预期收益为：

$$E^{m}(\tilde{R}_{i1})=\frac{E^{m}(\tilde{P}_{i1})+E^{m}(\tilde{D}_{i1})-P_{i0}^{m}}{P_{i0}^{m}} \tag{11-1}$$

整理上式，我们得到反映证券 i 价值的市场价格：

$$P_{i0}^{m}=\frac{E^{m}(\tilde{P}_{i1})+E^{m}(\tilde{D}_{i1})}{1+E^{m}(\tilde{R}_{i1})} \tag{11-2}$$

由于 $\tilde{P}_{i1}$ 与 $\tilde{D}_{i1}$ 为随机变量，期末它们的实际价值而非预期价值将决定投资者实际获得的单期收益率的大小；如果允许市场价格出现非均衡值，且 $E^{m}(\tilde{R}_{i1})$ 无需是均衡预期收益，那么，市场价格 P_{i0}^{m} 可能就不会是均衡价格。

均衡条件下，证券 i 的均衡价格 P_{i0}^{e} 反映随机变量 $\tilde{P}_{i1}$ 与 $\tilde{D}_{i1}$ 的真实预期，其预期值为 $E(\tilde{P}_{i1})$ 和 $E(\tilde{D}_{i1})$。

那么证券 i 的均衡预期收益为：

$$\begin{aligned}E(\tilde{R}_{i1})&=\frac{E(\tilde{P}_{i1})+E(\tilde{D}_{i1})-P_{i0}^{e}}{P_{i0}^{e}}\\&=R_{f1}+\beta_{i}[E(\tilde{R}_{m1})-R_{f1}]\end{aligned} \tag{11-3}$$

整理上式，我们得到反映证券 i 价值的均衡价格：

$$P_{i0}^{e}=\frac{E(\tilde{P}_{i1})+E(\tilde{D}_{i1})}{1+R_{f1}+\beta_i[E(\tilde{R}_{m1})-R_{f1}]} \tag{11-4}$$

设投资者 k 对证券 i 的价值估计不同于其他投资者，$E^k(\tilde{P}_{i1})$ 和 $E^k(\tilde{D}_{i1})$ 分别表示 k 对证券 i 的未来市场价格和现金流入的预期，k 对证券 i 的要求收益为 $E^k(\tilde{R}_{i1})$，反映其对风险和资金的时间价值的主观判断，运用以上数据，k 得到个人价值的估计值：

$$P_{i0}^{k}=\frac{E^k(\tilde{P}_{i1})+E^k(\tilde{D}_{i1})}{1+E^k(\tilde{R}_{i1})} \tag{11-5}$$

假如 k 是基于 CAPM 对证券 i 的预期收益作出个人判断，那么：

$$P_{i0}^{k}=\frac{E^k(\tilde{P}_{i1})+E^k(\tilde{D}_{i1})}{1+R_{f1}+\beta_i{}^k[E^k(\tilde{R}_{m1})-R_{f1}]} \tag{11-6}$$

下面我们分别举一个风险公司债券和普通股票的例子，来具体说明这三种价值间的关系。

例 Ford Motor 公司几年前发行了债券，还有 1 年到期，息票率为 14.75%，面值 1000 美元，若该债券违约，到期将只能还本 500 美元且无利息，违约概率是 10%，该债券的 β 值为 0.2，无风险利率是 8%，市场组合收益率为 20%，该债券的均衡价格是多少？

预期债券期末价格为：(0.9)(1000)+(0.1)(500)= 950(美元)

预期期末利息为：(0.9)(147.50)+(0.1)(0)= 132.75(美元)

此时该债券的均衡价格为：

$$P_{i0}^{e}=\frac{950+132.75}{1+0.08+0.2(0.2-0.08)}=980.75\ (\text{美元})$$

这样，投资者若以 980.75 美元的均衡价格卖出该债券，就可以获得 10.4%的预期收益率。

例 Caesar's World 普通股 1 年后的预期售价为 40 美元，预期股息为 0，股票 β= 1.5，无风险利率与市场预期收益同上例，目前其均衡价格为多少？

根据(11-4)式，该股票目前的均衡价格为：

$$P_{i0}^{e}=\frac{40+0}{1+0.08+1.5\times0.12}=31.75\ (\text{美元})$$

图 11-1 表示，Ford Motor 债券与 Caesar's World 股票均落在证券市场线上。

上例中，虽然我们找到了 Caesar's World 普通股票和 Ford Motor 债券的均衡价格（P_{i0}^{e} 代表 Caesar's World；P_{j0}^{e} 代表 Ford Moter）分别为 31.75 美元和 980.75 美元，但事实上，实际的市场价格可能并没有反映这些价格。只要查阅《华尔街日报》，我们就会发现这两种证券头一日的收盘价分别为 28.87 美元和 1040 美元（用 P_{i0}^{m} 和 P_{j0}^{m} 代表 Caesar's

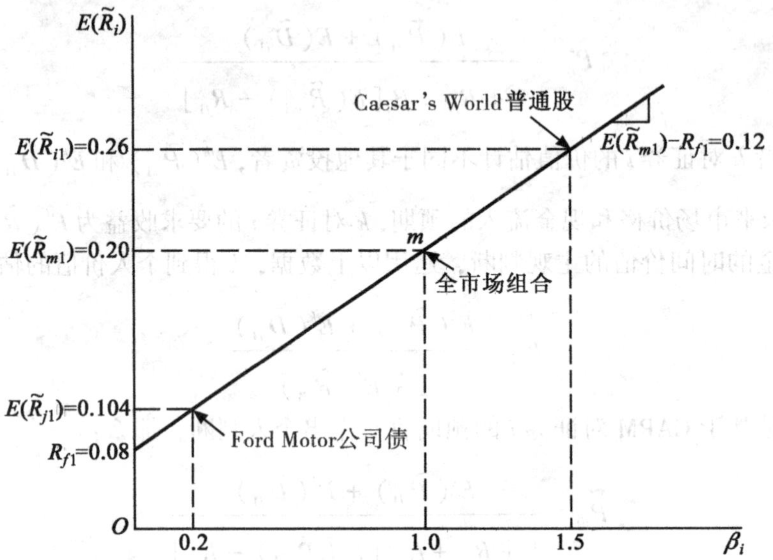

图 11-1　证券市场线：均衡

World 股票和 Ford Motor 债券的市场价格）。由于：

$$28.87\text{ 美元} = P_{i0}^{m} < P_{i0}^{e} = 31.75\text{ 美元} \tag{11-7}$$

我们说 Caesar's World 股票是被市场低估的证券。由于：

$$1040\text{ 美元} = P_{j0}^{m} > P_{j0}^{e} = 980.75\text{ 美元} \tag{11-8}$$

我们说 Ford Motor 债券是被市场高估的证券。

然而，个别投资者不可能观察到实际的均衡价格，而必须用个人价值 P_{i0}^{k} 去估计它，这个估计值是投资者对真实均衡价格的最佳推断。这样，投资者观察到的价值低估证券是：

$$P_{i0}^{m} < P_{i0}^{k} \tag{11-9}$$

投资者观察到的价值高估证券是：

$$P_{j0}^{m} > P_{j0}^{k} \tag{11-10}$$

显然，由于 P_{i0}^{m} 是否偏离 P_{i0}^{e} 是由 P_{i0}^{k} 决定的，所以对在均衡价格形成过程中起决定作用的因素做进一步的了解就显得非常必要。

若投资者对证券 i 的预期收益 $\hat{R}_{i1}$ 是其个人对现时市场价格的理解，那么：

$$\hat{R}_{i1} = \frac{E^{k}(\tilde{P}_{i1}) + E^{k}(\tilde{D}_{i1}) - P_{i0}^{m}}{P_{i0}^{m}} \tag{11-11}$$

将这一概念用以分析上述两例，当投资者 k 预测出 Ford Motor 债券和 Caesar's World 股票的期末现金流是 1082.75 美元和 40 美元时，可以得到：

$$\hat{R}_{j1} = \frac{1082.75 - 1040}{1040} = 4.1\%$$

$$\hat{R}_{i1} = \frac{40 - 28.87}{28.87} = 38.5\%$$

将投资者 k 的收益估计与证券市场线相联系，两支证券的位置见图 11-2。

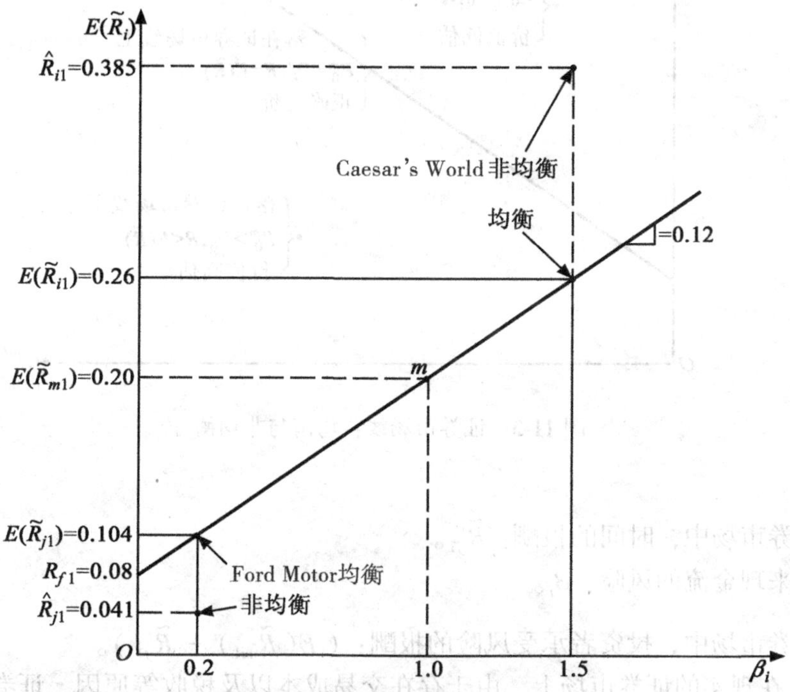

图 11-2　证券市场线：非均衡

对投资者 k 而言，由于 Caesar's World 股票的市场价格低于均衡价格（28.87 美元<31.75 美元），故其收益高于均衡收益；同样，由于 Ford Motor 债券的市场价格高于均衡价格（1040 美元>980.75 美元），故 k 预期 Ford Motor 债券提供的收益低于均衡收益。

Caesar's World 股票是价值被低估的证券，因此：

$$0.385 = \hat{R}_{i1} > E(\tilde{R}_{i1}) = 0.26$$

Ford 债券是价值被高估的证券，因此：

$$0.041 = \hat{R}_{j1} < E(\tilde{R}_{j1}) = 0.104$$

证券分析的目标就是找到那些市场价格暂时偏离均衡价值的证券，并确信市场力量将使得市场价格最终会回归到均衡价格上来。因此，当你发现某一证券的市场价格低于（高于）均衡价值或在证券市场线之上（下）时，你就可以买进（卖出）这些证券，获得预期超额收益。以上结论可以综合归纳在图 11-3 中。

根据上述分析我们发现，在单期估值模型中，影响证券均衡价值的因素有四个，任何均衡估值的方法都必须反映这四个因素的作用。

（1）预期现金流的数量大小：$(E(\tilde{P}_{i1}) + E(\tilde{D}_{i1}))$。

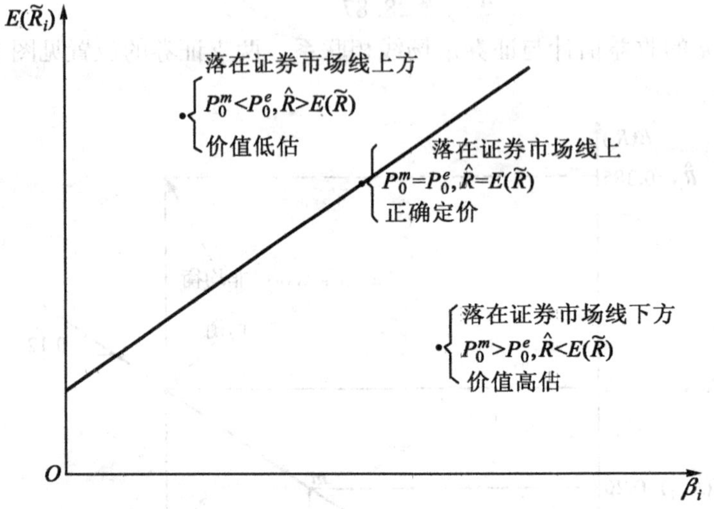

图 11-3　证券市场线：均衡与非均衡

(2)证券市场中，时间的报酬：$\tilde{R}_{f1}$。

(3)未来现金流的风险：β_i。

(4)证券市场中，投资者承受风险的报酬：$(E(\tilde{R}_{m1})-\tilde{R}_{f1})$。

当然，在现实的证券市场上，由于存在交易成本以及税收等原因，证券一般不会恰好落在证券市场线上。因此，现实中的资本资产定价模型可能不再是一条直线，而是一条带状的区域，如图 11-4 所示。这条带的宽度随市场不完全性程度的不同而不同。

单期估值模型没有涉及未来现金流将在何时出现的问题，这个问题我们将放在多期估值模型中讨论。

三、多期估值

对于投资者而言，许多金融资产的持有是多期的而非单期的，如股票、债券，现金流在持有它们的未来时期不断出现，以下我们将把估值模型扩展到这一领域。由于 CAPM 是单期模型，我们也将探讨它在多期估值模型中的应用。让我们先考察一个单期的情况：

例　证券 i 为短期无风险国债，1 年后到期还本 10000 美元，无风险利率 5%；证券 j 为 1 单位的商业票据，预期 1 年后还本付息分别为 9496 美元和 980 美元，证券 j 的 $\beta=0.4$，市场组合均衡收益为 17.5%，在 $t=0$ 时，两支证券的卖价分别是：

$$P_{io}^e=\frac{10000+0}{1+[0.05+(0.0)(0.175-0.05)]}=9524\text{（美元）}$$

$$P_{jo}^e=\frac{9496+980}{1+[0.05+(0.4)(0.175-0.05)]}=9524\text{（美元）}$$

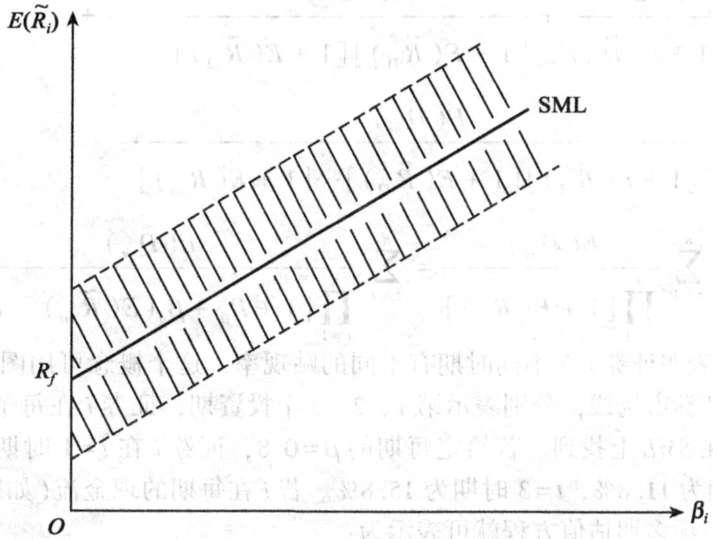

图 11-4 现实中的证券市场带

这里，似乎看不出投资者购买哪种证券有什么不同。若我们引入两期限加以分析，情况就不同了。

设证券 h 在 $t=1$ 时，代表一种新发行的风险商业票据，在 $t=2$ 时到期，预期还本付息 9600 美元和 876 美元，其 β 也等于 0.4，但市场组合收益变为 25%，无风险利率不变。利用上述信息我们可以得到 h 在 $t=1$ 时的期末价格：

$$P_{h1}^{e}=\frac{9600+876}{1+[0.05+0.4(0.25-0.05)]}=9271(\text{美元})$$

我们要说明的是，投资者第 1 期在 i 与 j 之间的选择，将受到 $t=1$ 时 h 的影响，当 $t=0$ 时，选择 j 将在 $t=1$ 时获得一个更高水平的现金流。当 $t=0$ 时，选择 j，在 $t=1$ 时将可买到 1.13 个单位(10476/9271)的 h；而选择 i，则只能买到 1.08 个单位(10000/9271)的 h。因此，当投资者考虑下一期的投资机会时，证券 j 是较好的选择。

考虑到未来市场环境的变化，市场中风险的报酬、无风险利率、单个证券预期收益以及 β 值都有可能发生变化。接下来将单期拓展至 n 期，则在任一时期 $t(t=0, 1, \cdots, n)$，证券 i 的均衡收益为：

$$E(\tilde{R}_{it+1})=R_{ft+1}+\beta_{it+1}[E(\tilde{R}_{mt+1})-R_{ft+1}] \tag{11-12}$$

证券 i 在 t 时的均衡价格可表示为：

$$P_{i0}^{e}=\frac{E(\tilde{D}_{it+1})+E(\tilde{P}_{it+1}^{e})}{1+E(\tilde{R}_{it+1})} \tag{11-13}$$

变化(11-13)式，并将(11-12)式代入，我们可得到 $t=0$ 时，证券 i 的均衡价值为：

$$P_{i0}^{e}=\frac{E(\tilde{D}_{i1})}{1+E(\tilde{D}_{i1})}+\frac{E(\tilde{D}_{i2})}{[1+E(\tilde{R}_{i1})][1+E(\tilde{R}_{i2})]}+\cdots+$$

$$\frac{E(\tilde{D}_{in})}{[1+E(\tilde{R}_{i1})][1+E(\tilde{R}_{i2})]\cdots[1+E(\tilde{R}_{in})]}$$

$$=\sum_{\tau=1}^{n}\frac{E(\tilde{D}_{i\tau})}{\prod_{t=1}^{\tau}[1+E(\tilde{R}_{it})]}=\sum_{\tau=1}^{n}\frac{E(\tilde{D}_{i\tau})}{\prod_{t=1}^{\tau}[1+R_{ft}+\beta_{it}(E(\tilde{R}_{mt})-R_{ft})]} \tag{11-14}$$

(11-14)式表明证券 i 在不同时期有不同的贴现率，这个概念可用图 11-5 说明。这里显示了三条证券市场线，分别表示第 1、2、3 个投资期，证券 i 在每个投资期的均衡预期收益都能在 *SML* 上找到。若给定每期的 $\beta=0.8$，证券 i 在 $t=1$ 时期的预期收益为 17%，$t=2$ 时期为 11.8%，$t=3$ 时期为 15.8%。若 i 在每期的现金流(如股息)为 100 美元，那么，前三项多期估值方程就可表示为：

$$P_{i0}^{e}=\frac{100}{(1+0.17)}+\frac{100}{(1+0.17)(1+0.118)}+\frac{100}{(1+0.17)(1+0.118)(1+0.158)}+\cdots$$

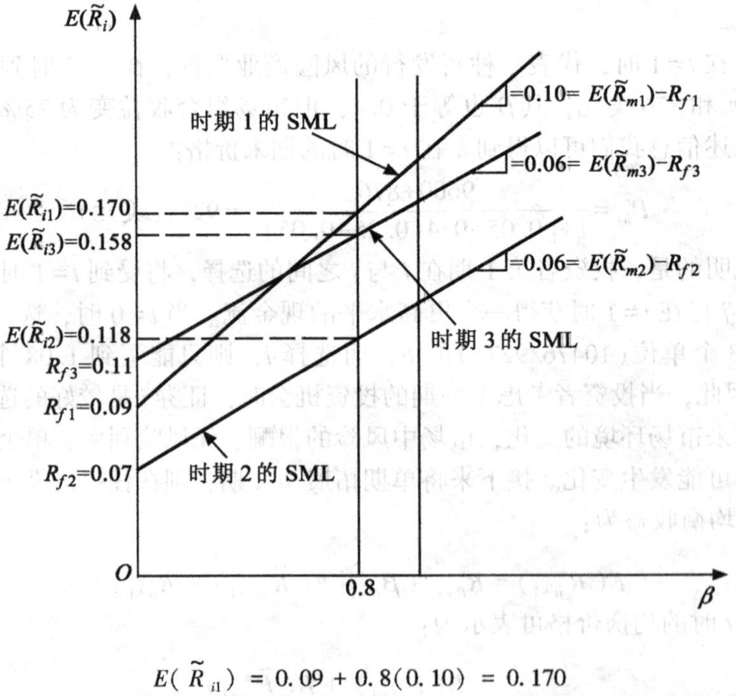

$$E(\tilde{R}_{i1})=0.09+0.8(0.10)=0.170$$

$$E(\tilde{R}_{i3})=0.70+0.8(0.06)=0.158$$

$$E(\tilde{R}_{i2})=0.11+0.8(0.06)=0.118$$

图 11-5　多期情形下的风险—收益比

实际上，由于未来市场的均衡参数难以准确预测，(11-14)式在多数情况下相当复杂且难以应用。为解决这一问题，我们往往假设这些参数在未来时期不发生变化，这样就可以将(11-14)式简化为：

$$P_{i0}^{e}=\sum_{\tau=1}^{n}\frac{E(\tilde{D}_{i\tau})}{[1+R_f+\beta_i(E(\tilde{R}_m)-R_f)]^{\tau}} \tag{11-15}$$

若用 $E^k(\tilde{D}_{i\tau})$ 和 $E^k(\tilde{R}_i)$ 分别代表 τ 时投资者主观理解的现金流和贴现率，那么，多期情形下的个人价值为：$P_{i0}^{k}=\sum_{\tau=1}^{n}E^k(\tilde{D}_{i\tau})/[1+E^k(\tilde{R}_i)]^{\tau}$。多期情形下，当 $P_{i0}^{m}<P_{i0}^{k}$，则证券 i 的价值被低估；当 $P_{i0}^{m}>P_{i0}^{k}$，则证券价值被高估。或者，当 $\hat{R}_i>E^k(\tilde{R}_i)$，则证券价值被低估；当 $\hat{R}_i<E^k(\tilde{R}_i)$，则证券价值被高估。多期情形下，$\hat{R}_i$ 同样是投资者 k 对证券 i 的预期收益。它是通过解下式获得的：$P_{i0}^{m}=\sum_{\tau=1}^{n}E^k(\tilde{D}_{i\tau})/(1+\hat{R}_i)^{\tau}$。

特别地，当 $n\to\infty$ 时，则 $P_{i0}^{k}=\sum_{\tau=1}^{\infty}E^k(\tilde{D}_{i\tau})/[1+E^k(\tilde{R}_i)]^{\tau}$，$P_{i0}^{m}=\sum_{\tau=1}^{\infty}E^k(\tilde{D}_{i\tau})/(1+\tilde{R}_i)^{\tau}$。

四、证券价值与风险

上述分析表明证券价值受预期现金流和均衡预期收益的影响，它们都与 β 有关。在均衡市场中，β 是系统性风险的代名词，我们只有深入了解风险的具体构成要素，才能进一步理解 β。第二章我们已经讨论了系统性风险的构成和各自的特点，下面我们将分别分析与特殊类别证券有关的风险因素，主要包括：经营管理风险、财务风险、利率风险。

(一)经营管理风险

经营管理风险是指由公司微观经营管理决策所导致的收入现金流的不确定性。无锡尚德电力有限公司对光伏主要原材料多晶硅的价格走势两度判断失误，高价与美国、韩国的多晶硅企业签订长期订单，这导致公司背上了沉重的原材料负担。另一方面，作为新兴产业的光伏在“未来技术路线上存在诸多不确定性”，尚德公司一度认为，薄膜电池可能是未来技术方向之一，追加数千万美元的投资，但却成了“竹篮打水”。2013 年 3 月 18 日，由于其无法归还到期债务，法院对尚德公司进行了破产重组。实际上，除了重大投资决策外，每家公司在其日常的经营活动过程中都面临着经营管理风险。例如，随着中国加入 WTO 5 年承诺保护期满，金融服务对外资开放，国有商业银行的市场份额将有多少会丧失于外资银行？在能源和矿产资源价格逐年攀升的条件下，航空和冶金行业的利润在多大程度上会受到影响？在世界各国愈演愈烈的反倾销浪潮中，那些出口导向型企业能够拿出行之有效的应对之策吗？对于投资者而言，经营管理风险代表一家公司未来盈利的波动性部分，它主要受到该公司投资决策的影响。某些公司的经营管理风险之所以大于其他公司，是由于它们的投资决策是在极具不确定性的市场中作出的。由于盈利波动性将明显地影响公司证券未来现金流的水平和时间，所以，从公司盈利的波动性看，成长型证券的风险就会高于价值型证券。经营管理风险代表了公司盈利能力在利息和其他固定收益证券义务履行之前本身所固有的非稳定性。

(二)财务风险

除了投资决策之外，管理决策也能通过融资(资本结构)决策使证券风险发生改变。财务风险是由公司的资本结构中负债融资的变化所导致的，通常用负债与权益的百分比来度量财务风险的大小。例如，一项大的投资决策的融资方式，是通过债券还是股票，会对公司现有持券者未来所得收益的波动性产生影响。当B公司发行50亿元新债筹资购买M公司股票时，B公司的普通股票的价值就会受损，原因在于新债增加了索要公司未来固定利息的义务，并增加了股票支付的不确定性，而这很有可能导致股票风险增大，使其均衡价值降低。财务风险代表了公司支付债权人利息之后收益的非稳定性，原因在于公司融资结构中固定支付义务的增加。

(三)利率风险

利率风险与证券的市场价格和现行利率水平变动的敏感性有关。在其他条件不变的情况下，随着利率的上升或下降，证券的预期收益也会跟着上升或下降，这意味着证券的价格与利率呈负相关关系。当价格的波动相对于一定水平利率的变化很大时，利率风险就很大。与短期证券相比，长期证券有更大的利率风险，如长期债券和普通股票。但对于普通股票，同时发生的其他因素会抵消利率的影响，利率越高，利差公司的经营收益越会增加。当然，利率的变化对公司经营收益的影响非常复杂，因行业而异，一般地，金融、地产和商业板块公司受利率波动的影响较大。

有些分析人员将这些风险因素结合起来估计证券的预期收益$E(i)$；有些分析人员则将这些因素加以量化并与β值相联系，估算证券的价值。在以后的章节中我们将看到这些做法的具体应用。

第二节 权益证券的价值确定

普通股股东是公司财富的剩余索求者，又是公司的所有者。普通股的股东权益大致包括两类：一类是股息权益；另一类是非股息权益。股东权益的价值取决于公司履行对债权人、雇员和顾客义务之后的净资产价值，其价值是通过支付股息现金流的形式实现的。股息按季、半年和年从公司生产经营产生的资金中支付，也可作为特别股息不定期支付，常规股息构成公司对股东支付的主要部分。公司普通股票的价值有赖于这种股息支付或对这种股息支付的预期。虽然众多股东作为一个整体是公司的所有者，但他们对公司任何类别的股息支付不具有单方面的决定权，也无权从公司抽走其拥有的那部分权益。实际上，股东权益仅限于按其所有权的比例选举公司董事、参与公司合并等一些重大决策的投票表决。任何股东兑现其投资的最终选择是在二级市场出售所拥有的股份。

理论上，普通股的估值在许多方面与固定收益证券有相似之处，估值方程的分子是每一期预期未来现金流，分母则是将这些现金流贴现为现值的贴现因子，贴现率是 CAPM 框架中反映市场要求的收益率。这一节我们将专门研究市场对支付股息预期的评估。

一、股息现金流分布与普通股的估值

普通股估值与固定收益证券的不同之处在于，以股息形式从公司流向股东的现金流是不确定的。这种不确定性的大小及性质取决于本节讨论的许多因素，但是总体来看，在收到股息上的不确定性时可用图 11-6 中的概率分布来表示。这些分布的形状是任意的。无论形状怎样，为评估普通股现值，所使用的数值是股息现金流分布的期望值，见图 11-6 中的 1.00 美元和 0.85 美元。实际股息与期望值之间离差的性质和程度或许很重要，但股息现金流的分布对股票价值的影响是在股票风险 β_i 的决定中将要考虑的问题。

在单期情况下，普通股的每股价值可表示为：

$$P_{i0}^{e}=\frac{E(\tilde{D}_{i1})}{1+E(\tilde{R}_{i1})}+\frac{E(\tilde{P}_{i1}^{e})}{1+E(\tilde{R}_{i1})} \tag{11-16}$$

P_{i0}^{e} 为现时均衡价格，$E(\tilde{P}_{i1}^{e})$ 为下一期预期均衡价格，$E(\tilde{R}_{i1})$ 为预期均衡收益，$E(\tilde{D}_{i1})$ 为预期股息。

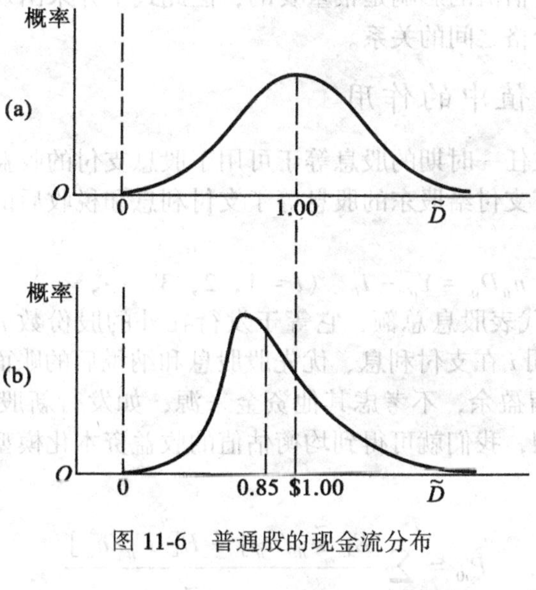

图 11-6　普通股的现金流分布

由于财富自公司转移到股东的唯一合法方式是通过支付股息，那么1年后的股票价格 $E(\tilde{P}^e_{i1})$ 取决于股息现金流和2年后价格的贴现，当每年均衡收益相等时，我们有：

$$P^e_{i1} = \frac{E(\tilde{D}_{i2})}{1+E(\tilde{R}_i)} + \frac{E(\tilde{P}^e_{i2})}{1+E(\tilde{R}_i)} \tag{11-17}$$

依次类推，得：

$$P^e_{i2} = \frac{E(\tilde{D}_{i3})}{1+E(\tilde{R}_i)} + \frac{E(\tilde{P}^e_{i3})}{1+E(\tilde{R}_i)}$$

$$P^e_{i3} = \frac{E(\tilde{D}_{i4})}{1+E(\tilde{R}_i)} + \frac{E(\tilde{P}^e_{i4})}{1+E(\tilde{R}_i)} \cdots$$

根据以上表达式，整理为：

$$P^e_{i0} = \frac{E(\tilde{D}_{i1})}{[1+E(\tilde{R}_i)]} + \frac{E(\tilde{P}^e_{i2})}{[1+E(\tilde{R}_i)]^2} + \cdots + \frac{E(\tilde{D}_{iT})}{[1+E(\tilde{R}_i)]^T} + \frac{E(\tilde{P}^e_{iT})}{[1+E(\tilde{R}_i)]^T}$$

$$P^e_{i0} = \sum_{t=1}^{T} \frac{E(\tilde{D}_{it})}{[1+E(\tilde{R}_i)]^t} + \frac{E(\tilde{P}^e_{iT})}{[1+E(\tilde{R}_i)]^T} \tag{11-18}$$

由于普通股票是不还本的，并且 $T \to \infty$，因此，我们可以得到均衡估值的重要表达式——股息资本化模型(dividend capitalization model)：

$$P^e_{i0} = \sum_{t=1}^{\infty} \frac{E(\tilde{D}_{it})}{[1+E(\tilde{R}_i)]^t} \tag{11-19}$$

我们已知道收益对估值的影响是很重要的，但此式中并未出现收益，因此，我们必须弄清楚收益与股票价格之间的关系。

二、收益在估值中的作用

显然，上市公司在任一时期的股息等于可用于股息支付的收益减去用于公司投资目的的保留公积金。所有支付给股东的股息等于支付利息和税收后的净收入与净保留公积金之差，即：

$$n_{it}D_{it} = Y_{it} - I_{it} \quad (t=1, 2, 3, \cdots, \infty) \tag{11-20}$$

(11-20)式的左边代表股息总额，它等于发行在外的股份数 n_{it} 与每股股息 D_{it} 的乘积；右边的 Y_{it} 表示公司 i 在支付利息、优先股股息和纳税后的账面净收入；I_{it} 表示公司 i 的净投资(来源于保留盈余，不考虑其他资金来源，如发行新股或债券)。将(11-20)式代入股息资本化模型，我们就可得到均衡估值的收益资本化模型(earning capitalization model)：

$$P^e_{i0} = \sum_{t=1}^{\infty} \frac{E[\tilde{Y}_{it}/n_{it}] - E[\tilde{I}_{it}/n_{it}]}{[1+E(\tilde{R}_i)]^t} \tag{11-21}$$

式中：$E[\tilde{Y}_{it}/n_{it}]$ 是每股收益的预期值，$E[\tilde{I}_{it}/n_{it}]$ 是每股净投资支出（net investment outlays per share）。由于折旧（N_{it}）也可用于投资，总投资支出（Z_{it}）等于折旧加上净投资，即：

$$Z_{it} = N_{it} + I_{it} \tag{11-22}$$

将此式代入收益资本化模型，我们又可得到均衡估值的另一表达方式——现金流资本化模型（cash flow capitalization model）：

$$P_{i0}^{e} = \sum_{t=1}^{\infty} \frac{E[\tilde{Y}_{it}/n_{it}] + E[\tilde{N}_{it}/n_{it}] - E[\tilde{Z}_{it}/n_{it}]}{[1+E(\tilde{R}_i)]^t} \tag{11-23}$$

关于以上三个估值模型的应用，限于篇幅我们就不一一举例说明了，接下来我们主要就股息资本化模型的应用加以讨论。

三、投资机会与股票价值

实际中，决定收益大小的因素有很多，弄清它们与收益之间的作用关系很有必要。因为只要把握了股息资本化模型及上述其他模型的基本思路，针对不同的具体情况，我们就可以发展出许多不同的估值模型。这一点可借助下面的例子予以说明，这个例子说明了投资机会对股票价格的影响。

假定某公司 i 初始投资 100 万美元，建纸板生产厂，形成公司的唯一资产，这笔投资是在 $t=0$ 时，通过发行 $n_{i0}=1000$ 股普通股票筹资所得。这家纸板厂预期每年产生 10 万美元的永续现金流。在 t 期，10 万美元的构成是：(1) $Y_{it}=8.5$ 万美元，为预期销售纸板的净收入；(2) $N_{it}=1.5$ 万美元，为折旧。由于在所有未来时期 Y_{it} 和 N_{it} 为常数，所以对于所有现金流，$Y_{i0}=Y_{it}$ 和 $N_{i0}=N_{it}$。公司需将每期的部分净收入用于再投资以补偿资本磨损。假设该公司每期的总投资支出 $Z_{it}=1.5$ 万美元，且 $Z_{i0}=Z_{it}$，除了补偿现有设备磨损外，该公司无其他投资机会，因此，公司每期的净投资支出是 0。这样公司股票的每股均衡价值可写为：

$$P_{i0}^{e} = \frac{E[\tilde{Y}_{i0}/n_{i0}] + E[\tilde{N}_{i0}/n_{i0}] - E[\tilde{Z}_{i0}/n_{i0}]}{E(\tilde{R}_i)} = \frac{E[\tilde{Y}_{i0}/n_{i0}]}{E(\tilde{R}_i)} \tag{11-24}$$

如果我们要求公司股票的均衡收益为 8.5%，则每股的价值为：

$$P_{i0}^{e} = \frac{(85000/1000)+(15000/1000)-(15000/1000)}{0.085} = \frac{85}{0.085} = 1000(\text{美元})$$

下面假定公司有另外的投资机会，它要求将额外的收益进行每期再投资以补偿设备磨损（超过 1.5 万美元）。设 $t=1$ 时，该公司可投资 5 万美元，建一新的生产线，该新生产线每期将产生 9000 美元现金流，新项目的投资收益率为 18%。新生产线在 $t=1$ 时，增加的价值 V_1^* 等于未来现金流的净现值（net present value）。如果 R_1^* 代表新生产线在每一未来时期产生的不变收益率，I_1^* 为 $t=1$ 时的投资，那么公司股东的项目净现值为：

$$V_1^* = \frac{E(\tilde{R}_1^* I_1^*)}{E(\tilde{R}_i)} - I_1^* \tag{11-25}$$

假设这个项目要求的均衡收益率为 8.5%，将已知数据代入(11-25)式，得：

$$V_1^* = \frac{(0.18)(50000)}{0.085} - 50000 = 55882(\text{美元})$$

新生产线建成后，$t=1$ 时公司的价值必等于 $t=1$ 时的初始价值(此例中为 1000 美元)加上 $t=1$ 时这一投资项目新产生的价值，即：

$$\text{新的 } P_{i1}^e = P_{i0}^e + (V_1^* / n_{i0}) \tag{11-26}$$

当新的投资机会在净现值 V_1^* 为正时，将使公司股票增值。将有关数据代入(11-26)式，我们发现公司股票将增值 55.88 美元，即：

$$\text{新的 } P_{i1}^e = 1000+(55882/1000) = 1055.88(\text{美元})$$

股票增值的原因在于新生产线预期获得的收益率(18%)超过了市场要求的均衡收益率(8.5%)，这就解释了 V_1^* 为正值的原因，即新生产线仅用去公司 50000 美元的成本，而市场却认为其价值为 105882 美元。若我们将以上过程全部贴现到 $t=0$ 时来表示，那么，每股价格就可以表示为现有公司的每股价值加上公司未来投资机会的现值：

$$P_{i0}^e = \frac{E[\tilde{Y}_{i0}/n_{i0}]}{E(\tilde{R}_i)} + \frac{\dfrac{E[(\tilde{R}_1^* I_1^*)/n_{i0}]}{E(\tilde{R}_i)} - \left(\dfrac{I_1^*}{n_{i0}}\right)}{[1 + E(\tilde{R}_i)]} \tag{11-27}$$

将以上数据代入，我们得到公司股票的现值为 1051.50 美元，它反映了未来投资机会预期增加的价值。

$$P_{i0}^e = 1000+55.88/[1+0.085] = 1051.50(\text{美元})$$

我们还可以将上例中投资机会的时期从 $t=1$ 期，扩展到 $t=2, 3, \cdots, \infty$，此时，我们可得到均衡估值的投资机会资本化模型(investment opportunities capitalization model)：

$$P_{i0}^e = \frac{E[\tilde{Y}_{i0}/n_{i0}]}{E(\tilde{R}_i)} + \sum_{t=1}^{\infty} \frac{E\left[\left(\dfrac{I_t^*}{n_{i0}}\right)[\tilde{R}_t^* - E(\tilde{R}_i)]\right]}{E(\tilde{R}_i)} \left[\frac{1}{1 + E(\tilde{R}_i)}\right]^t \tag{11-28}$$

(11-28)式右边第一项是基于公司现有资产产生的收益现值；第二项表示公司所能获得的全部未来投资机会产生的预期每股未来收益的现值。根据(11-28)式，我们可对投资机会与普通股票价值之间的相互关系给出清晰的解释：如果投资机会的收益率 R^* 高于市场均衡收益率 $E(\tilde{R}_i)$，那么：(1)项目投资将使公司股票增值；(2)两者的差异越大，投资机会对公司股票价值的贡献也越大；(3)项目投资额 I^* 越大，投资机会对股票增值的贡献也越大；(4)投资活动越接近现在，投资机会的贡献越大。

四、增长与股票价值

本部分将主要探讨股息增长的形式与股票价值之间的关系。例如，一种证券 i 从现在起预期每年的固定增长率为 g，用估值模型来描述就是：

$$P_{i0}^{e}=\frac{E(\tilde{D}_{i1})}{[1+E(\tilde{R}_{i})]}+\frac{E(\tilde{D}_{i1})(1+g)}{[1+E(\tilde{R}_{i})]^{2}}+\frac{E(\tilde{D}_{i1})(1+g)^{2}}{[1+E(\tilde{R}_{i})]^{3}}+\cdots+\frac{E(\tilde{D}_{i1})(1+g)^{t}}{[1+E(\tilde{R}_{i})]^{t+1}} \tag{11-29}$$

设 $E(\tilde{R}_i)>g$，(11-29)式可简化为：

$$P_{i0}^{e}=\frac{E(\tilde{D}_{i1})}{E(\tilde{R}_{i})-g} \tag{11-30}$$

这就是均衡估值的固定增长(不变增长)模型(constant growth rate model)，由于它最早是由 Gordon(1959)提出来的，所以又称戈登模型(Gordon model)，这一模型的优点是简单明了。例如，设投资者对某 A 公司股票下一年的预期股息为 2 美元，均衡预期收益为 15%，预期增长率为 5%，则这种股票的估值为：$P_{A0}^{e}=2/(0.15-0.05)=20$(美元)。但是现实中绝大多数公司的情况并不像该模型所描述的那样，它们多表现为不规则的和周期性的增长。但有些进入成熟期的公司，如美国钢铁或统一爱迪生公司，它们的未来平均收益增长较低但相当稳定，较接近(11-30)式的情况。

一种更为现实的增长情形是，公司发展初期低于正常或高于正常增长，然后进入一个相对稳定的增长。设非正常增长期股息增长率为 g_s，接下来的正常增长率为 g_n，g_s 始于 $t=1$，终于 $T-1$(共 T 期)，之后为 g_n 所替代。这样我们可得到均衡估值的变动增长模型(variable growth model)：

$$P_{i0}^{e}=\sum_{t=1}^{T}\frac{E(\tilde{D}_{i1})(1+g_{s})^{t-1}}{[1+E(\tilde{R}_{i})]^{t}}+\left[\frac{E(\tilde{D}_{i1})(1+g_{s})^{T-1}(1+g_{n})}{E(\tilde{R}_{i})-g_{n}}\right]\left[\frac{1}{1+E(\tilde{R}_{i})}\right]^{T} \tag{11-31}$$

例 Scott Paper 公司的普通股票预期均衡收益为 24%，$t=1$ 时，预期股息为 1 美元，连续 9 年以 30% 的速度超常增长，随后无限期地以每年 5% 的速度正常增长，那么 Scott 公司股票的均衡价格为：

$$P_{i0}^{e}=\sum_{t=1}^{10}\frac{(1)(1.3)^{t-1}}{(1.24)^{t}}+\left[\frac{(1)(10.604)(1.05)}{(0.24-0.05)}\right]\left[\frac{1}{1.24}\right]^{10}=16.86(\text{美元})$$

又设 Santa Fe Industries 公司股票有同样的均衡收益及初始股息，但连续以同样的超常增长率增长 5 年，随后以 5% 的增长率增长，其股票的现时价格是：

$$P_{j0}^{e}=\sum_{t=1}^{6}\frac{(1)(1.30)^{t-1}}{(1.24)^{t}}+\left[\frac{(1)(3.712)(1.05)}{(0.24-0.05)}\right]\left[\frac{1}{1.24}\right]^{6}=11.10(\text{美元})$$

再设，Reynolds Metals 公司股票超常增长率为 15%，其余条件均与 Scott paper 公司一样，那么 Reynolds Metals 公司股票的均衡价格为：

$$P_{h0}^{e}=\sum_{t=1}^{10}\frac{(1)(1.15)^{t-1}}{(1.24)^{t}}+\left[\frac{(1)(3.158)(1.05)}{(0.24-0.05)}\right]\left[\frac{1}{1.24}\right]^{10}=8.13(\text{美元})$$

根据上述分析，我们可以得出股息增长与普通股价值间的关系：(1)超常增长期越长，则股票价格越高；(2)超常增长率越高，则股票价格也越高。

既然预期股息增长与股票价值存在密切关系，那么，如果股息增长的预期已适当地反映于现行股价中时，增长与股东收益的关系会是怎样的呢？举例分析如下。

假设，Baltimore Gas & Elecric 与 Houston Nature Gas 两家公司按固定增长模型定价。$t=1$ 时，预期两者期初股息为 2.00 美元/股，两公司的均衡预期收益为 12%。i 代表 Baltimore 公司，其固定增长率为 4%；j 代表 Houston 公司，其固定增长率为 8%。根据以上信息，我们可分别计算两公司的均衡股票价格如下：

$$P_{i0}^{e}=\frac{E(\tilde{D}_{i1})}{E(\tilde{R}_{i})-g}=\frac{2.00}{0.12-0.04}=25(\text{美元})$$

$$P_{j0}^{e}=\frac{E(\tilde{D}_{j1})}{E(\tilde{R}_{j})-g}=\frac{2.00}{0.12-0.08}=50(\text{美元})$$

显然，由于 Houston 公司有较高的股息增长率，因此，其定价高于 Baltimore 公司。1 年后，两公司股票的相应价值是：

$$P_{i1}^{e}=\frac{2.00(1.04)}{0.12-0.04}=26(\text{美元})$$

$$P_{j1}^{e}=\frac{2.00(1.08)}{0.12-0.08}=54(\text{美元})$$

结果表明 Houston 股票的价值增值更大，但此期间两公司股东的总收益却是相同的，即：

$$R_{i1}=\frac{P_{i1}^{e}-P_{i0}^{e}+D_{i1}}{P_{i0}}=\frac{26-25+2}{25}=0.12$$

$$R_{j1}=\frac{P_{j1}^{e}-P_{j0}^{e}+D_{j1}}{P_{j0}}=\frac{54-50+2}{50}=0.12$$

收益相同的原因在于所有的预期增长均已在股票价格中得到了反映。显然，较高增长的证券，当股息增长已被市场预期到时，并不提供较高的收益。这一结果与股票市场有效性假说是一致的。只有当高增长未被市场预期到时，高增长公司才会向其股东提供较高的收益。

第三节　普通股票的收益与风险

上一节我们主要从影响普通股票价值的现金流角度研究了权益证券的价值决定，它构成估值模型的分子部分。这一节我们则主要讨论估值模型的分母部分，即普通股票的收益与风险对其价值变动的影响。

一、普通股票的收益

普通股票作为典型的不定收入证券，投资者持有它所产生的事后收益率取决于对未来观金流和贴现率变动的预期以及股票市场价格偏离其均衡水平的程度。如果对股息 D_{it} 的预期在整个持有期不发生变化，且市场价格 P_{i0}^{m} 总等于均衡价格 P_{i0}^{e}，则该证券产生的事后持有期收益就会等于事前均衡预期收益。

例如，若某股票 i 的预期股息和期末均衡价格为 5 美元和 25 美元，要求收益率为 15%，那么，该股票的期初均衡价值将是：

$$P_{i0}^{e} = \frac{25 + 5}{1.15} = 26.09\ (\text{美元})$$

假设该股票在 $t = 0$ 时的卖价就是 26.09 美元，投资者购买该证券，然后在 $t = 1$ 时，得到股息 5 美元，并以均衡价格 25 美元卖出这一股票，这样事后持有期收益率为：

$$R_{i1} = \frac{25 + 5 - 26.09}{26.09} = 15\%$$

又假设该股票在 $t = 1$ 时，市场价格不等于均衡水平，或由于投资者修正了对未来股息的预期，均衡价格从 25 美元变为 22 美元，这样一来，投资者的持有收益率将变为：

$$R_{i1} = \frac{22 + 5 - 26.09}{26.09} = 3.5\%$$

随着预期的改变，股票市场价格有时会偏离其均衡价值，且实际股息或期末价格将不同于它们的预期水平，事后收益通常会偏离它们的事前均衡水平。这些因素是投资者持有这些证券的不确定性的根源所在。接下来，我们所关心的问题自然地就落在普通股票的风险上。

二、普通股票的风险

在上面的估值分析中，我们一直假定投资者所要求的均衡收益率为已知，但正如对预期股息的估计一样，对普通股票风险的估计也是估值过程中的一个重要组成部分。下面，我们将着重分析普通股票风险的决定因素，股票的 β 系数是分析的基本对象。

在任意 t 时期，任一证券 i 的 β 值是：

$$\beta_{it} = \text{Cov}(\tilde{R}_{it},\ \tilde{R}_{mt}) / \sigma^{2}(\tilde{R}_{mt}) \tag{11-32}$$

类似地，从时刻 t-1 至 t，证券 i 的收益 R_{it} 是：

$$\widetilde{R}_{it} = \frac{\widetilde{D}_{it} + \widetilde{P}^{e}_{it} - P^{e}_{it-1}}{P^{e}_{it-1}} \tag{11-33}$$

若将 $\widetilde{R}_{it}$ 的表达式代入(11-32)式，我们有：

$$\beta_{it} = \frac{\mathrm{Cov}\left[\dfrac{\widetilde{D}_{it} + \widetilde{P}^{e}_{it} - P^{e}_{it-1}}{P^{e}_{it-1}},\ \widetilde{R}_{mt}\right]}{\sigma^2(\widetilde{R}_{mt})} = \frac{\dfrac{1}{P^{e}_{it-1}}\mathrm{Cov}(\widetilde{D}_{it},\ \widetilde{R}_{mt})}{\sigma^2(\widetilde{R}_{mt})} + \frac{\dfrac{1}{P^{e}_{it-1}}\mathrm{Cov}(P^{e}_{it},\ \widetilde{R}_{mt})}{\sigma^2(\widetilde{R}_{mt})} \tag{11-34}$$

显然，(11-34)式分为两部分：右边第一项表示 t 时期不可分散化的股息风险(dividend risk)；第二项表示 t 时期不可分散化的价格风险(price risk)。下面我们分别讨论这两种风险。

(一) 不可分散化的股息风险

从长期来看，由于股息支付受制于公司收益，任一时期 t，股息协方差取决于公司收益与整体市场收益的共同变化关系，股票的这一风险与固定收入证券的违约风险相对应。如果经济中个别公司 i 的收益伴随着整体市场的收益变化出现更高幅度的变动，那么，两者间的协方差项就会越大，因此，该公司的不可分散化的股息风险也就越高；反之，如果一家公司的收益与经济环境的变化和其他多数公司收益的变化无关，那么，我们将发现其任何时期的股息支付能力不会受到经济中其他部分的太大影响，其收益的协方差项就会较小，与其他公司相比该公司的 β 值也就较低。换句话说，如果预期公司 i 现金流的变化大于市场平均水平，那么，公司不可分散化的股息风险就会高于市场平均风险；如果现金流预期变化较小，那么，这一风险就会低于市场平均风险。

现实的市场中，不可多样化的股息风险要受到许多因素的影响，从这些因素的可控性看，我们可将其划为可控因素和不可控因素两种。对于前者，如公司的财务杠杆，公司可以通过控制和调节其大小来控制风险；对于后者，如消费者对公司产品的需求，公司是无法通过调节其大小来控制风险的。虽然我们不能将协方差的影响因素一一列举，但我们可以从 β 与生产/需求函数关系的微观经济分析中找到一些线索：

使 β 值增加的因素包括：

(1)公司 i 的收入变动比全市场组合中其他公司的收入变动更大，例如，随着经济周期的波动，公司的销售收入出现更大的波动。

(2)公司 i 的产品价格随同经济中所有货物与劳务价格的变动而变动，而且，变动的比例更大。

(3)对公司产出的需求随同总体经济需求的变动而变动，且以更大的比例变动。

使 β 值减小的因素包括：

(1)公司的劳动力成本随同经济中其他公司成本的变动而变动，且变动的比例更大。

(2)生产过程中使用的实际资本设备成本随同经济中其他公司成本的变动而变动，

且变动的比例更大。

总之，公司现金流与市场现金流相比，任何现金流入的相关变动的增加，都将导致公司β的增加；任何现金流出的相关变动的增加，都将导致β的减小。例如，航空运输业中的公司通常被认为承受着较重的经济周期变化的压力。当经济形势过冷时，个人收入下降，从而导致商业与度假旅游业务下滑，航空运量的萎缩与现有的高额固定成本致使利润大幅跳水。反之，当经济形势过热时，个人收入将上升，与此同时，公司利润将以更快的速度上升，航运业中的公司现金流预期与整个市场收益的协方差将会很大，在其他条件相等的情况下，这一行业中的公司趋于具有较高的β系数。

(二)不可分散化的价格风险

(11-34)式中的第二项为不可分散化的价格风险，它的大小取决于t时证券i的价格与全市场组合收益之间的协方差。同固定收益证券一样，由于股票预期和贴现率要发生变化，股票的未来价格也会改变。由于未来股息预期的变化类似于刚才讨论的不分散化的股息风险，这里将不再重复。由于贴现率或投资者要求的均衡收益$E(\tilde{R}_i)$的变化会导致股票价格的变化，我们可将这种关系看作不可分散化的利率风险。这一项就可表示为对证券i所要求的均衡收益变化与对其他证券要求的均衡收益变化之间的协方差所引起的对证券i的β的作用。

与固定收入证券相同，权益证券的期限越长，其不可分散化的价格风险就越高。对于普通股票，这里的期限表示的是投资者对市场投资时机的期限选择和在股票的整个寿命期中预期收到的股息数量，预期现金流越遥远，则股票的不可分散化价格风险便越高，其β值也就越大。一种不支付现行股息但承诺许多年以后有高股息增长的股票比起经常提供高现行股息的那些股票(如佛山照明)具有更高的价格风险。之所以得出这一结论是因为均衡预期收益的变化将导致更大的价格变化，且前一种股票的价格变化要大于后一种，除非两者的预期未来股息不同。

大量的实证研究显示，公司的价值与股息支付比例、增长和风险因素有关。归根结底，公司价值的基本部分最终取决于其盈利能力的高低。

练习与思考

一、重要名词与概念

个人价值　市场价值　均衡价值　经营管理风险　财务风险　利率风险　股息资本化模型　收益资本化模型　现金流资本化模型　固定增长模型　变动增长模型　不可分散化的股息风险　不可分散化的价格风险

二、选择题

1. 下面关于均衡价值的说法正确的是(　　)。

A. 是一种理论价值

B. 是市场价值的依据

C. 市场价值代表市场的一致预期，因此比均衡价值更准确地反映了证券的价值

D. 与市场价值不可能一致

2. 某普通股票 1 年后预期售价为 20 元，预期股息 0.2 元，该股票的 β 值为 1.8，无风险利率为 6%，全市场组合收益率为 15%，该股票当前的均衡价格为(　　)。

A. 19.75 元　　B. 16.53 元　　C. 21.57 元　　D. 20.14 元

3. 某公司债券 1 年后到期，息票率为 10%，面值为 1000 元，若违约只还本 600 元，违约概率 10%，该债券的 β 值为 0.3，无风险利率和市场组合收益同上题，该债券的均衡价格为(　　)。

A. 965.96 元　　B. 875.90 元　　C. 861.54 元　　D. 974.45 元

4. 若证券的市场价格高于均衡价值，则(　　)。

A. 该证券价值被高估

B. 该证券价值被低估

C. 该证券提供的收益高于均衡收益

D. 该证券提供的收益低于均衡收益

5. 影响证券均衡价值的因素有(　　)。

A. 预期现金流　　B. 无风险资产的报酬率

C. 市场预期收益率　　D. 未来现金流的风险

6. 证券市场上，与证券的特有因素有关的风险主要有(　　)。

A. 经营管理风险　　B. 财务风险

C. 利率风险　　D. 欺诈风险

7. 下列哪些因素的变动可能会造成公司股票价格的下降(　　)。

A. 利率下降　　B. 公司增发债券

C. 公司更换领导人　　D. 公司投资于高风险的项目

8. 下列哪些情况会使股票的 β 值增大(　　)。

A. 公司收入随市场的波动而产生更大的波动

B. 公司产品价格随市场的波动产生更大的波动

C. 公司劳动力成本随市场的波动产生更大的波动

D. 公司的设备成本随市场的波动产生更大的波动

9. 如果股息增长率(　　)，运用戈登模型将无法获得股票的价值。

A. 高于它的历史平均水平　　B. 高于预期均衡收益

C. 低于它的历史平均水平　　D. 低于预期均衡收益

10. 投资者打算购买一支普通股并持有一年，在年末投资者预期得到的股息为 1.50 元，预期股票那时可以 26 元的价格售出。如果投资者想得到 15%的收益率，现在投资者愿意支付的最高价格为(　　)。

A. 22.61 元　　B. 23.91 元　　C. 24.50 元　　D. 27.50 元

11. 已知无风险收益率为 10%，市场要求的收益率为 15%，HF 公司股票的 β 值为

1.5，如果预计 HF 公司明年的每股股息为 2.50 元，股息增长率为 5%，则该公司的股票售价应为(   )。

A. 18.75 元　　B. 20.00 元　　C. 17.26 元　　D. 21.83 元

12. 假定计算机类股票的预期收益率为 16%，某大型计算机公司年末即将支付每股 2 元的分红。如果该公司的股票每股售价为 50 元，则根据固定增长模型，其股息的市场预期增长率为(   )。

A. 0.12　　B. 0.20　　C. 0.15　　D. 0.24

13. 上题中，如果预计该计算机公司的股息年增长率下降到每年 5%，其股价将变为(   )。

A. 25.05 元　　B. 18.18 元　　C. 20.17 元　　D. 19.24 元

14. A 公司第一年将对其普通股股东按 3 元/股支付股息，预计下一年的支付相同，但再下一年增加到 3.5 元/股，此后，股息支付预计每年增长 4%。如果同类风险股票的预期收益为 10%，那么，该公司股票的内在价值最可能为( )。

A. 50.21 元　　B. 51.23 元　　C. 53.42 元　　D. 54.46 元

15. M 公司拟发行 10 万股普通股票筹资建厂生产计算机元器件，预计该厂每年可获得 16 万元的净收入，若以后各年投资净支出为 0，同类厂商均衡收益率为 10%，那么，该股票的每股定价应为(   )。

A. 14 元　　B. 15 元　　C. 16 元　　D. 17 元

三、计算分析题

1. 某股票每年支付股息为 2 元/股，无风险利率为 6%，该股票的风险溢价为 4%。如果预期股息保持不变，试计算该股票的每股均衡价值。

2. 假设你计划购买某公司股票，该公司第一年支付股息为 1 元/股，然后股息支付每年增加 10%，假设该股票的预期收益为 15%，试计算其均衡价值。若当前该股票市场价格为 16.65 元，试问它是被高估了还是被低估了？

3. 某公司普通股的预期均衡收益为 24%，$t=1$ 时，预期股息为 1 元，连续 2 年以 20%增长，随后无限期地以每年 5%增长，那么该股票的均衡价值为多少？

4. 选择题第 15 题中，如果该公司第 1 年末投资 10 万元建成一条新生产线，该生产线每期将产生 18000 元的现金流，该项目的均衡收益率为 10%，则该公司股票的现时价格为多少？

【扩展阅读】

投资实践中的估值理论

在我国股票市场出现空前牛市的情况下，股票估值问题再次受到理论界和实务界的普遍关注。究竟采用何种股票估值方法才能对股票进行正确估值，这仍然是财经学者和投资人共同关注的焦点。下文将从企业的商业模式及其价值出发，对一些常见的估值方法进行简要的讨论。

1. 企业的商业模式决定了估值模式

按照企业的商业模式，对于重资产型企业(如传统制造业)，一般应该以净资产估值方式为主，盈利估值方式为辅；相反，如果是轻资产型企业(如服务业)，则以盈利估值方式为主，净资产估值方式为辅。对于新兴行业和高科技企业，则应该从长远角度考量其市场份额，以市销率为主。而对于互联网企业，除了关注其未来的市场份额以及市销率，还要考虑其用户数和点击数等指标。

2. 市值与企业价值

无论使用哪一种估值方法，市值都是一种最有效的参照物。不过市值不等同于股价，二者的关系为：市值=股价×总股份数。市值被看作市场投资者对企业价值的认可，侧重于相对的"量级"而非绝对值的高低。国际市场上通常以100亿美元市值作为优秀的成熟大型企业的量级标准，500亿美元市值则是一个国际化超大型企业的量级标准，而千亿美元市值则象征着企业至高无上的地位。市值的意义在于量级比较，而非绝对值。

首先，既然市值体现的是企业的量级，那么同类企业的量级对比就非常具有市场意义。例如同样是影视制作与发行企业，国内华谊兄弟市值419亿人民币，折合约68亿美元，而美国梦工厂(DWA)市值25亿美元。另外，华谊兄弟2012年收入为13亿人民币(2.12亿美元)，同期梦工厂收入为2.13亿美元。这两家公司的收入在一个量级上，而市值量级却不在一个水平上。由此推测，华谊兄弟可能被严重高估。当然，高估值体现了市场预期定价，高估低估不构成买卖依据，但这是一个警示信号，精明的投资者可以采取对冲套利策略。

其次，应选取合理的市值比较参照物。常见的市值比价有以下几种：第一，同股同权的跨市场比价，即同一家公司在不同市场上的市值比较，如A股和H股的比较。第二，同类企业市值比价，即主营业务基本相同的企业比较，如三一重工与中联重科比较。第三，相似业务企业市值比价，即主营业务有部分相同，需将业务拆分后做同类比较，如上海家化与联合利华比较。

一家企业的市值与净负债之和即为企业价值(EnterpriseValue，EV)。EV的绝对值参考意义不大，它通常与盈利指标组合，用来反映企业盈利、净负债与市值之间的关系。如：EBITDA/EV指标用来比较企业价值相近企业的获利能力，其中，EBITDA(Earnings before Interest，Tax，Depreciation and Amortisation)是指未计利息、税项、折旧及摊销前的利益。

3. 估值方法

第一，市净率。

市净率等于市值/净资产(P/B)，其中，对于净资产的考察必须明确有无重大进出报表的项目，同时还要对净资产做剔除处理，以反映企业真实的经营性资产结构。市净率要在比较中才有意义，绝对值无意义。找出企业在相当长的时间段内的历史最低、最高和平均三档市净率区间，其考察周期至少5年或一个完整经济周期，若是新上市企业，必须有至少3年的交易历史。找出同行业具有较长交易历史的企业作对比，明确三档市净率区间。

第二，市盈率。

市盈率等于市值/净利润(P/E)，其具体的操作步骤和注意事项与市净率类似，在此不予赘述。

第三，市销率。

市销率等于市值/销售额(P/S)，其中，销售额需明确其主营构成及有无重大进出报表的项目。对于市销率区间的划分，与市净率和市盈率的做法相似。

第四，PEG。

PEG 的全称是 Price/Earnings Ratio to Growth，它等于市盈率/净利润增长率，反映市盈率与净利润增长率之间的比值关系。通常认为，该比值=1 表示估值合理，比值>1 则说明高估，比值<1 说明低估。这种方法在投资实践中仅作为市盈率的辅助指标，实战意义不大。

第五，Benjamin Graham 成长股估值公式。

$$价值=年收益\times(8.5+预期年增长率\times2)$$

公式中的年收益为最近一年的收益，可以用每股收益 TTM(Trailing Twelve Months，即最近十二个月的收益)代替，预期年增长率为未来 3 年的增长率。假设，某企业每股收益 TTM 为 0.3，预期未来三年的增长率为 15%，则公司股价=0.3×(8.5+15×2)=11.55 元。该公式具有比较强的实战价值，计算结果需与其他估值指标结合，不可单独使用。

需要注意的是，以上方式均不可单独使用，应至少使用两种以上的方法进行联合研判，其绝对值没有实战意义。估值的重点是比较，尤其是相似企业的比较，跨行业的比较也没有意义。

资料来源：整理自雪球网林溪春《顶尖高手是这样研究透一家公司的商业模式和估值模型的》。

第十二章　固定收益证券的估值

从证券估值和分析的角度，往往根据证券产生的未来现金流的不确定性程度把证券分为固定收益类证券和不定收入类证券。本章主要根据上一章介绍的估值原理研究固定收益证券的性质、价值、收益和风险等变量之间的相互关系。

第一节　固定收益证券的特征

一、固定收益证券的性质

固定收益证券，以证券市场最为发达的美国为例，包括短期国债、中期国债、长期国债、市政公债、公司债、可转让存单、存折储蓄账户、抵押、优先股票等。可见固定收益证券绝大多数是债务类证券，这类证券的种类繁多，对它们做出仔细而全面的描述几乎是不可能的，因此，我们只对这类证券的性质进行大致大概：①固定收益证券（优先股票除外）从发行日起到约定偿还本金日止，有一个固定的期限（maturity）；②证券到期时，发行人应向持有人偿还本金（principal）；③每张证券往往有一个面值（par or face value）；④证券的发行者由于借用了证券持有者的资金，需向后者定期支付利息（interest）或优先股息；⑤利息相当于本金的百分比即为利率（interest rate）；⑥固定收益证券的现金流量在发行时往往得到承诺，但在许多情况下却不被按时按量地支付的行为，即为违约（default）。

为了说得更清楚，举一个债券的例子。假设有一张面值为1000元、期限为30年、息票利率为8%的债券，售价为1000元。这样，投资者有权在标明的有效期内每年得到1000元的8%的收益，即80元/年。若这80元每半年支付一次，投资者在1年中可以分两次得到40元的利息支付，在这张债券到期时，债券发行人要将面值标明的1000元支付给投资者。

债券通常带有足够高的息票率以吸引投资者来按面值购买，不过，有时也有无息的零息票债券（zero-coupon bonds）发行，如果是这样的话，投资者在到期日可得到面值，但由于是零息票债券，投资者将不能获得利息。因此，这些债券是以大大低于面值的价格发行的，投资者的回报是发行价与到期日收回的面值之差。

二、现金流的分布

由于某些固定收益证券如公司证券存在违约的可能性，当我们投资于这些证券时就必须首先弄清在未来某一特定时日，支付给证券持有人的现金流的分布。

概率分布曲线的形状依赖于对涉及发行者支付能力的影响因素的估计。由于政府可以发行货币和征税，所以，政府证券将总能履行其承诺的支付，见图 12-1(b)，此时，概率分布是纵轴上的一个点。与政府证券对应的是另一种极端的情况，见图 12-1(c)，铁路公司由于破产而发生债务违约，铁路债券未来现金流的概率分布就变成一个区域。介于两者之间的情况是图 12-1(a)。显然，概率分布的形状和位置会影响证券的现行价值。此外，对于某一特定证券来说，其现金流的概率分布在不同时期也会出现差异。

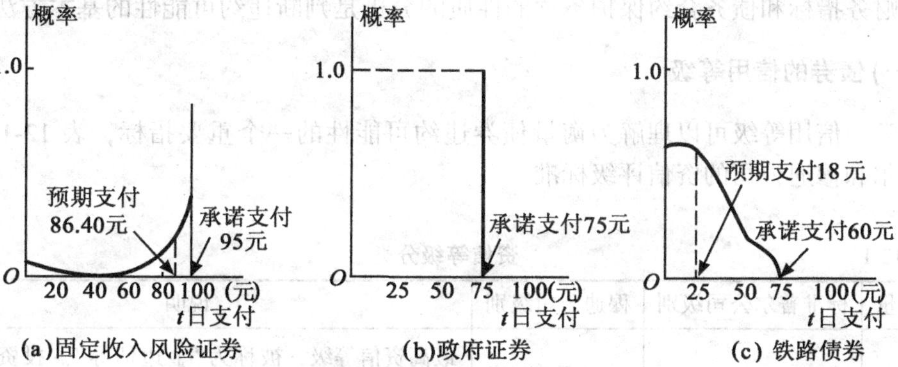

图 12-1 三种固定收益证券 t 时的现金流概率分布

决定公司债券未来现金流概率和现金流概率预期值大小的是公司的支付能力(ability to pay)。支付能力由三部分构成：公司的盈利能力(profitability)、公司资产的市场价值(market value of assets)、债务保护条款的性质(debt covenants)。

盈利能力是指公司通过现行经营所能获得足够满足其固定收益支付的收入水平的能力。它是反映公司支付能力的主要指标。显然，若公司所获得的收入足够高，则债券持有者就能得到其承诺的支付。若公司的收入不够满足承诺支付，则公司可能面临以下三种选择：①将资产变现，以筹集足够的现金如期履行支付；②发行新的证券(债券或股票)以筹集现金；③拖欠其债权人的债务。公司如选择②，则潜在的投资者将不可避免地审查公司未来的盈利能力以评估从这些证券获得未来收入的可能性，因为这些收入的支付来自于公司可能有的收入水平。所以，盈利能力不仅决定着公司支付现行证券的承诺支付能力，而且还最终决定着投资者对公司证券愿意付出的价格。若公司选择①，则公司资产的市场价值就与公司的支付能力直接相关。

公司可以变现的资产包括：存货、应收账款、厂房和设备。显然，公司从这些项目上所能得到的现金依赖于它们市场价值的高低，而市场价值又取决于这些资产在其他生产过程中的可利用性、资产的可运输性以及二级市场的存在。一般而言，应收账款和存货容易处置，而厂房和设备则不易处置。

影响公司支付能力的第三个因素是债务保护条款及其所规定的一系列权利和限制，包括：①抵押资产的说明；②偿债基金或偿付条款；③拖欠的定义及拖欠发生时债券持有人的权利；④对公司增发股息和薪金、发行其他证券或投资于资本设备等的各种限制以及上述限制适用的条件。总之，公司和债权人订立的债务合约中所规定的保护性条款，应保证债权人不至受到股东或公司管理人员的侵吞资产、财富转移或追求其自身的和债权人利益相悖的目标所采取的一系列行为的损害。一系列这样的保护条款是必需的，否则，将不会有投资者愿意持有债券。

三、违约风险的衡量

一般认为政府债券不存在违约风险，但对于公司债而言情况就不同了，一旦公司经营不善甚至破产，承诺的现金流支付就不能兑现，从而会产生违约风险。对债券的信用等级、财务指标和债务合约保护条款的性质的分析是判断违约可能性的基本方法。

(一) 债券的信用等级

债券的信用等级可以理解为衡量债券违约可能性的一个重要指标，表 12-1 介绍了标准普尔和穆迪公司的资信评级标准。

表 12-1　　**资信等级分类**

债券质量	标准普尔公司级别	穆迪公司级别	说明
高级债券	AAA	Aaa	最高资信等级，被称为“金边债券”。投资风险最低，本息偿付的保证很强
	AA	Aa	与最高级债券相比仅有细微的风险增加，因此投资者要求的收益率也会增加
中级债券	A	A	与高级别债券相比，财务能力欠稳定，易受经济活动的影响
	BBB	Baa	遇到不利情况时，偿债能力较差
投机性债券	BB	Ba	就偿债能力而言，这些信用等级的债券均被认为是具有投机性的债券
	B	B	
	CCC	Caa	
	CC	Ca	
违约债券	C	C	这种级别的债券目前不付息，往往拖欠利息，甚至拖欠到期的本金或不还本
	D	C	

资料来源：W. F Sharpe. *Investments*(5th Edition). Prentice Hall，1998：295.

根据标准普尔和穆迪的标准，等级在 BBB 或 Baa 以上的债券都被认为是投资级债券(investment-grade bonds)。信用等级较低的如 BB 或 Ba 以下的债券则被认为是投机级债券(speculative-grade)或垃圾债券(junk bonds)。公司资信水平的高低直接影响到其发行债券的成本。对一个资信水平较低的公司而言，为了吸引投资者购买其债券，必须支付给投资者较高的收益率。这就是为什么我们总能看到债券的面值、息票利率、期限都相同而其发行价格却不同的原因。

(二)财务指标

债券评级机构主要是根据发债公司财务状况的变动趋势与水平，对其所发行债券的信用状况进行等级划分。分析违约可能性所采用的重要财务指标有以下五种：①偿债能力比率(coverage ratios)，即公司收入与固定成本之间的比率；②盈利能力比率(profitability ratios)，资产收益率是最常见的比率；③杠杆比率(leverage ratio)，即债券与资本总额的比率；④流动性比率(liquidity ratio)，主要包括流动比率与速动比率两种指标；⑤现金流对总负债比率(cash flow to debt ratio)。Edward Altman 首先采用统计分析的方法，将这五种财务指标综合成(12-1)式的 Z 指标：

$$Z=1.4X_1+3.3X_2+0.6X_3+1.2X_4+0.99X_5 \tag{12-1}$$

其中，X_i 的数值可以从发债公司最近的财务报表中计算获得，其含义如下：

X_1 代表留存收益/总资产；

X_2 代表付息纳税之前的利润/总资产；

X_3 代表股票市值/债务的账面价值；

X_4 代表(流动资产-流动负债)/总资产；

X_5 代表销售收入/总资产。

当一家公司的 Z 指标低于 1.8 时，就可认为该公司很有可能违约，公司的 Z 指标越低，其违约的可能性也就越大。

(三)债务合约保护条款的性质

债务合约的部分内容是为了保护持有者的权利而对发债公司所设置的一系列限制，具体可能包括以下几点：

(1)可赎回性(callability)。许多债券在合约中规定发行公司有在指定时期内以指定价格赎回其在发债券的权利。当市场利率下降时，发行公司利用这一权利赎回高息票利率债券，然后发行新的低息票利率债券，这样就减少了发行公司的利息负担。由于债券可以赎回，债券价格波动幅度被减小了，即市场收益率变化时，可赎回债券收益率变化的幅度要小于不可赎回债券，所以债券的风险被减小了。

(2)可转换性(convertibility)。合约中规定债权人有权在一定条件下将债券转换为发行公司的普通股票，因此发行公司往往制定比较优惠的条款刺激债权人自愿转换，具有这种特征的债券称为可转换债券。债券的可转换性会加大其价格升降幅度，因而债券的风险也会随之增大。

(3)偿债基金条款(sinking fund provisions)。债券合约通常要求发行公司每年支付一笔偿债基金，这一计划是为了对债务的部分本金以及每年的利息进行支付，以减少发行公司在偿债期的未偿总额。偿债基金通常由发行公司委托给托管人(通常是商业银行)，由托管人在公开市场上赎回或回购债券，当然这些工作也可由发行公司自己来做。一般来说，偿债基金对公开交易的固定收益证券的潜在风险影响很小或完全没有影响。

(4)次级水平(subordination level)。发行公司发行多种债券时，要规定这些债券的等级，例如次级债券(subordinated debt)的等级要低于非次级债券，当公司破产时，非次级债券就要在次级信用债券之前得到清偿。

(5)合约约束(indenture restrictions)。它是指债券合约中的某些条款对发行公司具有的限制作用，如公司盈利达不到指定水平则不能宣布派发股息等约束条件。在正常情况下，合约约束对债权人按期得到偿付起到了一定的保证作用，因此，其有助于降低债券的风险。

(6)担保(collateral)。债券的偿还与特定的财产联系在一起，如果发行公司违约或清算，债权人有权占有这些财产并将其出售，以代替公司对他们的赔偿。以特定资产作为债券发行的担保，一般能够降低债券的风险，但是用于担保的财产的市场价值会随市场收益率的变动而变动，所以担保财产的性质对风险降低的程度有着直接的影响。

以上我们考察了公司债券的一些主要特征，并分析了债券违约风险的影响因素，这些因素都可以归结到对公司债券收益的 β_i 值的不同影响上，进而，β_i 值不同(风险不同)的债券的预期现金流也会发生变化，即不同特征的公司债券所提供的收益率各异。

第二节　固定收益证券的估值与收益率

为什么需要形成一个价值评估的一般性方法呢？主要有两点原因：第一，债券的发行者与投资者在确立合约条款时必须就该债券的价值达成一致；第二，固定收益证券经常会在到期之前易主，那么，买卖双方在交易时就需要对它们的价值做出重新的评估。由于固定收益证券的价值与收益之间呈反向关系，所以固定收益证券的估值问题就离不开对其收益的研究。鉴于债券在固定收益证券中的一般性和代表性，接下来我们均以债券为例进行分析。

一、固定收益证券的估值

由于债券的付息与还本都发生在若干时间之后，投资者愿意支付的这种未来要求权的价格取决于将来的货币价值与今天所持有的现金价值的比较。

设 $E(\tilde{R}_{it})$ 为证券 i 在 t 时期所要求的均衡收益，$E(\tilde{D}_{it})$ 为 t 时期的预期付息，$E(\tilde{P}_{iT})$ 到期的市场价值，那么固定收益证券的均衡价值可表示为：

$$P_{io}^{e}=\frac{E(\tilde{D}_{i1})}{1+E(\tilde{R}_{i1})}+\frac{E(\tilde{D}_{i2})}{[1+E(\tilde{R}_{i1})][1+E(\tilde{R}_{i2})]}+\cdots+\frac{E(\tilde{D}_{iT})+E(\tilde{P}_{iT})}{\prod_{t=1}^{T}[1+E(\tilde{R}_{it})]} \tag{12-2}$$

式中，$E(\tilde{D}_{it})$ 和 $E(\tilde{P}_{it})$ 的支付值将等于或小于合约承诺的数量，$E(\tilde{R}_{it})$ 表明证券 i 现值的计算依据的是市场利率，由于多数固定收益证券是有风险的，所以它们的贴现率将表现为在无风险利率基础上的一种风险溢价。(12-2)式中的这三个变量与债券的某些特征，如违约概率、流动性、可赎回性等有关，该式还说明实践中不同时期的现金流会有不同的贴现率。为简化起见，我们现在假设只有一种平均利率，它适合于任何到期日现金流的折现，因此，当每期的均衡收益都一样时，证券 i 的均衡价值还可写为：

$$P_{i0}^{e} = \sum_{t=1}^{T} \frac{E(\tilde{D}_{it})}{[1 + E(\tilde{R}_i)]^t} + \frac{E(\tilde{P}_{iT})}{[1 + E(\tilde{R}_i)]^T} \tag{12-3}$$

从(12-3)式的求和公式可知，证券的均衡价值是把支付的每一笔利息和面值的现值相加，且每笔贴现都以它将来被支付的时间为基础。等式右边的第一项是一个年金的现值，第二项是单一量的现值，是最后一期支付的债券的面值。

例　假设政府债券 2010 年发行，2017 年到期，现在距到期日还有 2 年，承诺息票支付为每 1000 元面值 85 元，均衡预期收益为 10.5%，该国债的均衡价值为：

$$P_{io}^{e} = \frac{85}{(1 + 0.105)} + \frac{85}{(1 + 0.105)^2} + \frac{1000}{(1 + 0.105)^2} = 965.5\ (\text{元}) \tag{12-4}$$

此例中，息票利率是 8.5%，低于到期收益率或市场利率 10.5%，导致债券的价格低于票面价值。市场利率越高，则债券持有人所得的现值支付就越低，因此，债券价格在市场利率上升时会下跌。这说明了债券价值的一个重要的普遍规律：因为债券支付的现值是通过在更高的利率下贴现而得到的，所以利率上升，债券价格一定会下跌。

图 12-2 显示的是上例中中期国债的价格。斜率为负的曲线说明了债券价格与收益率之间的反向变化关系。曲线的曲度反映了随着利率的不断上升，所引起的债券价格的下降程度逐渐变小，因此，价格曲线在较高利率时变得比较平缓，这种性质被称为债券价格的凸性。

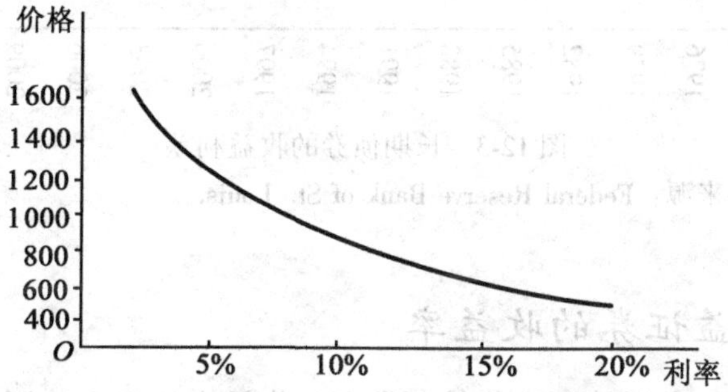

图 12-2　债券价格与收益率的反向变化关系

对于政府债券，由于无违约概率，预期每年付息和到期还本与承诺支付相等。而对于风险公司债，情况就不同了。

例　图 12-1(a)中的风险证券，设该证券还有 10 年到期，承诺每年息票支付为每 1000 元面值 95 元，预期均衡收益为 11%，10 年中预期每年的现金支付是 86.4 元，到期还本 920 元。该证券的均衡价值是：

$$P_{i0}^{e} = \sum_{t=1}^{10} \frac{86.40}{(1 + 0.11)^t} + \frac{920}{(1 + 0.11)^{10}} = 832.84(\text{元}) \tag{12-5}$$

由于公司债券有违约风险，在确定预期到期收益率时，要在债券承诺收益率的基础上，考虑违约的可能性。为了补偿可能发生的违约，公司债券必须提供违约溢价(default premium)。违约溢价是公司债券的承诺收益率与无违约风险的政府债券的收益率之差。如果公司的偿还是有保障的并且实际兑现了，投资者就得到了比政府债券更高的到期收益率；如果公司破产，公司债券的收益率就比政府债券更低。风险公司债的违约溢价模式也被称为利率的风险结构，即违约风险越大，风险溢价就越高。

图12-3为1970—2012年美国高收益(high yield)、Baa级(Baa-rated)和Aaa级(Aaa-rated)债券的收益率，图中清晰地显示了不同债券之间的风险溢价差异。它表明风险溢价处于波动状态，且与周期性的经济波动相一致。经济周期处于波谷时，利差(yield spread)趋大，而在波峰时趋小。经济不稳定时，投资者察觉到破产的概率增加，就会提高对违约风险的要价，反映在证券市场线上就是该直线的斜率增加。尤其应注意到，2007年的次贷危机导致2007—2009年间高收益债券出现了异常高企的风险溢价。

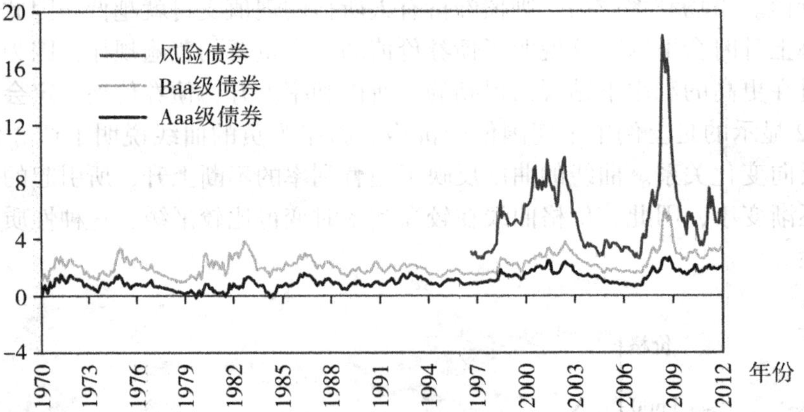

图12-3　长期债券的收益利差

资料来源：Federal Reserve Bank of St. Louis.

二、固定收益证券的收益率

金融理论中，有五种反映固定收益证券事前收益率的概念，深入理解这五种收益有助于我们了解固定收益证券的投资吸引力之所在。这些收益率有：(1)预期收益率；(2)到期收益率；(3)现时收益率；(4)赎回收益率；(5)等价收益率。以下我们将讨论这些收益率的计量以及与投资者事后或实际持有收益之间的关系。

(一)预期收益率

预期收益率的计算有两种情况：一种是无违约风险的证券，发行者在规定的时期或提前支付承诺的现金流；另一种是有违约风险的证券，持有者不能按时足额得到承诺支付的现金流。

例　沿用前例(12-4)式的数据，设定这种政府债券的市场价格即为其均衡价值，实际持有收益率可通过求解下式的 $E^m(\tilde{R}_i)$ 获得：

$$965.50 = \frac{85}{[1 + E^m(\tilde{R}_i)]} + \frac{85}{[1 + E^m(\tilde{R}_i)]^2} + \frac{1000}{[1 + E^m(\tilde{R}_i)]^2}$$

该式可用内插法求解内部收益率(internal rate of return)得到 $E^m(\tilde{R}_i) = 10.5\%$，为均衡预期收益率。它表示，投资者以 965.50 元的价格购入这种证券，并且将它一直持有至到期，就能预期在到期前每期获得 10.5%的收益率(假定第 1 年所获得的现金流也以 10.5%的收益率进行再投资)。应注意的是，由于该证券无违约风险，投资者预期每年现金流 85 元和到期的 1000 元面值等于承诺支付的现金流。

如果要使实际持有收益率等于 10.5%，投资者就必须一直将该证券持有到期，且把利息收入以等于 $E^m(\tilde{R}_i)$ 的收益率进行再投资。如果投资者不把这种证券持有到期，那么，实际持有收益率就取决于该证券出售时的市场价格。

例如，当 1 年后利率下降到 9%，该证券在市场中的价格为：

$$\frac{85}{(1.09)} + \frac{1000}{(1.09)} = 995.41(\text{元})$$

如投资者以此价格卖出该证券，而非一直持有到期，那么，第 1 年的实际持有收益率将为：

$$R_{i1} = \frac{995.41 + 85 - 965.50}{965.50} = 11.9\%$$

如果利率下降到 9%后，投资者继续持有该证券直至到期，这时，两年的实际持有收益率取决于第 1 年所取得的 85 元的利息再投资(reinvestment)的收益率。如果这个收益率等于第 2 年中的现时收益率 9%，这个投资者在第 2 年累积获得的货币总额为：

$$85(1.09)+85+1000=1177.65(\text{元})$$

这意味着两年中的持有收益率为：

$$GM=(1177.65/965.50)^{1/2}-1.0=10.44\%$$

10.44%与 10.5%的差异表明，如果各持有期利率发生波动，证券的市场价格也将随之变动，且变动方向相反，投资者在各持有期的货币所得也就不同，整个持有期的平均收益率也将发生变化，导致上述情形的原因是各持有期内所产生的现金流的再投资收益率不同，这也是投资者持有无违约债券所面临的主要风险，即利率风险。

根据(12-3)式我们知道，无违约风险证券的价值将主要受公式中分母变动的影响；有违约风险证券的价值除了受上述分母变动的影响外，还要受到公式中分子变动的影响。

例　用(12-5)式中 9.5%息票债券的例子，假设此券的现行市场价格为 850 元，若市场预期现金流为 86.40 元和 920.00 元，收益率可通过解下式求得：

$$850 = \sum_{t=1}^{10} \frac{86.40}{(1 + E^m(\tilde{R}_i))^t} + \frac{920.00}{(1 + E^m(\tilde{R}_i))^{10}}$$

预期收益率为 10.66%，低于以前计算的均衡预期收益率 11%。两者之所以不同是因为，该券的现行市场价格为 850 元，高于均衡价值 832.84 元。假设证券发行者整个 10 年期内不违约，投资者持有证券直至到期，且以每年 10.66%的利率将 95 元的利息收入用以再投资，10 年末，货币总额将累积到：

$$\sum_{t=1}^{9} 95\ (1.1066)^t + 1000 = 2562.79(\text{元})$$

那么，投资者 10 年内的持有收益率是：

$$GM = \left(\frac{2562.79}{850}\right)^{1/10} - 1.0 = 11.66\%$$

再假设，有新的信息进入市场，投资者一致预期现金流变为利息 90 元，本金 950 元(即违约概率下降)，市场对证券的预期收益率重新调整为 9.0%，作为对市场一致预期的反映，1 年后该债券的市场价格将变为：

$$\sum_{t=1}^{9} \frac{90}{(1.09)^t} + \frac{950}{(1.09)^9} = 978.88(\text{元})$$

投资者 1 年前以 850 元购买的该证券，现在可以 978.88 元的价格卖出并另得了 95 元的息票支付，那么投资者在 1 年持有期中的实际收益率将为：

$$R_{i1} = \frac{978.88 + 95 - 850}{850} = 26.3\%$$

从以上分析我们不难发现，该债券价格上升的原因有两点：(1)分母变小，贴现率从 10.66%降为 9%；(2)分子变大，投资者从该债券的现金流概率的变化中获益。两种效果叠加的结果就是更高的收益率。

(二)到期收益率

证券的到期收益率(yield to maturity)可定义为使该证券的现时市场价格等于其未来一系列承诺现金流的现值时的收益率，用 R_Y 来表示，表达式是：

$$P_{i0}^m = \sum_{t=1}^{T} \frac{D_{it}}{(1 + R_Y)^t} + \frac{F_{iT}}{(1 + R_Y)^T} \tag{12-6}$$

上例中的风险公司债，每年承诺的利息支付为 95 元，到期偿付面值 1000 元，其现时市场价格为 850 元。将这些变量代入(12-6)式，可解得 $R_Y = 12.17\%$。可见，到期收益率是指投资者持有一债券至期满所获得的收益率，也就是发行人对投资者承诺的收益率。

此外，到期收益率还可用以下近似公式计算：

$$R_Y = \frac{\dfrac{(F_{iT} - P_{i0}^m)}{T} + D_i}{\dfrac{F_{iT} + P_{i0}^m}{2}} \tag{12-7}$$

式中，P_{i0}^m 表示 $t=0$ 时，证券 i 的市场价值；

F_{iT} 表示 $t=T$ 时，证券 i 的面值偿付；

D_i 表示任一时期，证券 i 的平均利息支付；

T 表示证券 i 的到期期限。

将上文中与风险公司债有关的数据代入(12-7)式有：

$$R_Y = \frac{\dfrac{1000-850}{10}+95}{\dfrac{1000+850}{2}} = 11.89\%$$

此例根据到期收益率的定义，用精确公式计算的 R_Y(12.17%)或用近似公式计算的 R_Y(11.89%)分别比前例中的预期收益率 $E^m(\tilde{R}_i)$ (10.66%)高 1.51%和 1.23%。两者相比我们发现，当承诺现金流和市场价格不变时，预期现金流越低，与 R_Y 相比，市场预期收益率也就越小。换句话说，当存在违约风险时，到期收益率并不能用于衡量预期收益率；同时，当证券之间的违约风险不同时，到期收益率也不能用以对不同固定收益证券的收益率作比较。

(三)现时收益率

证券交易商和经纪商经常使用现时收益率(current yield)作为预期收益率的衡量指标，其计算式为：

$$R_C = \frac{D_i}{P_{i0}^m} \tag{12-8}$$

式中，D_i 表示证券 i 的承诺年利息收入；

P_{i0}^m 表示证券 i 的现行市场价格。

例　Xerox 公司债券面值为 1000 美元，息票利率为 8.625%，在纽约证券交易所的挂牌收盘价格为 770 美元，还有 16 年到期，我们预期该债券定期利息收入为 80 美元，到期返本 900 美元，这样：

该债券的现时收益率：$R_C = 86.25/770 = 11.2\%$

到期收益率：　$R_Y = 11.9\%$(精确计算)或 11.37%(近似计算)

预期收益率：　$E^m(\tilde{R})_i = 10.83\%$

显然，现时收益率并非一个较好的衡量预期持有收益的指标，它忽略了资本损益、利息收入再投资以及违约风险的影响。

(四)赎回收益率

有许多债券附有赎回保护条款，它们可能在到期日之前就已被赎回，因此，债券持有至赎回日的收益率被称为赎回收益率(yield to call)，精确计算式类似于到期收益率的计算，这里，我们仅给出近似计算的方法，计算式为：

$$y_C = \frac{D_i + (F_{ic} - P_{i0}^m)/n}{(F_{ic} + P_{i0}^m)/2} \tag{12-9}$$

与到期收益率的近似公式相比，(12-9)式中的 F_{ic} 表示债券的赎回价格而不是面值，n 表示债券持有至赎回日的期限，其他变量的含义是相同的。

例　设有一利率为8%的债券，发行时的市价是950元，3年后债券的赎回价格是1120元，则其赎回收益率近似为(面值1000元，期限为15年)：

$$y_C = \frac{80 + (1120 - 950)/3}{(1120 + 950)/2} = 13.2\%$$

我们还可根据(12-7)式计算出该债券的到期收益率是8.55%，赎回收益率比到期收益率高，这其中的重要原因是债券持有者可得到120元的赎回溢价，第一个赎回日是3年后，而不是15年后。

(五)等价收益率

等价收益率(equivalent yield)是指针对以折价方式发行的零息票债券的贴现率和政府债券的税收性质，将不可比的收益率转化为实际可比的收益率。首先，我们以短期国债为例来说明零息票债券的贴现率与等价收益率的关系。设d表示短期国债的贴现率，F表示国债的面值，P表示国债的发行价。那么，短期国债的贴现率可表示为：

$$d = \frac{F - P}{F} \times \frac{360}{t} \tag{12-10}$$

其中，$360/t$表示贴现率的时间调整，调整后的贴现率为年贴现率。

但是，(12-10)式表示的贴现率并不等于投资者的实际持有收益率，根据投资收益率的定义，该债券的实际持有收益率应为：

$$R_E = \frac{F - P}{P} \times \frac{365}{t} \tag{12-11}$$

这里，R_E就是所谓的等价收益率，它是用实际的投资收益$(F-P)$除以实际投资额P，而不是证券到期时偿付的面值。$365/t$是指用实际天数调整后，R_E的年实际收益率。

例　有一面值为10000元的半年期短期国债，折价500元发行，半年的贴现率为5%，那么，其年贴现率为：

$$d = \frac{10000 - 9500}{10000} \times \frac{360}{180} = 10\%$$

它的等价收益率为：

$$R_E = \frac{10000 - 9500}{9500} \times \frac{365}{182} = 10.65\%$$

显然，短期国债的等价收益率要大于贴现收益率，反映了投资者的实际收益状况。

此外，政府债券的税收性质，对不同纳税等级的投资者会产生不同的影响。在美国，由于政府债券的利息收入免征州和地方所得税，因此其对处于高纳税等级的投资者独具吸引力。假定某投资者处在50%的所得税等级上，免税债券收益率为7.5%，则：

$$\begin{aligned} 免税等价收益率 &= 免税债券收益率/(1-所得税等级) \\ &= 7.5\%/(1-50\%) = 15\% \end{aligned} \tag{12-12}$$

免税等价收益率高达15%，这意味着投资者持有非免税债券的收益率只有在高于15%时，才有可能获得比免税债券更高的收益率。

由于政府证券有政府信誉作保，其违约风险几乎为零，再者其流动性很强，这种证券成为商业银行、保险公司、养老基金及富有的个人所青睐的投资对象。

第三节　固定收益证券的风险

违约风险和利率风险会影响固定收益证券的价值，而且在某种程度上，这两者是不可通过分散化的投资组合消除的。这些不可分散化的风险越大，其他条件一定时，证券的价格就越低。CAPM 中，任何证券的风险都可用其收益与全市场组合收益的相关变动来表示，风险与 β 系数成正比，对任何债券 i，t 时期的 β 系数可定义为：

$$\beta_{it} = \mathrm{Cov}(\tilde{R}_{it},\ \tilde{R}_{mt}) / \sigma^2(\tilde{R}_{mt}) \tag{12-13}$$

由于 $\tilde{R}_{it} = (\tilde{D}_{it} + \tilde{P}_{it})/P_{it-1} - 1$，代入上式有：

$$\beta_{it} = \frac{1}{\sigma^2(\tilde{R}_{mt})}\mathrm{Cov}\left(\frac{\tilde{D}_{it}}{P_{it-1}},\ \tilde{R}_{mt}\right) + \frac{1}{\sigma^2(\tilde{R}_{mt})}\mathrm{Cov}\left(\frac{\tilde{P}_{it}}{P_{it-1}},\ \tilde{R}_{mt}\right) \tag{12-14}$$

即，债券的风险 = 不可分散化的违约风险 + 不可分散化的利率风险。

(12-14)式右边的第一项为不可分散化的违约风险，衡量证券 i 的利息支付的不确定性与全市场组合收益的相关性；右边的第二项为不可分散化的利率风险，衡量证券价格的不确定性与全市场组合收益的关联程度。

一、不可分散化的违约风险

如果债券预期现金流的变化完全独立于整个市场预期的变化，则协方差项为零；反之，如果公司支付利息与本金的能力随着经济形势的变化而变坏或改善，那么预期协方差将很大。例如，航空业与建筑业公司不可分散化的违约风险就很高，因为它们的收入和利润与整个经济环境的变化紧密相关，考虑以下四种情况：

第一，有关经济发展前景的"利空消息"（如，失业率上升、资本支出下降、存货增加）进入市场，导致投资者调低对公司未来收益的预期，i 公司与其他公司一样难以履行现时付息义务。

第二，有关经济发展前景的"利好消息"（如，失业率下降，资本支出增高，存货出清）进入市场，i 公司与其他公司一样，改进的盈利状况减轻了现行债务的压力。

第三，i 公司决定经营一种新产品，盲目决策的结果是来自现有产品的现金流都用在了新产品上，导致无法支付债务利息，而其他公司不受 i 公司错误决策的影响，照常进行生产经营活动。

第四，经理人员的变更、管理政策的调整极大地改进了 i 公司的发展前景，预期收益令人鼓舞，然而，这一利好消息是 i 公司独有的，与市场中其他公司的业绩无关。

前两种情况存在不可分散化的违约风险，i 公司债务现金流与全市场组合收益关联度较高；后两种情况不存在不可分散化的违约风险，所有的预期变化都是上市证券各自所独有的，并不反映在市场中证券 i 的风险中。因此，区别违约对证券风险的影响和它对证券预期现金流的影响是很重要的。比如，某公司可能由于受到与其他证券的收益完全无关的因素的影响而突然增加债务违约的概率，这时其β值不一定增加，但是预期现金流与承诺支付相比可能要减小，这也将降低该公司债券的价格。显然，这并不是因为债券的风险变大了，而是因为预期现金流，即(12-3)式中的分子减小了。

二、不可分散化的利率风险

如果投资者对固定收益证券i所要求的收益率的变动与全市场组合所要求的收益率的变动无关，则不存在利率风险。但是，由于各种金融资产具有潜在的替代性，各种证券的利率有同时上升或下降的趋势。在讨论不可分散化的利率风险在固定收益证券定价中的作用之前，有必要下考查一下固定收益证券市场价格的变动与利率水平变动之间的关系。

假设有两种不同的债券：第一种是国债，有10%的息票利率，还有2年到期；第二种也是国债，有同样的息票利率，但还有20年才到期。若2年期券现在每1000元的面额可售得966元，20年期券售得851元。那么，两券的每年预期收益率均为12%，可通过下式求得：

$$\sum_{t=1}^{2}\frac{100}{(1.12)^t}+\frac{1000}{(1.12)^2}=966\text{元(元)}$$

$$\sum_{t=1}^{20}\frac{100}{(1.12)^t}+\frac{1000}{(1.12)^{20}}=851(\text{元})$$

我们可把12%的预期收益率视为目前市场对“无不可分散化违约风险债券”所要求的收益率。现在假定市场对资金的需求增加，证券市场线(SML)将平行上移，利率水平提高到13%，此时，上述两种证券的价格变为：

$$\sum_{t=1}^{2}\frac{100}{(1.13)^t}+\frac{1000}{(1.13)^2}=950(\text{元})$$

$$\sum_{t=1}^{20}\frac{100}{(1.13)^t}+\frac{1000}{(1.13)^{20}}=789(\text{元})$$

也就是说，2年期券现在应售950元，20年期券应售789元。可见，短期国债的价值下降了16元(或1.66%)，而长期国债的价值下降了62元(或7.28%)。从以上分析我们可得出以下结论。

当预期收益率上升(下降)时，债券的价格就会下降(升高)，并且到期日越长的债券其价格变动的幅度也就越大，这一关系我们称之为债券价格的期限效应(maturity effect)。

除了期限效应外，还有债券价格的息票效应(coupon effect)，即每1000元面值承诺支付的债券息票利率越高，对于任一市场预期收益率的增加(减少)，该债券价格的绝对降幅(升幅)也就越大。

上例中，我们固定了息票利率，仅仅考查“期限效应”。现在我们假设两种证券都在5年后到期，市场目前要求12%的收益率，证券之一的息票利率为20%，另一种为5%，这样两种证券分别可售：

$$\sum_{t=1}^{5}\frac{200}{(1.12)^t}+\frac{1000}{(1.12)^5}=1288(\text{元})$$

$$\sum_{t=1}^{5}\frac{50}{(1.12)^t}+\frac{1000}{(1.12)^5}=748(\text{元})$$

如果预期收益率上升到 13%，两券将分别可售：

$$\sum_{t=1}^{5}\frac{200}{(1.13)^t}+\frac{1000}{(1.13)^5}=1246(\text{元})$$

$$\sum_{t=1}^{5}\frac{50}{(1.13)^t}+\frac{1000}{(1.13)^5}=719(\text{元})$$

可见，息票利率为 20% 的证券，其价格下降了 3.26%，为 42 元；而息票利率为 5%的证券，其价格下降 3.877%，仅为 29 元。这种情况在现实中不大可能发生，实际中，较高息票利率往往伴随着较长的期限，较高的息票支付可以补偿较长到期日由于利率变化可能带来的不利影响，原因在于较高的息票支付可以以现在较高的利率进行再投资，而息票利率较低者，在市场利率上升以后，则可能损失较大。

债券价格和利率之间的关系还有一种所谓"利率水平"(interest rate level)效应。其主要含义是：期限、息票利率和面值一定，市场对证券的现时预期收益率越高，则预期收益率每增加(减少)1%所引起的证券市场价格下降(上升)的幅度也就越小。

假设有一种国债 5 年内到期，有 10%的息票利率，以其面值(1000 元)的平价出售，这就意味着市场现时预期收益率恰为 10%，若预期收益率上升到 11%，则其售价将变为：

$$\sum_{t=1}^{5}\frac{100}{(1.11)^t}+\frac{1000}{(1.11)^5}=963(\text{元})$$

此时，该债券的价格下降了 37 元(3.7%)。若此后市场预期收益率再上升 1%，则该债券售价应该是：

$$\sum_{t=1}^{5}\frac{100}{(1.12)^t}+\frac{1000}{(1.12)^5}=928(\text{元})$$

此时，价格将再一次下降，降幅为 35 元(3.6%)。可见，第二次的价格降幅要比第一次小，这是因为第二次的市场预期收益率起点较高(为 11%)所致。

债券价格的所有这些效应，我们可用(12-3)式中预期收益率 $E^m(\tilde{R}_i)$ 对债券价格 P_{i0}^m 求偏导数来进行分析：

$$\frac{\partial P_{i0}^m}{\partial E^m(\tilde{R}_i)}=\sum_{t=1}^{T}\frac{-D_{it}(t)}{[1+E^m(\tilde{R}_i)]^{t+1}}+\frac{-F_{iT}(T)}{[1+E^m(\tilde{R}_i)]^{T+1}}<0 \qquad (12\text{-}15)$$

此式经济含义包括：(1)无违约风险证券的市场价格变化相对于 1%预期收益率的变化，呈相反的方向；(2)息票支付 $D_{it}(t)$ 越高，$\Delta E^m(\tilde{R}_i)$ 上升(下降)会导致更大的 ΔP_{i0}^m 下降(上升)(息票效应)；(3)获得现金流的期限(T)越长，$\Delta E^m(\tilde{R}_i)$ 上升(下降)

将导致更大的 ΔP_{i0}^{m} 下降(上升)(期限效应)；(4)预期收益率 $E^{m}(\tilde{R}_i)$ 的起始值越小，$\Delta E^{m}(\tilde{R}_i)$ 上升(下降)将导致更大的 ΔP_{i0}^{m} 下降(上升)(利率水平效应)；(5)证券的面值效应。

关于债券风险的实证研究，Nam 和 Pettit(1952—1968 年)曾对债券的 β 值进行过大量的回归分析，其经验方程为：

$$\text{债券}\ \beta=-0.1+0.005(\text{息票支付})+0.006(\text{距到期年份})+0.01(\text{股票的}\ \beta\ \text{值}) \tag{12-16}$$

这样，息票利率为 10%的债券，距到期年份还有 30 年，发债公司股票的 β 值为 1.0，其债券的 β 值约为 0.18，到期年份变量的影响是显著的。我们目前对债券 β 知道得并不多，对其进行深入的研究不仅必要而且十分有用。

三、债券估值定理

从前面的分析中我们已经知道，债券估值模型不仅提供了一种得到债券预期收益率的方法，而且反映了债券价格与利率变化之间的关系，这种对应的变化关系与债券的面值、息票和期限等因素有关，因此，该模型提供了一种评价债券利率风险成分的分析方法。以下我们给出在变动利率条件下，债券定价的五条基本原则。

第一，如果债券的价格上涨，则收益率必然下降；反之，如果债券的价格下降，则收益率必然上升。

第二，在给定利率变化水平下，长期债券价格变动较大，债券价格变化直接与期限有关。

第三，随着到期期限的增加，债券对于利率变化的敏感度以一个递减的速度增长。

第四，在期限给定的条件下，到期收益率降低引起的价格上升，大于到期收益率上升相同幅度引起的价格下降。

第五，债券的息票利率越高，到期收益率变化而引发的债券价格变化的百分数也就越小，债券价格的波动性因而与息票利率有关。

对于投资分析人员来说，透彻地理解债券价格的上述特性是十分重要的，因为它们对预测债券价格如何随利率变动很有价值。

第四节　期限与收益：利率的期限结构

从投资者的角度看，利率的期限结构决定他们购买哪一种期限的债券。利率的期限结构反映了固定收益证券的期限与收益之间的关系，图 12-4 反映的就是中国银行间固定利率国债市场收益与期限之间的关系。收益曲线(yield curve)有四种情况，如图 12-5 所示：①正收益曲线(positive yield curve)；②反收益曲线(inverse yield curve)；③平收益曲线(flat yield curve)；④拱收益曲线(humped yield curve)。

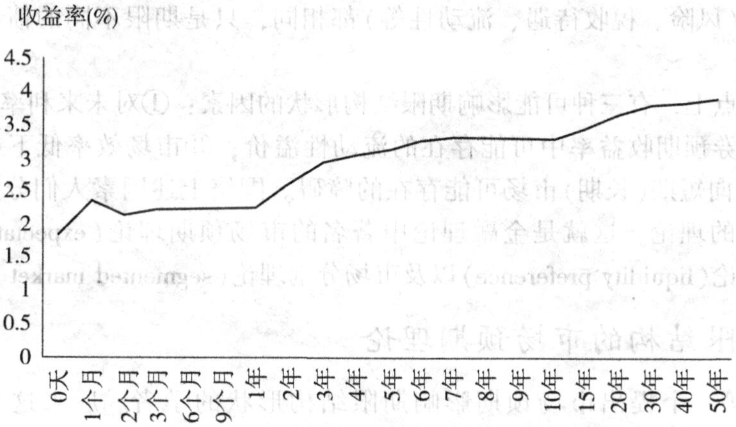

图 12-4　中国银行间固定利率国债与利率的期限结构

资料来源：http：//www. chinabond. com. cn，中央国债登记结算有限责任公司网站（2015-09-16）。

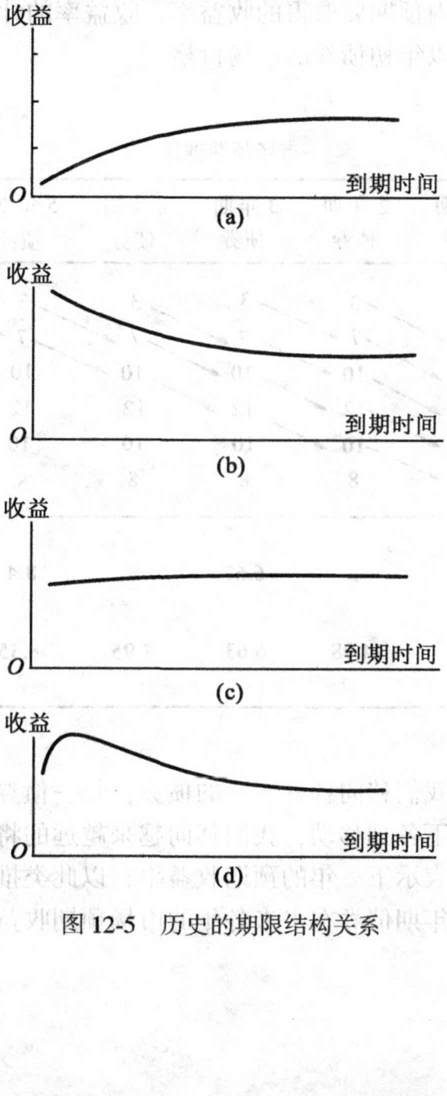

图 12-5　历史的期限结构关系

期限结构的概念有两个限制条件：①它只同固定收益证券中的债务性证券有关；②仅指其他条件(风险、税收待遇、流动性等)都相同，只是期限不同的债券收益率之间的关系。

在任一时点上，有三种可能影响期限结构形状的因素：①对未来利率变动方向的市场预期；②债券预期收益率中可能存在的流动性溢价；③市场效率低下或资金从长期(短期)市场流向短期(长期)市场可能存在的障碍。围绕上述因素人们分别提出了偏向不同因素解释的理论，这就是金融理论中著名的市场预期理论(expectational theory)、流动性偏好理论(liquidity preference)以及市场分割理论(segmented market theory)。

一、期限结构的市场预期理论

Fisher是第一个提出市场预期影响期限结构形状的学者。后来这一理论由Lutz(1940)和Hicks(1946)提炼成市场预期理论。该理论认为，期限结构完全取决于对未来利率的市场预期。当我们说到未来利率时，指的是1年期债券将来到期时的预期收益率。

表12-2中前六行的数字是各种不同到期期限债券的预期年收益率，也就是我们投资的各种债券在所列年限内预期要取得的收益率。收益率的计算方法是以债券每年的利息收入与资本损益之和除以年初债券的市场价格。

表12-2　　**市场预期理论**

	1年期债券	2年期债券	3年期债券	4年期债券	5年期债券	6年期债券	
现在	3	3	3	3	3	3	预期年收益率(%)
从现在起1年	7	7	7	7	7	7	
从现在起2年	10	10	10	10	10	10	
从现在起3年	12	12	12	12	12	12	
从现在起4年	10	10	10	10	10	10	
从现在起5年	8	8	8	8	8	8	
算术平均到期收益	3	5	6.67	8	8.4	8.33	到期收益率(%)
几何平均到期收益	3	4.98	6.63	7.95	8.35	8.29	

穿过各行向右移动，我们移向各种不同的债券，每一债券的期限都比刚过去的那种债券的期限更长；自上向下各列移动，我们移向越来越远的将来。第一行表示债券在本年的预期收益率，第二行表示下一年的预期收益率，以此类推。

第一列的数字表示1年期债券在未来各年的市场预期收益率。由于债券都是在每年的年底到期，这些数字同时也是这些债券到期的市场预期收益率，当我们说到未来利率的市场预期时，我们说的是表 12-2 第一列向下的数字。在这一特定情况下，市场预期 1 年期债券的利率将由现在的 3%上升到 3 年后的 12%，然后在第 5 年末降到 8%。

随着一年一年地过去，表中每种债券都移到相邻左下方的格子里。这样，今天的 2 年期债券，从现在起 1 年后就将成为 1 年期债券。因此，其预期年收益从第一行第二列的 3 移到第二行第一列的 7，表 12-3 中，3→7，3→7→10 等箭头表示每种债券的运行路线。

任何一种债券的到期算术平均收益率都可以通过平均其预期未来收益率来求出。计算 3 年期债券的预期收益率只要将第一行、第三列与第三行、第一列对角线上的三项收益率相加后平均即可。因此，3 年期债券现在的到期收益率就是 3%、7%和 10%的平均数，即 6.67%。表 12-3 中第七行是每种债券现在的到期算术平均收益率。表 12-3 中第八行是债券的到期几何平均收益率。两种方法计算的收益率在数量上相差很小。

图 12-6 描述了债券的算术平均到期收益率。期限结构的形状大部分是向上倾斜的，5 年期债券的到期收益率达到了顶峰。隆起形期限结构与 1 年期债券利率升到未来的顶峰，然后下降的市场预期是一致的。

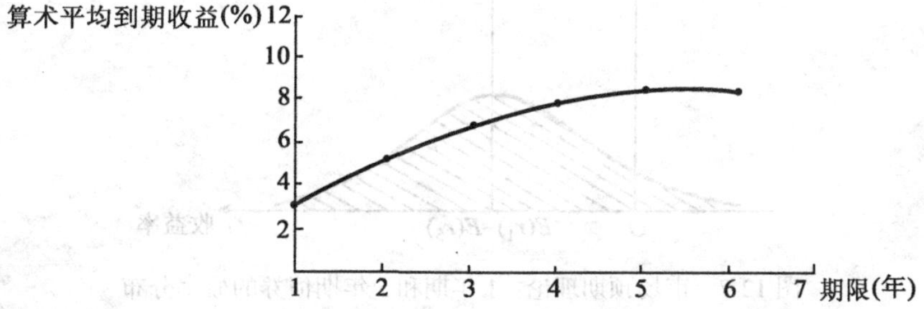

图 12-6　市场预期理论

市场预期理论的特点在于：在某一特定时期内，市场预期所有债券都取得相同的收益率，而不管其到期期限的长短。因此，在表 12-3 中，市场预期所有债券当年的收益率都是 3%；在今后两年，你可以购买现在收益率为 3%的 1 年期债券，到期后再购买另一种 1 年后收益率为 7%的 1 年期债券，这样可得到 5%的平均收益率；你还可以购买 2 年期债券并持有到期，或购买 3 年期债券在两年后卖出，同样可以得到 5%的收益率。即这几种投资方法两年后的平均预期收益率都是 5%。在任何特定时期，任何债券投资组合的结果都是如此。显然当此为确切时，n 年期债券的到期收益率等于 1 年期债券在今后 n 年到期收益率的平均数。

如果将 3 年期债券作为 1 年期债券的理想替代物，那么市场将要求 3 年期债券取得与 1 年期债券相同的收益率。如果债券的未来收益完全可以确定且投资者是风险中立者，或未来利率的不确定性风险可以分散，就会出现上述情况。根据这些条件，债券的预期收益率中没有与期限有关的风险溢价，市场预期理论成立。如果不具备这些条件，那么两种不同期限的债券在预期收益或风险溢价上将有一定的差额，即风险溢价被称作流动性溢价(liquidity premium)。此为流动性偏好理论讨论的焦点。

二、期限结构的流动性偏好理论

市场可能并不将5年期债券看作1年期债券的理想替代物。Hicks是第一位提出期限结构流动性偏好理论的学者。

市场预期理论认为：如果我们讨论的是没有违约可能的政府债券，那么1年期债券的收益率是确切可知的，其概率分布是方差为零的单峰形状。然而，在下一年的过程中，5年期债券的收益率是不确定的：当利率下降时，债券的价格将会上升，并且从利息收入或资本利得来看，我们的收益率可能是很大的；当利率上升时，债券的价格会下降，资本损失将大于利息收入，年收益率可能是负的。这样，收益率的概率分布具有一个正方差。在预期理论中，两种分布具有相同的期望值(见图12-7)。

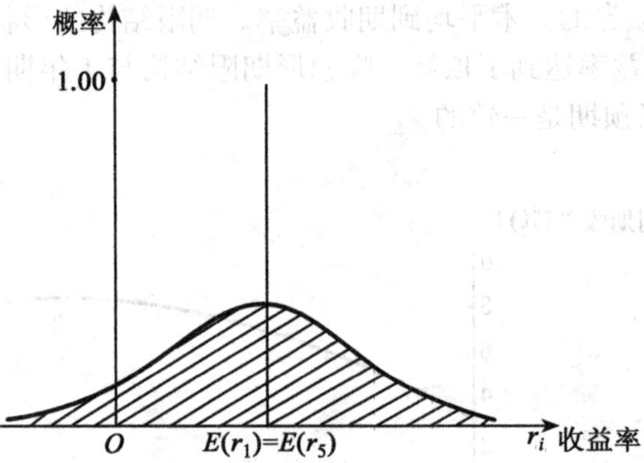

图12-7　市场预期理论：1年期和5年期债券的概率分布

流动性偏好理论认为：若投资者不愿承担风险，他们可能降低5年期债券相对于1年期债券的现时价格，以使5年期债券包含一定的风险溢价。已知溢价的存在，我们就可能愿意投资于5年期债券，尽管它的潜在风险更大。Hicks是第一个提出预期理论不完善的学者，他提出的流动性偏好理论考虑到了期限结构中可能存在的风险或流动性溢价(见图12-8)。

下面我们考察一下流动性溢价是如何影响期限结构的。来看一下表12-3，1年期债券未来利率的市场预期与表12-2的完全相同，然而如果下面我们假设：①投资者要求投资于2年期债券与投资于1年期债券相比，预期收益率中要额外增加2%的溢价。这样，持有1年期债券当年预期可得到3%的收益率，而持有2年期债券在同一年预计可获得5%的收益率。②3年期债券要比1年期债券增加3%的溢价，而3年期以上债券也都被假设具有与此相同的溢价。流动性溢价随到期期限增加的结果使期限结构更多地向上倾斜(若预期利率上升)或稍微向下倾斜(若预期利率下降)。表12-3中，2年期债券现在的到期收益率是5%和7%的平均数，为6%，而非3%和7%的平均数5%。

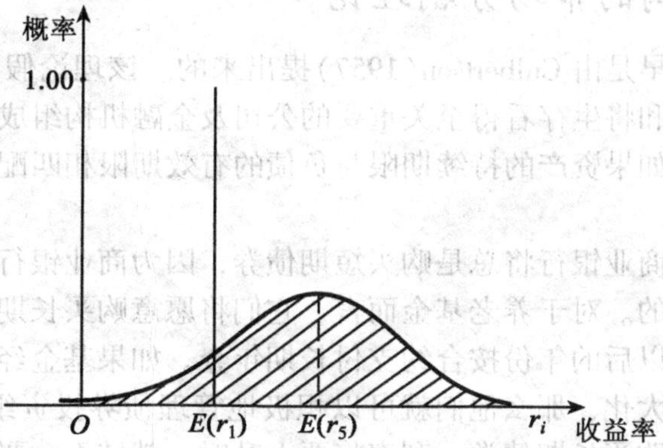

图 12-8　流动性偏好理论：1 年期和 5 年期债券的概率分布

表 12-3　　　　　　　　　流动性偏好理论

	1 年期债券	2 年期债券	3 年期债券	4 年期债券	5 年期债券	6 年期债券	
现　在	3	5	6	6	6	6	预期年收益率(%)
从现在起 1 年	7	9	10	10	10	10	
从现在起 2 年	10	12	13	13	13	13	
从现在起 3 年	12	14	15	15	15	15	
从现在起 4 年	10	12	13	13	13	13	
	8	10	11	11	11	11	
算术平均到期收益	3	6	8.33	10	10.6	10.67	到期收益率(%)
几何平均到期收益	3	6	8.32	9.97	10.56	10.62	

图 12-9 中的虚线是只包含市场预期而不包含流动性溢价的收益率曲线，实线是根据表 12-3 中的预期利率(含溢价)绘制的期限结构。期限结构在经过 6 年期债券时由隆起形状变为向上倾斜形状。

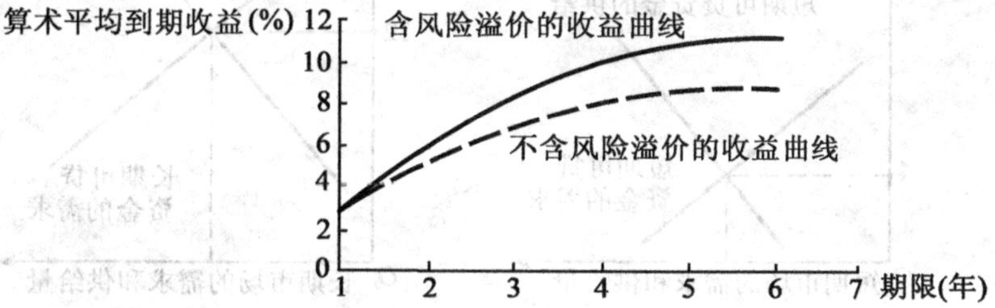

图 12-9　流动性偏好理论

三、期限结构的市场分割理论

市场分割理论最早是由 Culbertson(1957)提出来的。该理论假定：市场是由不愿承担风险的单个投资者和将生存看得至关重要的公司及金融机构组成，它们都为自己的投资组合寻求免疫力。如果资产的持续期限与负债的有效期限相匹配，那么该投资组合就取得了免疫。

这意味着，一家商业银行将总是购买短期债券，因为商业银行的负债都是存款，而这些存款大多是短期的。对于养老基金而言，它们将愿意购买长期债券，因为养老基金要在基金持有者退休以后的年份按合约支付长期年金。如果基金经理想使支持退休基金的公司股票的市值最大化，那么他们就可以积极地管理债券投资组合。基金经理认为：利率将要下降时，就购买长期债券；利率将要上升时，就转而购买短期债券。

市场分割理论假设这些机构的生存是客观要求。为了保证生存，需要将风险降到最低程度，这意味着要合理搭配资产与负债的期限，而不管其他期限的资产是否有更具吸引力的收益率。图 12-10 中，我们将期限结构分为两部分：短期部分和长期部分。每一部分都有一个可贷资金的需求和供给量，在供求的交叉点，我们得到收益。可贷资金的供给者是那些投资于证券的个人和机构，可贷资金的需求者是那些发行债券的部门。市场上短期资金的供给者是商业银行和非金融性公司，非金融性公司将现金余额用于投资，直到需要以此购买原材料、支付工人工资或进行厂房设备支出。鉴于此，这些公司的财务主管会将这些资金投资于市场的短期方面，非金融性公司想到的是自己的生存。如果将资金投资于长期方面，且利率上升了，上述投资决策会引发公司的流动性危机。

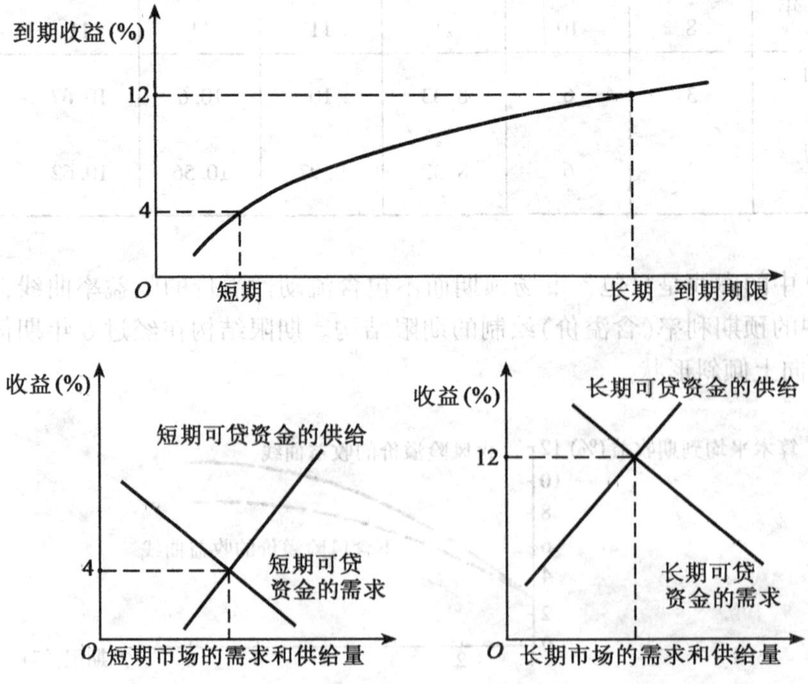

图 12-10　市场分割理论

长期资金的供给者包括寿险公司和养老基金。寿险公司基于其雄厚的财力出售其产品，为使投资者相信其财力确实坚实，它们将投资的风险降低到最低程度，这当然包括合理地配置资产和负债的期限。

资金的需求者包括财政部和一些想为它们的投资筹集资金的非金融性公司。市场分割理论还假设，非金融性公司的筹资策略是根据其渴求生存的愿望制定的。正如金融机构追求合理的配置资产与负债的期限一样，非金融性公司同样努力使其负债与投资的期限相匹配。如果它们想投资增加存货，就要举借短期贷款为增加存货筹集资金；如果它们要筹资建设一栋主厂房，预计这一厂房几年后将为公司带来现金流入，就可能通过发行长期公司信用债券或抵押债券来为这一项目筹资。在任何情况下，长短期可贷资金的需求都是由公司投资机会的性质所决定的。

市场上每一部分的收益率都决定于供给和需求的交叉点，每一部分市场的供给都随着资金流入或流出各种金融机构而前后移动。如，资金流出养老基金而流入商业银行，就会导致长期供给下降，利率上升，短期供给增加，短期利率下降。每一部分市场的需求是随着公司筹资性质的变化而移动的。如在经济周期上升的初期阶段，对长期资金的需求就会增加，从而促使长期利率上升。随着经济周期上升阶段的结束，企业开始积累存货，为存货筹资，对短期贷款的需求增加，从而促使短期利率上升。

在上述框架中，期限结构不是由对利率未来变化方向的市场预期形成的，也不是由流动性溢价的结构形成的，而是由资金从一种金融机构向另一种金融机构流动的方向、由工商企业经济投资的密度和性质所决定的。显然市场分割理论是一种市场低效理论。

符合事实的结论是，期限结构的形成主要是由对未来利率变化方向的市场预期的性质决定的。流动性溢价可以起一定的作用，但在这一点上，它的作用并不明显。有时，市场的不完善和资本流向市场的形式也可能起到一定的作用，促使期限结构的形状暂时偏离按照未来利率变化方向进行最合理估计所形成的形状。

四、根据期限结构预测未来市场的利率

在债券市场有效的情况下，利率的期限结构将会反映出对未来利率变化过程的最佳估计。如果我们对流动性溢价的结构做一假设，就有可能从期限结构中得到未来利率的市场预测。表 12-4 中第七行给出 1~6 年期债券现在的到期收益，图 12-11 上画出了它们的期限结构。现在我们所要进行的是表中第一列向下各栏的 1 年期债券未来利率的市场预测。

表 12-4　　**算术平均收益的市场预测**

	1 年期债券	2 年期债券	3 年期债券	4 年期债券	5 年期债券	6 年期债券	
现　在	5	6	6	6	6	6	年预期收益率(%)
从现在起 1 年	10	11	11	11	11	11	
从现在起 2 年	10	11	11	11	11	11	
从现在起 3 年	4	5	5	5	5	5	
从现在起 4 年	2	3	3	3	3	3	
从现在起 5 年	6	7	7	7	7	7	

续表

	1 年期债券	2 年期债券	3 年期债券	4 年期债券	5 年期债券	6 年期债券	
到期算术平均收益	5	8	9	8	7	7	到期收益率(%)
下一年的到期平均收益	10	10.5	8.67	7.25	7.2		

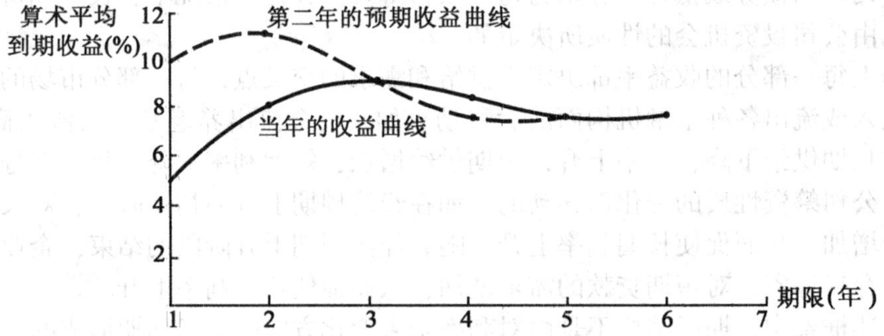

图 12-11　算术平均收益的市场预测

这些数字中有一个是可以直接看出来的，即 1 年期债券现在的到期收益率为 5%，因此可以在第一行第一列里写上 5%。

为了取得更多的数字，我们需对流动性溢价的结构作一个假设。假设：2 年及 2 年期以上的债券要求在预期年收益中增加 1%的溢价，在这种情况下，尽管投资者期望 1 年期债券在第 1 年能得到 5%的收益，他们还期望所有在 2 年及更多年以后到期的债券能得到 6%(5%+1%)的收益。这样就可以在第一行的其余各列内填上 6%。

现在我们可以确定第二行的数字。2 年期债券现在的到期收益率为 8%，这是债券第 1 年和第 2 年预期收益率的算术平均数。预计债券在第 1 年将产生 6%的收益率(第一行第二列)。已知平均数为 8%，那么第 2 年市场的预期收益率必定为 10%(第二行第一列)。根据我们对流动性溢价的假设，市场预计 1 年期债券下一年的利率将达到 10%。

如果我们假设，随着时间的推移，流动性溢价的结构保持不变，就可以将第二行剩下的数字填出来。2 年及 2 年以上到期的债券将在年预期收益率中得到 1%的溢价，因此，其余各列的数字均为 11%。

现在我们可以求解 2 年后 1 年期债券利率的市场预期。3 年期债券现在的到期收益率为 9%，它是 6%、11%和第一列第三行数字的平均数，因此，那个数一定是 10%。

第一列剩下的三个数字可以用同样的方法计算出来。计算结果显示：1 年期债券的市场利率在第 3 年降到 4%，第 4 年降到 2%，在第 6 年又回升到 6%。之所以产生这种非常奇怪的预测结果，是由于我们假设收益曲线具有独特的隆起形状。

要预测下一年或更多年以后利率期限结构的市场预期，只要向前移动 1 年，离开表的第一行就行了。

此时，1 年期债券到期的预期收益率为 10%(第一列第二行)，你可以将这个数据填到表的第一列最后一行中。为求 2 年期债券下一年的到期收益率，想一下债券有效期限内其余各年的预期收益率，预计下一年的收益率为 11%(第二行第二列)，两年收益率为 10%。这两个数据的算术平均数是 10.5%，因此，这将是下一年的到期收益率。将这个数填在最后一行的第二列，用这种方法继续下去，就可以计算出 3 年期债券到期的市场预期收益率为 8.67%，4 年期债券为 7.25%，5 年期债券为 7.2%，这些数字在图 12-11 中以虚线表示。市场预计短期利率将会上升，中期利率略有下降，长期利率稍有上升。

以上介绍的根据利率的期限结构理论预测未来利率变动的方法是一种十分有价值的方法，对于含有利率风险的债券资产的组合管理是有参考价值的。

练习与思考

一、重要名词与概念

Z 指标　违约溢价　利率的风险结构　预期收益率　到期收益率　现时收益率　赎回收益率　等价收益率　利率的期限结构

二、问答题

1. 从估值的角度看，固定收益证券的重要性质有哪些？
2. 投资者判断公司债券的违约风险，有哪些基本方法？
3. 债券估值的基本思想有哪些？是什么因素导致了债券价格的波动？
4. 影响利率期限结构的因素有哪些？这个问题为何多见于对国债的研究？

三、选择题

1. 息票债券在发行时，其发行价格通常(　　)。

A. 高于面值　　B. 接近或等于面值

C. 低于面值　　D. 与面值无关

2. 如果投资者购买债券并将其持有到期，那么，我们可以用(　　)来衡量其平均持有收益率的大小。

A. 预期收益率　B. 现时收益率　C. 票面收益率　D. 到期收益率

3. 假定当前市场上流通的 1 年期国债的收益率为 2.4%，5 年期国债的收益率为 3.6%。此时，A 公司以 5.4%的利率发行 5 年期的公司债券，B 公司以 3.2%的利率发行 1 年期的公司债券，那么，A 公司和 B 公司发行债券的风险溢价分别为(　　)。

A. 1.8%；0.8%　B. 3.0%；0.4%　C. 0.8%；1.8%　D. 0.4%；3.0%

4. 有一种 5 年期的息票债券，面值为 1000 元，息票率为 9%，市场的预期均衡收益率为 10%。但由于该种债券存在违约风险，所以预期只能按 950 元的面值来进行还本付息，那么，该债券的均衡价值为(　　)。

A. 950元　　B. 1000元　　C. 962.09元　　D. 931.05元

5. 收益率上升或下降1%，对下面(　　)证券的价格影响最大。

A. 面值1000元，5年到期，售价950元

B. 面值1000元，5年到期，售价1000元

C. 面值1000元，10年到期，售价950元

D. 面值1000元，10年到期，售价1000元

6. 某投资者购买了一种按年付息的息票债券，5年到期，面值500元，息票率为10%，当时的到期收益率为9%。1年后，投资者在获得第一次息票支付后出售该证券，此时的到期收益率为8%。那么，该投资者持有债券期间的总回报率为(　　)。

A. 12.32%　　B. 3%　　C. 9.7%　　D. 8%

7. 市场上有一种零息票债券，其到期收益率为8%，债券面值为500元，还有7年到期，那么，该债券当前的合理价格应为(　　)。

A. 500元　　B. 291.75元

C. 321.56元　　D. 无法确定其价格

8. 某投资者的所得税率为51.25%，市场上存在A、B两种证券，A证券为免税债券，收益率为7.8%，B证券为非免税债券，收益率为16%。那么，对于该投资者来说，他选择(　　)债券更为有利。

A. A债券　　B. B债券

C. 对于投资者来说，两种债券没有差别　　D. 不确定

9. 根据债券的有关性质，下列说法中不正确的是(　　)。

A. 国债的收益率一般很高，因而受到投资者的青睐

B. 在其他条件相同的情况下，β值越大的债券其价格越低

C. 信用公司债与担保公司债的风险是相同的

D. 公司债的收益率往往要高于相同期限的国债

10. 利率的期限结构是(　　)。

A. 两种证券的收益之间的相互关系

B. 一种证券的收益与其期限之间的关系

C. 一种债券的收益率和违约率之间的关系

D. 两种证券的收益与期限之间的关系

11. 市场分割理论认为(　　)。

A. 收益率曲线的形状本质上是由长、短期债券的供求关系决定的

B. 市场由风险态度各异的投资者组成

C. 商业银行和养老基金既购买长期债券也购买短期债券

D. 市场上所有的机构都尽量使其资产与负债的期限相匹配

四、计算分析题

1. 某投资者在市场上购买了一种10年期债券，债券面值为1000元，息票率为

8%，当前市场上的预期均衡收益率为12%。一年后，市场上的均衡利率下降到10%，投资者将该债券售出。求这一年中投资者的实际持有收益率。

2. 条件如上题。如果投资者在第一年年末没有出售债券，并在以后两年中继续持有，债券所支付的利息全部以10%的利率进行再投资，那么，当两年后投资者将该债券卖出时，投资者的持有收益率为多少？

【扩展阅读】

反转曲线上的债券分级

债券市场上收益率和债券期限之间的关系问题越来越难以忽视。正常情况下长期政府债券比短期债券的收益高，持有一笔较长期的投资，投资者当然要求更高的回报以补偿风险。然而，从2006年6月开始，这种关系已经颠倒了，美国短期国库券收益率高于其长期国债的收益率。

这种被称做反转收益率曲线的少见状况使得一些经济学家怀疑债券市场是否预示了经济走势将要倒转。分析家们认为，收益率反转是困难时期即将来临的预兆。如果投资者预期衰退来临，有两个原因促使他们购买长期国债。首先，这些证券比股票安全。其次，它们在通胀率极低的时候很有吸引力，而经济衰退通常会使通胀率下降。伴随着衰退恐惧的证券购买会迫使长期债券的收益率下降，有时甚至低于当时的短期国债收益率。

实际上，市场是在打赌掌管短期利率的美联储将降低隔夜拆借利率以刺激经济，投资者在这种预期下推动了长期利率的下降。

有些经济学家质疑收益率曲线作为衰退预测工具的有效性。他们认为是其他原因造成了目前极低的长期收益率，包括长期中较低的通胀预期和外国投资者对美国国债不断增长的需求，这些投资者在寻找好的投资工具来投放他们的资本。

历史站在那些认为收益率曲线具备预测能力的人一边。1965—2005年，10年期国债收益率低于三个月期国库券收益率的情况出现了七次，而其中六次，美国经济在不久之后都进入了衰退。

资料来源：Michael Hudson. Grading Bonds on Inverted Curve，http://www.wsj.com/articles/SB116821099838669658.

第十三章　固定收益证券组合管理

通常，对固定收益证券组合的管理方法有两种：一种是消极的债券管理，另一种是积极的债券管理。它们的出发点不同，因此在策略上存在很大的差异。

消极的债券管理是基于市场有效这一基本假设的。它认为市场上的债券价格是买卖双方自由竞价的结果，因而是正确的、合理的。基于这一前提，在进行管理时，一方面要具体分析债券价格对市场因素(主要是市场利率)变化的反应，讨论当市场因素发生变化时债券价格的变化；另一方面，通过这些分析来构造适当的组合，使得投资组合对一些随机因素的变化不敏感。这一思想多用于公司的资产负债管理。当公司风险管理人员进行资产负债管理时，一般的想法是尽量使资产和负债的现金流匹配。当形成完全匹配的现金流变得十分困难或者成本很高时，一般地又可以利用下面将要介绍的组合免疫的方法进行管理，其目的是使得两者加在一起时对市场利率的变化完全不敏感。

我们这里所说的消极管理主要体现在对债券的管理不是以盈利为目的，而是尽量消除一些不确定因素的影响。要达到这样一个目的：当市场上一些因素(主要是市场利率)发生变化时，我们持有的债券组合不会出现亏损或亏损很小。

要进行组合管理，首先必须对债券的性质有一个深入的了解。我们将在上一章的基础上引入一些新的概念和工具，并应用这些工具进行分析。我们首先介绍的是久期这一用于分析债券性质的概念。接下来介绍利用久期这一工具进行组合管理方法——组合免疫。然后介绍分析债券性质的另一工具——凸性，并分析凸性在组合管理中的应用。

积极的债券管理也称为主动的债券管理。与消极的债券管理不同，积极的债券管理主要以盈利为目的。积极的债券管理方法是基于这样一个假设：债券市场不是完全有效的，存在一些债券，它们的定价是错误的，利用这种错误的定价采取适当的措施能够达到盈利的目的；同样还存在有利的市场时机，恰当地选择时机也能盈利。一个积极的债券投资经理既要进行债券的选择又要选择适当的市场时机。因此，积极的管理模式具有一定的风险。

第一节　久　　期

上一章知识告诉我们所有证券都将承担一定的风险，而且长期证券比短期证券更为敏感。我们首先看一个例子：假定我们持有 5 种债券，它们的到期期限分别为半年、1 年、2 年、5 年和 20 年。为简便计算，假设每种债券在初始时刻的收益率与其息票票面利率相同，且半年付息一次，容易证明此时的债券的价格等于其面值。表 13-1 列出的是当所有债券的收益率同时上涨 20 个基本点时价格的变化。

表 13-1 **债券到期期限和价格对到期收益率的敏感性**

到期期限(年)	息票票面利率(%)	初始收益率(%)	初始价格(美元)	新收益率(%)	新价格(美元)	价格的变化
0.5	7.000	7.000	100.000	7.200	99.903	-0.097
1.0	7.750	7.750	100.000	7.950	99.811	-0.189
2.0	8.250	8.250	100.000	8.450	99.639	-0.361
5.0	8.750	8.750	100.000	8.950	99.208	-0.792
20.0	9.375	9.375	100.000	9.575	98.273	-1.767

注：假定表中债券的面值均为 100 美元。

从表 13-1 中可以看出，当其他条件都相同时，债券的价格对收益率的变化具有不同的敏感性。一般来说，长期债券对收益率的敏感性强于短期债券。我们注意到表 13-1 中债券的排列方式，从上到下，债券期限由短到长，息票利率由低到高。结果是对于相同幅度的收益率变化，价格的变化由小到大，债券对收益率的敏感性也由小变大。图 13-1 给出的是另一个例子，它描绘的是息票利率相同而期限不同的债券在不同利率的条件下对应的价格变化，进一步说明债券的期限越长，对利率的敏感性越强。

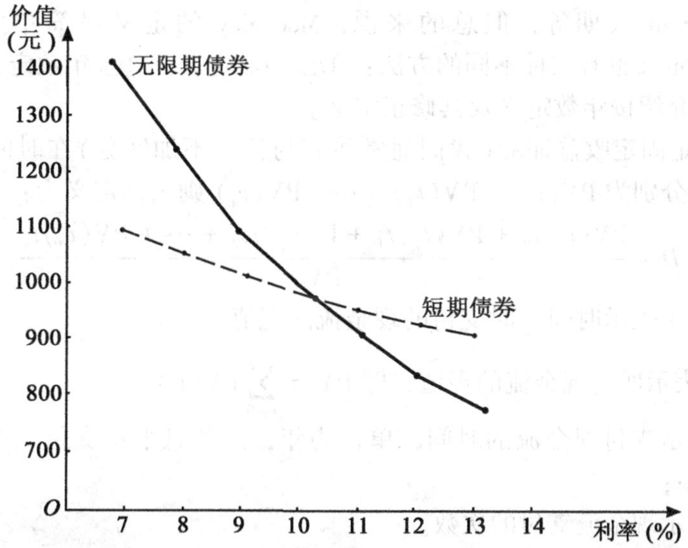

图 13-1 息票率为 10%的三年期和无限期两种债券在不同市场利率下的价格比较

上述例子表明，债券对利率等因素的敏感性因债券到期期限的不同而不同。显然，类似的特征对债券组合管理十分重要。不难想象，当你持有一个债券组合时，因为这个组合由不同种类的债券组成，当市场的某些因素如市场利率发生变化时必定会使得债券的收益率发生变化。即使收益率发生相同的变化，由于收益率对不同债券的影响程度不同，也会对整个组合的市场价值产生不同的影响。问题是我们需要了解这个投资组合的价值将如何变化，我们希望并能够使它如何变化。对于消极的管理策略来说，其目标是，构造一种债券组合，当收益率发生变化时，整个组合的价值变动尽可能地小。如何达到这一目标？这就要求我们首先深入了解每个证券以及由它们构成投资组合后对收益率有什么样的敏感性。实际上，债券的价格对收益率变动的敏感性并不是由到期期限唯一决定，其他的影响因素还有：①债券附息率；②债券承诺的利息支付的频率；③债券本金分期摊还的速度；④债券的到期收益率。

这种对收益率的敏感性有时也称为债券价格的波动性(volatility)。为了对这种波动性进行度量，Frederick Macaulay 于 1938 年首次提出了一种度量价格敏感性的方法，这种方法将影响价格敏感性的所有因子都综合考虑了进去，这个方法便是久期(duration)。其后，Samuelson 于 1945 年、John Hicks 于 1946 年、F. M. Redington 于 1952 年分别对这一概念进行了研究和发展。1973 年 George Kaufman 将久期与价格波动性联系在一起；而 Lawrence Fisher 和 Roman Weil 则于 1971 年提出了久期在组合管理策略中的重要应用。

一、久期的定义

如前所述，自 Macaulay 于 1938 年首次提出久期这一概念以来，很多经济学家对它进行了深入的研究，从而提出了不同的定义方法。典型的定义方法除 Macaulay 久期外，还有 Fisher 和 Weil 久期等，但总的来说，Macaulay 的定义最简单实用。事实上，Macaulay 久期的定义也有三种不同的方法：①按期数定义；②按年数定义；③修正的定义。在此我们只介绍按年数定义及其修正定义。

定义 1　假定固定收益证券(我们通常将它与债券不加区分)在时间 t_1、t_2、…、t_n 处支付的现金流分别为 $\mathrm{PV}(t_1)$、$\mathrm{PV}(t_2)$、…、$\mathrm{PV}(t_n)$ 则久期定义为：

$$D=\frac{\mathrm{PV}(t_0)t_0+\mathrm{PV}(t_1)t_1+\mathrm{PV}(t_2)t_2+\cdots+\mathrm{PV}(t_n)t_n}{\mathrm{PV}} \tag{13-1}$$

其中，$\mathrm{PV}(t_i)$ 表示时间 t_i 时支付的现金流的现值；

PV 表示所有现金流的现值，即 $\mathrm{PV}=\sum_{i=0}^{n}\mathrm{PV}(t_i)$；

t_i 表示支付现金流的时间，单位为年，当利息半年支付一次时它的取值为 0.5、1、1.5、…；

n 表示现金流支付的次数。

这里给出的是久期的一般化定义，这种定义一般被称为 Macaulay 久期。(13-1)式表明的经济含义是：久期是债券所有现金流支付的现值的平均回收时间，它等于该债券所有现金流支付的时间的加权平均，其中的权数是每一个现金流支付时间点所支付的现金流的现值占整个现金流现值的百分比。因此，可以将久期理解为该固定收益证券所规定的支付现金流的平均回收时间。换言之，久期是固定收益证券到期期限的加权平均时间。当然，这一定义过于抽象，进一步具体化，我们给出定义 2。

定义 2　每年支付 m 次利息，到期期限为 T 年的债券的久期为：

$$D = \frac{\sum_{t=1}^{mT} \frac{CF_t}{(1+y/m)^t} \times \frac{t}{m}}{\sum_{t=1}^{mT} \frac{CF_t}{(1+y/m)^t}} = \sum_{t=1}^{mT} \omega(t) \times \frac{t}{m} \tag{13-2}$$

其中，每年支付的次数 m 在不同的金融市场上可能不同，如美国短期债券在到期之前不支付利息，则 $m \leqslant 1$；中长期债券每年支付两次，即 $m = 2$；

y 表示债券的到期收益率；

CF_t 表示第 t 次支付的现金流，一般地，对于债券而言，其附息率固定，从而现金流也固定，因此，有的金融文献中用常数 C 来代表 CF_t，用以表示所有的现金流相同；

$\omega(t)$ 表示权重，它等于第 t 次支付的现金流的现值占整个现金流现值的百分比。

(13-1)式和(13-2)式中的 t 和 t_i 不相同，t 表示支付的次数，且有 $t_i = t/m$ 成立，它表示收到现金流的时间。同时有 $n = mT$。

通常，人们为了更直观、简洁地表述债券价格与收益率之间的变化关系(详见(13-7)式和(13-8)式)，会在上述定义的基础上引入修正久期的定义。修正久期由一般化的久期除以 $(1 + y/m)$ 得到，用 D^* 来表示。

定义 3　上述条件下修正的久期为：

$$D^* = \frac{D}{(1 + y/m)} \tag{13-3}$$

由久期的定义可知，久期的计算一般较为复杂，尤其是期限较长的债券。

例　考虑一个附息率为 7%，到期期限为 3 年的债券，假定该债券按收益率为 8% 来出售。

由(13-2)式，要计算久期首先要计算每一支现金流的现值，然后求出总的现值(即是债券的价格)，将每支现金流的现值除以总的现值得出每支现金流的权重，最后乘以相应的支付时间并加总，加总的和就是久期。表 13-2 列出了该债券久期的计算过程，我们通过 A、B、C、D、E、F 来表示计算的顺序。

表 13-2　　**久期的计算**

A 时间(年)	B 支付	C 折现因子 (按 8%折现)	D 支付的现值 (B×C)	E 权数(D/价格)	F A×E
0.5	3.5	0.962	3.365	0.035	0.017
1	3.5	0.925	3.236	0.033	0.033
1.5	3.5	0.889	3.111	0.032	0.048
2	3.5	0.855	2.992	0.031	0.061
2.5	3.5	0.822	2.877	0.030	0.074
3	103.5	0.790	81.798	0.840	2.520
总和			97.379 (债券价格)	1.000	2.2753 (久期)

同时还可由公式(13-3)算出修正的久期 $D^* = 2.198$。

上例中算出的是一些短期债券的久期。由计算公式不难看出，当到期期限较大时，如10年、20年，计算往往比较麻烦。由代数知识可以给出一个近似的计算方法。

定义4　附息率为 c，年收益率为 y，每期支付利息 m 次，还剩下 n 期的债券，其久期计算公式为：

$$D = \frac{1+y}{my} - \frac{1+y+n(c-y)}{mc[(1+y)^n - 1] + my} \tag{13-4}$$

例　考虑一个债券，其附息率为10%，每年支付两次利息，期限为30年，再假定其收益率也是10%，从而价格等于面值，此时计算公式进一步简化为：

$$D = \frac{1+y}{my}\left[1 - \frac{1}{(1+y)^n}\right]$$

因此，$D = \dfrac{1.05}{2 \times 0.05}\left[1 - \dfrac{1}{(1+0.05)^{60}}\right] = 9.938$

利用这一近似公式，前例中的久期为：

$$D = \frac{1.04}{2 \times 0.04} - \frac{1.04 + 6 \times (3.5\% - 4\%)}{7\%[(1+0.04)^6 - 1] + 8\%} = 2.71$$

这一结果大于实际值2.2753。一般来说，近似公式用来计算期限长的久期时误差较小，对于期限较短的债券误差较大。

二、久期的含义

久期的含义有三条：①债券产生的现金的平均回收期；②债券价格对收益率的弹性；③修正久期又是债券价格对收益率的导数。

由(13-1)式和(13-2)式可以很明显地看出：债券的久期计算的是收到该债券每一个现金流时间的加权平均，所以我们说它是债券现值的平均回收期。注意，它不同于项目评估中的回收期(payback period)，它们所针对的对象不同，前者是针对现值的回收期，而后者则是针对投资成本的回收期。此外，它还区别于现金流的平均寿命。图13-2是一个假想的3年内具有同一水平现金流的债券，图中对两种概念进行了比较。

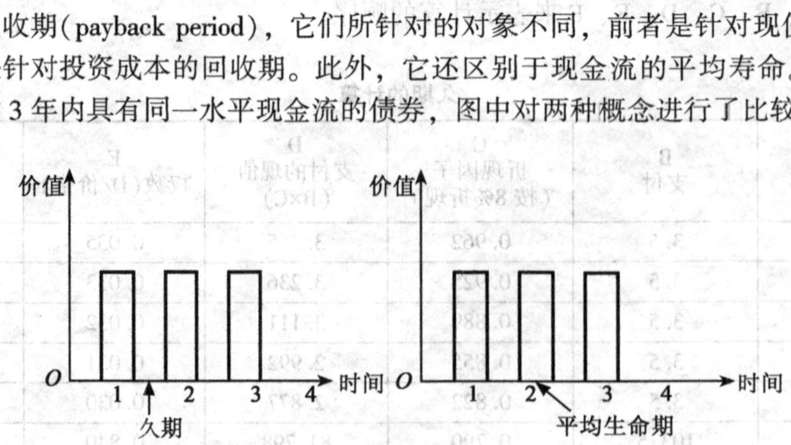

(a)现金流的久期　　(b)现金流的平均生命期

图13-2　两种概念的图示

久期表示债券价格对收益率的弹性，这一点很难从公式中直接看出来。所谓弹性是指收益率一定程度的变化所带来价格变化的程度，我们这样描述是因为弹性区别于导数。前者是价格的变动量占原价格的百分比与收益率的变动量占原收益率的百分比之比，用数学公式表示为：$\frac{\Delta P}{P}/\frac{\Delta y}{y}$（一般取很小的 Δy 时，弹性值为 $\frac{\mathrm{d}P}{P}/\frac{\mathrm{d}y}{y}=\frac{y\cdot\mathrm{d}P}{P\cdot\mathrm{d}y}$，这样表示也是为了便于计算）。因此，我们只能在后面用数学语言来说明这一点。弹性是用来反映敏感性的量，债券价格对收益率的弹性越大，债券的价格对收益率的敏感性越强，单位收益率的变化带来的价格变化就越大。因为在不同价位上，价格变化的空间不同，也就是说，在不同价格水平上，价格变化的幅度不同。一般地，价格太高或太低时，价格变化的可能性较大，而且，变化的幅度可能要大一些；当价格处于一个适中的水平时，价格变化的可能性较小，变化的幅度较小。这一性质在债券的价格—收益曲线上反映为不同点的斜率不同，也就是说，对不同价格水平，债券价格的变化速度不同。因此，价格对收益的导数不能很好地反映价格对收益的敏感性，只有弹性用两者变化的百分比来分析两者的相对变化才显得更准确、恰当。

最后，久期公式可直接由债券价格公式对收益率求导而得出。因此，要说明它是价格对收益的导数也要通过数学语言。实际上，它度量的是价格—收益曲线的斜率，也是收益率在某一水平处单位收益率变化所引起价格变化的程度，即价格对收益率的变化速度。如前所述，价格对收益率的导数不能很好地反映价格对收益的敏感性，但它能够反映价格在某一水平上的变化趋势，能够预测出收益率变化较小时价格的变动量，因而也是一个很重要的量值。

为了加深对上述公式的含义和相应记号的理解，我们转入数学论证。

我们回到上一章的债券定价公式(12-3)：

$$P_{i0}^{e}=\sum_{t=1}^{T}\frac{E(\tilde{D}_{it})}{[1+E(\tilde{R}_{i})]^{t}}+\frac{E(\tilde{P}_{iT})}{[1+E(\tilde{R}_{i})]^{T}}$$

公式(12-3)给出的是一个很一般的估价公式，它不仅包含债券所支付的现金流是随机变量的情形，而且还包含债券具有违约风险、流动性风险和提前赎回等风险，因此，公式中的付息为预期值，贴现率也是无风险利率基础上的风险溢价。本章我们考虑一种简单的情形：债券是一种普通的中长期国库券，因此到期之前支付的利率是已知的，到期时按债券的面值进行支付。为了将这一特殊债券与上一章的一般情形区别开来，我们在本章中引进了一些特殊的符号。我们用 CF_t 表示第 t 次支付的现金流，其含义等同于公式(12-3)中的 $E(\tilde{D}_{it})$，我们采用到期收益率 y 来代替公式(12-3)中的均衡预期收益率 $E(\tilde{R}_i)$，因此我们的定价公式改写为：

$$P=\sum_{t=1}^{mT}\frac{\mathrm{CF}_t}{(1+y/m)^{t}}=\frac{\mathrm{CF}_1}{(1+y/m)}+\frac{\mathrm{CF}_2}{(1+y/m)^{2}}+\cdots+\frac{\mathrm{CF}_{mT}}{(1+y/m)^{mT}}\tag{13-5}$$

其中的各变量所表示的含义如前所述。值得说明的是，上式中的 CF_{mT} 含两个部分，一部分是利息，另一部分是债券的面值。下面将债券价格对收益率求导：

$$\frac{dP}{d(1+y/m)}=-\left[\frac{CF_1}{(1+y/m)^2}+\frac{2CF_2}{(1+y/m)^3}+\cdots+\frac{(mT)CF_{mT}}{(1+y/m)^{mT+1}}\right] \quad (13\text{-}6)$$

两边同除以 P 和 $(1+my)$ 得：

$$\frac{dP/P}{d(1+my)/(1+y/m)}=\frac{dP(1+y/m)}{d(1+my)P}$$

$$=-\frac{1}{P}\left[\frac{CF_1}{(1+y/m)^1}+\frac{2CF_2}{(1+y/m)^2}+\cdots+\frac{(mT)CF_{mT}}{(1+y/m)^{mT}}\right]$$

$$=-m\frac{\sum_{t=1}^{mT}\frac{CF_t}{(1+y/m)^t}\times\frac{t}{m}}{\sum_{t=1}^{mT}\frac{CF_t}{(1+y/m)^t}}=-mD$$

由(13-2)式可以看出，上式的结果就是久期与 m 乘积的相反数，而等式的左侧则表示债券价格对收益率的弹性。这就是说债券的久期描述的是弹性。回忆微观经济学中弹性的概念，我们通常是将这一导数的绝对值作为弹性。因此，这里的负号只是说明两者变化的方向相反。

同时由(13-6)式有：

$$\frac{dP}{dy}=\frac{dP}{m\cdot d(1+y/m)}$$

$$=-\frac{1}{m}\left[\frac{CF_1}{(1+y/m)^2}+\frac{2CF_2}{(1+y/m)^3}+\cdots+\frac{(mT)CF_{mT}}{(1+y/m)^{mT+1}}\right]$$

$$=-\frac{1}{(1+y/m)}DP=-D^*P \quad (13\text{-}7)$$

这个等式表明债券价格对收益率的导数等于负的修正久期与价格的乘积。也就是说，久期还反映债券价格对收益率的导数，或者说价格对收益的瞬时变化速度。同上述，负号说明两者变化的方向不同。

(13-7)式十分有意义，利用它加上 $dP/dy\approx\Delta P/\Delta y$ 可以得到以下近似公式：

$$\Delta P\approx-D^*\cdot P\cdot\Delta y \quad (13\text{-}8)$$

这个近似方程对我们估计债券价格的变化有一定的作用。注意，(13-8)式适用于收益率变化程度较小的情形。实际上，对价格变化的估计是我们所真正关心的问题。我们来看例子：

例　某一债券的到期期限为30年，附息率为10%。我们画出它的价格-收益曲线，如图13-3所示。在收益率为10%时我们用前面所讲的方法计算出它的久期和修正的久期分别为 $D=9.94$ 和 $D^*=9.94/1.05=9.47$。由(13-7)式画出过该点的切线，其斜率由公式算出为−947。同时，由近似公式计算，假定收益变为10.5%，我们可以估计价格的改变量为：

$$\Delta P\approx-D^*\cdot100\cdot\Delta y=-947\times0.005=-4.73$$

新的价格 $P\approx95.27$。

与上例相同的条件下，考虑一个期限仍为30年的零息票债券，收益率也是10%，

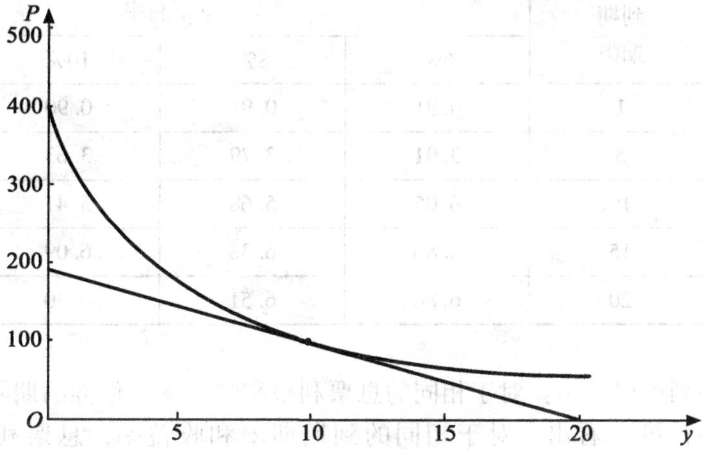

图 13-3　价格-收益曲线及其斜率

则 $D=30$ 和 $D^*=27$。对于相同的收益率变动(变为 10.5%)，价格的改变约为 13.5%，从而价格大约变为 86.5，这表明零息票债券往往具有很高的利率风险。

三、久期的性质

表 13-3 列出的是 5 种到期期限、4 种息票利率共 20 种债券在 3 种收益率条件下的久期。从中我们可以观察出一些久期的性质。

表 13-3　　不同息票利率和到期收益率下的久期

收益率	到期期限	息票利率 6%	息票利率 8%	息票利率 10%	息票利率 12%
12%	1	0.96	0.92	0.92	0.92
	5	4.05	3.91	3.78	3.68
	10	6.61	6.23	5.95	5.73
	15	7.96	7.46	7.13	6.88
	20	8.53	8.05	7.74	7.52
14%	1	0.92	0.92	0.91	0.91
	5	3.89	3.83	3.71	3.60
	10	6.33	5.95	5.68	5.46
	15	7.37	6.91	6.59	6.37
	20	7.65	7.24	6.98	6.80

续表

收益率	到期期限	息票利率			
		6%	8%	10%	12%
16%	1	0.91	0.91	0.90	0.90
	5	3.91	3.79	3.63	3.53
	10	6.05	5.68	5.41	5.20
	15	6.80	6.38	6.09	5.89
	20	6.86	6.51	6.30	6.15

从表中每一列可以看出：对于相同的息票利率和收益率，债券的期限越长，久期越大。从表中每一行可以看出：对于相同的到期期限和收益率，息票利率越高，久期越小。

此外，对于相同的息票利率和到期期限，收益率越高，久期越低。如息票利率为10%、到期期限为15年的债券，收益率由小到大，相应的久期分别为：7.13、6.59、6.09。用数学语言描述为：久期关于期限单调递增；关于息票利率单调递减；关于到期收益率单调递减。这一性质易于理解：我们说久期给出的是债券价格对收益率的敏感性，也就是波动性。敏感性越强，波动性越强，不确定性也越强，债券关于收益率的风险也就越大。债券的到期期限越长，不确定性自然越大，风险也越大，从而敏感性强，久期长。类似的方式可以分析债券的息票利率和到期收益率。

进一步地，应用一些简单的数学知识还可以得出久期的下列性质。

性质1　零息票债券的久期等于其到期期限，即 $D = T$。

如果债券只支付一次现金流，则久期就是到期期限。这一性质也说明零息债券往往有较大的利率风险。因为，整个持有期内利率的任何波动都会导致债券的价格发生很大的变化。

证明该性质只需在(13-2)式中对 $t < mT$ 的 CF_t 均取零，将其代入式中立即可得此性质。

性质2　附息债券的久期小于到期期限，即 $D < T$。

附息债券在持有期内有规律地支付现金必定会减少不确定性。因为，随着时间的推移，当收益率发生变化时，债券产生的尚未到期的现金流的现值也将发生变化。但是，这种变化并不能影响已经到手的现金流的现值，从而减少了不确定性。附息债券实质上是对债券的本金分期摊还，在考虑现金流的时间价值时，自然比零息票债券有利，它的久期必定小于零息票债券的久期。该性质的证明比较简单。

性质3　对于附息债券，当到期期限趋于无穷大时，久期趋于某一常数，用数学语言表示为：

$$\lim_{T\to+\infty} D = \frac{1 + y/m}{m} \tag{13-9}$$

直观上，无限期债券的久期无穷大，性质3则说明并非如此。事实上因为现金流具有时间价值，离现在期限很长的现金流折现到现期，其价值很小。人们似乎只关心有限期内的现金流，对于那些很长时间后无限期的“不现实”的现金流并不关心。下面的例子将帮助我们加深对上述问题的理解。

例　我们分别计算附息率为1%、2%、5%和10%且收益率为5%的债券在不同到期期限下的久期，如表13-4所示。

表13-4　**不同到期期限债券的久期的比较**

到期年限	附息率			
	1%	2%	5%	10%
1	0.997	0.995	0.988	0.977
2	1.984	1.969	1.928	1.868
5	4.875	4.763	4.485	4.156
10	9.416	8.950	7.989	7.107
25	20.164	17.715	14.536	12.754
50	26.666	22.284	18.765	17.384
100	22.572	21.20	20.363	20.067
∞	20.50	20.50	20.50	20.50

性质4　假定所有债券的收益率都相同。那么，投资组合的久期等于各债券久期的加权平均，即：若N个债券的价格和久期分别为P_i和D_i，$i=1, 2, \cdots, N$，它们构成的组合的价格和久期相应地为P和D，则有：

$$P = P_1 + P_2 + \cdots + P_N$$

$$D = \omega_1 D_1 + \omega_2 D_2 + \cdots + \omega_N D_N \tag{13-10}$$

其中，$\omega_i = P_i/P$，$i=1, 2, \cdots, N$。

实际上，修正的久期也满足性质4，用修正的久期代替(13-10)式中的久期，等式仍成立。

第二节　组合免疫

组合免疫(immunization)的概念及其在资产负债管理中的应用，最早是由F. M. Redington于1952年提出的。我们知道债券对收益率的变动具有敏感性。由前面的例子可以看出，当市场利率增加时，要求债券的收益率也增加，从而导致债券的价格下降。因此，持有债券将产生一定程度的损失。企业的负债对市场利率也具有敏感性。例如，一家财务公司有一笔100万元的5年期固定利率负债，这笔负债每半年支付一次，年利息为8%。公司同时购买了一些到期期限不同，总价值为100万元的债券。在此情形下，市场利率的上涨使债券要求的收益率上升，债券的价值下降；同时，公司负债的实际价值也在下降。如何构造合理的资产负债组合，使得价格风险降低，正是资产负债管理的目标。组合免疫技术的应用使得资产负债管理中利率风险管理的技术变得十分成熟。事实上，几乎所有关于资产负债的价格风险管理方法的讨论都涉及利率风险的管理。

通常使用资产负债管理的行业包括养老基金、银行、保险公司、储蓄和贷款协会以及金融公司等。在进行资产负债管理时，一种理想的状况是使资产形成的现金流入的时间和数额与负债要求的现金流出的时间和数额正好相匹配。遗憾的是，尽管我们能够使现金流精确匹配，但这样做要么极其困难，要么代价极其昂贵，或者迫使人们放弃很多有吸引力的投资机会。组合免疫技术则很好地解决了这一难题。其想法是彻底忘记现金流的匹配，取而代之的是将注意力集中在资产和负债的价值上，使得它们对利率的变化完全不敏感。

一、组合免疫的方法和原理

回到我们前面所介绍的久期这一概念上，我们知道久期有一个重要的性质：投资组合的久期等于组合中各个债券的久期的加权平均。这一特性正是组合免疫的关键。在 Redington 的免疫策略中，风险管理者只需构造合理的投资组合，使得组合的久期等于零，或者使资产的久期等于负债的久期。

具体来说，公司财务经理为了进行利率风险管理，首先计算出公司负债的久期，然后选择两种或多种(通常为两种)具有不同久期的资产。最后确定资产组合中不同资产的权重，使得资产组合的久期正好等于负债的久期。

我们来看一个例子。

例 假定一家养老基金出售一种新的保险单，这种保单承诺在今后的 15 年内基金将每年支付 100 美元给投保人。折现率为 10%。

第一步：计算负债的久期。表 13-5 给出了整个计算过程和结果。

由表 13-5 可以看出，负债的现值为 760.61 美元。现在的问题在于如何将出售保单的收入 760.61 美元进行投资，以保证未来的每一时点投资的资产价值至少与负债的价值相当。

表 13-5 **久期的计算(美元)**

时间	现金流	现金流的折现值	权重	乘积
1	100	90.909	0.120	0.120
2	100	82.645	0.109	0.217
3	100	75.131	0.099	0.296
…	…	…	…	…
15	100	23.939	0.031	0.472
		合计 760.608	1.000	6.279

修正久期 = 6.279 ÷ 1.1 = 5.708

第二步：投资资产的选择。因为负债的折现率用的是10%，这意味着保险单对投保人的收益率为10%。所以，所构造的投资组合每年至少有10%的收益。假定基金选择了两种金融工具：30年期的长期国债，年利率为12%，按面值出售；6个月期的短期国债，收益率为年利率8%。用第一步的方法分别计算出它们的久期为8.080和0.481。

第三步：确定两种债券的投资比例和投资额。为此，先求两债券的投资比例。这只需解下列方程组：

$$\begin{cases}\omega_1 D_1 + \omega_2 D_2 = D_L \\ \omega_1 + \omega_2 = 1\end{cases}$$

其中，D_1、D_2 表示30年和6个月债券的久期；

D_L 表示负债的久期；

ω_1、ω_2 表示30年和6个月债券的投资份额。

这里要解的是方程组：

$$\begin{cases}8.080\omega_1 + 0.481\omega_2 = 5.708 \\ \omega_1 + \omega_2 = 1\end{cases}$$

解得：$\omega_1 = 68.79\%$，$\omega_2 = 31.21\%$。因此，养老基金应当将其出售保险单所得收入的68.79%投资于30年期的长期国债，其余的投资于6个月的短期国债。即投资于长期国债的金额是523.23美元，其余的237.38美元用于购买短期国债。

最后，我们来考察这种方法的效果。假定收益曲线向上平移了10个基本点。此时，负债的折现率变为10.1%，长期国债的收益率变为12.1%，短期国债的收益率变为8.1%。表13-6反映了收益曲线移动前后组合价值的变化情况。

表13-6　组合免疫的绩效（美元）

	负债	资产	
	养老基金	30年期国库券	6个月期国库券
原价值	760.61	523.23	237.38
变化后价值	756.29	519.03	237.26
价值的变化	−4.32	−4.2	−0.12

可以看出，变化后资产的总价值756.29美元刚好等于负债总值。

二、组合免疫存在的问题

只要细心地分析上述例子不难发现，我们在用组合免疫进行资产负债管理时进行了一些不太切合实际的假设，这正是组合免疫所存在的问题之一。实际上，组合免疫方法存在三个方面的问题。

第一，组合免疫方法适合于短期情形，它在短期内可靠。但是，随着时间的变化，不同债券的久期将产生不同的变化。这一点可以直接从久期公式中看出来，一个简单的例子是，6个月债券和5年期债券相比，6个月后前者久期为零（减少了0.5），而后者久期的减少小于0.5。因此，当前很有效的组合方式明天就不一定有效。这并不是说它明天就一定无效，只是效果肯定没有当前的好；而且随着时间的推移，这个组合方式将越来越不可靠。

第二，随着时间的变化，市场利率可能发生变化，市场利率的变化又直接导致不同金融工具的价格变化，从而到期收益率也发生变化，久期自然随之而变化。显然，不同金融工具久期的变化程度是不同的。因此，对于利率的微小变化，久期的匹配效果不会受到太大的影响，但对利率的较大变化，组合久期的匹配效果将大大地受到影响。解决这个问题的办法是频繁地重新计算久期和权重，并据以调整债券的组合。

第三，这种简单的久期匹配的方法是基于这样的一个基本假设：收益率曲线平行移动，即当市场利率发生变化时，不同期限债券的收益率都以同样的幅度上涨或下调。事实上并非如此，通常短期债券比长期债券更加敏感。同时，即使是到期日相同的金融工具对利率的敏感性也可能不同，如到期期限相同的债券因有不同的违约风险而对利率的敏感性不同。

解决这一问题的有效办法是利用数理统计方法进行回归分析：假定资产和负债的收益率变化之间存在着某种比例关系，利用历史数据回归分析，找出这一比例关系。在上例中将负债收益率变化对30年期国债收益率的变化作回归，所得的系数为利率的β值，然后用同样的方法计算负债对6个月短期国债利率的β值。

第三节　凸　性

我们知道修正久期度量的是价格—收益曲线上给定点相应的斜率，并由此而得出价格变化的近似(13-8)式。当收益率的变化较大时，这一近似公式并不精确，近似公式给出的价格变动量与实际变动量相差可能很大。这一现象背后的原因在于，这种近似公式的根据是数学函数的泰勒展开式。我们在应用泰勒公式进行近似时结果一般是很复杂的，它通常表示为函数导数的多阶项之和，而上述近似只取了一阶项。为了更精确地对价格的变化进行近似，一个很自然的方法是加进二阶项。二阶项的一个重要特征是与凸性有关，而曲线的凸性反映的是曲线的弯曲程度，它能够说明一阶线性近似的精确程度。如图13-4所示，图中的直线是由近似(13-8)式给出的直线，曲线则是通过计算得出的，图形说明了凸性的作用。

下面我们给出凸性的定义。

一、凸性的定义

我们定义凸性为价格对收益率的二阶导数与债券价格之比。记凸性为C，则其定义由(13-11)式给出：

$$C=\frac{1}{P}\frac{\mathrm{d}^2P}{\mathrm{d}y^2} \tag{13-11}$$

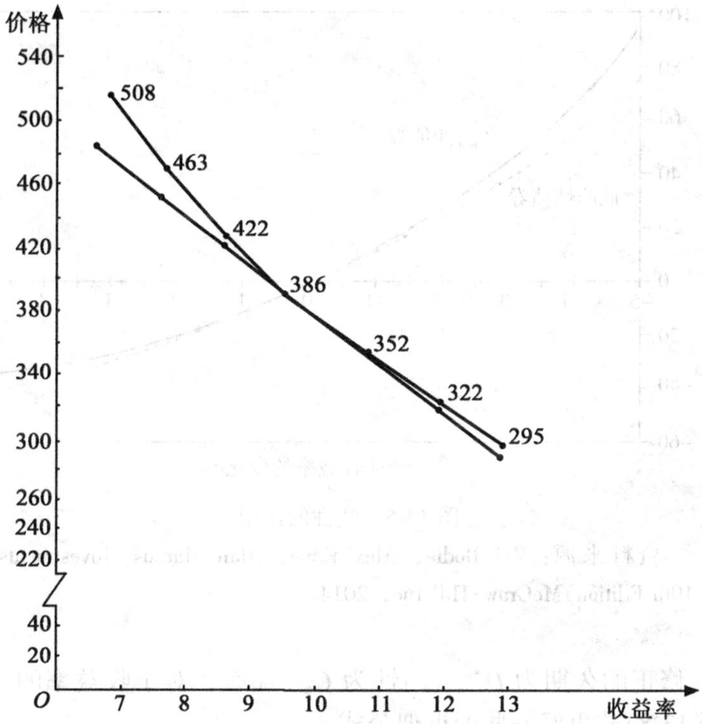

图 13-4　价格—收益率的关系

由(13-5)式知：$\frac{d^2P}{dy^2}=\frac{1}{(1+y/m)^2}\sum\frac{t(t+1)}{m^2}\frac{CF_t}{(1+y/m)^t}$。

因此：

$$C=\frac{1}{P\,(1+y/m)^2}\sum\frac{t(t+1)}{m^2}\frac{CF_t}{(1+y/m)^t}$$

$$=\frac{1}{(1+y/m)^2}\sum_{t=1}^{mT}\frac{PV(t)}{PV}\cdot\frac{t(t+1)}{m^2} \qquad (13\text{-}12)$$

所以，固定收益证券的凸性的含义是时间乘积 $t(t+1)/m^2$ 的加权平均的修正值，权数还是现金流的现值占所有现金流现值之和的百分比。不同于久期的是，其修正是以 $(1+y/m)$ 的平方。

有的金融文献将凸性定义为二阶导数而不用除以债券价格，其结果不会有多大的改变。凸性一词源于数学，它用于描述函数图像的形状。凸性值的正负性描述的是曲线弯曲的方向，正号表示向下弯曲；负号表示向上弯曲。凸性值的大小表示弯曲的程度，值越大，弯曲程度越高，反之则弯曲程度越小。

图 13-5 给出两个假想债券的价格—收益率曲线，它们因为具有不同的凸性而使得债券对收益率的相同变化呈现出不同的价格变化，凸性越大，价格受到的影响越大。

考虑凸性的影响，我们可以得到更精确的近似公式。假定债券的价格和相应的收益

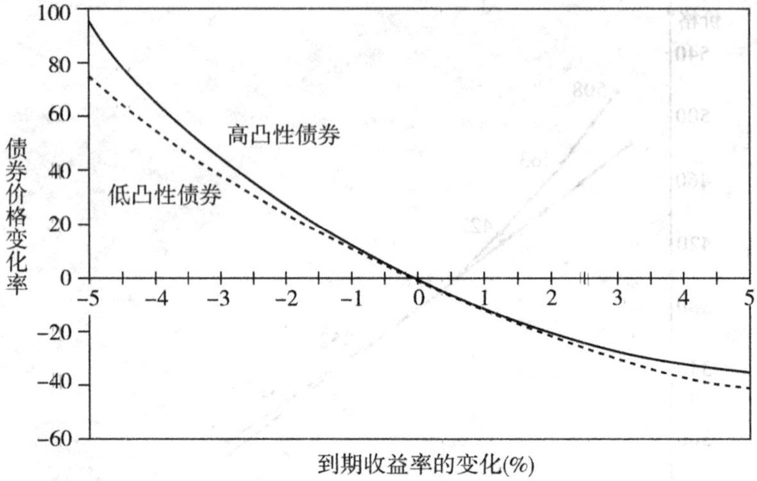

图 13-5　凸性的作用

资料来源：Zvi Bodie, Alex Kane, Alan Marcus. Investments, (10th Edition) McGraw-Hill Inc, 2014.

分别为 P 和 y，修正的久期为 D^*，凸性为 C。那么，对于收益率的一个很小的变化 Δy，我们有比(13-8)式更好一些的近似公式：

$$\Delta P \approx -D^* \cdot P \cdot \Delta y + \frac{P \cdot C}{2}(\Delta y)^2 \tag{13-13}$$

二、凸性的性质

表 13-7 列出的是 3 种期限、2 种息票利率共计 6 种债券的凸性值。

表 13-7　　不同期限、不同息票利率的凸性

期限	息票利率	
	0	10%
5 年	15	7.3
10 年	55	12.3
20 年	210	31.2

表中的结果为：凸性随着期限的增长而增大，即期限越长，弯曲程度越高；同时，凸性随着息票利率的增大而减小。由此可知，久期作为一条通用的准则用来估计债券价格的变化，期限越短、附息率越高，结果越精确。

利用凸性我们还能采取适当的债券管理策略，习惯上有三种方法：期限集中法、梯形法和杠铃法，此处不再赘述。

有了凸性，我们就可以应用于改进组合免疫。方法是选择债券组合，使其现值、久期和凸性与债务的相应值相等。此时，组合免疫需要三种不同的债券。

第四节　积极的债券管理

要对债券组合进行积极的管理，首先必须对债券的预期收益率曲线进行预测。通常因为政府债券不存在违约风险，同时回购具有很强的规律性，对这类债券进行预测较为容易一些。而公司债券因为级别不一，风险各异，预测起来十分复杂。因此，对公司债券实施积极的管理策略比对国债实施相同的策略的风险要大得多。

积极的债券管理方法很多，我们这里主要介绍两种常用的方法：一是水平分析法，二是或有免疫法。

一、水平分析法

所谓的水平分析法(horizon analysis)是指选择单一的持有期进行分析的一种方法，它实际上是一种债券到期收益率的预期方法。它对不同债券在期初和期末的收益率结构进行分析，从而对期末的可能收益率进行预期。它对目前已持有的债券进行分析，由期初、期末的收益率结构来分析该债券的可能收益率，同时还寻找一些可用来作为替换的债券。其目标是通过水平分析法来了解所持有债券在持有期内可能得到的收益，并对期末进行债券替换作出选择。

水平分析法的重点主要是对到期的债券价格进行估计，以便确定当前债券的市场价格是否合理。通过分析预期的期末价格，由此来比较期初价格。若期初售价较低，则表明预期的收益率较高；若现行的售价较高，则表明预期的收益率较低。当然，对期末价格的估计需要考虑各种不同的因素对收益率的影响，同时还要对一些相关的风险进行大致的评价。

下面我们以一个例子来说明水平分析法。假定我们目前持有某一债券，其附息率为4%，剩余期限为10年，计划的持有期为5年，当前售价为67.48美元，为简便计，我们只考虑面值为100美元的债券。我们需要对该债券在这5年持有期内的收益和收益率进行预测。为此我们可以查阅息票利率为4%的收益率手册。表13-8是该手册的一部分。

表13-8　**债券收益对照表(附息率为4%)**

到期收益率(%)	到期年限						
	10年	9年	…	5年	…	1年	0年
7.00	78.68	80.22	…	87.53	…	97.15	100.00
7.50	75.68	77.39	…	85.63	…	96.69	100.00
8.00	72.82	74.68	…	83.78	…	96.23	100.00

续表

到期收益率（%）	到期年限						
	10 年	9 年	…	5 年	…	1 年	0 年
8.50	70.09	72.09	…	81.98	…	95.77	100.00
9.00	67.48	69.60	…	80.22	…	95.32	100.00
9.50	64.99	67.22	…	78.51	…	94.87	100.00
10.00	62.61	64.92	…	76.83	…	94.42	100.00
10.50	60.34	62.74	…	75.21	…	93.98	100.00
11.00	58.17	60.64	…	73.62	…	93.54	100.00

首先，从表 13-8 中可以查出，我们持有的债券的收益率为 9%，下面我们要对该债券在持有期内的收益率进行估计。

一般来说，在持有期内，任何债券的收益率都要受两种因素的影响：一个是时间因素；另一个是收益率变动因素。水平分析将这两种因素分拆为两个部分来加以考虑。

第一，假定收益率不发生变化，我们来考虑时间因素的影响。随着时间的推移，债券的价格也发生变化。从表 13-8 中可以看出，持有期末(5 年后)债券按收益率仍为 9%来计算，则价格为 80.22 美元。持有期内债券价格从 67.48 美元变为 80.22 美元。

第二，再假定时间不变化，我们来考虑收益率因素的影响。假定我们预测到 5 年后，5 年期债券的收益率为 8%，而不是 9%。从表中可以看出，5 年后债券的价格不是 80.22 美元而是 83.78 美元。综合起来，持有期初的价格为 67.48 美元，持有期末的价格为 83.78 美元。

从上例可以看出，价格的变动可以分为两个部分，它们代表两种因素的影响：

总价格变动=时间因素导致的变动+收益率因素导致的变动

知道持有期期初和期末的价格，我们就可以计算持有期内的到期收益率。要计算收益率，我们既要考虑 5 年内的债券利息，还应考虑这些息票利息的再投资问题。原则上，应该考虑这些现金流各种可能的利用，或至少应分析该期间可能的收益率结构以确定可能的再投资机会。不过，在实践中却很少这样做，相反，一般是估计一个单一的再投资利率，然后以该利率对水平期中将支付的所有息票利息进行复利计算以便确定这些现金流的未来价值。

对于我们所持有的债券，其付息方式是每半年一次，每次支付 2 美元。第一次支付是在第 6 个月进行，最后一次则是在第 5 年末。若每笔利息均以年利率 8.50%(6 个月 4.25%)的利率再投资，5 年末本利和为 24.29 美元。其中，20 美元为利息的本金，4.29 美元为利息的利息。

综合起来，债券的总收益由四部分组成：时间因素产生的收益(负的为亏损)、利率变化产生的收益、息票利息、利息的再投资收益。上例中的收益为：

总收益＝时间因素产生的收益+利率变化产生的收益+息票利息+利息的再投资收益

$=(80.22-67.48)+(83.78-80.22)+20.00+4.29$

$=40.59$(美元)

总的持有期到期收益率为：40.59/67.48=60.15%。

显然，上述收益(收益率)中，时间因素产生的收益和收益率、息票利息和由此形成的收益率这两部分是确定的；利率变化产生的收益和收益率、利息再投资收益等两部分则是不确定的，不确定的两部分都与利率的变动有关。因此，对利率的正确预测对债券的管理十分重要。

二、或有免疫法

或有免疫法(contingent immunization)是一种同时包含积极管理和消极管理两种方式的债券管理方法，在很多方面它与组合免疫相同。以最简单的或有免疫方法为例，它的根本思想是：在利用或有免疫方法中，市场环境有利时，债券组合就采用积极的管理方式，一旦出现不利情况时，则债券组合立即成为免疫资产。

还是以例子来说明这一方法。假定某一债券投资经理面对如下境况：他有一个现金流出——两年以后要支付1000000美元。由久期性质1，该负债的久期等于2。经分析，投资经理利用两种债券来进行组合免疫：债券A面值1000美元，为期一年，附息率为7%，售价972.73美元，因此，收益率为10%；债券B面值也是1000美元，为期三年，附息率为8%，售价为950.25美元，收益率也是10%，两种债券均一年附息一次。我们用前面的方法计算两种债券的久期分别为1年和2.78年。进行组合免疫时两者的份额分别为43.82%和56.18%。按10%的收益率，投资经理需要用826446美元(=1000000/(1.10))来购买债券以构成充分的免疫资产。其中362149美元用于购买A债券，464297美元用于购买B债券，这就形成了组合免疫。

在进行积极的管理时，债券投资经理可能会说服客户用841680美元来形成或有免疫。因为841680美元刚好是以此9%的收益率来折算10000000美元而得到的现值。也就是该债券投资经理必须确保在两年内获得至少9%的平价收益率。这里，我们假定该客户同意接受低到9%的收益率，当然也希望该债券投资经理能为他赚取超过在免疫资产中锁定了的10%的收益率。

在这种情况下，债券投资经理就会积极利用债券的选择、市场时机选择或二者兼有的方法来主动地进行债券投资管理。即是说，债券投资经理既要保证最低收益率不低于9%，又能够在一定的范围内采取积极主动的投资措施。通常他们与客户达成协议，规定每周要检查债券组合的状态，并计算当前可获得的收益率。

假定在一年以后收益率曲线仍是水平状态，但收益率为11%，例行检查将会如何？首先注意到需要900901美元(保证一年后按11%的收益率取得1000000美元所需的现金)来使组合立即进入免疫状态；其次，当前债券组合的市场价值为930000美元。在我们的例子中，客户与债券投资经理达成的协议是，只要资产的价值比免疫所需要价值高出10000美元，债券投资经理就可以继续实施资产的主动管理方法。因为930000美元比910901美元(=900901美元+10000美元)大，因此，可以继续实施主动管理。但是，若组合的价值低于910901美元，则根据协议，债券投资经理将立刻使资产获得免疫能力。

练习与思考

一、重要名词与概念

久期　凸性　组合免疫　积极的债券管理　消极的债券管理　水平分析法　或有免疫

二、问答题

1. 简述久期的含义。
2. 久期有哪些性质?
3. 简述组合免疫的方法和原理。
4. 组合免疫有哪些局限性?
5. 消极的债券管理和积极的债券管理有何异同?

三、选择题

1. 对固定收益证券组合进行管理的方法有(　　)。

A. 消极的债券管理　　B. 积极的债券管理

C. 主动的债券管理　　D. 被动的债券管理

2. 在消极的债券管理中，常用的技术有(　　)。

A. 久期　　B. 凸性　　C. 组合免疫　　D. 或有免疫

3. 对债券久期产生影响的因素有(　　)。

A. 债券的价格　　B. 附息率

C. 支付利息的频率　　D. 到期收益率

4. 久期的含义可以概括为(　　)。

A. 债券的现金流的回收期

B. 债券价格对收益率的弹性

C. 债券产生的现金流现值的平均回收期

D. 债券价格直接对利率变化的弹性

5. 债券价格为 P，久期和修正的久期分别为 D、D^*。利用久期，当收益率的变化为 Δy 时，价格变化的近似值为(　　)。

A. $D\times P\times\Delta y$　　B. $-D\times P\times\Delta y$　　C. $D^*\times P\times\Delta y$　　D. $-D^*\times P\times\Delta y$

6. 已知某债券价格为 98.63 元，久期为 5.47。当利率增加 2%时，下列(　　)是债券价格变化最好的近似。

A. −10.94　　B. −10.79　　C. 10.79　　D. 10.94

7. 假设某项负债，预计第一年末支付 3000 美元，第二年末支付 2000 美元，第三年末支付 1000 美元。若利率为 4%，则该负债的久期为(　　)。

A. 3　　B. 2　　C. 1.7　　D. 1.645

8. 一个9年期美国中期国库券到期收益率为10%，久期为7.194。如果市场利率变化50个基本点，在债券到期收益率与市场利率平行移动假设下，债券价格变化的百分点为（　　）。

A. −3.43　　B. −34　　C. −3.27　　D. −32.7

9. 已知五个债券的附息率、到期期限和到期收益率如下表所示。

债券	附息率(%)	到期期限(年)	到期收益率(%)
1	15	20	10
2	15	15	10
3	0	20	10
4	8	20	10
5	15	15	15

五个债券按久期从大到小排列的顺序为（　　）。

A. 1 2 3 4 5　　B. 3 4 1 5 2　　C. 2 4 5 1 3　　D. 4 3 5 1 2

10. 利用组合免疫进行资产负债管理时（　　）。

A. 一般效果十分理想，因为它可以使得资产负债对利率变化不敏感

B. 只在非常短的时期有效

C. 由于该方法是基于"收益率曲线平行移动"假设而构造的方法，一般效果不理想。

D. 因为该方法基于很多假设，所以效果总是很差

11. 下列方法中属于积极债券管理方法的是（　　）。

A. 组合免疫　　B. 或有免疫　　C. 凸性分析　　D. 水平分析

12. 组合免疫的基本原理是（　　）。

A. 构造投资组合，使其久期为零

B. 构造投资组合，使其尽可能对收益率的变化不敏感

C. 构造投资组合，使资产和负债的现金流匹配

D. 构造投资组合，使资产和负债价值相等

13. 利用组合免疫进行利率风险管理时，存在下列问题（　　）。

A. 它只适用于短期情形，在短期内可靠

B. 实际的收益率曲线并非平行移动，从而收益率的变化将导致组合的久期的变化

C. 市场利率的变化将导致不同债券的到期收益率不同的变化，即使收益率变化相同，不同债券的久期的变化也不同

D. 以上几个方面同时存在

14. 债券的凸性所表现的性质为（　　）。

A. 债券期限越长，凸性越大

B. 债券的附息率越高，凸性越大

C. 债券的期限越长，凸性越小

D. 债券的附息率越高，凸性越小

15. 影响凸性的因素有(　　)。

A. 债券的到期期限　　B. 债券的附息率

C. 债券的价格　　D. 债券的到期收益率

四、计算分析题

1. 某债券的附息率为6%，每年支付一次，到期期限为3年，到期收益率为6%，计算其久期。若到期收益率为10%，计算其相应的久期。

2. 证明附息债券的久期大于或等于其到期期限。

3. 一个债券的久期为3.5年，当到期收益率从8%上升到8.3%时，债券价格预期变化的百分数是多少？

4. 假设一支20年期附息率为零、到期收益率为7.5%的债券，计算利率下降50个基本点时的价格。将此价格与由久期和凸性计算出的近似价格进行比较。

【扩展阅读】

固定收益投资策略的一个例子

为了说明一个合理的积极型固定收益组合策略，我们讨论Sanford Bernstein & Co.的投资政策，该公司固定收益投资的管理人是Francis Trainer。该公司认为，将大笔的钱用于赌利率的升降是不明智的。实际上，他们主要把精力集中于利用固定收益工具市场中可察觉的相对较小的错误定价机会。公司把雷曼(综合)债券指数的风险作为基准风险，雷曼债券指数是基于大多数期限在一年以上的公开交易债券而编制的。任何偏离这种消极或者中立头寸的投资行为都应进行积极的分析和论证。Sanford Bernstein & Co.认为，一个中立组合的久期应该等于指数的久期。

关于利率上的投机，公司只想投入数量有限的金额，正如Trainer在他的演讲中所讲的：

如果我们将投资组合的久期设定为指数水平，并且不允许这个久期水平变动，那么这意味着我们将永远对利率变动保持中立。然而，我们还是认为，这些预测可以增加投资的价值，从而我们可以通过调整组合的久期把经济预测融合到债券管理过程中。

但是，为了使固定收益组合的业绩不受我们某一项研究工作的精确性的影响，我们限制所能修改的利率风险暴露程度。在多数情况下，我们不允许组合的久期与雷曼指数的久期的差距超过一年。

公司尽力寻找众多在债券定价时无效率的机会，这些机会一般较小，十分不显眼，因而竞争者可能不会注意。公司的分析人员跟踪了1000支证券，试图“识别那些具有或不具有吸引力的特定证券和识别某产业或部门证券的上升趋势或者下降趋势”。

Sanford Bernstein & Co. 意识到市场机会即将来临，如果确实如此，这种市场机会也就只来自其他分析人员较少关注的债券市场。为此，该公司准备关注一些相对比较复杂的债券。它相信，大量研究将使公司对这个部门的研究具有相对优势。最后，公司并没承担不必要的风险。如果市场上并没有出现具有足够吸引力的债券，资金将被投资于国债这个避风港中，直到新的机会来临。

资料来源：整理自 Zvi Bodie，Alex Kane，Alan J. Marcus. Investments（10th Edition）. McGraw-Hill Inc.，2014.

第十四章　管理决策与估值

一项管理决策(management decision)的实行将会对一个公司的债务或权益证券的价值产生直接的影响，如一项增加生产能力的决策将影响公司证券的价值决定。为评估管理决策所带来的结果，我们需要深入了解管理决策的过程，并弄清这些决策过程对价值的影响机制。公司管理决策主要包括投资决策、融资决策和制定股息政策等，这些决策可能影响公司股票现时和预期未来的风险与收益水平，因此投资分析人员都将管理决策视为影响证券价值决定的基本因素。

本章将以权益证券估值的基本理论为基础，主要讨论公司的三大财务管理决策——投资决策、融资决策、股息政策与公司股价之间的关系，同时我们还将考察兼并对公司股价的影响。

第一节　投资决策与估值

在考察管理决策对公司股票现时的和预期未来的风险及收益水平的影响时，我们首先要明确管理决策的目标。一般来说，公司经理的行为应当符合股东利益最大化原则，用公式来表示即为：

$$\max\left[P_{i0}^{e}\right]=\sum_{t=1}^{\infty}\frac{E(\widetilde{D}_{it})}{\left[1+E(\widetilde{R}_{i})\right]^{t}} \tag{14-1}$$

作为投资分析人员，他们必须弄清公司决策对预期未来股息及贴现率的影响，如果不了解这一点，就无法正确评析公告决策信息(如增加股息或增发)的内涵，因而也就无法预测这些信息对股票收益和风险的影响。下面，我们首先考察公司投资决策与公司股价间的关系。

一、净现值准则

资产的取得方式与资产价值之间存在着直接的关系。通常，能产生较高收益的投资项目更能支持公司未来的股息政策，即投资规模和预期收益相对于均衡收益水平的偏离程度决定了该投资机会对公司未来价值的贡献程度。一般地，我们可以用“净现值准则”(net present value rule)来说明这一关系。

对于任意一个投资机会 j，我们可通过下式评估其净现值的大小：

$$\mathrm{NPV}_{j0}=\sum_{t=0}^{\infty}\frac{E(\widetilde{Y}_{jt})}{[1+E(\widetilde{R}_j)]^t}-\sum_{t=0}^{\infty}\frac{E(\widetilde{I}_{jt})}{[1+E(\widetilde{R}_j)]^t} \tag{14-2}$$

式中：

NPV_{j0} 代表投资机会 j 带来的净现值；

$E(\widetilde{I}_{jt})$ 代表投资机会 j 在 t 时期给投资者带来的预期净现金流出；

$E(\widetilde{Y}_{jt})$ 代表投资机会 j 在 t 时期给投资者带来的预期净现金流入；

$E(\widetilde{R}_j)$ 代表与投资机会 j 的风险相对应证券的预期收益，表现为证券市场线上与 β_j 相对应的 $E(\widetilde{R}_j)$。

判别准则：若 $\mathrm{NPV}_{j0}>0$，则接受 j 项目；若 $\mathrm{NPV}_{j0}<0$，则拒绝 j 项目。

如果公司经理拒绝了一个 $\mathrm{NPV}_{j0}>0$ 或接受了一个 $\mathrm{NPV}_{j0}<0$ 的投资机会，将导致公司价值的下跌。若某一投资机会的风险水平与公司现有风险水平不同，显然该投资将会影响(14-1)式中的 $E(\widetilde{D}_{it})$ 及 $E(\widetilde{R}_i)$，并随之带来公司股价的变化。

例　假设一项投资将永久性地带来每年 100 元的现金流入，其初始投入为 400 元，投资者收益率为 25%，风险系数 β_j 为 1.2，预期收益率 $E(\widetilde{R}_i)$ 为 20%。该项目的 NPV 计算如下：

$$\mathrm{NPV}_{j0}=-\frac{400}{(1+0.2)^0}+\sum_{t=1}^{\infty}\frac{100}{(1+0.2)^t}=-400+500=100(\text{元})$$

由于该项目可带来 100 元的净现金流入，如果公司经理接受这一投资机会，公司价值将上升 100 元。在市场充分有效地反映公司投资信息的情况下，对该公司股票的超额需求将导致公司股价的上升。

我们可以用图 14-1 来说明这一过程。假设公司最初的风险—收益均衡点为 F，由于公司经理接受了 NPV_{j0} 为 100 元的投资机会 j，使得其风险—收益位置暂时移至证券市场线上方的点 F^* 处。此时，公司收益高于市场预期均衡收益，引起对该公司股票的超额需求，推动股价上涨，直至其风险—收益点回落到证券市场线上的均衡水平为止，公司总价值上升了 100 元。

二、已预见的和未预见的投资机会

任何净现值为正的项目均位于证券市场线的上方并可以为公司经理所接受。其中，有些投资机会是为市场所知晓的，即“已预见的投资机会”（anticipated opportunities），市场将自动地把这些投资机会纳入对公司股价的评估中。具体到图形中，如图 14-2 所示，公司的均衡价值位于证券市场线上，由投资项目对公司现金流及风险水平的预期影响来决定。如果公司经理拒绝了那些 $\mathrm{NPV}_{j0}>0$ 的项目，投资者将改变他们对该公司股票未来收益的预期并抛售这些股票，从而产生超额供给，促使股价下跌，直至其收益与风险重新回到均衡状态；反之亦然。

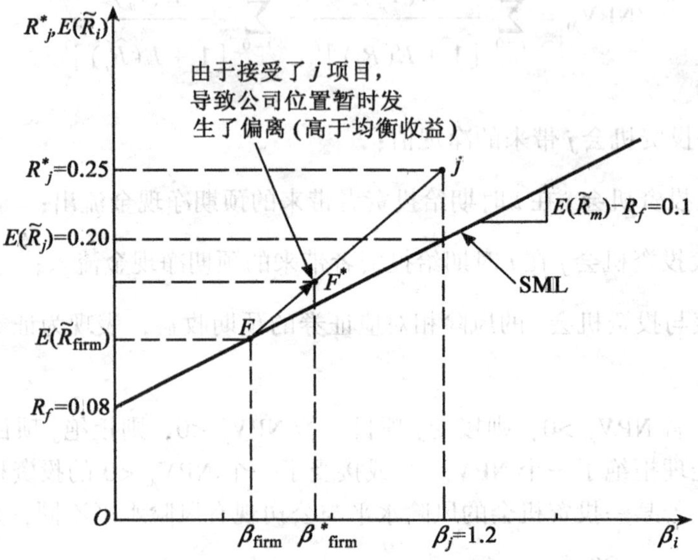

图 14-1 投资机会与市场价值

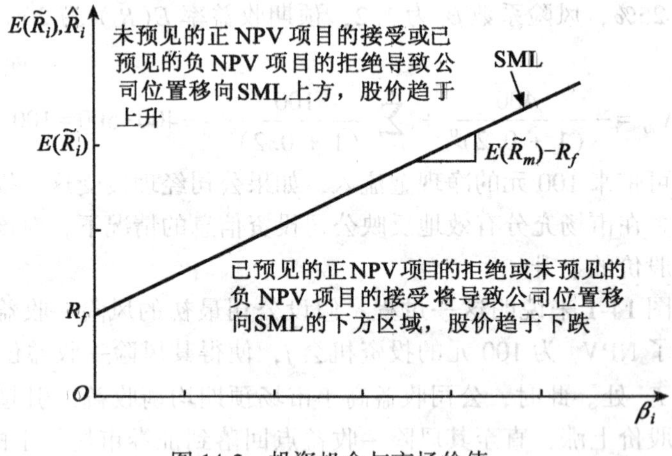

图 14-2 投资机会与市场价值

到目前为止，我们所说的都还只是狭义上的投资决策，它们均涉及真实资产的取得问题。事实上，投资决策应包含更广泛的内容，凡是影响到生产过程规模或效率的决策，都可以看作投资决策，也都应用净现值的方法来对其进行衡量和评估。如质量控制系统的推行、工人信用联合会的开办等，它们都将对公司的股价产生影响。

通常除了资产负债表和损益表外，很少有公司保留单个投资活动的具体数据，即使有少数公司保留了单独的资料以确认其资本预算的执行情况，它们也将之视为商业机密，不愿意公开。因此，实践中，要想确定公司投资与其股价变动间的具体关系是比较困难的。

但是，一些建立在假设基础上的实证研究仍然显示，投资决策与公司价值之间存在一定的互动关系。Pettit 和 Miller 在研究了 1500 家公司的资产负债表和损益表的有关数据后，得出结论：

(1)正确的投资决策将对公司股价产生正面影响。

(2)在投资项目的实施期间，市场并不能完全有效地甄别哪家公司的投资是成功的或是失败的，即很难事先预测到哪家公司选择的是最佳投资机会。

第二节　兼并与估值

所谓兼并(merger)是指任意两家或两家以上的公司组成一个经济实体的过程，也就是对事前分开经营公司的资产和负债进行重组的过程。在做出一项兼并决策时，公司往往是把兼并也看作一项投资决策，即通过计算合并公司的预期净现金流入的现值来对兼并进行评估。在本节中我们将兼并前的主体称为兼并公司和目标公司，兼并后的主体称为合并公司。

从应用投资组合理论的角度来看，兼并能带来更高的收益或更低的风险，股东也可从中获益。但是，如果合并公司的证券已包含在现有的分散化投资组合中，则兼并不会给原投资组合带来收益。因此，我们可以计算合并公司的风险—收益水平、合并前兼并公司和目标公司的加权平均风险—收益水平，并通过对两者的比较来评估兼并的结果。如果两者的β值相等，且前者的预期收益率高于后者的加权平均均衡收益率，或两者的收益率相等，且前者的β值小于后者的加权平均β值，那么，兼并具有价值；否则，兼并无价值。

一、兼并的动机

公司进行兼并活动的动机主要在于这种活动可以带来协同效应(synergy)，即由兼并所带来的潜在收益。从投资者的角度看，协同效应意味着公司在经营管理或资本结构上正在发生变化，其结果是带来更高的预期收益或更低的β系数。那么，究竟有哪些因素会带来收益的增加或风险的减小呢？它们可能表现为以下几个方面：

(1)兼并活动导致经营和管理过程的经济性，具体途径包括：①实物资本、劳动力或经营管理专门化的经济性；②过剩的实物资本、劳动力或经理才能的充分利用；③大规模生产从而减少诸如存货、现金余额等随机变量的不确定性所产生的经济性。

(2)产品或要素市场垄断效应的产生。

(3)购买价值被低估的公司。

(4)税收的减少。

(5)偿债能力的提高或债务成本的降低。

因素(1)(第 1 项)包括公司长期平均成本曲线向下倾斜的所有原因：第一，兼并可以在较低的成本水平上提高公司产量。如一家煤炭运输公司与一家冷冻制品运输公司的合并，将使其按照各自业务的季节特点来调节合并后的总运输能力，从而压缩或削减过剩的车辆。第二，兼并可以降低β系数。由于经营管理上的合理化调整将减少公司现金流与市场现金流的联动性，所以，公司的风险也将随之降低。

二、兼并与估值实例

衡量兼并效果的一种有效方法就是先分别考虑单个公司的价值，然后，再进行综合评估。假设有两家公司，收购公司(buyer) B 和目标公司(seller) S，两者的现时价值均为 20000 元，两家公司以不同的固定增长比率永久地增长下去，且每家公司的现时收益和股息水平不同。具体数据见表 14-1 中第 1、2 行。由固定增长估值模型，我们可以分别得到两家公司的价值：

表 14-1　　无协同效应下兼并前后公司的价值(元)

	收益 $E(\bar{Y})$	股票数 n	每股收益 EPS	股价 P_0^e	公司总价值 V_0	市盈率 P_0^e/EPS	股息 $E(\tilde{D})$	股息增长率 g(%)	均衡收益 $E(\tilde{R})$
收购公司 B	1000	1000	1.00	20	20000	20	0.50	7.5	0.10
目标公司 S	2000	1000	2.00	20	20000	10	1.00	5.0	0.10
合并公司 C	3000	2000	1.50	20	40000	13.3	0.75	*	0.10
合并公司 C (25%溢价)	3000	2250	1.33	17.8	40000	13.3	0.667	*	0.10

$$\text{收购公司的价值：}V_{B0}=n_B P_{B0}^e=\frac{n_{B0}E(\tilde{D}_B)}{E(\tilde{R}_B)-g_B}=\frac{1000\times(0.5)}{0.1-0.075}=20000(\text{元})$$

$$\text{目标公司的价值：}V_{S0}=n_S P_{S0}^e=\frac{n_{S0}E(\tilde{D}_S)}{E(\tilde{R}_S)-g_S}=\frac{1000\times(1.0)}{0.1-0.05}=20000(\text{元})$$

在无协同效应时，合并公司 C 的价值为：$V_{C0}=V_{B0}+V_{S0}=40000$(元)，新的合并公司 C 的有关特征可从表 14-1 的第 3 行看到。从表中我们发现：

(1)合并公司 C 的每股收益高于收购公司 B 的每股收益，但这一结果仅在目标公司 S 的每股收益较高时才出现；

(2)无协同效应时，合并公司 C 的价值仅为两家公司(B 与 S)价值的简单加总，其市盈率从 20 降到了 13.3；

(3)表格最后一行表明，若收购公司以高于市场价格 25%的溢价购买目标公司，将有每股 2.20 元(20−17.80=2.20)的财富由收购公司股东手中转移到目标公司股东手中。如果没有足够的协同效应存在以抵消多支付给目标公司的 25%的溢价部分，兼并显然将损害收购公司股东的利益。此时，只有将增加的 382.50 元[(1.50−1.33)×2250=382.50]的收益全部以股息形式发放给公司股东，才能抵消由购买所产生的溢出成本。

三、兼并与估值的实证研究

许多学者试图通过实证研究找出究竟哪些参与主体可以从兼并中获益。他们使用了各种不同的方法，其中最著名的几项研究如下。

(1)Westerfield 和 Keeley 的研究。他们考察了 26 起纯粹的普通股交易兼并案，并对其进行了三项比较：①兼并完成后收购公司和目标公司的市场价值与投资者在兼并完成前对它们价值的预期；② β 系数；③从兼并公布前的 3 个月到公布后的 24 个月市场收益的变化。通过研究他们发现在 26 起兼并案中，只有 8 家收购公司的股东财富在兼并后的 24 个月内得到了增加，15 家目标公司的状况得到好转，18 家收购公司的状况却变得更糟。由此他们认为唯一可能从兼并中获益的是目标公司。

(2)Langetieg 和 Mandelker 的研究。他们研究得出的结论与前面的结论相一致，即兼并将带来股东收益的下降。具体数据见表 14-2。

表 14-2　**兼并完成前后的累积平均收益**

	收购公司	目标公司	合并公司
Langetieg(141 项兼并)兼并日期的相对月份			
−18～−1	2.1%	10.8%	
−6～−1	−2.8%	10.6%	
+1～+12			−6.6%
+1～+24			−12.9%
收购公司目标公司合并公司 Mandelker(241 家收购公司进行的 252 项兼并)兼并日期的相对月份			
−18～−1	3.9%	13.5%	
−6～−1	0.1%	11.9%	
+1～+12			0.5%
+1～+24			0
Dodd 和 Ruback(124 家收购公司通过成功标购完成的 136 项兼并)标购公布日期的相对月份			
−18～−1	13.4%	7.4%	
−6～−1	7.2%	6.3%	
−1～0	2.8%	20.9%	
+1～+12	−1.2%	8.6%	
+1～+24	−1.0%	10.0%	
Dodd 和 Ruback(36 家公司 48 次失败的标购)标购公布日期的相对月份			
−18～−1	23.9%	7.6%	
−6～−1	2.8%	3.9%	
−1～0	0.6%	18.9%	
+1～+12	−1.6%	−3.3%	
+1～+24	−4.5%	−2.6%	

资料来源：Nancy L. Jacob，R. Richardson Pettit. Investments. Richard D. IRWIN. Inc，1984.

(3)Dodd 和 Ruback 的研究。与前者相比，这项研究有三个特点：①它所研究的兼并类型为标价回购兼并，即只有当收购方在市场上获得足以控制目标公司的股票数量时，兼并才能够算成功；②它单独对失败的标价回购进行了研究；③研究中有关超额收益的计算是围绕标价回购发布日来进行的。研究结果显示，标价回购没有为收购公司带来任何收益，但对于在市场上响应标价回购的股东来说，其收益却是十分可观的——在标购宣布当月约为 20%。具体数据见表 14-2。

(4)张新(2003)的研究。文章采用事件研究和会计研究方法，对 1993—2002 年间我国上市公司 1216 个并购重组事件是否创造价值进行了全面分析。实证研究表明，并购重组为目标公司创造了价值，股票溢价达到 29.05 %，该溢价超过了国际平均水平(20%)；另一方面，并购重组事件对收购公司股东产生了负面影响，股票溢价为 -16.76%；对目标公司和收购公司的综合影响，也即社会净效用不明朗。

(5)李增泉、余谦和王晓坤(2005)的研究。他们以 1991—2001 年间我国资本市场上 416 起上市公司收购兼并非上市公司事件为研究样本，实证结果表明当上市公司存在"扭亏"和"保配"动机时，进行并购是控股股东或地方政府向上市公司输送利益，具有明显的"支持" 特征；而当上市公司无上述动机时进行并购，在很大程度上是控股股东侵占上市公司利益的行为，即掏空。同时，实证结果也表明"支持"性的并购活动能够在短期内显著提升公司的会计业绩，而"掏空"对公司的会计业绩却没有显著影响。

(6)陈仕华、姜广省和卢昌崇(2013)的研究。他们检验了并购双方之间的董事联结关系对目标公司选择和并购绩效的影响。实证结果表明，与并购方之间存在董事联结关系的公司更可能成为并购的标的公司，当这种关系是由内部董事形成以及目标公司与并购方地处不同区域时，这类公司成为目标公司的可能性会更大。对并购方来说，并购对于其短期绩效并无显著的影响，但却获得相对较好的长期并购绩效。

从上述实证研究中，我们发现以下几点具有共性的结论：

(1)在兼并前，收购方和目标方往往都很善于掩饰其真实意图；

(2)收购方往往溢价购买目标方股票；

(3)最终在兼并中受益的往往是目标方；

(4)兼并中的协同效应十分微弱。

【扩展阅读】

兼并对我国上市公司的影响

对上市公司来说，兼并收购行为是公司经营活动中的重大事项，对公司的未来发展产生重要的影响，进而影响二级市场的股价。

目前发生在我国资本市场上的兼并收购行为绝大多数有利于上市公司的发展。对于目标公司来说，兼并收购会直接引起公司股票价格的上涨；而对于并购方，股东的收益往往不确定。一般来说，并购公司的股价主要取决于以下因素：第一，收购后总体上能否为股东创造更大的价值；第二，支付的溢价是否较低；第三，并购公司是否有较强的经营能力。

近年来，大多数上市公司采取“整体上市”方式，注入优质资产。因此，即使是并购方，并购也将对这类公司的股票价格产生积极的影响。当然，也有部分公司注入质地较差的资产，对公司股票价格产生消极影响，不过这种情况相对较少。

第三节 融资决策与估值

经理人员经常需要做出许多与资本结构有关的决策，如公司融资过程中债务与股权各自所占的比重，发行固定收益证券和权益证券的种类，融资安排中特定条款的性质(期限、抵押、回购能力)等。本节将重点讨论资本结构与公司价值之间的基本关系，即：①资本结构的变化如何影响股东的股息现金流；②资本结构的变化如何影响β系数。

一、负债/股本、股息现金流及股东收益

为了说明债务比例与股东股息现金流、股东收益之间的基本关系，我们假设存在一种简单的无增长状况，即公司将永久地产生等额现金流。任意给定一组数据，如表14-3所示。

表14-3　　资本结构变动时股东收益的变化(万元)

资产	100	100	100	100	100
负债	10	25	50	75	90
股本	90	75	50	25	10
付息前的收入	17	17	17	17	17
利息(利率8%)	0.8	2.0	4.0	6.0	7.2
利润	16.2	15.0	13.0	11.0	9.8
股东收益(%)	18	20	26	44	98

从表14-3中可以看出：公司的总资产规模为100万元，付息前的收入为17万元，公司负债比率在10%与90%之间变动。当负债/股本比为10/90时，公司利润为16.2万元。由于现金流是永久的，所以它将以股息的方式支付给股东，股东收益为18%(16.2/90=0.18)。随着负债比率的上升，利息费用的增加使可用于股息支付的收入下降，但股东的投入资金下降得更快，从而使每单位投资的预期收益上升。表中最后一行股东收益从18%增长到98%即说明了这一点。

有些情况下，公司出于自身考虑，会以债务代替股本，如发行债券来回购其股票。这一过程所带来的股东收益的变化可表示如下：

$$\hat{R}_i^{\text{new}} = E(\widetilde{R}_i)\left(1 + \frac{\text{新增债务价值}}{\text{保留权益价值}}\right) - E(\widetilde{R}_d)\left(\frac{\text{新增债务价值}}{\text{保留权益价值}}\right) \quad (14\text{-}3)$$

(14-3)式中，$E(\widetilde{R}_i)$ 表示在一定资本结构下的股东收益；$E(\widetilde{R}_d)$ 表示债务发行的均

衡利率；$\hat{R}_i^{\text{new}}$ 是指在公司资本结构发生变化之后新的股东收益。

沿用上例，当公司资本结构从25/75变为50/50，且 $E(\widetilde{R}_d)$ 为8%时，由(14-3)式可以得到公司资本结构变动后新的股东收益：

$$\hat{R}_i^{\text{new}}=0.2\left(1+\frac{25}{50}\right)-0.08\left(\frac{25}{50}\right)=0.26$$

如果公式中的 $E(\widetilde{R}_d)$ 随杠杆比率的变化而变化，则(14-3)式仍然成立。当新发行的25万元债务的利率为11%(为补偿贷款者所承担的更大风险)时，新的股东收益为：

$$\hat{R}_i^{\text{new}}=0.2\left(1+\frac{25}{50}\right)-0.11\left(\frac{25}{50}\right)=0.245$$

到此为止，我们仍未考虑资本结构的变化对风险系数 β 及证券均衡收益的影响。

假设公司支付利息前的收入呈正态分布，均值为17万元，标准差为15万元，那么，其收入有68%的可能性分布在2万~32万元。低收入效应将降低任何资本结构下的股东收益，而且，以固定利率借入的债务越多，股东收益下降得也就越多。反之，高收入效应将提高股东的收益，并使股东收益随杠杆比率的提高而上升。表14-4给出了当公司发行利率为8%的债券时，与2万元和32万元两种可预期收入相对应的实际收益分布。

表14-4　　**股东收益±单位期望收益标准差**　　(单位：万元)

	债务结构									
负债	10		25		50		75		90	
股本	90		75		50		25		10	
收入(E)	17		17		17		17		17	
	−σ	+σ	−σ	+σ	−σ	+σ	−σ	+σ	−σ	+σ
±1 σ (15元)	2.00	32.00	2.00	32.00	2.00	32.00	2.00	32.00	2.00	32.00
利率(8%)	0.80	0.80	2.00	2.00	4.00	4.00	6.00	6.00	7.20	7.20
利润	1.20	31.20	0.00	30.00	−2.00	28.00	−4.00	26.00	−5.20	24.80
股东收益(%)	1.3	34.6	0	40.0	−4	56.0	−16.0	104.0	−52	248
− σ	33.3		40		60		120		300	

表14-4中的数据在一定程度上反映了收益变化的可能性，但无法准确体现风险的变化程度，因此，我们需要进一步考察资本结构的变化对 β 系数的影响。β 系数的定义如前述可知：

$$\beta_i=\frac{\operatorname{Cov}(\widetilde{R}_i,\widetilde{R}_m)}{[\sigma(\widetilde{R}_m)]^2}\tag{14-4}$$

由于股东收益的变化遵循(14-3)式，在资本结构发生变化时，我们可以直接得到β的变化：

$$\beta_i^{new}=\frac{\text{Cov}(\widetilde{R}_i^{new},\ \widetilde{R}_m)}{[\sigma(\widetilde{R}_m)]^2} \tag{14-5}$$

如果新增债务的风险水平与β_d相一致，则股东新的风险水平为：

$$\beta_i^{new}=\beta_i\left(1+\frac{新增债务价值}{保留权益价值}\right)-\beta_d\left(\frac{新增债务价值}{保留权益价值}\right) \tag{14-6}$$

(14-6)式中等号右侧的第一项调整了由于财务杠杆比率上升而形成的风险；第二项则部分削减了财务杠杆变动的影响——因为债券持有人吸收了公司的部分风险。

例如当公司的负债比率由25%上升至50%，$\beta_i=1.2$，$\beta_d=0.3$时，β_i^{new}为：

$$\beta_i^{new}=1.2\left(1+\frac{25}{50}\right)-0.3\left(\frac{25}{50}\right)=1.8-0.15=1.65$$

由于公司风险债券的发行将部分风险转移到了债券持有人身上，股东新的β系数小于1.8。

如果已知股东的风险和收益水平以及均衡收益率的变动状况，那么，我们就可以找到资本结构变化对公司价值的影响。如图14-3所示，假定公司的初始均衡点为证券市场线上的F点，负债比率为25%，β系数为1.2，均衡收益率$E(\widetilde{R}_i)$为20%；当公司的负债比率上升到50%时，新的β系数为1.65，股东收益率变为24.5%(新增风险债券的均衡利率为11%，β系数为0.3)。

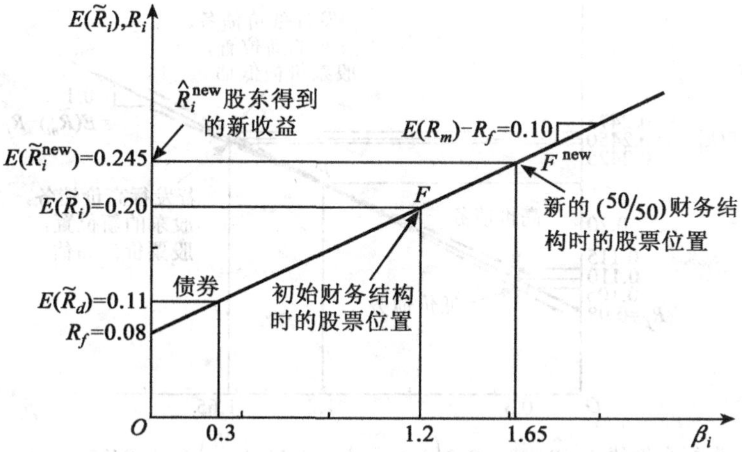

图14-3　资本结构变化时，风险与收益的变化

在点F处，由SML有：$E(\widetilde{R}_i)=0.08+0.10(1.2)=0.20=20\%$；

由(14-3)式有：股东新收益$\hat{R}_i^{new}=0.2\left(1+\frac{25}{50}\right)-0.11\left(\frac{25}{50}\right)=0.245$；

在点 F^{new} 处，给定 β_i^{new} 为1.65时，由SML有：

$$E(\hat{R}_i^{new})=0.08+0.10(1.65)=0.245=24.5\%$$

由于股东新收益率 $\hat{R}_i^{new}=E(\hat{R}_i^{new})$，所以股价不发生变动。

从图14-3中可以看到，公司股票新的风险—收益均衡点 F^{new} 仍在证券市场线上，从 F 移到了 F^{new}，此时股东收益的增长恰好被上升的风险所抵消，市场上既无超额供求产生也不存在暂时的非均衡，因此 $E(\tilde{R}_i)$ 仍处于均衡状态，公司价值不变。由此，我们可以得出结论：任何公司都无法通过人为地改变负债/股本比率来使其风险—收益均衡点偏离证券市场线，即公司的资本结构与价值不相关。但这种分析的假设前提是公司以市场均衡利率发行债券，即在现时的风险水平下，公司所发行的债券是被正确定价的。

然而，在现实生活中，这种结论与众多经理人员和市场分析人员对资本结构的密切关注是相悖的。由此我们可以发现一些在分析中被忽视的因素，从而得到更为精确的结果。

二、以非均衡利率发行的债务：财富转移效应

公司相对于其债务风险水平来说以过高或过低的利率发行债券，都会使其均衡点偏离证券市场线，这种暂时的非均衡将带来对公司股票的超额供给或需求，从而引起公司股价的变动。图14-4列示了这样的两种情形。

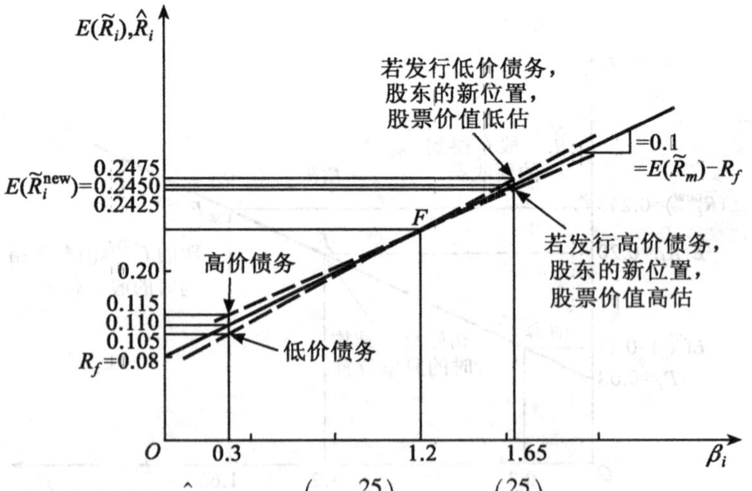

发行高价债务：$\hat{R}_i^{new}=0.2\left(1+\dfrac{25}{50}\right)-0.115\left(\dfrac{25}{50}\right)=0.2425$

发行低价债务：$\hat{R}_i^{new}=0.2\left(1+\dfrac{25}{50}\right)-0.105\left(\dfrac{25}{50}\right)=0.2475$

图14-4　以非均衡利率发行债务的结果

第一种情形：公司以高于均衡收益率11%的利率11.5%发行债券，结果导致图14-4“财富转移”(wealth transfer)的发生，财富从股东手中转移到了债券持有人手中，从而使股东的收益率由24.5%降到了24.25%。在这种情况下，财富转移的额度等于债券所支付的超额利息的现值，用公式表示为：

$$\text{财富转移的额度}=\frac{[E(\widetilde{R}_d)-\text{实际利率}](\text{新增债务价值})}{E(\widetilde{R}_d)} \tag{14-7}$$

$$=\frac{(0.11-0.115)25}{0.11}=-\frac{0.125}{0.11}=-1.136(\text{元})$$

总共有1.136元的财富由股东手中转移到了债券持有人手中，超过新发行债券价值的4%(25×4%=1<1.136)。

第二种情形：债券的发行利率低于均衡利率，财富将进行反方向的转移——由债券持有人转向股东，转移额等于债务价差的现值。因此，当利率水平为10.5%时，有1.136元的财富从债券持有人手中转向股东手中。

由此可见，债券发行利率对均衡利率的偏离程度直接决定了财富转移的状况。

三、可减税债务：避税效应

与公司向优先股股东或普通股股东发放股息不同的是，公司对其债务所支付的利息可以从公司的应税收入中扣减。政府有关债务利息的支付可从公司所得税额中扣减的规定，在降低公司边际税率的同时也减少了其发行债务的成本，即为公司带来了避税效应(tax shelter)，见图14-5。例如，一家税率为46%的公司，如果它以11%的利率发行债务，则其实际成本为：

$$E(\widetilde{R}_d)(1-T_c)=0.11(1-0.46)=0.0594$$

由于税收减免可以改变股东的收益 $\hat{R}_i^{\text{new}}$ 和 β_i^{new} 风险，在考虑税收因素时，(14-3)式可以修正为：

$$\hat{R}_i^{\text{new}}=E(\widetilde{R}_i)\left(1+\frac{\text{新增债务价值}}{\text{保留权益价值}}\right)-E(\widetilde{R}_d)(1-T_c)\left(\frac{\text{新增债务价值}}{\text{保留权益价值}}\right) \tag{14-8}$$

由于政府的减税政策分担了债务的部分风险，所以β系数也发生了改变。新的β系数为：

$$\beta_i^{\text{new}}=\beta_i\left(1+\frac{\text{新增债务价值}}{\text{保留权益价值}}\right)-\beta_d(1-T_c)\left(\frac{\text{新增债务价值}}{\text{保留权益价值}}\right) \tag{14-9}$$

这些公式的修正表明，由于政府分担了部分财务成本和风险，股东将从中获利。对股东而言，避税所得为公司利息支付扣除额的现值，如果公司以均衡利率发行永久性债务，我们有：

$$\text{杠杆避税所得}=\frac{T_cE(\widetilde{R}_d)(\text{新增债务价值})}{E(\widetilde{R}_d)}=T_c(\text{新增债务价值}) \tag{14-10}$$

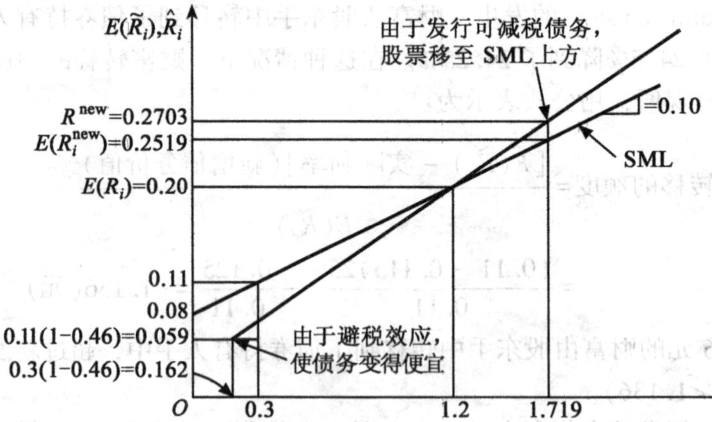

$$\hat{R}_i^{\text{new}} = 0.2\left(1+\frac{25}{50}\right) - 0.11(1-0.46)\left(\frac{25}{50}\right) = 0.2703$$

$$\beta_i^{\text{new}} = 1.2\left(1+\frac{25}{50}\right) - 0.3(1-0.46)\left(\frac{25}{50}\right) = 1.719$$

$$E(R_i^{\text{new}}) = 0.08 + 0.1(1.719) = 0.2519$$

由于 $\hat{R}_i^{\text{new}} > E(R_i^{\text{new}})$，因此公司价值将上升。

图 14-5　避税效应

例如，某公司以 11%的利率发行了 25 万元的可减税债务，公司的边际税率为 46%，则杠杆避税所得为：

$$\frac{0.46\times 0.11\times 25}{0.11} = 11.5(\text{万元})$$

约有 46%的债务现值从财政部转移到了公司手中。但(14-10)式显然忽略了一个重要的因素，即投资者可能由于股息、利息和资本利得税率的不同而缴纳不同的税额。Miller 将这些因素考虑进去发展得出了下面的公式：

$$G_L = \left[1 - \frac{(1-T_c)(1-T_G)}{(1-T_Y)}\right](\text{债务数量}) \tag{14-11}$$

其中，

G_L 表示净杠杆所得；

T_G 表示普通股收入的有效边际税率；

T_Y 表示债券收入的有效边际税率；

T_c 表示公司税率。

当 $T_G = T_Y$ 时，公司的净杠杆所得为 T_c，与无避税效应时的情况相同；当 $T_G < T_Y$ 时，避税效应将减弱。美国的“国内税收署条例”(*Internal Revenue Service Code*)中，有许多有关避税方面的规定：如“股息豁免”(Dividend Exclusion)条款规定，200 美元以下的股息收入可完全免税；资本利得和其他收入的税率不同。

从整个净杠杆所得来看，如果 $G_L>0$，公司将倾向于以债务替代股本，直到每增发一元债务的边际所得趋向于0时为止，市场重新达到均衡。但这将伴随着较高的公司债券利率和较低的股票预期收益率。如果投资者拥有相对债券来说税率较低的股票，他们将倾向于持有低负债杠杆公司的股票以获取资本利得；其他投资者在 T_G 与 T_Y 差别不大时，将倾向于持有高负债杠杆公司的证券以获得股息和利息等形式的收益。这样将产生一种“杠杆客户效应”，即拥有不同负债杠杆比率的公司将会有区别地吸引部分投资者。但由于公司可以通过改变融资方式使实际成本在客户间免费转移，任何特定负债杠杆细分市场上的暂时溢价都将被消除，“杠杆客户效应”无法为公司带来净收益。有趣的是，通过避税效应，政府肯定“赠送”了部分收入，如果负债公司的股东不是受益者，那么是谁受益了呢？答案是那些以低税率纳税的个人，尤其是那些倾向于持有债券的免税机构，如大学捐赠基金等。

综上所述，现实市场的压力将带来三方面的重要影响：

(1)债务利息支付的可减税性和有差别的个人税率结构，将导致公司发行债务和投资者持有不同负债水平公司的证券；

(2)改变债券、付息股票和资本利得股票收益的排列顺序，会导致现行税则下的债券收益高于股票收益；

(3)任何一家公司都无法靠改变其资本结构来为股东谋取避税的好处，即根据避税选择资本结构不会影响股东价值。

四、使用债务的其他动因

除了避税和由发行低利率债券所带来的财富转移效应会刺激公司发行债务外，其他一些动因也会促使公司在其资本结构中扩大债务的比例。这些动因包括代理成本(agency costs)和激励信号(incentive signaling)两种。

(一)代理成本

许多公司为了保障非经理所有者(外部股东)的利益，往往会扩大所有权收益在公司收益中所占的比重。由于经理人员都直接或间接地拥有部分股权，他们所得到的如股票期权、分红和薪金等形式的货币收入都与公司的经营状况直接相关。此外，他们还可以通过一些特权的行使来获得一定的效用。经理人员的这些报酬(对公司而言则是成本)都是在公司所有股东之间进行分摊的，因此，经理人员所分摊的部分很小，公共设施对于他们来说基本上成了“免费商品”。显然，这种报酬的个人化或部分化与成本分摊的整体化使经理人员存在一种扩大非货币性报酬支出的动机，而非经理所有者出于保护自身利益的目的，则希望约束经理人员的这些消费。他们采取了许多办法，如外部审计、董事会以及制定有关经理人员的工作规则甚至免去其职务等来监督制衡公司的活动。监督制衡活动的存在大大减少了经理人员的在职消费，但同时，由此所产生的大量成本又部分抵消了这种好处。

上述两种代理成本(经理人员的额外津贴和为尽量减少前者而产生的监督成本)与公司资本结构的关联性在于：公司债务水平将影响上述成本，从而部分地决定公司价值。

一般来说，随着公司资本结构中股本比重的上升，股东监督活动所带来的代理成本也将随之上升。这是因为随着股本所占比重加大增发，经理人员的平均分摊部分相应减少，其扩大非货币性报酬的动因也将随之增大。反之，随着公司资本结构中债务比重的增加，权益代理成本呈下降趋势，如图 14-6 中权益代理成本曲线所示。如果代理成本过高，经理人员将有可能因此而受到公司所有者的惩罚，如降低薪金和津贴等。为了促使经理人员放弃这部分额外津贴，一种方法便是增加债务，因为债务比重的上升将提高经理人员所分摊的额外津贴成本，从而产生一种自我约束机制，在改善非经理人员股东地位的同时提高公司价值。一种极端的情况是：如果将公司的债务比率提高到 100%，就有可能完全避免代理成本。

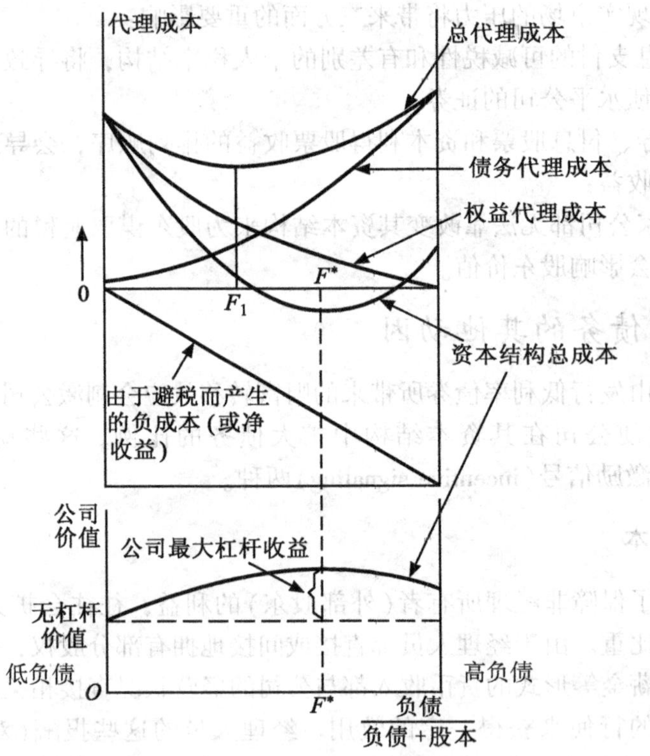

图 14-6　代理成本、避税、负债杠杆与估值

然而，发行债务本身也会产生一些代理成本。具体包括：①公司负债的动因效应；②为减少这些动因而产生的监督成本；③破产成本(bankruptcy cost)。

对于高负债杠杆公司来说，它将刺激其经理所有者实施财富转移，转移的途径有两种：①发行债务，同时购买高于债券持有人预期风险的资产；②增量发行在公司违约时具有相同或优先索偿权的债务。两种途径都试图通过固定收益债券把风险转移给公司现有的债券持有人。潜在的债券持有人一旦意识到上述风险的存在，便有可能采取两种对策：①要求较高的利息支付以弥补潜在的财富转移；②要求对公司的经营活动进行监督以避免这种财富转移的发生。当公司股东觉察到债券持有人的这种动因时，将在公司建立监督程序以协调与债券持有者之间的利益。但所有这些监督活动都将带来代理成本，而且代理成本将随公司债务比重的上升而增加。

最后一种代理成本为破产成本。一般来说，当公司无力履行债务支付义务或债务合约中规定的其他义务时，破产就会发生。破产成本是指公司价值随着债务比重的上升和破产概率的增加而受到的负面影响，如有关合约条款对公司的限制和约束，信贷方、供货商和员工因为破产而向法庭提起诉讼的可能性等。破产成本将随着公司杠杆比率的提高而增加。

随着公司资本结构中债务比重的提高，公司的监督成本、债务代理成本和破产成本都会增加，如图 14-6 所示。

图 14-6 中，总代理成本为债务代理成本和权益代理成本的加总。由于公司价值会随着代理成本的增加而减少，当总代理成本最小时，公司价值达到最大，即 F_1 点。图 14-6 中的避税曲线则表明了公司由于利息支付而带来的税收减免所产生的收益。避税曲线的斜率为正，意味着公司每增加 1 元的债务，就会随之产生现值为 TC 元的税收节约。综合以上几点，我们可以得出公司的资本结构总成本曲线，曲线的最低点 $F*$ 处即为公司的最佳债务比例。此外，资本结构总成本曲线还体现了财务杠杆比率与公司价值之间的关系。公司的价值将随财务杠杆比率的增加而上升，到 $F*$ 点达到最大，过后将随杠杆比率的增加而下降。

(二)激励信号

由于经理人员的报酬是与公司价值紧密相连的，他们将尽可能地对市场上任何低估公司价值的行为进行修正。这些行为可能是由于市场对公司的风险估计过高或对其收益估计过低而形成的。针对这种状况，经理人员一般可以采取两种对策：①开展公共关系活动。这一方法虽然使用较普遍，但可能收效甚微。②提高公司资本结构中的债务比率。它的效果将取决于债务比率提高后公司的运作状况。如果公司运作良好，股价将会上升；否则，将会导致公司状况的恶化。

第四节　股息政策与估值

股息政策(dividend policy)是指公司在将其收益进行分配和留存用于再投资之间所作出的决策，与之相关的是公司需要通过发行新股筹集多少资金来满足其股息发放要求。也就是说，公司如何在低付息比率(高留存收益)、低成本发行新股与高付息比率(低留存收益)、高成本发行新股之间进行选择。大部分公司的股息支付是按季(美国)或按年(中国)进行的，支付比率通常每年调整一次。表 14-5 列示了部分公司的股息支付状况。

表 14-5　　　　　股息政策举例(元)

年度	佛山照明		中国神华		五粮液	
	eps	dps	eps	dps	eps	dps
2008	0.32	0.22	1.305	0.46	0.477	0.05
2009	0.22	0.22	1.522	0.53	0.855	0.15
2010	0.27	0.25	1.903	0.75	1.158	0.3
2011	0.3	0.25	2.262	0.9	1.622	0.5
2012	0.41	0.31	2.439	0.96	2.617	0.8
2013	0.26	0.16	2.297	0.91	2.1	0.7
2014	0.27	0.22	1.851	0.74	1.537	0.6

资料来源：根据巨潮资讯网站各家上市公司历年年报资料整理。

一、股票除息

公司股票的价格是由预期股息的现值来决定的。从现在起将在 365 天后支付第一次股息的某公司股票的价格可以表示为：

$$P_{i0}^{e}=\sum_{t=1}^{\infty}\frac{E(\widetilde{D}_{it})}{[1+E(\widetilde{R}_{i})]^{t}} \tag{14-12}$$

式中，$E(\widetilde{D}_{it})$ 表示对 t 期将支付股息的预期；$E(\widetilde{R}_{i})$ 表示股票的预期均衡收益率。

随着时间的推移，排除其他因素的影响，预期支付将越来越接近现值。到第 364 天，股票价格上升为：

$$\text{带息 } P_{i1}^{e}=D_{1}+\sum_{t=2}^{\infty}\frac{E(\widetilde{D}_{it})}{[1+E(\widetilde{R}_{i})]^{t-1}} \tag{14-13}$$

在第 365 天，股息 D_1 被支付，股票开始不带股息交易，此时除息后的股票价格为：

$$\text{除息 } P_{i1}^{e}=\sum_{t=2}^{\infty}\frac{E(\widetilde{D}_{it})}{[1+E(\widetilde{R}_{i})]^{t-1}} \tag{14-14}$$

(14-14)式体现了从第一期期末开始的所有预期股息的现值。如果投资者的预期不发生变化，这样的过程将年复一年地进行下去。

例　假设某公司股票的预期均衡收益率为20%，预期的永久性股息支付为2元，那么，该公司股票的初始价格为：

$$P_{i0}^{e}=\sum_{t=1}^{\infty}\frac{2}{(1+0.2)^{t}}=10(\text{元})$$

随着时间的推移，到除息日前，股票价格上升为：

$$P_{i1}^{e} = 2 + \sum_{t=2}^{\infty} \frac{2}{(1+0.2)^{t-1}} = 12(\text{元})$$

在除息日，随着股息的支付，股票价格变为 12-2=10(元)。

在金融市场有效的情形下，由于不存在交易费用、税收或其他摩擦，股息的支付与否不会对股东收益产生影响。不论公司采取何种股息政策，股东都能无成本或低成本地迅速采取措施消除由股息政策变动所带来的不利影响。假设公司当前的预期均衡收益为 $E(\widetilde{R}_i)$，则公司的股息支付可能出现以下几种情况：

(1)公司以现金支付股息，那么，当前不想消费的股东可以将这部分资金进行再投资以获取 $E(\widetilde{R}_i)$ 的均衡收益，其投资组合位置不变。

(2)公司以 $E(\widetilde{R}_i)$ 的成本到市场上筹资以支付股息，这一行为实质上只是改变了公司的融资方式，其筹资成本与股东的要求收益相同，股东位置不变。

(3)公司当年不支付股息，则股票价格保持不变，倾向于当前消费的股东可出售一部分股票来获取资本利得收入，其额度与股息支付相同，股东位置保持不变。

(4)公司不发放股息，而将这部分资金进行再投资，如果再投资的收益率低于 $E(\widetilde{R}_i)$，则股东利益受损。

由此我们可以发现，在金融市场有效的情形下，由于股息收入可以通过出售股票获取资本利得来实现，对于其他条件相同、只有股息政策不同的两家公司，其股票价格必然一致。

二、股息政策：股息客户效应

现实市场中交易费用的存在以及股息与资本利得的税率差别，都会影响投资者的投资选择。偏好现期消费并且认为股息所得税率低于资本利得税率的投资者将倾向于持有高股息支付的股票，以使其交易成本和税收达到最小。相应地，根据上述的成本最小化原则，偏好未来消费并且认为资本利得税率低于股息所得税率的投资者将倾向于持有低股息支付的股票。这种由于不同的股息政策而对投资者所产生的吸引力上的差别就叫作股息的客户效应(dividend clientele)。表 14-6 列示了不同股息政策下的股息客户效应。

表 14-6 **不同股息政策下的股息客户效应**

消费偏好	边际税率差别	
	股息税率<资本利得税率	资本利得税率<股息税率
现期消费偏好>未来消费偏好	高股息←低资本利得	中低股息→中高资本利得
未来消费偏好>现期消费偏好	中高股息←中低资本利得	低股息→高资本利得

股息客户效应的显著程度取决于市场上交易成本的大小和税率的差别。由于在理财实践中，股票的交易成本很小，而且存在大量的借款机会来弥补投资组合的流动性，所

以，由交易成本所导致的客户效应也会很小。

Miller 和 Scholes 认为，任何可能影响个人税收的股息政策都能够轻易地通过个人杠杆被抵消掉。如，投资者可以通过在市场上借款来抵消掉股息政策的影响。因为个人借款的利息支付是一种可减税的费用，它可以抵消掉相同额度的股息税收。同时，投资者可将其借得款项投向那些高资本利得的股票，以在获取收益的同时维持较低的税收水平。由此所产生的风险也可以轻易地被抵消掉。

因此，我们有理由相信，必然存在一种相对低廉的办法来使投资者的税收和交易成本最小。事实上，股息客户效应的存在也是可检验的。在一项对 900 个个体投资组合的研究中我们发现，这些投资组合中所包含的股息支付证券与投资者的年龄正相关，与投资者的收入负相关，与股息和资本利得的税率差别负相关。

三、股息政策与股价

股息客户效应表明，多数投资者对证券的偏好取决于税率的差别，那么，这种偏好是否会影响证券的相对价值呢？是否高股息支付证券的市场价格就一定较高呢？实际上，与负债杠杆的客户效应无法带来更高的股票价格一样，股息的客户效应同样也不能影响股票的相对价格。

我们可以通过图形来对此进行分析。假定由于交易者的偏好差异而产生了两个独立的市场——高股息支付市场(HD)和低股息支付市场(LD)。两个市场的均衡价格均为各自供给和需求曲线的交点，如图 14-7 所示。最初，两个市场的均衡价格相同，$P_{HD}=P_{LD}$。假设现在税率发生了变化，导致原本偏好高股息支付股票的投资者现在转而偏好低股息支付的股票，需求曲线 d_{HD} 向左移动，同时 d_{LD} 向右移动相同的距离，从而暂时形成新的价格结构，使 $P'_{HD}<P'_{LD}$，但这种新的价格结构并不稳定。公司在价差的引导下无成本地移出高股息支付市场，进入低股息支付市场，而且只要有价差存在，这种转移就不会停止，最终形成新的供给曲线 s''_{HD} 和 s''_{LD}，并定位于 $P''_{HD}=P''_{LD}$，此时，市场价格又回到初始水平，$P''_{HD}=P''_{LD}=P_{HD}=P_{LD}$，无论是高股息支付的股票还是低股息支付的股票都不产生超额收益。

这种均衡分析的关键在于假定任何公司都可以低成本或无成本地在市场间进行转移，唯一可能存在的成本是转移过程中的交易成本，但这也不会构成阻碍转移的主要因素。

Black 和 Scholes、Litzenberger 和 Ramaswamy 都对这一问题进行了研究，但两者得出的结论却正好相反。

Black 和 Scholes 利用线性回归模型来验证股票收益是否同时受到股息发放和公司 β 系数的影响，并得到表达式：

$$R_i=\alpha_0+\alpha_1(\beta_i)+\alpha_2\cdot(\text{支付}_i)+\varepsilon_i \tag{14-15}$$

他们认为，如果市场上的多数投资者都选择高股息支付的股票，那么这些股票的实际收益将低于那些低股息支付的股票，即在(14-15)式中，系数 α_2 的值为负。反之，如果市场上的多数投资者都选择低股息支付的股票，那么，其实际收益将低于那些高股息支付的股票，系数 α_2 的值为正。也就是说，总的来看，系数 α_2 的正负状况不确定，即

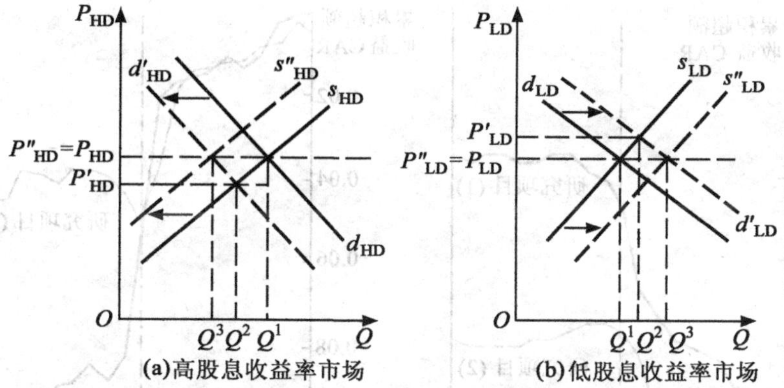

图 14-7　差别税率下高股息支付市场和低股息支付市场的均衡

股息发放与股票收益之间的关系不确定。

Litzenberger 和 Ramaswamy 则使用了另一种方法，其表达式为：

$$R_i - R_f = b_0 + b_1(\beta_i) + b_2 \cdot (\text{股息收益}_i - R_f) + \varepsilon_i \qquad (14\text{-}16)$$

(14-16)式中的股息收益率是以股票的初始价格来进行计算的。他们发现，股息支付变量的系数 b_2 显著为正，它表明高股息支付的股票将带来较高的收益。这一结论与前者恰好相反。

四、股息信号：股息公告的信息含量

有关的实证研究表明，投资者对某个公司的强烈偏好源于该公司相对稳定的股息水平，股息政策的变动往往成为公司未来收益或风险变动的信号，从而会改变该种股票的市场需求和价格。正因为如此，人们通常也将股息公告看作一种股息信号(dividend signaling)。

股息信号之所以为市场所认可，一方面是源于投资者自发形成的惯例，认为它是公司传递信息的一种方式；另一方面，如果公司经营失败，股息将真正成为一种成本，由股东和经理人员共同分担。

图 14-8 列出了围绕股息公告日前后所进行的两项研究，从中我们可以看出股息信号所产生的影响：如果公司提高股息支付，则该公司的股票价格将上升；如果公司降低或取消当期的股息支付，则该公司的股票价格将在公告日前后下跌。当然，这一过程也与金融市场的有效性有直接关系。在现实市场中，股息水平通常对于公司股价的影响并不是很大。

五、股票回购

公司发放现金股息的一种替代方式为股票回购(share repurchase)，即公司在市场上购买自己的股票。股票回购通常有两种方式：①公开市场回购(open market repurchase)；②标价回购(tender offer repurchase)。

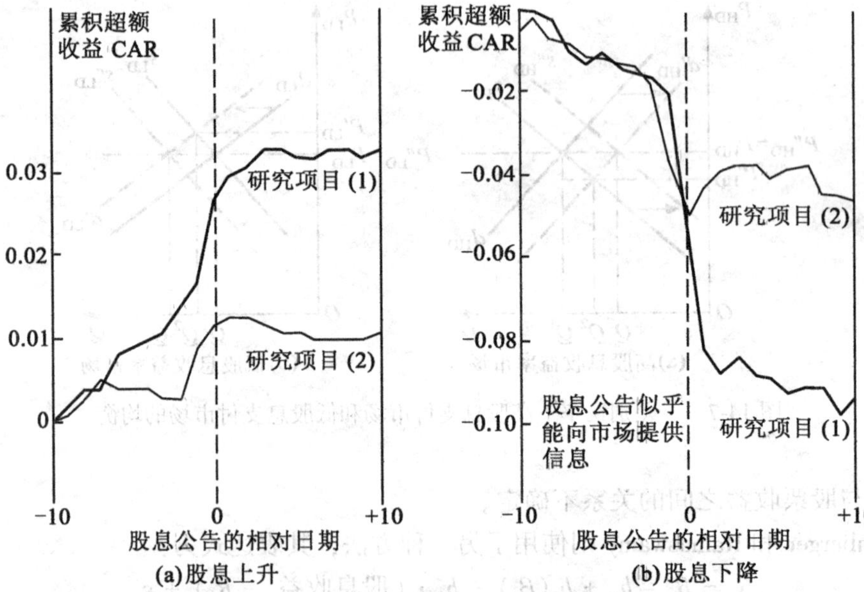

图 14-8　围绕股息变动的累积超额收益

资料来源：Nancy L. Jacob，R. Richardson Pettit. Investments. Richard D. IRWIN. Inc，1984.

(1)公开市场回购。如果公司通过一般的市场渠道回购本公司股票，则对其股票价格不产生任何影响。假定某公司股票的均衡价值为 P_{i0}^{e}，市场总流通股数为 n_i 股，现计划回购其中的 m_i 股，则回购后公司股票的价格为：

$$\text{回购后 } P_{i0}^{e} = \frac{n_i P_{i0}^{e} - m_i P_{i0}^{e}}{n_i - m_i} = \text{回购前 } P_{i0}^{e}$$

实际上，相当于公司投资 $m_i P_{i0}^{e}$ 的资金在市场上购买了自己的 m_i 股股票，因此，该项投资所带来的 NPV 为 0。虽然市场上流通的公司股票数量减少了 m_i 股，但其股本也相应减少了 $m_i P_{i0}^{e}$，故回购对公司股价无影响。

例　某公司的市场流通股票共有 1100000 股，该股票当前的市场价格为 40 元/股，公司现在计划回购其中的 100000 股，则回购后新的股票价格为：

$$\text{回购后 } P_{i0}^{e} = \frac{1100000 \times 40 - 100000 \times 40}{1100000 - 100000} = 40(\text{元})$$

如果在进行回购前公司股票的价格并非市场均衡价格，即公司的价值被低估了，那么，公司进行回购就相当于投资于一个 NPV>0 的项目。在这种情况下，将会发生财富转移，财富从卖出该公司股票的股东手中向持有该公司股票的股东手中转移。

在一定程度上，回购行为也可以被看作一种市场信号，它所产生的效应与现金股息变动所产生的效应相类似，因为通常在回购信息公告后，多数股东都会预期股票价格上涨，从而引起股票需求的变动，进而改变公司的股票价格。

(2)标价回购。所谓标价回购，即指公司以一个高于市场价格的价格向所有股东购买他们所持有的本公司股票。标价回购的报价可能持续几天或几周，在此期间内，所有股东都有权选择出售其部分或全部股票(即股东拥有对公司股票的认沽期权)。但公司实际回购的股票数量可能在标购公布后发生变化，原因在于：①股东愿意出售的股票数量不确定，其大小取决于股东对公司报价的反应；②回购股票的数量可能由于公司自身意愿的变化而发生改变。

标价回购对股东财富所产生的净效应取决于以下两点：①如果所有股东都选择出售股票，那么，股东财富不发生变化，回购完成后股票价格将下跌(如同除息效应一样)，所有股东都以报价出售了一部分股票，并以回购完成后的较低价格继续持有剩余的股票。②如果只有部分股东选择出售股票，那么，将有财富转移效应产生，即财富从未出售股票的股东手中转移到出售股票的股东手中。

但这种财富转移也带来了一系列的问题：如果标购本身并没有提高公司的价值，那么，公司从标购行为中所得为何物？为何看似使一部分股东受益而使另一部分股东受损的方式，经理人员还会采纳？是否大多数股东都会选择出售其股票？如果不是，那又是为什么？

公司之所以选择标价回购方式，根本原因在于它是向市场传递信息的一种方式，通常在标价回购公布当日，由公告所产生的信息价值将带动股价的上升。同时研究表明，股东中通常只有15%到25%选择出售其股票，因此，即便标价回购的报价只是略高于市场价格，它所带来的财富转移也是相当可观的。

那么，为什么大部分股东会选择不出售股票？原因可能在于他们认为，即便是以标价回购的报价来衡量，他们所持有股票的价值仍然是被低估的，所以他们选择不出售。但一般情况下，专家会建议股东出售其股票，以获取当前收益。如果股东的确认为股票的价值被低估，那么他们可以通过套期保值来确保股票的收益。

六、股票股息与股票分割

股票股息(stock dividends)和股票分割(stock splits)都将改变当前市场上流通股票的数量，但由于两者并没有带来新的现金流，所以不会影响公司的价值，也不会影响股东的财富。如，5%的股票股息将使股东当前拥有的股票数量增加5%；而在分割比率为3∶1的股票分割中，最初拥有100股的股东将在股票分割完成后拥有300股的新股。

虽然股票股息和股票分割可使股东拥有更多(也可能更少)的公司股票，但由股票数量变动所带来的股东财富的变化却正好被股票价格的变动所抵消。如果以S表示股票股息率或股票分割比率(如1.05或3∶1)，则分割或分发后的股价为：

$$\text{分割或分发后 } P_{i0}^{e} = \frac{P_{i0}^{e}}{S} = \frac{75}{3/1} = 25(\text{元})$$

可见，公司总价值在分割或分发前后并未改变。

但是，我们不能因此断定股票股息与股票分割不会对股东产生任何影响。公司所进行的股票分割或股票股息发放经常会部分地影响市场对公司价值的评估。如果公司在保持现金股息不变的同时进行股票分割，那么，这将被市场认为是公司潜在的长期增长信号，从而对公司的股票价格产生正面影响，进而影响股东的财富。

一般来说，公司发放股票股息或进行股票分割的原因可能有以下两点：①构造“大众交易价格”。根据实证研究，每股价格在20~30元的股票是最能为大众所接受的，这将使投资者更加方便地持有分散化的投资组合。②增加公司可交易的股票数量。

【扩展阅读】

国外研究

在有效市场的假说下，股票价格能够迅速而精确地对信息做出反应，然而大量的实证研究并不支持现实市场是有效的，市场中存在众多价格异象。

(1)盈余公告事件研究。Bernard 和 Thomas(1989)对纽约证券交易所和美国证券交易所交易在1974—1986期间所有股票，按它们在最近时期盈余公告的意外程度(size of the surprise)进行分组，其中“意外”是相对于一个简单的随机游走的收益模型来衡量的。他们发现，在盈余公告发布60天后，具有显著“利好”消息的股票比具有显著“利空”消息的股票的市场绩效平均高出4%，出现了所谓“后盈余公告漂移”现象。同样，这一收益之差也无法用两个组合的beta之差来加以解释。随后，Chan、Jegadeesh 和 Lakonishok(1996)针对分析师预测(analyst expectations)，也得出类似的结果。

(2)股息事件研究。Michaely、Thaler 和 Womack(1995)研究了1964—1988年间宣布股息派发和不派发公司的股票价格变动情况。他们发现，一般来说，宣布派发(不派发)股息公司的股票的市场绩效，在公告期后的一年内明显胜过(劣于)市场组合。

(3)股票回购事件研究。Ikenberry、Lakonishok 和 Vermaelen(1995)考察了自1980年到1990年间宣布股票回购公司的股票绩效。Mitchell 和 Stafford(2001)考察了自1960年到1993年间实施了股票回购公司的股票绩效。后者发现，一般而言，这些公司的股票在事件后的四年时间内，与一组规模和账市值比控制在相同水平的组合相比较，绩效要高得多。

练习与思考

一、重要名词与概念

净现值准则　兼并　协同效应　财富转移效应　避税效应　代理成本　激励信号　股息政策　股息客户效应　股息信号　股票回购　公开市场回购　标价回购　股票股息　股票分割

二、选择题

1. 在公司进行一项投资项目前，预期该项目将推动公司股价上涨的条件为(　　)。

A. 该项目NPV>0　　B. 该项目NPV≤0

C. 该项目NPV=0　　D. 该项目NPV<0

2. 在公司的兼并活动中，使收购公司股东受益的因素有(　　)。

A. 存在显著的协同效应

B. 收购公司以溢价购买目标公司股票

C. 目标公司的股票被市场低估

D. 降低了资产组合的β值

3. 假定某家公司的股票和债券都是正确定价的，那么，当公司以均衡利率发行新债券，使其负债/股本比率上升时，有(　　)。

A. 公司价值下降　　B. 公司价值上升

C. 公司价值不变　　D. 不确定

4. 在有效市场中，当公司的资本结构发生变化时，下列说法正确的有(　　)。

A. 如果公司的负债/股本比率下降，则股东所承担的风险随之下降

B. 如果公司的负债/股本比率上升，则股东所承担的风险随之下降

C. 无论公司的负债/股本比率如何变化，股东所承担的风险不变

D. 无论公司的负债/股本比率如何变化，股东所得收益不变

5. 假定当前市场上的均衡利率为10%，那么，当某公司以11%的利率发行30元的新债券时，所发生的财富转移额为(　　)元。

A. 2.73　　B. 3　　C. 3.5　　D. 3.22

6. 当公司以非均衡利率发行新债券时，下列说法错误的是(　　)。

A. 如果新发行债券的利率高于均衡利率，则财富由债券持有人向股东发生转移

B. 如果新发行债券的利率低于均衡利率，则财富由股东向债券持有人发生转移

C. 新发行债券的利率对均衡利率的偏离程度直接决定财富转移的状况

D. 新债券的发行将引起公司股票价格的变动

7. 如果一家公司的税率为40%，当它以10%的利率发行债券时，其实际成本为(　　)。

A. 4%　　B. 6%　　C. 8%　　D. 9%

8. 如果一家公司的税率为35%，市场上普通股收入的有效边际税率为40%，债券收入的有效边际税率为25%，那么，该公司由于发行债券而获得的净杠杆所得为(　　)。

A. 19%　　B. 31%　　C. 48%　　D. 52%

9. 由发行债务所产生的代理人成本包括(　　)。

A. 债务代理成本　　B. 监督成本

C. 破产成本　　D. 权益代理成本

10. 下列有关股息客户效应的说法，不正确的是(　　)。

A. 股息客户效应无法影响股票的相对价格

B. 股息客户效应的显著程度与市场上交易成本的大小和税率的差别无关

C. 投资者对股息政策的不同偏好形成了股息客户效应

D. 如果当前的股息税率低于资本利得税率，且投资者偏好现期消费，那么投资者将选择高股息支付的股票

11. 某公司在派发15%的股票股息后，公司的股价为35元/股，那么在派发股票股

息之前，公司的股票价格为(　　)元。

A. 45　　B. 32　　C. 40.25　　D. 30.4

12. 在有效市场中，如果公司通过公开市场回购股票，那么回购后公司股价(　　)。

A. 高于回购前的股价　　B. 低于回购前的股价

C. 与回购前的股价相等　　D. 不确定

13. 在金融市场有效的情形下，"股息的无关性"是指(　　)。

A. 公司股票的价格与该公司的股息政策无关

B. 市场上各个公司的股息政策之间相互无关

C. 市场的变动与市场上各公司的股息政策无关

D. 公司的股息政策与投资者无关

14. 在有效金融市场上存在着两家公司，A 公司和 B 公司，两家公司的均衡预期收益率和预期永久性股息支付均相等。假如在下一年，A 公司按照预期支付股息，而 B 公司暂停支付股息一次，那么，从理论上来说，两家公司股票价格之间的关系为(　　)。

A. $P_A>P_B$　　B. $P_A<P_B$　　C. $P_A=P_B$　　D. 不确定

15. 金融市场上，公司股息政策的变动对公司股票价格所产生的影响与(　　)因素直接相关。

A. 股息政策公布的时间

B. 金融市场的有效性

C. 投资者对公司的评价

D. 公司股票价格的当前市场水平

三、计算分析题

1. 某公司有一笔资金需进行投资，备选项目有四项，各项目的相关信息如下：

项目	A	B	C	D
初始投资(元)	50000	55000	55000	40000
每期现金流(元)	21000	12000	18000	10000
投资周期(年)	5	15	10	15

如果该公司的筹资成本为 15%，试以净现值的方法来选择最优项目。

2. A 公司最初的负债/股本比率为 1/4，股东的收益率为 15%。现公司需以 10%的利率增发新债券，从而使公司的负债/股本比变为 3/2。假定公司的总资产规模保持不变，求此时股东的收益率。如果最初股东的 β 系数为 1.5，新发行债券的 β 系数为 0.4，那么发行债券后股东新的风险状况如何？

3. 在第 2 题的条件下，如果将税收的因素考虑进去，假定公司税率为 40%，股东新的风险与收益状况如何？

第十五章　期　　货

在金融市场上，期货合约是买方和卖方签订的合同，合同规定了交割商品的规格、价格、数量和日期，并要求在到期日按合同规定交割合同协定的商品。由于期货合约在订立时不需要完全的资金承诺，所以可以被看作一种不同的投资方式，有人甚至认为它们仅仅是建立在商品价格波动基础上的一种投机行为。但期货合约所具有的影响合约双方未来财富和风险变动的性质，使得它们也可以像股票和债券一样被包含在最优的投资组合中。

本章主要介绍期货合约的性质、期货市场的交易规则、期货合约的定价和常见的几种金融期货。

第一节　期货合约

一、期货合约

期货交易的对象是期货合约，期货合约是由交易所制定的标准化合约，其中的各项条款，如商品数量、商品质量、保证金比率、交割地点、交割方式以及交易方式等，都是标准化的，期货合约中只有价格是不断变动的，是通过市场竞价交易形成的，是一种自由价格。为了对期货合约有一个初步的认识，我们以在郑州商品交易所交易的白砂糖期货合约为例(见表 15-1)来介绍一份标准的期货合约所需的基本要素。像表 15-1 那样，合约规定的双方进行交易的实物商品或服务(包括现金)称为标的商品。在交易中，双方所处的地位是不一样的，这种状况称为头寸(position)，其中，将来买入资产的一方称为多头方(long position)，相应地，将来卖出资产的一方就称为空头方(short position)。在期货交易中，合约还规定交易完成的日期，称为交割日或到期日，一般以公历日期或合约到期前天数表示，上述白砂糖期货合约规定的到期日为合约交割月份的倒数第 10 个交易日。在交割日，多头方得到合约规定的标的商品；相应地，空头方卖出合约规定的标的商品。期货交易所为了加大期货合约的流动性，规定了每张合约中标的商品的数量，即合约规模，上述白砂糖的合约规模为 10 吨。签订期货合约时，双方就确定了标的商品在未来交割时的价格，称为期货合约的价格，它可以看作合约双方对标的商品在交割日价格的预期。由于实际生活中同一类商品有许多种，为了明确交易对象，合约在标的商品的品质等方面作了明确规定。除此之外，为确保交易者完成交易，期货交易所还规定双方事前需交纳的一定的保证费用，称为保证金(margin)。对于期货交易来说，保证金的重要性是不言而喻的，后面我们将会对其进行详细介绍。期货合约相当于一份合同，所以合约的履行还涉及履约地的问题。期货合约对标的商品进行交割的地点也进行了规定，称为交割地点。

表 15-1　　　　　　　　　　　　**普通白砂糖期货合约**

交易单位	10 吨/手
报价单位	元(人民币)/吨
最小变动价位	1 元/吨
每日价格最大波动限制	不超过上一个交易日结算价±4%
合约交割月份	1 月、3 月、5 月、7 月、9 月、11 月
交易时间	周一至周五(北京时间 法定节假日除外) 上午 9：00—11：30　　下午 1：30—3：00
最后交易日	合约交割月份的倒数第 10 个交易日
最后交割日	合约交割月份的第 12 个交易日
交割品级	标准品：一级白糖(符合 GB317—2006)；替代品及升贴水见《郑州商品交易所期货交割细则》
交割地点	交易所指定交割仓库
最低交易保证金	合约价值的 6%
交易手续费	4 元/手(含风险准备金)
交割方式	实物交割
交易代码	SR
上市交易所	郑州商品交易所

资料来源：《郑州商品交易所交割细则》(2013 年 11 月)。

二、期货交易的盯市制度

期货交易的一个显著特点是每日结算制度，结算进行的基础是与每日收盘价密切相关的"结算价"。下面我们以一个例子来加以说明。

假设某公司在市场上持有一份 500 吨空头白砂糖期货合约，那么期货价格每上涨 1 元，该公司就需支付 500 元(1 元×500＝500 元)。相反若白砂糖价格下跌，则多头进行支付。在期货合约的整个存续期内，每个交易日都可能发生这样的支付，直到合约期满。在到期日，该公司的总盈亏状况及具体的现金流如图 15-1 所示。

如图 15-1 所示，期货合约的执行价格是 5300 元/吨，到期日的现货价格为 5220 元/吨，那么对于期货合约来说，由于交易所采取的是逐日结算制度，因此，在第 t 天，空头持有者需支付 60 元/吨(5340－5280＝60 元)；在第 $t+1$ 天，多头持有者需支付 20 元/吨(5320－5340＝－20 元)，依次类推。这种每日结清的行为被称为"盯市"(marking to market)。盯市制度保证了随着期货价格的变化所实现的盈亏立即进入保证金账户。盯

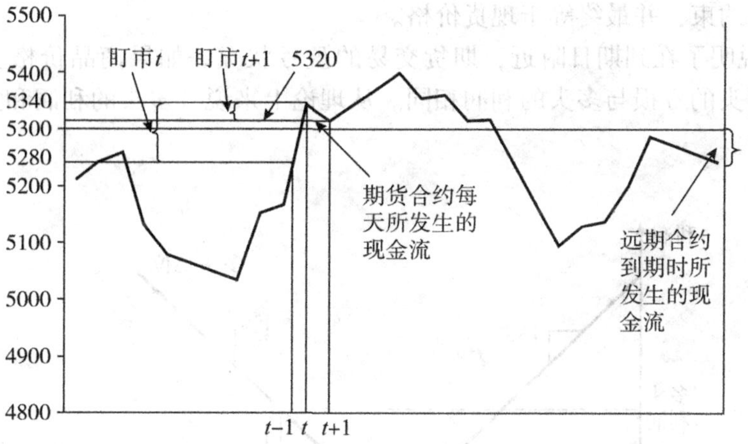

图 15-1　2015 年 8 月白砂糖期货和远期合约盈亏状况比较

市的最终结果是使合约在到期进行交割时，所支付的金额等于标的商品当时的市场价格。

当然，在实际中，不可能每天都将每种商品的多头和空头聚集在一起结清账目。因此，所有的期货交易都是在交易所通过经纪商完成的。每天交易结束后，交易所和经纪商都会根据每种商品当天的价格变动来进行结算，然后由经纪人将结果传递给交易者。期货交易这种特有的结算程序决定了它只能在有组织的交易所中进行。

在期货交易中，经纪人为了减少自身所承担的风险，同时也为了避免每天都和客户联系，设定了一种保证债务——保证金。这种保证金与股票交易中的保证金有着本质上的差别，它是一种具有抵押性质的保证金。

三、期货交易中的盈亏

在期货市场上，当期货价格上升时，多头持有者将盈利；反之，当期货价格下跌时，空头持有者将盈利。假设某交易者在期货交易所购买了一份期货合约，合约的标的商品为大豆，合约规模为 10 吨，第二年 7 月到期，交割价为 2054 元/吨。如果在第二天，大豆的期货价格上升为 2072 元/吨，那么该交易者将盈利 18 元/吨或 180 元。相应地，合约的空头持有者将亏损 180 元。

如果交易者将合约持有到期，且到期时大豆的价格为 2210 元/吨，那么该交易者就可以通过在期货市场上以 2054 元/吨的价格获得 10 吨大豆，然后在现货市场上以 2210 元/吨的价格将其卖出来获得 1560 元的利润。由此我们也可以看出，在到期日，期货价格必须与当时的现货价格相等，否则就会出现在期货市场和现货市场进行反向操作以获利的套利行为，这种套利行为的存在将缩小两个市场上的价差，从而最终确保到期时的期货价格等于现货价格。

一般来说，期货交易的盈亏与购买期货合约时的现货价格是无关的，因为期货价格的决定因素是预期的未来供求，而现货价格则是由现货市场的供求状况来决定的。但由于最终期货价格是收敛于现货价格的，随着时间的推移，期货价格必然在一定程度上受到现货价格的约束，并最终等于现货价格。

图 15-2 说明了在到期日附近，期货交易的盈亏状况。如果商品价格上升，则多头利润上升，空头的亏损与多头的利润相同。从理论上来说，多头的利润和空头的亏损都可能是无限的。

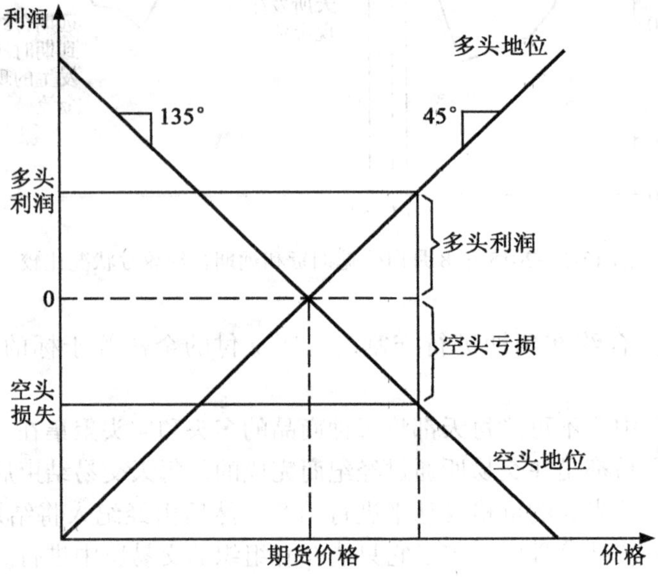

图 15-2 期货多头与空头的盈亏分析

四、期货合约的作用

从前面的例子中我们可以看到，公司通过出售期货合约事先确定了白砂糖的未来销售价格，而加工厂则通过购买期货合约锁定了未来成本，双方都通过期货交易降低了自身的价格风险。因此，期货合约存在的一个重要作用就是使交易者自由选择其最佳风险地位。那些通过在市场上买卖期货合约来锁定其现货交易风险的个别交易者就被称为"套期保值者"(hedger)。

套期保值与其他市场行为一样，也存在着供给方和需求方，但我们无法保证市场上的供求双方恰好相等。正如前面所提到的公司与加工厂，从市场整体状况来看，与加工厂相比，公司更希望锁定白砂糖的出售价格。这样就会引起市场供求的失衡，导致期货价格发生变化。当期货价格超过预期的现货价格时，出售期货合约就可以获得利润。假如 8 月白砂糖的期货价格为 5210 元/吨，而市场预期白砂糖在 8 月的现货价格为 5100 元/吨，那么此时，交易者就预期可以通过在期货市场卖出合约、在合约到期时再在现货市场以 5100 元/吨的价格买入白砂糖完成交割来获取 110 元/吨的利润。这种潜在利润的存在将鼓励交易者进入期货市场以满足套期保值的需求。与套期保值者相对应，这种对商品没有实际供求，但可以帮助满足市场上套期保值需求的交易者通常被称为"投机者”(speculator)。市场上投机者的存在也同样重要，因为如果没有他们的存在，套期保值需求就无法得到满足，人们也就无法确保其最佳风险头寸。

投机者的行为将部分地影响期货价格。如果多数投机者都持有多头，那么期货价格将低于预期的到期日现货价格，并产生一定的利润(如投机者以5080元/吨的价格购买期货合约，在到期日以5210元/吨的价格卖出)；反之，如果多数投机者都持有空头，那么期货价格将高于预期的到期日现货价格，同样也将产生一定的利润。

五、商品期货市场

期货合约适用于任何准备在将来买卖一定数量的商品，并希望采取一定的措施来消除或减少该商品价格风险的个人和企业，而期货市场也因他们的需求而存在。当然，并不是所有的商品都适合做期货合约的标的商品，期货合约标的商品的种类受到两个先决条件的限制：①商品可以进行等级区分并可以标准化；②商品被广泛使用，以保证其价格的竞争性确定，这也是迄今为止只有少数商品拥有期货市场的根本原因。表15-2列示了我国商品期货市场上主要的期货种类。

表15-2　　我国主要的商品期货和金融期货

期货种类	期货品种
谷物和油籽	水稻(早籼稻、晚籼稻、粳稻)、小麦(普麦、优质强筋小麦、硬白小麦)、菜籽油、菜籽粕、油菜籽、玉米、大豆、豆油、豆粕、棕榈油
食品和纤维质	白糖、鸡蛋、玉米淀粉、棉花、纤维板
能　源	动力煤、甲醇、焦炭、焦煤、铁矿石、燃料油、沥青
金　属	铜、铝、锌、黄金、铅、镍、螺纹钢、锡线材、硅铁、锰硅、铁矿石
材　料	玻璃、胶合板、聚乙烯、聚丙烯、聚氯乙烯、天然橡胶
金融期货	(a)利率期货： 5年期国债期货、10年期国债期货 (b)股票指数期货： 沪深300指数期货(IF)、上证50指数期货(IH)、中证500指数期货(IC)

第二节　期货合约的定价

与其他金融工具一样，期货合约的价格也是由市场供求共同决定的，交易者可能在任何时候成为市场上的供给方或需求方。为了使期货合约的定价变得相对直接，我们通常以一种简单的套利理论来对期货价格加以限制，即假定在交割日，在期货合约到期的前一刻，合约标的商品的期货价格必定与其当时的现货价格相等，否则就存在套利机会。

一、套利与预期未来现货价格

在假定不存在交易障碍或交易成本且市场净供给一定的条件下：

$$F_{t,T} = S_t \tag{15-1}$$

式中，$F_{t,T}$ 表示在 T 时期到期的合约标的商品当前 t 时期的期货价格；S_t 表示合约标的商品在 t 时期的现货价格。

这一等式可以用套利行为来解释：当 $F_{t,T} < S_t$ 时，套利者将在期货市场上买入期货合约，同时在现货市场出售同种商品，获取 $S_t - F_{t,T}$ 的利润；相反，当 $F_{t,T} > S_t$ 时，套利者将在期货市场上出售合约，同时在现货市场买入同种商品，获取 $F_{t,T} - S_t$ 的利润。因此，只要 $F_{t,T}$ 和 S_t 不等，套利行为就不会停止，显然，套利的结果必然导致 $F_{t,T} = S_t$。

例如，假设白砂糖当前的现货价格为 5100 元/吨，期货价格为 5200 元/吨，那么，交易者将在现货市场上以 5100 元/吨的价格购入白砂糖并储备起来，同时在期货市场上以 5200 元/吨的价格出售白砂糖期货合约；在期货合约到期时该交易者以储备的白砂糖进行交割，从而获取 100 元/吨的利润。这种套利需求的存在将缩小期货价格和现货价格间的差价，直到二者完全相等。

当然，在现实中，期货价格与现货价格通常是不相等的，因为套利行为也存在成本。如果将套利的机会成本考虑进去，则(15-1)式变为：

$$F_{t,T} = S_t\ (1+R_{f,T-t}) = S_t + S_t \cdot R_{f,T-t} \tag{15-2}$$

其中，$R_{f,T-t}$ 表示从 t 时期到 T 时期的利率。

(15-2)式表明，商品 t 时期的期货价格应该等于商品的现货价格乘以一个调节系数。调节系数反映了因商品延期出售而产生的机会成本，或者也可以看作期货合约买方因为无需购买现货商品而获得的收益。但它仍忽略了一些因素：①持有商品所产生的执行成本；②未来生产对供给和未来消费对需求所可能产生的影响；③套期保值者的套期保值需求和投机者所提供的套期保值供给之间的关系。

二、执行成本

期货价格同样也会受到持有商品所产生的执行成本的影响。执行成本(carrying cost)是指由持有商品所带来的非利息成本，它随商品种类和数量的不同而不同。例如，稀有金属的执行成本主要为储存和保险费用；生牛和生猪的执行成本主要为饲养费用；小麦的执行成本较高是因为它存在变质风险，而且储存小麦的附属设备费用也较高；短期国债的执行成本基本为 0。

将这些执行成本考虑进去，(15-2)式变为：

$$F_{t,T} = S_t(1 + R_{f,T-t}) + \text{执行成本} \tag{15-3}$$

三、预期假说

前面分析成立的前提是商品总供给保持不变，但这显然没有考虑到商品未来供给的变化，因此，不适用于大部分期货商品。

我们可以通过无偏预期假说(unbiased expectation hypothesis)来考虑未来供给和未来需求的变动所可能产生的影响。无偏预期假说是指假定商品当前无现货市场但在期货合约到期时存在现货市场，而且市场无偏地认为到期时商品的现货价格为$Et(T)$，那么商品当前的期货价格应该与商品未来交割时的现货价格一致，即

$$F_{t,\ T}=E_t(\widetilde{S}_T) \tag{15-4}$$

在实际中，期货合约的价格应该为(15-3)式和(15-4)式中的较低者，即：

$$F_{t,\ T}=\min[\ E_t(\widetilde{S}_T),\ S_t(1+R_{f,\ T-t})+\text{执行成本}] \tag{15-5}$$

两种极端的情况可以用来说明这种定价关系：

(1)草莓。草莓的腐烂率为100%，所以它无法储存，这种状况决定了持有草莓现货的执行成本为无穷大，草莓期货合约的价格完全由市场对该种商品未来供求的预期所决定。

(2)木材。木材极易储存，几乎不存在任何执行成本，因此木材的现货价格与期货价格十分接近。

四、现货溢价和期货溢价：套期保值需求与期货价格

Keynes认为，在部分商品的交易中，套期保值者经常倾向于持有空头，从而在期货市场上形成对期货合约的超额供给，导致商品的期货价格低于预期的未来现货价格。这样就将产生一种预期利润：

$$E(\widetilde{\text{Profit}})=E_t(\widetilde{S}_T)-F_{t,T} \tag{15-6}$$

对这种利润的预期将刺激投机者进入市场，承担套期保值者所试图消除的风险。从均衡的观点来看，预期利润的多少将取决于市场上空头套期保值者的数量和商品本身所附带的价格风险。这种由于商品的预期未来现货价格高于其期货价格从而向风险承担者提供利润的现象被称为现货溢价(normal backwardation)。

期货溢价(contango)则刚好相反，它是由于套期保值者倾向于持有多头，从而导致期货价格高于商品的预期未来现货价格而形成的。

将现货溢价和期货溢价对期货合约均衡价格所产生的影响考虑进去，(15-5)式变为：

$$F_{t,\ T}=\min[\ E_t(\widetilde{S}_T)\ \pm E(\widetilde{\text{Profit}}),\ S_t(1+R_{f,\ T-t})+\text{执行成本}] \tag{15-7}$$

式中的利润项将由套期保值者向投机者支付，但该项在期货合约价格计算中的正负则取决于市场上套期保值者的集中状况。如果套期保值者集中于空头，那么，将产生现货溢价，(15-7)式中$E(\widetilde{\text{Profit}})$前面的符号为负，期货价格下降；反之，如果套期保值者集中于多头，那么，将产生期货溢价，(15-7)式中$E(\widetilde{\text{Profit}})$前面的符号为正，期货价格上升。

那么市场上当前存在的究竟是现货溢价还是期货溢价？这似乎很难判断。

首先，我们没有任何理由认为市场上的套期保值行为将集中于某一方。事实上，商

品的每一个卖方都对应着一个买方，我们只有在调查大部分生产者和使用者的偏好或风险态度之后才能判断，谁最不愿意承担价格风险。

其次，市场上套期保值行为的集中程度也很难直接度量。我们既无法直接观察出商品的预期未来现货价格 $E_t(\widetilde{S}_T)$，也无法仅以主要因素来决定期货价格(如(15-7)式所示)，而且从商品自身的发展来看，其期货市场存在的唯一基础是商品的预期供求。事实上，许多农产品的期货合约早在该产品开始种植前就已经存在，这些合约的风险转移性质包含在对商品存在的预期之中。

再次，由于商品期货的存在可以早于商品本身，通过期货合约所表明的商品总供给可能超过该种商品在到期日的实际总供给。我们无法通过控制期货交易来避免这种情况的发生，因为任何商品的未来供给都是不确定的。所幸这并未构成一个严重的问题，因为相对于现货市场的总供给来说，期货市场的流通价值往往很小。

最后，期货交易所往往成为实质的买方和卖方，但交易所并不存在无限的资源，所以从理论上来说，交易所也可能存在违约，或是无法履行期货合约中所规定的义务。

五、供给和需求

现货价格和期货价格都是由市场上供求双方的基本力量所决定的。供求的影响因商品种类的不同而不同。比如农产品的价格会受到土地面积分配、气候以及外国政府需求等因素的影响；而大部分金属由于有着相对稳定的内在供给，所以，其价格将由以其充当“价值储存”的净需求来决定。我们可以把影响期货价格与现货价格变化的因素归结为以下两种：(1)商品的预期供求弹性；(2)由任何事件所引发的商品供求改变的强度。

图 15-3 中的 8 种供求曲线列出了所有可能由供求变动引起的价格变化。总的来看，当供求无弹性(见图(a)、图(e))或供求有弹性且供求变化较大(见图(b)、图(c)、图(f)，图(g))时，商品价格的变化也较大。由于期货市场和远期市场存在的主要功能是转移价格风险，所以，一般来说，市场上那些价格波动幅度较大的商品的交易将会比较活跃。此外，不同的商品可能由于不同的原因而存在活跃的期货交易。

六、基差与商品套期

部分商品可能由于执行成本、影响预期的季节性因素或一些其他不确定性因素的存在而产生与期货交割日期相关的特定价格结构。如从 1 月下旬的某一天来看，木材市场的期货价格结构如图 15-4 所示。

从图 15-4 中可以看出，商品当前的期货价格与商品的现货价格并不一致，它们之间的价差被称为基差(basis)，即：

$$\text{基差} = F_{t,T} - S_t \tag{15-8}$$

基差的变化会给不同到期日合约的空头和多头带来不同的盈亏。当基差缩小时，持有 3 个月空头期货合约并且在现货市场持有多头的交易者将盈利；反之，当基差扩大时，该交易者将遭受亏损。

市场上有时会存在一些特殊的基差结构，投机者和套利者往往以此为基础来构造一

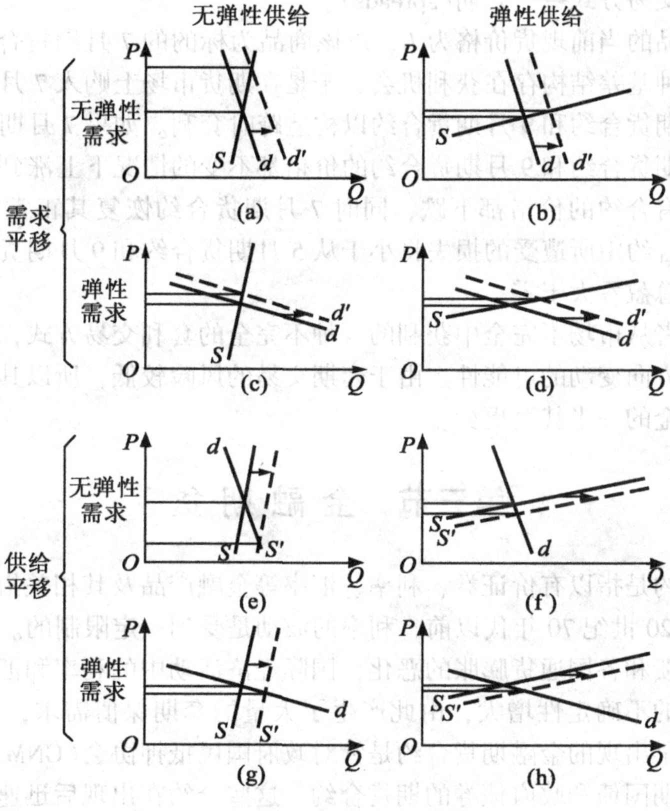

图 15-3　商品的供给和需求曲线

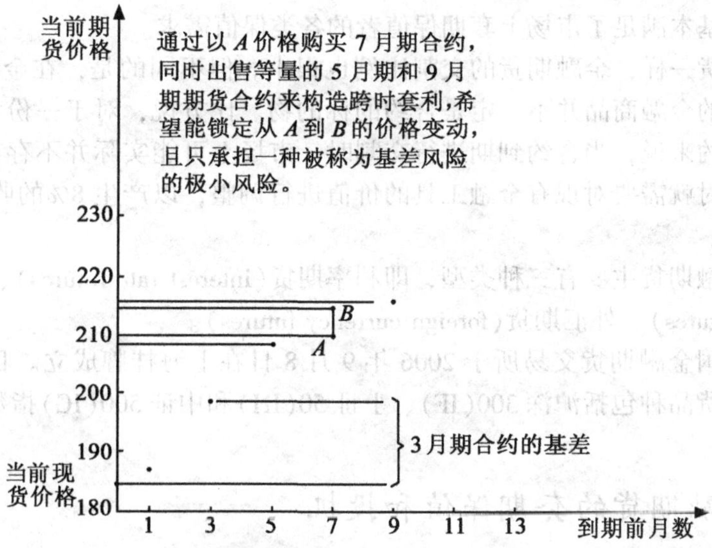

图 15-4　木材的期货价格结构

种几乎无风险的交易方式——套期(spreads)。

例如，某商品的当前现货价格为 B，以该商品为标的的7月期货合约价格为 A。市场参与者认为这种基差结构存在获利机会，于是在期货市场上购入7月期货合约，同时卖出等额的5月期货合约和9月期货合约以构造跨时套利。如果7月期货合约的价格上涨，并且在5月期货合约和9月期货合约的价格都不变的情况下上涨到 B，那么交易者将获利。如果所有合约的价格都下跌，同时7月期货合约恢复其正常的价格结构，那么，在7月期货合约中所遭受的损失将小于从5月期货合约和9月期货合约中所获得的利润，交易者的总盈亏大于零。

套期是交易者从市场不完全中获利的一种不完全的套利交易方式，它所仅有的风险是基差向非预期方向变动的可能性。由于套期交易的风险较低，所以其保证金通常为普通期货交易保证金的一半甚至更少。

第三节 金融期货

金融期货合约是指以有价证券、利率、汇率等金融产品及其相关指数产品为标的物的期货合约。在20世纪70年代以前，利率的波动是受到一定限制的。但是，随着布雷顿森林体系的崩溃和各国通货膨胀的恶化，国际经济活动中的利率和汇率风险也不断增加，金融市场上的不确定性增大，由此产生了大量的套期保值需求，金融期货应运而生。在美国，最早出现的金融期货合约是针对政府国民抵押协会(GNMA)证券的，随后又出现了针对短期国债和政府债券的期货合约。这些合约在出现后迅速获得了成功，但它们的缺陷在于无法为其他金融工具提供有效的套期保值，从而促使了其他种类期货合约的出现，如长期国债期货合约、中期国债期货合约以及银行短期存单期货合约等。这些合约的出现基本满足了市场上套期保值者的各类保值需求。

与商品期货一样，金融期货的交割比例也很小。但不同的是，在金融期货市场上，最终进行交割的金融商品并不一定是合约的标的物。比方说，对于一份利率为8%的长期国债期货合约来说，当合约到期进行交割时，市场上可能实际并不存在利率为8%的长期国债，此时就需要对现有金融工具的价值进行调整，以产生8%的收益率来满足合约的交割需求。

当前，金融期货主要有三种类型，即利率期货(interest rate futures)、股票指数期货(stock index futures)、外汇期货(foreign currency futures)。

此外，中国金融期货交易所于2006年9月8日在上海挂牌成立。目前，在我国已存在的金融期货品种包括沪深300(IF)、上证50(IH)和中证500(IC)指数期货合约以及国债期货。

一、金融期货的套期保值和投机

为了说明金融期货套期保值的作用，我们假定有一位交易者将在3个月后收到一笔资金并进行再投资，那么，他就可以通过在当前购买3个月期的短期国债期货合约来锁定其未来的再投资利率。如果该交易者所购买的国库券期货合约的到期利率为10%，那么他就可以确保自己在3个月后投资短期国债时得到10%的收益率。如果该交易者没有购买短期国债期货合约，那么3个月后，当他收到资金进行再投资时，实际所得到的收益率可能高于也可能低于10%。

利率期货合约的价值是随市场利率的变化而变化的。表15-3列示了用短期国债利率期货合约进行套期保值的状况。

表15-3　　用国库券利率期货合约进行套期保值

$R_{TB}=10\%$	$t=1$ 第1个月结算	$t=2$ 第2个月结算	$t=3$ 到期前的第3个月	$t=3$ 到期日
以975610元的价格购买3个月到期，收益率为10%的期货合约	利率上升： $R_{TB}=11\%$ 价格：973236元 损失：2374元	$R_{TB}=12\%$ 价格：970874元 损失：2362元	$R_{TB}=12\%$ 在市场上补进收益率为12%的短期国债来进行平仓 价格：970874元 利息：29126元 减去期货 亏损：4736元 净现金流：24390元	$R_{TB}=12\%$ 以当前利率为12%的短期国债来进行交割 利息：29126元 减去期货 亏损：4736元 净现金流：24390元
	利率下跌： $R_{TB}=9\%$ 价格：977995元 收益：2385元	$R_{TB}=8\%$ 价格：980392元 收益：2397元	$R_{TB}=8\%$ 在市场上补进收益率为8%的短期国债进行平仓 价格：980392元 利息：4682元 加上期货 利润：4782元 净现金流：24390元	$R_{TB}=8\%$ 以当前利率为8%的短期国债进行交割 利息：19608元 加上期货 利润：4782元 净现金流：24390元

表15-4说明了利率期货交易中的盈亏状况。为了方便起见，表中只列出了两个中间结算日。最初，交易者购买了到期利率为10%的3个月期短期国债期货合约，合约的执行价格为975610元（3个月期利率为0.1/4=0.025，975610(1+0.025)=1000000）。如果市场利率上升，则该期货合约的价值下降。因此，在第一个结算日，交易者需向期货交易所的清算机构缴纳2374元(975610-973236)。1个月后，市场利率上升到12%，合约持有者出现第二次亏损，再次向清算机构支付2362元。如果交易者在合约到期前以970874元的价格结清头寸，那么他就可以在现货市场上购买到利率为12%的短期国债，得到29126元的利息支付，再减去在期货交易中所支付的结算费用，可获得24390元的净现金流入，正好是用于购买短期国债的975610元的2.5%。反过来，如果在合约

的有效期内，市场利率下降到8%，那么交易者就可以通过结算获得4782元的收益，同时结清头寸，得到980392元，然后购买利率为8%的短期国债，获取19608元(0.02×980392)的收入，再加上通过期货合约所得的利润，交易者的净收入为24390元，与前面相同。

表格的第5列说明了如果交易者选择进行交割将会产生的结果。由于交易者的盈亏都已通过中间结算制度结清，所以，在合约到期时，进行交割的仅仅只是短期国债。不管短期国债的息票率是多少，交易者的头寸状况都是相同的。

但在实际操作中，期货合约的锁定利率可能与现货市场上的短期国债利率不同，这是由市场预期造成的。比如，在 $t=0$ 时期，市场利率为10%，而标准期货合约价格所规定的到期利率为9.7%，那么，交易者通过期货交易所能锁定的利率也仅为9.7%。

从理论上来说，如果市场上套期保值者的数量较多，那么期货合约的需求将大于供给，此时期货价格上升，吸引更多的投机者进入市场，以满足套期保值者的保值需求。由于市场上的资金流动十分方便，所以套利者的存在将减少市场对投机者的补偿。一般情况下，期货合约的价格等于标的资产当前的现货价格加上隐含的机会收入 R_f。如果期货的市场价格偏离这一标准，套利者将进入，促使价格恢复到原先的均衡状态。由于金融期货合约的价格主要受到(15-7)式中 $S_t(1+R_{f,\ T-t})$ 的影响，而且不存在其他的执行成本，所以，在套利者存在的情况下，金融期货的定价公式为：

$$F_{t,\ T}=S_t(1+R_{f,\ T-t}) \tag{15-9}$$

金融期货的套期保值作用也存在着一定的不足。比如，一项特定套期保值的存续期最长为两年，如果交易者想进行更长时间的套期保值，那么他只能通过“滚动”的方式来完成。这虽然在一定程度上限制了期货市场的风险转移能力，但由此也反映出在期货市场上，交易者的套期保值需求主要为短期，长期的保值需求十分有限。

二、利率期货

众所周知，利率具有波动性，因此借款者常常希望通过利率期货的套期保值来锁定借款利率。由于市场上大多数利率都倾向于围绕短期国债的利率来进行波动，所以，交易者可以通过交叉套期保值的方式来转移部分市场利率风险。比如，某银行预计将在5个月后进入180天大额存单市场进行筹资，以履行对客户的支付义务。为了避免将来由于利率变动而带来的筹资成本的变化，该银行进入期货市场进行利率期货的套期保值。如果银行选择以出售短期国债期货合约的方式来进行交叉套期保值，那么，当市场上大额存单的利率与短期国债利率以相同比率变动时，该套期保值最有效，否则，银行仍将承担大额存单的收益率单独变动所带来的风险。

一般来说，金融工具与短期国债的替代关系越密切，短期国债利率期货合约能为交易者提供的保值效果也就越好。通常，短期国债期货合约可以为那些期限短、风险小的金融工具提供良好的交叉套期保值作用，而对于长期金融工具，则无法保证套期保值的有效性。表15-4列出了一家公司利用短期国债期货合约来构建交叉套期保值，以避免借款成本变动的状况。

表 15-4 将在 6 个月后发行 6 个月期债务的公司的套期保值交易

$t=0$	$t=1$	$t=2$	
	第一次结算	到期和第二次结算	
$R_{TB}=10\%$	$R_{TB}=11\%$	$R_{TB}=12\%$	
出售 1000000 元的短期国债期货合约		购买 1000000 元的短期国债期货合约来进行平仓	
价格：975610	973236	970874	
盈亏：	2374	2362	
		以 14.25%的利率发行 500000 元的 6 个月期债务	
		成本	35625
		减去期货交易中的所得利润	4736
		净成本	30889
		$\frac{30889}{500000}$	=0.06178
		0.06178×2=0.1236 或年利率为 12.36%	

如表 15-5 中所示，当前的短期国债利率为 10%，6 个月期的贷款利率为 12%。由于公司对资金的需求是在 6 个月后，所以，为了降低借款风险，该公司决定通过出售两次 3 月期的短期国债期货合约来进行为期 6 个月的交叉套期保值。6 个月后，当短期国债利率上升到 12%时，6 个月期的贷款利率上升到了 14.25%，此时，公司筹资的净成本远远小于没有进行套期保值时的情况，其净成本为 12.36%。由此我们可以看到，虽然该项交叉套期保值没能完全避免筹资成本的变化，但它已经在很大程度上降低了公司的风险，公司的筹资成本较当时的市场利率而言大大降低。

三、股指期货

针对股票市场的期货种类主要是股指期货。股指期货交割时按合约价值以现金进行交割，比如，某交易者在市场上持有 5 份沪深 300 股指期货合约，合约的协定价格为 3000 点。当合约交割时，沪深 300 股指的市场指数为 3100 点，则该交易者进行交割所获得的金额为：

$$(3100-3000)\times300\times5=150000(\text{元})$$

由于同一时期股票指数的期货价格可能与现货价格不同，所以，交易者持有期货合约的预期收益可能不同于直接投资于股指时的收益。如果交易者直接投资于股指，那么，每单位股票指数的预期现金流为：

$$E_t(\widetilde{S}_T)-S_t \tag{15-10}$$

或是股指在 T 时期的预期现货价格与其在 t 时期的现货价格之间的价差，即

$$E_t(\widetilde{S}_T)-F_{t,T} \tag{15-11}$$

其中，$F_{t,T}$ 为 T 时期交割的期货合约在 t 时期的价格。

此时，存在两个因素可能会影响 $F_{t,T}$ 与 S_t 之间的关系：

(1)由于资金存在机会收益，在 t 时期，股指的期货价格将以 $R_{f,T-t}$ 的比率高于其现货价格；

(2)由实际持有股指可能获得的股息收入所构成的机会成本将使现货价格以 $E(D_{T-t})$ 的比率高于期货价格。$E(D_{T-t})$ 为交易者实际持有股指的预期股息流。

以上两个因素的净效果即构成了下面的定价公式：

$$F_{t,T}=S_t[1+R_{f,T-t}-E(\widetilde{D}_{T-t})/S_t] \tag{15-12}$$

即：t 时期的期货价格=股指当前价格×(1+指数股息收益的无风险净收益率)

如果股指的当前价格为3000点，无风险利率为3%，股息收益率为4%，则6月期股指期货合约的价格为：

$$3000\times300\times[1+0.03\times(1/2)-0.04\times(1/2)]=895500(\text{元})$$

那么，哪些人可能通过使用股指期货来进行套期保值呢？事实上，指数是市场总体状况的一种反映，因此，任何可能受到股价总体水平变动影响的人都有可能选择该种工具来对其头寸进行套期保值。

下面我们用几个例子来具体说明。

(1)某投资者的年金计划是一个投资于普通股的证券组合，为了在他65岁时以此来计算出一个固定的年化收益率，该投资者可以选择在他63岁或64岁时进入期货市场进行套期保值，以避免股价不合时宜地下跌。

(2)共同基金的资金流动规律是在11月时大量流出，3月时大量流入，那么该基金可以通过出售在11月份到期的股指期货合约来锁定其出售股票时承担的价格风险，同时购入在3月份到期的期货合约来确保其投资的价格。

(3)某制造商希望在1年后出售手中的股票来融资，那么，他可以现在就通过出售期货合约来锁定一年后证券的出售价格。当然，这并不是一种很有效的方式，因为该公司股价与市场股指的相关性取决于影响该公司收益的特质性因素。

(4)共同基金可能以买卖股票市场期货合约来作为暂时改变其 β 系数的一种方式，这将比买卖股票本身更快而且成本更低。

由此我们可以看到，所有准备在将来投资于股票市场的交易者都可以通过购买股指期货来进行套期保值；相反地，所有准备在将来出售证券以满足支付义务的交易者都可以通过出售股指期货来进行套期保值。

股指期货的一个显著的特点是从不进行交割。在期货合约的最后交易日，交易所将通过最终结算来结清空头和多头的头寸。任何想实际持有该证券组合的交易者必须在结清头寸后进入证券市场重新构造组合，但这并不会影响股指期货的套期保值能力。

下面我们来看一个有关股指期货的例子。

假设某交易者于2015年6月1日持有四家公司的股票，分别为股票 A、B、C、D，构成一个投资组合，组合中各股票的持有量和当时市价如表15-5所示。该交易者预测年内整个股票市场行情将会大跌，但是为了保持在上述四家公司的股东地位，他不愿出售这些股票，更重要的是，在股票行情预期下跌时，出售股票会蒙受巨大的损失。因此，该交易者可以利用股票指数期货来消除这一系统风险，达到保值的目的。

表 15-5　　交易者的投资组合及其市价总值

股票	数量(股)	每股价格（6月1日）	市价总值（元）	每股价格（8月31日）	市价总值（元）
A	10000	24.25	242500	22.5	225000
B	20000	30.5	610000	29	580000
C	15000	25	375000	22.25	333750
D	10000	22.5	225000	20.75	207500
总计			1452500		1346250

假定6月1日，沪深300股指期货的12月份价格为4000点，交易者售出一份该指数合同，合同价值为：

$$4000\times300\times1=1200000(\text{元})$$

到8月31日，股市果然下跌，四家公司股票价格如上表所示，则可知其所持股票损失价值为：

$$1452500-1346250=106250(\text{元})$$

与此同时，沪深300股指期货的12月份期货价格也降为3500点，交易者可按此价格水平补进1份该指数期货合同，合同价值为：

$$3500\times300=1050000(\text{元})$$

结果，交易者的盈亏为：(1200000－1050000)－106250＝43750(元)，盈利43750元，进而达到了套期保值的目的。

若交易者预测正好错误，股市行情没有下跌反而全面上涨，则其所持股票指数期货合同发生贬值，而其所持股票市价总值则会上升，同样可达到保值目的。

四、外汇期货

外汇期货市场的存在使那些短期参与外汇交易的个别交易者得以转移其汇率风险。比如，一个美国出口商将在3个月后收到10000000法国法郎，那么，他就可以通过在外汇期货市场上购买3月期的美元期货合约来消除他所面临的汇率风险。

在外汇期货交易市场上，只有部分外汇存在活跃的期货交易市场，如欧元、瑞士法郎、英镑、日元、澳大利亚元和加拿大元等。

那么，外汇期货的定价又是怎样的？

部分学者认为，由于在外汇市场上货币极易被替代，而且货币的当前价值包含了人们对其未来价值的预期，所以外汇价格的变化遵循的是随机漫步模式，对货币下一时期价值的估计将直接影响货币的当前价格。在不考虑储存成本或附加成本的情况下，货币在当前 t 时期的现货价格 S_t 将反映对货币未来 T 时期现货价格 S_T 的预期，即：

$$S_t = E_t(\widetilde{S}_T) \tag{15-13}$$

该理论同样具有对称性，因此，对货币 T 时期现货价格的最佳估计即为该货币的现货价格 S_t，即：

$$E_t(\widetilde{S}_T) = S_t \tag{15-14}$$

由于(15-9)式中所定义的期货价格是以无偏预期假设为前提的，所以，在不考虑执行成本的情况下：

$$F_{t,\ T} = S_t \tag{15-15}$$

但我们仍需考虑一种特别重要的成本以便对外汇期货合约进行合理定价，这就是与本币和外币利差相联系的成本。

下面我们用一个例子来说明。

假设欧元当前的现货价格和一年期的期货价格分别为 1.20 美元和 1.25 美元。一位美国交易者在现货市场购入欧元，并投资于德国政府所发行的利率为 1%的金融工具；同时，他又进入期货市场出售欧元期货合约以消除汇率风险。如果该交易者最初投入的资金为 1200000 美元，那么他在这起交易中将获得 1262500 美元的净收入。具体如下：

购买价值＄1200000 的欧元	€1000000
1%的利率	€10000
合计	€1010000
出售价值€1010000 的期货合约	
€1010000(1.25 ＄/€)=	＄1262500

这桩交易的总收益率为 5.2%，这一收益由 100000 美元的利息收入和在欧元与美元间进行转换时 0.05 美元/欧元的价差所组成。

如果美国市场上的利率低于 5.2%，这一交易将有利可图，此时，套利者将纷纷进入市场，增加对现货欧元的需求和对期货欧元的供给；同时，美国市场上的投资将减少，而德国市场上的投资将增加，从而两国的利率水平随之发生变化，直到市场上不存在套利利润，此时满足：

$$1 + R_f^{\$} = \frac{F_{t,\ T}}{S_t}(1 + R_f) \tag{15-16}$$

在该起交易中，如果欧元利率为 0.5%而美元利率为 0.3%，那么合约的期货价格将是：

$$1 + 0.003 = \frac{F_{t,\ T}}{1.2}(1 + 0.005) \tag{15-17}$$

$$F_{t,\ T} = 1.198 \text{ 美元 / 欧元}$$

通常，任何本币与外币间的无套利收益理论都要满足以下关系：

$$(1 + R_f^d) = \frac{F_{t,\ T}}{S_t}(1 + R_f^f)$$

或：

$$F_{t,T}=S_t\frac{1+R_f^d}{1+R_f^f} \tag{15-18}$$

式中，R_f^d、R_f^f分别表示国内和国外的利率水平。

这种关系被称为“利率平价”，它可以用来描述外汇期货市场上的价格结构。

【扩展阅读】

国债期货

国债期货属于金融期货的一种，是一种高级的金融衍生产品。它是在20世纪70年代美国金融市场不稳定的背景下，为满足投资者规避利率风险的需求而产生的。中国的国债期货交易试点开始于1992年，因“327国事”而结束于1995年5月，历时两年半。2013年9月6日，国债期货正式在中国金融期货交易所上市交易，目前存在的品种包括5年期和10年期的国债期货合约。

国债期货直接反映市场利率的变化，国内存贷款利率不是由市场交易产生，而是由央行规定，所以央行的货币政策对于国债期货价格影响是最重要的，同时，货币供应量、经济发展水平、CPI、国家信用、全球经济环境和政府财政收支状况等都将影响国债期货的价格。国债期货一般很少发生实物交割现象。

练习与思考

一、重要名词与概念

期货　头寸　多头　空头　盯市　套期保值者　投机者　保证金　维持保证金　基差现货溢价　期货溢价　国债期货

二、问答题

1. 什么叫期货合约？期货合约的要素有哪些？
2. 盯市是期货交易的一项重要制度，请问什么是盯市？
3. 试用图形简单分析期货多头与空头的盈亏，多头与空头的损益之间有什么关系。
4. 期货交易中什么叫保证金？它的作用是什么？
5. 什么叫基差？它的变化会给多头和空头的盈亏造成哪些影响？
6. 什么叫金融期货？金融期货有哪几类？
7. 期货的发展对我国股票市场的影响如何？

三、选择题

1. 对于进行多头套期保值的投资者来说，他希望(　　)。
   A. 将来商品价格下跌
   B. 将来商品价格上涨

C. 将来商品价格不变

D. 无所谓商品价格是否变化

2. 下列有关期货交易中损益的说法，正确的是(　　)。

A. 多头方的收益额与空头方的损失额相等

B. 多头方的收益额大于空头方的损失额

C. 多头方的收益可能为无穷

D. 期货交易的损益与购买期货合约时的现货价格直接相关

3. 某投资者持有一份6个月绿豆的期货合约，但他并不想进行实物交割，那么(　　)。

A. 他可以与交易所协商解决

B. 他可以在合约到期前在市场上买入一份6个月绿豆期货合约，冲销现有头寸

C. 他可以在合约到期前在市场上卖出一份6个月绿豆期货合约，冲销现有头寸

D. 他可以与另一位投资者协商解决

4. 下列有关跨时套利交易的说法，不正确的是(　　)。

A. 基差的存在是构筑跨时套利交易的基础

B. 跨时套利交易是一种无风险的交易方式

C. 跨时套利交易的保证金数量通常较大

D. 跨时套利交易的保证金数量通常较小

5. 假定小麦的当前现货市场价格为350美分/蒲式耳，它的执行成本为50美分/蒲式耳，市场上的无风险利率为12%，那么，6月期小麦期货合约的价格为(　　)美分/蒲式耳。

A. 421　　B. 442　　C. 321　　D. 342

6. 在期货合约的定价公式 $F_{t,T}=\min[E_t(\widetilde{S}_T)\pm E(\widehat{\text{Profit}}),\ S_t(1+R_{f,T-t})+$执行成本$]$中，(　　)。

A. 当市场上存在现货溢价时，$E(\widehat{\text{Profit}})$ 项前的符号为负

B. 当市场上存在期货溢价时，$E(\widehat{\text{Profit}})$ 项前的符号为正

C. 当市场上存在期货溢价时，$E(\widehat{\text{Profit}})$ 项前的符号为负

D. 当市场上存在现货溢价时，$E(\widehat{\text{Profit}})$ 项前的符号为正

7. 在金融市场上，美元的当前现货价格为124日元，美元利率为10.5%，日元利率为7%，那么，当前市场上美元的期货价格为(　　)日元。

A. 128.0561　　B. 125.0948　　C. 122.0821　　D. 120.0724

8. 假定当前市场上存在一种芒果期货合约，该合约要求在3个月后交割1000公斤的芒果。如果当前市场上芒果的价格为6元/公斤，储存芒果3个月的成本为0.2元/公斤，那么，该期货合约的价格为(　　)元。

A. 5800　　B. 6200　　C. 6000　　D. 5000

9. 以下(　　)情况套期保值结果为亏损。

A. 基差扩大情况下的卖出套期保值

B. 基差扩大情况下的买入套期保值
C. 基差缩小情况下的卖出套期保值
D. 基差缩小情况下的买入套期保值

四、计算分析题

1. 假定市场上当前英镑与美元之间的现汇价格为 1 英镑兑换 1.85 美元。如果 3 月期的无风险利率在英国和美国分别为 1.8%和 2%，那么，3 月期以美元表示的英镑的期货价格为多少？

2. 某投资者以 1.75 美元/蒲式耳的价格买入了 3 份 6 月份 5000 蒲式耳的玉米期货合约。初始保证金比率为 3.5%，最低保证金要求是初始保证金的 80%。则：

(1)该投资者需交纳多少初始保证金？

(2)如果 6 月玉米的价格上涨到 1.85 美元/蒲式耳，该投资者的损益状况如何？

(3)如果 6 月玉米的价格下跌到 1.70 美元/蒲式耳，该投资者的损益状况又如何？

【扩展阅读】

期货市场的制度安排及交易程序

一、期货交易场所

我国期货市场发展至今，市场规模逐步扩大，期货商品的种类日益丰富，期货交易大多集中在郑州、大连和上海三家交易所中进行。表 15-6 列出了目前在我国期货市场上存在的主要期货合约的要素。

表 15-6　　**我国期货市场部分合约的性质**

交易品种	白糖	甲醇	豆粕	阴极铜	铝	天然橡胶
上市交易所	郑州商品交易所	郑州商品交易所	大连商品交易所	上海期货交易所	上海期货交易所	上海期货交易所
交易代码	SR	ME	M	CU	AL	RU
交易单位	10 吨/手	50 吨/手	10 吨/手	5 吨/手	5 吨/手	10 吨/手
报价单位	元/吨	元/吨	元/吨	元/吨	元/吨	元/吨
最小变动价位	1 元/吨	1 元/吨	1 元/吨	10 元/吨	5 元/吨	5 元/吨
每日价格最大波动限制	不超过上一交易日结算价±4%	不超过上一交易日结算价±4%及《郑州商品交易所期货交易风险控制管理办法》相关规定	上一交易日结算价的4%	不超过上一交易日结算价 3%	不超过上一交易日结算价±3%	不超过上一交易日结算价±3%

续表

交易品种	白糖	甲醇	豆粕	阴极铜	铝	天然橡胶
合约交割月份	1月、3月、5月、7月、9月、11月	1—12月	1月、3月、5月、7月、8月、9月、11月、12月	1—12月	1—12月	1月、3月、4月、5月、6月、7月、8月、9月、10月、11月
交易时间	上午9:00—11:30　下午1:30—3:00	上午9:00—11:30　下午1:30—3:00	上午9:00—11:30　下午1:30—3:00	上午9:00—11:30　下午1:30—3:00	上午9:00—11:30　下午1:30—3:00	上午9:00—11:30　下午1:30—3:00
最后交易日	合约交割月份的倒数第10个交易日	合约交割月份的倒数第10个交易日	合约月份第10个交易日	合约交割月份的15日(遇法定假日顺延)	合约交割月份的15日(遇法定假日顺延)	合约交割月份的15日(遇法定假日顺延)
交割日期	合约交割月份的第一交易日至最后交易日	合约交割月份的第一交易日至最后交易日		最后交易日后连续五个工作日	最后交易日后连续五个工作日	最后交易日后连续五个工作日
交易保证金	合约价值的6%	合约价值的6%	合约价值的5%	合约价值的5%	合约价值的5%	合约价值的5%
交易手续费	4元/手	2元/手	不超过3元/手	不高于成交金额的万分之二(含风险准备金)	不高于成交金额的万分之二(含风险准备金)	成交金额的万分之零点四五

资料来源:根据大连商品交易所、郑州商品交易所和上海期货交易所网站资料整理。

二、期货市场交易

期货合约的交易在许多方面与股票交易十分相似。首先，由客户向在交易所拥有会员资格或附属会员资格的经纪公司进行委托，委托的指令类型与股票市场的交易指令类型十分相似，如限价指令、市价指令、止损指令以及止损限价指令等。

但与股票交易不同的是，所有的期货交易都是通过在交易所内的交易席位间报价成交的。这更像是一个拍卖过程，并且随着期货交易的发展，基本形成了一种竞争性的专家系统——做市商(market maker)与每一个交易商竞争，并尽量使其售价高于买价以赚取利润。

此外，期货交易中合约买卖双方的关系也不同于股票交易。在股票市场上，买卖双方的关系仅维持到双方的资金和股票结清时为止。而在期货市场上，交易运作机制则较为复杂，如果一个交易者进入期货市场购买了一份合约，那么他就成为这份合约的多头持有者，而通过交易席位代表向该交易者出售合约的那个人就成为这份合约的空头持有者。交易完成时，清算所就成为这份合约多头的卖方和空头的买方，由此，一桩交易就变成了两起，期货交易所接管了空头并成为合约购买者的卖方，同时也接管多头成为合约出售者的买方，合约的多头持有者和空头持有者都将在交易所进行登记，同时未结清权益(open interest)增加一个单位。

期货交易所之所以能成为有效的买方和卖方，其原因有两方面：(1)避免市场上的交易者为了考察每一个交易者的履约能力而产生的成本。事实上，交易所充当的是一种保证代理人的角色，这使得个别交易者只需要关注交易所的履约能力，而大可以忽略其他交易者甚至其经纪公司的信用。如果没有这一保证制度的存在，期货合约的交易将变得有限而昂贵。当然，在期货交易中，一旦清算所成为交易双方的实质买(卖)方，清算所同样也存在着蒙受损失的潜在风险，所以交易所也有违约的可能，从而交易中仍然存在违约风险。(2)赋予所有交易者单独处理其交易的能力。比方说，一位交易者在市场上持有多头，并且希望进行平仓，那么，他只需要在市场上抛出合约即可，交易所将自动以新的空头头寸清除该交易者原先的多头头寸，从而使其头寸状况为0。如果此时，刚好有另一个持有空头的交易者也通过该起交易补进了头寸，那么交易所的未结清权益减少一个单位，否则市场上的未结清权益将保持不变。

一般来说，当交易所新的合约月份开始时，有关标的商品的期货交易便随之开始。最初，随着套期保值者和投机者进入市场，未结清权益(或市场流通合约的净数量)将以一个相对稳定的比率上升；之后，随着合约到期日的接近(可能是在交割前的1~2个月)，套期保值者和投机者纷纷结清其头寸，市场上的未结清权益开始下降。当然，交易者也可以选择不结清头寸，那么，他们就必须在合约到期时进行实物的交割——多头持有者必须接受一定数量的标的商品并支付一定的资金，而空头持有者则必须交出特定数量的实物并通过交易所得到一定数量的资金，划转资金的数量刚好等于标的商品当时的现货市场价值。由于期货市场存在的主要目的是为了转移风险而不是实物交割，因此，期货合约的实际交割比率极低，约为2%。期货合约的最后交易日也随商品种类的变化而变化，比如在我国，以白砂糖为标的的商品期货合约的最后交易日为交割月份的倒数第10个交易日。

三、价格限制

期货交易所对期货交易中每日交易价格的浮动幅度进行了限制。当某种期货合约的价格浮动幅度达到该限制时，则价格不再允许继续变动。比方说，在我国期货市场上，白糖期货日内价格超过该涨跌幅度的报价被视为无效，不能成交，白糖合约的涨跌停板幅度为上一个交易日结算价的4%。

有些价格波动幅度较大的商品在期货交易中很容易达到限价，这就降低了该种商品期货合约的市场流动性，从而给交易者造成风险。通常，如果合约的价格浮动达到限价，那么交易者只能等待，直到交易可以重新进行。

四、保证金

期货交易中的保证金制度为交易者提供履约保障。期货交易的保证金制度规定，在期货交易中，交易者不需支付全额货款，只需付合约金额5%~15%的履约保证金。对期货交易者来说，期货交易是动用少量的资金控制期货合约的全部价值，这就是期货交易保证金制度的杠杆作用，当然，保证金制度在放大盈利比例的同时，也把风险放大了。

保证金可以是现金、交易所允许的国库券、标准仓单等权利凭证，每个投资者都必须向期货经纪公司缴存一定数量的交易保证金。一般而言，期货品种的价格波动越大，所要求的保证金越多。期货合约中规定的保证金比例是交易所向会员收取的标准，一般来说，期货经纪公司向投资者收取的标准要高出3%。

期货经纪公司通常会依照交易所的规定，要求客户存入一定数量的资金以确保其履约能力。客户在最初开仓交易时必须预先存入的这部分资金即被称为初始保证金(initial margin)。初始保证金由经纪公司决定，大多数商品的初始保证金比率在5%与10%之间，具体比率随期货合约种类的不同而不同。

由于期货交易采取的是盯市制度，随着期货价格的变化，保证金账户的金额也随之变动。如果盯市的结果是某交易者连续亏损，其保证金账户可能降至某关键值以下，即维持保证金(maintenance margin)，清算所将通过经纪公司向客户发出保证金催付(margin call)通知，要求客户在一个很短的期限内将保证金账户内的资金补足到初始保证金的水平，这一追加的资金称为变动保证金(variation margin)。如果投资者不能提供变动保证金，经纪公司将出售该合约来平仓。

第十六章　期　　权

在金融投资中，作为一种投资工具，期权被认为是两个投资者之间的一种合约，其中的一方在订立合约时取得相应的权利而非义务，所以导致了在合约成立后两者的权利义务不对等，从而使期权成为一种独具特色的金融工具。作为金融工具的一种，股票期权产生于20世纪70年代。近年来，其交易量的增长十分迅猛。尽管到目前为止，存在股票期权交易的仅有300多家公司，但其交易中所涉及的股票数量却经常超过在证券交易所中进行交易的股票数量。平均来看，几大主要期权交易所每日交易中所涉及股票的数量均为各大证券交易所日股票交易量的50%~60%。本章将主要介绍基本期权工具的性质和特征、期权的损益和定价。总的来说，人们进行期权交易的目的主要有以下几种：①为股票市场上可能发生的损失提供保障；②维持“账面”收益；③延期纳税；④以最小成本进行投机；⑤提高资本收益率。

第一节　期权概述

一、期权的产生和发展

期权交易早已有之，1973年以前，在美国就存在着场外期权交易。由于这种交易是直接交易，交易费用很高，而且没有相应的期权二级市场，所以期权交易很不活跃。1973年4月26日，芝加哥期权交易所(Chicago Board Option Exchange，CBOE)正式挂牌，开始了全国性的股票买入期权标准化合约的交易。这一交易一经推出就取得了极大的成功，投资者对期权的兴趣及期权交易量迅速增长，并将原来的股票期权柜台交易淘汰出局。在美国，除了芝加哥期权交易所外，纽约证券交易所、美国证券交易所、费城证券交易所、太平洋证券交易所等也引进了期权交易。此外，在美国以外的欧洲、美洲的一些国家也有着非常活跃的各类期权交易。

期权市场的建立和完善刺激了期权交易的发展，除此之外，20世纪70年代和80年代金融市场、商品市场的剧烈波动使得一些投资者纷纷采用期权策略进行保值，降低投资组合的风险，而另一些投机者则利用期权作为投机工具，希望通过短线操作赚钱，所有这些因素，都促进了期权交易的迅速发展和期权市场的繁荣。

最初我国并没有期权市场，在个股期权没有推行之前，我国曾有过与之特别类似的一种产品存在——权证。1992年6月，中国内地第一支权证——大飞乐的配股权证推出，但在1996年6月底，证监会终止了权证交易。在此之后，国内市场在2005年8月和11月分别推出了认购权证和认沽权证，但是，这两类权证的存续事件相对较短。权证和期权具有很多相似的地方，但是权证在发行主体、交易方式、合约特点、合约供应量、履约担保以及行权后效果等方面与期权有很大差异。

经过长时间的准备和酝酿，2015 年 1 月 9 日，证监会发布《股票期权交易试点管理办法》，同日，上交所出台与之配套的股票期权试点交易规则等相关文件，标志着股票期权规则体系基础框架搭建完毕，股票期权交易即将试水。股票期权将率先在上交所试点，试点产品为上证 50ETF 期权，正式上市交易日为 2015 年 2 月 9 日，个股期权暂不在试点范围之内。这意味着，中国金融市场迎来历史上首支场内期权产品，2015 年成为市场期待已久的“期权元年”，这也意味着我国已拥有全套主流金融衍生品。

【扩展阅读】

上证 50ETF 期权简介

上证 50ETF 期权是以上证 50ETF 为标的的期权合约。新上市的股票期权合约包括认购、认沽两种，四个到期月份(当月、下月及随后两个季月)，五个行权价(1 个平值、2 个实值、2 个虚值)的相互组合，共 40 个期权合约，不过当标的证券价格发生较大变化时，需要加挂新的实值或虚值合约。

上证 50ETF 期权合约的基本条款如表 16-1 所示。

表 16-1 **上证 50ETF 期权合约的基本条款**

合约标的	上证 50 交易型开放式指数证券投资基金(“50ETF”)
合约类型	认购期权和认沽期权①
合约单位	10000 份
合约到期月份	当月、下月及随后两个季月
行权价格	5 个(1 个平值合约、2 个虚值合约、2 个实值合约)
行权价格间距	3 元或以下为 0.05 元，3 元至 5 元(含)为 0.1 元，5 元至 10 元(含)为 0.25 元，10 元至 20 元(含)为 0.5 元，20 元至 50 元(含)为 1 元，50 元至 100 元(含)为 2.5 元，100 元以上为 5 元
行权方式	到期日行权(欧式)
交割方式	实物交割(业务规则另有规定的除外)
到期日	到期月份的第四个星期三(遇法定节假日顺延)
行权日	同合约到期日，行权指令提交时间为 9:15-9:25,9:30-11:30,13:00-15:30
交收日	行权日的次一交易日
交易时间	上午 9:15-9:25,9:30-11:30(9:15-9:25 为开盘集合竞价时间) 下午 13:00-15:00(14:57-15:00 为收盘集合竞价时间)

① 认购期权(call option)也称为看涨期权，认沽期权(put option)也称为看跌期权。

续表

委托类型	普通限价委托、市价剩余转限价委托、市价剩余撤销委托、全额即时限价委托、全额即时市价委托以及业务规则规定的其他委托类型
买卖类型	买入开仓、买入平仓、卖出开仓、卖出平仓、备兑开仓、备兑平仓以及业务规则规定的其他买卖类型
最小报价单位	0.0001 元
申报单位	1 张或其整数倍
涨跌幅限制	认购期权最大涨幅=max{合约标的前收盘价×0.5%，min［(2×合约标的前收盘价-行权价格)，合约标的前收盘价］×10%} 认购期权最大跌幅=合约标的前收盘价×10% 认沽期权最大涨幅=max{行权价格×0.5%，min［(2×行权价格-合约标的前收盘价)，合约标的前收盘价］×10%} 认沽期权最大跌幅=合约标的前收盘价×10%
熔断机制	连续竞价期间，期权合约盘中交易价格较最近参考价格涨跌幅度达到或者超过 50%且价格涨跌绝对值达到或者超过 5 个最小报价单位时，期权合约进入 3 分钟的集合竞价交易阶段
开仓保证金最低标准	认购期权义务仓开仓保证金=［合约前结算价+Max(12%×合约标的前收盘价-认购期权虚值，7%×合约标的前收盘价)］×合约单位 认沽期权义务仓开仓保证金=Min［合约前结算价+Max(12%×合约标的前收盘价-认沽期权虚值，7%×行权价格)，行权价格］×合约单位
维持保证金最低标准	认购期权义务仓维持保证金=［合约结算价+Max(12%×合约标的收盘价-认购期权虚值，7%×合约标的收盘价)］×合约单位 认沽期权义务仓维持保证金=Min［合约结算价 +Max(12%×合约标的收盘价-认沽期权虚值，7%×行权价格)，行权价格］×合约单位

资料来源：东方财富网。

二、期权的基本概念

(一)期权的定义和要素

期权(options)是一种合约，它赋予其持有者在一定期限内，以一定的协议价格或执行价格向合约出具方买进或卖出一定数量基础证券的权利。

期权的要素包括：

(1)标的资产(underlying assets)。期权合约一般明确规定了交割资产的类型，如某种证券、商品或服务等。资产的交割不存在不确定性。

(2)执行价格(strike price 或 exercise price)。期权合约中规定的标的资产交割的价格，如“每股 60 元”或“现金购买价为 100000 元”等。

(3)到期日(maturity date 或 expiration date)。期权合约规定的期权的最后有效日期。在到期日前，持有者行使权利的时间或期限根据期权种类的不同可能是某一段时间，也可能仅为某一时点。

期权合约所具有的一个十分重要的特性在于，合约本身与其标的资产相分离。虽然在某些期权合约中，资产的当前持有可能会降低该期权的价值，但部分有资产交割义务的个体投资者仍有可能在当前并不持有该种资产。此外，期权是一种完全独立的金融工具，无论是资产的持有者、需求者，还是证券的发行者，都无需被告知期权的存在。如，作为通用汽车公司，它本身是无法控制以其股票为标的而存在的期权合约的性质和数量的。

期权标的资产的价值并不是固定不变的，因此，期权的价值可能会随标的资产价值的改变而改变，并同时影响期权买卖双方的未来财富状况。从这种意义上来说，期权既是一种传统的投资工具，同时也是其他金融工具的衍生工具。

(二)期权的种类

(1)从期权合约双方的权利和义务来分，可以划分为认购期权(call options)和认沽期权(put options)。

认购期权赋予其持有者在一定时期内，以一定的价格购买既定数量基础证券的权利。多数认购期权针对的都是大型上市公司的股票，期权合约中所规定的执行价格也往往接近其当前的市场价格。合约的存续期一般在 3 个月与 1 年之间，合约单位数量为 100 股。在交易所中，几乎每种股票都拥有 6~18 种不同到期日和执行价格的期权合约。我国新上市的上证 50ETF 期权合约单位数量为 10000 份，其到期日和执行价格的组合也很多。截至 2015 年 9 月 5 日，针对上证 50ETF 期权就有 4 个到期日(2015 年 9 月、2015 年 10 月、2015 年 12 月、2016 年 3 月)，不同执行价格共 96 种认购期权在上海证券交易所上市交易。为了节约篇幅，我们仅列出其中部分种类的认购期权，具体如表 16-2 所示。

表 16-2　　**上证 50ETF 的认购期权**　　单位：元/份

执行价格(元)	到期时间				
	9 月	10 月	12 月	3 月	
1.8	0.2988	S	0.3863	0.4479	S 表示未提供的期权种类
1.85	0.2513	0.3095	0.3678	0.4214	
1.9	0.2189	0.2908	0.3415	0.3501	
1.95	0.1850	0.2468	0.3128	0.3216	
2.0	0.1503	0.2235	0.2497	0.3004	
2.05	0.1169	0.1956	0.2242	0.2604	

资料来源：东方财富网。

从表 16-2 中我们可以看到，第一种期权的期权费为 0.2988 元/份，执行价格为 1.8 元，到期时间为 9 月。如果投资者购买这样一份期权合约，那么，他总共需要花费 2988 元，再加上经纪人的佣金费用。在期权的有效期内，如果上证 50ETF 的市场价格高于 1.8 元，该期权有价值，其价值为上证 50ETF 的市场价格与期权执行价格之间的价差；如果在到期时，上证 50ETF 的市场价格低于 1.8 元，那么，该期权价值为零。当然，在期权到期前，只要市场上存在上证 50ETF 价格继续上涨的可能性，该期权就有价值。认购期权的交易价格由市场的供需状况决定，它可以在其有效期内的任何时候在市场上进行交易，投资者并不需要完全将期权持有到期。

在场外市场上，同样也存在认购期权的交易。这些场外认购期权可以完全根据个别投资者的特定需求来制定。尽管我国期权产品才刚刚推出，但我国金融机构已经开始根据客户需要设计相应的 OTC 期权产品，并取得了初步成效。主要包括银行的挂钩类理财产品、券商的收益凭证，以及基金、保险等机构带期权性质的产品。该类产品通常是以保本票据与高息票据等结构为基础，并嵌入了二元期权、障碍期权等奇异期权条款，丰富产品风险收益结构，从而满足投资者的理财需求。

场外认购期权的合约条款普遍缺乏标准化，相应地，合约本身也缺乏流动性，在市场上转售存在一定的困难。场外期权的这种局限性使得交易所内的标准化期权因其良好的流动性而交易量大增，而在场外市场进行交易的则主要是交易所内所不存在的期权种类。

认购期权有欧式和美式两种，欧式认购期权只能在到期时执行，而美式认购期权则可以在有效期内的任何时候行使其权利。一般情况下，即便是美式期权，持有者也很少在到期前行使其权利。

认沽期权是与认购期权相对应的一种期权合约，它赋予期权持有者在将来一定的期限内以协定价格卖出既定数量基础证券的权利。认沽期权的交易与认购期权十分相似。类似的，有关上证 50ETF 的认沽期权的种类如表 16-3 所示。

表 16-3　　　　**上证 50ETF 的认沽期权**　　　　单位：元/份

执行价格(元)	到期时间				
	9 月	10 月	12 月	3 月	
1.8	0.0667	S	0.1675	0.2139	S 表示未提供的期权种类
1.85	0.0756	0.1444	0.1900	0.2460	
1.9	0.1065	0.1605	0.2135	0.2718	
1.95	0.1065	0.1736(A)	0.2314	0.2899	
2.0	0.1255	0.1940	0.2525	0.3291	
2.05	0.1390	0.2166	0.2737	0.3400	

资料来源：东方财富网。

对于表中的认沽期权 A 来说，它赋予投资者在 10 月份以前以 1.95 元的价格出售

10000份上证50ETF的权利，相应地，为了得到这种权利，投资者需向期权出售方支付1736元的期权费。当然，除非上证50ETF的市场价格低于1.95元/份，否则该认沽期权将一文不值。

认沽期权同样也可以在场外市场上进行交易，其利弊与认购期权相同。

(2)从合约双方履约时间上的不同，期权又可以分为欧式期权(Europe style options)与美式期权(America style options)。

欧式期权只在到期日当天或在到期日以前规定的某一段时间可以行使权利；美式期权从成交时起直至到期日以前任何时刻都可以行使权利。这些术语与具体的地理位置无关，多数股票期权都是美式期权，而许多指数期权和利率期权则是欧式期权。有时还把一种帽式期权(capped options)与之并称，这种期权只能在到期日某一规定的时间内才可执行，但若在到期日之前期权价值达到了规定的上限(cap)，则期权将被自动执行。

三、其他常见的期权和类似期权

(一)认股权证(warrants)

认股权证是认购期权的一种，它由公司或金融机构发行，赋予投资者在预定日期以前按特定价格购买一定数量公司股票的权利。大多数认股权证的发行都是伴随着公司的新股发行来进行的，有时它作为对老股东的一种补偿，鼓励他们以优惠价格购买公司发行的新股；有时则作为对投资银行所提供的市场服务的一种补偿。

(二)认购权(rights)

认购权是由公司向老股东发行的、以确保其持股比例的一种期权形式。每一份认购权都赋予老股东购买一定数量本公司新发行股票的权利，其购买价格(执行价格)已经事先确定。多数公司发行认购权的目的在于提高老股东对本公司新发行股票的需求，从而避免股权的稀释，因此，认购权的执行价格通常与股票的当前市场价格十分接近，而且有效期极短。认购权的存续期通常很短，平均为两周到一个月。再加上认购权的执行价格与股票市场价格之间的差异很小，所以对于投资者来说，认购权的价值往往有名无实，经常被老股东们所忽略，从而使认购权成为一种相对麻烦而且昂贵的新股发行方法。随着公司规模的增长和控制发行重要性的减弱，认购权的发行也变得越来越不重要。目前，除了一些私有公司，大部分公司已不再使用认购权来进行新股发行。

(三)员工股票期权(employee stock purchase options)

员工股票期权与认购期和认股权证十分相似，但它无法在二级市场上进行出售。员工得到股票期权后，在一定的时期内是无法行使该权利的，而且一旦员工离开公司，该期权将自动作废。从目前的情况来看，多数股票期权是长期的，并由雇主“分发”给员工作为其劳动报酬的一个部分，以使员工的目标与股东相一致，进而在一定程度上消除公司的代理成本。

（四）公司回购债券（corporate call on bonds）

公司在发行债券时，有时会保留自身在一定时候回购债券的权利，这样债券的购买者就成为债券回购期权的出具方。这种期权的执行价格往往略高于债券平价，期权的有效期是从未来的某一不确定时期一直到债券到期时，也可以将它看作一种延后了若干年的认购期权。债券发行公司为了保留这种权利，必须向投资者支付一定的债券溢价，以给自身的运作提供更大的融资弹性，从而能够在对公司最有利时退出债券发行。

（五）可转换债券和可转换优先股（convertible bonds and convertible preferred stock）

可转换金融工具中所包含的可转换性也可以看作一种由公司发行、由金融工具持有者所拥有的权利。这种权利与认购期权十分相似，但通常为长期，而且不能单独存在。因此，可转换金融工具的价值可以看作由基本金融工具的价值加上它所附带的期权价值。如果在债券的到期日，股票的市场价格高于执行价格，投资者行使转换权，那么，对公司产生的影响反映在公司的财务报表中就是由债务工具向权益工具的转化，同时，公司股票的市场价值将保持不变。

（六）可延续、可取消和可赎回的债券（extendable，retractable，redeemable bonds）

有些金融工具中还包含其他类型的权利，如它们的到期时间可以延长，或是在到期前可以被提前赎回等。可延续债券就相当于向债券持有人提供了一种选择权，投资者可以选择到期还本付息，或是继续持有该债券并获取相应的利息收入。这不是一种购买的选择权，而是一种是否将现存合约继续下去的选择权。大部分银行存单、CDs都可以在到期前被提前赎回，条件是支付一定的“罚金”。这些金融工具的持有者同样也相当于拥有一种针对发行者的“认沽期权”。如果CDs的当前价值低于将其提前赎回的“惩罚价格”，那么，持有者将选择执行该权利。

此外，在实际生活中，还有许多其他种类的期权，它们的标的资产几乎包括所有的资产种类。除了一些基本的金融工具外，人们所拥有的一些权益有时也可以看作一种期权的标的资产。比方说，一位被终身聘用的金融学教授，他也可以被看作拥有一种期权，执行该期权即在下一年中继续保留其职位，不执行即意味着离开，正如不执行一个认购期权一样。这种权利除了不具有二级市场的流动性之外，具有普通认购期权的大部分属性。

第二节　期权存在的原因和期权交易

一、期权存在的原因

期权经常被人们看作一种公开的投机工具，因为它和期货一样，最终的交割比率极低。有人甚至认为，如果以期权投资来代替股票和债券，将最终导致社会投资和经济产出的零增长，资金不再进入企业。与此相对应，另一些人则认为期权交易的存在为人们提供了一种流动性，并在一定程度上降低了股票交易和债券交易中存在的风险，从而鼓励了社会的储蓄和投资，这将有利于所有的投资者。那么，究竟哪种观点是正确的？投资者如何通过期权交易来获取财富？社会的总体财富是否得到了增加？

为了分析的方便，我们假定整个社会只存在三种未来产出，每一种产出分别对应着不同的经济水平：第一种450亿元，第二种500亿元，第三种550亿元，人们以股票的形式来拥有对整个经济的所有权。假设投资者A购买了整个经济中百万分之一的股份，那么，在三种产出水平下，该投资者将分别得到45000元、50000元和55000元，如表16-4所示。

表16-4　**期权对投资者的支出效用所产生的影响**

	社会状况		
	状况1	状况2	状况3
社会总财富(单位：10亿元)	45	50	55
不进行期权交易：			
两个投资者均持有的股份(百万分之一)	45000	50000	55000
投资者A的效用	0.2	0.3	0.4
投资者B的效用	1.0	0.9	0.8
各种状况出现的概率	$\frac{1}{3}$	$\frac{1}{3}$	$\frac{1}{3}$
投资者A的期望效用	$\frac{1}{3}(0.2)(45)$ +	$\frac{1}{3}(0.3)(50)$ +	$\frac{1}{3}(0.4)(55)$ = 15333
投资者B的期望效用	$\frac{1}{3}(1)(45)$ +	$\frac{1}{3}(0.9)(50)$ +	$\frac{1}{3}(0.8)(55)$ = 44667
进行期权交易：			
投资者A的股票	42500	48500	58500
投资者B的股票	47500	51500	51500
投资者A的期望效用	$\frac{1}{3}(0.2)(42.5)$ +	$\frac{1}{3}(0.3)(48.5)$ +	$\frac{1}{3}(0.4)(58.5)$ = 15483
投资者B的期望效用	$\frac{1}{3}(1.0)(47.5)$ +	$\frac{1}{3}(0.9)(51.5)$ +	$\frac{1}{3}(0.8)(51.5)$ = 45017

如果该投资者认为，每一种产出水平的出现都是等可能的，而且在三种产出水平下，一元所获得的效用分别为0.2、0.3和0.4。那么，对于投资者A来说，该项投资的预期总效用为：

$$
\begin{aligned}
E(\tilde{U}_A) &= \frac{1}{3}U(45000) + \frac{1}{3}U(50000) + \frac{1}{3}U(55000) \\
&= \frac{1}{3}[0.2(45000)] + \frac{1}{3}[0.3(50000)] + \frac{1}{3}[0.4(55000)] \\
&= 15333 \qquad (16\text{-}1)
\end{aligned}
$$

假定存在另一位投资者 B，对产出有着同样的概率估计，但每一元的投资所产生的效用水平不同，分别为 1.0、0.9 和 0.8。那么对于投资者 B 来说，投资的预期总效用为：

$$E(\tilde{U}_B) = \frac{1}{3}[1.0(45000)] + \frac{1}{3}[0.9(50000)] + \frac{1}{3}[0.8(55000)]$$
$$= 44667 \qquad (16\text{-}2)$$

假设这两个投资者在偏好不同的前提下共同签订了一份合约，约定：投资者 A 有权以 49000 元的价格向投资者 B 购买他所持有的股票，同时，为了获取这种权利，A 需向 B 支付 2500 元的期权费。他们的相对财富状况分别如表 16-5 所示。

表 16-5　　不同情形下投资者相对财富状况

情形发生概率		财富状况			
		投资者 A		投资者 B	
情形 1　1/3	不执行期权 因为：45<49	财富	45000	财富	45000
		期权费	−2500	期权费	+2500
		净财富	42500	净财富	47500
情形 2　1/3	执行期权 因为：50<49	财富	50000	财富	49000
		期权费	−2500	期权费	+2500
		B 拥有的股票	50000		
		A 的成本	−49000		
		净财富	48500	净财富	51500
情形 3　1/3	执行期权 因为：55<49	财富	55000	财富	49000
		期权费	−2500	期权费	+2500
		B 拥有的股票	55000		
		A 的成本	−49000		
		净财富	58500	净财富	51500

表格下半部列出了根据各人偏好来行使期权所产生的最终财富，前提是假定投资者行使期权时的效用大于不行使期权时的效用。

由于两个投资者有着不同的偏好，这种看涨期权的产生同时满足了交易双方的需求，符合每一个投资者的利益。这个例子是使用看涨期权来进行构造的，同样，我们也可以使用看跌期权或其他期权组合来构造类似的例子，在不增加任何成本的情况下，使投资者获利。

当然，除了偏好，投资者不同的概率估计也可能导致期权的产生。在前面的例子中，如果投资者 A 认为第三种情况发生的概率较大，而投资者 B 的看法则刚好相反，那么在两位投资者之间，也会构造产生出同样的期权。

总的来说，期权的存在向具有不同偏好的投资者们提供了一种机制，使他们可以按照自身的意愿来优化其财富，从而使证券市场整体获益。只有当市场完善到可以根据经济产出的类型提供尽可能多的证券种类时，期权才会被认为是多余的和无用的。

二、期权的交易

(一) 交易所的期权交易

大部分期权交易是在交易所内进行的，这也被称为期权的场内交易。与股票和商品期货的场内交易一样，期权交易中的潜在买方、卖方和期权出具人也都是集中在交易场内进行交易的，交易双方通过报价程序就期权的交易价格达成一致。如果交易在买方和出具人之间进行，那么市场上将产生一个新的期权合约，此时，交易清算所将进入，并成为交易中买方的出具人和出具人的买方，三者间的关系如图 16-1 所示。

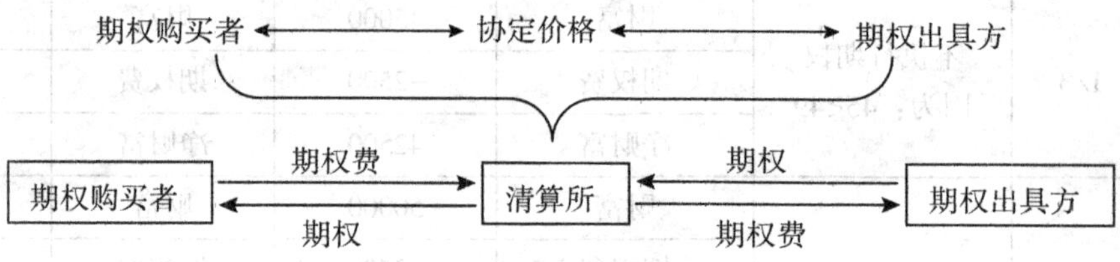

图 16-1　期权交易各方间的关系

在这一过程中，所有关于期权出具人信用和履约能力的调查都是集中在交易所中进行的。

投资者在购买期权后，可以有两种选择：在交易所内将期权出售给另一个买方，或是执行该期权。一般情况下，投资者将根据两种方式的收益状况来进行选择。由于期权的收益是一种隐含的未来收益，投资者愿意购买期权必然是因为该期权中存在着某些潜在利益，其购买价格通常不会低于通过执行期权所能获得的潜在收益，因此，市场上大部分期权都会被持有到期或是在合适的时候在公开市场上售出。

如果投资者在市场上对期权进行转售，那么清算所只需重新进行登记，确认期权合约新的持有者即可。如果投资者决定执行期权，那么，首先，清算公司将对此进行登记，并向其任意一家会员公司传递交割指令；然后，再由该会员公司向其任意一个曾出具该种期权的客户传递该交割指令，由客户完成交割。

与股票交易一样，大部分的期权交易需要通过交易所的会员来完成。期权的交易过程也与其他有价证券的交易十分类似：交易指令通过交易所的会员公司向交易所或客户传递，交易指令的种类有限制指令、市场指令等，会员公司的出市代表将尽可能地为客户获得最优的报价。

但期权交易所与证券交易所也有一个很大的不同，即在单个交易日中，期权交易的过程不一定是连续的。由于在市场上，针对同一种证券的期权合约可能有 30 种以上，因此，特定期权的交易可能存在一个循环的过程。如，某种“四月交割、执行价格为40元”的期权可能仅在交易日的头一个小时内进行交易。

在期权交易中，期权合约的出具方大多是独立的市场交易者，或是那些希望从期权费收入中获得平均收益的客户。由于期权合约的出具方需要承担某些特定的义务，因此，交易所和会员公司对不持有证券的期权出具人作了额外的资金要求，以尽量避免由于出具人的违约行为而导致交易所或会员公司在履行义务时遭受损失。但通常这种要求并不严格，大部分投资者基本上可以按照自身的意愿来购买或出具期权。

由于期权是一种衍生金融工具，市场上也需要采取一定的措施来防止由于标的资产价值的变动而对期权价值所产生的影响。比方说，某公司以1∶2的比例对现有股票进行分割，那么，以该股票为标的资产的期权的执行价格将自动减少一半；如果公司发放10%的股息，那么期权的原有执行价格将除以1.1。尽管如此，市场无法防止因现金股息的发放或股票回购而产生的影响。如，在发放现金股息后，公司股票的市场价格随之下跌，此时，股票持有者可以从现金股息的收入中弥补价格下降所带来的损失，而期权的持有者却得不到任何的补偿，同时，他们还必须面对由于股票价格下跌而带来的看涨期权价值的下降。

（二）场外市场交易

在场外市场上进行交易的期权有两种：①期权的执行价格或到期时间在标准的上市期权合约中不存在；②以不存在标准期权合约的证券为标的而产生的期权。场外市场上交易的期权多数都是通过经纪公司来出具的，它们的交易方式与股票的场外市场交易一样，都是通过电话来进行买卖的。

在期权的场外市场交易中，经纪公司扮演着十分重要的角色，他们负责调查期权出具人，并要求出具人存入一定数量的基础证券以确保其履约能力。因此，在场外市场上，多数看涨期权的出具人都是已经持有该种证券的投资者，他们更希望通过期权费来获利，而不是证券本身价格的上涨。当然，他们也有可能面临因为股价下跌而带来的证券资本损失。

在场外市场上，期权合约的制定缺乏一定的标准，因此其市场交易也存在着很大的局限性，多数情况下，场外期权都会被持有到期。

第三节　期权的损益

期权通常被称为衍生金融工具，它的价值也是通过基础证券的价值而衍生出来的。比方说，投资者购买了一种认购期权，这种期权赋予投资者以80元/股的价格购买A公司股票的权利，那么，只有当A公司股票的市场价格在到期前超过80元/股时，该期权才有价值。如果该公司股票的市场价格为90元/股，那么，投资者将选择执行期权，以80元/股的价格向期权出具方买进该种股票，然后再在市场上以90元/股的价格将其卖出，赚取10元/股的差价利润，如图16-2所示。

图16-2描述了股票市场价格、期权执行价格和到期日期权收益之间的关系。如图

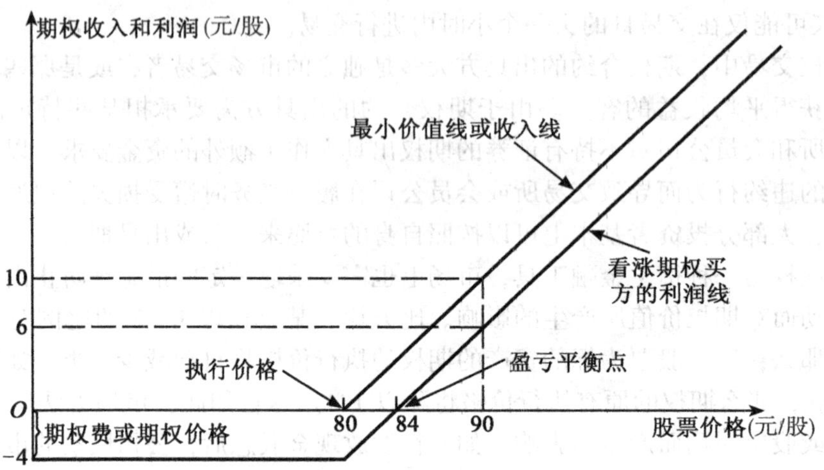

图 16-2 认购期权买方的损益

中所示，当股票的市场价格超过执行价格后，股价每上涨 1 元，投资者就可以通过执行期权来获取 1 元的现金收益，因此，投资者的收益曲线是一条 45°的直线。由于期权的市场价值永远都不会低于该曲线所示的价值，因此，收益曲线也被称为"最小价值线"(minimum value line)。比方说，在到期日，股票的市场价格为 90 元/股，期权的执行价格为 80 元/股，那么期权的最小价值必定为 10 元/股，否则市场上将存在该种期权的套利机会。

期权合约定价的基础是期权的未来潜在收益。当合约创立时，期权买方付出一定的代价以获取这种未来的潜在收益，而卖方则收取期权费作为承担风险的补偿。这种费用既是买方的潜在资本损失，也是卖方的潜在资本收益。如果在期权到期时，股票的市场价格低于期权执行价格，那么买方将发生损失，卖方将获得收益。反之亦然。

举例说明。假定市场上存在一种以某公司普通股为基础证券的 6 月期期权，期权执行价格为 80 元/股，期权费为 4 元/股。在到期日，如果股票的市场价格高于 80 元/股，买方将执行期权，但除非股票的市场价格上涨到 84 元/股以上，否则买方将无法获利。也就是说，在不考虑经纪人佣金的条件下，84 元/股为该期权的盈亏平衡点。

由于期权的收益依赖于股票市场价格超过期权执行价格的可能性，因此，当前的股票市场价格也是确定期权费的一个重要因素。相对于执行价格而言，股票的当前市场价格越高，期权费相对也就越高。图 16-3 描述了几个变量之间的这种关系。如图中所示，相对于执行价格为 80 元/股的期权来说，当股票的市场价格为 77 元/股时，期权费为 4 元/股；当股票的市场价格为 85 元/股时，期权费为 10 元/股。股票的当前市场价格越高，其最终价格超过期权执行价格的可能性也就越大，相应地，投资者也越倾向于支付较高的期权费。

期权收益同时也是执行价格的函数。在给定股票市场价格的前提下，期权的执行价格越低，其收益曲线也就越高，因为此时投资者为了获取证券而支付的成本相对较低。

但这种高收益同时也将带来较高的期权费，从而降低期权收益，如图 16-3 中的虚线所示。此时期权的执行价格为 70 元/股，期权费为 8 元/股。

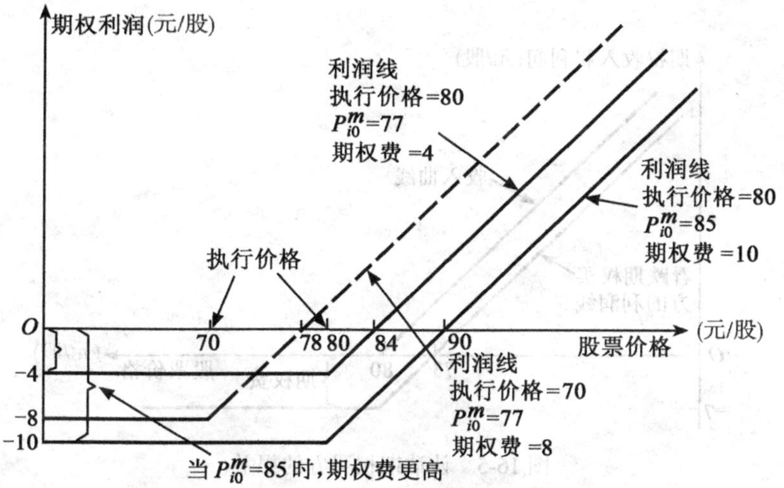

图 16-3　认购期权的期权费和利润线

如果我们忽略期权交易中的佣金成本，那么期权卖方的收益曲线就刚好等于买方的负收益曲线。图 16-4 表示了认购期权卖方的收益函数。

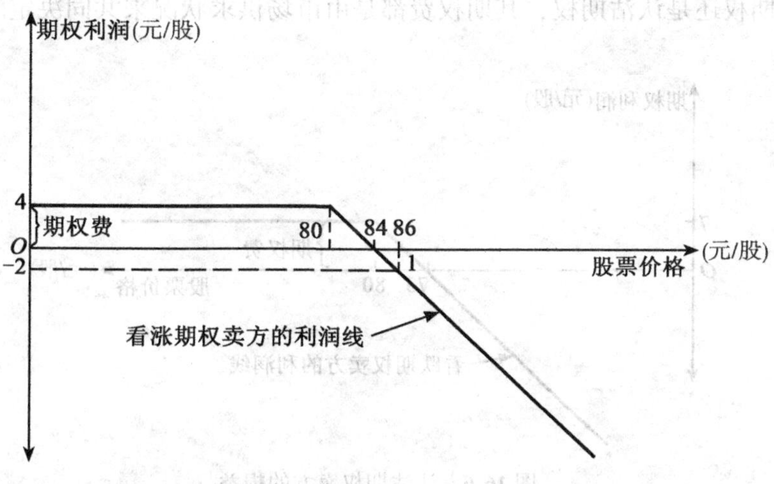

图 16-4　认购期权卖方的损益

当股票的市场价格上涨到 86 元/股时，期权卖方将被迫以 80 元/股的价格向期权买方出售股票，中间 6 元/股的损失只有部分能被 4 元/股的期权费所抵补，其余则由卖方自己承担。因此，对于认购期权的卖方来说，其潜在损失是由股票价格所能达到的最大可能值来决定的。

总的来说，对于认购期权而言，当股价上涨时，买方的收益随之上升，而卖方的损失也随之增加，双方的现金流之和恒为零。相应地，对于认沽期权来说，买方的收益则与股价的下跌成正比关系，其最大损失为购买期权时所支付的期权费，如图 16-5 所示。

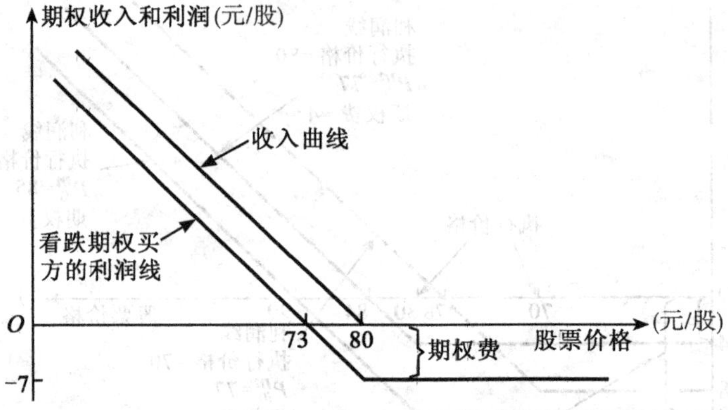

图 16-5 认沽期权买方的损益

从图 16-5 中我们可以看到，买卖双方的盈亏平衡点均为执行价格减去期权费，即图中的 73 元处。当股价跌至 73 元/股之下时，认沽期权的持有者将获得净收益。

与认购期权一样，认沽期权卖方的现金流状况刚好与买方相反，但它存在一个潜在的损失限制，即股票价格跌至零时。图 16-6 描述了认沽期权卖方的损益状况。当然，无论是认购期权还是认沽期权，其期权费都是由市场供求状况来共同决定的。

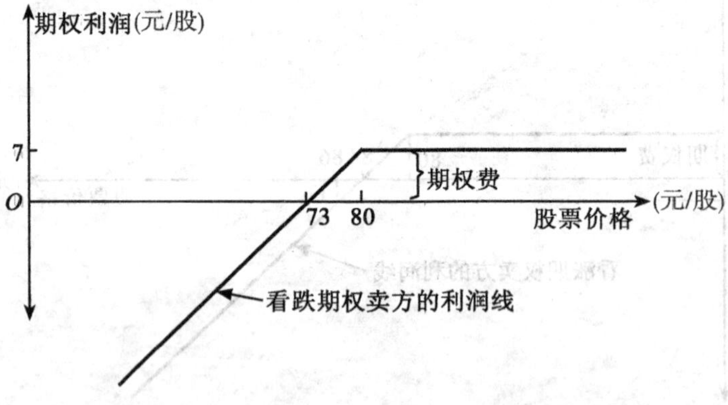

图 16-6 认沽期权卖方的损益

下面我们就分析几种常见的期权组合策略：

(1)跨式(straddle)。

跨式组合由执行价格和到期期限都相同的一个认沽期权和一个认购期权组成，也称为同价对敲组合。跨式组合分为底部跨式组合(由多头组成)以及顶部跨式组合(由空头组成)，两者形状相反。底部跨式组合最终形成的是一种“V”字形的函数关系，“V”形底点的横坐标为执行价格 X，纵坐标则为两个期权费之和的相反数，即 $-(C_1+C_2)$，如图 16-7 中所示。

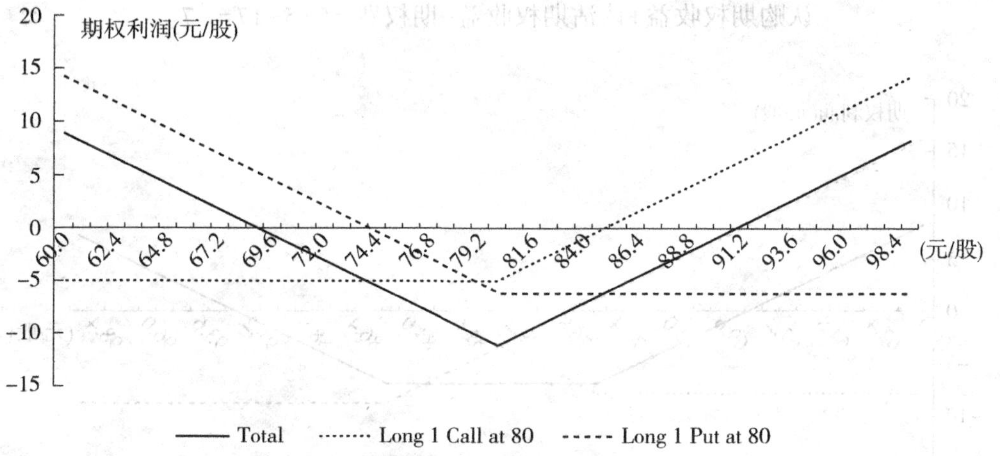

图 16-7　底部跨式组合

（2）宽跨式（strangle）。

宽跨式组合与跨式组合很类似，由到期期限相同的一个认沽期权和一个认购期权组成，但两种期权的执行价格不同，因此也称为异价对敲组合。宽跨式组合也分为底部宽跨式组合（由多头组成）以及顶部宽跨式组合（由空头组成），这两者的形状相反。底部宽跨式组合将产生一种平底的“V”字形；如果认购期权的执行价格高于认沽期权的执行价格，其形状如图 16-8 所示；如果认沽期权的执行价格高于认购期权的执行价格，其形状则如图 16-9 所示。特别指出的是，在图 16-9 中无论股价怎样变动，投资者都能够收回期权费中的一部分。比方说，在期权到期日，股票的市场价格为 75 元/股，那么，

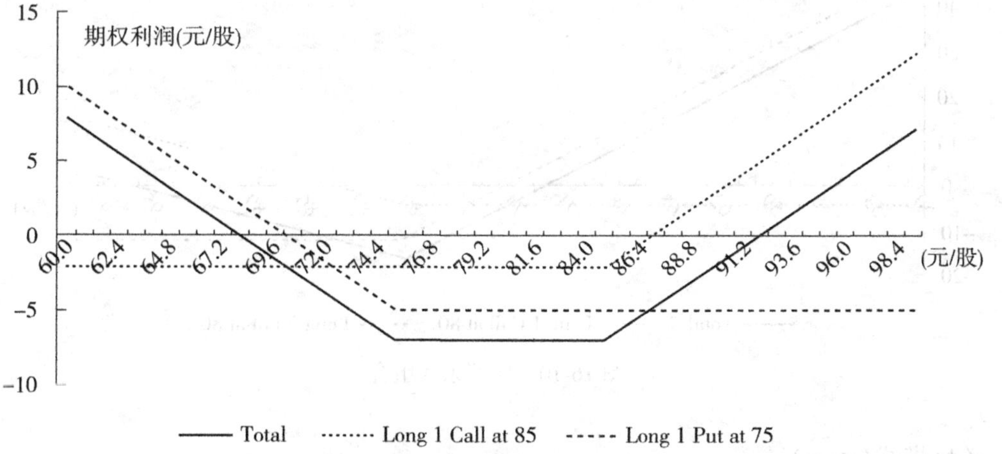

图 16-8　底部宽跨式组合（认沽期权执行价格低于认购期权的执行价格）

宽跨式组合中的认购期权无效，认沽期权则可以带来 10 元/股的收益，投资者总共损失 7 元/股的期权费，如图中 A 点所示。如果到期时股票的市场价格为 80 元/股，那么认购期权和认沽期权都将被执行，投资者的最终损失为：

$$认购期权收益+认沽期权收益-期权费=5+5-17=-7$$

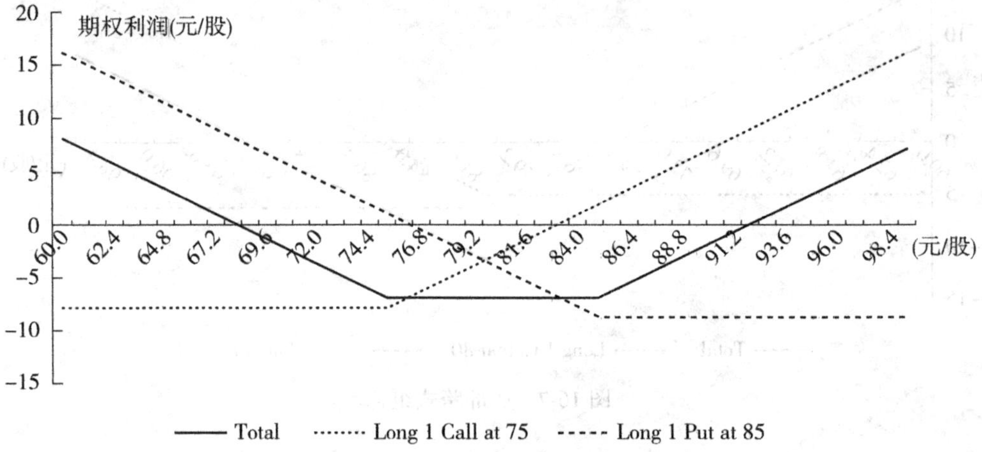

图 16-9　底部宽跨式组合（认购期权执行价格低于认沽期权的执行价格）

(3) 条式 (strip)。

条式组合是通过相同执行价格和期限的一份认购期权和两份认沽期权组成。条式组合也分为底部条式组合（由多头组成）以及顶部条式组合（由空头组成），这两者的形状相反。底部条式组合的形状如图 16-10 所示。

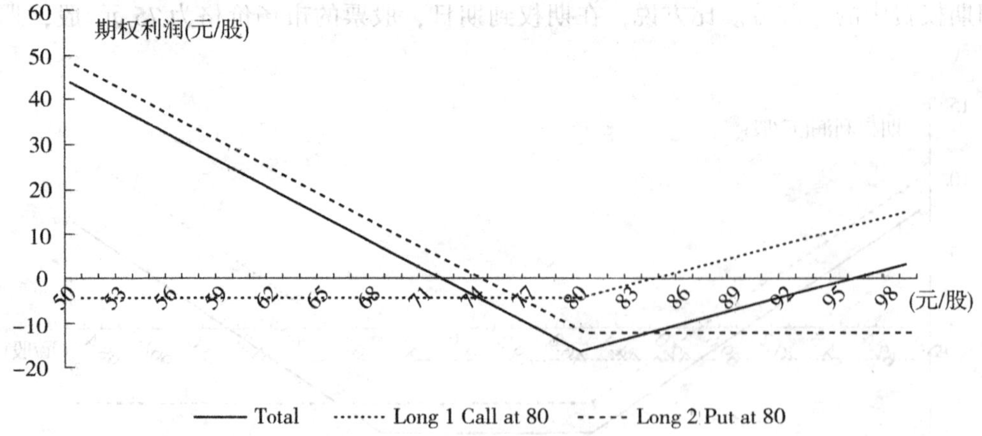

图 16-10　底部条式组合

(4) 带式 (strap)。

与条式组合相对，带式组合是通过相同执行价格和期限的两份认购期权和一份认沽期权组成。带式组合也分为底部带式组合(由多头组成)以及顶部带式组合(由空头组成)，这两者的形状相反。底部带式组合的形状如图 16-11 所示。

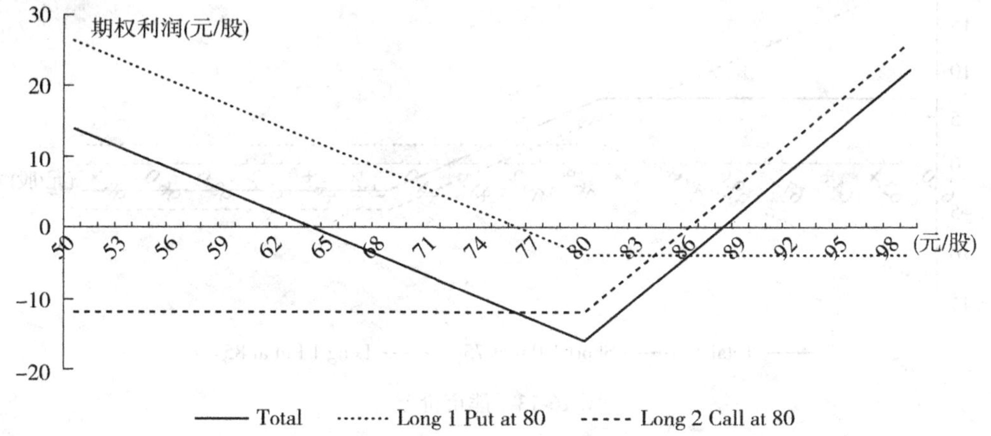

图 16-11　底部带式组合

(5)牛市价差(bull spread)。

牛市价差组合是通过卖出一个认购期权，同时用收到的期权费买入一份相同期限但执行价格更高的认购期权组成。牛市价差组合的形状如图 16-12 所示。

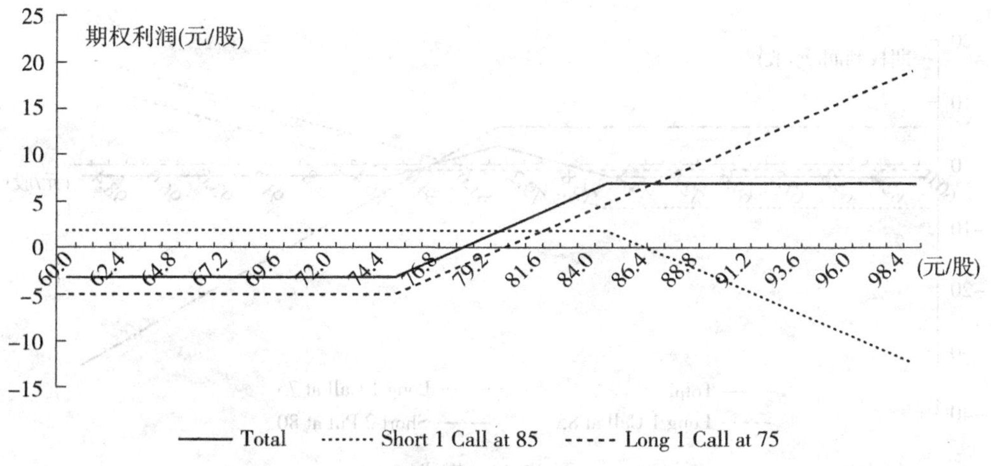

图 16-12　牛市价差

(6)熊市价差(bear spread)。

熊市价差组合其实就是卖空牛市价差组合，下面用认沽期权组合成一个熊市价差组合，即卖出一份认沽期权，同时用收到的期权费买入一份相同期限但执行价格更高的认沽期权，熊市价差组合的形状如图 16-13 所示。

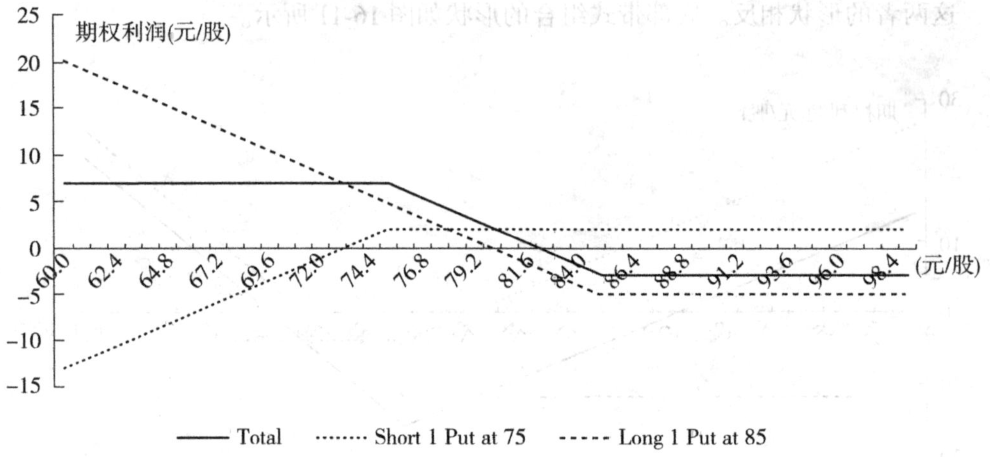

图 16-13 熊市价差

(7)蝶式(butterfly)。

蝶式组合是一个比较复杂的组合，它是通过买入一份执行价格较低的认购期权、一份执行价格较高的认购期权，同时卖出两份中间价位的认购期权组成。蝶式组合等同于一个牛市价差组合加上一个熊市价差组合，它的形状类似于卖空跨式组合，但同时控制左右两端的风险，如图 16-14 所示。

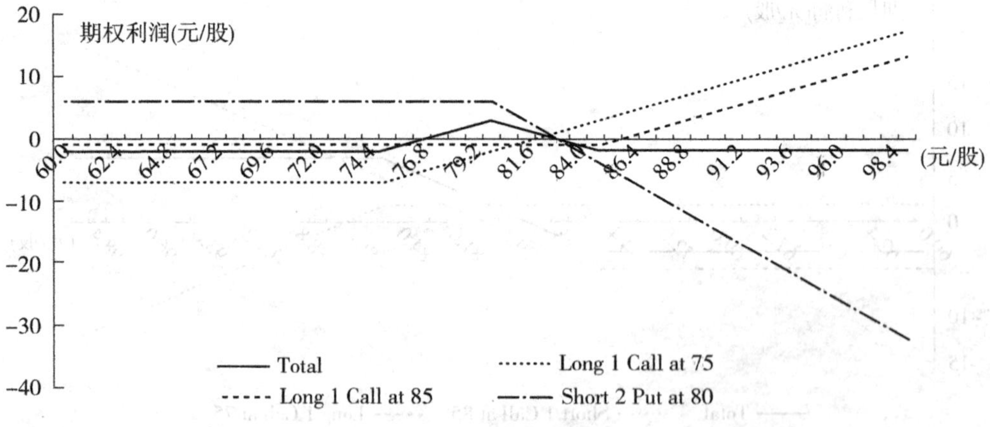

图 16-14 蝶式

(8)风险逆转(risk reversal)。

买入一个价外认购期权，同时卖出一份价外认沽期权，便能得到风险逆转组合，卖出认沽期权是为了降低组合的成本，但同时也带来了下跌的风险。风险逆转组合的形状如图 16-15 所示。

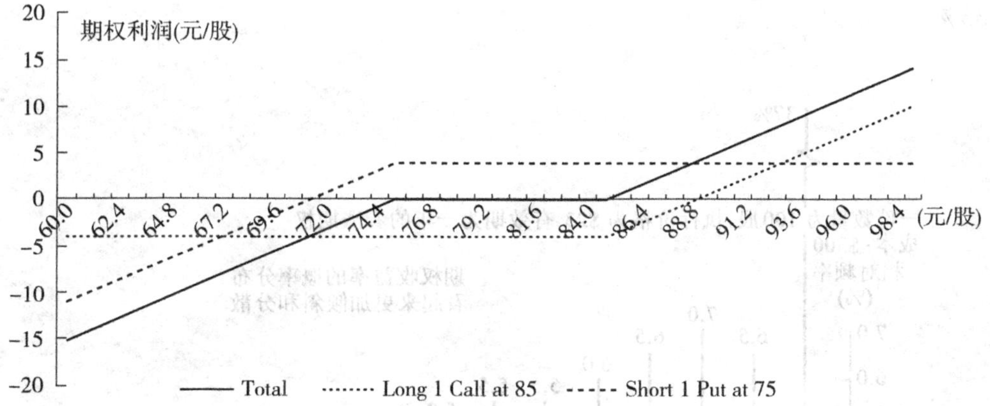

图 16-15　风险逆转

同样地，我们也可以通过买卖多个具有相同基础证券、不同执行价格的期权来构造期权组合，这种组合被称为“货币差价期权”，其风险相对较小。

举例说明，假定美国 ADS 集团普通股的价格在 1 年内的概率分布如图 16-16 所示。

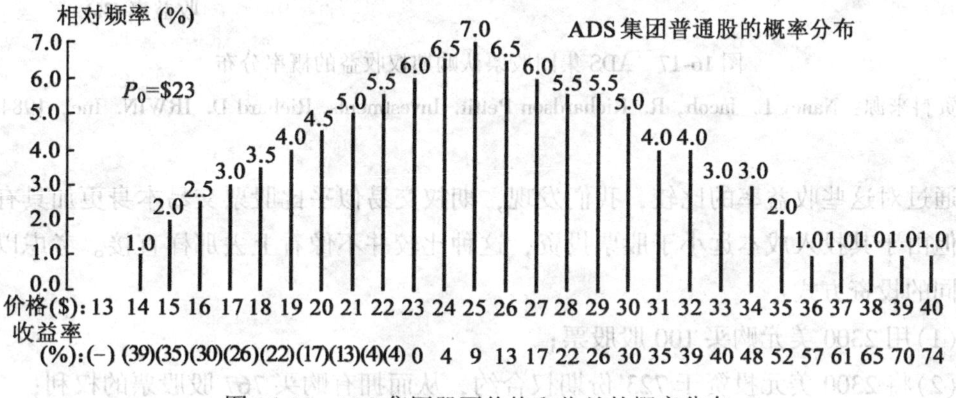

图 16-16　ADS 集团股票价格和收益的概率分布

资料来源：Nancy L. Jacob，R. Richardson Pettit. Investments. Richard D. IRWIN. Inc，1984.

股票的当前市场价格为 23 美元/股。由于市场投资者预期，该股票在无股息分配的情况下价格可上涨至 25.66 美元/股，这种股票的预期收益为：

$$R=(25.66-23)/23=11.57\%$$

市场上存在一种针对该股票的一年期期权，执行价格为 23 美元/股，期权费为 3 美元/股，概率分布如图 16-17 所示。如果一年后，ADS 集团股票的市场价格低于 23 美元/股，那么，该期权将作废；如果股票价格为 24 美元/股，那么期权将被执行，以此来抵补 3 美元期权费中的 1 美元，收益率为-67%；如果股票价格达到 30 美元/股，则该期权价值为 7 美元，扣除 3 美元的期权费，投资者可以获得 4 美元的净收益，收益率为 133%。

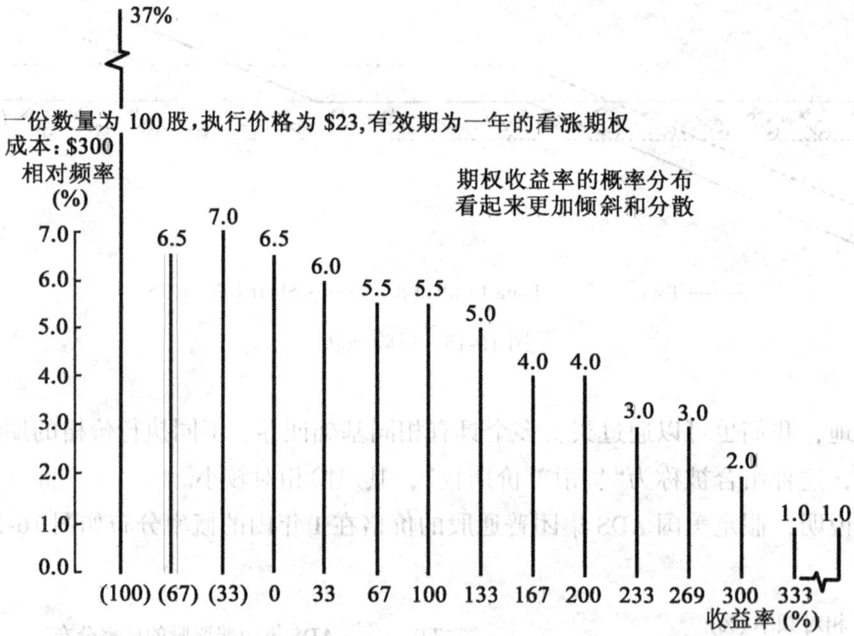

图 16-17　ADS 集团股票认购期权收益的概率分布

资料来源：Nancy L. Jacob, R. Richardson Pettit. Investments. Richard D. IRWIN. Inc, 1984.

通过对这些收益率的比较，我们发现，期权交易似乎比股票交易本身更加具有风险性。但由于其投入成本远小于股票投资，这种比较并不像看上去那样直接。考虑以下四种不同的投资方式：

(1)用 2300 美元购买 100 股股票；

(2)将 2300 美元投资于 723 份期权合约，从而拥有购买 767 股股票的权利；

(3)将 300 美元投资于一份期权合约，另外 2000 美元投资于利率为 8% 的储蓄账户；

(4)将 300 美元投资于一份期权合约，然后以 23 美元/股的价格卖空价值 2000 美元的股票。

图 16-18 比较了四种方式下投资者期末财富的概率分布。在方式(b)中，投资者有 37%的可能性会损失全部 2300 美元；而在方式(c)和方式(d)中，投资者的最大损失也仅为 300 美元。由此可见，期权所产生风险的大小在很大程度上取决于它进入投资组合的方式。

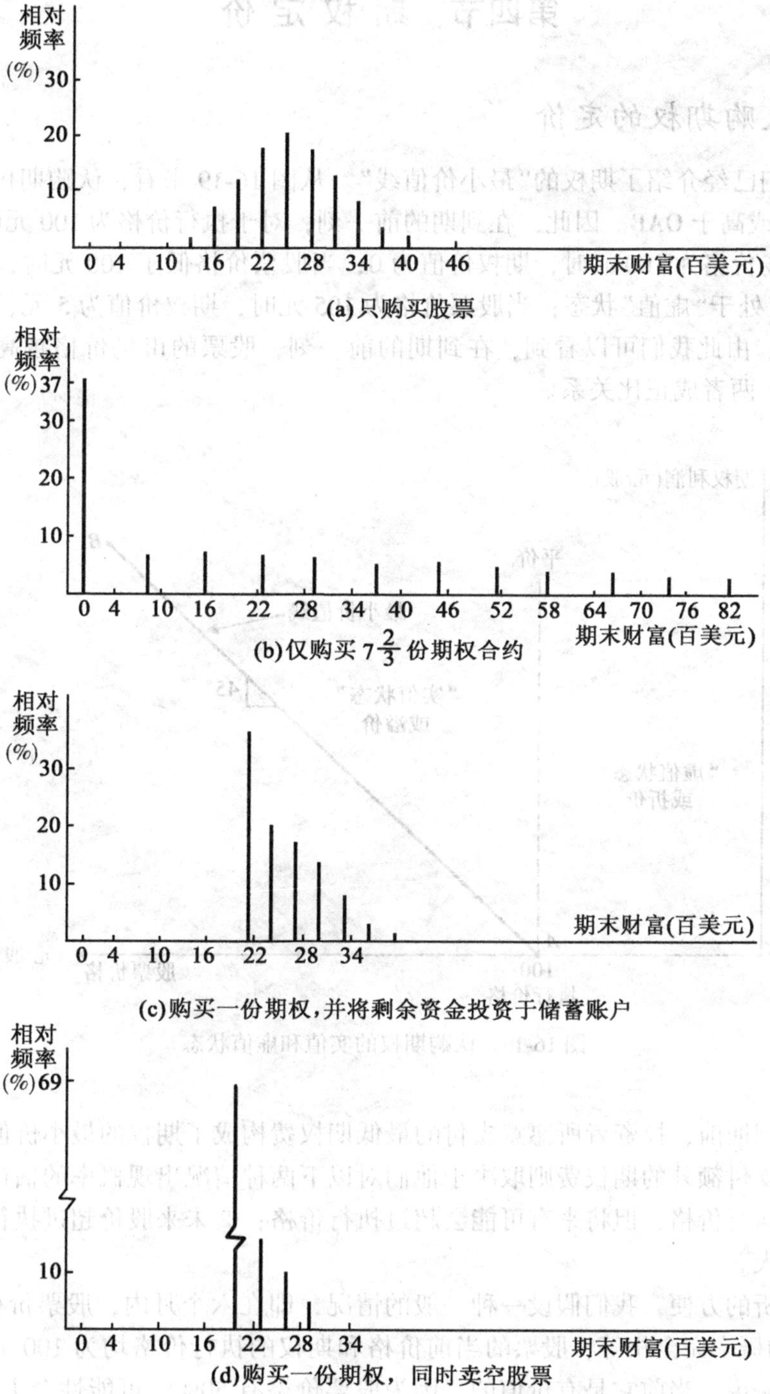

(a)只购买股票

(b)仅购买 $7\frac{2}{3}$ 份期权合约

(c)购买一份期权，并将剩余资金投资于储蓄账户

(d)购买一份期权，同时卖空股票

图 16-18 使用不同策略对 2300 美元进行投资所得到的相对财富概率

第四节 期权定价

一、认购期权的定价

前面我们已经介绍了期权的“最小价值线”。从图 16-19 来看，认购期权的价值将位于 OAB 线上或高于 OAB。因此，在到期的前一刻，对于执行价格为 100 元的期权来说，当股票的市场价格为 100 元时，期权价值为 0；当股票价格低于 100 元时，期权价值也为 0，该期权处于“虚值”状态；当股票价格为 105 元时，期权价值为 5 元，该期权处于“实值”状态。由此我们可以看到，在到期的前一刻，股票的市场价格越高，期权的价值也就越大，两者成正比关系。

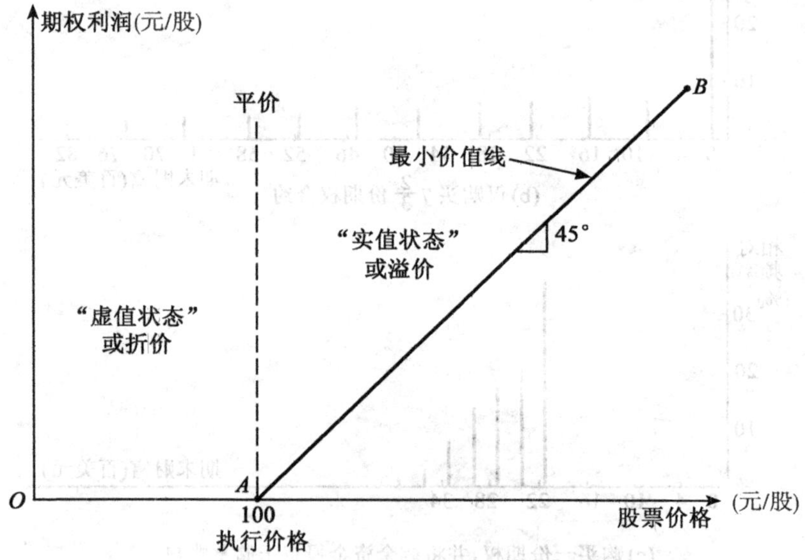

图 16-19 认购期权的实值和虚值状态

在期权到期前，投资者所愿意支付的最低期权费构成了期权的最小价值线，但投资者是否愿意支付额外的期权费则取决于他们对以下两种情况出现概率的估计：①虽然当前股价低于执行价格，但将来有可能会超过执行价格；②未来股价超过执行价格的部分将比现在更大。

为了分析的方便，我们假设一种一般的情况，即在六个月内，股票价格变动至 130 元和 90 元的概率完全相等，股票的当前价格和期权的执行价格均为 100 元。那么，对于这种期权来说，当前它是有价值的，因为股票价格有 50%的可能性会上涨到 130 元。但这种期权当前究竟价值多少呢？我们可以简单地运用无套利理论或一价定律来对该期权进行定价。以 P_0^m 表示股票的当前价格，P_1^m 表示股票的到期日价格，C_0 和 C_1 分别表示看涨期权在到期前和到期时的价格，则有：

$$P_1^m = 130\text{元} \rightarrow C_1 = 30(\text{元})$$

$$P_1^m = 90\text{元} \rightarrow C_1 = 0(\text{元})$$

如果投资者持有股票本身，那么，在这两种价格情况下，投资者的损益差为 40 元；如果投资者持有期权，其损益差则为 30 元。因此，我们可以通过持有 $1\frac{1}{3}$份期权来合成股票的价格风险。考虑以下交易：

(1)以 100 元购买一股股票，同时出售 $1\frac{1}{3}$份执行价格为 100 元的期权，净投资额为 100 元减去出售期权所获得的期权费收入，即，$P_0^m - 1\frac{1}{3}C_0$。

(2)如果到期日股票的市场价格为 130 元，那么，每份期权价值 30 元，$1\frac{1}{3}$份期权总共价值 40 元，投资者的现金流为：

$$P_1^m - 1\frac{1}{3}C_1 = 130 - 40 = 90(\text{元})$$

(3)如果到期日股票的市场价格为 90 元，那么，期权价值为零，投资者的现金流为：

$$P_1^m - 1\frac{1}{3}C_1 = 90 - 0 = 90(\text{元})$$

我们发现，不管股票价格如何变化，投资的最终结果都将是 90 元。由此，我们就通过购买股票和出售期权构造了一个投资组合，并消除了投资者面临的所有到期风险。

通常，一项无风险投资的收益率不会低于市场上的无风险利率，因此，对于该投资组合，其价值也不会低于 $90/\left[1 + R_f\left(\frac{6}{12}\right)\right]$ 元。假定市场上的无风险利率为 10%，根据无套利理论则有：

$$P_0^m - 1\frac{1}{3}C_0 = 90/(1 + 0.05)$$

如果当前的股票价格为 100 元，那么 C_0 必须满足：

$$\left(1\frac{1}{3}\right)C_0 = P_0^m - 90/(1 + 0.05)$$

$$C_0 = [100 - 90/(1 + 0.05)]\Big/1\frac{1}{3}$$

$$C_0 = 10.73(\text{元})$$

如果股票的市场价格为均衡价格，那么，C_0 同样也是均衡价格；即使 P_0^m 不是均衡价格，我们仍然可以将 C_0 看作相对于 P_0^m 的均衡价格。

举例说明。假设在一年内，股票价格的变化有两种可能：150 元和 80 元；市场利率为 10%。那么，在这两种价格水平下，该看涨期权的价值分别为：

$$P_1^m = 150\text{元} \rightarrow C_1 = 50(\text{元})$$

$$P_1^m = 80\text{ 元} \rightarrow C_1 = 0(\text{元})$$

针对这两种状况，我们可以构造一种无风险投资组合：

(1)购买一股股票，同时出售 $1\frac{2}{5}$ 份期权，净投资额为：

$$P_0^m - 1\frac{2}{5}C_0$$

(2)如果股票价格上涨到150元，那么，投资者的现金流为：

$$P_1^m - 1\frac{2}{5}C_1 = 150 - 1\frac{2}{5}(50) = 80(\text{元})$$

(3)如果股票价格下跌到80元，则投资者现金流为：

$$P_1^m - 1\frac{2}{5}C_1 = 80 - 0 = 80(\text{元})$$

(4)因此，该无风险投资组合必须满足：

$$P_0^m = 1\frac{2}{5}C_0 = [100 - 80/(1 + 0.10)]$$

$$C_0 = [100 - 80/(1 + 0.10)]\Big/1\frac{2}{5}$$

$$C_0 = 19.48(\text{元})$$

在无风险投资组合中，每持有一股股票所需出售的期权数量即被称为对冲比率。有效的套期保值依赖于股票价值和期权价值之间良好的相关性，而对冲比率的大小也仅仅与股票和期权价值的变动有关，一旦股票价格波动的范围发生了改变，对冲比率也将随之发生改变。考虑下列股票价格波动的情形(见表16-6)。

表16-6　**股票价格波动范围与对冲比率**

$P^m_{1,\ max}$	−	$P^m_{1,\ min}$			$C_{1,\ max}$		$C_{1,\ min}$			对冲比率	期权价值（六月期利率为5%）
110	−	95	=	15	10	−	0	=	10	$1\frac{1}{2}$	6.35
115	−	95	=	20	15	−	0	=	15	$1\frac{1}{3}$	7.16
105	−	95	=	10	5	−	0	=	5	2	4.76
110	−	100	=	10	10	−	0	=	10	1	4.50

资料来源：Nancy L. Jacob, R. Richardson Pettit. Investments. Richard D. IRWIN. Inc., 1984: 811.

由表16-6我们可以推导出股票的对冲比率的计算公式为：

$$H = \frac{P^m_{1,\ max} - P^m_{1,\ min}}{C_{1,\ max} - C_{1,\ min}} \tag{16-3}$$

总的来说，期权的价值取决于以下几个因素：(1)股票未来的可能价值；(2)执行价格；(3)当前股票价格；(4)无风险利率。由于投资者可以利用前两项来确定其对冲比率，因此，期权的价值可以由下式中的 C_0 来确定：

$$P_0^m - (H)C_0 = \frac{\text{证券组合套期保值结果}}{[1 + R_f]} \tag{16-4}$$

二、Black、Scholes 和 Merton 的期权定价公式

事实上，任何股票的价格变动都不可能只有两种情况，$P_{1,\ \max}^m$ 和 $P_{1,\ \min}^m$，它们大多呈现出一种连续分布。这样一来，我们就无法使用对冲比率的方法来对所有的期权进行定价。

Fischer Black、Myron Scholes 和 Robert Merton 在此基础上发展了对冲组合的概念。他们认为，在足够短的期间内，股票价格的波动是近似以小幅递增的。随着这些较短期间的积累，股价的连续变动呈现出一种区域分布的特征。这样一来，我们就可以确定对冲比率，并且根据股价的变化在每一个短期间内对这一比率进行修正。但这一理论的局限性在于，股价的波动几乎是瞬时的，而且变化幅度很小，这就使对冲比率的修正变得十分困难。

尽管如此，在实际操作中，对于广大投资者来说，Black-Scholes 模型仍然有着十分重要的参考意义。

Black-Scholes 看涨期权定价模型为：

$$C_0 = P_0^m N(d_1) - X(e^{-R_f t})N(d_2) \tag{16-5}$$

其中，C_0 代表看涨期权的当前市场价值；

P_0^m 代表股票的当前市场价格；

X 代表期权的执行价格；

t 代表期权的到期时刻；

e 代表自然对数的底数；

R_f 代表以连续复利方式计算的无风险利率；

$N(d_i)$ 代表累积正态分布函数，表示数值等于或小于 d_i 的概率。

在模型中：

$$d_1 = \frac{\ln(P_0^m/X) + \left[R_f + \frac{1}{2}[\sigma(\tilde{R})]^2\right]t}{\sigma(\tilde{R})\sqrt{t}} \tag{16-6a}$$

$$d_2 = \frac{\ln(P_0^m/X) + \left[R_f - \frac{1}{2}[\sigma(\tilde{R})]^2\right]t}{\sigma(\tilde{R})\sqrt{t}} \tag{16-6b}$$

在(16-6a)式和(16-6b)式中，$\ln(\cdot)$ 为自然对数，$\sigma(\tilde{R})$ 表示以连续复利计算的股票年收益率的标准差。

表 16-7 中列出了两个应用 Black-Scholes 模型的例子。表中分别对两个看涨期权进行了定价。第一个看涨期权的有效期为六个月，执行价格为 95 元，数量为一股；第二

个看涨期权针对另一种不同的股票，期限为九个月，执行价格为 35 元，数量也为一股。假定在期权 A 中，无风险利率为 10%，在期权 B 中，无风险利率为 15%，两种期权标的股票的当前市场价格和标准差都不同。从表中我们可以看到，根据期权定价模型，看涨期权 A 的价值为 18.64 元，看涨期权 B 的价值为 3.64 元。

表 16-7　　**Black-Scholes 看涨期权定价模型应用举例（元）**

	看涨期权 A	看涨期权 B
股票价格 P_0^m	100	32
执行价格 X	95	35
到期年数 t	0.5	0.75
无风险利率 R_f	0.10	0.15
标准差 $\sigma(\widetilde{R})$	0.5	0.3
d_1	$\dfrac{\ln(100/95)+\left[0.1+\frac{1}{2}(0.5)^2\right]\frac{1}{2}}{0.5\sqrt{\frac{1}{2}}}=0.463$	$\dfrac{\ln(32/35)+\left[0.15+\frac{1}{2}(0.3)^2\right]\frac{9}{12}}{0.3\sqrt{\frac{9}{12}}}=0.218$
d_2	$\dfrac{\ln(100/95)+\left[0.1-\frac{1}{2}(0.5)^2\right]\frac{1}{2}}{0.5\sqrt{\frac{1}{2}}}=0.110$	$\dfrac{\ln(32/35)+\left[0.15-\frac{1}{2}(0.3)^2\right]\frac{9}{12}}{0.3\sqrt{\frac{9}{12}}}=-0.042$
$N(d_1)$	0.5+0.178=0.678	0.5+0.086=0.586
$N(d_2)$	0.5+0.044=0.544	0.5-0.017=0.483
$e^{R_f t}$	0.9512	0.8936
C_0	100(0.678)-95(0.9512)(0.544)=18.64	32(0.568)-35(0.8936)(0.483)=3.64

在期权 A 中，$N(d_1)$ 为 0.678，$N(d_2)$ 为 0.544，这些都是直接由数学用表中查得的，表示在随机变量的正态分布中，变量的数值等于或小于某一确定数字的概率。因此，$N(0.463)=0.678$ 就表示在正态分布中，变量的数值小于或等于 0.463 的概率为 67.8%；同样地，对于 $N(0.11)=0.544$，则表示变量的数值小于或等于 0.11 的概率为 54.4%。

在 Black-Scholes 模型中，第一项表示的是股票市场价格高于期权执行价格的概率，以及由此所决定的期权价值，它等于这部分股票价格概率分布的期望值。图 16-20 表示了这一概率分布。

模型中，第二项表示的是期权执行价格与执行价格必须被支付的概率之积的现值。在公式中，股票在期权到期时的价格并非是确定的，它被隐含在对股票当前价格的定义中。但无论怎样，只要假定股票的价格是可变的，(16-5)式中所定义的看涨期权的价格

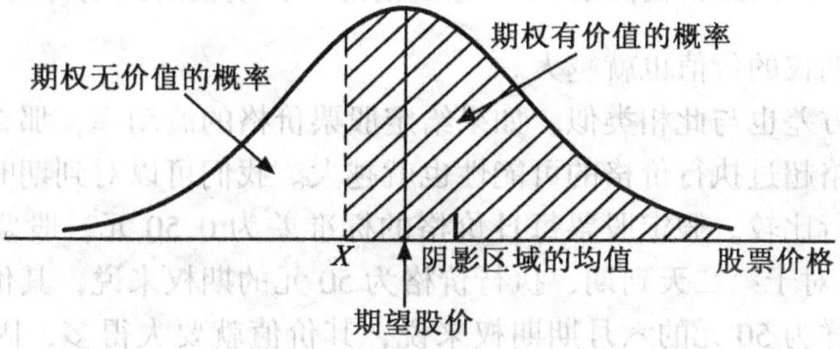

图 16-20 概率分布图

就是均衡价格。假设 P_0^m 为均衡价格，即 $P_0^m = P_0^e$，那么，相对于其他证券来说，看涨期权的价格 C_0 也是均衡价格，即看涨期权位于证券市场线上。

同样地，从另一个角度，Black-Scholes 定价模型也可以被看作以 CAPM 均衡风险调节利率对看涨期权的预期未来价值进行贴现而形成的现值公式。从这种意义上来说，它与前面所提到过的有价证券的现金流贴现定价模型也是一致的。

那么，价格又是如何随时间的变化而改变的？

在 Black-Scholes 模型中，期权的价值是执行价格、股票价格、到期时间、股票价格的方差和标准差以及无风险利率的函数。由这种函数关系我们可以分别得出期权价值与其各变量之间的关系。如图 16-21 就显示了在给定执行价格的条件下，股票价格与期权价值之间的关系。图中的最大价值线是一条直线，从横轴上执行价格的现值 $X/(1+R_f)^t$ 处出发，倾斜角度为 45°。该线位于执行价格 X 的左边，而且期权的到期时间越长，它与 X 间的距离也就越远。如果到期时间为六个月，则 $t=\frac{1}{2}$；如果到期时间为

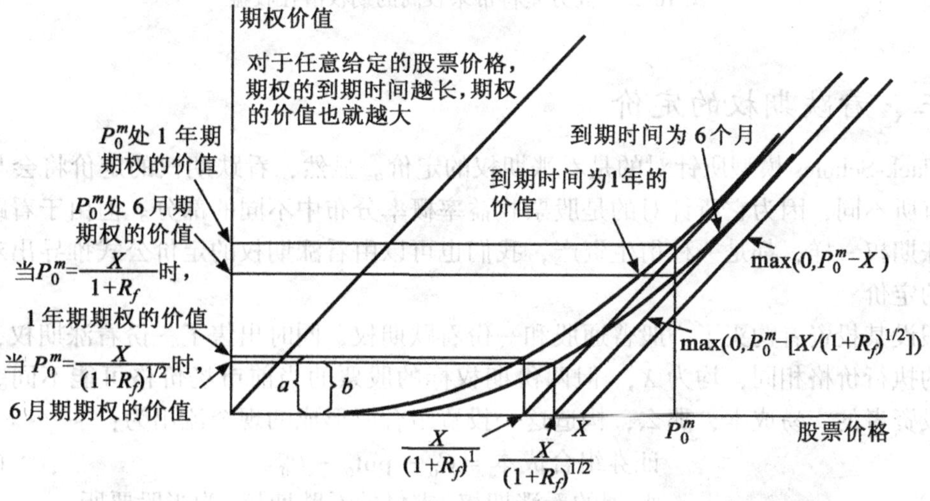

图 16-21 到期时间的变化所带来的 Black-Scholes 期权价格的变化

三个月，则 $t=\frac{1}{4}$。因此，在假定 R_f 为正的情况下，期权的到期时间与其价值成正比，到期时间越长，期权的价值也就越大。

股票价格的方差也与此相类似。如果给定股票价格的波动率，那么，期权的到期时间越长，股票价格超过执行价格的可能性也就越大。我们可以对到期时间分别为一天和六个月的期权进行比较。假定股票每日价格的标准差为 0.50 元，股票的当前市场价格为 48 元，那么，对于第二天到期、执行价格为 50 元的期权来说，其价值显然很小。但对于执行价格同样为 50 元的六月期期权来说，其价值就要大得多，因为六月期股票价格的标准差远远大于单日股票价格的标准差。相应地，六月期期权的期权费也会较高，如图 16-21 所示，$a>b$。

假定存在两种相似的期权，它们的不同之处仅在于标的股票年收益率的标准差不同。由于较高的方差将增加股票价格超过执行价格的可能性，因此，$\sigma(\tilde{R})$ 较高的期权，其定价也会较高，如图 16-22 所示。图中，股票 B 的方差大于股票 A 的方差，相应地，其阴影区域的期望值也会较高。图 16-23 以六月期的看涨期权为例，描述了这种关系。但在实际中，股票价格的方差并不是固定不变的，$\sigma(\tilde{R}_i)$ 将随着时间的变化而变化，当股票价格的方差上升时，以该股票为标的的期权的价值也将随之上升。

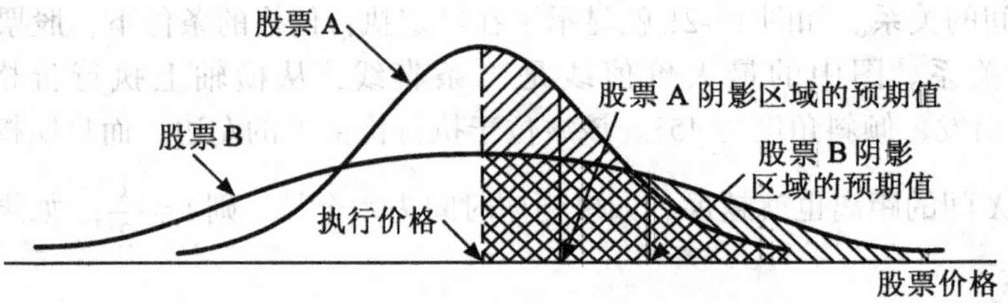

图 16-22　高方差将带来较高的期权潜在收益

三、看跌期权的定价

Black-Scholes 模型所针对的是看涨期权的定价。显然，看跌期权的定价将会与看涨期权有所不同，因为它所针对的是股票收益率概率分布中不同的部分。但由于看跌期权与看涨期权一样，都是一种衍生资产，我们也可以由看涨期权的定价公式推导出对看跌期权的定价。

假设某投资者购买了一股普通股和一份看跌期权，同时出售了一份看涨期权，两份期权的执行价格相同，均为 X，但两份期权标的股票的当前市场价格可能不同。如果忽略投资者的交易成本，那么，构造这一投资组合所形成的现金流出为：

$$\text{证券组合成本} = C_0 - \text{put}_0 - P_0^m \tag{16-7}$$

即：　证券组合成本 = 收到的看涨期权的期权费 − 支付的看跌期权的期权费 − 购买股票所支付的成本

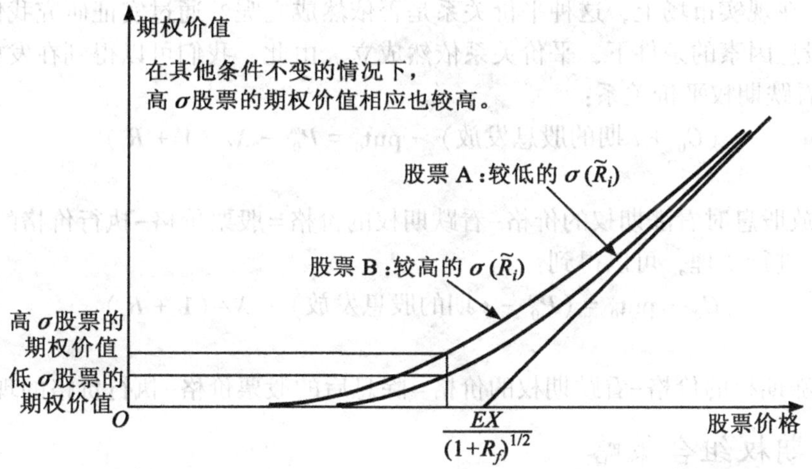

图 16-23　由收益率标准差的变化所带来的六月期期权价值的变化

相应地，该组合的现金流入取决于股票市场价格的变化。表 16-8 列示了在到期日，各种工具的每股现金流。

表 16-8　到期日各种工具的每股现金流

股票价格	看涨期权的价值	看跌期权的价值	股票价值	投资组合的价值
上升	$-(P_1^m - X)$	0	$+P_1^m =$	X
下降	0	$+(X - P_1^m)$	$+P_1^m =$	X

如果股票价格上升，投资者将在看涨期权上受损，同时在所持有的股票上获益；如果股票价格下跌，投资者将在所持有的股票上受损，同时在看跌期权上获益。这样一来，就构造了一种投资组合，它能够消除所有由股票价格变动所带来的风险。由于在 t 时期后，投资者将确定地得到价值 X，同时该组合的初始投资额为 $-P_0^m - \text{put}_0 + C_0$，因此，必定有下式成立：

$$0 = -P_0^m - \text{put}_0 + C_0 + X/(1+R_f)^t \tag{16-8}$$

除了看跌期权的价格，式中所有的变量都是已知的，因此，我们可以推导出看跌期权的定价公式如下：

$$\text{put}_0 = C_0 + X/(1+R_f)^t - P_0^m \tag{16-9}$$

对于执行价格相同的看涨期权和看跌期权来说，它们的价格差为：

$$C_0 - \text{put}_0 = P_0^m - X/(1+R_f)^t \tag{16-10}$$

这种价格关系被称为看涨-看跌期权平价，它表示了看涨期权和看跌期权之间的一种平价关系。如果期权的执行价格等于当前的股票市场价格，那么这一公式将更加简便，仅仅只是一种时间差异，即 $1-1/(1+R_f)^t$。

那么，在现实市场上，这种平价关系是否依然成立呢？通过实证研究我们发现，在充分考虑股息因素的条件下，平价关系依然成立。由此，我们可以得到在发放股息条件下的看涨-看跌期权平价关系：

$$(C_0+t\text{ 期的股息发放})-\text{put}_0=P_0^m-X/(1+R_f)^t$$

即：

不发放股息时看涨期权的价格-看跌期权的价格=股票价格-执行价格的现值

对上式进行整理，可以得到：

$$C_0-\text{put}_0=(P_0^m-t\text{ 期的股息发放})-X/(1+R_f)^t$$

即：

看涨期权的价格-看跌期权的价格=除息后的股票价格-执行价格的现值

四、期权组合策略

期权的存在为投资者提供了多样化的选择，使投资者能够以不同的方式参与有价证券的交易。正如我们前面所介绍过的，期权购买者通过支付一定的期权费，以固定的成本消除了他们所面临的价格风险；而期权的出具方则通过承担风险来获取一定的期权费收入。这一过程所遵循的，正是一般保险业务的基本原理。

与其他有价证券一样，期权交易中也存在着许多组合交易策略，这些策略的运用将有效地改变投资者的风险—收益状况。市场上常用的交易策略主要有以下几种，如表16-9所示。

表 16-9　　不同市场类型下常用交易策略

市场类型	交易策略
熊市	出售无准备的看涨期权：在该种策略下，投资者出售一份看涨期权，同时将得到的期权费收入投资于无风险证券，以确保拥有与自身义务相一致的资金量。如果股票价格下跌，则期权作废；如果股票价格上升，投资者就必须以无风险证券的收益来抵补在期权市场上的损失
牛市	出售无准备的看跌期权：出售一份看跌期权，同时将得到的期权费收入投资于无风险证券，以确保自身的履约能力。如果股票价格下跌，则使用投资于无风险证券的资金来支付损失，履行义务
中性市场	出售有准备的看涨期权：出售一份期权，同时持有相应数量的股票，以确保在期权被执行时能够履行自身义务。如果股票价格下跌，投资者将在所持有的股票上受损，同时得到期权的期权费；如果股票价格上升，期权持有者将行使该期权，投资者无损益
牛市	保护性看跌期权投资策略：购买一份看跌期权，同时购入相应数量的股票，以便在股票价格跌至执行价格之下时出售给期权出具方。如果股票价格下跌，投资者将行使期权以获取差价收益；如果股票价格上升，投资者所购买的看跌期权将作废，同时将从所持有的股票中获益。这种策略可以看作针对股票价格下跌而采取的一种保险措施

续表

市场类型	交易策略
中性市场	看跌/看涨期权转换策略：购买一份看跌期权，购买相应数量的股票，同时出售一份看涨期权。如果股票价格下跌，则投资者执行看跌期权，进行交割(此时看涨期权无价值)，如果股票价格上升，则投资者以所持有的股票完成看涨期权的交割(此时看跌期权无价值)。这是一种基本无风险的策略

一些研究人员使用真实的股票价格，以及由 Black-Scholes 模型和看涨—看跌期权平价理论所构造出来的期权价格对上述交易策略进行了实证研究。研究中总共使用了 136 种股票，具体结果如表 16-10 所示。

表 16-10 **不同期权策略的风险和收益**

	策略类型						
	1	2	3	4	5	6 C. P.	7 m
$E(\tilde{R}_p)$	7. 70%	4. 10%	3. 80%	6. 70%	3. 20%	3. 20%	7. 60%
$\sigma(\tilde{R}_p)$	10. 50	5. 60	6. 90	9. 50	1. 40	1. 17	16. 10
相关系数	0. 87	0. 44	-0. 50	1. 47	1. 75	1. 14	0. 75
最大值	34. 70	18. 80	19. 30	37. 90	8. 20	6. 20	54. 60
最小值	-5. 20	-6. 40	-14. 40	-4. 00	1. 60	2. 00	0. 21

资料来源：Nancy L. Jacob, R. Richardson Pettit. Investment. Richard D. IRWIN. INC., 1984: 824.

图 16-24 表示了投资组合的预期收益和标准差。为了比较的方便，图中还包括另外两种策略——C. P. 策略和 m 策略，其中 C. P. 表示商业票据的投资，而 m 则代表由这 136 种股票以相同权重构造而成的投资组合。由于所有策略的初始投入资金都是相同的，因此，我们可以直接以 $E(\tilde{R}_p)$ 和 $\sigma(\tilde{R}_p)$ 来对其进行比较。

这些研究发现，期权策略的使用大大降低了直接投资于股票而产生的风险。其中，策略 1 和策略 2 降低了与股票投资相联系的风险，而策略 5 则基本构造了一种无风险的投资组合：它通过使用期权组合使投资者的损益相互抵补，从而消除了股票收益概率分布中两端的部分，基本上成为一种对冲组合。

总体来看，这些交易策略都说明了一点——期权的使用可以在一定程度上降低投资组合的风险，这也是期权存在的主要目的。

五、可转换证券的定价

可转换债券和可转换优先股都是一种复合式的可转换证券，它们都是由一份固定收入要求权和一份购买公司股票的认股权证所构成的。在没有其他特定约束的条件下，它

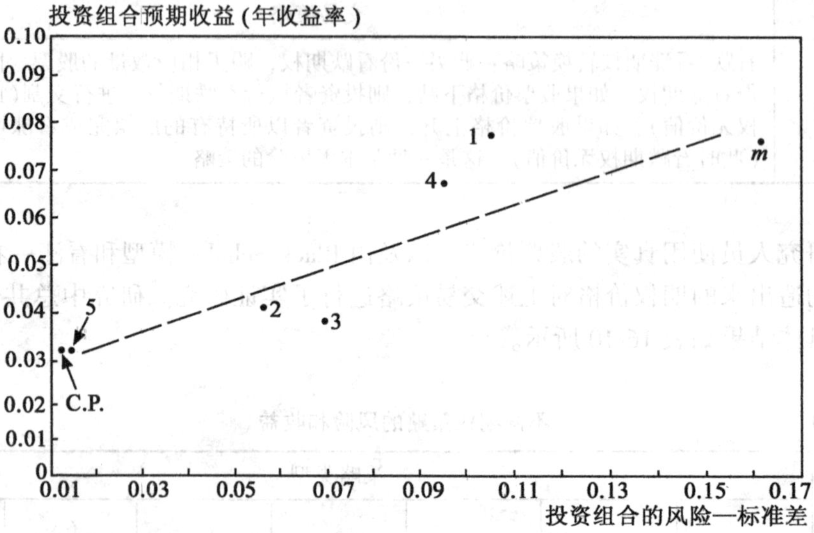

图 16-24 期权组合的风险和收益

们的价值可以被看作各个组成部分的价值之和，即：

可转换债券的价值=债券本身的价值+转换权利的价值 (16-11)

图 16-25 显示了可转换证券的这种定价关系。图中的最小价值线表示了债券的最大价值，或是债券中所包含的转换特权的价值。我们也可以用 Black-Scholes 模型来对这种转换特权进行定价，从而将其定义为在已知执行价格、股票价格方差、期权有效期和无风险利率的条件下股票价格的函数。图中描述了这种函数的轨迹：当股票价格为 P_0^m 时，转换期权的价值为 C_0；当股票的价格上升时，转换期权的价值也将随之上升。

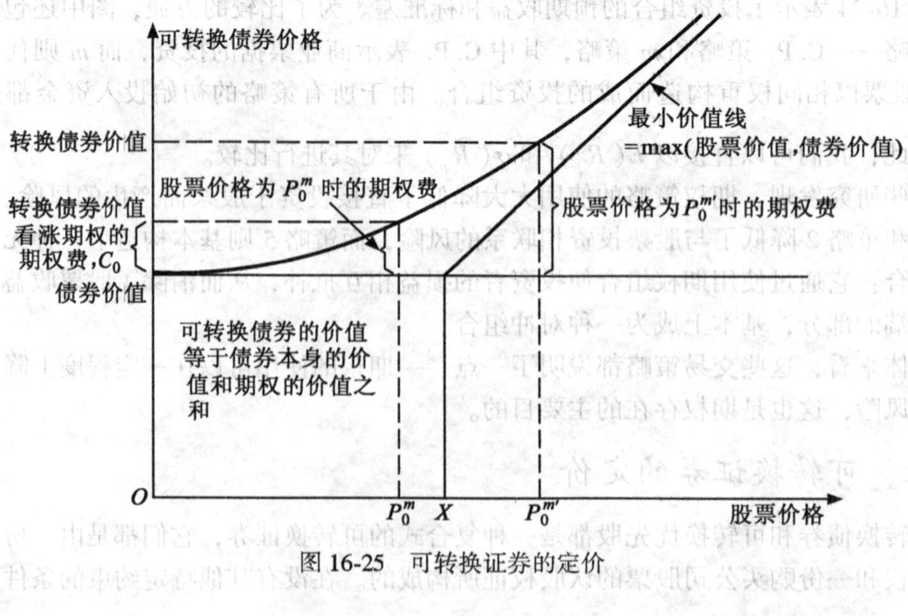

图 16-25 可转换证券的定价

六、其他期权类工具的定价

正如我们在本章概述中所提到的，作为一种金融投资工具，期权有许多种类，如员工股票期权、租赁购买期权、不动产期权和延期期权(常用于债券和生命保险合约)等。从理论上来说，我们可以对所有的期权工具进行定价。由于它们各自所具有的不同特性(如，交易不连续，或是无法在市场上进行交易等)，我们无法直接使用 Black-Scholes 模型来进行定价，只能在一些特殊假设的前提下对它们的价值进行某种程度的估计。

练习与思考

一、重要名词与概念

期权　认购期权　认沽期权　50ETF 期权　期权组合　对敲　蝶式期权　风险逆转　对冲比率　实值期权　虚值期权

二、问答题

1. 什么是期权？它有哪些基本的构成要素？
2. 常见的期权有哪些？
3. 期权的价值一般取决于哪几个因素？
4. 针对文中介绍的几种常用期权组合策略，分别说明投资者在什么情况下会采用这些策略。

三、选择题

1. 美式期权和欧式期权的区别在于(　　)。
   A. 美式期权只能在到期时执行，而欧式期权任何时候都可以执行
   B. 美式期权任何时候都可以执行，而欧式期权只能在到期时执行
   C. 两者的交易地点不同
   D. 两者的交易方式不同
2. 期权持有者所可能承受的最大损失为(　　)。
   A. 标的资产的市场价值与期权费之和
   B. 标的资产的市场价值与期权费之间的差额
   C. 认购期权持有者和认沽期权持有者的状况有所不同
   D. 期权费
3. 市场上存在一种针对可口可乐公司股票的认购期权，期权的执行价格为 75 美元，期权费为 4 美元。那么，对于该期权的买卖双方来说，他们的零利润点为(　　)美元。
   A. 71　　B. 79　　C. 75　　D. 83
4. 在期权交易中，期权的买方(　　)，而期权的卖方(　　)。

A. 需交纳 100%的保证金；需要交纳保证金

B. 需交纳部分保证金；无需交纳保证金

C. 需交纳 100%的保证金；有时需交纳保证金

D. 需交纳部分保证金；有时需交纳保证金

5. 对于市场上针对柯达公司股票所发行的各种期权，柯达公司(　　)。

A. 无法控制这些期权的发行数量和种类

B. 可以部分控制这些期权的发行数量和种类

C. 是这些期权的主要发行者

D. 无法干涉这些期权的交易

6. 假定在 3 个月内，“上海汽车”的股票价格变动至 9 元和 5 元的概率完全相等，那么，对于执行价格为 7 元的 3 月期期权，其对冲比率为(　　)。

A. 1　　B. 2　　C. −2　　D. 1.5

7. A 公司股票的当前价格为 50 元，一种针对该公司股票、执行价格为 55 元的 1 年期认购期权的价格为 7 元，无风险利率为 8%。那么，一年期执行价格为 55 元的认沽期权的价格为(　　)元。

A. 7　　B. 12　　C. 7.93　　D. 10.82

8. 以下的期权交易策略中，常用于牛市的交易策略有(　　)。

A. 出售有准备的认购期权

B. 保护性认沽期权投资策略

C. 出售无准备的认沽期权

D. 出售无准备的认购期权

9. 如果一种股票的市场价格下跌，那么，以该股票为标的的认购期权的价格(　　)，以该股票为标的的认沽期权的价格(　　)。

A. 下跌；上升　　B. 上升；下跌

C. 不变；上升　　D. 不变；下跌

10. 较高的股息支付对于认沽期权有(　　)影响，而对认购期权有(　　)影响。

A. 正面；正面　　B. 负面；负面

C. 负面；正面　　D. 正面；负面

11. 下列有关期权的说法中，正确的是(　　)。

A. 如果投资者预期股票价格将上涨，他将卖出认沽期权

B. 如果投资者预期股票价格将上涨，他将买入认购期权

C. 如果投资者预期股票价格将下跌，他将卖出认沽期权

D. 如果投资者预期股票价格将下跌，他将买入认购期权

12. 认股权证(　　)。

A. 是认沽期权的一种

B. 只向老股东发行

C. 其价格随股票市场价格的变化而变化

D. 其存续期通常较短

13. 如果某公司突然宣布将于 3 个月后支付股息，那么，可以预计(　　)。

A. 以该股票为标的的认购期权的价格将下跌

B. 以该股票为标的的认购期权的价格将上涨

C. 以该股票为标的的认沽期权的价格将下跌

D. 以该股票为标的的认沽期权的价格将上涨

14. 股票认购期权的价格与下列(　　)因素负相关。

A. 股票价格　　B. 到期时间

C. 到期价格　　D. 股票价格的波动率

15. 如果投资者同时买入到期时间和执行价格均相等的认购期权和认沽期权，那么，该投资者的交易策略就被称为(　　)。

A. 空头对敲　　B. 多头对敲　　C. 水平价差　　D. 垂直价差

四、计算分析题

1. 市场上存在一种针对 IBM 公司股票的 10 月认沽期权，期权的执行价格为 97 美元，期权费为 6 美元，那么，当 IBM 公司股票的市场价格为 102 美元时，该认沽期权持有方和出售方的损益状况分别如何？若该期权为认购期权，双方的损益状况又如何？

2. 假定在 1 年内，A 公司股票的价格变动至 115 元和 80 元的概率完全相等，且该公司股票的当前市场价格为 105 元，市场上的无风险利率为 10%。试确定执行价格为 100 元的 1 年期认购期权的价格。

3. 市场上存在一种认购期权，距离到期还有 1 年时间，当前的股票价格为 55 元，期权执行价格为 50 元，市场上的无风险利率为 10%，股票的波动率为每年 20%。试以 Black-Scholes 模型确定该认购期权的价值。

第十七章　投资管理策略和国际分散化

无论是对于个人投资者还是对于持有几十亿元大资金的机构投资者或基金管理人，他们在证券市场从事投资活动时，都会面临如何更好地对所持证券资产进行管理，制定最优管理策略的。本章运用现代投资理论，借鉴国外成功的投资管理经验，讨论如何制定有效的投资管理策略。具体内容将按以下结构展开：首先分析投资目标与选择；其次，分别讨论被动投资管理策略、主动投资管理策略、被动和主动混合管理策略的原理及其在实践中的应用；最后，分析资产组合的调整和国际分散化。

第一节　投资目标与投资选择

一、投资目标

寻找风险与收益两者间的最佳组合是投资者要考虑的主要目标。如果投资者能以无风险利率借入和贷出，市场是有效的，市场组合为 m，投资者将持有最优风险投资组合。假设投资者能以无风利率 R_B 借入，高于贷出利率 R_L，这个投资者面临的投资机会如图 17-1 所示。可能的最优选择有二：(1) 投资组合 Q 和以 R_B 借入的组合；(2) 投资组合 Q' 和以 R_L 贷出的组合。若投资者的无差异曲线为 U_a，最优投资组合为 P'，它包含将投资组合资金的 1/2 投资于 Q'、1/2 投资于短期国债 R_L；若投资者的无差异曲线是 U_b，最优投资组合即为 P，它包含两部分，一是以 R_B 借入资金，二是投资者投资于 Q 的自有资金。

上例的投资决策从原理上看是简单的和直观的，但实际中的投资决策问题往往十分复杂，影响投资管理主要目标的因素可能有多个方面，这些因素主要包括：(1) 主要目标之外的一些次要目标，如投资者对投资组合的流动性、持有现金的比例或定期取得消费收入等方面的要求；(2) 附加在投资组合中的一些其他限制性的要求，如对借入保证金及信用贷款方面的限制性要求等。由于这些因素会改变投资组合的风险—收益目标，因此，实际的投资管理过程就会变得更加复杂，并且极大地增加了实现主要目标的难度。投资者的基本目标与各种限制性因素互相交织，对于投资组合风险变化的考虑将被间接地限制在一个狭窄的数值范围之内。在投资组合的管理过程中，可将众多的影响因素划归为两类：第一类为主要目标；第二类为次要目标和限制性因素。

在投资管理过程中，投资者的主要目标就是寻找最优风险投资组合与投资于无风险资产或借入资金的比例，从而达到预期效用的最大化。

投资管理过程的次要目标与限制性因素具体包括：限制投资于风险投资组合的比

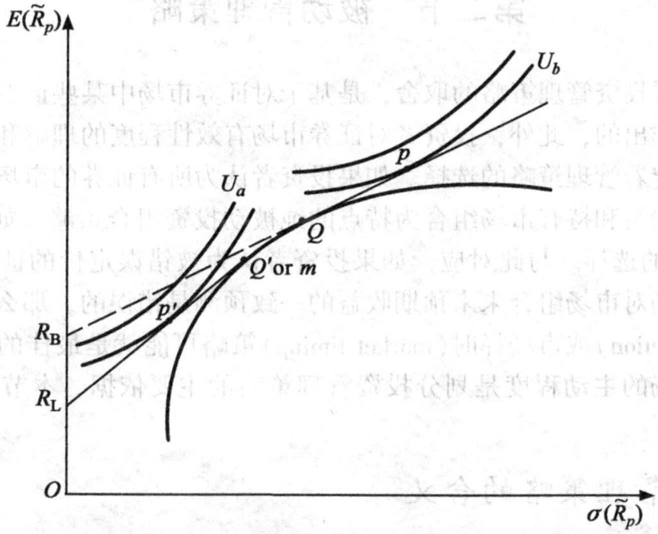

图 17-1 最佳投资组合的选择

例，以确保随时得到足够的资金应付不测；限制投资组合的总风险，以便在获得高收益的同时，避免过高的风险暴露；必须将全部资金投资于金融证券，以确保资金无闲置；对投资于每种风险证券的上限和下限的比例要求；避免过度分散化和分散化不足；最后，某些投资者还可能对资金的行业投向进行限制，如对某一行业的投资不能超过投资者财富的一定百分比，以确保投资者财富的变动不至于过分依赖几个行业的兴衰。

二、投资组合选择

投资组合选择的最终目标就是在一定的限制条件下，在各种可得金融证券中配置人们可投资的财富，从而获得最大预期效用。投资组合的选择方式有很多种，人们可首先预测所有可得证券的预期收益、标准差和协方差，然后运用投资组合原理解出最优持有组合；人们还可直接选择共同基金，将其视为拥有广泛种类的金融证券且已合理分散化的投资组合，投资选择问题此时变为对证券投资基金的选择问题。

在有效投资组合选择和投资管理策略确定之前，投资者应首先弄清以下几个重要问题：

(1)投资金融证券的择时问题和对错误定价证券的寻找问题(主动/被动的管理问题)；

(2)调整投资组合的时间间隔问题(修正问题)；

(3)分散化的方式问题；

(4)投资者的目标和偏好一定时，限制条件的利用问题；

(5)投资者自己理财还是雇请职业投资机构代客理财的问题。

第二节　被动管理策略

任何投资者对投资管理策略的取舍，是基于对证券市场中某些证券的分析状况和对证券性质的认知作出的，此外，投资者对证券市场有效性程度的理解和对市场交易比较利益的权衡也决定着管理策略的选择。如果投资者认为所有证券的市场价格反映了所有可得信息，那么购买和持有市场组合为特点的纯被动投资组合策略，如指数基金(index fund)或许是最佳的选择。与此对应，如果投资者认为被错误定价的证券存在并能够容易地找到，或市场对市场组合未来预期收益的一致预测是错误的，那么执行主动的股票选择(security selection)或市场择时(market timing)策略可能就是最佳的选择。可见，投资者介入证券市场的主动程度是划分投资管理策略的主要依据。本节先介绍被动管理策略。

一、被动管理策略的含义

根据资本资产定价理论，投资者认为现实的金融市场是高效的，证券价格随时反映所有公开可得信息，那么捕捉价值低估证券的努力就会一无所获。对投资者而言，所持有的最优风险投资组合就应是市场组合 m 点(实际中，m 点常用市场指数代替)。若市场允许借入或贷出，那么还应包括 m 点与借入或贷出资产的组合，这就是被动管理策略。理论上，采用被动策略的投资者似乎无需对投资组合进行管理，只要简单地买进 m，并将其与一定数量的无风险资产 R_f(实际中，用一年期国债代替)一并持有，即可确保得到效用最大化的 p^* 点(见图 17-2)。

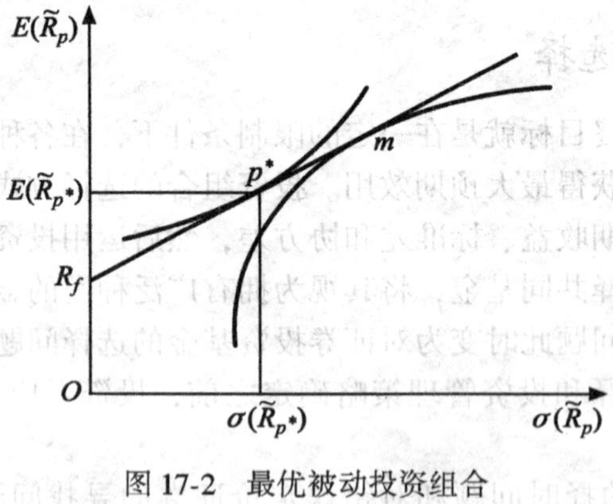

图 17-2　最优被动投资组合

为进一步解释被动股票选择策略的原理，考察图 17-2 中最优被动证券组合 p^*，这一证券组合是通过将投资者财富 α 的部分投资于市场组合 m，以无风险利率 R_f 贷出剩余财富部分$(1-\alpha)$得到的。p^* 点的预期均衡收益为：

$$E(\tilde{R}_{p^*}) = (1-\alpha)R_f + \alpha E(\tilde{R}_m) \tag{17-1}$$

p^* 点的标准差为：

$$\sigma(\tilde{R}_{p^*}) = \alpha\sigma(\tilde{R}_m) \tag{17-2}$$

图 17-2 描述了证券组合 p^* 在 $E(\tilde{R}_i)$ 与 β_i 空间即证券市场线架构中的情形，p^* 点的均衡位置位于 $E(\tilde{R}_{p^*})$ 和 β_{p^*} 点。证券市场线方程决定的两者均衡关系为：

$$E(\tilde{R}_{p^*}) = R_f + \beta_{p^*}(E(\tilde{R}_m) - R_f) \tag{17-3}$$

若 α 为 70%，R_f 为 10%，$E(\tilde{R}_m)$ 为 20%，则 $E(\tilde{R}_{p^*})$ 为 17%，最优被动投资组合 p^* 恰落在证券市场线上。此时，投资者既不会得到更优的投资机会，也不会接受更劣的投资机会(未充分分散化的投资组合)。然而，投资者对纯被动策略的投资选择能力不免要受到许多现实因素的影响。

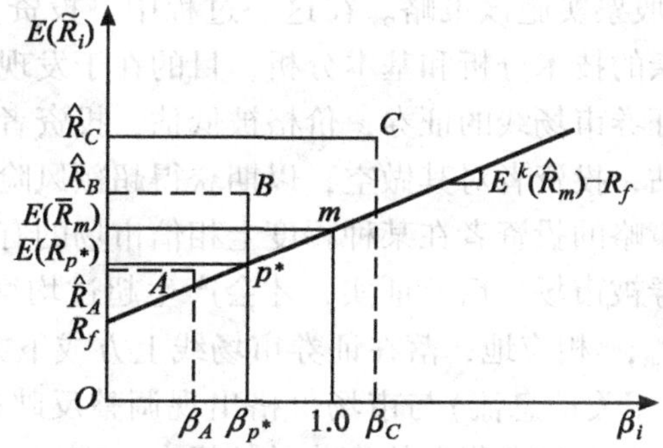

图 17-3　证券市场中的均衡

二、现实影响因素

实践中，有许多现实因素影响被动策略的选择结果，导致理论与实际出现差异，这些现实影响因素主要有：

(1)理论上的市场组合包含所有风险证券。由于市场中交易成本的存在，构造这样一种证券组合实际上是不可能的，其组成成分也是不充分的。例如，“中国银行”股票是占 m 的 6%吗？这取决于在任意特定交易日“中国银行”的总市值相对于其他公司股票的总市值之比。

(2)实践中，市场组合 m 通常是用有广泛代表性的价值加权指数(value-weighted index)来代替的。这些指数仅包含市场中交投活跃的证券，占整个市值的一部分，如上证综合指数、美国的 S&P500 指数和 NYSE 综合指数，使用这些指数存在明显的缺陷。

(3)指数基金是一种开放型的共同基金，其目标是获得某一特定股指的绩效，为达到这一点，基金将代表若干个人投资者财富的资产，按某一特定市场指数，分别投资于各单个证券中，因此，持这种策略的投资者认为指数基金实质上比常规管理的基金有更为低廉的经营成本和管理费用。在美国，通常开放型股票基金年均管理费约为基金持有股票市值的1%，而指数基金年均管理费为基金市值的0.3%~0.4%。

第三节　主动管理策略

与被动投资策略相反，持主动管理理念的投资者认为只要主动地寻找被市场错误定价的证券或随着周期性的事件审慎选择投资时机，那么金融市场就会提供超过被动管理的风险调整收益。基本的主动投资管理策略有两种：一种是证券选择策略，简称择券；另一种是市场择时策略，简称择时。

一、证券选择策略

所谓证券选择策略，简单地说就是找寻被市场错误定价的证券，意即抓"黑马"。投资者通过买进或抛出现时市场价格（P_{i0}^m）低于或高于真实均衡价格（P_{i0}^e）（该价格由个人估值（P_{i0}^k）得到）的股票实施该策略。在这一过程中，投资者要做大量的证券分析工作，证券分析涉及复杂的技术分析和基本分析，目的在于发现那些现价高于或低于证券市场线的证券。高于证券市场线的证券，价格被低估，投资者对其做多；低于证券市场线的证券，价格被高估，投资者对其做空，以期获得超额风险调整收益。

采用主动股票选择策略的投资者在某种程度上相信市场的有效性。唯有当主动投资者认定的错误定价的证券被市场事后所证实，才会产生超过均衡收益的收益，即证券 i 的市场价格由 P_{i0}^m 移到 P_{i0}^e，相应地，落在证券市场线上方或下方的 i 恰好回到该线上。由于证券估值的分析（或相关信息流）与市场价格出现调整反映的结果之间存在足够的时滞，使主动投资者有时间甄别获得非均衡收益的机会。

现在，假设有投资者 k，通过分析认为证券 A、B 和 C 的价格被低估了，其性质如表17-1所示。

表17-1　　**投资者采取主动的投资组合管理策略**

证券	预期均衡收益	投资者 k 预测收益	超额收益	β_i^k	标准差
	$E(\tilde{R}_i)$	$(\hat{R}_i)$	$\hat{R}_i - E^k(\tilde{R}_i)$		$\sigma(\tilde{R}_i)$
A	14%	16%	0.02	0.4	0.20
B	18	25	0.07	0.7	0.40
C	22	35	0.13	1.2	0.50
p^*	17	17	0	0.7	0.14
M	20	20	0	1.0	0.20
无风险资产	10	10	0	0.0	0.00

例如，证券 A 预期收益 $E^k(\tilde{R}_i)=14\%$，在相同 β 值的条件下，投资者 k 的预测值

$\hat{R}_i$ 为 16%，大于均衡预期收益 $E^k(\tilde{R}_i)$，处于证券市场线的上方位置(见图 17-3)，因此该证券的价值被低估了。纯主动股票选择策略就是将投资者的财富在这三种价值低估的风险证券中予以分配，运用投资组合理论，找出仅含这三种证券的有效边界，最优股票选择证券组合为 S^*(见图 17-4)，它之所以最优是因为当其与无风险资产 R_f(借入/贷出)组合时，优于 A、B 和 C 证券的任何其他组合。

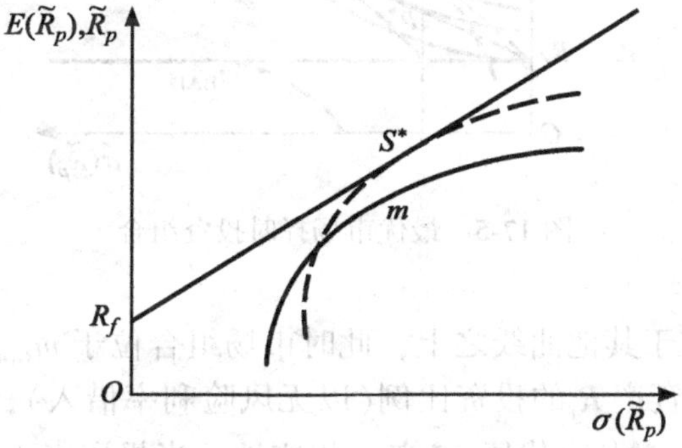

图 17-4　最优股票选择投资组合

投资者 k 认为 S^* 点超过了隐含市场所有证券的原边界(实线)。因为 k 认为 A、B 和 C 的价格被市场严重低估，持有这三种证券的最优组合，较持有市场组合 m，会取得更优的风险——收益位置。但 S^* 点存在分散化不足的问题，一旦投资者对价值低估的证券 A、B 和 C 的选择出现差错，S^* 点的预期收益和标准差有可能会压在市场组合 m 点之下。由于采取主动股票选择策略的投资者只在被认为是错误定价的风险证券中持有头寸，他要承担分散化不足和收益估计失误的风险。主动股票选择策略是在牺牲分散化利益的情况下，得到获取超额收益的机会的，存在分散化不足的问题；被动管理策略虽然不存在该问题，却有牺牲超额收益的问题。是否能找到既能获得较高收益，又不至于有过多风险暴露的两全之策，本章稍后将在主动和被动混合管理策略中讨论这一问题。

二、市场择时策略

市场择时策略意指把握市场大势，选择正确的投资时机。纯市场择时策略是指投资者决定在何时和多大程度上投资于风险和无风险证券的管理过程。采用这一策略的投资者相信自己比其他投资者有更强的大势把握能力，能更准确地预测市场组合收益和标准差的变动。投资者通过调整持有市场组合 m 和无风险资产的比例，获得超额收益。

图 17-5 给出了三种有效边界的集合，实曲线边界代表市场中所有可得风险证券组合对风险—收益的一致市场预期。

若投资者 k(其无差异曲线如图 17-5 中所示)采用纯消极策略，将持有投资组合 p^* 点。假设此时投资者 k 对大势的判断与其他投资者不同，当 k 预测到市场会出现“好年景”(good year)，预测的市场组合收益高于市场均衡预测值，风险证券组合的有效边界

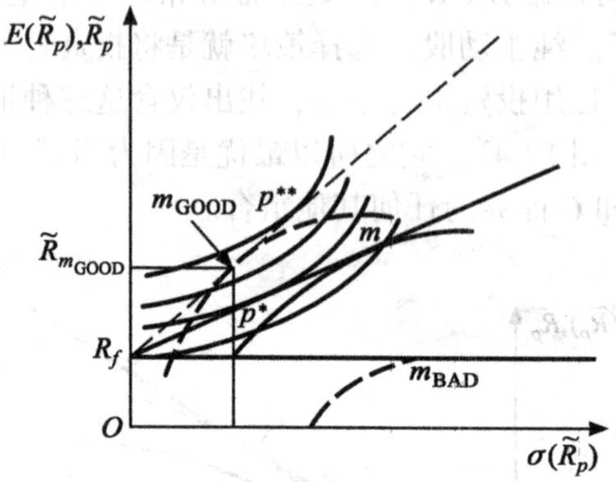

图 17-5 最优市场择时投资组合

(图中较高的虚线)将位于其他曲线之上，此时市场组合位于m_{GOOD}点。基于此判断，投资者k可减少对无风险资产R_f的投资比例(以无风险利率借入)，增加对市场组合m的投资比例，得到最优的p^{**}点取代原p^*点。相应地，当投资者k预测市场可能出现“坏年景”(bad year)，如图中描述的较低的边界，市场组合将预计落在m_{BAD}点，由于此时的市场组合预期收益过低，投资者k将会回避风险证券，把所有财富分配于安全的无风险资产。一般地，当投资者对市场收益的预测越高，投资于m的资金比例就越大；反之，投资者对市场收益的预测越低，投资于m的比例就越小。

以上讨论的市场择时策略，一般是在投资者先持被动策略，后又改变预期的情况下采用的。被动策略与主动策略只是相对的，有时可相互转化。纯市场择时策略与纯被动策略的区别在于：对m的收益和风险的一致预期的态度不同。持市场择时策略的投资者会主动地进行投资分析，并形成他们自己的预测结果，当这些结果与市场一致预期有差异时，他们就主动地改变投资于m和R_f的投资比例；纯被动投资者则是把市场的一致预期视作自己的预期，不做或很少做投资分析和预测，更不会主动地调整投资比例。显然前者是“以动制变”，后者是“以静制变”。

然而，与被动策略不同的是，主动投资策略承受的风险较高，其收益却可能会低于消极管理。虽然主动策略有时可能会成功地识别出非均衡机会，使资本得以升值，但是主动管理必然伴随着频繁的证券买卖，从而导致更高的交易成本，得不偿失。一旦资本利得无法抵偿交易成本，那么，上述情况就会出现。

主动管理与被动管理风险—收益间的替代关系如图 17-6 所示。由于存在管理和经纪费用，被动管理的长期平均收益略低于市场组合，每一考察期之间的收益存在波动性，图中用一根较短的竖线表示这种波动性。成功的主动管理导致长期平均收益增加，同时，伴随着期间收益更大的波动性，这一特征在图中用一根较长的竖线来表示。显然，主动投资策略比被动投资策略承担了更大的风险。以上对应关系是在美国证券市场专家理财数据的基础上通过实证分析发现的。

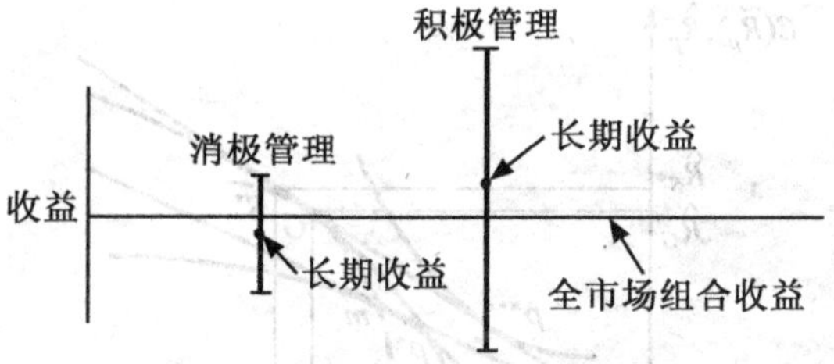

图 17-6　两种基本的投资管理策略

第四节　主动和被动混合管理策略

以上描述的纯主动和纯被动管理策略是两种极端的管理方式，这两种方式都存在明显的缺陷。若将两种极端的策略结合在一起运用，就能克服这些缺陷，使投资者既能享有主动策略的超额收益，又能享有被动策略的分散化利益，这就是主动和被动混合管理策略的优势。

一、混合管理策略的含义

接前所述，假设投资者 k 持有证券组合 p^*(见前面的图 17-2)，同时又发现证券 A、B 和 C 为错误定价的证券。此时，该投资者面临的投资选择实际有三部分：(1)无风险资产 R_f；(2)风险证券组合 m(被动部分)；(3)错误定价的风险证券组合(主动部分)。面对这些投资机会，k 要解决的投资决策问题主要有两点：其一，三项投资机会中，分配到每一项的资金数额是多少？其二，如何向主动部分中的个股分配资金。

开始时，投资者 k 的被动投资组合 p^* 是由投资于 m 与无风险利率贷出 R_f 构成。当 k 发现有三种证券被错误定价时，投资组合 S^* 就是由 A、B 和 C 构成的最优股票选择组合(见图 17-7)。当投资者 k 考虑把 S^* 与 m 结合时，出现一新的最优风险证券组合 G，该点位于借入/贷出线与连接 m 和 S^* 的曲线(图中虚线)相切处，是由 q 比例的投资者资金分配于 m 和$(1-q)$比例的资金分配于 S^* 构成。根据证券 A、B、C 和市场组合 m 的预期收益、标准差和相关系数的信息，一旦 G 点得以确定，投资者 k 即可找到最优证券组合 p^{***}，即由 α 比例的资金分配于 G，$(1-\alpha)$比例的资金分配于 R_f 构成。该点位于投资者的无差异曲线与连接 R_f 和 G 的借入/贷出线的切点上。

综上所述，投资者资金分配的三项构成，可简单归结为：(1)$(1-\alpha)$比例的资金分配于无风险资产 R_f；(2)αq 比例的资金分配于被动部分 m；(3)$\alpha-\alpha q$ 比例的资金分配于主动部分 S^*。投资组合 G 表示 k 所持风险资产的总和，既含主动部分又含被动部分。随着时间的推移，投资者 k 的预期将发生改变，新的错误定价证券又被识别出来，主动部分 S^* 的构成也会进行调整，投资于 G 点的资金将在市场组合 m 及主动部分 S^* 中重新进行分配。

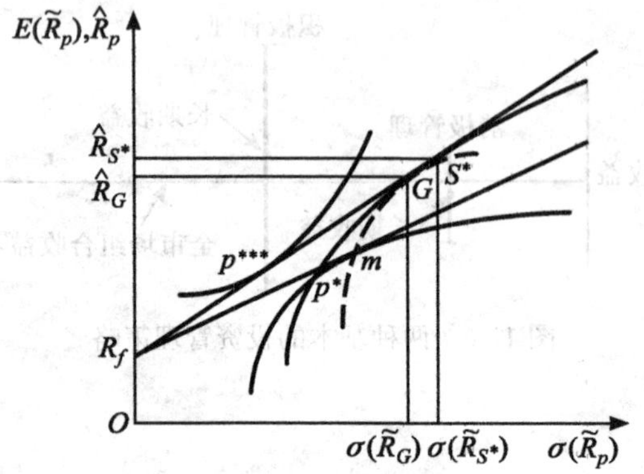

图 17-7 最优主动和被动投资组合

二、混合管理策略的求解

主动和被动混合管理法用于解决资产配置的实际问题时，由于计算工作量十分庞杂，不借助计算机寻找最优解是十分困难的。为此，本章给出一种可借助计算机选择最优资金分配方案的近似求解模型，求解程序分三个步骤：

(1)求解主动投资组合 S^* 的最优分配方案。可设定投资者 k 分配于主动投资组合的资金方案是：分配于价值低估证券的资金数额与预计的每单位贝塔值的超额收益成正比。对任意价值低估证券 i，计算式为：

$$X_i^k/\beta_i^k = \{\hat{R}_i - [R_f^k + \beta_i^k(E^k(\tilde{R}_m) - R_i^k)]\}/\beta_i^k \tag{17-4}$$

式中：

$\hat{R}_i$：表示投资者 k 对任意价值低估证券 i 的预测收益；

R_f^k：表示投资者 k 预计的无风险资产利率；

β_i^k：表示投资者 k 对任意价值低估证券 i 的预计风险系数；

$E^k(\tilde{R}_m)$：表示投资者 k 预期的市场组合均衡收益；

X_i^k：表示超额收益，等于投资者 k 对任意证券 i 的预测收益与预期均衡收益之差。

设主动投资组合 S^* 是由 n 种证券构成的集合，那么分配于 S^* 中每一种证券的资金比例为：

$$X_i^{s^*} = \frac{X_i^k/\beta_i^k}{\sum_{i=1}^{n} X_i^k/\beta_i^k} \quad (i = 1,\ 2,\ \cdots,\ n) \tag{17-5}$$

且：

$$\sum_{i=1}^{n} X_i^{s^*} = 1 \quad (i = 1,\ 2,\ \cdots,\ n)$$

这种分配资金方式的特点在于资金是按照每单位 β 风险下，预测收益偏离预期均衡收益的大小来分配的，每单位风险超额收益越大的证券，分配投资的比例也越大。在该方式下，投资者 k 在 S^* 点的预期收益为：

$$\hat{R}_{S^*} = \sum_{i=1}^{n} X_i^{s^*} \hat{R}_i \quad (i = 1, 2, \cdots, n) \tag{17-6}$$

风险系数为：

$$\beta_{s^*}^k = \sum_{i=1}^{n} X_i^{s^*} \beta_i^k \quad (i = 1, 2, \cdots, n) \tag{17-7}$$

引用表 17-1 中的数据，我们可得每一证券的单位风险超额收益为：

证券 A：$(0.16-0.14)/0.4=0.005$

证券 B：$(0.25-0.18)/0.7=0.01$

证券 C：$(0.35-0.22)/1.2=0.108$

$$\overline{\sum = 0.123}$$

这样，包含于 S^* 中的每一证券的投资比例为：

证券 A：$X_A^{s^*}=5/123=0.041$

证券 B：$X_B^{s^*}=10/123=0.081$

证券 C：$X_C^{s^*}=108/123=0.878$

对于投资者 k，S^* 点的预期收益为：

$$\begin{aligned}\hat{R}_{S^*} &= X_A^{s^*}\hat{R}_A + X_B^{s^*}\hat{R}_B + X_C^{s^*}\hat{R}_C \\ &= (0.041)(0.16) + (0.081)(0.25) + (0.878)(0.35) \\ &= 33.4\%\end{aligned}$$

其 β 值为：

$$\begin{aligned}\beta_{s^*}^k &= x_A^{s^*}\beta_A^k + x_B^{s^*}\beta_B^k + x_C^{s^*}\beta_C^k \\ &= (0.041)(0.4) + (0.081)(0.7) + (0.878)(1.2) \\ &= 1.13\end{aligned}$$

由于没有 S^* 中任意两证券 i、$j(i=1, 2, \cdots, n;\ j=1, 2, \cdots, n)$ 之间相关系数 ρ_{ij} 的资料，无法决定 S^* 的标准差。为简化起见，实际运用中，可采用市场中所有证券间的平均相关系数 ρ 来近似代替。在一定性质的证券市场中，所有证券间的平均相关系数约为一常数，例如纽约证券交易所的平均相关系数约为 0.5，美国一些大机构投资者(共同基金)常用该值简单取代 ρ_{ij}，缺点是牺牲了“少部分”精确度。用 ρ 代替 ρ_{ij}，S^* 点的标准差为：

$$\sigma(\tilde{R}_{s^*}) = \left[\sum_{i=1}^{n}(x_i^{s^*})^2[\sigma(\tilde{R}_i)]^2 + \sum_{i=1}^{n}\sum_{\substack{j=1 \\ i\neq j}}^{n} x_i^{s^*}x_j^{s^*}\rho\sigma(\tilde{R}_i)\sigma(\tilde{R}_j)\right]^{1/2} \tag{17-8}$$

沿用上例数值：

$$\begin{aligned}\sigma(\tilde{R}_{s^*}) = [&(x_A^{s^*})^2\sigma^2(\tilde{R}_A) + (x_B^{s^*})^2\sigma^2(\tilde{R}_B) + (x_C^{s^*})^2\sigma^2(\tilde{R}_C) \\ &+ 2(x_A^{s^*})(x_B^{s^*})\rho_{AB}\sigma(\tilde{R}_A)\sigma(\tilde{R}_B)\end{aligned}$$

$$+2(x_A^{s^*})(x_C^{s^*})\rho_{AC}\sigma(\tilde{R}_A)\sigma(\tilde{R}_C)$$

$$+2(x_B^{s^*})(x_C^{s^*})\rho_{BC}\sigma(\tilde{R}_B)\sigma(\tilde{R}_C)]^{1/2}$$

$$=[(0.041)^2(0.2)^2+(0.081)^2(0.4)^2+(0.878)^2(0.5)^2$$
$$+2(0.041)(0.081)(0.5)(0.2)(0.4)$$
$$+2(0.041)(0.878)(0.5)(0.2)(0.5)$$
$$+2(0.081)(0.878)(0.5)(0.4)(0.5)]^{1/2}$$
$$=0.461$$

(2)求解主动和被动组合 G 的最优投资分配方案，即解决投资者资金在 S^* 与 m 点最优分配的问题。我们首先给出 S^* 与 m 间的相关系数：

$$\rho_{s^*m}=1-\left(\frac{1}{\sqrt{n}}\right)(\rho) \tag{17-9}$$

式中：ρ 代表任意证券 i 与 m 的平均相关系数，n 为主动投资组合的证券数，已知这些数据，即可求解 G 点的投资组合。对于 G 点我们有目标函数 θ，并对其求最大值：

$$\max\theta=(\tilde{R}_G-\tilde{R}_f)/\sigma(\tilde{R}_G) \tag{17-10}$$

这里：$\hat{R}_G=qE^k(\tilde{R}_m)+(1-q)(\hat{R}_{s^*})$

$$\sigma(\hat{R}_G)=[q^2[\sigma(\tilde{R}_m)]^2+(1-q)^2[\sigma(\tilde{R}_{s^*})]^2+2q(1-q)\rho_{s^*m}\sigma(\tilde{R}_m)\sigma(\tilde{R}_{s^*})]^{1/2}$$

求解目标函数，可得投资组合 G 中市场组合 m 的占比 q 和风险—收益的数值：

$$q=\frac{-b\pm\sqrt{b^2-4ac}}{2a} \tag{17-11}$$

a、b 和 c 为常数，它们分别是：

$$a=2[\hat{R}_{s^*}[\sigma(\tilde{R}_m)]^2+E(\tilde{R}_m)[\sigma(\tilde{R}_{s^*})]^2-$$
$$\hat{R}_{s^*}[\sigma(\tilde{R}_{s^*})]^2+2\rho_{s^*m}\sigma(\tilde{R}_m)\sigma(\tilde{R}_{s^*})\hat{R}_{s^*}]$$

$$b=-[\sigma(\hat{R}_{s^*})]^2E(\tilde{R}_m)+E(\tilde{R}_m)\rho_{s^*m}\sigma(\tilde{R}_m)\sigma(\tilde{R}_{s^*})$$
$$+4\hat{R}_{s^*}[\sigma(\tilde{R}_{s^*})]^2-5\hat{R}_{s^*}\rho_{s^*m}\sigma(\tilde{R}_m)\sigma(\tilde{R}_{s^*})+$$
$$\hat{R}_{s^*}[\sigma(\tilde{R}_m)]^2-R_f[\sigma(\tilde{R}_m)]^2-$$
$$R_f[\sigma(\tilde{R}_{s^*})]^2+2R_f\rho_{s^*m}\sigma(\tilde{R}_m)\sigma(\hat{R}_{s^*})$$

$$c=[\sigma(\hat{R}_{s^*})]^2E(\tilde{R}_m)-2[\sigma(\tilde{R}_{s^*})]^2\hat{R}_{s^*}+$$
$$\hat{R}_{s^*}\rho_{s^*m}\sigma(\tilde{R}_m)\sigma(\tilde{R}_{s^*})+R_f[\sigma(\tilde{R}_{s^*})]^2-$$
$$R_f\rho_{s^*m}\sigma(\tilde{R}_m)\sigma(\tilde{R}_{s^*})$$

运用上述公式，代入已知数据，S^* 点与 m 点的相关系数为：

$$\rho_{S^*m} = 1.0 - \left(\frac{1}{\sqrt{3}}\right)(0.5) = 0.711$$

现在我们可用这一资料解 G 点的投资组合，对于 G 点我们可求解目标函数 θ，得 $q=0.20$，这意味着投资组合 G 有 20%是由市场组合 m，有 80%是由主动投资组合 S^* 构成的。

(3) 寻找最优资金分配方案 p^{***} 点组合。解决投资者资金在无风险资产 R_f 与主动和被动混合投资组合 G 之间分配的问题，方法之一是图上作业法，连接一条从 R_f 穿过 G 点的直线，然后，在图上移动投资者的无差异曲线，两线相切处即为最优资金分配方案；方法之二是公式法，由投资者根据风险偏好，构建目标投资组合风险系数 $\beta_{p^{***}}$，在已知 β_G 的情况下，资金在 G 点与无风险资产 R_f 间的合意分配，可通过解下式得到：

$$\beta_{p^{***}} = \alpha\beta_G + (1-\alpha)(0) = \alpha\beta_G \tag{17-12}$$

$$\alpha = \beta_{p^{***}}/\beta_G \tag{17-13}$$

式中，α 值是投资于 G 的比例，$(1-\alpha)$ 是投资于 R_f 的比例。

若目标投资组合的 $\beta_{p^{***}}$ 值为 0.8，则 G 点的 β 值为：

$$\beta_G = (0.20)(1.0) + (0.8)(1.13) = 1.104$$

$$\alpha = 0.8/1.104 = 0.725$$

当目标风险系数为 0.8 时，投资者 k 的最优被动和主动投资组合见图 17-8。

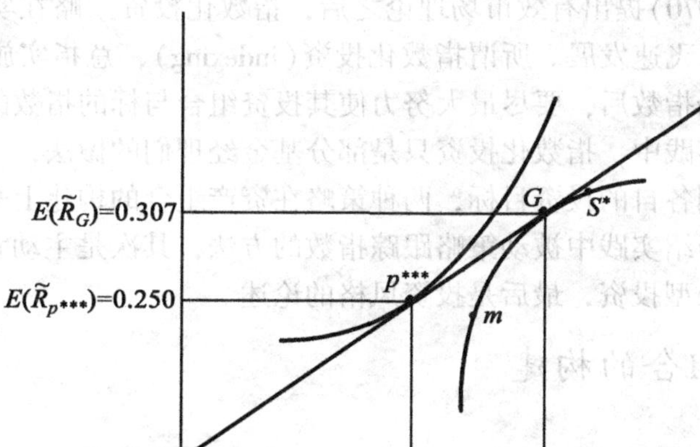

图 17-8　目标风险系数为 0.8 时，投资者 k 持有的最优投资组合

若投资者 k 有 1 万元进行投资，那么其最优资金配置状况见表 17-2。

表 17-2　　投资者 k 的最优资金分配方案

证券	财富比例	资金数额(元)	
A	$\alpha(1-q)(5/123)=0.024$	240	5800 元投资于 S^*
B	$\alpha(1-q)(10/123)=0.047$	470	
C	$\alpha(1-q)(108/123)=0.509$	5090	
m	$\alpha q=0.145$	1450	
无风险资产	$(1-\alpha)=0.275$	2275	
		$\sum$ 10000	

以上描述的主动和被动混合管理策略中的主动部分只考虑了证券选择策略，若再加入市场择时策略，新的混合管理策略只需做简单调整。当投资者预期的市场组合收益 $\hat{R}_m$ 大于无风险利率 R_f，用 $\hat{R}_m$ 代替 $E^k(\tilde{R}_m)$，重新计算 G 点的构成；若 $\hat{R}_m$ 小于 R_f，最优方案是不投资于 m 中的任何证券($q=0$)，无需再求 G 点的构成。重复上述程序可得到最优完全主动和被动混合管理方案。

第五节　被动与主动组合的构建

前面指出，被动投资策略的基本思想是：金融市场是有效率的，在这样的市场中任何投资者都不可能战胜市场，所以他们采取被动的指数投资，获取指数平均收益是最优的投资选择。自 Fama(1970)提出有效市场理论之后，指数化投资策略在实践中开始盛行，指数投资基金得到了飞速发展。所谓指数化投资(indexing)，意指实施策略的投资者一旦确定盯住某个市场指数后，要尽最大努力使其投资组合与标的指数的运行方向保持一致。另外，在投资实践中，指数化投资只是部分基金经理们的做法，主动投资管理还是大有市场的。为达到各自的投资目标，两种策略在资产组合的构建上采用了不同的方法。本节我们将首先介绍实践中被动策略跟踪指数的方法，其次是主动管理方法，主要包括价值型投资和成长型投资，最后是投资风格的论述。

一、被动投资组合的构建

(一)跟踪指数

被动投资策略，即指数化投资组合的构建有三种基本方法：完全复制(full replication)、抽样复制(sampling)和二次最优(quadratic optimization)。(1)完全复制是最容易想到的方法，即投资者根据指数中各个证券的权重，买卖标的指数中所有的证券。这个方法可以确保投资组合紧密跟踪指数，但在实施时要频繁买卖证券，交易成本很高。如果标的指数中所包含的证券数目不太多的话(如，S&P 500、上证 180)，这个方法还不错。如果标的指数所包含的证券数目很多(如，Wilshire 5000、Russell 3000)，则这种方法无疑会导致过高的成本。(2)抽样复制。根据统计学原理，在调查中当面对

"中国高校在校学生的平均身高"这样的问题时，解决办法不是对500万在校大学生一一测量身高，而是根据一定的分类(大一到大四，东部或西部，南方或北方)选取若干份样本来进行测量。同理，在证券市场上，基金经理可以买卖指数中一部分具有代表性的股票，来达到与标的指数相匹配的目的。这样做的好处是可以降低佣金成本，不足之处在于样本不能完全代表总体。抽样复制肯定不能像完全复制那样，紧密跟踪标的指数的一举一动。(3)二次最优。运用这种方法的投资经理，既不会买卖指数包含的全部股票，也不会根据统计学原理来抽样，他们通常是计算标的指数中各个证券历史价格的变动和相关性，将数据输入计算机中，求解那些能使投资组合与标的指数之间的跟踪误差最小的证券组合。由于该方法采用电脑程序来构建投资组合，又被称作程序化技术(programming techniques)。该方法的优点是可以避免完全复制的繁琐和抽样复制的误差，以最小的成本得到最优的组合。但缺点也是显而易见的：历史价格的变动不能代表未来，一旦股票间的相关性等特征发生了变化，依靠这种方法选出的股票就不能代表整个指数。

一般地，指数基金的招募说明书中会明确说明基金采取的是那种方法，下例截取了一支指数型交易所交易基金——华夏上证50ETF(证券代码：510050)的招募说明书(部分)。

上证50交易型开放式指数证券投资基金招募说明书

基金管理人：华夏基金管理有限公司

基金托管人：中国工商银行股份有限公司

2015年6月30日

一、绪言

……

十一、基金的投资

(一)投资目标

紧密跟踪标的指数，追求跟踪偏离度和跟踪误差最小化。

(二)投资理念

中国经济和资本市场将长期快速增长，指数化投资可以以最低的成本和较低的风险获得市场平均水平的长期回报……

(三)投资策略

本基金主要采取完全复制法，即完全按照标的指数的成分股组成及其权重构建基金股票投资组合，并根据标的指数成分股及其权重的变动而进行相应调整……

……

(3)组合构建：根据标的指数，结合研究报告，基金经理小组以完全复制指数成分股权重方法构建组合。在追求跟踪误差和偏离度最小化的前提下，基金经理小组将采取适当的方法，以降低买入成本、控制投资风险……

……

(6)组合监控与调整：基金经理小组将跟踪标的指数变动，结合成分股基本面情况、流动性状况、基金申购和赎回的现金流量情况以及组合投资绩效评估的结果，对投资组合进行监控和调整，密切跟踪标的指数。

基金管理人在确保基金份额持有人利益的前提下有权根据环境变化和实际需要对上述投资程序做出调整，并在基金招募说明书及其更新中公告。

……

由此例我们可以看出，华夏上证 50ETF 是一支典型的指数型基金，具备被动投资策略的所有特征：投资目标不是击败市场而在于使跟踪误差最小化来获得“平均回报”；标的指数是上证 50；该指数基金的构建方法是前面提到的第一种方法——完全复制。

(二)跟踪误差

从以上分析我们已经知道，被动投资策略是一种获得市场平均回报的策略。既然目标在于跟踪某种指数，那么判断被动投资是否成功，就不应该看其收益率有多高，而应该是投资组合收益变动和目标指数变动是否紧密。因此，跟踪误差(tracking error)可被定义为：在一定时期内，投资组合收益的变动和标的指数收益的变动之间不相关的程度。

进一步地，假设在 t 时刻，投资组合的收益率为 R_{pt}，标的指数的收益率为 R_{It}，二者的偏离记为 Δt，则有：

$$\Delta t = R_{pt} - R_{It} \tag{17-14}$$

对于给定的 T 个观测值，Δ 的方差可表示为：

$$\sigma_{\Delta}{}^{2} = \frac{\sum_{t=1}^{T}(\Delta_t - \overline{\Delta})^2}{(T-1)} \tag{17-15}$$

Δ 的标准差为：

$$\sigma_{\Delta} = \sqrt{\sigma_{\Delta}{}^{2}} \tag{17-16}$$

这个标准差不是最后的结果。因为观测区间不同，有时观测值是月收益率，有时是周收益率，这样就要将 Δ 的标准差统一到年度：

$$\mathrm{TE} = \sigma_{\Delta}\sqrt{P} \tag{17-17}$$

其中，P 为一年中观测区间的个数(月度收益则 $P=12$，周收益则 $P=52$)。

例　假设一个指数型基金经理构建了一个投资组合来跟踪某个指数，过去两年的所有季度收益率和该指数的季度变动率如表 17-3 所示。

表 17-3　**指数基金跟踪误差的测定**

季度	组合	指数	季度	组合	指数
1	2.300	2.700	5	1.500	0.400
2	−3.600	−4.600	6	3.200	2.800

续表

季度	组合	指数	季度	组合	指数
3	11.200	10.100	7	8.900	8.100
4	1.200	2.200	8	-0.800	0.600

则 Δt 分别为 -0.4，1.0，1.1，-1.0，1.1，0.4，0.8 和 -1.4，Δt 的平均值为 0.2%，标准差为 1.00%，$TE=1.00\%\times\sqrt{4}=2.0\%$

二、主动投资组合的构建

(一)投资分析

主动投资组合的构建建立在投资分析的基础上，实践中投资分析方法大致有三种：技术分析、基本分析和金融异象分析。

(1)技术分析在证券市场发展的早期有很大的舞台，并产生了一系列精妙的理论和颇具传奇色彩的投资人物。技术分析的基础是三大假设，其中，最重要的思想体现于假设二中："价格趋势一旦形成，往往持续若干时间"。这表明金融市场里的信息传递是有时滞的，股票的价格变动不是瞬间完成的，而是有趋势的，投资者可以判断这个趋势并把握买卖的时机从而赚取超额收益。技术分析对时机选择有一定的参考价值，这也是技术分析人士仍然活跃在市场上的原因。随着现代投资组合理论的不断完善和证券市场的不断发展，机构投资者逐渐成为市场的主角，技术分析方法逐步被基本分析方法所取代。到目前为止，我们还没有听说哪个投资者纯粹采用技术分析的投资策略，也没有听说过哪个投资者能纯粹用技术分析持续不断地获得超过市场水平的收益。

(2)基本分析是主动投资策略中最常见的一种分析方法，在西方投资实务界相当成熟，它包括宏观经济分析、行业和市场分析以及公司财务分析。投资者相信金融市场不能完全反映公开可得信息，通过大量分析选出的股票，一定能够给他们带来经过风险调整的超额收益。除了指数基金，基本上所有机构投资者都是基本分析的拥护者和实践者。而且个人投资者在买卖股票时也知道关注"概念"或"题材"，这其中也蕴含着基本分析的思想。前面章节中已详细论述了基本分析的种种方法，这里就不展开论述了。

(3)最近一二十年来，研究者们通过实证发现，有许多金融资产的价格变动，明显违背经典金融理论，这种现象就叫异象(anomalies)。所谓利用异象来进行主动投资管理，就是利用了研究者们的实证结果来构建投资组合。如许多研究表明，从长期来看，小市值股票的投资收益率明显高于大市值股票，那么投资者可以利用这个结论，专门构建小市值的股票组合，以得到长期的超额收益。这个研究结论叫作"规模效应"。金融异象有许多，除了"规模效应"之外，还有日历效应、价格反转、价格动量等，这些异象都对传统的 EMH 理论和 CAPM 理论构成了巨大的挑战。在种种异象的基础上，发展出了一门生机勃勃的学科——行为金融学，感兴趣的读者可阅读本书最后一章。

(二)价值型和成长型投资

在过去几十年中，主动投资策略的风格之争主要体现于究竟是采用"价值型投资"

(value investing)还是采用"成长型投资"(growth investing)。解释价值投资和成长投资的最佳途径是市盈率(P/E)。我们知道，市盈率可表示为：

$$\text{市盈率}=P/\text{EPS} \tag{17-18}$$

其中：P 为当前每股价格，EPS 为每股收益。

为了清楚地说明价格的变化，上式可改写为：

$$P=(P/E)\times EPS \tag{17-19}$$

很明显，一支股票的价格可"看作"两部分之积，一为 P/E，一为 EPS。(17-19)式可以很清楚地说明价值投资与成长投资的区别，因为不同风格的投资分别只关注其中的一个部分。对成长型投资者而言，他们主要把注意力放在 EPS 及决定 EPS 增长的经济因素上，他们认为：(1)要主动寻找那些 EPS 将飞速增长的公司；(2)假设 P/E 短期内不变；(3)若条件(1)和(2)成立，则股价 P 无疑也将上涨，成长型投资者将获利。对价值型投资者而言，他们则主要关注股票的市盈率，他们将会：(1)主动寻找那些目前市盈率低的公司；(2)无论公司的预期 EPS 如何，一般假设短期内无本质变化；(3)只要公司的市盈率偏低，市场终究会"纠正"这种情况，带来股价 P 的上升。

区分价值股和成长股最简单的一个方法是先计算出市场上所有股票的市盈率，再对每只股票按市盈率从高到低排序，然后从市盈率最低的股票开始选择，直到达到累计市值的一半为止，这样选出的股票全部归入价值型，剩下的统统归于成长型。除了市盈率之外，"市账值比"(Price/book Value，P/B)也是区分价值和成长投资的一个标准，道理同上。这个分类如图 17-9 所示。

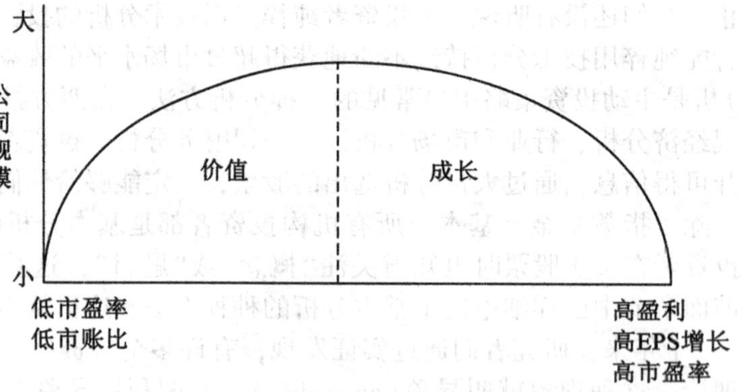

图 17-9　价值型股票和成长型股票的特点

【扩展阅读】

戴维斯双击效应

戴维斯双击(Davis Double Play)是一种选股策略，在选股的时候，选用两个指标数据，一个是公司利润的增率，选择那些在 5 到 10 年内业绩会持续增长的公司，另一个就是市盈率，在确定公司利润增长率指标的前提下，选择那些市盈率尽可能低的股票买入。

戴维斯双击的操作很简单：以低市盈率买入潜力股票，待其成长潜力显现后，以高市盈率卖出，这样可以尽享每股收益和市盈率同时增长的倍乘效益，可以说同时兼顾了价值型投资和成长型投资的特点，此所谓“双击”。假如一家具有增长潜力的公司5年内的净利润增长3倍，每股收益为1元到3元，同时由于股市预期的转变，5年内市盈率从18倍涨到60倍，那么5年后卖出这家公司的股票就能获得10倍左右的收益。

戴维斯双击效应特别适合中国：(1)对于公司利润的增长率指标而言，中国的经济快速增长，同时也造就了一批保持连续多年高速增长的上市公司，寻找业绩持续增长15%的白马股并非难事。(2)对于市盈率指标而言，中国股票市场由于受政策和投资群体的素质等因素的影响，市场处于分割状态，沪市、深市，A股、B股、H股，人民币交易、美元交易、港币交易、限制换币额度、限制机构买入等，提供了众多具有低市盈率的股票。

【扩展阅读】

价值型基金和成长型基金的风格差异

通过阅读基金招募说明书感受如下两支基金的风格差异：一支是大成基金管理公司旗下的价值型基金，一支是南方基金管理公司旗下的成长型基金。这在它们的招募说明书中有清晰的标称。简要比较两者的投资风格可以发现，这两只基金虽然都认可市场非有效，强调主动的资产管理，但在风格倾向上前者更注重“*P/B*值低、具有良好增长潜力的上市公司”；后者注重的是“在全部上市公司中成长性和投资价值排名前5%的公司”。

大成价值增长证券投资基金招募说明书

基金发起人：大成基金管理有限公司

基金托管人：中国农业银行

一、绪言

二、释义

……

八、基金投资

(一)投资目标

以价值增长类股票为主构造投资组合，在有效分散投资风险的基础上，通过资产配置和投资组合的动态调整，达到超过市场的风险收益比之目标，实现基金资产的长期稳定增值。

(二)投资范围

本基金的投资范围限于国内依法公开发行、上市的股票、债券及中国证监会批准的允许基金投资的其他金融工具，主要投资对象为深、沪两市A股票中*P/B*值低、具有良好增长潜力的上市公司。

（三）投资理念

本基金的投资基于以下理念：

(1)中国证券市场的基本特征是：新兴市场，弱式有效；有潜力的股票易被市场低估，但从长期而言，决定股票价格的是该公司的内在价值。

(2)通过专业研究和数量分析，可以有效排除表象，找到价值被低估的股票。

（四）投资策略

本基金投资策略分三个层次：资产配置和行业配置遵循自上而下的主动策略，个股选择遵循自下而上的主动策略。本基金的国债投资比例将不低于20%，股票投资部分重点关注：低*P/B*值、具有可持续增长潜力、盈利水平超过行业平均水平、具有核心竞争力的优势企业。

南方高增长证券投资基金招募说明书

基金管理人：南方基金管理有限公司

基金托管人：中国银行股份有限公司

一、绪言

二、释义

……

十二、基金的投资

（一）投资目标

本基金为股票基金，在适度控制风险并保持良好流动性的前提下，以具有高成长性的公司为主要投资对象，力争为投资者寻求最高的超额回报。

（二）投资范围

本基金的投资标的物包括国内依法公开发行的各类股票、债券及其他金融工具，其中股票（含可转债）的投资比例为60%～95%，并以具有如下高增长特征的品种为主：

(1)未来2年预期主营业务收入增长率和息税前利润增长率均超过GDP增长率3倍，且根据"南方高成长评价体系"，在全部上市公司中成长性和投资价值排名前5%的公司。

(2)面临重大的发展机遇，具备超常规增长潜力的公司

（三）投资理念

本基金在秉承公司一贯投资理念的基础上，按照以下理念进行投资：

主动投资原则：中国的证券市场，尤其是股票和可转债市场是一个非有效市场，通过挖掘增长潜力被市场低估的股票，主动投资，是可以获得较高的超额收益的。

相对价值原则：通过对股票市场、债券市场、货币市场的分析，也通过对上市公司的定性和定量研究，是可以在市场之间和市场内部寻求低估的投资品种，获取相对价值的。

研究为本原则：我们坚信，基本面研究创造价值。具有前瞻性的基本面研究，有助于挖掘投资品种内在价值，同时规避道德和信用风险。

(四)投资策略

作为以高增长为目标的股票基金，本基金在股票和可转债的投资中，采用"自下而上"的策略进行投资决策，以寻求超额收益。本基金选股主要依据南方基金公司建立的"南方高成长评价体系"，通过定量与定性相结合的评价方法，选择未来2年预期主营业务收入增长率和息税前利润增长率均超过GDP增长率3倍，且根据该体系，在全部上市公司中成长性和投资价值排名前5%的公司，或者是面临重大的发展机遇，具备超常规增长潜力的公司为主要投资对象，这类股票占全部股票市值的比例不低于80%。

……

我们已经知道价值型股票和成长型股票的特点了，接下来一个很重要的问题是：价值型和成长型股票的相对表现如何？按照常理，人们都会关注那些盈利增长快、行业前景好的股票，即成长型股票一般"前景"较好，是市场追捧的对象，美国历史上甚至出现过 P/E 值达100多的股票。但基本上所有对美国市场的研究都表明，成长型投资的收益不如价值型投资，投资于低 P/E 或 P/BV 的股票将给投资者带来更大的收益。图17-10也证明了这一点。

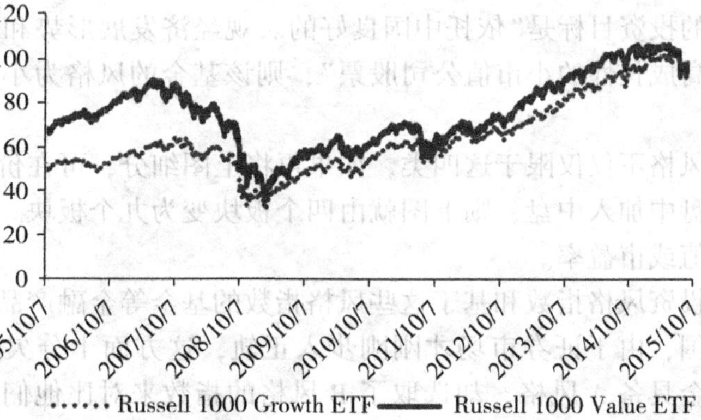

图17-10　Russell 1000价值型指数ETF和Russell 1000成长型指数ETF的表现

资料来源：NASDAQ网站。

(三)股票风格管理

20世纪70年代初，一些研究者发现股票可以分为一些不同的种类，同一类股票有着相同的特性和价格走势。不仅如此，同一种类股票的收益与其他种类也有很大不同，这就是风格管理中所谓的"板块"概念。前面所讲的价值型和成长型股票就是两种不同的"板块"。

但是，市盈率并不是划分股票的唯一标准，价值和成长也不是股票仅有的两个"板块"。如用盘子大小(市值)来划分股票种类的话，一些投资经理成了"大盘股"投资者，另一些则是"小盘股"投资者。业内人士开始把这种有类似表现的股票种类看作投资的风格(style)，图17-11是一个根据市值和市盈率划分的股票风格板块。

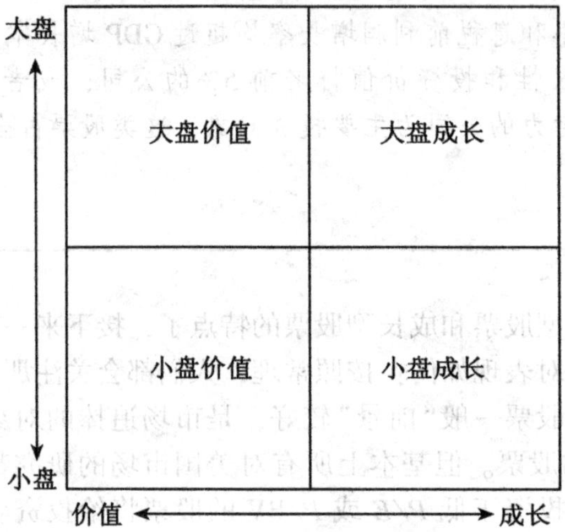

图17-11 四大常用股票风格板块

如果某基金的投资目标是"依托中国良好的宏观经济发展形势和资本市场的高速成长，投资于具有高成长性的小市值公司股票"，则该基金的风格为小盘成长，位于图的右下方。

当然，投资风格不仅仅限于这四类，如果再将上图细分，可在价值和成长中加入平衡型，小盘和大盘中加入中盘，则上图就由四个板块变为九个板块。此外，还可以用其他指标来代替市值或市盈率。

种类繁多的投资风格指数和基于这些风格指数的基金等金融产品，在华尔街已经深入人心。但在我国，由于证券市场才刚刚步入正轨，这方面十分欠缺。有很多基金经理，其管理的基金具备A风格，却选取了B风格的指数来对比他们的投资表现，这是在明显误导投资者。股票投资风格这一观念在投资领域要被完全接受，还需假以时日。

第六节 投资组合的调整、分散化和限制性因素问题

一、调整问题

被动投资管理策略要求投资者定期调整投资组合的构成内容。当一支股票从指数中被剔除，或者当有新股加入指数中来时，跟踪该指数的指数基金就要做出相应的调整。此外，某些公司可能会出现兼并、破产或摘牌，这也会影响到指数的构成。反映投资者

就业状况、住房买卖等个人状况的变数可能会导致对合意投资组合的调整，因为，这些变数对投资者的实际资产和金融资产的总水平的改变产生了影响。所以，我们不可将投资组合看成是静态的，而是随时在发生变化的事物。

对于主动管理的投资组合，调整问题无疑要复杂得多。当新的信息进入市场或投资组合的所有者有现金流入和流出时，进行主动管理的职业经理通常每日要做投资决策。当出现现金流入时，如，收到支付的股息，为保证投资组合的满仓状态，职业经理就会面临购买何种证券的决策问题；当遇到现金流出时，经理人员又会面临卖出何种证券的决策问题。因此，任何现金流入或流出都可能引致投资组合的持仓结构发生变化，从而导致对投资组合的调整。

对主动管理的投资组合应定期进行调整，主要原因有两个：第一，由于现金流和证券的市场价格随时在发生变化，使得原有最优持筹比例发生变化，投资组合的实际持筹结构会偏离其合意持筹结构，这就必然要对投资组合加以调整，称为再平衡动因（rebalancing motive）；第二，当新的信息进入市场，并改变了投资者的预期，致使现时持有的投资组合不再合意，需对其进行调整，我们把这类调整原因称为信息动因（information motive）。以下我们通过实例来说明上述两类动因。

（1）再平衡动因。沿用本章第四节的例子，假设在 $t=0$ 时刻，证券 A、B 和 C 的市场价格为：

$$P_{A0}^{m}=20\text{ 元}$$

$$P_{B0}^{m}=5\text{ 元}$$

$$P_{C0}^{m}=10\text{ 元}$$

前例中，投资者 k 有 5800 元投资于投资组合 $S*$，持股结构为：A 股票 12 股（240/20），B 股票 94 股（470/5），C 股票 509 股（5090/10）。然而，假设在 $t=1$ 时刻，这三种证券的价格发生了变化，分别为：

$$P_{A1}^{m}=10\text{ 元}$$

$$P_{B1}^{m}=8\text{ 元}$$

$$P_{C1}^{m}=20\text{ 元}$$

如果该投资者仍保持对每一证券的初始持股数量不变，那么，其对每种证券的持股比例就会发生改变。新的持股比例是：

$$x_A=\frac{12\times10}{12\times10+94\times8+509\times20}=0.011$$

$$x_B=\frac{94\times8}{12\times10+94\times8+509\times20}=0.068$$

$$x_C=\frac{509\times20}{12\times10+94\times8+509\times20}=0.921$$

该投资组合的总市值变为 11052 元。如果投资者在 $t=1$ 时刻，对这三种证券的收益预期不发生改变，那么就必须对该投资组合进行再平衡，才能够将其恢复到初始最优持股比例。在此情况下，投资者 k 需将 $S*$ 中的持股比例进行调整，还原到 $x_A^{s^*}=0.041$，$x_B^{s^*}=0.081$，$x_C^{s^*}=0.878$。为达到这一要求，投资者需持有 45 股 A 股票（$0.041\times11052\div$

10)，112 股 B 股票(0.081×11052÷17)，485 股 C 股票(0.878×11052÷20)。实现这一调整的途径是投资者用出售 24 股 C 股票得到的资金，增加购买 33 股 A 股票和 17 股 B 股票。

对投资组合进行再平衡，保持仓位结构不变，这意味着"抛涨买跌"这一简单决策准则的运用。在一定时期内，市场价值增长最多的证券，就成为卖出的对象；价值缩水的证券，就成为买进的对象，这样做才能够恢复原投资组合的持筹比例。就主动择券策略的思路而言，当投资者对单个证券的收益预期不变时，这种投资调整准则是合乎理性的。证券的价格下跌了，则意味着现在的价值低估程度变得更为严重；证券价格的上升，则表明其定价更趋合理。

(2)信息动因。如果人们的预期发生改变，从实际的观点看，单纯的再平衡调整就变得不再适用了。投资实践中，微观经济事件、公司的近期收益等新信息进入市场，若这些信息与证券估值有关的话，必然引起对主动管理的投资组合的调整。在此情况下，利用再平衡调整当然是可行的，但是，再平衡将从属于最优投资比例的设置。例如，投资者 k 在 $t=1$ 时刻，接受了新信息，导致其改变了对证券 C 的收益预期，在 $t=0$ 时刻的预期收益为 35%，而新的预期为 40%。这样，k 就会对投资组合的原有结构重新进行分析，以决定 $S*$ 和 G 的构成。加入新的信息后，采用本章前述方法就可以决定证券 A、B 和 C 的新的最优投资组合。这三种证券的新的持筹比例是在 $t=1$ 时刻调整投资组合得到的，而不是像前例那样，仅仅恢复 $S*$ 的原有最优比例而获得。

此外，在投资组合的调整过程中，交易成本的影响应当予以考虑。由于交易成本在不同的投资者之间存在差异，无法用一个简单的模式来决定调整的时机。实践中，简便易行和可供参考的调整准则主要有两条：第一，对于小至需要进行零股交易的调整应当尽量避免，因为这类交易的交易成本太高；第二，股息收入可用来投资于定期存单和货币市场基金，除非积累的现金允许投资者购买整股股票和债券。此外，有许多共同基金提供股息再投资服务。

二、分散化问题

持有不完全分散化的投资组合的理由主要有两条：第一条理由是交易成本。对主动和被动混合管理策略而言，仅用少量的资金投资于市场组合 m 是不可行的。靠减少证券持有数量可节省交易成本，但同时又失去了某些分散化利益。对散户而言，选择共同基金可以达到低成本分散化的目的。此外，前面提及的指数基金也不失为一种有吸引力的投资工具。

根据投资组合理论，有许多简化的投资选择模型，可以使散户直接投资个别证券而不致承担额外的交易成本。一种方法是运用市场模型和单个证券的 β 值，投资者可选择与其投资的财富水平相一致的证券数量 N 来达到最佳分散化的目的。这样，一位只有 5000 元的投资者可以选择 3~4 支证券进行投资；拥有 10000 元的投资者则可以选择 6~7 支证券进行投资。投资者只需持有 8~10 支股票就可以将投资组合的风险降低到接近市场组合的水平，尤其对小额投资组合而言，这对降低交易成本具有实质性的意义。显然，减少交易频率是降低交易成本的有效途径，但缺点是对新的信息不能作出及时的反应。

持有不完全分散化投资组合的第二条理由是要求从对错误定价的证券选择中获利，例如，主动的择券策略。这种策略要求投资者放弃一些可得的分散化利益，正是这一理由，对主动的投资组合进行评估时，应考虑其收益的标准差特征。当然，在其他条件一定时，投资组合越集中于错误定价的证券，其分散化程度就越低，其收益的标准差也就越大。这一点恰恰验证了“证券市场无免费午餐”的名言。

三、限制性因素问题

对投资组合管理的限制，如前述，源自于某一投资者个人的特殊要求，或源自于法律和管制方面的制约，不管来源何在，以下四个方面的限制因素是可以辨别的：(1)现金流及其利用；(2)投资组合持筹比例；(3)符合条件的证券；(4)投资组合的时间跨度。现分别对这四个问题进行简要的讨论。

(1)现金流。通常现金流限制是指在特定时期内，投资者出于消费的目的，对投资组合提出最低收入水平的要求。譬如说，某一种现金流限制要求投资组合产生的预期收入流每月不得低于100元。解决现金流限制的一种途径是直接投资于单个证券，该证券具有恰好能够满足这一要求的预期未来股息支付；另一种途径是投资于共同基金，该基金允许投资者从中获得合意的定期收入。

现金流限制还可能来源于投资者在税收方面的考虑。处于高纳税等级的投资者可能不愿通过定期的利息和股息收入的实现而承受额外的税赋，就会对投资组合施加限制，使之不产生现时收入。由于在兑现前，投资者获得的资本利得不必纳税，可以通过持有不付息股票的方式实现延迟纳税直至其边际税率下降时为止。

现金流限制的另一原因是投资者投资于证券的初始资金的额度不大，然后是持续若干年的小额投入。这种情况下，现金流限制的是资金流入。现金流入限制可能会对共同基金、储蓄账户或一两支普通股票的选择加以限制。

(2)投资组合持筹比例。对投资组合持筹比例形成限制的最明显的原因是确保适当的分散化，如投资者决定对某一上市证券的持有不超过其资金的10%。若投资者受雇于汽车行业，出于其持有实际资产和金融资产的总体考虑，可能会限制对汽车和钢铁公司的证券持有，使之不超过其资金的2%。

持筹比例的限制可以是对单个证券或行业的投资数量设置最低限制。为保证合理的流动性，投资者可始终要求持有短期国债的规模不少于其资金规模的50%。

根据美国1940年《投资公司法》的规定，开放型基金对任何公司的持股不得超过基金持股的5%，拥有任何公司在发股份的比例不得超过10%。联邦法律的限制，既可保证基金到达最低限度的分散化，又可使其充分扮演投资者的角色，不致对其持股的公司产生施加控制的企图。

(3)符合条件的证券。通常，机构投资者，如养老基金和共同基金都十分注重投资研究，并在此基础上开列出所谓的“合格证券清单”或“授权证券清单”——又称“证券池”。该清单经由最高投资管委会批准，且定期予以修改，专门用以确定投资组合中拟购买和持有的证券种类。对于债券，授权清单往往列入那些专门评级过的或等级更高的债券；对于普通股票，只有那些经公司证券分析人员研究过的，并确信其风险收益组合与投资组合的目标一致的股票才会被列入清单。有时，也会有目的地从清单中剔除部分合格证券，剔除的原因往往是出于税收或其他原因的考虑。例如，免税机构显然不希望排除对市政公债的投资。

(4)投资组合的时间跨度。严格地说，在一定时期内，投资组合管理的合理时间跨度选择是一个相对次要的限制因素。开放型基金在任何时候都面临着基金持有人的出清行为，那么，开放型基金就会面临着对基金管理的时间跨度的选择问题，从而保持证券组合具有一定程度的潜在流动性，因此，对开放型基金而言，时间跨度问题实质上就是保持何种程度的短期流动性的问题。养老金公司的情况就不同了，它要定期支付预期的现金流出，但预期发生突然的资金抽离的可能性不会太大，这种情况下，它就会投资于时间跨度较长，有更高收益的私募债券，因此，养老基金对短期流动性的要求相对较低。

投资者对时间跨度的选择要与持券的种类相匹配。例如，一名具有 20 年期时跨的投资者不可能去投资持有商品期货或股票期权，这显然会带来频繁交易的要求，这名投资者可能会重仓持有普通股票，因为，从长期的观点看，普通股的绩效会超过风险较低的债券和其他固定收益证券。

此外，对许多投资者而言，还面临着自己管理自己的投资组合，还是寻求投资机构提供专业的理财服务的选择，我们称之为管理问题。对这个问题的认识，需要投资者对市场中提供各类理财服务的机构投资者有一个较全面的了解。

第七节 投资组合的国际分散化

从前面有关分散化的讨论中，我们知道，在投资组合中增加一些不完全相关的资产可以改善投资组合的风险—收益状况。随着金融全球化的发展，我们将能够更容易地利用国外的证券，将其作为一种可行的更大范围上的分散化途径。

从图 17-12 中我们可以看到国际分散化对投资组合管理带来的好处。当我们进行国际化投资，使得我们的投资组合不止包含一个国家的证券时，经过补充的投资组合的风险—收益状况相对于仅包含一国证券的投资组合的风险-收益状况将有明显的改善。

一、汇率风险与国际分散化

当然，在通过国际环境下进一步的分散化来降低投资组合的非国际系统性风险的同时，国际化的投资也带来了其他一系列的风险。由于国外市场的信息往往不能及时地获得而且收集起来也相对困难，所以对国内投资者来说，进行国际化投资比国内投资存在更为严重的信息不对称问题。在一些经济规模小，相应的证券市场也小的国家内，可能会存在高昂的交易费用与严重的流动性问题。此外，对于国际化投资，还需要特别注意投资的政治风险，如该国政治环境的稳定性、战争发生的可能性、税收政策和外汇政策的变动等。如在伊拉克发生的战争就使得该国的投资者损失惨重，这可以说是政治风险的一个典型例子。

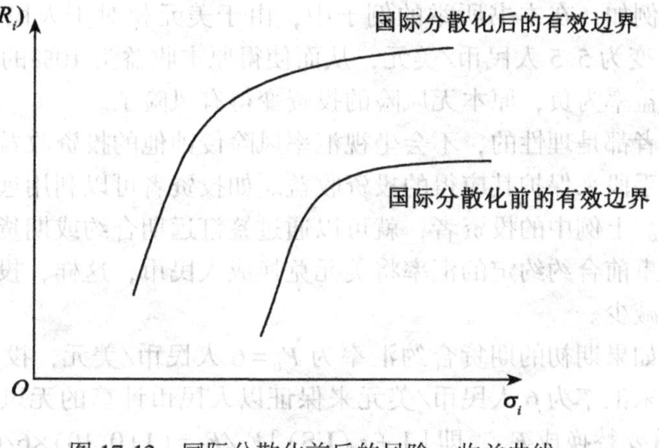

图 17-12　国际分散化前后的风险—收益曲线

除了上面提到的几种风险以外，国际化投资必然会存在的一个重要风险是汇率风险。因为，国际化投资所取得的收入，不仅取决于在外国货币下计算的投资收益率，还取决于外国货币与本国货币之间的汇率。

我们以一个例子来说明这一点。假设一个中国投资者在美国进行投资，购买了以美元计算的年收益率为 10%的无风险美国国债。假定现在的汇率是 1 美元兑换 6.5 元人民币，该投资者的投资额为 45500 元人民币，也就是相当于 7000 美元。很明显，一年后该投资者将能取得 7700 美元的收入。如果此时美元与人民币的汇率不变，投资者将能得到 50050 元人民币，其收益率等于美国国债的年收益率 10%。

然而，我们知道外汇市场是处于不断变动之中的，谁也无法保证一年后的美元对人民币的汇率会固定不变①，如果汇率发生了变化，它将会对投资者带来什么影响呢？现在假设一年内美元对人民币贬值了，一年后的汇率是一美元兑换 5.5 元人民币，那么一年后取得的 7700 美元就只能兑换 42350 元人民币，相对于期初 45500 元人民币的投资来说，投资者反而损失了 3150 元人民币。可见，在汇率发生上述变动情况下，投资者对收益率为 10%的美国国债的投资不仅没有给他带来收益，反而损失了 3150 元人民币，此时的收益率为-6.92%。

我们将上面例子进行推广，可以得到存在汇率风险下的一般情况。设 E_0 为期初汇率（如本文中的 6.5 人民币/美元），那么 45500 人民币就等于 $45500/E_0$ 美元。投资一年后的收益为 $(45500/E_0)[(1+r_f(\mathrm{US}))]$ 美元，其中 $r_f(\mathrm{US})$ 代表美国市场的无风险收益率。美元收入最终还要以 E_1 的汇率兑换成人民币，则一年后的人民币收入等于 $(45500E_1/E_0)[(1+r_f(\mathrm{US}))]$。此时，美国国债投资以人民币计算时的收益率为 $1+r_f(\mathrm{CN})=[1+r_f(\mathrm{US})]E_1/E_0$。该公式表明，以人民币计算的投资收益率等于用美元计

① 当然，目前我国的汇率制度还是有管理的浮动汇率制，还没有实现资本项目下的可自由兑换。但这里的例子并不妨碍我们对汇率风险的理解。

算的收益率乘以期末与期初的汇率比。由此公式，我们可以清楚地了解汇率变动对投资收益率的影响。例如，在本书所举的例子中，由于美元相对于人民币贬值，从期初的6.5人民币/美元变为5.5人民币/美元，从而使得原本收益为10%的美国国债投资用人民币所计算的收益率为负，原本无风险的投资变得有风险了。

当然，投资者都是理性的，不会坐视汇率风险侵蚀他的投资收益。他们往往会利用其他的套期保值手段来保护其应得的投资收益。如投资者可以利用远期合约或期货合约来转移汇率风险。上例中的投资者，就可以通过签订远期合约或期货合约，使他在收到美元收入后可以事前合约约定的汇率将美元兑换成人民币，这样，投资者所面临的汇率风险就被消除或减少。

具体来说，如果期初的期货合约汇率为 $F_0=6$ 人民币/美元，投资者可以通过签订期货合约约定年末汇率为6人民币/美元来保证以人民币计算的无风险收益。此时，上面公式中的 E_1 就要替换成 F_0，即 $[1+r_f(\text{US})]F_0/E_0=(1+0.10)\times6/6.5=1.0154$，无风险下的人民币收益率为1.54%。

通过以上的分析，我们知道，一名中国投资者要获得无风险收益，既可以投资于美国国债，同时对汇率风险进行套期保值，或者其只在中国投资于本国国债。根据前面介绍的无套利均衡理论，这两种无风险投资策略应该产生相同的收益，即 $[1+r_f(\text{US})]F_0/E_0=1+r_f(\text{CN})$，整理得到：$F_0/E_0=[1+r_f(\text{CN})]/[1+r_f(\text{US})]$。其实，这个公式说明的就是利率平价关系。

二、被动与主动的国际投资

通过前面对被动管理策略的介绍，我们知道，投资者常常用一国市场的证券组合指数(如S&P500指数)作为被动证券投资的基准。同样，在国际分散化中，被动国际投资也往往以一个世界性的市场指数作为基准。

目前，应用广泛的一个世界性市场指数是由摩根斯坦利(Morgan Stanley)公司计算得出的欧洲、澳洲与远东价格指数(EAFE index)，这一指数排除了美国、加拿大和南非，根据其余国家股票绩效计算而得。摩根斯坦利国际资本还发布了世界与地区性权益证券绩效指数。显然，以上的各种指数不过是在国际环境下对国内被动证券投资策略的一种扩展。

在国际环境下投资容易产生的一个问题是制定世界指数时选择市值权重方法的合理性。一般的做法是以一国市场资本化权重作为制定世界性指数的权重，但是资本化的变化很大，而且与一国的国民生产总值也存在巨大的差异，所以该方法也遭到一些人的质疑。例如，当20世纪90年代日本股票市场开始不景气时，日本的资本化份额从1994年时高出GNP份额的50%，下降到1998年的低于GNP的50%。所以，一些专家认为用国内生产总值作为国际证券指数的权重，比用上市公司的市值更为合适。在他们看来，一国的国内生产总值比其在外的股票市值更能代表这个国家在国际经济中的重要性，而且该指标也相对稳定得多。还有一些学者建议用各国进口额的比例作为权重，其依据是那些希望对进口货物套期保值的投资者会按照这些进口货物同等比例地选择在外国公司中拥有的股份，而且该指标也反映了在开放的国际经济环境下一国经济的实力和影响力。

当然，国际环境下的主动投资管理也可以看作国内主动管理的扩展。我们前面已经讨论过，在国内的主动管理策略包括择券和择时，但是在国际环境中，由于涉及不同国家、不同货币和汇率变动等问题，此时所要考虑的就不仅仅是择券和择时的问题了。一般来说，国际分散化下的主动投资管理策略要考虑四个因素，即货币的选择、国家的选择、证券的选择和时间的选择。择时和择券的问题基本上与前述国内主动管理的内容相同，这里不再重复。关于货币的选择，其实就是汇率问题，我们在前面对汇率风险的讨论中已经涉及。至于国家的选择，主要是要考虑投资国特有的国家政治风险等。总之，国际分散化下的主动管理就是根据对国际投资市场现实状况的分析，对上面提到的四个因素做出权衡和抉择，从而使投资组合达到合理的风险—收益均衡。

这里要注意的是，在对国际投资市场进行分析时，我们往往会遇到一些困难，如财务数据的不可比性就是一个不小的问题。和进行国内投资时一样，投资者在进行国际投资时，往往以可得的公开财务数据作为分析的基础，但此时投资者必须使财务报表处于同一起跑线上，即只有在可比的财务数据的基础上，投资者才可能进行正确的分析，从而做出正确的投资决策。在对各国财务数据进行可比性调整时，除了我们在第八章中提到的一些财务报表可比性问题外，还存在如下一些重要的问题需要加以考虑。

(1)折旧。例如，美国允许公司根据纳税与报表两种目的使用不同的财务报表。因此，美国那些即使出于纳税目的而使用了加速折旧法的公司，在报表中也往往使用直线折旧法。而这种双重报表的使用在其他国家是很少见的。一般来说，美国以外的其他国家在纳税和提供报表时都倾向于使用加速折旧法，而这对资产的收益和账面价值是会有影响的。

(2)公积金。如美国通常的标准是允许为或有损失留存较低的公积金，这就导致了相对于其他国家较高的报表收益。在公司如何为养老金留存准备金方面，各国一般也存在较大差异。

(3)合并。一些国家的会计惯例并不要求所有子公司的收益都合并计入总公司的收益表中。

(4)税收。各国在税收处理上也存在差异，税收可以应计或已花费的形式报告。

(5)市盈率。在选取用于市盈率计算中的股票数目时，不同国家也有不同的惯例，例如公司可以使用年终股票份额、年均股票份额甚至年初股票份额。

基于以上这些因素，投资者在进行国际投资的财务分析时，必须更加重视对财务数据可比性的考察。

三、资产定价与国际分散化

我们知道，如果在一国国内的话，我们可以用 CAPM 模型或套利定价理论等资产定价模型来预测资本市场均衡下的预期收益。但是，将这些模型应用于国际环境下时，往往需要做出一些调整。

我们可能会认为，世界性的 CAPM 模型只需将较小范围内的一国市场投资组合转换为较大范围内的世界市场组合，并计算相对于世界投资组合的 β 值就可以了。但是，现实并不是那么简单。Ibbotson、Carr 和 Robinson 计算了几个国家的股权指数相对于世界股权指数的β值，结果显示各国之间的β值存在惊人的差异。这其中的原因何在呢？答案就是在国际环境下，投资者常常面临着一些在一国国内并不存在的问题：①各国之间的税收、交易费用与资本市场壁垒使得投资者很难或者不愿意持有一个世界投资组合；②不同国家的投资者从不同国家的货币角度来看待汇率风险，这样，他们很难形成对风险特征的一致预期，从而也就不能得到相同的有效边界；③由于各国投资者的不同偏好，或者由于各国之间存在的关税、交易费用以及税收因素，投资者倾向于消费不同的商品组合。此时，如果商品之间的相对价格发生变化，不同国家的投资者所感受到的通货膨胀风险就会存在差异。

可以说，以上存在的问题都会使得 CAPM 模型在国际环境下变得不那么有效。然而，我们知道，由 Ross 提出的套利定价模型的出发点，是假设证券的收益率与未知数量的未知因素相联系。由于套利定价理论没有资本资产定价模型那么复杂，使用的假设也较少，故在国际投资中，进行 APT 的设计似乎比 CAPM 更适合一些。毕竟，我们可以把在国际性投资中产生的特殊性风险因素，基本上等同于其他的风险性因素看待。

我们知道，与套利定价理论密切相关的是因素模型，其用几个相关的解释变量来解释被解释变量。通过大量的历史数据进行回归分析，我们可以得出参数估计值，并建立计量模型。当然，这个模型还要通过检验，然后才能据以进行相关分析。这里，国际投资为论证“证券收益的多因素模型”的适用性提供了很好的机会。通过有关学者的分析，国际投资理论认为以下一些因素与投资收益有明显的相关性：世界股票指数、国内股票指数、行业—部门指数、货币流通。

Solnik 和 De Freitas 研究了以上四个因素对股票收益率的解释力，研究的结果显示国内因素对股票收益率有着决定性的影响。一国股票的收益率大约有 40%可以由一国国内股票指数来解释，大约只有 5%由余下的三个因素解释。这说明各国之间的相关系数是很低的，因而也证明了国际分散化的价值所在。

按照前面的分析我们知道，在投资组合中加入与组合中的资产相关程度低的资产，可以降低组合的整体风险，从而改善投资组合的风险—收益目标。由于实证研究显示各国股票收益率之间的相关系数很低，这样，在一国的投资组合中加入其他国家的资产，即进行国际分散化，是有价值的。只要合理地将外国资产纳入投资组合，投资者或者可以在不增加风险的条件下提高预期收益率，或者可以在不减少预期收益率的条件下降低风险。

练习与思考

一、重要名词与概念

投资管理策略　风险—收益均衡　主动投资管理策略　被动投资管理策略　混合投资管理策略　指数基金　择时　择券　跟踪指数　投资风格　国际分散化　汇率风险　利率平价关系　国际资本市场均衡

二、问答题

1. 简述被动管理策略和主动管理策略的概念以及两者的差异。
2. 简述如何构建被动投资组合和主动投资组合。
3. 混合管理策略具有怎样的特点？它如何兼顾被动管理策略与主动管理策略的优势？
4. 简述如何进行投资组合的国际分散化。

三、选择题

1. 投资管理应考虑的主要目标是(　　)。
   A. 预期效用最大
   B. 风险最小
   C. 资金无闲置
   D. 应急资金可及时获得
2. 促使投资者采用主动管理策略的市场认知是(　　)。
   A. 市场定价是有效的
   B. 市场中存在被错误定价的证券
   C. 证券价格反映市场信息
   D. 对市场走势存在认识分歧
3. 你认为以下关于市场择时策略的说法，正确的是(　　)。
   A. 择时策略比被动策略承受的风险高，理应获得更高收益
   B. 投资者将主动调整投资配置以适应市场预期的变化
   C. 择时策略与被动策略有时可相互转化
   D. 投资者能更准确地预测市场风险—收益变化
4. 一支基金将资金的40%配置于主动组合，60%配置于市场指数。如果指数收益率为18%，主动组合的收益率为20%，则该基金的投资收益为(　　)。
   A. 18.4%　　B. 18.8%　　C. 19.2%　　D. 19.6%
5. 纯被动策略的投资特征表现为(　　)。
   A. 认为市场不具有可预测性
   B. 跟踪某一市场指数
   C. 进行基本分析
   D. 开展技术分析
6. 主动投资组合的构建包括(　　)。
   A. 跟踪某市场指数，消除跟踪误差
   B. 价值投资
   C. 成长投资
   D. 进行基本和技术分析
7. 对主动管理的资产要定期进行调整的原因在于(　　)。
   A. 资产组合的再平衡要求
   B. 新的基本面信息进入市场

C. 充分分散化要求

D. 市场指数波动的要求

8. 投资者有时会持有不完全分散化的投资组合，其原因在于(　　)。

A. 降低风险　　B. 降低交易成本

C. 及时反映信息　　D. 选择错误定价的证券

9. 基金经理在投资理财时会受制于许多现实因素的影响，可能是(　　)。

A. 投资组合在特定时期内的最低收入要求

B. 保持一定分散化的考虑

C. 有关法规的限制

D. 投资组合的时间跨度

10. 假定你是一个美国投资者，你在一年前购入了2000英镑的英国证券，当时英镑的价值是1.5美元。如果证券价值目前为2400英镑，且1英镑价值1.75美元，假定期间没有红利和利息支付。你的总收益率(用美元计算)是(　　)。

A. 16.7%　　B. 20.0%　　C. 28.6%　　D. 40.0%

11. 一个投资者投资于外国公司的普通股，希望规避投资者本币的(　　)风险，可以通过(　　)远期市场的外币来规避。

A. 贬值；出售　　B. 升值；购入

C. 升值；出售　　D. 贬值；购入

12. 假设在美国1年期无风险收益率为5%，当前汇率是1英镑=1.6美元，1年期远期汇率是1∶1.57。要吸引一美国投资者投资于英国证券，英国的1年期无风险利率的最小收益率应为(　　)。

A. 2.44%　　B. 2.50%　　C. 7.00%　　D. 7.62%

四、计算分析题

一位全球投资经理计划在今后的90天内投资100万美元于美国政府的现金等价物。但是，他也被授权可以使用非美国政府现金等价物，使用远期货币合约来规避货币风险。

(1)如果他投资于加拿大或日本的货币市场工具，并对其投资的美元价值进行套期保值，他的收益率是多少(使用下表数据)？

(2)美国政府证券90天的利息率大约是多少？

90天现金等价物的利率(APR)		
日本政府证券	2.52%	
加拿大政府证券	6.74%	
每单位外币兑换美元的汇率		
	即　期	90天远期
日元	0.0119	0.0120
加拿大元	0.7284	0.7269

第十八章　证券投资基金及其投资绩效评价

投资基金作为一种集专家理财、组合投资和风险分散等优点于一身的集合投资方式，自19世纪从英国起源以来，在世界范围内得到了很大的发展，并已成为当今世界金融市场非常重要的投资工具和金融产品。在本章，我们将就投资基金的起源与发展、基金的种类和特征、基金实务以及基金的绩效分析等内容进行介绍。

第一节　证券投资基金概述

一、投资基金的起源与发展

投资基金是一种利益共享、风险共担的集合投资制度，在国外又被称为共同基金或单位信托，它通过发行基金单位(如发行受益凭证或入股凭证等)，汇集不特定多数且有共同投资目的的投资者的资金，由基金托管人托管，由证券分析家和投资专家等专业基金管理人管理、运用基金资产，对股票、债券等金融工具进行科学性、组合性和流动性的投资，从而达到分散和降低风险并获得投资收益和资本增值的目的。

据考证，投资基金最早出现于19世纪初的荷兰王室。但作为一种社会化的理财方式，投资基金起源于19世纪末期的英国。当时，产业革命的成功与海外扩张为英国积累了大量的社会财富，国内资金出现剩余，为了寻求更高的利润，众多商贾纷纷将目光转向海外市场。出于对降低风险、减少损失的考虑，英国投资者萌生了共同出资、委托专家进行运作管理的想法，并于1868年建立了最早的投资基金“海外和殖民地政府信托”，基金也因之在英国社会经济发展的鼎盛时期产生。虽然投资基金最早出现在英国，但却在美国得到了极大的发展。第一次世界大战以后，英国的共同基金投资制度引入美国，第一个具有现代意义的投资基金“马萨诸塞投资信托基金”于1924年在波士顿成立。该基金设立时仅有5万美元资产，时至今日，其资产规模已超过10亿美元。在投资基金发展的初期，由于相关法律、法规不健全，美国在1929年以前基本不存在对于证券市场的监管，这导致一大批投资基金公司在“世界经济危机”爆发期间因过度投机而纷纷倒闭。美国政府在汲取了深刻的教训之后，制定了一系列证券法规，使得投资基金被置于较为严格的管理和监管之下，基金业进入了一个相对稳定、健康、快速发展的阶段。目前，美国的投资基金市场是全球最发达的，也是政府监管最为严格的市场，投资基金已成为美国社会最为普遍的投资方式和投资工具，截至2014年，美国共同基金的资产总额已达到12万亿美元。全球来看，截至2014年二季度末，全球共同基金资产增至32万亿美元，其中：全球股票型基金资产规模一枝独秀，为14.2万亿美元，债券型基金资产规模为7.6万亿美元，货币市场基金资产规模为4.4万亿美元；混合型基金资产规模为4.1万亿美元①。日本在1937年参照英、美等发达国家的经验，也开始设立具有日本特色的投资基金，并且之后这一基金也得到了极为迅速的发展。20世纪50年代末期，亚洲一批新兴工业化国家和地区，如韩国、马来西亚、菲律宾、泰国、中国台湾、中国香港等，也相继引进投资基金业务，与澳大利亚、新西兰等国家一起形成了独具特色的亚太地区基金市场。20世纪70年代后，发达国家经济发展迅速，国际收支顺差不断扩大，富余资金不断增多，国际投资渠道不断增多，投资规模不断扩大，同时在关贸总协定组织的支持下，贸易自由化浪潮席卷全球，以电子计算机为代表的技术革命浪潮刷新了世界通信技术的历史，这些因素都极大地促进了投资基金在全球范围内的发展。

二、我国证券投资基金的产生与发展

我国最早的基金业务始于1987年，当时，中国银行和中国国际信托投资公司首先开发了这一业务。进入20世纪90年代，基金业务进入实质性阶段。1992年11月，由中国农村发展信托投资公司和淄博市信托投资公司等机构发起的“淄博乡镇企业投资企业基金”由中国人民银行总行批准成立，并于1993年8月20日于上海证券交易所成功挂牌上市，成为我国第一家规范化的投资基金。在此期间，我国出现了投资基金的发展热潮，获得主管机构审核批准成立的各类投资基金达数十家，如：1992年3月在上交所上市的沈阳通发基金、沈阳富民基金、沈阳兴沈基金、沈阳万利基金、沈阳农信基金以及1992年11月批准发行的天骥基金和广发投资基金等。这一时期，由于缺乏相关的法律、法规，各个地方金融主管部门越权审批的现象非常严重，有的基金发行甚至完全背离了发展投资基金的宗旨，基金的发行和监管工作处于极为混乱的状态。针对这一问题，中国人民银行于1993年5月19日发出紧急通知，要求各省级分行立即停止不规范发行投资基金与信托受益券的做法，并于1994年3月下发了《关于投资基金有关问题的通知》，停止审批设立和发行新的投资基金。1994年至1997年，我国没有再设立过境内投资基金，投资基金业的发展基本进入了停滞状态。截至1997年《证券投资基金管理暂行办法》颁布以前，我国共设立各类投资基金78支，其中在沪、深两地挂牌上市的基金共27支，俗称为“老基金”。

1998年，证券监管机构开始推动基金业的发展。但是，在基金业发展初期，由于起步晚，各方面运作尚不成熟，市场的投机气氛浓厚，基金行业曾发生过一些违规行为，使行业发展遭受重大挫折。从2000年起，中国证监会提出“超常规发展机构投资者”，并将其作为改善资本市场投资者结构的重要举措。2002年，基金业开始市场化改革。证监会主导的基金审核制度渐进式市场化改革启动，监管部门简化审批程序，引入专家评审制度，使基金产品的审批过程渐趋制度化、透明化、专业化和规范化。从2002年初到2005年底，在市场整体下跌的环境下，市场化改革极大地释放了行业的潜能，基金资产规模从800亿元增长到5000多亿元，基金持股市值占流通股的比重从5%

① 数据来自中国证券投资基金业协会。

增长到近 20%。2006 年，全年新募集基金 4028 亿元，接近以往 8 年新募基金规模总和，2007 年基金资产规模总和达 3.1 万亿元，截至 2014 年 4 月底，基金资产规模总和更是达到 5.1 万亿元，其中管理的公募基金规模 37349.22 亿元，非公开募集资产规模 14019.8 亿元。同时，行业运作的规范化、透明化程度得到加强，社会公信力初步建立。改革所引入的市场竞争机制，激发了基金管理公司创新能力和服务质量的提升。2002 年以来，中国基金业推出了成熟市场绝大多数主流基金产品，丰富了投资者的选择。对外开放稳步推进，推动形成有效竞争格局。2002 年 7 月，《外资参股基金管理公司设立规则》开始施行，截至 2014 年 4 月底，我国境内共有基金管理公司 91 家，其中合资公司 48 家，内资公司 43 家。内资公司、合资公司和 QFII 形成机构投资者间有效竞争的格局。此外，随着资本市场的发展，保险、社保基金以及企业年金等机构投资者逐步进入资本市场，初步改善了资本市场的投资者结构及各类机构投资者发展不平衡的局面。

市场化、规范化和国际化是中国基金业改革近年来最为显著的特征，也是行业得以健康发展的重要经验。基金业的市场化改革，使得机构投资者力量迅速壮大，基本改善了中国资本市场长期以来以散户为主的投资者格局。资本市场主流的投资模式发生了根本变化，从投机和坐庄盛行转向重视公司基本面分析和长期投资。

三、投资基金的功能

投资基金作为金融投资工具，与其他投资工具相比，具有许多自身独特的功能。从各国的实践经验看，投资基金的功能主要表现为以下四个方面。

第一，组合投资，分散风险。投资基金将中小投资者的小额资金汇集成一笔数额较大的资金后，再分散投资于不同地区、不同行业的多种股票、债券、期货等金融工具上，可以最大限度地降低风险。因为不同地区的经济发展速度各异，而不同行业的不同企业受经济景气影响的性质和程度不同，投资组合中的某种证券市值的下降可以由另一些证券市值的上升来弥补，其风险远远低于小额投资者由于资金量的局限而投资于有限证券的风险。

第二，专家理财。证券投资基金是由专家运作管理并专门投资于证券市场的基金。由于证券市场易受政治、经济以及发行主体等各个层面众多因素错综复杂的影响，一般投资者限于商业知识、精力、信息等的不足而难于获得理想的收益。而基金管理机构拥有众多的经济专家、财务专家以及投资分析专家，他们对海内外的政治、经济形势以及各行业、公司的运营和潜力都有系统的研究，且具有丰富的投资经验和娴熟的投资技巧，因此比一般的投资者有更大的竞争优势。投资者购买基金等于花很少的钱雇用了众多的投资专家在所有的证券交易日全心全力帮助理财。

第三，投资小、费用低。在我国，每份基金单位面值为人民币 1 元。证券投资基金最低投资额一般较低(目前我国封闭式基金最低可买 100 份基金单位或 1 手，开放式基金最低投资额一般为 1000 元)，投资者可以根据自己的财力，多买或少买基金单位，从而解决了中小投资者“钱不多，入市难”的问题。由于基金集中了大量的资金进行证券交易，通常也能在证券交易佣金方面得到券商的优惠，可降低交易成本。

第四，流动性强。基金的买卖程序非常简便。对开放式基金来说，投资者可按基金净值通过证券公司、银行等代理机构申购或赎回。对封闭式基金而言，投资者可直接通过二级市场按市值交易，买卖程序与股票相似。ETF基金兼具开放式基金和封闭式基金的优点，投资者可通过二级市场按净值买卖交易。

由此可见，从安全性、盈利性和流动性来考察，投资基金都不失为一种理想的投资工具。当然，我们也应该看到，尽管投资基金有着许多其他理财工具所不可比拟的优势，但它决非无风险，更不是某些人眼中的暴富工具，它只是一种适合于大众投资者长期持有积累财富的普通理财产品。

第二节　投资基金的种类及特点

投资基金历经百余年的发展历程，由于各投资公司为了争夺市场而主动开发各种类型的投资产品，其已成为种类繁多、内容丰富的投资方式。投资基金既可以按组织形式划分，也可以按能否赎回以及基金的投资目的等其他标准来划分。此外，投资基金还出现了很多不同于传统划分的基金创新品种。

一、按组织形式划分

(一)契约型(contractual-type)

契约型基金是依据一定的信托契约原理如《信托法》、《投资信托法》等组织起来的代理投资制度。即由基金委托人、基金受托人与基金受益人三方订立信托投资契约，由基金委托人和基金受托人依照信托契约运用、管理信托资产，基金受益人通过购买基金单位，参与基金投资，分享基金投资收益的基金类型。

(二)公司型(corporate-type)

公司型基金是具有共同投资目标的投资者依据《公司法》成立以盈利为目的的股份有限公司进行营运的投资基金。基金的持有人既是基金的投资者，又是公司的股东，依照公司章程的规定，享受股东所应有的权利，同时履行其义务。

由于契约型与公司型基金二者在立法的基础、法人资格以及投资者的地位等方面都存在一定的差异，两种基金类型各有优势和不足。契约型投资基金的各主体之间权利、义务关系较为简单、明确，适合以个人投资者为主的投资群体。而公司型基金各关系人之间法律关系较为复杂，因此这种组织形式更适合机构化的投资者群体。从目前世界投资基金的分布来看，欧美的投资基金绝大多数是公司型基金，而亚洲如日本、新加坡、韩国、中国香港和中国台湾等国家和地区的投资基金则以契约型为主。鉴于我国内地目前个人投资者的实际情况，管理层一开始就选择了组织程序相对简单、法律关系相对明晰、经营成本相对较低的契约型基金作为我国投资基金发展初期主要的组织形式。

二、按能否赎回划分

(一)封闭式(closed-end)

封闭式基金发行的基金单位是固定不变的，投资者购买基金单位后，不能要求基金公司购回基金单位，而只能在公开市场上按基金资产净值将其持有的基金单位进行溢价或折价转让，从而收回投资。

(二)开放式(open-end)

开放式基金发行的是可以赎回的基金单位或信托受益证券，投资者可以根据市场状况及自身的投资需要，以基金的资产净值作为交易基准，通过申购或赎回，扩大或减少持有的份额。由于开放式基金发行的基金单位总额不固定，所以这种基金类型又被称为“追加型投资基金”。

在基金业兴起之初，封闭式基金是世界范围内投资基金的主要形式。第二次世界大战之后，随着国际金融市场的不断成熟和完善，较封闭式基金有着更多优势的开放式基金逐渐成为世界基金业发展的主流形式。我国投资基金的发展也基本遵循了由封闭式基金向开放式基金演变的规律。自首家开放式基金——华安基金推出以来，我国开放式基金迅猛发展，这标志着我国证券投资基金的发展已经进入了一个新的历史时期。

三、按投资目标划分

(一)收入型(income)

收入型基金是指将资金投资于各种可以带来收入的有价证券，以获取最大当期收益为目的的投资基金。其主要特点是基金的成长性不高，但通过分散风险，基金损失本金的风险也相对较低，适合较为保守的投资者。

(二)成长型(growth)

成长型基金又被称为长期成长基金(long-term growth fund)，是一种以追求长期资本利得为主的基金。成长型基金的获利能力较强，但本金损失的风险也相对较高。

(三)主动成长型

主动成长型基金又被称作高成长型基金或最大成长基金，是一种追求资本最大增值、获取最大资本利得的基金。主动成长型基金获利能力很强，资本利得增加很快，但其资本损失的风险程度与其他类型的基金相比要高得多，因此这类基金较为适合激进型的投资者。

(四)成长收入型(growth-income)

成长收入型基金主要投资于可以带来收入的证券和有成长潜力的股票。由于成长收入型基金的投资策略相对于成长型基金要保守，因此其风险处于中等程度，较为适合资金不多的小额投资者。

(五)平衡型(balanced)

平衡型基金与成长收入型基金十分类似，是一种收入与成长性并重的投资基金。但其投资策略较成长收入型基金更为保守，因此，其资本损失的风险程度相对更低，其成长的潜力亦相对不高。

除以上所述几种标准划分之外，投资基金还可以按照投资地域、投资范围、投资计划等划分为国内基金、国外基金和固定型基金、融通型基金等多种类型。

四、基金创新品种

在投资基金的发展历史中，还涌现出各种不同于以上传统划分的基金品种，它们或是在投资的领域和对象上突破了传统的证券市场，比如货币市场基金等；或是投资的理念和方法与传统的投资基金不同，比如指数基金、对冲基金、保本基金等；或是基金的组织结构实现了创新，比如伞形结构基金等；或是基金的交易方式、交易机制和传统的开放式基金不同，比如交易所上市基金(LOF)、交易所交易基金(ETF)等。所有这些适应市场需求而诞生的基金，都可以被称为基金创新品种。随着基金市场的发展，这些新出现的基金逐渐被人们接受并日益成熟，而更新的基金品种又在不断被创造出来。基金市场就是一个不断创新、不断超越自身的市场。下面对部分基金创新品种作简要介绍。

(一)货币市场基金

货币市场基金(Money Market Mutual Fund，MMMF)是伴随着短期证券市场与共同基金制度的发展而产生并逐渐兴盛起来的一种投资基金类型。与股权类投资基金、债权类投资基金不同，其投资对象主要是短期国库券、政府公债、银行承兑票据、银行定期存款单和商业票据等流动性强的货币市场投资品种，故被称为货币市场基金。它通过提高投资的流动性，降低了投资的风险性。

(二)指数基金

指数基金(index fund)是指按照某种指数的构成标准、购买该指数包含的全部或者部分证券的基金，其目的在于达到与该指数同样的收益水平。例如上证综合指数基金的目标在于获取和上海证券交易所综合指数一样的收益，上证综合指数基金就是按照上证综合指数的构成和权重购买指数里的股票，相应地，上证综合指数基金的表现就会像上证综合指数一样波动。

指数基金最突出的特点就是费用低廉和延迟纳税，这两方面都会对基金的收益产生很大影响。而且，这种优点将在一个较长的时期里表现得更为突出。

(三)伞形结构基金

伞形结构基金(umbrella structure fund)，又称伞形基金(umbrella fund)，在我国内

地被称为“系列基金”，在我国香港被称为“伞子基金”或“伞子结构基金”。它实际上就是开放式基金的一种组织结构。在这一组织结构下，基金发起人根据一份总的基金招募书发起设立多只相互之间可以根据规定的程序进行转换的基金，这些基金称为子基金或成分基金(sub-funds)。而由这些子基金共同构成的这一基金体系就合称为伞形结构基金。

(四)保本基金

保本基金(segregated fund，也称为 capital preservation fund)是一种创新的基金品种。它是指在一定投资期限内，对投资者所投资的本金提供一定比例(一般在 80%～100%)保证的基金。也就是说，基金投资者在投资期限到期日，根据基金管理人的投资结果，至少可取回一定比例的本金，而本金未获保证的部分和利息仍有一定风险。

(五)交易所上市开放式基金(LOF)

LOF(listed open-ended fund)，是指在交易所上市交易的开放式投资基金，也称为“上市型开放式基金”。投资者既可以通过基金管理人或其委托的销售机构以基金净值进行基金的申购、赎回，也可以通过交易所市场以交易系统撮合成交价进行基金的买入卖出。2004 年 8 月，我国第一支 LOF 基金——南方主动配置基金正式发行。LOF 基金是中国证券市场的创新。在开放式基金交易效率低、成本高、发行困难的背景下，LOF 基金应运而生。它解决了开放式基金的效率、交易成本问题，有利于基金的发行，适应了基金管理公司拓展业务的需求，并且充分利用了证券市场现有的发行、交易与结算登记网络优势。

(六)交易所交易基金(ETF)

交易所交易基金(exchange traded fund)是一种在交易所买卖的有价证券，代表一篮子股票的所有权。机构投资者以这一篮子股票为担保，将其分割为众多单价较低的投资单位——ETF 基金份额。投资者既可以在证券交易所像买卖股票一样买卖 ETF，也可以通过赎回 ETF 单位换得所存托的一篮子股票。

投资基金这种多元化的分类，一方面是随着国际资本市场不断发展，投资基金在投资方向、投资范围以及投资行为等方面专业化分工不断深入的结果，另一方面也是由投资者在其投资风格、风险偏好以及投资需求等方面不断呈现出多样化的趋势所决定的。投资基金品种的不断丰富、完善，提高了整个基金业的整体收益水平，进一步降低了投资者的投资风险，为投资者提供了越来越丰富的投资选择，这一趋势已经成为世界基金业近年来发展过程中的一个重要特征。

(七)分级基金

分级基金又叫“结构型基金”(structured fund)，是指在一个投资组合下，通过对基金收益或净资产的分解形成两级(或多级)基金份额的一种基金，分级基金中各份额的风险收益表现有一定差异化。它的主要特点是将基金产品分为两类或多类份额，并分别给予不同的收益分配。分级基金各个子基金的净值与份额占比的乘积之和等于母基金的净值。例如拆分成两类份额的母基金净值=A类子基净值×A份额占比+B类子基净值×B份额占比。如果母基金不进行拆分，其本身是一个普通的基金。

股票(指数)分级基金的分级模式主要有融资分级模式、多空分级模式(见表18-1)。债券型分级基金为融资分级模式，货币型分级基金为多空分级模式。

表18-1　**分级基金融资分级和多空分级的比较**

分级模式	子基金类型	子基金特点	分拆比例、初始份额杠杆
融资分级(股债分级)	约定收益A类	有约定收益、定期折算分红	股票型一般A：B比例为50：50(B类2倍初始杠杆)或40：60(B类1.67倍初始杠杆)，债券型70：30(B类3.33倍初始杠杆)
	杠杆份额B类	当净值小于或大于某数值有不定期折算，大部分没有定期折算	
多空分级(蝶式分级)	杠杆份额B类	有定期折算(每3个月到1年)，当净值小于或大于某数值有不定期折算	主要为指数型。B：C比例为2：1(B类初始杠杆2倍，B≤0.3或B≥2元不定期折算；C类初始杠杆负1倍)或3：1(B类初始杠杆2倍，B≤0.3或B≥1.5元不定期折算；C类初始杠杆负2倍)
	反向杠杆C类	有定期折算(每3个月到1年)和不定期折算，与母基金涨跌成反比	

资料来源：ETF基金网网站。

第三节　投资基金实务

投资基金的运作机制和运作流程是依据基金管理的法律规范并与基金的组织形态密切相关的，对投资基金基本运作的了解是进行基金投资的基础。在此，我们将介绍投资基金的管理人和托管人、募集、交易、申购与赎回、收益、费用与利润分配、资产管理、信息披露、监督管理以及终止与清算等方面的内容。

一、基金管理人和基金托管人

(一)基金管理人

基金管理人是指凭借专门的知识与经验，运用所管理基金的资产，根据法律、法规及基金章程或基金契约的规定，按照科学的投资组合原理进行投资决策，谋求所管理的基金资产不断增值，并使基金持有人尽可能多地获取收益的机构。基金管理人是负责基金的具体投资操作和日常管理的机构。

基金管理人在不同国家(地区)有不同的名称。例如，在英国称投资管理公司，在美国称基金管理公司，在日本多称投资信托公司，在我国台湾称证券投资信托事业，但其职责基本一致，即运用和管理基金资产。

1. 基金管理人需具备的条件

在我国，基金管理人由依法设立的基金管理公司担任。设立基金管理公司，应当具备下列条件，并经国务院证券监督管理机构批准：(1)有符合基金法和《中华人民共和国公司法》规定的章程；(2)注册资本不低于1亿元人民币，且必须为实缴货币资本；(3)主要股东具有从事证券经营、证券投资咨询、信托资产管理或者其他金融资产管理的较好的经营业绩和良好的社会信誉，最近3年没有违法记录，注册资本不低于3亿元人民币；(4)取得基金从业资格的人员达到法定人数；(5)有符合要求的营业场所、安全防范设施和与基金管理业务有关的其他设施；(6)有完善的内部稽核监控制度和风险控制制度；(7)法律、行政法规规定的和经国务院批准的国务院证券监督管理机构规定的其他条件。

2. 基金管理人的职责

基金管理人的职责主要有以下几个方面：(1)依法募集基金，办理或者委托经国务院证券监督管理机构认定的其他机构代为办理基金份额的发售、申购、赎回和登记事宜；(2)办理基金备案手续；(3)对所管理的不同基金财产分别管理、分别记账，进行证券投资；(4)按照基金合同的约定确定基金收益分配方案，及时向基金份额持有人分配收益；(5)进行基金会计核算并编制基金财务会计报告；(6)编制中期和年度基金报告；(7)计算并公告基金资产净值，确定基金份额申购、赎回价格；(8)办理与基金财产管理业务活动有关的信息披露事项；(9)召集基金份额持有人大会；(10)保存基金财产管理业务活动的记录、账册、报表和其他相关资料；(11)以基金管理人名义，代表基金份额持有人的利益行使诉讼权利或者实施其他法律行为；(12)国务院证券监督管理机构规定的其他职责。

(二)基金托管人

基金托管人是投资人权益的代表，是基金资产的名义持有人或管理机构。为充分保障基金投资者的权益，防止基金信托财产被挪作他用，各国的证券投资信托法规都规定：凡是基金都要设立基金托管机构，即基金托管人来对基金管理机构的投资操作进行监督和对基金资产进行保管。

1. 基金托管人需具备的条件

基金托管人由依法设立并取得基金托管资格的商业银行担任。申请取得基金托管资格，应当具备下列条件，并经国务院证券监督管理机构和国务院银行业监督管理机构核准：(1)净资产和资本充足率符合有关规定；(2)设有专门的基金托管部门；(3)取得基金从业资格的专职人员达到法定人数；(4)有安全保管基金财产的条件；(5)有安全高效的清算、交割系统；(6)有符合要求的营业场所、安全防范设施和与基金托管业务有关的其他设施；(7)有完善的内部稽核监控制度和风险控制制度；(8)法律、行政法规规定的和经国务院批准的国务院证券监督管理机构、国务院银行业监督管理机构规定的其他条件。

2. 基金托管人的职责

基金托管人应当履行下列职责：(1)安全保管基金财产；(2)按照规定开设基金财产的资金账户和证券账户；(3)对所托管的不同基金财产分别设置账户，确保基金财产的完整与独立；(4)保存基金托管业务活动的记录、账册、报表和其他相关资料；(5)按照基金合同的约定，根据基金管理人的投资指令，及时办理清算、交割事宜；(6)办理与基金托管业务活动有关的信息披露事项；(7)对基金财务会计报告、中期和年度基金报告出具意见；(8)复核、审查基金管理人计算的基金资产净值和基金份额申购、赎回价格；(9)按照规定召集基金份额持有人大会；(10)按照规定监督基金管理人的投资运作；(11)国务院证券监督管理机构规定的其他职责。

二、基金的募集

基金作为一种集合投资制度，它的募集必须严格遵循国家规定的条件和报批程序。基金募集是证券投资基金投资的起点，运作方式不同的基金在募集和交易上也存在较大的差异。

封闭式基金的募集又称“封闭式基金的发售”，是指基金管理公司根据有关规定向中国证监会提交募集文件、发售基金份额、募集基金的行为。封闭式基金的募集一般要经过申请、核准、发售、备案、公告五个步骤。我国基金管理人进行封闭式基金的募集，必须依据《中华人民共和国证券投资基金法》(以下简称《基金法》)的有关规定，向中国证监会提交相关文件。申请募集封闭式基金应提交的主要文件包括：基金申请报告、基金合同草案、基金托管协议草案、招募说明书草案等。

开放式基金的募集是指基金管理公司根据有关规定向中国证监会提交募集文件、发售基金份额、募集基金的行为。开放式基金应提交的申请募集文件项目与封闭式基金基本相同，但开放式基金在一些文件的具体内容上与封闭式基金有所不同。如在开放式基金的基金合同草案中应包含最低募集份额总额，基金份额的申购、赎回程序、时间、地点、费用计算方式以及给付赎回款项的时间和方式等内容。

三、基金份额的交易、申购与赎回

(一)基金份额的交易

封闭式基金的基金份额，经基金管理人申请，国务院证券监督管理机构核准，可以在证券交易所上市交易。国务院证券监督管理机构可以授权证券交易所依照法定条件和程序核准基金份额上市交易。基金份额上市交易，应当符合下列条件：(1)基金的募集符合本法规定；(2)基金合同期限为5年以上；(3)基金募集金额不低于2亿元人民币；(4)基金份额持有人不少于1000人；(5)基金份额上市交易规则规定的其他条件。

(二)基金份额的申购与赎回

投资者在开放式基金募集期结束后，申请购买基金份额的行为通常被称为“基金的申购”。基金的赎回是指开放式基金份额持有人要求基金管理人购回其所持有的开放式基金份额的行为。开放式基金份额的申购、赎回可以通过基金管理人的直销中心与基金销售代理人的代销网点进行，也可以通过电话、传真或互联网等形式进行。

开放式基金的基金合同生效后，可有一段短暂的封闭期。《证券投资基金运作管理办法》规定，开放式基金合同生效后初期，可以在基金合同和招募说明书规定的期限内只接受申购，不办理赎回，但该期限最长不得超过3个月。

四、投资基金的收益、费用和利润分配

投资者投资于投资基金，必须对其收益、费用和利润分配有较为充分的了解，这三个方面的内容对投资者最终的投资回报将产生相当大的影响。

(一)基金的收益

投资基金的收益是基金经理人运用基金资产进行各种经济活动而获得的基金资产增值的部分。不同类型的投资基金有着不同的投资目标和投资策略，因此获取投资收益的方式也不尽相同。通常情况下，基金获取的收益主要有以下几种。

(1)利息收入。利息收入有下列几种来源：第一，基金将资金存入金融机构所取得的利息收入。第二，基金投资于国债、公司债券、商业票据等金融资产，在一定时期内产生的利息收入。

(2)股息和红利。股息是指股份有限公司按照固定利率，根据股份金额分配给股东的利息。红利是指除了股息以外按股份比例分配给股东的权益。基金投资上市公司的股票，当然也就可以获得股息和红利。

(3)资本利得。投资基金的投资目的是获得利润，为了使基金投资获取更大的收益，基金经理人考虑的往往不是股息和利息收入，而是利用各种投资技巧，尽量在低价时买进，在高价时卖出，以赚取市场差价，这种利润就是资本利得。

(4)其他收益。其他收益指的是基金资产参与其他领域的投资而获取的收益。

上述各种收益的大小及其在总收益中所占比重的大小取决于基金的投资方向及其各投资品种在总资产中的比重，同时也取决于基金投资组合的结构。

(二)投资基金的费用

投资基金在募集、交易和日常的经营管理过程中都需要发生相应的费用，这些费用包括基金交易费、基金管理费、托管费等，而这些费用也是基金管理人、托管人以及其他当事人的收入来源，归纳起来主要包括以下三个方面的内容：

(1)基金交易费用。基金交易费用指基金在进行证券买卖交易时所发生的相关交易费用。目前，我国证券投资基金的交易费用主要包括印花税、交易佣金、过户费、经手费、证管费。通常情况下，这部分费用与基金的投资周转率密切相关，交易越频繁，交易费用相对也就越高。

(2)基金管理费用。基金管理费用主要是指基金在运作过程中所发生的管理费用，其中包括：基金管理费、基金托管费和基金销售服务费。基金管理费用是指基金管理人管理基金资产而向基金收取的费用，基金托管费是指基金托管人为基金提供托管服务而

向基金收取的费用，基金销售服务费是指从基金资产中扣除的用于支付销售机构佣金以及基金管理人的基金行销广告费、促销活动费、持有人服务费等方面的费用。

(3)基金运作费用。基金运作费用指为保证基金正常运作而发生的应由基金承担的费用，包括审计费、律师费、上市年费、信息披露费、分红手续费、持有人大会费、开户费、银行汇划手续费等。

在上述三类费用之中，除第一类费用由投资者直接承担外，其余两类均由基金支付，但由投资者间接负担。因此，基金的费用又可以据此分为投资者交易费用和基金操作费用两个部分。在美国，证券交易委员会(SEC)规定所有的基金都必须定期公布格式统一的标准费用表，但对基金在各个具体项目的收费标准则只给出一个指导性的最高限额。

(三)投资基金的利润分配

基金在获取各项已实现投资收益并扣除期间各项费用之后，即形成了基金的可分配收益，这里就涉及基金的收益分配问题。对于基金的收益分配，不同的国家和地区以及不同的基金类型有着不同的分配方式，但总的来说，基金的收益分配必须遵循一定的原则和方法。在基金业特别发达的美国，基金收益分配按有关法律规定，至少须将可分配收益中的95%分配给投资者；中国香港的怡富信托基金，在每一会计期间，基金至少须将可分配收益中的85%分配给投资者；按照《基金法》的有关规定，我国证券投资基金的收益分配比例也不得低于基金净收益的90%。基金收益分配一般采用现金或派送基金单位的形式，特殊情况下也会采用把投资收益根据基金单位总额按比例增加单位基金净资产价值的方式。利润分配时间因基金类型的不同而略有差异，货币基金通常每月分配一次，债券基金每月或每季分配一次，而其他股票基金通常每年分配一次。

五、基金的资产管理

投资基金在管理基金资产的过程中，以现代投资组合理论为基础，采取投资组合的策略，将大部分资产投资于各种金融资产，如存款、债券、股票、贵金属以及衍生金融工具等，并根据其不同的风险程度、盈利能力构建并安排投资组合，使基金资产在组合总收益不变的情况下，把风险降低到最低程度或在愿意承担的风险水平上，尽可能地使其收益最大化，从而达到分散和降低风险，确保基金资产安全，并获取收益的目的。

一般来说，一家公司所控制的基金资产包括以下几部分：(1)发售基金证券的资金收入；(2)利用发售基金证券的资金进行投资所形成的资产；(3)出售或转让基金投资或其他资产的资金收入；(4)基金投资或其他资产存续营运过程中所形成的增值、溢价及其他非营业性收入；(5)将基金投资收入进行再投资所获得的收入。在实际操作中，首先，基金经理人会依据相关法律、法规对于基金公司在投资范围、投资方向等方面的规定，确定基金自身特定的投资目标。其次，基金经理人会通过对各种金融投资品种收益和风险的衡量和测定，根据不同的组合目标和对风险的承受能力，选择不同的投资品种；根据宏观经济环境及其对证券市场的影响制定投资策略；根据货币政策的变化、利率的趋势以及对行业及上市公司的调查，研究确定具体的投资组合和投资比重。最后，投资组合一旦构建完成，基金的资产管理方面还会面临许多新的问题，例如金融市场的瞬息万变所导致的各投资品种风险与收益的动态变化；基金投资专门化与分散化之间的矛盾，等等。因此，基金经理人还必须时刻关注市场的变化以及投资组合绩效的实现情况，通过对政策、经济周期、产业前景和企业经营状况的敏感度分析，建立动态的投资组合并随时进行调整，以保证投资目标的实现。总而言之，基金公司的资产管理是一项相当复杂的工作，它的主要内容就是选择合适的投资方向，组成能够达到该基金特定投资目标的投资组合。

六、基金的信息披露

基金的信息披露是指基金市场上的有关当事人在基金募集、上市交易、投资运作等一系列环节中，依照法律法规的规定向社会公众进行的信息披露。投资基金的资产由基金管理人和托管人进行管理，就某种程度而言，基金的持有人与基金的管理人、托管人之间处于信息不对称的状态。为了保障基金资产的安全，维护投资者的切身利益，基金的管理人有责任也有义务向基金的持有人及时、详尽、准确地报告其经营情况、收益水平等一切与基金有关的信息，以保证投资基金的信息公开性，这是投资基金公开、公平、公正原则的要求和体现。在投资基金的日常业务中，需要向社会公众披露的信息十分繁杂，但总的来说可以划分为以下几个部分。

1. 基金募集信息披露

基金募集信息披露可分为首次募集信息披露和存续期募集信息披露。

首次募集信息披露主要包括基金份额发售前至基金合同生效期间进行的信息披露。在基金份额发售前，基金管理人需要编制并披露招募说明书、基金合同、托管协议、基金份额发售公告等文件。当基金将验资报告提交中国证监会办理基金备案手续后，基金还应当编制并披露基金合同生效公告。

存续期募集信息披露主要指开放式基金在基金合同生效后每6个月披露一次更新的招募说明书。由于开放式基金不是一次募集完成的，而是在其存续期间不断进行申购、赎回，这就需要针对潜在的基金投资者披露与后续募集期间相对应的基金募集、运作信息。

2. 基金运作信息披露

基金运作过程中的信息披露指的是基金向社会公众和有关监管部门提供的反映投资基金运作状况的报告，是监管部门与广大投资者监督基金管理者是否履行管理职责的一个重要的评判依据，它一般包括以下几个方面的内容：

(1)基金的中期和年度报告。根据《基金法》的有关规定，目前我国证券投资基金的年报需在基金会计年度结束后的90日内公告，而中期报告则需在基金会计年度前6个月结束后的30日内公告。报告依据真实、完整的原则向投资者公开期间内的所有重要资讯。

(2)基金资产净值与投资组合。为了及时、准确地反映基金资产的运作情况，投资基金除了需要定期编制基金的中期和年度报告以外，还需要定期向投资者公布基金资产净值与投资组合的变动情况。按照《基金法》的有关规定，封闭式基金的资产净值每月至少公告一次，从1998年10月12日开始，中国证监会要求封闭式基金每周公告一次资产净值。规定还要求，基金的投资组合应当每3个月至少公告一次，公告的内容一般包括基金投资在股票、债券上的金额和比例、投资比重较大的股票名称和投资数量以及投资的行业分布情况等。

3. 基金临时信息披露

基金临时信息披露主要指在基金存续期间，当发生重大事件或市场上流传误导性信息，可能对基金份额持有人权益或者基金份额价格产生重大影响时，基金信息披露义务人依法对外披露临时报告或澄清公告。基金临时信息的披露时间一般无法事先预见。

七、基金的监督管理

投资基金的监管是基金监管的主体运用一定的监管手段、方法对基金发起设立、运作和管理的全过程进行监督、检查、控制和管理，以保证基金正常有序发展的一系列活动的总称。投资基金监管包含了监管依据、监管主体、监管对象、监管内容、监管方法等方面的内容。

发达国家的经验证明，投资基金的监管应该是一个多层次的体系。它的监管主体大致可以划分为政府机构、行业自律组织和基金托管人等市场组织机构三个组成部分，其监管的模式因各个国家和地区发展方式的不同而各有差异，如美国法律约束下的自律管理模式、英国的行业自律监管模式以及日本的政府严格管制模式等。其中，美国是投资基金业最为发达、政府监管最为严格的国家，与投资基金业相关的法律是1940年颁布、1970年做出修正的《投资公司法》(*The Investment Company Act of* 1940)和《投资顾问法》(*The Investment Advisers Act of* 1940)以及分别于1933年和1934年颁布的《证券法》(*The Securities Act of* 1933)和《证券交易法》(*The Securities Exchange Act of* 1934)。上述法案对投资基金经营的监管主要表现为以下四个方面的内容：(1)对基金管理人独立身份的规定。即对于那些由券商发起的基金，如何保证基金或管理人在投资决策和运作上与其派出机构严格分离。(2)关于公司治理结构或基金持有人或股东作为委托方如何参与并作出投资公司重大决策的条款。(3)促进投资基金实现健全财务管理的条款。(4)关于投资基金交易和财务状况信息充分披露的条款。法规在近70年的实施过程中，美国政府根据基金业发展的实际情况不断修正和补充，较好地贯彻了保护投资者利益的宗旨。

美国基金业无论是在理论还是在实践方面，都取得了许多有益的成果，对我国证券投资基金的监管和规范也具有非常现实的指导意义。我国的证券投资基金虽然起步较晚，但管理层从一开始就十分重视规范和监管，并在参考发达国家基金管理法规的基础上，于1997年颁布了《证券投资基金管理暂行办法》，2003年颁布了基金法等一系列法律文件。基金法规的出台对促进基金业的规范和发展起到了很大的促进作用。随着理论认识水平的不断提高，经验的积累和监管技术手段的不断改进，相信我国证券投资基金的监管将不断得到完善。

八、基金的终止与清算

投资基金经营期满或投资契约终止即为存续期届满。若存续期届满而未获延长，或因种种特殊情况无力经营，或基金持有人大会决定终止等，经主管机关批准应予以结业终止。基金的清算是指基金终止后，在监管当局的监督下，由清算小组对原投资基金的资产进行报关、清理、估计、变现和分配，并依法从事必要的民事活动。不论是封闭式基金还是开放式基金，在基金终止时，都要组织清算小组，按一定的清算程序，对基金资产进行处置。

第四节 基金的投资绩效评价

投资绩效是反映投资管理水平和投资策略运用效果的重要指标。在证券投资基金发达的西方国家，很多报纸杂志都按期发布各类基金绩效排行榜，向广大投资者提供重要的公开投资信息，绩效评价技术在基金绩效评价中有广泛的应用。在我国，证券市场起步较晚，证券投资基金的历史也不长，还没有建立起自己的投资基金评价业。虽然，有少数业内人士开始了这方面的尝试，但影响十分有限，没有形成制度和规模。本章将介绍几种常见的绩效评价方法，具体包括：收益率评价法、单一期限的绩效评价和多期限单指数评价法。

一、收益率评价法

(一)收益率评价法的含义

在所有的基金绩效评价方法中，收益率评价法是最常见、计算最简单的一种方法，并且收益率指标直观明了，便于投资者理解，符合投资者的投资意图。计算收益率只需取得基金每单位净值即可。计算收益率只需取得基金每单位净值即可。基金每单位净值(NAV)是由各基金管理公司按周或按月定期公布，所以收益率(R_{pt})的计算就变得很简单，只需套用以下公式即可：

$$R_{pt} = \frac{\mathrm{NAV}_t - \mathrm{NAV}_{t-1}}{\mathrm{NAV}_{t-1}} \tag{18-1}$$

式中：NAV_t表示基金期末(t时期)每单位净值；

NAV_{t-1}表示基金期初($t-1$时期)每单位净值。

虽然(18-1)式直接反映了投资者对投资收益最大化目标的追求，但该式只能说明基金的增值程度，并不能准确反映基金经理管理水平的高低和基金绩效的真实状况。

(二)收益率评价法的缺陷

收益率评价法的缺陷主要表现在两方面：

第一，尽管投资者的目标是获取高收益，但是按照收益水平选择基金是不明智的，过去的高收益，并不能保证现在或将来的高收益。

第二，以收益率评价基金绩效高低是不客观的。基金绩效本质上是基金经理获得收益、规避风险的能力。基金经理的能力越高，基金绩效就越好，所以基金绩效评价的实质是对基金经理人员能力的评价，但是通过收益率的高低不能看出基金经理能力如何。

这是因为收益率并不是仅由基金经理的能力决定，而是由多个因素共同作用的结果。其中，最重要的是市场走势和基金的风险水平。

(三)收益率的影响因素

除了基金经理管理水平外，影响基金收益率高低的其他因素有：(1)证券市场走势。证券市场始终是处于波动状态的。当市场处于景气状态时，如牛市，整个市场的收益率普遍上升；当市场处于萧条状态，如熊市，整个市场的收益率普遍下降。基金的投资组合是由证券市场的一部分证券组成，这样基金的收益水平也就随着市场的波动而波动。例如，2005 年我国证券市场处于调整期，各基金收益率都很低；2006—2007 年市场大幅度走高，各基金收益率普遍升高。市场走势虽然能使投资收益增大，然而市场走势是一个客观因素，是不以人的意志为转移的。影响市场走势的原因多为宏观因素，如利率水平、国民经济发展状况等。基金经理应当预见到这些客观因素的变化对市场和基金收益的影响，只能适应而不能改变这些影响。市场走势带来的高收益属运气因素，与基金经理的管理能力无关。(2)基金投资组合的风险。不同的基金投资组合有不同的风险。对风险高的基金，要求的风险补偿高，其收益也就高；对风险低的基金要求的风险补偿小，其收益也就低。如果一支基金取得了高收益，仅仅是因为承担了高风险，那么这支基金不比其他基金更优，取得高收益是理所应当的事。因此，靠冒高风险带来的高收益也与基金经理的管理能力无关。

市场走势、风险和经营管理水平都可以使基金取得高收益。投资者当然希望基金经理采用正确的投资策略获得高收益率，这是基金投资组合取得高收益的基本保证。所以，投资绩效的评价实质上就是评价基金经理的管理能力。单纯使用收益率不能看出基金取得高收益的原因，也就不能客观评价基金经理的能力。以收益率来排列基金绩效，往往不客观，变动程度大。投资绩效评价就会失去指导投资、促进基金业竞争的意义。

二、单一期限的绩效评价

现代投资理论认为，金融市场中的投资决策是根据投资组合的风险和收益做出的，然而，由于不同的经理人员占有的知识、信息以及投资偏好不同，就会在证券分析、大势判断和投资风格上产生差异，表现为高低不等的投资绩效。对基金投资绩效的评价，实际上就是对基金经理决策水平的评价。对基金经理人员的投资决策水平的评价包含两方面：一是经理人员选择价值低估证券的能力，即证券选择能力的评价；二是经理人员对大势的判断能力，即市场择时能力的评价。

(一)绩效预期

那些有能力选择价值低估证券(图 18-1(a)中的 *A* 点)，或能够正确地预测出比其他市场参加者更高的预期市场收益(图 18-1(b)中的 *A* 线)的经理人员或投资者，都会要求更为优异的事前绩效。证券市场线反映投资组合经理对市场中可得到的真实均衡风险—收益相互替换关系的看法。因此图 18-1(a)中证券市场线(SML)上证券 A 的价值是被低估的，在经理人员看来，证券 A 提供了 4 个百分点的超额收益。图 18-1(b)中，有许多证券的价值被低估(线 A)或被高估(线 B)，当证券价值低估时，它们以 $\beta=1.5$ 的水平提供了 6 个百分点的超额收益。当然，图 18-1(a)中的 A 点和图 18-1(b)中的 A 线反映的是投资者或经理人员的看法而非市场的预期，因为当市场开始持与经理人员同样的看法时，非均衡将不复存在。

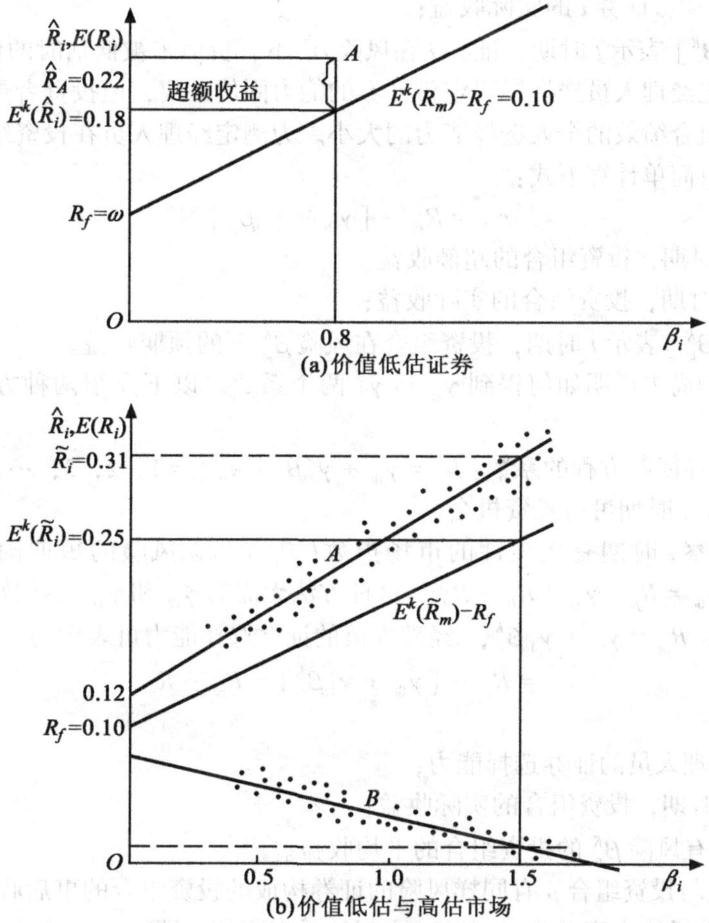

(a)价值低估证券

(b)价值低估与高估市场

图 18-1　非均衡市场

(二)事后证券选择能力

我们怎样才能确定投资组合经理的预期是正确的呢？回答是：时间将告知一切。随着时间的流逝和预期收益成为事后收益，评估投资组合的结果和做出适当的比较将变得十分容易。

假设在任意报告期 t，γ_{0t} 和 γ_{1t} 分别代表证券市场线(SML)的事后截距和斜率，即 t 时期，实际风险和收益间的关系。在不考虑其他证券的情况下，如果经理人员预期证券 i 高于证券市场线(SML)事后被证实，如图 18-1(a)中的证券 A 高于这一事后关系 4 个百分点，那么经理人员完全预测了证券 i 的超额收益的大小。然而，当证券 i 的收益与同等风险水平下的其他证券无差异时，则意味着不存在更优的绩效。因而，经理人员对错误定价证券的选择能力就可通过计算持有该证券的事后超额收益予以评定，即：

$$\varepsilon_{it} = r_t - [\gamma_{0t} + \gamma_{1t}\beta_i^K] \quad (18\text{-}2)$$

ε_{it} 表示 t 时期，证券 i 的事后超额收益；

r_t 表示 t 时期，证券 i 的实际收益；

$[\gamma_{0t} + \gamma_{1t}\beta_i^K]$ 表示 t 时期，证券 i 在风险 β_i^K 下，价值未被低估时的预期收益。

诚然，测定经理人员选择错误定价证券的能力固然必要，但投资者更关心的是经理人员改进投资组合绩效的个人选择能力的大小。为测定经理人员在投资组合投资中的证券选择能力，可简单计算下式：

$$\varepsilon_{Pt} = R_{Pt} - [\gamma_{0t} + \gamma_{1t}\beta_p^K] \quad (18\text{-}3)$$

ε_{Pt} 表示 t 时期，投资组合的超额收益；

R_{Pt} 表示 t 时期，投资组合的实际收益；

$[\gamma_{0t} + \gamma_{1t}\beta_p^K]$ 表示 t 时期，投资组合在风险 β_p^K 下的预期收益。

至此，我们尚未说明如何得到 γ_0 和 γ_1 两个系数。以下介绍两种方法求解这两个系数。

方法 1. 估计回归方程的系数：$R_{jt} = \gamma_{0t} + \gamma_{1t}\beta_j + \varepsilon_{jt}$ ($j=1, 2, 3, \cdots, J$)。用 j 投资或证券组合表示 t 时期可得投资机会。

方法 2. 观察 t 时期有代表性的市场指数（R_{It}）和无风险的短期国债的事后收益（R_{ft}），并使 $\gamma_{0t} = R_{ft}$，$\gamma_{1t} = R_{It} - R_{ft}$。这种方法无需对 γ_{0t} 和 γ_{1t} 两系数进行统计估计。为简便起见，令 $R_{nt} = \gamma_{0t} + \gamma_{1t}\beta_p^K$，经理人员的证券选择能力可表示为：

$$\varepsilon_{pt} = R_{pt} - [\gamma_{0t} + \gamma_{1t}\beta_p^K] = R_{pt} - R_{nt} \quad (18\text{-}4)$$

式中：

ε_{Pt} 表示经理人员的证券选择能力；

R_{pt} 表示 t 时期，投资组合的实际收益；

R_{nt} 表示具有风险 β_p^K 的投资组合的平均收益。

这里 R_{nt} 是与投资组合 p 有同样风险的证券构成的投资组合的事后收益。图18-2(a)中我们将证券选择能力表示为 R_p 与 R_n 之间的垂直距离，即：

$$\varepsilon_{pt} = 0.18 - [0.08 + 0.07(0.8)] = 0.044$$

（三）事后市场择时能力

除了评价经理人员的事后证券选择能力，投资者还要对基金经理的市场择时能力进行测定。

经理人员的市场择时活动是指其对证券市场总体波动情况的把握和判断。经理人员可通过调整无风险资产和风险资产在投资组合中的比重来应对大市的波动。当经理人员预期投资组合收益高于无风险利率（图 18-1(b)线 A），持有较高风险系数 β 的证券将提供较高的收益；若这一收益低于 R_f（图 18-1(b)线 B），较低 β 的证券对投资组合更为有利。

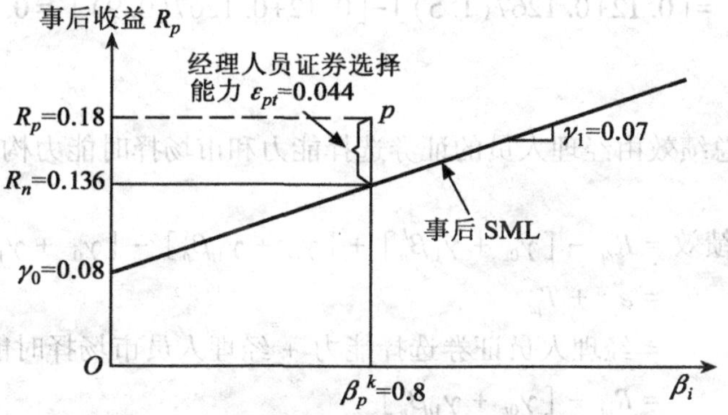

(a)投资组合 p 中，经理人员的
证券选择能力的测定

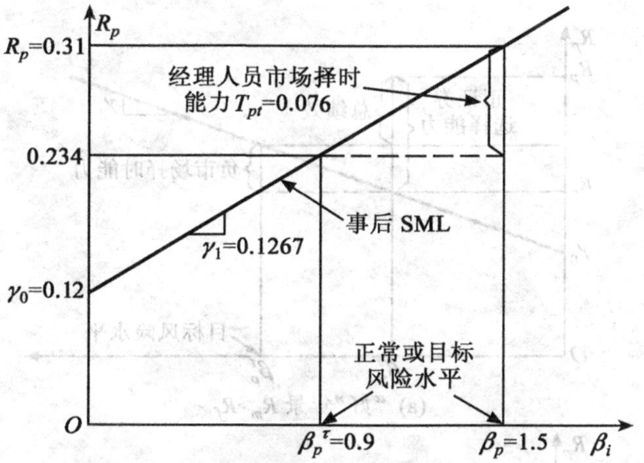

(b)投资组合 p 中，经理人员的
市场择时能力的测定

图 18-2 绩效测定

因此，选择入市时机，需要对经理人员选择的投资组合的风险水平 β_p^k 与投资组合的正常或目标风险水平 β_p^τ 进行比较。若当市场收益超过 R_f，投资组合 β 高于目标值，则经理人员的择时绩效就是正的；若当市场收益 R_m（实际中，通常用 R_I 替代）超过 R_f，投资组合 β 低于目标值，则经理人员的择时绩效就是负的。因此，经理人员市场择时能力的测定可以表示为：

$$T_{pt} = [\gamma_{0t} + \gamma_{1t}\beta_p^k] - [\gamma_{0t} + \gamma_{1t}\beta_p^\tau] \tag{18-5}$$

式中：

T_{pt} 表示投资组合择时收益；

$[\gamma_{0t} + \gamma_{1t}\beta_p^k]$ 表示具有风险 β_p^k 的投资组合平均收益；

$[\gamma_{0t} + \gamma_{1t}\beta_p^\tau]$ 表示具有风险 β_p^τ 的投资组合平均收益。

β_p^k 和 β_p^τ 之间的差额代表了经理人员从事市场择时活动的意愿。例如，图 18-2(b)

中，当正常或目标风险水平是β_p^{τ}，选择β_p^k，那么择时绩效为正值。

$$T_{pt}=[0.12+0.1267(1.5)]-[0.12+0.1267(0.9)]=0.076$$

(四) 总绩效

经理人员的总绩效由经理人员的证券选择能力和市场择时能力构成，因此，总绩效可表示为：

$$\begin{aligned}\text{总绩效} &= R_{pt}-[\gamma_{0t}+\gamma_{1t}\beta_p^k]+[\gamma_{0t}+\gamma_{1t}\beta_p^k]-[\gamma_{0t}+\gamma_{1t}\beta_p^{\tau}]\\ &= \varepsilon_{pt}+T_{pt}\\ &= \text{经理人员证券选择能力}+\text{经理人员市场择时能力}\\ &= R_{pt}-[\gamma_{0t}+\gamma_{1t}\beta_p^{\tau}]\end{aligned} \tag{18-6}$$

总绩效的图示见图 18-3 中市场“好”年景（$R_m > R_f$）和市场“坏”年景（$R_m < R_f$）。

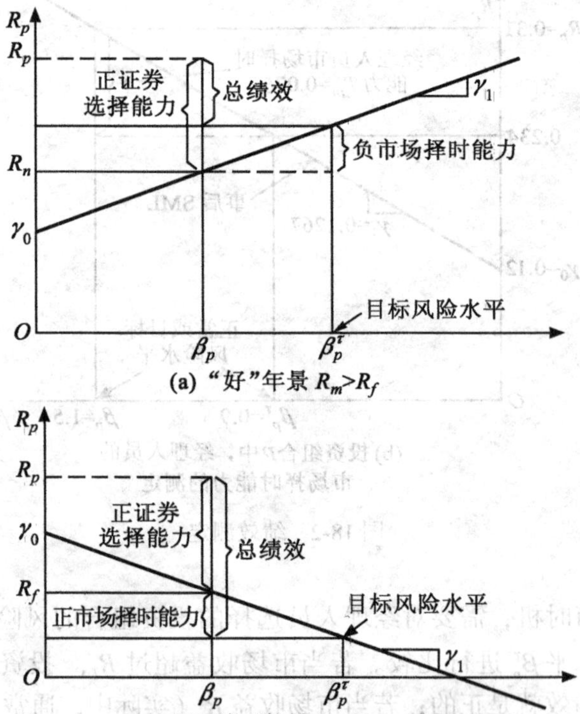

图 18-3　投资组合绩效：“好”年景与“坏”年景

例　如图 18-4 所示，2006 年，Sequoia 共同基金的股东享有 67.4%的收益，这是由“好”年景还是由经理人员杰出的市场择时能力或是错误定价证券的选择能力造成的？2006 年间，系数γ_0和γ_1的估计值为 0.064 和 0.241。且 2006 年 Sequoia 的β_p^k为 1.39，历史平均β为 0.95。将 0.95 作为目标β，Sequoia 在 2006 年的绩效是：

$$\text{总绩效}=R_p-[\gamma_0+\gamma_1\beta_p^k]+[\gamma_0+\gamma_1\beta_p^k]-[\gamma_0+\gamma_1\beta_p^{\tau}]$$

$$=(0.674-0.399)+(0.399-0.293)$$
$$=0.275+0.106=0.381$$

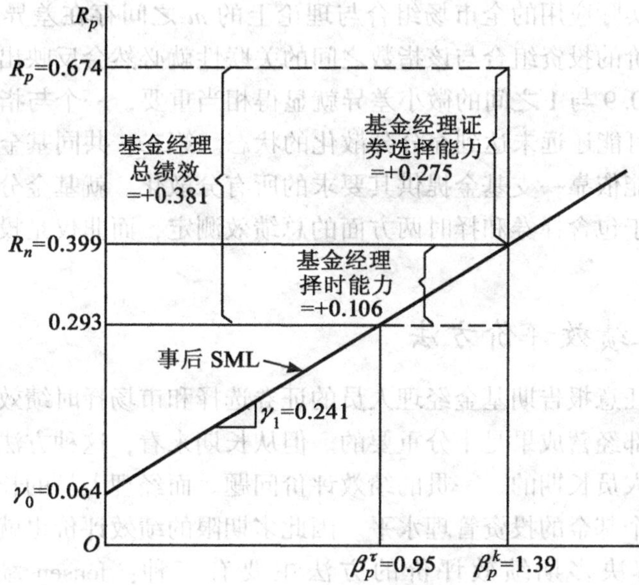

图 18-4 Sequoia 基金绩效

此时，经理人员的证券选择能力应为 27.5%，市场择时能力应为 10.6%，因此，总绩效即为 38.1%。据此可以判定 Sequoia 基金的经理具有优异的证券选择能力和对市场中有利时机的把握能力。

任何经理人员都期望通过对单个证券的选择获得超额绩效，则必然会以牺牲分散化利益为代价，显然，分散化也是投资组合管理的一个重要目标。若投资组合未被充分分散化，那么投资者就会暴露在某些可分散化的风险中，仅用 β_p 值是不能准确衡量该投资组合的风险的。考虑到未充分分散化可能带来的成本，则需对原有的 β_p 值进行调整。调整的方法是用该投资组合收益与全市场组合收益间的相关系数 ρ_{pm} 去除原投资组合的 β_p 值，调整后的风险为 β_p/ρ_{pm}。由于 β_p^k 和 β_p^k/ρ_{pm} 之间提供的平均收益存在差异，基金持有者的处境将会变坏，这可用未充分分散化成本加以描述，即：

$$[\gamma_{ot}+\gamma_{1t}(\beta_p^k/\rho_{pm})]-[\gamma_{ot}+\gamma_{1t}(\beta_p^k)] \tag{18-7}$$

未充分分散化风险调整的投资组合平均收益 － 充分分散化投资组合的平均收益

显而易见，经理人员的实际总绩效，应在名义总绩效中将这部分收益损失扣除，即：

实际总绩效=总绩效-未充分分散化成本

设 Sequoia 基金的 β 是 1.39，与全市场指数的相关系数是 0.9，则该基金的未充分分散化成本等于[0.064+0.241(1.39/0.9)]-[0.064+0.241(1.39)]=0.037，这是由于

有限分散化导致的收益损失的代价。因此，该基金的实际总绩效等于 0.3810－0.037 =0.344。

要指出的是，上述分析暗含两个基本假设。第一，全市场组合是完全分散化的投资组合。前面曾提过实际应用的全市场组合与理论上的 m 之间存在差异，两者并非完全相关，因此，被评价的投资组合与该指数之间的关联性就必然会反映出分散化不足的问题。关联度系数在 0.9 与 1 之间的微小差异就显得相当重要，一个与指数的关联度系数为 0.5 的投资组合可能还远未达到充分分散化的状态。第二，共同基金持有者拥有其他投资和资产，不可能依靠一支基金提供其要求的所有分散化。就基金分散化绩效的评价而言，我们更侧重于包含择券和择时两方面的总绩效测定，而非仅是投资组合的分散化绩效的测定。

三、多期限绩效评价方法

以上讨论了在任意报告期基金经理人员的证券选择和市场择时绩效的评价方法，它对正确反映基金全部经营成果是十分重要的。但从长期来看，这种方法只适用于单一期限，不能解决经理人员长期的、一贯的绩效评价问题。而经理人员的长期绩效比单一期限绩效更能反映一个基金的投资管理水平。因此多期限的绩效评价也就成为基金经理绩效评价的重点。解决多期绩效评价的方法主要有三种：Jensen 绩效指数（Jensen performance index）；Treynor 绩效指数（Treynor performance index）和 Sharpe 绩效指数（Sharpe performance index）。以下分别讨论这三种绩效评价指数。

（一）Jensen 绩效评价方法

Jensen 绩效指数的基本思路是将以上讨论的所有单一期限的评价结果汇合在一起，转化为多期限问题，综合考察基金经理的绩效。方法是将各期投资组合收益与无风险利率的净差额收益（$R_p - R_f$）和各期市场指数与无风险利率的净差额收益（$R_I - R_f$）进行回归，见图 18-5。

图中每一个点是由证券选择绩效、市场择时绩效，以及投资组合 β 和市场收益的效用构成。根据资本资产定价模型（CAPM），若证券组合平均收益与试验期所有证券提供的收益一致，最佳拟合线将穿过原点。若证券组合在多数时期趋于提供高于其他相同风险的证券或证券组合的收益，回归直线的截距将大于零。因此，多期限的总绩效评价将来自以下的时间序列回归：

$$R_{pt} - R_{ft} = \alpha_p + \beta_p^k (R_{It} - R_{ft}) + \mu_{pt} \tag{18-8}$$

若证券投资基金的绩效为正、零或负，相应地截距 α_p 将大于、等于或小于零。系数 β_p^k 为整个 t 时期证券组合风险的估计。误差项 μ_{pt} 在 t 时期可以是正或负，正值就表明优于该期市场平均绩效。回归直线的截距 α_p 是衡量所有研究期绩效优劣的指标，该指标是著名的 Jensen 绩效指数。图 18-6 显示了 Jensen 绩效指数的评价准则。证券组合 A 的截距大于零，为多期正绩效；证券组合 B 的截距小于零，为多期负绩效。两种基金的风险水平不同并不妨碍截距在比较他们绩效中的应用。

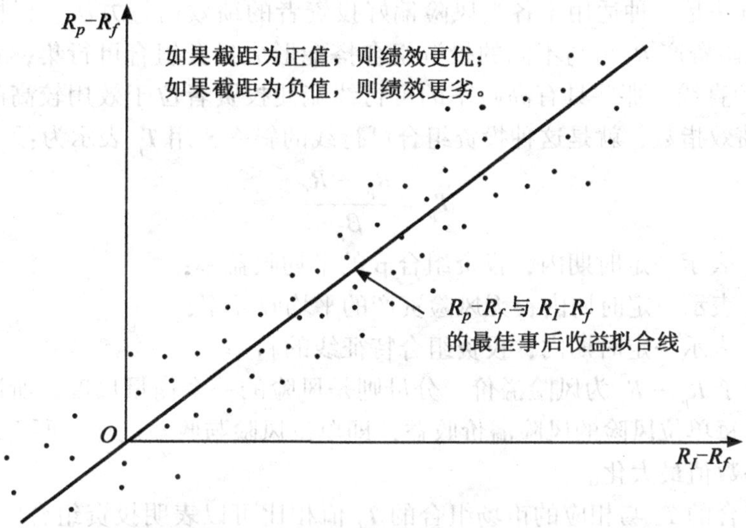

图 18-5　单指数投资组合绩效测定

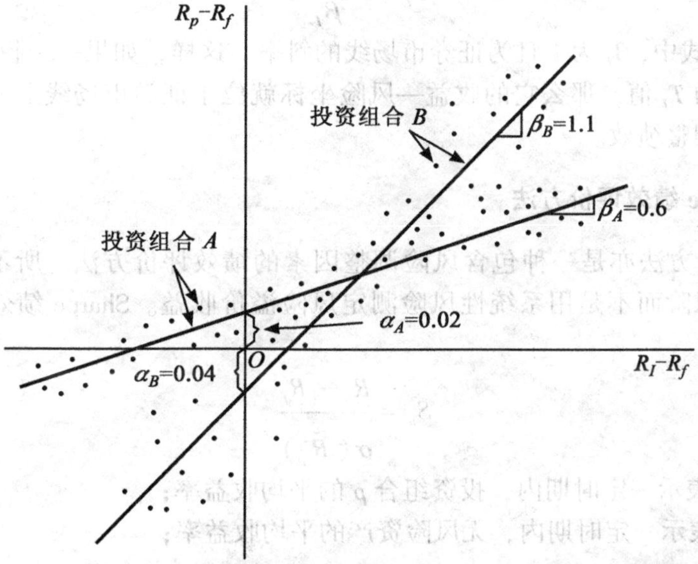

图 18-6　Jensen 绩效评价准则

（二）Treynor 绩效评价方法

Treynor 评价方法是一种包含系统性风险调整因素的投资绩效评价方法。由于投资组合的风险是由共同性因素导致的系统性风险和个别因素引致的非系统性风险构成，需引入特征线（CL）来界定投资组合在不同时期的收益与相应的市场组合收益之间的关系，特征线的斜率衡量了投资组合收益对整个市场收益的相对波动性，即投资组合的β值。

高β值意味着投资组合与市场之间存在着较强的相关性，即具有较高的系统性风险。Treynor 评价方法是一种适用于各类风险偏好投资者的绩效衡量方法。根据资本资产定价理论，无风险资产R_f可与不同的投资组合搭配形成投资组合可行集，它可以是若干条从R_f射出的直线，那些具有高斜率的可行线能使投资者位于效用较高的无差异曲线上。Treynor 绩效指数，就是这种投资组合可行线的斜率，用T_p表示为：

$$T_p = \frac{R_p - R_f}{\beta_p} \tag{18-9}$$

式中：R_p 表示一定时期内，投资组合 p 的平均收益率；

R_f 表示一定时期内，无风险资产的平均收益率；

β_p 表示一定时期内，投资组合特征线的斜率。

上式中分子$R_p - R_f$为风险溢价，分母则是风险的一个衡量尺度，所以整个等式表示投资组合的每单位风险的风险溢价收益，即单位风险与收益之比。所有理性投资者都倾向于使这一数值最大化。

将投资组合的T_p与相应的市场组合的T_I值相比可以表明投资组合的收益-风险坐标相对于证券市场线的位置。市场组合的 Treynor 指数T_I值计算如下：

$$T_I = \frac{R_I - R_f}{\beta_I} \tag{18-10}$$

在(18-10)式中，β_I为 1 且为证券市场线的斜率。这样，如果一个投资组合的T_p值高于市场组合的T_I值，那么它的收益—风险坐标就位于证券市场线上方，这说明了更为优异的风险调整绩效。

(三) Sharpe 绩效评价方法

Sharpe 评价方法亦是一种包含风险调整因素的绩效评价方法。所不同的是 Sharpe 评价法是用总风险而不是用系统性风险测定风险溢价收益。Sharpe 绩效指数，简写为S_p，表述如下：

$$S_p = \frac{R_p - R_f}{\sigma(\tilde{R}_p)} \tag{18-11}$$

式中：R_p 表示一定时期内，投资组合 p 的平均收益率；

R_f 表示一定时期内，无风险资产的平均收益率；

$\sigma(\tilde{R}_p)$ 表示一定时期内，投资组合 p 的收益率的标准差。

Sharpe 评价法与 Treynor 评价法有明显的相似之处，然而它用收益率的标准差来衡量一个投资组合的全部风险，而非只考虑以β值概括的系统性风险。因此，Sharpe 指数反映的是每单位总风险的风险溢价收益。就资本市场理论而言，这种方法是用资本市场线(CML)作为衡量证券组合绩效的标尺；Treynor 方法分析的是投资组合与证券市场之间的关系。两者相比较，由于 Sharpe 评价法的衡量尺度是从收益和投资分散化程度两方面来评价投资经理人员绩效的，因此，对于完全分散的证券组合来说，两种方法的评价结果是一样的。

必须指出的是，三种评价方法的衡量依据不同，有可能导致评价结果上存在差异。这三种方法的区别在于：第一，Jensen 评价法要求在样本期内每一个不同的子时期采用不同的 R_f 值。如为了分析十年期间基金经理的业绩，以一年为一子时期，必须分析该基金的年收益与每年无风险资产收益之差，并将其与全市场组合的收益和相同时期的无风险资产收益的差额相比较。这与分析整个时期全部变量的平均收益率的 Treynor 和 Sharpe 方法是不一样的。第二，与 Treynor 指数一样，Jensen 指数没有评价基金经理的分散投资能力，因为，它是以系统性风险来计算风险溢价的。如前所述，在评价一组分散化程度较高的投资组合时，这种假设有一定的合理性。

四、同时反映择时和择券能力的绩效评价

除了以上介绍的三大经典绩效评价方法外，国外学者还研究了可同时反映基金经理择时能力和择券能力的评价方法，基本思路仍然沿用 CAPM 模型为基准和出发点，将基金经理的择时能力和择券能力明确加以分离和准确量化。此类评价方法应用较多的有：T-M 模型、H-M 模型和 C-L 模型。

(1) T-M 模型。

T-M 模型是由 Treynor 和 Mazuy(1966) 在《共同基金能否战胜市场》一文中首次对证券投资基金的择时和择券能力进行计量研究的模型，这个模型为一个二次回归模型

$$R_p - R_f = \alpha + \beta_1 (R_m - R_f) + \beta_2 (R_m - R_f)^2 + \mu \qquad (18\text{-}12)$$

式中：

α 为择券能力指标；

β_1 为基金组合所承担的系统风险；

β_2 为择时能力指标；

R_m 为市场组合在各时期的实际收益率；

μ 为随机误差项。

Treynor 和 Mazuy 认为，如果 β_2 大于零，则表示基金经理具有择时能力：由于 $(R_m - R_f)^2$ 为非负数，故当证券市场为多头($R_m - R_f > 0$)时，投资基金的风险溢酬 $R_p - R_f$ 会大于市场组合的风险溢酬 $R_m - R_f$；反之，当证券市场出现空头($R_m - R_f < 0$)时，投资基金的风险溢酬 $R_p - R_f$ 的下跌却会小于市场组合的风险溢酬 $R_m - R_f$ 下跌的幅度。另外，如果常数 α 值大于零，表明基金经理具备较强的择券能力；如果 α 值越大，择券能力也就越强。

(2) H-M 模型。

H-M 模型是由 Henriksson 和 Merton(1981) 提出的。他们将择时能力定义为基金经理预测市场收益与无风险收益之间差异大小的能力。然后根据这种差异大小，将资金有效地分配于证券市场：具备择时能力者可以预先调整资金配置，以减少市场收益小于无风险收益时的损失。其模型为

$$R_p - R_f = \alpha + \beta_1 (R_m - R_f) + \beta_2 D(R_m - R_f) + \mu \qquad (18\text{-}13)$$

在这里，D 是一个虚拟变量。当 $R_m - R_f > 0$ 时，$D=1$，否则 $D=0$。因此，当市场呈现多头时，$\beta = \beta_1 + \beta_2$；而在空头时，则 $\beta = \beta_1$。同样，如果得到显著为正的 β_2 检验

值，则可判断基金经理具备较好的市场择时能力。α 值越大，表明投资基金经理的择券能力越强；反之，则相反。

(3)C-L 模型。

C-L 模型是 Chang 和 Lewellen(1984)在 H-M 模型基础上进行改进提出的模型，具体为

$$R_p - R_f = \alpha + \beta_1 D_1 (R_m - R_f) + \beta_2 D_2 (R_m - R_f) + \mu \quad (18\text{-}14)$$

其中，β_1 和 β_2 分别表示空头和多头时的基金组合。当 $R_m - R_f > 0$ 时，虚拟变量 $D_1 = 1$，$D_2 = 0$；当 $R_m - R_f \leqslant 0$ 时，$D_1 = 0$，$D_2 = 1$。因此，通过对 $\beta_1 - \beta_2$ 的假设检验，则可以判断基金经理的择时能力：如果 $\beta_1 - \beta_2 > 0$ 表示投资基金具备择时能力；反之，则相反。同样，α 值代表基金经理择券能力的大小。

迄今为止，西方学者提出了很多评价基金绩效的模型或指标，基金绩效评价研究也从外生给定的因素(如风险和收益)发展到基于基金特征构造的内在因素(如基金经理的择时能力和择券能力)，近期的研究又转向探讨基金的投资风格、管理及申购费用、规模、存续时间、基金管理公司的结构与基金绩效的关系等。在实践中，如何选择模型和指标来对基金进行有效的绩效评价仍未达成一致意见，不同的国家和基金样本，用不同的模型和指标都有可能对基金绩效进行较为准确的评估。已有的绩效评价模型和方法在实践中得到检验的同时，新的模型和方法将不断产生和发展。

练习与思考

一、重要名词与概念

投资基金　契约型基金　公司型基金　封闭式基金　开放式基金　收入型基金　成长型基金　主动成长型基金　成长收入型基金　平衡型基金　货币市场基金　指数基金　伞形结构基金　保本基金　LOF　ETF　注册制　审批制　收益率评价法　单一期限的绩效评价　Jensen 绩效指数　Treynor 绩效指数　Sharpe 绩效指数　T-M 模型　H-M 模型　C-L 模型　分级基金

二、问答题

1. 什么叫投资基金？简述投资基金的功能、种类及其特点。
2. 投资基金是怎样管理其资产的？
3. 简述 Jensen 绩效指数、Treynor 绩效指数和 Sharpe 绩效指数之间的区别。

三、选择题

1. 第一个具有现代意义的投资基金是(　　)。

A. 海外及殖民地政府信托基金

B. 苏格兰美国投资信托

C. 外国政府证券信托

D. 马萨诸塞投资信托基金

2. 中国境内第一家比较规范的投资基金是(　　)。

A. 淄博乡镇企业投资基金

B. 基金开元

C. 基金金泰

D. 华安创新

3. 按组织形式划分，基金可分为(　　)。

A. 契约型基金　　B. 公司型基金

C. 封闭式基金　　D. 开放式基金

4. ETF 的申购与赎回是在(　　)和(　　)之间进行交换的。

A. 一篮子股票　　B. 一篮子债券

C. ETF 份额　　D. 现金

5. 投资基金发行价的组成部分包括(　　)。

A. 基金的面值

B. 基金的发起与招募费用

C. 基金销售费

D. 基金管理费用

6. 以下费用中由投资者直接承担的是(　　)。

A. 基金管理费　　B. 基金交易费用

C. 利息费用　　D. 销售与服务费用

7. 基金管理人应在每年结束后的(　　)日内，在指定报刊上披露年度报告摘要，在管理人网站上披露年度报告全文。

A. 30　　B. 60　　C. 90　　D. 120

8. 收益率的影响因素包括(　　)。

A. 市场景气状况

B. 国民经济发展状况

C. 基金经理的管理能力

D. 风险状况

9. 年初 A 基金的 NAV 为 20 元，年末基金支付了 0.75 元作为股东收入和资本利得，NAV 变为 19.5 元，则 A 基金的投资者该年的收益率为(　　)。

A. -2.5%　　B. 1.25%　　C. 2.5%　　D. 3.75%

10. Treynor 绩效指数考虑的是市场风险，而 Sharpe 绩效指数考虑的是(　　)。

A. 股票市场风险　　B. 债券市场风险

C. 利率风险　　D. 总风险

11. 假设基金 a、基金 b 及市场指数的 Treynor 绩效指数分别为 1.54、1.69、1.47，则表现排序正确的是(　　)。

A. 基金 a 好于基金 b

B. 基金 b 好于基金 a

C. 基金 a 好于市场

D. 基金 b 好于市场

12. 基金收益率的风险调整衡量方法中，( )给出的是差异收益率。

A. Treynor 指数　　B. Sharpe 指数

C. Jensen 指数　　D. 信息比率

四、计算分析题

1. 2006 年，某基金的收益率为 63.8%，β 为 1.41，而目标风险水平为 1.03。同期，具有代表性的市场指数和无风险的短期国债的事后收益分别为 0.327 和 0.058。试利用单一期限的绩效评价方法计算：

(1)基金该年的择券能力、择时能力和总绩效；

(2)如果该基金的收益与全市场指数的相关系数是 0.95，计算未充分分散化成本与实际总绩效。

2. 下表是一些投资组合的有关数据，试分别用 Treynor 绩效评价方法和 Sharpe 绩效评价方法分别给予评价，并排序。假设该期间无风险资产的平均收益率是 10%。

投资组合	平均收益率	收益率的标准差	β
A	25%	30%	1.0
B	17%	20%	0.9
C	30%	40%	1.4
D	20%	15%	0.8
m	25%	25%	1.0

【扩展阅读】

2015 年我国基金业绩排行榜

从 2015 年我国基金业绩排行榜可以看出，混合基金占据了 2015 年牛基 TOP10 中的 9 席，表现非常抢眼。需要指出，这里的基金业绩排行仅仅是按照当年该基金的净值增长率由高到低排列，并没有进行风险调整，可能投资风格恰好迎合此轮行情的基金表现非常出色，因此严格意义上说这个业绩排行并不合理。如果有兴趣翻阅历年的基金排行榜，就会发现每年榜单上的基金变化很大。

(1)牛基 TOP10。

基金代码	名称	单位净值（元）	现任基金经理*	2015年1月1日—12月31日	
				净值增长率(%)	排名
000404	易方达新兴成长混合	3.294	宋昆	171.782	1
100056	富国低碳环保混合	3.062	魏伟	168.557	2
519156	新华行业灵活配置混合A	1.598	李会忠，栾江伟	160.381	3
000063	长盛电子信息主题混合	2.531	赵宏宇，杨衡	155.399	4
519120	浦银安盛新兴产业混合	3.084	吴勇	142.835	5
000124	华宝服务优选混合	2.386	楼鸿强	127.93	6
519113	浦银安盛精致生活混合	2.538	吴勇	127.828	7
000574	宝盈新价值混合	1.71	彭敢	123.086	8
160918	大成中小盘混合(LOF)	2.259	魏庆国	118.419	9
000410	益民服务领先混合	2.521	李道滢	117.703	10

(2)股票基金TOP10。

基金代码	名称	单位净值（元）	现任基金经理*	2015年1月1日—12月31日	
				净值增长率(%)	排名
160918	大成中小盘混合(LOF)	2.259	魏庆国	118.419	1
000471	富国城镇发展股票	2.856	汪鸣	107.378	2
163412	兴全轻资产混合(LOF)	2.767	谢治宇	105.376	3
519704	交银先进制造混合	2.639	任相栋	100.684	4
000586	景顺中小板创业板精选股票	1.928	李孟海	94.3548	5
160211	国泰中小盘成长混合(LOF)	2.681	杨飞	88.1153	6
163110	申万菱信量化小盘股票(LOF)	2.546	金昉毅	87.4816	7
161810	银华内需精选混合(LOF)	1.905	邹积建	86.948	8
000729	建信中小盘先锋股票	1.743	顾中汉	82.7044	9
000524	上投摩根民生需求股票	2.352	帅虎	81.9026	10

*截至2015年12月31日，下同。

资料来源：新浪财经。

第十九章　行为金融概述

在第八章"有效市场假说"中，我们发现有悖于有效市场假说的异象大量涌现：在横截面上，存在赢家—输家效应(长期反转效应)、短期动量效应、规模效应、账市比效应、对公告信息的反应过度与反应不足、日历效应等；在总量市场上，也存在着诸多的"谜"，例如股权溢价之谜、波动性之谜、可预测性之谜、联动性与封闭式基金折价之谜，这些都说明市场并非完全有效，而是存在某种可预测性。对于这些异象，基于行为人理性的经典金融学理论无能为力，迫切需要一种崭新的理论解释，本章就对目前金融投资领域最前沿的理论发展——行为金融理论加以介绍。

第一节　行为金融的兴起与套利限制

大量金融异象的存在，使得人们开始对有效市场假说提出了质疑，并试图提出一些新的理论解释。行为金融(behavior finance)理论就是其中一个非常重要的流派。本节就将简要介绍行为金融理论的兴起和套利限制。

一、行为金融的含义和发展历史

行为金融理论主要是将心理学尤其是行为科学的理论融入金融学中，从微观个体行为以及产生这种行为的更深层次的心理、社会等动因来解释、研究和预测资本市场的现象和问题的一门学科。行为金融学研究的内容主要包括以下三方面：一是将心理学、社会学和其他认知科学的成果与传统经济学和金融学相互融合，并应用到金融证券市场的微观过程中；二是试图解释金融证券市场的各种"异象"及其发生机理；三是研究投资者的有限理性及各种认知偏差的深层次原因。作为一门新兴的金融学分支，行为金融理论的发展历史可以简单概括为以下几个阶段。

(1)早期阶段。20世纪经济学巨匠Keynes是最早强调心理预期在投资决策中的作用的经济学家，他基于心理预期提出了股市的"选美"理论；而Burrell则是现代意义上行为金融理论的最早研究者，在其1951年的《以实验方法进行投资研究的可能性》论文中，他开拓了应用实验将投资模型与人的心理行为特征相结合的金融新领域。后来的Bauman和Slovic等人继续进行了一些人类决策过程的心理学研究。

(2)心理学行为金融阶段。从1960年至80年代中期，这一阶段的行为金融研究以Tversky和Kahneman为代表，他们共同提出了"展望理论"(prospect theory)，使之成为行为金融研究中的代表学说。但是当时行为金融的研究还没有引起足够重视，一方面是因为此时EMH风行一时，另一方面是因为人们普遍认为研究人的心理和情绪对于金融研究来说是不科学的。

(3)金融学行为金融阶段。从20世纪80年代中期至今。证券市场不断发现的异常现象引起金融学界的注意，大量的证据表明许多金融理论还不完善。再加上展望理论得到广泛认可和经验求证，所以这个时期的行为金融取得了突破性的进展。与上个时期相比，这个时期的行为金融理论研究主要是对证券市场的异象加以解释，同时注重把心理学的研究成果和投资决策结合起来。此外，各种基于行为金融理念的模型也在这一时期大量出现，其中比较著名的有DSSW模型、BSV模型、DHS模型、HS模型、BHS模型和DKU模型等，我们会在本章后续部分对这些模型进行介绍。

二、行为金融对有效市场假说的质疑

金融异象不断涌现，对有效市场假说带来了巨大挑战，行为金融理论认为，有效市场假说的基本假设与投资者在证券市场上的实际投资决策行为是不相符合的，主要表现在以下几个方面。

(一)投资者的行为并非都是理性的行为

有效市场假说最先受到质疑的地方就是关于投资者"理性"的假设。这一假设认为人们的决策是建立在理性预期(rational expectation)、风险厌恶(risk aversion)、效用函数最大化以及不断更新决策知识等假设之上的。但大量的心理学研究表明人们的实际投资决策并非如此。例如，人们并非总是风险厌恶的，人们常常过分相信自己的判断，人们常常凭着一些不相关的资讯来买卖证券，等等。基于以上实证观察中发现的投资者行为特点，行为金融学认为应该用现实世界中投资者的真实行为模式来取代投资者"理性行为"的假设，即以"有限理性"(bounded rational)来取代"理性"(rational)。

(二)投资者的非理性行为并非随机发生的

有效市场假说的第二条假设认为：即使有一些非理性的投资者存在，但由于这些非理性投资者的交易都是随机的，自然而然也就彼此抵消掉。但行为金融的研究表明，非理性投资者的决策并不完全是随机的，他们常常会朝着同一个方向，所以不见得会彼此抵消。而且，当这些非理性投资者的行为"社会化"或大家都听信相同的谣言、相互模仿来进行交易时，这种现象会更加明显。因此，在行为金融理论看来，投资者的情绪因素并非随机产生的错误，相反，其是一种很常见的且在某种意义上是很普遍的认知偏差。因此，由这些认知偏差导致的对理性决策的偏离是系统性的，并不能因为统计平均而消除。

(三)套利是受到限制的

有效市场假说最为放松的假设认为，即使投资者的非理性行为并非随机而是具有相关性，但套利的力量仍可让市场恢复效率，即在套利和市场竞争的作用下，理性交易者(套利者)会很迅速地消除非理性交易者(噪音交易者)引起的价格偏离现象。因此，从长期来看，价格的偏离只是短期的现象，非理性交易者将成为市场的输家并最终被淘汰出局。市场中将只有理性的投资者能够幸存下来，证券市场的投资行为也将由理性投资者主宰，从而市场中的证券价格满足“一价定律”(law of one price)：在不考虑其他成本的情况下，具有相同现金流的证券价格一定相同。

与此相对，行为金融理论认为实践中套利的作用并不像有效市场假说认为的那样有效，套利实际上是受到限制的，行为金融学将此称为“套利限制”(limits of arbitrage)，现实市场中的证券价格与“一价定律”相矛盾。套利之所以会受到限制，一方面是因为实践中套利本身是具有风险的，另一方面是因为进行套利活动会受到实施成本(implementation costs)的影响。

(1)套利风险。

实践中，套利的风险主要来自于两个方面：一是基本面风险(fundamental risk)，二是噪音交易者风险(noise trader risk)。基本面风险是指关于某支证券基本价值的一些消息引起该证券价格进一步偏离基础价值的风险。在有效市场假说下，由于有完美可替代性资产的存在，使得套利者在对被错误定价的证券实施套利时是不会面对其价格继续偏离基本价值的风险。如套利者在购买被低估的某支高科技股的同时卖空另一与之类似的高科技股，就能避免由于受行业性消息的影响，被低估的高科技股股价进一步下跌的风险，因为即使其股价下跌了，被卖空的另一支高科技股的股价也会下跌，从而套利者的损失会被弥补。但实践中，替代性证券很少是完美的，并且经常是高度不完美的，这就使得消除所有基本面的风险成为不可能。同时，即使完美的替代性证券存在，其使得套利者不受基本面风险的影响，但噪音交易者风险仍然会使套利受到限制。

所谓噪音交易者风险，是指被套利者利用的错误定价在短期内继续恶化的风险。由于未来的价格是不可预测的，所以很有可能价格在恢复到正确的理性价格之前，会继续偏离理性价格更远。如套利者会面临那些使这支股票低估的消极投资者变得更加消极，进而促使股价进一步下跌的风险。这里要注意的是，噪音交易者风险之所以会对套利产生限制，主要是因为它可能导致套利者的头寸提前了结，从而给他们造成潜在的高损失威胁。为理解这一点，我们应当知道，实践中大多数的套利者——即专业的基金经理——管理的并非自己的资金，而是别人的钱。这种“智力和资本分离”的委托—代理特征会带来一种后果，即那些缺乏评价套利者策略专业知识的投资者，可能会简单地以套利者的投资绩效来评价套利者。假如被套利者利用的错误定价机会在短期内恶化，产生了负的收益，那么投资者可能就会认为该套利者是不能胜任的，进而抽回他们的资金，这种资金撤离的压力会使得套利者过早地结清其头寸，从而不能有效地实施套利来纠正错误定价。此外，对于这种过早结清头寸的恐惧也会使得套利者在利用错误定价的机会时变得不那么主动。

(2)实施成本。

除了套利本身具有一定的风险外，进行套利活动还会受到实施成本的影响。我们知道，现实的证券交易是存在交易成本的。一般的交易成本如，佣金、印花税、买卖差价和价格冲击可使得利用错误定价的行为变得失去吸引力。卖空是套利过程的主要组成部分，因此，我们这里将卖空约束归入实施成本之中。卖空约束是指任何使卖空不如买空有吸引力的因素，最简单的一种卖空约束就是借入股票需支付的费用。D'Avolio(2002)

的研究表明，对于大多数股票，借入股票的融券费用一般较低，为10~15个基点。但在有些情况下，融券的代价会很高，如套利者可能在任何条件下都无法借到所需的证券。除上述费用外，套利还可能存在一些法律约束：对于货币经理，尤其是养老基金和共同基金经理来说，卖空在法律上是不允许的。在许多新兴的证券市场中，融资和融券交易甚至是禁止的。

交易成本的存在可使套利者处于另一种风险——"期界风险"(horizon risk)中，这种风险是指，错误定价的纠正需要很长的时间以至于任何利润都会被累积的交易成本所抵消。即使当套利者确信没有任何外部出资者强迫其提前清仓时，这种风险也是存在的。Abreu和Brunnermeier(2002)研究了他们称为"同步风险"(synchronization risk)的特定的期界风险。如果一项错误定价的消除需要足够多的独立套利者的加入，那么，在存在交易成本的情况下，套利者就会对是否利用定价错误而犹豫不决，因为他们不知道究竟有多少套利者识别出这个机会，因而就无法判断价格回归价值的确切时间。

此外，实施成本还包括搜寻和获知一项错误定价的成本，以及对错误定价加以利用所需资源的成本。通过对经验事实的考察，Shleifer和Vishny(1997)发现，大规模职业套利者，如对冲基金的攻击主要集中于债券市场和外汇市场，却极少出现在股票市场。这恐怕与搜寻错误定价的技术性困难有关，因为，"在股票市场中，对不同股票无论是按绝对价值还是按相对价值都难以做出测算"(Shleifer和Vishny，1997)，在这个市场中找到那些挂在低处的果子远比债券市场和外汇市场难得多。因此，风险套利对职业套利者来说并没有多大的吸引力。

可以说，上述套利所面临的风险和成本限制了套利的有效性，从而使"套利限制"成为行为金融学赖以发展的一大基石，因为如果套利是有效的话，那么研究投资者的有限理性行为就没有多大意义了。

第二节　行为金融与心理学

从前面的介绍中，我们知道了套利是受到限制的，于是研究投资者的有限理性行为及其对证券价格的影响就成为行为金融理论研究的重点内容。而这一领域的主要成果来源于行为金融学的另一大基石——心理学。

在传统经典金融学的范式中，"理性"意味着两个方面：首先，人的信念是正确的，换句话说，人们不存在认知上的偏差；其次，给定人们的信念，他们会做出正常可接受的选择，即其偏好(preference)服从预期效用(Expected Utility，EU)理论。借助认知心理学家的大量实证结论，行为金融学家认为人们在形成信念时是会产生系统性的认知偏差(cognitive biases)的，并且他们的偏好选择也不服从传统的预期效用理论。目前，行为金融学对于人们有限理性的考察，主要就从这两方面展开。

一、投资者的认知偏差

行为金融理论从人们在信念形成过程中表现出的实际心理活动入手，发现投资者在投资决策过程中存在着如下一些认知偏差。

1. 表征性偏差(representativeness bias)

表征性偏差是指人们在对不确定事件进行判断时，往往根据该事物与一个典型事物的相似程度而对它归类，如果其越有代表性，则被判断为出现的概率也就越高。例如：如果一个人与某群体的典型成员相似，那么我们会认为他就可能是该群体的成员。如果一个人表现得像一个罪犯(如贼溜溜的眼睛)，我们便会认为他可能就是一名罪犯。表征性偏差对应于人们对信息的过度反应(overreact)，最重要的表现就是"小数法则"(the rule of small number)，即认为即使小样本也能反映总体特征。"小数法则"能够解释日常生活中的"赌徒的谬误效应"(gambler's fallacy)和"热手效应"(hot hand effect)。

2. 保守性偏差(conservativeness)

保守性是指在一定的环境下人们在面临新的信息时，不愿意理性地更改他们的现有观念或信念。心理学研究表明个体在面对新信息时，并非总是系统性地看重新信息，忽视基率。有些情况下，个体会看轻新信息，在信念转变上过于保守且过于看重基率的影响。这种情形就是认知上的保守性偏差，对应于人们对信息的反应不足(under-react)。

Barberis、Shleifer 和 Vishny(1998)首次提出了一种基于信念的模型，简称 BSV 模型，利用上述提到的表征性偏差和保守性偏差来解释金融市场中的反应过度和反应不足现象。详细内容请参阅本章第三节。

3. 过度自信(overconfidence)

大量的心理文献还表明个体在做出判断时往往出现过度自信偏差。自信本身不是坏事，它有助于个体取得成功，但过度自信则不同，过度自信是指个体经常会过于相信自己的判断的正确性。对主观概率推断的研究发现，个体倾向于高估自己占有知识的准确性。过度自信在多种职业领域都有出现：临床心理学家、医生和护士、投资银行家、工程师、企业家、律师、谈判专家以及经理人等，在他们的判断过程中均有过度自信的倾向。

对过去的正面结果，个体往往过高估计自己的贡献，而且回忆的信息多半是关于他们成功的信息，涉及失败的则较少。过度自信与自我归因(self-attribution)和后见之明(hindsight)偏差有关。自我归因是指个体倾向于将一项活动的成功归因于自己的才能，而将失败归因于坏运气而非他们的失职。

Daniel、Hirshleifer 和 Subrahmanyam(1998)对反应过度和反应不足同样提出了一种基于信念的模型解释，简称 DHS 模型。与 BSV 模型不同，DHS 模型从投资者对私人信息和公共信息不同反应的角度，强调了过度自信和自我归因这两种典型的心理偏差的作用。详细内容请参阅本章第三节。

此外，投资者的认知偏差还有神奇式的思考(magical thinking)和准神奇式的思考(quasi-magical thinking)、隔离效应(disjunction effect)、历史无关性(irrelevance of history)、关注偏差(attention bias)等，可以说，人类认知偏差为我们理解金融市场中的各类异象提供了新的视角。限于篇幅，对于其他的认知偏差此处不再赘述，有兴趣的读者可以参考本书后面列出的相关文献。

二、投资者的偏好选择

我们知道，任何试图理解资产价格或交易行为的模型必不可少的部分之一是关于投资者偏好或投资者怎样评估风险性博彩的假设。在经典金融理论中的绝大多数模型都假设投资者是根据预期效用(EU)框架来评估博彩的。但大量的实证研究表明，如同人们在信念形成过程中存在认知偏差一样，人们在风险性博彩间进行选择时，会系统性地违背 EU 理论，如人们并不一定都是风险厌恶的，人们的决策受到决策问题呈现形式的影响，等等。这样，就需要有不同于 EU 的理论来解释这些实证证据，其中由 Kahneman 和 Tversky 提出的展望理论可以说是最能解释人们偏好行为实证事实的理论。下面，我们将简要介绍期望理论和其他有关投资者偏好的理论。

(1)展望理论。Kahneman 和 Tversky 通过心理学实验发现，与传统预期效用理论不同，大多数的投资者并非标准的理性投资者，而是行为投资者，即他们的效用不是单纯财富的函数，他们也并不总是风险厌恶的。在传统预期效用理论框架下，标准理性投资者的效用依赖于财富或消费的绝对水平，而在展望理论中，行为投资者的“效用”是反映在价值函数(value function)中的。

如图 19-1 所示，价值函数有下列三个重要的特性：

①价值函数(其横轴的正半轴表示盈利、负半轴表示损失，纵轴表示价值或效用)是定义在相对于某个参考点的盈利和损失基础之上的，其表明投资者的效用不是依赖于最终的财富水平，而是依赖于相对于某一参考点的盈利和损失。价值函数参考点的决定通常是以目前的财富水准为基准，但是有时参考点也可能会因为投资者对未来财富水平预期的不同而有不同的设定。

②价值函数为 S 形的函数。在盈利范围内，价值函数和传统预期效用函数一样是下凹的，其表示投资者每增加一单位的盈利，其增加的效用低于前一单位盈利所带来的效用，即人们是风险厌恶的；而在损失范围内，价值函数是上凸的，即每增加一单位的损失，其失去的效用低于前一单位损失所失去的效用，这意味着人们对损失是风险偏好的。

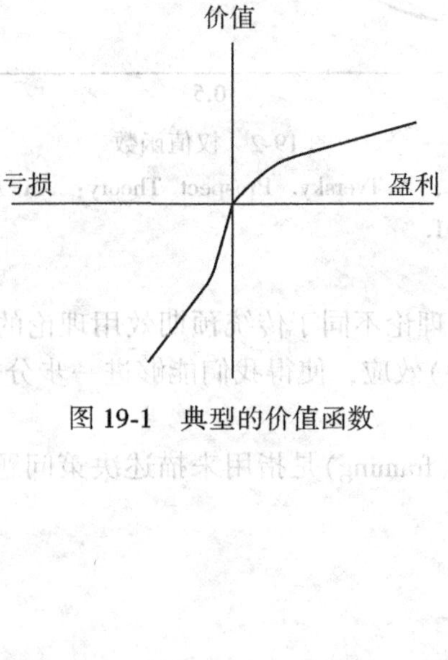

图 19-1　典型的价值函数

③价值函数凸于损失的斜率要比凹于盈利的斜率陡。这意味着投资者在相同的盈利与损失下，其对边际损失比对边际盈利更加敏感，即投资者损失时所感受到的痛苦远大于盈利时所获得的愉悦。这一特征又被称为损失厌恶(loss aversion)。

展望理论的另一重要概念是权值函数(weighting function)。在期望理论中，对不同选择可能产生的结果(即期望值)的计算和比较，是通过对价值(效用)乘以“决策权值”而非“概率”来进行的。

如图 19-2 所示，权值函数(横轴表示概率、纵轴表示概率对应的权值)中，“极不可能”事件概率的权值为 0，“极可能”事件概率的权值为 1，即人们将极不可能的事件视为不能，而极可能的事件视为确定；“很不可能(非极不可能)”事件被赋予相对较高的权值，即图中靠近 0 附近高于 45 度对角线的部分，这意味着其概率被夸大了；而“很可能(非极可能)”事件则被赋予相对较低的权值，即图中靠近 1 附近低于 45 度对角线的部分，这意味着其概率被低估了；在“很可能”与“很不可能”之间，权值函数具有小于 1 的斜率。上述权值函数体现的情况被称为“非线性概率转换”(nonlinear probability transformation)，其表明人们对小概率事件加权太重而对大概率事件加权过低，并且人们在较高概率水平上对概率之间的差异较敏感，比如人们对概率从 0. 8 与 1 之间 20%的跳跃，相对于概率从 0. 2 与 0. 25 之间 20%的跳跃更加敏感。

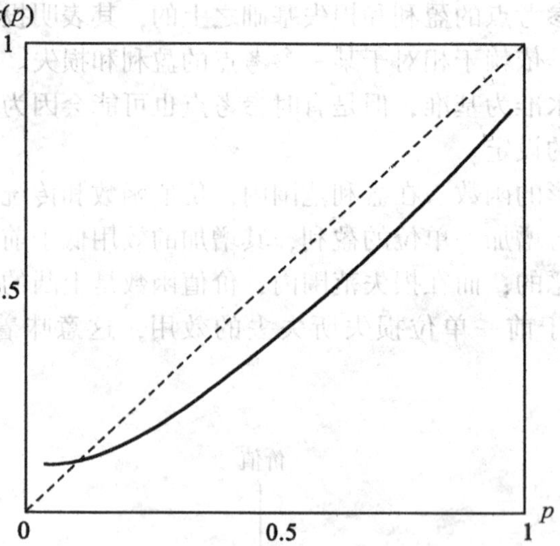

图 19-2　权值函数

资料来源：Kahneman, D., A. Tversky. Prospect Theory: An Analysis of Decision under Risk. Econometrica, 1979, 47: 263-291.

至此，我们看到了展望理论不同于传统预期效用理论的特征，而源于该理论的“框架依赖”(framing dependence)效应，使得我们能够进一步分析和解释很多现实情形中投资者的偏好选择行为。

(2)框架依赖。“框架”(framing)是指用来描述决策问题或信息的措词和表达方式。

心理实证研究发现，问题或结果的描述方式会影响人们对问题本质的看法，即尽管问题的本质相同，但表述方式的不同会影响人们的偏好和选择行为，导致人们做出不同的决策，这就是“框架依赖”。框架依赖之所以会发生，主要是因为改变对问题或结果的描述，会改变人们决策的参考点，进而影响人们的偏好选择。前述期望理论中价值函数表明的个人效用依赖于相对于参考点的盈利和损失就是框架依赖的现象。很多心理学研究都证实，框架依赖效应是很强的，人们决策时30%~40%的偏好变动依赖于对决策问题的描述方式。同时，在很多实际的决策过程中，决策者如何看待决策问题也是具有框架依赖效应的。下面我们介绍一个著名的与看待决策问题的框架依赖有关的投资者行为——心理会计(mental accounting)。

所谓“心理会计”，是指人们根据资金的来源、资金的所在和资金的用途等因素在心理上对资金进行归类，对不同类别的资金会有不同的期望收益和不同的风险承受能力。比如，我们经常可以看到有人去银行贷款买房，同时又去存钱供将来子女读书之用，这种做法就是用不同的心理账户(mental accounts)来打理自己的财产。心理会计的一个重要特征就是其表明人们在决策时会进行“狭窄框架”(narrow framing)，即决策者会倾向于将单个博彩与其他博彩分开评价，换句话说，当面对一项风险性博彩时，人们会将它视为他们所面临的唯一博彩进行评价，而非将它与先前已有的博彩结合起来考虑。这种偏好行为表现在证券市场上，就是投资者会对不同的股票，以买入价设立不同的参考点，去分别评估每一支股票的盈亏，而不是去考虑整体投资的盈亏。

因此，个体投资者的投资行为往往表现为分散化不足和单纯的分散化，这一点与经典理性理论的完全分散化的假定不符。根据心理会计的研究，投资者将每一投资分别放入各个不同的心理账户，只是单独地评估每一个心理账户，而不考虑不同的心理账户间的相互作用。这会使得投资者忽略掉分散化的好处，对风险形成错误的认识。

大多数投资者虽然没有“把鸡蛋放在一个篮子里”，但不能按现代投资理论假设的方式构建资产组合。投资者如何构建分散化的资产组合呢？Shefrin 和 Statman(2000)认为投资者构建资产组合受到心理因素的影响，把资产组合构造为一个资产金字塔，这就是具有金字塔结构的行为投资组合理论(Behaviour Portfolio Theory，BPT)。金字塔的每一层代表要满足特定目标的资产，如图 19-3 所示。投资者为每一投资目标分别设立心理账户，愿意对每一目标承担不同的风险，通过发现与心理账户的预期收益和风险相匹配的资产来为每一心理账户选择投资。

投资的结果由投资目标以及与其相关的心理账户的分布所决定。投资者具有忽视各个心理账户间和投资资产间相互作用的倾向，其资产分散化是由投资目标的分散化所决定，而不是像经典理论所描述的由有目的的资产分散化所决定。结果，这意味着多数投资者并非持有有效的资产组合，他们在预期收益水平下，承受了过高的风险。换句话说，投资者在所承受的风险水平下，本应获得但却未能获得更高的收益。

(3)模糊厌恶(ambiguity aversion)和熟悉偏好(preference for familiar)。有关投资者偏好行为的另外一个值得注意的问题就是“模糊厌恶”，其是指人们厌恶主观不确定性甚于厌恶客观不确定性。心理学家观察到个人喜欢赌包含相同数目的红球和绿球的赌局，而不喜欢赌不知道两种球比率的赌局，这意味着个人在冒险时喜欢拿已知的概率做

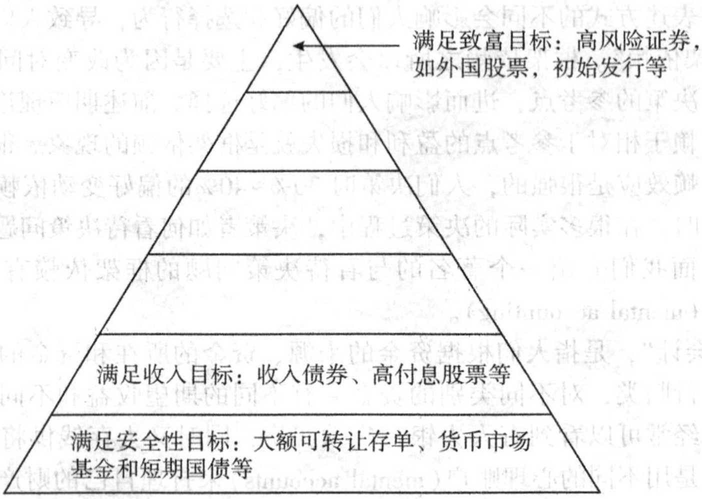

图 19-3　描述行为资产组合的金字塔

资料来源：H. Shefrin，M. Statman. Behavioural portfolio theory. Journal of Financial and Quantitative Analysis，2000(35)：127-151.

根据，而非未知的概率。从情绪的角度考虑，模糊厌恶的现象反映了人们对模糊的风险事件会产生担心和恐惧的感觉。缺乏用于进行判断的风险参数(客观概率)意味着该赌局可能隐含某种程度的高风险，或者可能存在某种敌意操纵，故人们为了不陷入高风险或被敌意操纵的陷阱，就会设法避开模糊的状态。比如，当引进一种金融创新工具时，模糊厌恶会使投资者过度地增加对该金融工具的风险报酬，这是由于投资者对这项金融创新结果不确定的缘故。我国证券市场上第一支股票深发展发行的时候，是按照面值一元的价格认购的，由于股票当时属于新生事物，人们无法判断股票的收益与风险，所以结果是没有多少人认购。当时深发展的新股发售需要耐心地劝说和上门推销才能完成。然而，最初买入深发展的人无疑是我国证券市场的最大受益者之一。

与模糊厌恶相对应的一个现象是“熟悉偏好”，它是指当人们对某一领域比较熟悉或有把握时，会倾向于参与到与该领域有关的赌局中去，如对足球尤其熟悉的人会偏好于对足球比赛的结果下注。这种偏好行为反映在证券市场上就是所谓的近邻效应(neighborhood effect)或乡土情结(home bias)，即投资者常常投资于自己附近的地方(如自己所在的国家或地区、熟悉的行业或公司等)，而忽视了其他更好的投资机会。

(4)后悔厌恶(regret aversion)。此外，遗憾理论指出人们往往是厌恶后悔的。心理学研究发现，个人在做决策时会因为后悔而痛苦，故人们往往会倾向于选择那些给自己带来较少后悔的方案。由于后悔对个人来说，是一种除了损失之外，还自认必须对损失负责任的感受，故后悔会比损失还要痛苦。为了避免后悔，个人会缺乏强烈的动机去改变现状，他们可能会依循过去的原则，目的就是使未来后悔的可能性降到最低。例如，当在熟悉和不熟悉的品牌之间进行选择时，消费者可能考虑到选择不熟悉品牌造成效果不佳时的后悔要比选择熟悉品牌的后悔更大，因此消费者很少会选择不熟悉的品牌。

在证券市场上，当投资决策失误后，投资者的后悔心情自然难以避免，因此，即使是同样的决策结果，如果某种决策方式能够减少投资者的后悔心情，则对投资者来说，这种决策方式将优于其他决策方式。比如，投资者之所以回避卖掉价格已下跌的股票，就是为了回避对曾经做出的错误决策的后悔和报告损失带来的尴尬。再如，投资者有时发觉购买本周热门或大家追涨的股票很容易，而这有一部分是因为当投资者考虑到大量投资者也在同一投资上遭受损失时，他们将会感到不那么后悔，反正大家都被套牢了。一般来说，投资者为了减少决策失误后的后悔情绪，会尽力去推卸责任，如委托他人代为进行投资决策、“随大流”仿效多数投资者的投资行为进行投资等。

可以说，正是由于投资者在进行投资决策时存在着种种认知偏差和不同于传统预期效用理论的偏好选择行为，使他们的实际决策过程并非经典金融理论所描述的最优决策过程，进而导致证券市场上证券价格行为偏离建立在最优决策模型等经典金融理论假设基础上的有效市场假说。

第三节 投资者情绪

投资者不仅在信念形成中具有认知偏差，还具有很多鲜明的非理性偏好，许多个体投资者的认知偏差和非理性偏好汇总起来，在总量上就体现为投资者情绪（投资者情绪中的非理性成分）。由于在行为金融理论中，投资者情绪在解释金融市场异象中扮演着非常重要的角色，本节重点介绍投资者情绪。

一、投资者情绪的界定

在心理学上，“情绪”（sentiment）被定义为人们对于某种事物是否符合人的需要和欲望而产生的心理体验。与认识活动不同，情绪具有独特的主观体验形式（如喜、怒、悲、惧等感受色彩）、外部表现形式（如面部表情），以及独特的生理基础（如皮层下等部位的特定活动）。它没有过多的观念思考和认识过程，因而通常被人们理解为是非理性的表现形式。

投资者情绪（investor sentiment）通常被定义为投资者对未来股票价格走向的乐观或悲观态度。值得指出的是，这一定义与心理学上偏重“非理性”的情绪定义有所不同，它实际上包含了理性和非理性两方面的内涵。行为金融理论强调投资者情绪中的非理性成分以及非理性的投资者情绪对资产价格的影响。

二、投资者情绪的维度和性质

在对投资者情绪的界定中，可以看到投资者情绪实际上包含理性和非理性两方面的内涵，这也表明投资者情绪存在着两个维度：理性情绪和非理性情绪。

（一）理性情绪

投资者情绪中对未来收益正确预期、反映“高明的投资”（smart money）的部分定义为理性情绪。需要指出，理性情绪有如下重要性质：第一，要成为值得我们研究的对象，必须要对资产价格有系统性的影响，而不是市场中能相互抵消的噪音；第二，作为市场中“高明的投资”的体现，理性情绪能正确预测未来收益(Schmeling，2007)；第三，虽然难以战胜“时间和无知之神秘力量”、增加对于未来的了解，但是基本因素仍是资产长期收益的重要决定因素，因此，理性情绪会受到前期基本因素的影响。

(二)非理性情绪

与“高明的投资”相对应的，则是“低劣的投资”(dumb money)，是指对未来收益的错误预期，反映的是投资者的“动物精神”，我们把投资者情绪中对未来收益的预期不那么“高明”的部分定义为非理性情绪。类似地，非理性情绪也有如下重要性质：第一，与理性情绪一样，要对资产价格有系统性的影响；第二，由于非理性情绪是投资者对未来收益的错误预期，必然会有一个均值反转的过程，因此，非理性情绪在长期是未来收益的一个反向指标，但是在短期，由于价格压力效应，非理性情绪对资产收益有正向的影响；第三，由于非理性投资者具有盲目跟风和追涨杀跌等正反馈交易特征，非理性情绪与基本因素无关，而是会受到前期收益的影响。

非理性情绪主要反映出投资者信念和偏好这两个方面对于传统理性理论(即理性预期与理性偏好)的偏离：第一，信念方面，投资者情绪是指投资者对于未来风险和收益信息的错误解读，他们对先验信念发生了错误，或者并不是按照贝叶斯法则对信息进行更新，而是会由于一系列的心理认知偏差对未来风险和收益形成错误的估计，如表征性、保守性和过度自信等；第二，偏好方面，投资者情绪是指其偏好结构对于标准理论中的偏好(期望效用函数)的偏离，如损失厌恶、框架依赖、心理会计、模糊厌恶、熟悉偏好和后悔厌恶等。

三、投资者情绪的度量

投资者情绪的度量一般是通过构建情绪指数实现的。一般地，情绪指数可分为三类：显性指数、隐性指数和复合指数。显性指数主要指各种调查得到的、能够较直接反映投资者对市场(总体指数)乐观/悲观看法的数据。这类指数在美国等发达市场比较成熟，从国外(地区)研究成果看，目前常见的如投资者智能指数(II)、美国个人投资者协会指数(AAII)、好友指数(Hadady公司开发)、华尔街战略家情绪指标(Merrill Lynch公司编辑)、摩根富林明投资者信心指数(JF Investor Confidence Index)、我国台湾地区世新大学股票投资人情绪指数、瑞银集团/盖洛普(UBS/Gallup)发布的投资者信心指数等。在内地市场比较权威的调查问卷数据主要有两个，其一是中央电视台二套节目“中国证券”栏目中的“央视看盘”投资者情绪调查数据，包括每个交易日机构和个体投资者对市场预期的判断，另一个是由Shiller教授发起的，耶鲁大学管理学院和北京大学中国经济研究中心共同研发的“耶鲁-CCER中国股市投资者信心指数”，这一指数也是根据每一期对市场进行的问卷调查而制定的。国内其他显性投资者情绪指标还有好淡指数①、华鼎

① 由《股市动态分析》杂志社每周五对被访者关于未来股市涨跌的看法进行调查，周六在《股市动态分析》公布。

"多空"民意调查指数①、巨潮"投资者信心指数"②。

隐性指标是通过市场上已存在的交易数据来对情绪进行估计，主要包括以下四类：(1)市场表现类(该类指标是通过股票市场表现的数据构造的情绪指标)；(2)交易类(该类指标是通过利用市场交易的数据构造的投资者情绪指标)；(3)衍生品类(该类指标由与股票有关的衍生产品的交易数据得出)；(4)其他类，这些指标的数据并不属于上面三类。各类指标的详细分类如表 19-1 所示。

表 19-1　　隐性情绪指标的详细分类

市场表现类	腾落指数	股票每天上涨或下跌家数之比
	ARMS 指标	标准化后的上涨家数与下跌家数的比值
	高新低比	股市中新高与新低之比
交易类	保证金借款比率	越高，投资者越看涨
	卖空比例	卖空额与总卖出额的比例，越高越看跌
	零股卖出买入比例	卖出零股交易与买入零股交易之比，衡量个体投资者情绪，上升时，表示个体投资者情绪悲观
衍生品类	认沽认购比率	越高越看跌
	标准普尔 500 指数净头寸变化	变高，表示情绪高涨
其他类	封闭式基金折价	折价率下降时，投资者情绪高涨
	共同基金净买入	该指标上升证明买入量大于赎回量，即投资者看好后市，投资者情绪高涨
	共同基金现金持有比例	共同基金中现金占其总资产的比例，与投资者情绪负相关
	IPO 数量及 IPO 收益	IPO 发行量和 IPO 收益越高，表明投资者情绪越高
	新增开户数	新增开户数增加时，表明投资者情绪高涨
	换手率	换手率比较高时，投资者情绪高涨

资料来源：胡昌生，池阳春. 投资者情绪与资产价格异常波动研究. 武汉大学出版社，2014.

显性与隐性情绪指数由于会受到指数本身特质的(idiosyncratic)、与情绪无关的因素影响，而使得这些指数用作投资者情绪的代理变量并不一定具有代表性。如果我们能

① 主要是对大、中、散户的仓位情况以及对后市涨、跌的看法进行调查，报告以客观数据为中心，通过华鼎自编数据处理程序进行处理，结合华鼎仓位指数模型与基本面形成华鼎"多空"民意调查报告。

② 是深圳证券信息公司于 2003 年 4 月底推出的指数产品。投资者信心指数由一组动态刻画投资者信心状态的量化指标构成，各指标通过每周一次的问卷调查获得。投资者信心包括对现状的评价(是否满意)和对未来的期望(是否看好)两个层面。

识别出指数中与情绪无关的特质因素并通过数据处理排除这些因素的影响，那么就能得到一个“纯”的投资者情绪代理变量。但是，现实中这些情绪代理变量本身的特质因素往往是难以识别的，即使我们能识别出其中某些特质因素，也常常是难以度量的。例如，投资者调查数据可能会受“知行不一”问题的困扰；共同基金现金流可能会存在由于基金业绩评价的偏差而导致的代理问题；换手率不仅反映投资者情绪，还有可能是投资者异质信念的代理变量。显然，单一情绪代理变量都存在着代表性不足的问题，基于此，Baker 和 Wurgler(2006)提出了用主成分分析法构建复合指数以提取各代理变量中的共同成分，达到获得“纯”情绪指数的目的。一般来说，各种投资者情绪代理变量的共同成分除投资者情绪外，还会反映基本因素。如果每个代理变量都包含三个层面的信息，即共同的基本因素、共同的情绪因素和特质因素，那么，先对每个代理变量进行排除基本因素的处理后，所提取的共同成分(第一主成分)就应该是投资者情绪了。这正是 Baker 和 Wurgler 使用主成分分析构建复合情绪指数的思路。

四、投资者情绪的可预测性

对资产收益进行预测是投资者情绪理论最为直接的应用之一，也是金融理论界与实务界关注的焦点。情绪的预测性指的就是投资者情绪对资产收益的预测性。传统的有效市场理论(EMH)认为市场中不存在可以产生超额收益的资产价格预测模式，价格会完全反映时效信息。但是，从早期的研究开始，学者不断发现资产收益具有一定的可预测模式。Barberis 和 Thaler(2003)称之为“可预测性之谜”(the predictability puzzle)。现有的基于投资者情绪的解释中，一方面，研究表明投资者非理性情绪是资产收益具有可预测性的重要原因，一个普遍接受的观点是“高的投资者非理性情绪预测低的未来收益”，因此非理性投资者也常常被称为“低劣的投资”；另一方面，市场中除了非理性投资者外，还有理性投资者，常常被认为是“高明的投资”，对应地，其情绪被称为理性情绪，相关研究表明其对资产收益也具有预测力。

(1)五因素模型。投资者情绪对资产收益具有可预测性，意味着投资者情绪应该成为影响资产收益的一个因素。Fama 和 French(1992，1993)的三因素模型和 Carhart(1995)在三因素基础上改进而成的四因素模型都没有很好地捕捉到投资者情绪对资产收益的影响，为此需要对现有的多因素模型进一步完善。胡昌生和池阳春(2014)在四因素模型的基础上，构建包含投资者情绪的五因素模型，以考察投资者情绪的预测性，模型如(19-1)式所示：

$$\tilde{R}_i = \alpha_i + \beta_{1i}(\tilde{R}_m - \tilde{R}_f) + \beta_{2i}\widetilde{\mathrm{SMB}} + \beta_{3i}\widetilde{\mathrm{HML}} + \beta_{4I}\widetilde{\mathrm{UMD}} + \beta_{5i}\widetilde{\mathrm{SENT}} + \tilde{\varepsilon}_i \tag{19-1}$$

其中：

$\tilde{R}_m - \tilde{R}_f$ 为市场因子；$\widetilde{\mathrm{SMB}}$为规模因子；$\widetilde{\mathrm{HML}}$为账市比因子；$\widetilde{\mathrm{UMD}}$为动量因子；$\widetilde{\mathrm{SENT}}$为情绪因子。

胡昌生和池阳春(2014)通过构建投资者情绪指数，同时纳入理性与非理性情绪对资产收益的可预测性进行研究，并对不同期间水平上资产收益的可预测性进行综合考虑，得到了如下结论。

对于非理性情绪，与现有研究一致，实证结果表明，投资者非理性情绪与未来长期收益存在着负相关性，即非理性情绪是资产长期收益的反向指标。但是在短期，非理性情绪对资产收益存在着显著的正向影响。总的来看，非理性情绪预测性随着期间的延长有一个明显的由正逐渐变负的过程，这是对现有相关研究的重要完善。对于理性情绪，他们发现其对资产长期收益有正向预测，这与理性投资者作为“高明的投资”相符，也与现有相关研究具有一致性。在短期收益的分析中，与非理性情绪类似，理性情绪对资产收益具有显著的正向影响。总的来说，理性情绪预测性具有期间水平上的一致性。

进一步地，他们对理性与非理性情绪进行了分解，将每一期情绪区分为水平效应和情绪冲击①。他们发现，在短期，非理性情绪的水平效应与情绪冲击都对收益有显著的正向影响，而理性情绪，只有其水平效应对资产收益有显著的正向影响，情绪冲击对收益的影响并不显著，甚至可能为负，如表 19-2 所示。这说明，当面对未预期到的新信息时，理性投资者更倾向于进行反向解读，不会产生大的价格压力；而非理性投资者对新信息的反应更为简单直接，从而导致明显的“价格压力效应”。

表 19-2 **情绪预测方向**

理性情绪(+)	水平效应(+)
	情绪冲击(-)
非理性情绪(+)	水平效应(+)
	情绪冲击(+)

注：括号中给出的是情绪变量对未来一期收益预测的方向。

根据不同期间水平上情绪预测性的研究结果，可以尝试通过情绪信号的解读制定投资决策，结果表明，基于理性与非理性情绪预测性的简单交易策略能够获得经过风险调整后的超额收益，且呈现出很强的市场择时能力。具体地，在短期情形下，与非理性投资者进行反向操作是十分危险的，超额收益为负。这与 De Long et al.(1990a)、Shleifer 和 Vishny(1997)的“噪音交易者风险”是一致的。因此，在面对当前市场潮流的时候，最优策略选择是“顺势而为”。在考虑市场长期情形时，非理性情绪主要表现为均值反转，此时与非理性投资者进行反向操作可获得正超额收益，最优策略选择是“逆势而动”。基于理性情绪的交易策略在所有期间水平上都具有一致性，最优策略选择是追随“高明的投资”。相对而言，在考虑短期情形时，追随“噪音”的业绩更好，而综合考虑不同期间水平上的理性与非理性情绪能得到更为稳定和显著的正超额收益。

(2)“情绪跷跷板”效应。在考虑投资者情绪对股票横截面收益的影响时，投资者情绪可预测性另一表现是：对于不同套利难度的股票而言，情绪的影响是不一样的，投资

① 情绪的水平效应是指预期的当期情绪水平，而情绪冲击是指当期情绪变化中在前期未预期到的部分。

者情绪会对那些定价过于主观和难以套利的股票有着更大的影响，即所谓"情绪跷跷板"效应，而套利的难度主要体现在股票的以下特征：规模、年龄、波动性、盈利能力和分红的比率等。对此，Baker 和 Wurgler(2006)构建了一个投资组合，买进这些特征最明显的股票，而卖出这些特征最不显著的股票，验证这种策略的收益是否显著被情绪所影响。

实证的结果验证了他们之前的看法，对那些小盘股、新股、高波动性股、亏损股、非派息股和高成长股而言，当投资者情绪低迷时，他们往往会获得相对较高的市场回报，而当情绪高涨时，获得相对较低的市场回报。在此基础上，Baker 和 Wurgler(2007)进一步区分了当市场中投资者情绪高涨和情绪低落时，套利难易不同的股票估值水平会有着不同的表现，如图 19-4 所示。

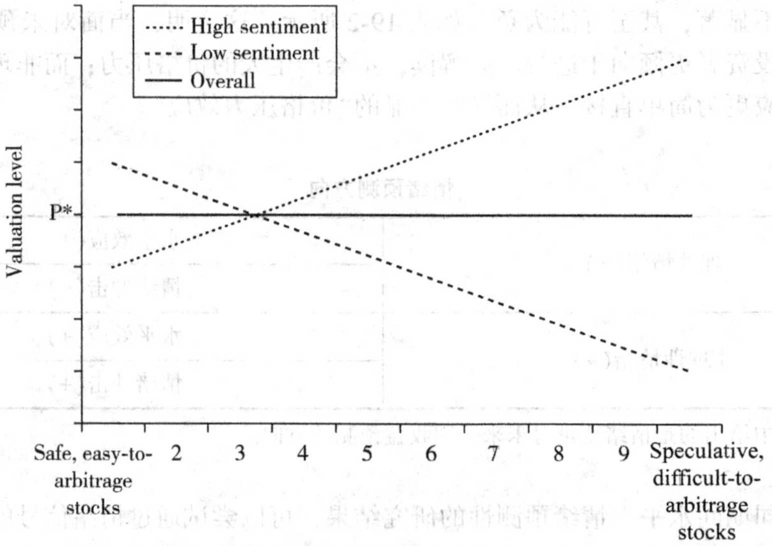

图 19-4　投资者情绪对不同类型股票的理论影响

资料来源：M. Baker，J. Wurgler. Investor sentiment in the stock market. Journal of Economic Perspectives，2007(21)：129-151.

在图 19-4 中，情绪对于投机性(难以套利)股票的影响是正向的，情绪乐观时，投机性股票的估值水平上升，情绪悲观时则下降；与此对应的，情绪对于投资性(易于套利)股票的影响是反向的，情绪乐观反而会带来其估值水平的下降，情绪悲观则会使其估值水平上升。两条线的交叉点 $P*$ 则表示不存在情绪时正常的估值水平。情绪对投机性和投资性股票估值具有截然不同的影响，即所谓"情绪跷跷板"效应。

第四节　行为金融理论应用

行为金融理论的运用主要在于对实证研究中发现的有效市场假说无法解释的证券市场价格行为进行有效地回答，同时，行为金融理论还为投资者进行有效的投资决策提供了许多有价值的建议。本节我们将简要介绍行为金融理论对有关市场异象的解释和基于行为金融理念的投资策略。

一、行为金融对市场异象的解释

(一)行为金融对证券市场三大总量异象的解释

在过去20多年中，人们发现证券市场上有三大总量异象是经典金融理论和有效市场假说无法解释的：一是股权溢价之谜(the equity premium puzzle)，二是波动性之谜(the volatility puzzle)，三是可预测性之谜(the predictability puzzle)。行为金融理论利用展望理论和投资者认知偏差对它们进行了解释。

股权溢价之谜的行为金融解说。"股权溢价之谜"是指虽然从短期看，股票比债券风险大，但股票投资的历史平均收益率相对于债券投资来说却要高出很多，即相对于债券而言，人们在股票上为何要求如此高的收益率(远高于依据标准CCAPM测算的收益率)，这是经典金融理论无法解释的。而行为金融理论用展望理论做出的解释是：这是由于投资者损失厌恶的心理和对收益与损失进行频繁评估的结果。损失厌恶和频繁评估的结合被行为金融理论称为"短视性损失厌恶"(myopic loss aversion)，其表现为：如果一个投资者每天对其投资组合的价值进行评价，由于股票价格每日涨跌的可能各占一半，而投资损失对投资者效用的影响又大于投资收益对效用的影响，这会使投资者感到股票投资的风险很高，很不可取；相反，如果另一个投资者买完股票后十年置之不理，则他在心理上几乎不会感受到股票价格下跌的影响，从而会觉得股票投资的风险很低，是一项很吸引人的投资。现实中，投资者心理上过分频繁地评估手中股票的价值，从而使得股票投资的心理风险被大大夸大，进而导致投资者不能正确地认识股票投资真正风险的大小，结果就是其会对股票投资要求过高的投资收益率。

波动性之谜的行为金融解说。"波动性之谜"是指实证研究发现，股票价格和股价/股息比率都是高度波动的，同时股价的波动性高于股息增长的波动性。依照有效市场假说的观点，股价波动应该取决于公司未来支付的股息水准，只有在股息起伏很大的情形下，股价才会大幅波动，而实际的情况却完全相反，在股息现值稳定成长之际，股价却是剧烈波动的。行为金融用展望理论对此解释为：当证券市场收到一些利好消息，整个股市上扬后，投资者获得大量先期收益。因为有盈利作为缓冲，投资者损失厌恶程度会减轻，即任何损失都可用累积的收益来弥补，于是投资者以一个较低的折现率将未来股息折现，这将使股价相对于现期股息被推得更高，从而导致股价的进一步上涨，增加了股价的波动性并导致股价比股息增长的波动性更大。此外，行为金融理论认为投资者的认知偏差，如表征性偏差，也会导致股价的高波动性。如当投资者看到股息发生一个激增时，他们会过快地相信公司的基本面发生好转，进而高估公司的价值，于是他们的乐观情绪将使得价格相对于股息增加得更快；反过来，当有股息突减时，投资者的悲观情绪会使价格相对于股息下降得更多，于是股价波动会远大于股息的波动。

在胡昌生和池阳春(2014)的最新研究中，通过建立包含投资者情绪的反馈和诱导模型，在考虑多期情绪冲击的条件下对资产波动性进行分解，发现资产价格波动性由四项效应构成：第一项为完全由基本因素决定的资产价格波动性，基本因素周期性波动的程度越高，价格的波动性也就越高，我们称之为基本因素决定的价值效应。第二项称为认知偏差效应，包含投资者对基本信息的误读和对资产价格变化趋势的误读。第三项称为情绪冲击效应，情绪冲击的不稳定程度越大，资产价格的异常波动性越大。第四项我们称之为交易诱导效应或 Keynes 效应。投资者受到不同时期到达的情绪冲击的诱导，从而进行反馈交易，引致资产价格的异常波动。

此外，学者还发现资产收益具有一定的可预测性，特别是在长期。Fama 和 French (1988)使用 1941—1986 年等权重的纽约证券交易所的真实月度收益证实，股息—价格比(dividend-price ratio)可以解释其后四年累积股票收益变动的27%。从广义上说，资产的价格或收益出现了某种可预测的模式，即可称为"可预测性之谜"。资产价格"波动性之谜"与"可预测性之谜"密切相关，理解资产价格的波动性也就理解了资产收益的可预测性。这是因为任何捕捉到现实市场中波动性的模型必须涉及价格股息比的变化。如果解是平稳的，那么价格股息比的变化不应该预测未来的现金流，而只能是价格(Barberis 和 Thaler，2003)。具有一定可预测模型的资产价格过程往往也能产生高波动性。特别是当预期收益具有一定的持续性时，即使预期收益的变化本身不具有高波动性，资产价格也会发生剧烈的波动(Campbell 等，1997)。

(二)行为金融对横截面异象的解释

(1)长期收益反转和短期动量。长期收益反转和短期动量是两种有代表性的横截面异象，弄清这两种异象有助于我们对其他所有横截面异象的理解。行为金融认为这两类异象均与投资者对相关信息的反应过度和反应不足有关，但在投资者具体的出错方式上仍然有不同的观点，从而形成多种行为模型来解释。

Barberis、Shleifer 和 Vishny(1998)的 BSV 模型认为投资者在决策时存在两种认知偏差：一是表征性偏差，二是保守性偏差。上述两种偏差会使投资者做出两种错误的判断：表征性偏差会造成投资者对新信息的反应过度；保守性偏差则会造成投资者对新信息的反应不足。具体而言，在金融市场中，保守性意味着，当一家公司的盈余公告比预期要高时，股票价格并不出现相应的大涨，投资者对利好消息反应不足。由于价格相对较低，随后的收益平均而言将会上升，于是同时产生了后盈余公告变动和动量效应。然而，在一连串利好消息公告之后，代表性偏差将使投资者反应过度，把价格推得过高。因为在连续多期利好之后，小数法则使投资者相信这是一家极具盈余增长潜力的公司，从而提高了对其未来盈余的预期，认为这家公司并非"池中之鱼"。假如这家公司不过是平庸之辈的话，那么根据小数法则，即使是在小样本内，其盈余也应表现为平均水平。由于目前的股价已被推高，随后的收益平均而言会下降，于是产生了长期收益的反转和所谓的"标度价格比效应"(scaled-price ratio effect)。

Daniel、Hirshleifer 和 Subrahmanyam(1998)的 DHS 模型与 BSV 模型不同。DHS 模型将市场中的投资者分为无信息和有信息两类，前者不存在认知偏差，后者则表现出过度自信和有偏的自我归因两种认知偏差。有信息投资者的过度自信会使他们过高估计私人信息所发出的信号的精度，过低估计公开信息所发出的信号的精度，进而使私人信息比公开信息具有更高的权重，引起对私人信息的过度反应和对公开信息的反应不足。有偏的自我归因偏差使投资者抵制与先前决策相抵触的公开信息，导致对私人信息更进一步的过度反应。这种持续的过度反应会产生短期证券价格的动量效应，但当越来越多的公开信息到来后，反应过度的价格在长期将趋于反转。

Hong 和 Stein(1999)的 HS 模型(又称统一理论模型)则与 BSV 模型和 DHS 模型不同。HS 模型认为市场中的投资者分为消息观察者(news watcher)和动量交易者(momentum trader)两类。在对股票价格预测时，消息观察者完全不考虑当前或过去的价格，而是仅根据其获得的关于股票未来价值的信息进行交易；与之相对，动量交易者则把他们的预测建立在一个依赖过去历史价格的简单函数上，其完全不考虑有关股票基本价值的信息。同时，模型还假设私人信息在消息观察者中是逐步扩散的。基于以上假定，HS 模型认为：由于信息的缓慢传播，消息观察者会对新到来的基本面信息反应不足，而动量交易者会利用这一点进行套利。因此，在某种程度上，动量交易者的行为将减少市场的反应不足。但由于动量交易者是采用简单的趋势外推(trend extrapolation)法则，故他们的行为最终会导致股价的过度反应。

De Long、Shleifer、Summers 和 Waldman (1990b)的 DSSW 模型没有如以上三个模型那样同时解释反应过度和反应不足，它只是利用正反馈交易者的跟风买进行为简洁地说明了反应过度现象。DSSW 模型通过研究理性交易者和非理性交易者的博弈过程，表明理性交易者也可能利用正反馈交易者对价格的影响，推动价格向基础价值的偏离。理性交易者不但没有像传统金融理论那样去实施套利行为，反而加入了正反馈交易者的行列，进一步推动对价格的过度反应。

Barberis、Huang 和 Santos(2001)的 BHS 模型是基于均值市场的假设而建立的。和 BSV 模型、DHS 模型和 HS 模型不同，BHS 模型没有将有偏的预期引入模型中，而是从资产定价的另一方面，即投资者的风险态度的角度来考虑问题。BHS 模型将投资者的动态风险厌恶加上狭窄框架引入传统的效用函数分析中，投资者不仅从消费中获得效用，同时也从资产价格的变动中获得效用。投资者风险厌恶程度会随着前期收益状况而变化：当价格升高后投资者风险厌恶程度降低，价格将被进一步推高，价格降低后投资者风险厌恶程度升高，价格将进一步打压，以此来解释过度反应。

Dumas、Kurshev 和 Uppal(2009)的 DKU 模型则更加复杂，他们通过构建一个情绪一般均衡模型来解释由于过度自信交易者的出现而产生的额外波动性。在他们的模型中，有两组代理商，一组代理商是过度自信的，而另一组则是理性的。过度自信的代理商相信信号里的新信息与某些未观察到变量的新信息之间的相关性的重要性比它实际上的还要大。结果是，当信号被接收时，这组代理商过多地调整了其信念，造成过度反应，从而产生了过度的股票价格运动。

(2)封闭式基金折价之谜。“封闭式基金折价之谜”是指基金的单位价格不等于净资产价值，总是折价进行交易；同时，基金发行时其单位价格往往高于资产净值，而当基金期满终结时，单位价格又与净资产价值持平。无疑，封闭式基金的这种价格行为是有效市场假说无法解释的。而行为金融理论对此的解释是：由于封闭式基金的部分个人投资者是噪音交易者，他们对于未来的基金回报有时过于乐观，有时又过分悲观，从而导致了基金价格的忽高忽低以及联动变化。这时，理性的基金投资者就面临两种风险：即基金价值的变动风险和噪音交易者情绪波动的风险。这样，理性交易者就会对第二种风险要求得到补偿，这就是基金会折价交易的原因。而另一方面，当封闭式基金终结时，因为价格必须等于净资产价值，理性投资者会不再担心噪音交易者情绪的波动，即不再要求对该风险的补偿，基金价格自然回升到净资产价值的水平。至于为何基金会溢价发行，行为金融理论认为基金管理公司总是会选择投资者情绪高涨的时候创立封闭式基金，而这时基金无疑将以超过实际价值的价格出售。

封闭式基金折价之谜的另一种反映是折价水平的联动性，Lee、Shleifer 和 Thaler (1991，简称 LST) 在对美国封闭式基金折价之谜的实证分析中发现，基本面不同的基金之间折价水平的相关系数为 0.497(1960—1986 年)，表现出显著的联动性。

从现实的角度出发，影响资产收益联动性的因素可能有三种：(1)投资者在各个不同的"板块"而非单个资产的水平上配置资金；(2)投资者根据"板块"过去的绩效配置资产、追逐趋势；(3)外在性，即投资者将资金从绩效差的"板块"中撤出，投资于绩效好的"板块"。较早的行为模型(DSSW，1990b；LST，1991；HS，1999)只重视了第 2 个因素的研究，忽视了投资在"板块"间流动和外在性的影响，从而对许多现实问题的解释有一定的局限性，例如，现实中，资产收益的联动很少在各个不同的"板块"中同时出现，而是出现在"板块"内部的证券中。而且"板块"涨跌的轮动有一定的寿命周期。小盘股上涨，大盘股则往往下跌；价值股上涨，成长股则下跌，等等。这些现象都与市场中资金的流向有关系，即资金来了股票价格则涨，资金走了股票价格则跌。因此，资产收益的联动性可能来自两种因素的驱动：一种是基本因素(fundamentals based comovement)，另一种是交易诱导因素(trading induced comovement)。

LST(1991)发现封闭式基金的折价之间存在联动性，虽然它们的基本面并不相关。对这一问题的简单、清晰的行为解释是，基金价格的波动会受到基金资产净值(NAV)的波动和噪音交易者情绪波动的双重影响，后者的影响也是系统性的。这样，基金价格的变动就反映了投资者情绪的共同因素。由于封闭式基金和小盘股多为个人投资者持有，因此，LST(1991)推断，两者间的价格波动将存在正相关性，他们的检验证实了这一推断。

(三)行为金融对个体投资者行为的解释

行为金融理论的成功运用还在于解释了实践中观察到的个体投资者投资决策行为，其中最为有名的是对投资者"处置效应"(disposition effect)的解释。行为金融研究发现，投资者不情愿以低于其买进价的损失价位卖出其资产，这种现象被称为处置效应(Shefrin 和 Statman，1985)。Odean(1998)发现，投资者在股价上涨到其买进价之上时，比股价下降到买进价之下时更有可能卖出股票。理性理论对这一行为难以做出合理的解释。对税收的考虑也只是与输家的卖出相关，而非赢家，也没有证据表明投资者是基于未来的利空信息而卖出赢家股票。Odean 指出，人们所卖出的股票的平均收益是高于其所持股票的平均收益的。这可能与展望理论和狭窄框架有关，尤其是与投资者厌恶后悔、寻求自豪的心理有关。

根据展望理论参考点依赖的性质，人们在主观效用上将表现为厌恶后悔、寻求自豪的倾向。后悔是指人们意识到前期决策会产生一个更好的结果而事实上未采取行动所引发的一种情感痛苦；自豪是指人们意识到前期决策正确而引发的一种情感快乐。按出错性质的不同可将后悔分为疏漏后悔（the regret of omission）和行动后悔（the regret of commission）两种：第一种是由于人们面对机会，没有采取行动而产生的后悔；第二种是由于人们面对机会，采取了行动却出现了选择错误而产生的后悔。有必要指出的是，后悔感与意识和行动有密切的关系。在投资实践中，意识和行动往往是割裂的。一种情形是一项投资机会投资者或许已意识到了，并给予足够的关注，但没有十足的把握，所以未采取行动。如果事后证明投资者错失的是有利可图的良机，后悔之情就会油然而生。另一种情形是投资者既投入了足够的关注又采取了果断的行动，但出现选择错误仍然错失良机，此时的后悔可用追悔莫及来形容。显然，后者的痛苦要大于前者。厌恶后悔、寻求自豪可以影响人们的行为，包括投资决策。心理学文献表明，厌恶后悔、寻求自豪使投资者倾向于过早卖出赢家，过久持有输家。

处置效应不仅预测了赢家的卖出，而且还预测了过早卖出赢家和过久持有输家的倾向。狭窄框架认为投资者倾向于将每一投资置于不同的心理账户，分别加以对待，不考虑（忽视）其相互间的作用。心理会计过程可对投资者的财富产生负面影响，可加剧处置效应。由于投资者不想经历后悔的情感痛苦，而回避卖出输家股票，从心理会计的角度看，卖出输家股票相当于关闭了一个心理账户，引发后悔。

总之，投资者厌恶后悔、寻求自豪的心理属性是引起投资者过早卖出赢家、过久持有输家的主要原因。这一行为对投资者财富的损害体现在两个方面：第一，由于卖出赢家，投资者得支付更多的资本利得税；第二，由于所卖赢家随后有更好的绩效，所持输家随后的绩效更糟，投资者收益下降了。

此外，行为金融理论还对其他一些经典金融理论无法解释的投资者决策行为给出了有效的解释。

金融市场中可供投资者选择的投资机会成百上千，国外的投资机会也不少，投资者怎样做出投资选择呢？他们会分析每种投资机会的预期收益和风险吗？显然不会，行为金融从理论和实证两方面证明，投资者只在他们熟悉的证券中进行交易（Huberman，1999）。事实上，人们常会选择更熟悉的博彩即使熟悉的博彩，赢的概率较低（Heath 和 Tversky，1991）。投资熟悉资产的倾向使人们将资金更多地投向本国，这与传统理论的分散化思想大相径庭。由于投资者对本国公司的了解胜过外国公司，他们在投资选择上常有明显的“乡土情结”（home bias）。French 和 Poterba（1991）的研究显示，美国股市的价值占全球的 47.8%，日本和英国各占 26.5%和 13.8%。因此，投资者要达到完全分散化的目的，应当分别按这些比例持有美国、日本和英国的股票。但事实上，投资者购买的都是他们所熟悉公司的股票（见表 19-3）。他们对外国公司的情况知之甚少，他们只将为数不多的资金投向外国公司。在这些外国公司中，投资者熟悉的公司而且还是他们知道其产品的大公司是他们购买的对象。

表 19-3　　　　　　　　　　**投资者的"乡土情结"**

	美国	日本	英国
市场比重(%)	47.8	26.5	13.8
本国投资者比重(%)	93.8	98.1	82

资料来源：French 和 Poterba(1991)。

还有大量证据显示投资者的分散投资组合达不到标准模型的要求，即分散不足(insufficient diversification)，而这可以用前面提到的乡土情结加以解释——即投资者在熟悉的领域内投资，心理上会感到更安全；再如投资者往往采用一种极为简单的方法进行分散投资，最典型的表现是当有 n 种投资选择时，投资者就对每种投资选择投入 $1/n$ 的资金。这种单纯的分散化(naïve diversification)的原因，行为金融理论认为是由于投资者的有限理性，他们一般达不到运用数学模型进行分散投资的要求。

还有就是投资者的过度交易行为(excessive trading)。理性理论对投资者交易行为的预测是交易量应很小或无交易，交易主要是满足投资者流动性和再平衡的需要，而现实中的交易量远远超过理性理论的预测。特别是对个体投资者的实证研究表明，他们的交易行为已经超出了理性模型的解释范畴，此现象被称为交易量之"谜"。从个体投资者的资产交易行为看，在一个由均质信念的理性投资者构成的世界中，交易量显然应当不大。"无交易定理"(Grossman 和 Stiglitz，1980)不能对现实中的交易量之"谜"做出多少令人信服的解释。

心理学研究表明人们是过度自信的。过度自信使人高估其知识，低估风险，夸大对事件的控制能力。在投资决策中同样会发生过度自信的行为。过度自信使投资者曲解信息的准确性，高估分析信息的技能，从而过度交易，面临更高的交易成本，并承担了更大的风险。

投资者会高估自己占有信息的准确性，对信息做出有偏的解释(Barber 和 Odean，1999a)。过度自信的投资者更为相信自己对股票的估值，对其他人的信念则考虑较少。相对而言，男性通常在投资决策能力上表现得比女性更加过度自信，从而更加频繁地交易。Barber 和 Odean(2001)的研究显示，单身男性的交易频率最高，如图 19-5 所示，单身男性的年换手率为 85%，而与之相比，已婚男性的换手率为 73%，这两组换手率均高于已婚和单身女性 53%和 51%的年换手率。

控制错觉(illusion of control)是加剧过度自信的另一个重要心理因素。人们经常相信他们对不可控制事件的结果会产生影响，形成控制错觉的主要因素有：选择、结果顺序、对任务的熟悉程度、信息和主动的参与(Presson 和 Benassi，1996)。人们进行主动的选择易诱发控制错觉。在博彩时，人们会觉得自己选择的彩票数字中彩的机会要高于随机选择的数字。由于转向在线交易的投资者得不到在线经纪商的咨询服务，他们必须对买卖对象以及买卖时机自行做出选择。结果产生的方式会影响控制错觉，前期产生正面结果比负面结果给人造成的控制错觉更大。

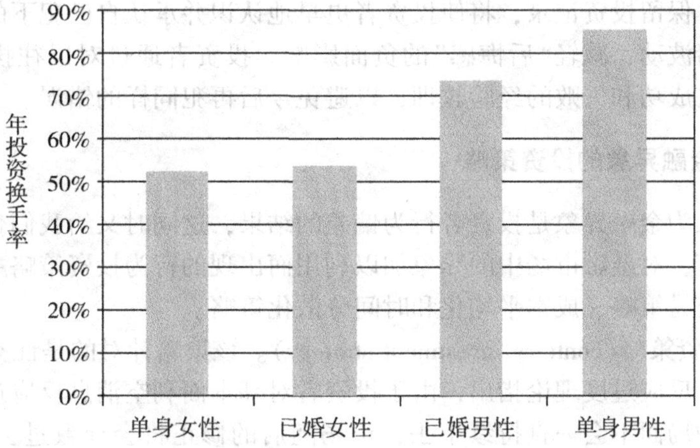

图 19-5 年投资组合换手率

资料来源：Barber 和 Odean(2001)。

二、基于行为金融的投资策略

行为金融认为投资者是有限理性的，他们的交易行为将会导致资产价格异象，如能对其加以利用就可为投资者带来超额收益。基于这一思想构造的投资策略即为行为投资策略。实践中，如由行为金融大师 Thaler 发起的"Fuller-Thaler 投资基金"就是利用这一策略开展投资理财业务的。这类基金中的佼佼者还取得了年收益超 25%的良好业绩。一般而言，基于行为金融的投资策略主要是从对投资者决策行为的建议和针对价格异象的投资策略这两个方面展开的。

(一)行为金融对投资者决策行为的建议

行为金融认为投资者的非理性行为偏差是各种异象产生的根源，故投资者要想战胜市场，就必须学会自我控制，不断提高和完善自己的决策能力。从行为的观点看，人的决策行为是可以通过系统的统计学训练和正确应用直觉决策过程的教育来加以改善的，投资者教育程度的提高将有利于改善其投资决策行为。

从有限理性的视角出发，行为金融为投资者提供了许多有价值的决策建议：第一，投资者要不断反思自己的决策过程与行为特征，检查自己是否过于自信和乐观，是否对投资失败的股票持有太长时间，或忽视不利于自己投资的利空消息等；第二，投资者应当尽量避免狭窄框架和模糊厌恶的影响，全面评估各种投资机会，有开阔的投资视野；第三，投资者锚定一个预期是可行的，但应尽可能根据市场信息的变化适时进行调整修正；第四，要养成独立思考的习惯，不打听小道消息，不人云亦云，不盲目追随潮流。

此外，个体投资者易受心理偏差的困扰，要有意识地采取措施控制心理障碍，降低认知偏差的影响。最为关键的是要严守操作纪律，找到适合自己经济状况和知识结构的理财理念，根据市场波动趋势，选择适宜的投资策略，长期坚持，严格实施。

最后，行为金融认为投资者保留长期投资记录将有助于他们评估投资绩效，避免过度自信的影响。保留投资记录，将使投资者更早地认识并承认自己犯下的投资错误，帮助他们控制情绪波动，减轻“后悔感”的负面影响。投资者通过对以往投资绩效的跟踪检查，找到过去成功和失败的经验教训，以避免今后再犯同样的错误。

(二)针对金融异象的投资策略

行为金融认为金融异象是投资者行为偏差的结果，这同时又给我们带来了新的套利机会。具体而言，对金融市场中的异象加以利用而出现的行为投资策略主要有：反向投资策略、动量交易策略、成本平均化和时间分散化策略。

(1)反向投资策略(contrary investment strategy)。该策略针对的是证券市场中价格波动的反转现象。反应过度理论指出，由于投资者对基本面利空消息反应过度导致资产价格被低估，这种局面不会一直持续下去，市场随后的修正将会导致过去的输家(赢家)变为之后的赢家(输家)，从而产生长期的异常收益，即赢家—输家效应。反向投资策略就是买进过去表现差的股票而卖出过去表现好的股票来进行套利的投资方法。所谓价值投资就是这种策略的应用，从长期的角度选择低市盈率、低市/账值比和低历史收益率的股票，往往可以获得超过市场平均水平的高额收益。

(2)动量交易策略(momentum trading strategy)。这种策略针对的是资产价格波动的惯性现象，即短期看，前期的赢家(输家)之后会继续成为赢家(输家)所设计的相对强势投资策略。所谓成长股或热门股投资就是这一策略的典型体现，热门股是指那些过去绩效优异，且市场预期它们未来绩效也优异的公司的股票。动量交易策略就是利用投资者在预期形成过程中的趋势外推来加以套利的投资方法。实践中，美国的价值线排名就是利用动量策略的例证。与反向投资策略相比较，动量策略只适用于短期，并且其风险调整收益低于反向投资策略。

(3)成本平均化策略和时间分散化策略。由于投资者并非在任何情况下都是风险厌恶的，且在损失发生时所经受的痛苦感远大于盈利发生时所带来的快乐感，为了调整好心态，投资者在实际操作中可事先制定一套适合自己需要的投资理财计划，根据市场波动的趋势分批建仓，以备不测时摊低成本，此为成本平均化策略。时间分散化策略则是指，由于股票投资的风险会随投资期限的延长而降低，投资者在年轻时可以将资产的较大比例用于股票投资，随着年龄的增长，投资者就应逐渐减少其资产中股票投资的比例，相应增加债券投资的比例。

总之，基于行为金融的投资策略的宗旨是：寻求并确定由投资者行为偏差所导致的证券市场价格偏差，在多数投资者尚未意识到这些价格偏差之前采取行动。

练习与思考

一、重要名词与概念

行为金融　过度反应　反应不足　套利限制　基本面风险　噪音交易者风险　实施

成本　代表性偏差　可得性偏差　锚定与调整偏差　过度自信　保守性偏差　证实偏差　期望理论　价值函数　损失厌恶　权值函数　框架依赖　心理会计　模糊厌恶　熟悉偏好　后悔厌恶　短视性损失厌恶　处置效应　投资者情绪　理性情绪　非理性情绪　情绪指数　情绪可预测性　情绪跷跷板　BSV 模型　DHS 模型　HS 模型　DSSW 模型　BHS 模型　DKU 模型

二、问答题

1. 简述行为金融理论研究的主要内容。
2. 举例说明投资者决策过程中认知偏差和偏好行为的表现。
3. 阐述展望理论中价值函数和权值函数的特征和意义。
4. 阐述证券市场异常现象的原因及行为金融对相关异象的解说。
5. 基于行为金融理念的投资策略有哪些？
6. 如何理解投资者情绪的内涵与性质？
7. 试归纳金融市场的异象，并利用行为金融理论加以解释。
8. 联系自身实际，讲述自己在证券投资中易犯哪些错误，根据所学知识谈谈如何克服。
9. 查阅文献，谈谈自己对认知偏差、偏好和投资者情绪之间关系的理解。

三、选择题

1. 下列对于行为金融学研究内容的表述，正确的有(　　)。
   A. 将心理学、社会学和其他认知科学的成果与传统经济学和金融学相互融合
   B. 应用于金融证券市场的微观过程中
   C. 无法解释金融证券市场的各种“异象”及其发生机理
   D. 研究投资者的有限理性及各种认知偏差的深层次原因
2. 行为金融理论认为，有效市场假说的基本假设与投资者在证券市场上的实际投资决策行为是不相符合的，这主要表现在(　　)。
   A. 投资者的行为并非都是理性的行为
   B. 投资者的非理性行为是随机发生的
   C. 套利是不受限制的
   D. 以上表述均不正确
3. 有限理性的决策标准是(　　)。
   A. 最优　　B. 效用最大化　　C. 满意　　D. 风险最小
4. 投资者通常假定将来的价格模式会与过去相似，这种对股价未来走势的判断属于(　　)。
   A. 算法　　B. 熟识性思维　　C. 代表性思维　　D. 投资者情绪
5. “我们大多数人对于不喜欢的事实都视而不见。虽然事实就摆在我们眼前，置于我们鼻子底下，堵在我们喉咙里——但我们还是不承认它”，这句话可以用来描述投资者具有(　　)。

A. 自欺欺人的现象　　　　　　　　B. 追求自豪
C. 认知失调　　　　　　　　　　　D. 记忆的适应性

6. 下列对于 Daniel、Hirshleifer 和 Subrahmanyam(1998)的 DHS 模型的表述，正确的是(　　)。

A. 认为市场中的无信息投资者存在认知偏差

B. 认为市场中的有信息投资者会表现出过度自信和有偏的自我归因两种认知偏差

C. 过度自信会使投资者低估私人信息所发出的信号的精度，高估公开信息所发出的信号的精度

D. 有偏的自我归因偏差使投资者抵制与先前决策相抵触的公共信息，导致对私人信息更进一步的过度反应

【扩展阅读】

投资大师 O'Neil：普通投资者 18 个常见错误

William J. O'Neil 是美国著名的成长型公司投资大师。O'Neil 曾提出著名的 CANSLIM 选股法则，并创出 26 个月赚 20 倍的惊人纪录。1984 年 O'Neil 创办《投资者日报》，成为当时唯一可以与《华尔街日报》相抗衡的投资日报。O'Neil 曾经指出投资大众最容易犯的 18 个错误。

(1) 大部分投资者对于股票投资还没入门，因为他们没有建立一套好的选股标准。他们不知道怎么去发掘牛股，结果选择了一些表现平平而非真正领涨股的三四流股票。

(2) 在股票下跌过程中买入，这必然带来悲剧结果。买入下跌中的股票看起来似乎是捡了便宜，因为它比几个月前价格要低。举个例子，某投资者在 1981 年 3 月以 19 美元买入了 International Harvester，理由是股价已经急剧下挫，似乎非常便宜。他在这支股票年内低点附近买入，原以为可以大赚一笔，结果事实上这家公司陷入了严重困境，当时已经到了破产的边缘。

(3) 更糟糕的习惯是在股票下跌过程中摊低成本。如果你在 40 美元买入一支股票，然后在 30 美元加仓，你的平均成本是 35 美元。但这种做法相当于在亏损和错误头寸的基础上继续加注，属于非常业余的投资策略，可能造成严重亏损。

(4) 买低价股。普通投资者有一种错觉，好像持有更多股份，而且是 100 或 1000 这些整数似乎感觉更好。但实际上，你买入 30 或 50 股价格更高、更优质的公司将会带来更好的回报。重要的不是你能够买多少股票，而是你一共投资了多少钱，以及用这笔所能买到的最好商品。2 美元、5 美元或 10 美元的股票的确吸引力很大，但大部分股价 10 美元以下的公司要么过去表现很糟糕，要么最近出现了什么问题。选股与买东西一样，你不可能用最低的价格买到最高档的东西。

(5) 投资者初入股市时，往往希望大赚一笔。他们急功近利，疏忽了基本的准备工

作，也没有耐心去学习基本的方法和技巧，而是想找到不用研究思考就可以快速赚钱的简便方法。

(6)喜欢听小道消息、故事和投资顾问荐股。换句话说，他们等于是将自己辛辛苦苦赚来的钱押在别人的一两句话上，而不是花时间去搞清楚自己到底在做什么。

(7)部分投资者因为分红和较低的市盈率买入一些二流股票。分红没有市盈率那么重要，实际上，一家公司分红越多，其经营可能越弱，因为它可能需要支付较高的利息去贷款以弥补分红造成的资金损失。当然，低市盈率也可能意味着公司过去的业绩很糟糕。

(8)许多投资者喜欢买那些自己熟悉的股票。但是，仅仅因为你曾经在通用汽车公司工作，并不意味着通用汽车就一定是一支好股票。

(9)大部分投资者没有能力辨别信息和建议的优劣。他们往往把朋友、经纪人或投资顾问视为投资建议的可靠来源，殊不知这些信息来源可能正是导致其亏损的罪魁祸首。

(10)大部分普通股民不敢买创新高的股票。他们感觉价格太高了，然而个人的感觉和意见远没有市场本身那么准确。

(11)小亏损不出场，变成大亏损。当股票出现小幅亏损的时候，大部分没经验的投资者都会顽固地继续持有，一厢情愿地希望价格能够涨上来，最终亏损越来越大、损失惨重。

(12)亏损的股票抱着不放，赚钱的股票小赚就跑。这与正确的做法刚好相反。

(13)过于关心避税和手续费。你的首要目标是从股票中赚取净利润，一心想着避税，反而会错过许多赚取利润的机会。至于佣金与做出正确决定和及时采取行动相比，更显得微不足道。股票投资相比房地产投资有两个优势，就是交易的佣金比较低，流动性比较强。

(14)过度参与期权投机。很多人都希望通过期权快速致富，而且采取高风险的错误做法，全部集中在短期低价期权，而事实上这种期权相比较长期期权反而波动性更高、风险更大。

(15)大部分新手都喜欢采用限价单的方式买入和卖出，很少以市价买卖。这种操作方法很糟糕，限价单很容易让你错过上车的机会或及早抛出以降低亏损的机会。

(16)部分投资者很难做出买入或卖出决定。他们经常犹豫不决，因为他们自己也不确定自己到底在做什么。他们没有投资计划，没有一套交易体系或准则，所以总是不确定应该做什么。

(17)大部分投资者很难客观看待市场。他们总是抱着各种期望，有各种偏好，不去倾听市场的意见，而是被自己的希望和个人意见所左右。

(18)投资者经常被一些小事情所影响。比如拆股、提高分红、消息发布、券商或投资顾问的建议等等。

资料来源：新浪财经。

【扩展阅读】

Keynes 的炒股观

在经济学家群体中，对股票投资最有见解的当首推 Keynes。Keynes 是划时代的经济学大师，而他的炒股观也堪称出类拔萃、惊世骇俗。

Keynes 的炒股生涯可以划分为前后两个阶段，前一阶段是失败的，几乎全军覆没，后一阶段是成功的，斩获丰厚。在前一阶段，他的炒股观主要是基于传统经济学的思维方式，具体来说，投资买卖股票是基于所谓“长期预期状态”。Keynes 认为，人们根据所谓“长期预期状态”，推测未来收益，是出于两种考虑，一是现有事实，二是未来发展。Keynes 通过对当时流行的股票投资理论和自己实战及其失败结果的综合分析和反思，得出三点结论：(1)由于经济的未来发展不可预测，据此预测股市行情便是非常不靠谱的事情。(2)在一段长时期当中，投资的实得结果，极少与原来预期相符。(3)决定股票价格的因素甚为复杂，有许多与未来收益无关系。Keynes 进而指出：“从社会观点看，要使得投资高明，只有增加我们对于未来的了解；但从个人观点，所谓最高明的投资，乃是先发制人，智夺群众，把坏东西扔给别人。”在后一阶段，Keynes 抛弃了预测未来几年的企图，而改为把握未来几个月的行情走势。

认识到股票投资不是传统经济学意义上的创造性经济活动，而是一种“斗智”博弈游戏，Keynes 就用人们常玩的几种游戏来描述、解读炒股和他的炒股观。Keynes 炒股观中最为精彩的是他的选美比喻，他说从事职业投资，好像是参加选美竞赛：报纸上发表一百张美女照片，要求参加竞猜者选出其中的六个，谁的选择结果与全体参加竞猜者的平均爱好选择最相接近，谁就得奖。在这种情形之下，每一个竞猜者都不选他自己认为最美的六个，而选他认为别人认为最美的六个。

Keynes 的炒股观是有调查统计数据支持的：人们在同时面对眼前确定的、即使是很小的收益，与未来不确定的、即使是很大的收益时，大多数人会选择前者。面对眼前的、虽然算不上是最美味的烧鸡和天边的、绝对可口美味的烤天鹅，人们的理性选择是吃烧鸡。因为在现实市场中，长期价值投资承诺的丰厚回报确实存在很大的不确定性。

现在看来，Keynes 的炒股观蕴含着行为金融的思想。他洞悉投资者的心理，利用投资者的心理偏差，在与他们的“斗智”游戏中获利丰厚，成为经济学界少有的富豪。Keynes 在一生中沉迷于外汇和股票的炒作。他在 1920 年几乎倾家荡产，但最后却神奇般的转败为胜，以后 10 年持续获得丰厚利润。20 世纪 20 年代末的股市大崩盘使得 Keynes 再度濒临破产，不过，他最终又熬过来了，而且在 1936 年，他的财富又回升到了 50 万英镑。如果按购买力计算，相当于现在近 3000 万美元。

资料来源：希财网。

附录　部分习题参考答案

第二章

三、选择题

1. A　2. B　3. (1)D　(2)C　(3)B　4. ABD　5. CD　6. ABC

四、计算分析题

1. 持有期收益率为28%。其中，价差对持有期收益率的贡献为18%，股息收入对持有期收益率的贡献为10%。实际持有收益率为24%。

2. (1)算数平均收益率：A 5.4%；B 1.6%。
   (2)标准差：A 0.115；B 0.057。
   (3)几何平均收益率：A 4.76%；B 1.43%。

3. 投资组合收益率9.15%。

第三章

三、选择题

1. ABD　2. BCD　3. ABCD　4. ABC　5. BC　6. C　7. C　8. ACD　9. ABCD　10. ABCD　11. BCD　12. ABCD　13. D　14. ABCD　15. ABCD　16. ABD　17. BC

第四章

三、选择题

1. A　2. A　3. D　4. BC　5. ACD　6. BCD　7. BC　8. ABD
9. (1)B(2)C(3)C(4)A　10. (1)C(2)D(3)B(4)B　11. BCD

第五章

二、选择题

1. B　2. C　3. A　4. D　5. B　6. ABC　7. BC　8. D　9. CD　10. A　11. C　12. D　13. C　14. B　15. D　16. C　17. A　18. B

三、计算分析题

1. 最小标准差资产组合中，基金 A 占 17.39%，基金 B 占 82.61%。

最小标准差资产组合的期望收益率为 13.39%，标准差为 0.1392。

2. (1)股票 A 的期望收益率为 13.2%，标准差为 0.015。

股票 B 的期望收益率为 7.7%，标准差为 0.011。

(2)股票 A 和股票 B 的协方差为 0.76×10^{-5}；相关系数为 0.46。

(3)投资组合的期望收益率为 9.9%，标准差为 0.011。

(4)最小标准差组合中，股票 A 占 23%，股票 B 占 77%。

3. 由无风险资产的性质可知：

$\sigma(R_p) = X_b\sigma(R_b)$ ；即 $0.4X_b = 0.3$。

故 $X_b = 0.75$，$X_a = 1 - 0.75 = 0.25$。

则 $E(R_p) = 0.25 \times 12\% + 0.75 \times 30\% = 25.5\%$ 。

第六章

三、选择题

1. ABCD　2. ABCD　3. BD　4. C　5. AC　6. B　7. A　8. C　9. B　10. D　11. C　12. C　13. A　14. D　15. BCD　16. ABCD

四、计算分析题

1. 股票 A 的预期收益率为 $E(\widetilde{R}_A) = 0.06 + 1.2 \times (0.16 - 0.06) = 0.18$

由 $E(\widetilde{R}_A) = [D + (P_1 - P_0)]/P_0$ ，即 $0.18 = [0.5 + (P_1 - 25)]/25$，得到年末股票 A 的售价 $P_1 = 29$ 元 。

2. (1)由证券市场线可知：

$$E(\widetilde{R}_p) = R_f + [E(\widetilde{R}_m) - R_f]\beta_p = 5\% + [E(\widetilde{R}_m) - 5\%] = 12\%$$

故市场组合的收益率为 12%

(2) $E(\widetilde{R}_p) = R_f + [E(\widetilde{R}_m) - R_f]\beta_p = 5\% + [12\% - 5\%] \times 0 = 5\%$

(3) 运用证券市场线方程，$E(\widetilde{R}_A) = 5\% + [12\% - 5\%] \times 0.5 = 8.5\%$

利用第二年的预期价格加红利，求得预期收益率：

$$E(\widetilde{R}_A) = (0.5 + 16.5 - 15)/15 = 13.3\% > 8.5\%$$

股票价格被低估，应该买入。

3. (1) 由题目可知：$R_f = 4\%$，$E(\widetilde{R}_m) = 11\%$，$\sigma_m = 0.15$

则 SML：$E(\widetilde{R}_i) = 4\% + 7\%\beta_{im}$ 或 $E(\widetilde{R}_i) = 4\% + (7\%/0.15^2)\sigma_{im}$

(2) 由 $\beta_i = \rho_{im} \times \sigma_i/\sigma_m$ 求得

$$\beta_A = 0.7 \times 0.25/0.15 = 1.17,\ \beta_B = 0.4 \times 0.20/0.15 = 0.53$$

(3) 由 SML 有：

$$E(\widetilde{R}_A) = 4\% + 7\% \times 1.17 = 12.19\%$$

$$E(\widetilde{R}_B) = 4\% + 7\% \times 0.53 = 7.71\%$$

A、B 两点均在 SML 的上方，价值被低估。(图形略)

第七章

三、选择题

1. A　2. AD　3. C　4. B　5. C　6. D　7. BC　8. ABC　9. A　10. D　11. B
12. D　13. AD　14. D　15. D

四、计算与分析题

1. 该题考察单因素模型中的公式运用。

(1) 股票 A 的标准差为 0.3479；股票 B 的标准差为 0.4793；

(2) 资产组合的期望收益为 14%；标准差为 0.2645；敏感系数为 0.78；非系统标准差为 0.2012。

2. 由 $E(\widetilde{R}_p) = R_f + b_1[E(\widetilde{R}_1) - R_f] + b_2[E(\widetilde{R}_2) - R_f]$

记风险溢价 $x = E(\widetilde{R}_1) - R_f$，$y = E(\widetilde{R}_2) - R_f$，则：

$28\% = 8\% + 1.2x + 1.6y$；$22\% = 8\% + 2.5x - 0.5y$

解得：$x = 7.04\%$，$y = 7.22\%$

$$E(\widetilde{R}_p) = 8\% + 7.04\%\, b_1 + 7.22\%\, b_2$$

第八章

三、选择题

1. D　2. ABCD　3. AD　4. BC　5. C　6. B

第九章

三、选择题

1. A　2. A　3. B　4. B　5. C　6. CD　7. BCD　8. AC　9. B　10. A　11. BD

第十章

三、选择题

1. BCD　2. ABCD　3. ABD　4. ABC　5. ABCD　6. BCD　7. ABCD　8. C
9. AC　10. ABCD　11. C　12. D　13. A　14. ABCD　15. BCD

第十一章

二、选择题

1. AB　2. B　3. A　4. AD　5. ABCD　6. ABD　7. BCD　8. AB　9. B　10. B
11. B　12. A　13. B　14. D　15. C

三、计算分析题

1. $P_0 = \dfrac{2}{0.06 + 0.04} = 20$(元)

2. $P_0 = \dfrac{1}{0.15 - 0.10} = 20 > 16.65$，因此该股票被市场低估了。

3. $P_0 = \sum_{t=1}^{3} \dfrac{(1)(1+0.2)^{t-1}}{(1+0.24)^t} + \left[\dfrac{(1)(1+0.2)^2(1+0.05)}{0.24-0.05}\right]\left[\dfrac{1}{1+0.24}\right]^3 =$
6.516(元)

4. 新投资的每股现时价值 $= \dfrac{18000/10\% - 100000}{100000 \times (1 + 10\%)} = 0.727$(元)

股票现实价格 = 16 + 0.727 = 16.727(元)

第十二章

三、选择题

1. B　2. D　3. A　4. D　5. D　6. A　7. B　8. C　9. AC　10. B　11. AD

四、计算分析题

1. 投资者购买债券的价格为：$\sum_{t=1}^{10}\frac{80}{(1+0.12)^t}+\frac{1000}{(1+0.12)^{10}}=773.99$(元)

一年后的出售价格为：$\sum_{t=1}^{9}\frac{80}{(1+0.10)^t}+\frac{1000}{(1+0.10)^{9}}=884.82$(元)

投资者的实际持有收益率 $=\frac{884.82+80-773.99}{773.99}=24.66\%$

2. 如上题所示，投资者购买债券的价格为 773.99 元，到第三年投资者出售债券时，债券的价格为：

$$\sum_{t=1}^{7}\frac{80}{(1+0.10)^t}+\frac{1000}{(1+0.10)^{7}}=902.63(\text{元})$$

第三年投资者累积所得到的货币总额 $=80(1+0.1)^2+80(1+0.1)+80+902.63$
$=1\ 167.43$(元)

投资者的持有收益率 $=(1167.43/773.99)^{1/3}-1=14.68\%$

第十三章

三、选择题

1. ABCD　2. BC　3. BCD　4. BC　5. D　6. A　7. D　8. A　9. B　10. ABC　11. BD　12. AB　13. D　14. AD　15. ABD

四、计算分析题

1. 当债券的附息率和到期收益率均为6%时，该债券的价格等于面值，即该债券为面值债券。不妨令债券的面值为100，则利用久期计算公式：

$$D=\frac{\sum_{t=1}^{mT}\frac{CF_t}{(1+y/m)^t}\times\frac{t}{m}}{p}=\frac{1}{100}\left[\sum_{t=1}^{3}\frac{6t}{(1+0.06)^t}+\frac{100\times 3}{(1+0.06)^3}\right]=2.83$$

收益率为10%时，债券价格为：

$$P=\sum_{t=1}^{3}\frac{6}{(1+0.1)^t}+\frac{100}{(1+0.1)^3}=90.05(\text{元})$$

相应地，其久期为：

$$D=\frac{1}{90.05}\left[\sum_{t=1}^{3}\frac{6t}{(1+0.1)^{t}}+\frac{100\times 3}{(1+0.1)^{3}}\right]=2.82$$

2. 提示：$D=\dfrac{\sum_{t=1}^{mT}\dfrac{CF_t}{(1+y/m)^t}\times\dfrac{t}{m}}{\sum_{t=1}^{mT}\dfrac{CF_t}{(1+y/m)^t}}\leqslant\dfrac{\sum_{t=1}^{mT}\dfrac{CF_t}{(1+y/m)^t}\times\dfrac{mT}{m}}{\sum_{t=1}^{mT}\dfrac{CF_t}{(1+y/m)^t}}=T$

3. $\dfrac{\Delta P}{P}\approx -D^{*}\times\Delta y=-\dfrac{D}{1+y/m}\times\Delta y$

$$=-\frac{3.5}{1+8\%/2}\times(8.3\%-8\%)=-1.01\%$$

4. 不妨取面值为1000元。由久期和凸性公式分别算出债券的久期为20，凸性为：

$$C=\frac{1}{P}\times\frac{d^2P}{dy^2}=\frac{(1+7.5\%)^{20}}{1000}\times\frac{20\times 21\times 1000}{(1+7.5\%)^{22}}=\frac{420}{(1+7.5\%)^{2}}=363.44$$

当利率下降50个基本点时，债券价格近似为$\dfrac{1000}{(1+7.0\%)^{20}}=258.42$(元)。

原价格为$\dfrac{1000}{(1+7.5\%)^{20}}=235.41$(元)。

由久期计算债券价格的近似变化为：

$$\frac{\Delta P}{P}\approx -D^{*}\times\Delta y=-\frac{D}{1+y/m}\times\Delta y$$

$$=-\frac{20}{1+0}\times(7.0\%-7.5\%)=10\%$$

则新价格为：235.41×1.1=258.95(元)。由凸性计算的价格近似变化为：

$$\frac{\Delta P}{P}\approx -D^{*}\times\Delta y=-\frac{D}{1+y/m}\times\Delta y$$

$$=-\frac{20}{1+0}\times(7.0\%-7.5\%)+\frac{363.44}{2}\times(7\%-7.5\%)^{2}=10.45\%$$

则新价格的近似值为：235.41×1.1045=260(元)。

第十四章

二、选择题

1. A　2. ACD　3. C　4. A　5. B　6. AB　7. B　8. C　9. ABC　10. B　11. C　12. C　13. A　14. C　15. BC

三、计算分析题

1. $$NPV_A = \sum_{t=1}^{5} \frac{21000}{(1+0.15)^t} - 50000 = 20395.3(元)$$

$$NPV_B = \sum_{t=1}^{15} \frac{12000}{(1+0.15)^t} - 55000 = 15168.4(元)$$

$$NPV_C = \sum_{t=1}^{10} \frac{18000}{(1+0.15)^t} - 55000 = 35337.8(元)$$

$$NPV_D = \sum_{t=1}^{15} \frac{10000}{(1+0.15)^t} - 40000 = 18473.7(元)$$

根据净现值的计算，可知项目 C 为最优选择。

2. $$R_i^{new} = 0.15 \times \left(1 + \frac{3/5 - 1/5}{2/5}\right) - 0.1 \times \left(\frac{3/5 - 1/5}{2/5}\right) = 0.3 - 0.1 = 0.2$$

$$\beta_i^{new} = 1.5 \times \left(1 + \frac{3/5 - 1/5}{2/5}\right) - 0.4 \times \left(\frac{3/5 - 1/5}{2/5}\right) = 3 - 0.4 = 2.6$$

3. $$R_i^{new} = 0.15 \times \left(1 + \frac{3/5 - 1/5}{2/5}\right) - 0.1 \times (1 - 0.4) \times \left(\frac{3/5 - 1/5}{2/5}\right)$$

$$=0.3-0.06=0.24$$

$$\beta_i^{new} = 1.5 \times \left(1 + \frac{3/5 - 1/5}{2/5}\right) - 0.4 \times (1 - 0.4) \times \left(\frac{3/5 - 1/5}{2/5}\right)$$

$$=3-0.24=2.76$$

第十五章

三、选择题

1. B　2. AC　3. C　4. BC　5. A　6. AB　7. D　8. B　9. AD

四、计算分析题

1. 英镑的期货价格为：$F_{t,T} = \frac{1.02 \times 1.85}{1.018} = 1.8536$(美元/英镑)

2. (1) 1.75×5000×3×0.035=918.75(美元)

(2) (1.85−1.75)×5000×3=1500(美元)

(3) (1.70−1.75)×5000×3=−750(美元)

918.75−750=168.75(美元)，低于最低保证金要求，因而需追加保证金。

第十六章

三、选择题

1. B　2. D　3. B　4. C　5. AD　6. B　7. C　8. BC　9. A　10. D　11. AB　12. C　13. AD　14. C　15. B

四、计算分析题

1. 若该期权为认沽期权，则当股票市场价格为 102 美元时，期权不执行，认沽期权的卖方获得期权费收入，净获利 6 美元/股；而认沽期权的买方受到损失，损失额为期权费，净损失 6 美元/股。

若该期权为认购期权，则当股票价格为 102 美元/股时，期权执行：

期权卖方：97−102+6=1(美元/股)，即卖方净获利 1 美元/股；

期权买方：执行期权，102−97−6=−1(美元/股)，即买方损失 1 美元/股

2. 对冲比率为$\dfrac{115-80}{15}=2\dfrac{1}{3}$

$$105-2\frac{1}{3}C_0=\frac{80}{1+0.1}$$

$$2\frac{1}{3}C_0=105-\frac{80}{1.1}$$

$$C_0=\frac{105-72.727}{7}\times 3=13.83(\text{元})$$

3. $$d_1=\frac{ln\left(\frac{55}{50}\right)+\left(0.1+\frac{1}{2}\times 0.2^2\right)\times 1}{0.2\times 1}=1.0766$$

$$d_1=\frac{ln\left(\frac{55}{50}\right)+\left(0.1-\frac{1}{2}\times 0.2^2\right)\times 1}{0.2\times 1}=0.8766$$

$Xe^{-R_f\cdot t}=50\cdot e^{-0.1}=42.2419$

则此认购期权的价值 $C=55\times N(1.0766)-42.2419\times N(0.8766)=10.6244$

第十七章

三、选择题

1. A　2. BD　3. BCD　4. B　5. AB　6. BCD　7. AB　8. BD　9. ABCD　10. D　11. C　12. C

四、计算分析题

1. (1)投资于日元：(100/0.0119)×(1+0.0252/4)×0.0120=101.48

可得：1.48/100=0.0148，即收益率为1.48%。

投资于加拿大元：(100/0.7284)×(1+0.0674/4)×0.7269=101.48

可得：1.48/100=0.0148，即收益率也为1.48%。

(2)为了避免出现套利机会，美元收益率应等于进行套期保值后投资于加拿大或日本无违约风险的政府证券的收益率，故90天的美国政府证券的收益率也应是1.48%，而APR就相应为1.48%×4=5.92%。

第十八章

三、选择题

1. D　2. A　3. AB　4. AC　5. ABC　6. B　7. C　8. ABCD　9. B　10. D　11. BCD　12. C

四、计算分析题

1. (1) $R_p=0.638, \beta_p^k=1.41, \beta_p^\tau=1.03$; $\gamma_0=R_f=0.058$, $\gamma_1=R_I-R_f=0.269$

择券能力 $\varepsilon_p=R_p-[\gamma_0+\gamma_1\beta_p^k]=0.638-(0.058+0.269\times1.41)=0.201$

择时能力 $T_p=[\gamma_0+\gamma_1\beta_p^k]-[\gamma_0+\gamma_1\beta_p^\tau]=(0.058+0.269\times1.41)-(0.058+0.269\times1.03)=0.102$

总绩效 $=\varepsilon_p+T_p=0.201+0.102=0.303$

(2)未充分分散化成本为：

$$[\gamma_0+\gamma_1(\beta_p^k/\rho_m)]-[\gamma_0+\gamma_1\beta_p^k]=(0.058+0.269\times1.41/0.95)-(0.058+0.269\times1.41)=0.020$$

实际总绩效=总绩效-未充分分散化成本=0.303-0.020=0.283

2. $T_A=(0.25-0.1)/1.0=0.15$; $S_A=(0.25-0.1)/0.3=0.5$

$T_B=(0.17-0.1)/0.9=0.078$; $S_B=(0.17-0.1)/0.2=0.35$

$T_C=(0.3-0.1)/1.4=0.143$; $S_C=(0.3-0.1)/0.4=0.5$

$T_D=(0.2-0.1)/0.8=0.125$; $S_D=(0.2-0.1)/0.15=0.667$

$T_m=(0.25-0.1)/1.0=0.15$; $S_m=(0.25-0.1)/0.25=0.6$

Treynor 绩效：$B<D<C<A=m$

Sharpe 绩效：$B<A=C<m<D$

第十九章

三、选择题

1. ABD　2. A　3. C　4. C　5. C　6. BD

主要参考文献

[1]Abreu, D., M. Brunnermeier. Synchronization risk and delayed arbitrage. *Journal of Financial Economics*, 2002, 66(2-3): 341-360.

[2]Amling, F.. Investments: An Introduction to analysis and management (5th Edition). London: Prentice Hall Inc., 1984.

[3]Baker, M., J. Wurgler. Investor sentiment and the cross-section of stock returns. *Journal of Finance*, 2006, 61(4): 1645-1680.

[4]Baker, M., J. Wurgler. Investor sentiment in the stock market. *Journal of Economic Perspectives*, 2007, 21: 129 - 151.

[5]Baker, M., R. Taliaferro, J. Wurgler. Predicting returns with managerial decision variables: Is there a small-sample bias. *Journal of Finance*, 2006, 61(4): 1711-1730.

[6]Bakshi, G. S., Z. Chen. The spirit of capitalism and stock-market prices. *Review of Financial Studies*, 1996, 86(1): 133-157.

[7]Barber, B., T. Odean. The courage of misguided convictions: The trading behavior of individual investors. *Social Science Electronic Publishing*, 2000, 55(6): 41-55.

[8]Barber, B., T. Odean. Boys will be boys: Gender, overconfidence, and common stock investment. *Quarterly Journal of Economics*, 2001, 116(1): 261-292.

[9]Barberis, N., A. Sheifer. Style investing. *Journal of Financial Economics*, 2003, 68(2): 161-199.

[10]Barberis, N., A. Sheifer, J. Wurgler. Comovement. *Journal of Financial Economics*, 2002, 75: 283-317.

[11] Barberis, N., A. Shleifer, R. Vishny. A model of investor sentiment. *Journal of Financial Economics*, 1998, 49(3): 307-343.

[12]Barberis,N., M. Huang. Mental accounting, loss aversion, and individual sock returns. *Journal of Finance*, 2001, 56: 1247-1292.

[13]Barberis,N., M. Huang, T. Santos. Prospect theory and asset prices. *Quarterly Journal of Economics*, 2001, 116(1): 1-53.

[14]Barberis, N., R. Thaler. A survey of behavioral finance. *Handbook of the Economics of Finance*, 2003, 1: 1053-1128.

[15]Bar-Hillel, M.. Studies of representativeness// D. Kahneman, P. Slovic, A. Tversky. Judgment under uncertainty: Heuristics and biases. Cambridge University Press, 1982: 69-83.

[16]Bernard, V. L., J. K. Thomas. Post-earnings announcement drift: Delayed price response or risk premium. *Journal of Accounting Research*, 1989, 27(27): 1-36.

[17]Black, F.. Toward a fully automated stock exchange. *Financial Analysts Journal*, 1971, 27(4): 29-44.

[18]Black, F.. Capital market equilibrium with restricted borrowing. *Journal of Business*, 1972, 45(3): 444-455.

[19]Black, F., M. Scholes. The pricing of options and corporateliabilities. *Journal of Political Economy*, 1973, 81(3): 637-654.

[20]Black, F.. Noise. *Journal of Finance*, 1986, 41: 529-543.

[21]Bodie, Z., A. Kane, A. J. Marcus. Essentials of investments(7th Edition). Mcgraw-Hill Inc., 2010.

[22]Bodie, Z., A. Kane, A. J. Marcus. Investments (9th Edition). Mcgraw-Hill Inc., 2012.

[23]Bodie, Z., A. Kane, A. J. Marcus. Investments (10th Edition). Mcgraw-Hill Inc., 2014.

[24]Breeden, D. T.. An intertemporal asset pricing model with stochastic consumption and investment opportunities. *Journal of Financial Economics*, 1979, 7(3): 265-296.

[25]Burrell, O. K.. Possibility of an experimental approach to investment studies. *Journal of Finance*, 1951, 6(2): 211-219.

[26]Campbell, J. Y., A. W. Lo, A. C. Mackkinlay. The econometrics of financial markets. Princeton University Press, 1997.

[27]Campbell, J. Y.. Asset prices, consumption, and the business cycle. *Handbook of Macroeconomics*, 1999, 1(99): 1231-1303.

[28]Carhart, M. M.. On persistence in mutual fund performance. *Journal of Finance*, 1997, 52(1): 57-82.

[29]Chan, L. K. C., N. Jegadeesh, J. Lakonishok. Momentum strategies. *Journal of Finance*, 1996, 51(5): 1681-1713.

[30]Chang, E. C., W. G. Lewellen. Market timing and mutual fund investment performance. *Journal of Business*, 1984, 57(1): 57-72.

[31]Chen, J., H. Hong, J. C. Stein. Forecasting crashes: Trading volume, past returns, and conditional skewness in stock prices. *Journal of Financial Economics*, 2001, 61(3): 345-381.

[32]Cochrane, J. H.. Asset pricing. Princeton University Press, 2001.

[33]Connor, G., C. F. Huang, R. H. Litzenberger. Foundation for financial economics. *Journal of Finance*, 1989, 44(2): 529.

[34]Copeland, T. E., J. F. Weston. Financial theory and corporate policy(3rd Edition). Addison Wesley Publishing Company, 1992.

[35]Cox, J. C., Ingersoll, J. E, Ross, S. A.. An intertemporal general equilibrium model

of asset prices. *Econometrica*, 1985, 53(2): 363-384.

[36]Culbertson, J. M.. The term structure of interest rates. The *Quarterly Journal of Economics*, 1957, 71(4): 485-517.

[37]Daniel,K., D. Hirshleifer, A. Subrahmanyam. Investor psychology and security market under- and overreactions. *Journal of Finance*, 1998, 53: 1839-1886.

[38]Daniel, K., D. Hirshleifer, A. Subrahmanyam. Overconfidence, arbitrage, and equilibrium asset pricing. *Journal of Finance*, 2001, 56: 921-965.

[39]Daniel,K., S. Titman. Evidence on thecharacteristics of cross-sectional variation in stock returns. *Journal of Finance*, 1997, 52: 1-33.

[40]D'Avolio, G.. The market for borrowing stock. *Journal of Financial Economics*, 2002, 66(2-3): 271-306.

[41]De Bondt, W. F. M., R. Thaler. Does the stock market overreact. *Journal of Finance*, 1985, 40(3): 793-805.

[42]De Long, J., A. Shleifer, L. Summers, R. Waldman. Noise trader risk in financial markets. *Journal of Political Economy*, 1990, 98(4): 703-738.

[43]De Long, J., A. Shleifer, L. Summers, R. Waldman. Positive feedback investment strategies and destabilizing rational speculation. *Journal of Finance*, 1990, 45(2): 375-395.

[44]Dodd, P., R. Ruback. Tender offers and stockholder returns: An empirical analysis. *Journal of Financial Economics*, 1977, 5(3): 351-373.

[45]Dumas, B., A. Kurshev, R. Uppal. Equilibrium portfoliostrategies in the presence of sentiment risk and excess volatility. *Journal of Finance*, 2009, 64(2): 579-629.

[46]Fama,E. F.. Portfolio analysis in a stable paretian market. *Management Science*, 1965, 11(3): 404-419.

[47]Fama, E. F.. Random walks in stock market prices. *Financial Analysts Journal*, 1965, 21(5): 55-59.

[48]Fama, E. F.. The behavior of stock-market prices. *Journal of Business*, 1965, 38(1): 34-105.

[49]Fama, E. F.. Tomorrow on the new york stock exchange. *Journal of Business*, 1965, 38(3): 285-299.

[50]Fama, E. F.. Efficient capital markets: A review of theory and empirical work. *Journal of Finance*, 1970, 25: 383-417.

[51]Fama, E. F.. Banking in the theory of finance. *Journal of Monetary Economics*, 1980, 6(1): 39-57.

[52]Fama, E. F.. Efficient capital markets: II. *Journal of Finance*, 1991, 146: 1575-1618.

[53]Fama, E. F.. Market efficiency, long term returns, and behavioral finance. *Journal of Financial Economics*, 1998, 49: 283-307.

[54] Fama, E. F., K. R. French. Dividend yields and expected stock returns. *Journal of Financial Economics*, 1988, 22(1): 3-25.

[55] Fama, E. F., K. R. French. The cross-section of expected stock returns. *Journal of Finance*, 1992, 47(2): 427-465.

[56] Fama, E. F., K. R. French. Common risk factors in the returns of bonds and stocks. *Journal of Financial Economics*, 1993, 33(1): 3-56.

[57] Fama, E. F., K. R. French. Size and book to market factors in earnings and returns. *Journal of Finance*, 1995, 50: 131-155.

[58] Fama, E. F., K. R. French. Multifactor explanations of asset pricing anomalies. *Journal of Finance*, 1996, 51: 55-84.

[59] Fama, E. F., K. R. French. A five-factor asset pricing model. *Journal of Financial Economics*, 2015, 116(1): 1-22.

[60] Farrell, J. L., W. J. Teinhart. Portfolio management: Theory and application (2nd Edition). Mcgraw-Hill Companies, Inc., 1997.

[61] Fisher, I.. The rate of interest. The Macmillan Company, 1907.

[62] Fisher, L., R. L. Weil. Coping with the risk of interest-rate fluctuations: Returns to bondholders from naïve and optimal strategies. *Journal of Business*, 1971, 44(4): 408-431.

[63] Fox, C., A. Tversky. Ambiguity aversion and comparative ignorance. *Quarterly Journal of Economics*, 1995, 110: 585-603.

[64] French, K. R., J. M. Poterba. Investor diversification and international equity markets. *Review of Financial Studies*, 1991, 81(2): 222-226.

[65] Gilovich, T., R. Vallone, A. Tversky. The hot hand in basketball: on the misperception of random sequences. *Cognitive Psychology*, 1985, 17: 295-314.

[66] Gordon, M. J.. Dividends, earnings, and stock prices. *Review of Economics & Statistics*, 1959, 41(2): 99-105.

[67] Griffin, D., A. Tversky. The weighing of evidence and the determinants of confidence. *Cognitive Psychology*, 1992, 24: 411-435.

[68] Grossman, S., J. Stigltiz. On the impossibility of informationally efficient markets. *Review of Financial Studies*, 1985, 70(3): 393-408.

[69] Heath, C., A. Tversky. Preference and belief: Ambiguity and competence in choice under uncertainty. *Journal of Risk and Uncertainty*, 1991, 4: 5-28.

[70] Henriksson, R. D., R. C. Merton. On market timing and investment performance. II. statistical procedures for evaluating forecasting skills. *Journal of Business*, 1981, 54(4): 513-533.

[71] Hicks, J. R.. Value and capital: An inquiry into some fundamental principles of economic theory. Clarendon Press, 1946.

[72] Hirt, G. A., S. B. Block. Fundamentals of investment management (3rd Edition).

Richard D. Irwin Inc., 1990.

[73]Hong, H., J. Stein. A unified theory of under reaction, momentum trading and overreaction in asset markets. *Journal of Finance*, 1999, 54(6): 2143-2184.

[74]Hong, H., J. Stein. Differences of opinion, rational arbitrage, and market crashes. Stanford University *Working Paper*, 1999.

[75]Hong, H., T. Lim, J. Stein. Bad news travels slowly: Size, analyst coverage, and the profitability of momentum strategies. *Journal of Finance*, 2001, 55: 265-295.

[76]Hopwell, M. H., G. G. Kaufman. Bond price volatility and term tomaturity: A generalized respecification. *Review of Financial Studies*, 1973, 63(4): 749-753.

[77]Huang, C., R. H. Litzenberger. Foundations for financial economics. North-Holland, 1988.

[78]Huberman, G.. Familiarity breeds investment. *Review of Financial Studies*, 2011, 14 (3): 659-680.

[79]Hudson, M. Grading bonds on inverted curve, 2007, https://www.wsj.com/articles/SB116821099838669658.

[80]Ibbotson, R. G., R. C. Carr, A. W. Robinson. International equity and bond returns. *Financial Analysts Journal*, 1982, 4: 61-83.

[81] Ikenberry, D., J. Lakonishok, T. Vermaelen. Market underreaction to open market share repurchases. *Journal of Financial Economics*, 1995, 39(39): 181-208.

[82]Jacob, N. L., R. R. Pettit. Investments. Richard D. Irwin Inc., 1984.

[83]Jegadeesh, N., S. Titman. Returns to buying winners and selling losers: Implications for stock market efficiency. *Journal of Finance*, 1993, 48(1): 65-91.

[84]Jensen, M. C.. The performance of mutual funds in the period 1945-1964. *Journal of Finance*, 1968, 23(2): 389-416.

[85]Kahneman, D., A. Tversky. On the psychology of prediction. *Psychological Review*, 1973, 80: 237-251.

[86]Kahneman, D., A. Tversky. Prospect theory: An analysis of decision under risk. *Econometrica*, 1979, 47: 263-291.

[87]Kahneman, D., A. Tversky. Judgment under uncertainty: Heuristics and biases. Cambridge University Press, 1982.

[88]Keeley, R. H., R. Westerfield. A problom in probability distribution techniques for capital budgeting. *Journal of Finance*, 1972, 27(3): 703-709.

[89]Kendall, M. G, A. B. Hill. The analysis of economic time-series-part I: Prices. *Journal of the Royal Statistical Society*, 1953, 116(1): 11-34.

[90]Kyle, A.. Continuous auctions and inside trading. *Econometrica*, 1985, 47: 1315-1336.

[91]Lamont, O. A., R. H. Thaler. Can the market add and subtract? Mispricing in tech stock carve-outs. *Journal of Political Economy*, 2003, 111(2): 227-268.

[92]Langetieg, T. C.. An application of a three-factor performance index to measure

stockholder gains from merger. *Journal of Financial Economics*, 1978, 6(4): 365-383.

[93] Lee, C., A. Shleifer, R. Thaler. Investor sentiment and the closed-end fund puzzle. *Journal of Finance*, 1991, 46: 75-110.

[94] Lintner, J.. Security prices, risk, and maximal gains from diversification. *Journal of Finance*, 1965, 20(4): 587-615.

[95] Lintner, J.. The valuation of risk assets and the selection of risky investments in stock portfolios and capital budgets. *Stochastic Optimization Models in Finance*, 1975, 51(1): 131-155.

[96] Litzenberger, R. H., K. Ramaswamy. Dividends, short selling restrictions, tax-induced investor clienteles and market equilibrium. *Journal of Finance*, 1980, 35(2): 469-482.

[97] Lo, A. W.. The adaptive markets hypothesis: market efficiency from an evolutionary perspective. *Social Science Electronic Publishing*, 2004, 31(1): 21-44.

[98] Lo, A. W.. Reconciling efficient markets with behavioral finance: The adaptive markets hypothesis. *Journal of Investment Consulting*, 2005, 7(2): 21-44.

[99] Luenberger, D. G.. Investments science. Oxford University Press, 1998.

[100] Lutz, F. A.. The structure of interest rates. *Quarterly Journal of Economics*, 1940, 55(1): 36-63.

[101] Macaulay, F. R.. Some theoretical problems suggested by the movements of interest rates, bond yields and stock prices in the united states since 1856. National Bureau of Economic Research, Inc., 1938.

[102] Mandelker, G.. Risk and return: The case of merging firms. *Journal of Financial Economics*, 1974, 1(4): 303-335.

[103] Markowitz, H. B.. Portfolio selection. *Journal of Finance*, 1952, 6: 77-91.

[104] Markowitz, H. B.. The utility of wealth. *Journal of Political Economy*, 1952, 60: 151-158.

[105] Mayers, D.. Nonmarketable assets and capital market equilibrium under uncertainty// M. C. Jensen. Studies in the theory of capital markets. Praeger, 1972.

[106] Mcneil, B., S. Pauker, J. R. H. Sox, A. Tversky. On the elicitation of preferences for alternative therapies. *New England Journal of Medicine*, 1982, 306: 1259-1262.

[107] Mehra, R.. The equity premium: Why is it a puzzle. *NBER Working Paper*, 2003.

[108] Mehra, R., E. Prescott. The equity premium: A puzzle. *Journal of Monetary Economics*, 1985, 15: 145-161.

[109] Merton, R. C.. An analytic derivation of the efficient portfolio frontier. *Journal of Financial and Quantitative Analysis*, 1972, 7(4): 1851-1872.

[110] Merton, R. C.. Theory of rational option pricing. *Bell Journal of Economics*, 1973, 4(1): 141-183.

[111] Merton, R. C.. On the pricing of corporate debt: The risk structure of interest rates.

Journal of Finance, 1974, 29(2): 449-470.

[112] Merton, R. C.. A simple model of capital market equilibrium with incomplete information. *Journal of Finance*, 1987, 42: 483-510.

[113] Merton, R. C., P. A. Samuelson. Fallacy of the log normal approximation to optimal portfolio decision making over many periods. *Journal of Financial Economics*, 1974, 1: 67-94.

[114] Merton, R. C., P. A. Samuelson. Continuous-time finance. *Journal of Finance*, 1990, 52(46): 15-32.

[115] Michaely, R., R. Thaler, K. Womack. Price reactions to dividend initiations and omissions. *Journal of Finance*, 1995, 50: 573-608.

[116] Miller, M. H.. Debt and taxes. *Journal of Finance*, 1977, 32(2): 261-275.

[117] Mitchell, M. L., E. Stafford. Managerial decisions and long-term stock price performance. *Journal of Business*, 1997, 73(3): 287-329.

[118] Morris, I.. Social development, 2010, http: //www. ianmorris. org/socdev. html.

[119] Mossin, J.. Equilibrium in a capital asset market. *Econometrica*, 1966, 34(4): 768-783.

[120] Odean, T.. Are investors reluctant to realize their losses. *Journal of Finance*, 1998, 53(5): 1775-1798.

[121] Pástor, L'uboš, R. F. Stambaugh. Liquidity risk and expected stock returns. *Journal of Political Economy*, 2003, 111(3): 642-685.

[122] Pettit, R. R.. Dividend announcements, security performance, and capital market efficiency. *Journal of Finance*, 1972, 27(5): 993-1007.

[123] Presson, P. K., V. A. Benassi. Illusion of control: A meta-analytic review. *Journal of Social Behavior and Personality*, 1996, 11(3): 493-510.

[124] Redington, F. M.. Review of the principles of life-office valuations. *Journal of the Institute of Actuaries*, 1952, 78(3): 286-340.

[125] Reilly, F. K., K. C. Brown. Investment analysis and portfolio management (5th Edition). Dryden Press, 1997.

[126] Ross, S. A.. The arbitrage theory of capital assets pricing. *Journal of Economic Theory*, 1976, 13: 341-360.

[127] Ross, S. A.. The determination of financial structure: The incentive-signalling approach. *Bell Journal of Economics*, 1977a, 8(1): 23-40.

[128] Ross, S. A.. Informational asymmetries, financial structure, and financial intermediation: Discussion. *Journal of Finance*, 1977b, 32(2): 412-415.

[129] Samuelson, P. A.. The effect of interest rate increases on the banking system. *Review of Financial Studies*, 1945, 35(1): 16-27.

[130] E. Shafir, P. Diamond, A. Tversky. Money illusion. *Quarterly Journal of Economics*, 1997, 112: 341-374.

[131] Sharpe, W. F.. Capital asset prices: A theory of market equilibrium under conditions of risk. *Journal of Finance*, 1964, 19(3): 425-442.

[132] Sharpe, W. F.. Mutual fund performance. *Journal of Business*, 1966, 39 (1): 119-138.

[133] Sharpe, W. F., G. J. Alexander, J. V. Bailey. Investments. Prentice Hall, 1995.

[134] Shefrin, H., M. Statman. Explaining investor preference for cash dividends. *Journal of Financial Economics*, 1984, 13: 253-282.

[135] Shefrin, H., M. Statman. The disposition to sell winners too early and ride losers too long: Theory and evidence. *Journal of Finance*, 1985, 40(3): 777-790.

[136] Shefrin, H., M. Statman. Behavioural portfolio theory. *Journal of Financial and Quantitative Analysis*, 2000, 35: 127-151.

[137] Shefrin, H., R. Thaler. The behavioral life cycle hypothesis. *Economic Inquiry*, 1988, 26: 609-643.

[138] Shiller, R. J.. The use of volatility measures in assessing market efficiency. *Journal of Finance*, 1981, 36(2): 291-304.

[139] Shleifer, A.. Do demand curves for stocks slope down. *Journal of Finance*, 1986, 41: 579-590.

[140] Shleifer, A., L. Summers. The noise trader approach to finance. *Journal of Economic Perspectives*, 1990, 4: 19-33.

[141] Shleifer, A., R. Vishny. The limits to arbitrage. *Journal of Finance*, 1997, 52(1): 35-55.

[142] Siegel, J. J.. The future for investors: Why the tried and the true triumphs over the bold and the new. Crown Business, 2005.

[143] Slovic, P., F. Dan, W. S. Bauman. Analyzing the use of information in investment decision making: A methodological proposal. *Journal of Business*, 1972, 45 (2): 283-301.

[144] Solnik, B. H., A. D. Freitas. International factors of stock price behavior. *Recent Developments in International Banking and Finance*, 1988, 11(2): 259.

[145] Stambaugh, R. F., J. Yu, Y. Yuan. The short of it: Investor sentiment and anomalies. *Journal of Financial Economics*, 2012, 104(2): 288-302.

[146] Tobin, J.. Liquidity preference as behavior towards risk. *Review of Economic Studies*, 1958, 25(2): 65-86.

[147] Tobin, J.. Money and economic growth. *Econometrica*, 1965, 33(4): 671-684.

[148] Treynor, J. L.. Market value, time, and risk, 1961, available at SSRN: https: //ssrn. com/abstract=2600356 or http: //dx. doi. org/10. 2139/ssrn. 2600356.

[149] Treynor, J. L., K. K. Mazuy. Can mutual funds outguess the market. *Harvard Business Review*, 1966, 44(1).

[150] Tversky, A., T. Gilovich. The cold facts aboutthe hot hand in basketball. *Chance*,

1989a，2(1)：16-21.
[151]Tversky，A.，T. Gilovich. The hot hand：statistical reality or cognitive illusion. *Chance*，1989b，2(4)：31-34.
[152]Tversky，A.，D. Kahneman. Availability：A heuristic for judging frequency and probability. *Cognitive Psychology*，1973，5：207-232.
[153]Tversky，A.，D. Kahneman. Judgment under uncertainty：Heuristics and biases. *Science*，1974，185：1124-1131.
[154]Tversky，A.，D. Kahneman. The framing of decisions and the psychology of choice. *Science*，1981，211：453-458.
[155]Tversky，A.，D. Kahneman. Judgments of and by representativeness// D. Kahneman，P. Slovic ，A. Tversky. *Judgment under Uncertainty*：*Heuristics and Biases*. Cambridge University Press，1982：84-98.
[156]Tversky，A.，D. Kahneman. Evidential impact of base rates// D. Kahneman，P. Slovic ，A. Tversky. *Judgment under Uncertainty*：*Heuristics and Biase*. Cambridge University Press，1982：153-160.
[157]Tversky，A.，D. Kahneman. Extensional versus intuitive reasoning：The conjunction fallacy in probability judgment. *Psychological Review*，1983，90：293-315.
[158]Tversky，A.，D. Kahneman. Rational choice and the framing of decisions. *Journal of Business*，1986，59：251-278.
[159]Tversky，A.，D. Kahneman. Loss aversion in risk-less choice：A reference dependent model. *Quarterly Journal of Economics*，1991，11：1039-1061.
[160]Tversky，A.，D. Kahneman. Advances in prospect theory：Cumulative representation of uncertainty. *Journal Risk and Uncertainty*，1992，5：297-323.
[161]Von Neumann，J.，O. Morgenster. Theory of games and economic behavior. Princeton University Press，1947.
[162]Welch，I.. Sequential sales，learning，and cascades. *Journal of Finance*，1992，47：695-732.
[163]Well，P.. The equity premium puzzle and the risk-free rate puzzle. *Journal of Monetary Economics*，1989，24：401-421.
[164]Wurgler，J.. Financial markets and the allocation of capital. *Journal of Financial Economics*，2000，58：187-214.
[165]Wurgler，J.，K. Zhuravskaya. Does arbitrage flatten demand curves for stocks. *Journal of Business*，2002，75(4)：583-608.
[166]安德瑞·史莱佛. 并非有效的市场——行为金融学导论. 赵英军，译. 北京：中国人民大学出版社，2003.
[167]本顿·盖普. 投资经济学. 孙惠新，张弢，瞿振雄，译. 上海：上海译文出版社，1998.
[168]本书编写组.《中共中央关于制定国民经济和社会发展第十三个五年规划的建议》

辅导读本. 北京：人民出版社，2015.
[169]彼得·泰纳斯. 投资大师谈投资. 朱仙丽，等，译. 北京：北京大学出版社；西蒙与舒斯特国际出版公司，1998.
[170]陈仕华，姜广省，卢昌崇. 董事联结，目标公司选择与并购绩效——基于并购双方之间信息不对称的研究视角. 管理世界，2013(12)：117-132.
[171]成思危. 中国股市回顾与展望：2002—2013. 北京：科学出版社，2014.
[172]法博齐. 投资管理学. 周刚，等. 北京：经济科学出版社，1999.
[173]范勇宏. 基金长青. 北京：中信出版社，2013.
[174]范永进. 中国股市早年岁月. 上海：上海人民出版社，2007.
[175]高上. 中国股市十八年. 上海：东方出版中心，2008.
[176]管征. 上市公司股权再融资. 北京：社会科学文献出版社，2006.
[177]胡昌生，蔡芳芳. 股权溢价之谜的行为金融解说. 南京：首届行为金融研讨会论文集，2003.
[178]胡昌生. 金融异象与投资者心理. 武汉：武汉大学出版社，2005.
[179]胡昌生，池阳春. 投资者情绪与资产价格异常波动研究. 武汉：武汉大学出版社，2014.
[180]黄格非. 中国上市公司再融资行为与决策. 北京：中国金融出版社，2007.
[181]汉姆·列维. 投资学. 任淮秀，等，译. 北京：北京大学出版社；香港：香港科文出版有限公司，2000.
[182]杰明·格雷厄姆，戴维·多德. 证券分析. 邱巍，译. 海口：海南出版社，1999.
[183]金德环. 证券市场基本问题研究. 上海：上海财经大学出版社，1998.
[184]凯恩斯. 就业、利息和货币通论. 高鸿业，译. 北京：商务印书馆，1999.
[185]李录. 价值投资在中国的展望. 2015.
[186]李增泉，余谦，王晓坤. 掏空、支持与并购重组. 经济研究，2005(1)：95-105.
[187]刘宇. 中国上市公司股权再融资效率. 北京：经济管理出版社，2007.
[188]罗伯特·A. 哈根. 现代投资学. 郭世坤，等，译. 北京：中国财政经济出版社，1992.
[189]罗杰·洛温斯坦. 巴菲特传：一个美国资本家的成长. 蒋旭峰，王丽萍，译. 北京：中信出版社，2010.
[190]申世军，张骏超. 银行间市场与多层次债券市场建设. 中国金融，2013(13)：68-71.
[191]施光耀，陈京华. 中国证券大全. 北京：中国经济出版社，1999.
[192]王国刚. 建立多层次资本市场体系研究. 北京：人民出版社，2006.
[193]王世渝. 曾经德隆. 北京：新华出版社，2008.
[194]王勇. 投资基金新论. 北京：中国财政经济出版社，2000.
[195]魏杰. 中国 MBA 案例. 北京：中国发展出版社，2004.
[196]威廉·夏普，等. 投资学. 赵锡军，等，译. 北京：中国人民大学出版社，2000.
[197]吴晓求. 中国资本市场研究报告. 北京：北京大学出版社，2013.

[198]徐洪才. 中国多层次资本市场体系与监管研究. 北京：经济管理出版社，2009.
[199]张利. 美国资产证券化研究. 吉林大学，2013.
[200]张龄松，罗俊. 股票操作学. 北京：中国大百科全书出版社；台北：台湾证券出版社股份有限公司，1997.
[201]张新. 并购重组是否创造价值. 经济研究，2003(6)：20-29.
[202]张尧庭. 金融市场的统计分析. 南宁：广西师范大学出版社，1998.
[203]张志平. 金融市场实务与理论研究. 北京：中国金融出版社，1991.
[204]赵亚明，胡海峰. 金融市场假说：2013 奖诺得主的分歧及其弥合. 理论探索，2014(1)：106-110.
[205]郑磊. 资产证券化：国际借鉴与中国实践案例. 北京：机械工业出版社，2014.
[206]证券时报社有限责任公司. 中国公司 IPO 和再融资被否原因揭秘. 北京：经济科学出版社，2011.
[207]中国证监会从业资格考试委员会办公室. 证券市场基础知识，证券发行与承销，证券交易，证券投资基金，证券投资分析. 上海：上海财经大学出版社，2008.
[208]中国证券监督管理委员会. 中国资本市场二十年. 北京：中信出版社，2012.
[209]中央国债登记结算公司证券化研究组. 2015 年资产证券化发展报告. 债券，2016(1)：42-49.
[210]邹德文. 中国资本市场的多层次选择与创新. 北京：人民出版社，2006.

主要参考网站及数据库

[1]http：//etfjijin. com/News/，ETF 基金网网站.
[2]http：//finance. sina. com. cn/，新浪财经网站.
[3]http：//www. amac. org. cn/，中国证券投资基金业协会网站.
[4]http：//www. chinaamc. com/，华夏基金管理有限公司网站.
[5]http：//www. chinabond. com. cn/，中央国债登记结算有限责任公司网站.
[6]http：//www. chinaclear. cn/，中国证券登记结算有限公司网站.
[7]http：//www. chinanews. com/，中国新闻网网站.
[8]http：//www. cninfo. com. cn/，巨潮资讯网网站.
[9]http：//www. csai. cn/，希财网网站.
[10]http：//www. csrc. gov. cn/，中国证券监督管理委员会网站.
[11]http：//www. czce. com. cn/，郑州商品交易所网站.
[12]http：//www. dce. com. cn/，大连商品交易所网站.
[13]http：//www. dcfund. com. cn/，大成基金管理有限公司网站.
[14]http：//www. eastmoney. com/，东方财富网网站.
[15]http：//www. nasdaq. com/，Nasdaq 网站.
[16]http：//www. nffund. com/，南方基金管理有限公司网站.
[17]http：//www. pbc. gov. cn，中国人民银行网站.

[18]http://www. sac. net. cn/，中国证券业协会网站.
[19]http://www. shfe. com. cn/，上海期货交易所网站.
[20]http://www. sifma. org/，美国证券业及金融市场协会网站.
[21]http://www. sse. com. cn/，上海证券交易所网站.
[22]http://www. stats. gov. cn/，中华人民共和国国家统计局网站.
[23]https://www. stlouisfed. org/，圣路易斯联邦储备银行(Federal Reserve Bank of St. Louis)网站.
[24]http://www. szse. cn/，深圳证券交易所网站.
[25]http://www. tjsoc. com/，天津股权交易所网站.
[26]https://www. wsj. com/，华尔街日报网站.
[27]https://xueqiu. com/，雪球网网站.
[28]同花顺 iFinD 金融数据终端.
[29]Wind 资讯金融终端.